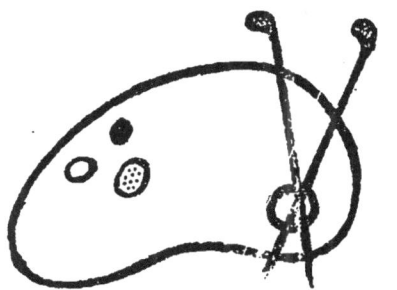

Original en couleur
NF Z 43-120-8

HECTOR BERLIOZ

SA VIE ET SES OEUVRES

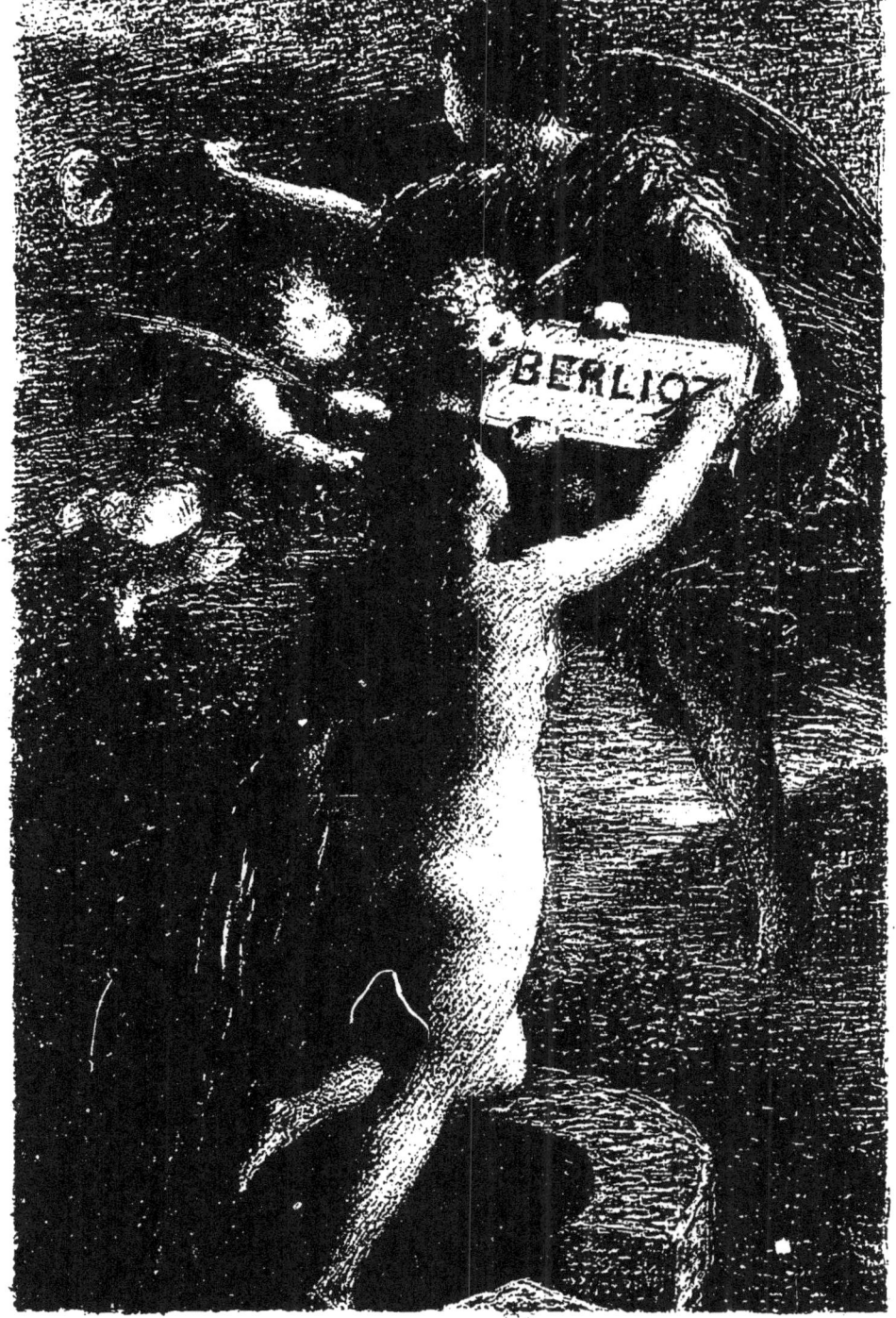

ADOLPHE JULLIEN

HECTOR BERLIOZ
SA VIE ET SES OEUVRES

OUVRAGE ORNÉ
DE QUATORZE LITHOGRAPHIES ORIGINALES
PAR M. FANTIN-LATOUR
DE
Douze Portraits de Hector Berlioz
DE TROIS PLANCHES HORS TEXTE
ET DE 122 GRAVURES, SCÈNES THÉÂTRALES, CARICATURES
PORTRAITS D'ARTISTES, AUTOGRAPHES, ETC.

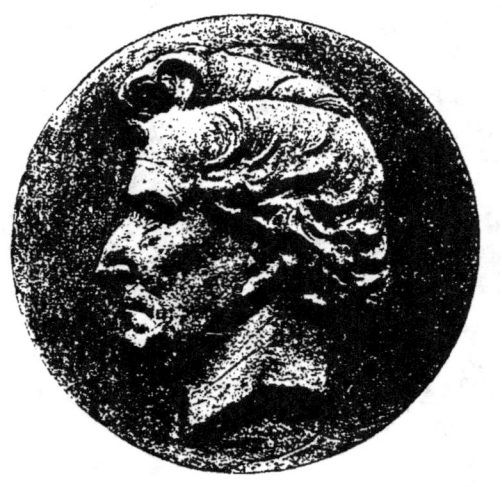

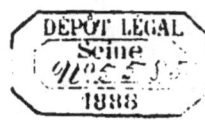

PARIS
A LA LIBRAIRIE DE L'ART
29, CITÉ D'ANTIN, 29

1888

Droits de reproduction et de traduction réservés.

A MON AMI

ERNEST REYER

AVANT-PROPOS

E vous étonnez pas de voir paraître aujourd'hui sur Hector Berlioz un ouvrage absolument pareil à celui que je publiai, il y a déjà deux ans, sur Richard Wagner. En l'offrant au public, je ne fais que payer une dette de reconnaissance pour les précieux encouragements qui me parvinrent alors de tous les pays d'Europe et d'au delà des mers ; je ne fais que répondre à l'appel qui me fut adressé de donner un pendant à cet ouvrage et de rendre au grand compositeur français le même hommage qu'au maître allemand. Si je rappelle ici, brièvement, quel chaleureux accueil la presse de tous les pays, mais particulièrement la presse allemande, voulut bien faire à mon Richard Wagner, c'est qu'il fut doux à mon cœur de constater que ma tentative avait reçu la pleine approbation des esprits modérés, sans exception ; de voir combien un tel ouvrage, où l'auteur s'était efforcé de concilier l'admiration la plus vive avec une stricte impartialité, répondait au secret désir d'une infinité de gens. Je ne m'étais donc pas trompé dans mon dessein, et j'avoue avoir été particulièrement touché lorsque chaque article, arrivant d'Allemagne, m'apportait une nouvelle approbation, non sans marquer quelque étonnement de ce qu'un Français eût entrepris et réalisé « la première biographie de Richard Wagner vraiment digne de ce nom », disait-on en propres termes ; de ce qu'un habitant de la ville où Wagner avait été le plus injurié eût écrit sur le maître allemand un travail tel qu'on n'avait jamais eu l'idée de lui en consacrer dans son propre pays, une « œuvre inspirée par la piété la plus noble et destinée, par son caractère et son indépendance, à rayonner bien au delà des cercles wagnériens ».

Dans les journaux français, de pareils compliments n'allaient pas, parfois, sans l'expression d'un regret au sujet de Berlioz, dont la carrière et le génie auraient mérité un semblable hommage. Plusieurs critiques, alors, pour inviter l'auteur à tenter ce nouveau travail, rappelaient plaisamment qu'il avait été des premiers à célébrer Berlioz, aussi bien que Richard Wagner, et qu'il se devait de traiter sur le même pied les deux grands compositeurs qui lui avaient valu tant de mauvais compliments et de fines ironies dès qu'il s'était rangé de leur parti. Comment répondre à des demandes si gracieusement formulées, autrement qu'en se remettant à la besogne ? D'autant plus que je sentais moi-même le bien-fondé de cette réclamation, de cette flatteuse insistance, et qu'il convenait peut-être, après tout, que les deux grands artistes que tout le monde musical encense à cette heure, après les avoir honnis et conspués, fussent semblablement honorés par un de leurs défenseurs de la première heure. Et c'est ainsi que je fus amené, par la force des choses, à composer le présent ouvrage sur Hector Berlioz, le seul des maîtres de la musique, avec Richard Wagner, pour lequel le nombre des outrages et l'acharnement des ennemis jusqu'au déclin du combat rendissent possible et opportune une réparation de ce genre.

Entre eux deux, cependant, depuis qu'ils ont passé de vie à trépas, une différence s'est produite, au sujet de laquelle on pourrait longuement philosopher. Touchons-en quelques mots. Berlioz, et ce fut un grand bonheur pour lui, a échappé au péril suprême, au zèle intempérant de faux amis plus dangereux que maints adversaires déclarés ; après la mort, il est demeuré, pour tous, ce qu'il était durant sa vie : un musicien, rien qu'un musicien, autour duquel on pourra longtemps discuter, mais qui n'a pas été accaparé par d'habiles gens dont l'exaltation apparente est, dans le fond, très réfléchie et froidement calculée. Or, voilà ce qui est advenu, par malheur, à Richard Wagner. Vers la fin de sa vie, et surtout depuis qu'il est mort, une secte étroite et jalouse a, sous couleur de le glorifier, entrepris d'exploiter son souvenir ; et cette petite église cosmopolite, où les officiants ne sauraient se regarder sans rire, a, pour forcer l'attention publique, imaginé des pratiques, forgé une langue auxquelles les prétendus initiés doivent entendre aussi peu que la foule ignorante. Tant il y a qu'à présent, quiconque prétend s'occuper de Richard Wagner sans avoir fait soumission à ces facétieux apôtres du néo-wagnérisme, quiconque a la naïveté de croire qu'on peut parler du maître, étudier ses œuvres et narrer sa vie avant d'en avoir reçu licence, est aussitôt frappé d'anathème..... Acharnez-vous sur lui, bonne affaire ; attaquez-le tant qu'il vous plaira ; ces partisans d'un nouveau genre seront les premiers à se réjouir ; mais défense à tous, entendez bien, de juger, d'admirer, d'exalter le dieu en dehors des rites. Pensez donc, un audacieux dissident n'aurait, en parlant clair, qu'à détourner quelques-uns des profits que les desservants du nouveau culte ont tant de peine à recueillir !

Avec Berlioz, point d'excommunication majeure à redouter. Mais, pour un effroyable danger d'évité, que de petites difficultés allaient surgir ! Il n'existe, on le sait, aucune biographie de longue haleine sur Berlioz, et les notices sommaires qui parurent sur sa vie, les études tant soit peu développées sur tel ou tel point de sa carrière n'ont guère d'autre fondement que ses Mémoires auxquels, jusqu'en ces derniers temps, on accordait une créance absolue. Or, à moins de vouloir retomber toujours dans les mêmes errements, il ne fallait pas penser à se guider sur des Mémoires apprêtés, romanesques, remplis d'omissions voulues ou d'erreurs involontaires, avec des interversions tout à fait déconcertantes ; si bien qu'après avoir vainement tenté d'y remettre un peu d'ordre, il m'apparut que le seul moyen de constituer un canevas historique solide était de suivre les indications très précises des feuilles musicales du temps, puis d'y rattacher les renseignements fournis par les Mémoires, après révision minutieuse, en contrôlant ceux-ci par les lettres où Berlioz, s'épanchant d'abondance avec ses amis, montrait à nu les blessures de son amour-propre et les plaies de son cœur.

Et encore pour certaines de ces lettres, déjà publiées, fallait-il se méfier des dates, qui ne sont pas toujours exactes, et du texte, auquel l'éditeur — c'est Daniel Bernard dont j'entends parler — s'est permis de faire des modifications qui en changent absolument le sens, quand ce sens contrariait ses idées ; j'en cite un exemple caractéristique à la page 350. Je me suis donc efforcé de recourir, autant que possible, au texte original de ces lettres, et pour cela je me suis adressé aux amis de Berlioz, que mon regretté confrère avait déjà mis à contribution, aux collectionneurs d'autographes, comme M. de Refuge, qui possèdent un grand nombre de lettres précieuses du maître. Et c'est ainsi que j'ai pu, dans maint passage, ou changer une phrase, ou modifier une date, ou rétablir un mot — sans toutefois en avertir le lecteur ; — car si j'avais voulu justifier, ne fût-ce que sommairement, chacune de ces menues rectifications, il n'est page de ce volume qui n'eût été encombrée de notes parfaitement insipides. C'est que le système de travail et de vérification, que j'ai cru devoir m'imposer, ne s'applique pas seulement aux récits ou documents émanant de Berlioz, mais aux souvenirs publiés par ses amis, aux notices rédigées par divers écrivains, et chaque fois qu'un renseignement oral précis ou qu'une recherche dans les journaux modifiait en partie les faits eux-mêmes ou les circonstances dans lesquelles ils s'étaient produits, je corrigeais la partie fautive et ne conservais que les détails vérifiés exacts, — sans autrement insister.

Combien de fois n'ai-je pas dû procéder de la sorte, en particulier pour certains souvenirs, d'ailleurs très intéressants, de Stephen Heller, ou pour ceux de M. Legouvé, qui place, par exemple, — et cet exemple est pris entre vingt, — l'élection de Charles Blanc comme académicien libre à peu près quinze jours avant la mort de Berlioz, tandis qu'elle eut lieu, en réalité, le 25 novembre 1868, plus de trois mois avant la disparition du maître ! On peut donc être assuré de ceci : c'est que la fantaisie n'entre pour rien dans cet ouvrage et que la moindre particularité, glissée au courant du récit, provient d'un renseignement oral très sérieux ou d'un texte précis, alors même qu'elle n'est pas appuyée d'une note corroborante. Que s'il existe — et cela devra souvent se produire — une différence, si mince soit-elle, de temps, de lieu, de circonstances entre ma version et celle qu'on est accoutumé de lire ou qu'on trouverait dans d'autres ouvrages, il y a de fortes présomptions pour que la vérité soit de mon côté, et je prie le lecteur de vouloir bien s'en fier à mon texte, encore que je lui aie épargné le plus souvent le récit des recherches qui m'ont amené à l'établir. Observations qui sont d'une application générale, mais qui visent spécialement les voyages de Berlioz, pour lesquels on s'en tenait toujours à ses récits très développés mais passablement confus, et dont je suis arrivé à déterminer nombre de dates et de menus incidents, grâce aux recherches faites tout exprès par d'obligeants confrères *d'Autriche et d'Allemagne. Que MM. Oscar Berggruen et Adolphe Schulze reçoivent ici tous mes remerciements pour la peine qu'ils ont prise de dépouiller, à mon intention, les journaux de leurs pays et d'évoquer leurs souvenirs ou ceux de leurs aînés sur les différents séjours de Berlioz à Vienne et à Berlin.*

Il n'existe, ai-je dit, aucune biographie proprement dite de Berlioz, mais je ne puis pas oublier l'excellent travail d'investigations entrepris par M. Edmond Hippeau et publié sous ce titre : Berlioz intime. *Mon confrère a poussé ses recherches de droite et de gauche, au hasard de ses premières trouvailles ou des soupçons que celles-ci faisaient naître, et c'est lui qui, le premier, a eu l'idée de contrôler minutieusement le récit des Mémoires par les lettres intimes de Berlioz ; c'est lui qui, par une enquête habilement conduite, a jeté des lumières inattendues sur certains épisodes entourés jusqu'à présent d'une ombre discrète et chère à Berlioz. Mais le devoir d'un historien clairvoyant, d'un critique avisé, est précisément de ne pas s'en tenir aux opinions reçues, aux faits généralement admis ; de tendre au contraire à éclairer du mieux qu'il pourra les points demeurés obscurs, à fouiller les replis les plus secrets du cœur de son héros ; et je dois dire ici de quel précieux secours m'a été le volumineux travail de M. Hippeau, encore qu'il ait négligé, par lassitude apparemment, de lui donner la forme et le ton d'une biographie suivie et bien ordonnée. Au surplus, sur ces points délicats, et tout en m'efforçant de ne pas glisser dans des indiscrétions puériles ou déplacées, j'ai pu consulter un ami de la vingtième année, M. Albert du Boys, dont la mémoire est toujours présente et la main ferme, à quatre-vingt-quatre ans ; j'ai pu recueillir le témoignage d'anciens amis de Berlioz : Stephen Heller, Édouard Alexandre et surtout M. Louis Brandus, qui le connaissait d'ancienne date et qui, dès longtemps répandu dans le monde musical, n'avait rien oublié des hommes ou des événements qu'il avait vus passer, des révélations qu'il avait reçues de son prédécesseur, Schlesinger.*

Pour des temps plus rapprochés de nous, je me suis renseigné auprès des amis que Berlioz avait le plus fréquentés, le mieux aimés dans les derniers temps de sa vie, auprès d'admirateurs qui l'avaient respectueusement approché et soutenu de leurs bravos, auprès de Mme Damcke et de M. Massart, auprès de M. Reyer. Et ceux-là ne m'aidaient pas seulement de la parole ; ils me montraient les souvenirs qu'ils conservaient pieusement ; ils me confiaient des portraits inconnus ; et c'est ainsi que, d'autres aidant encore à mes recherches personnelles, M. Ernest Redon m'envoyant une miniature, MM. Richault et Lemercier m'autorisant à reproduire de belles lithographies publiées par leurs soins, M. Émile Wartel me communiquant une photographie faite en Russie, il m'a été possible de constituer cette série de douze portraits, sur lesquels il en est bien huit ou neuf dont on n'avait pas connaissance, et qui seront autant de surprises pour les admirateurs du maître.

Aussi bien pour Hector Berlioz que pour Richard Wagner, il était piquant d'ouvrir, en regard de cette galerie sérieuse, une sorte de galerie comique où les charges crayonnées sur sa personne, où les caricatures suggérées par sa musique et ses opéras vinssent témoigner de l'attention qu'on avait dû lui prêter dès la première heure et des glorieuses attaques auxquelles il fut constamment en butte. Car c'est là, n'en déplaise à certains écrivains, la consécration suprême ; aujourd'hui, la caricature, par l'extension qu'elle a prise en France et même à l'étranger depuis le second tiers du siècle, est devenue comme la pierre de touche de la célébrité, et si les faux talents demeurent accablés sous ses attaques, les vrais génies, en revanche, à l'heure de la réparation, sont grandis en quelque sorte par les parodies qu'ils ont inspirées... Et quelle consécration plus complète, à ce compte-là, que celle à laquelle ont successivement aidé tous les maîtres de la caricature et tous les virtuoses du crayon : Dantan jeune et Traviès ; Benjamin, Grandville et Daumier ; Cham, Nadar et Carjat ; Marcelin, Grévin, Bertall et Gustave Doré !

Il n'était pas douteux pour moi que je ne dusse rencontrer toutes les facilités désirables auprès des directeurs de nos feuilles comiques : Charivari et Journal amusant, Vie Parisienne ou Caricature, ayant déjà pu juger de leur obligeance à l'occasion de mon Richard Wagner ; mais le difficile était de découvrir toutes ces charges, perdues dans d'énormes collections. Et, si je recueillis d'abord d'utiles données de la bouche de M. John Grand-Carteret, dont les indications sont toujours précieuses, tant il a consulté de personnes et compulsé de journaux pour composer son beau travail sur les Mœurs et la Caricature en France, il me fallut toujours en arriver au labeur fastidieux de

AVANT-PROPOS XIII

feuilleter tous ces journaux à images; mais, pour cette besogne interminable, il me fut donné de rencontrer un aide aussi éclairé qu'aimable en la personne de M. Henry Céard, sous-bibliothécaire à Carnavalet, qui prenait plaisir à parcourir avec moi ces nombreuses feuilles satiriques et qui, ne perdant jamais de vue Berlioz, même au courant de ses travaux personnels, me donnait avis dès qu'il trouvait trace

> Mon cher Louis
>
> Garde cette partition, et qu'en te rappelant l'âpreté de ma carrière elle te fasse paraître plus supportables les difficultés de la tienne.
>
> Ton père qui t'aime
> H. Berlioz
>
> Paris 29 Juin 1862

DÉDICACE DE BERLIOZ A SON FILS SUR UNE PARTITION DES « TROYENS ».

d'une lettre, d'une anecdote ou d'un croquis. Combien de fois cela ne lui est-il pas arrivé dans les livres les plus étrangers, en apparence, à la musique et à Berlioz!

Mais ce n'était pas tout que des portraits, ce n'était pas tout que des caricatures. Le désir m'était venu, Berlioz ayant frayé longtemps avec certains dessinateurs romantiques, comme Louis Boulanger et Célestin Nanteuil, de retrouver les dessins que ceux-ci avaient dû faire pour orner ses morceaux de musique, et, partant de là, de donner la série absolument complète de ces illustrations musicales dont plusieurs sont déjà presque introuvables ; qui, toutes, deviendront très rares, même celles qu'on peut voir encore en tête de deux ou trois partitions et qui disparaitront subitement un beau jour, si la planche est usée ou que l'éditeur ne la trouve plus à son goût : n'est-ce pas là ce qui vient d'arriver pour la composition, d'ailleurs assez médiocre, qui servait de frontispice au Recueil de 33 mélodies et qui ne figure plus dans les exemplaires nouvellement tirés ? De ce côté, j'ai encore été servi par les événements au delà de mes souhaits. Non seulement les éditeurs de Berlioz, ses éditeurs musicaux, MM. Richault, Brandus et Choudens, aussi bien que M. Calmann Lévy, son éditeur littéraire, mettaient à ma disposition tout ce qu'ils avaient entre les mains : affiches, titres et gravures ; non seulement il m'était possible de retrouver de droite et de gauche des frontispices entièrement oubliés, mais un collectionneur passé maitre en fait de trouvailles romantiques, M. le vicomte de Spoelberch de Lovenjoul, me communiquait une pièce absolument unique et sauvée comme par miracle d'un autodafé général. Bien mieux, mes investigations dans ce sens m'amenaient à découvrir un filon précieux, toute une suite de lithographies de Boulanger et de Devéria sur les représentations de miss Smithson au plus beau moment de sa carrière, et ces pièces rares, jointes aux portraits que j'avais déjà recueillis de l'illustre tragédienne, allaient donner à mon ouvrage tout le lustre romantique désirable.

Ma tâche était terminée et les dernières feuilles de ce livre allaient être mises sous presse lorsqu'un renseignement digne de foi me lança sur une nouvelle piste. Il y a déjà douze ou quinze ans, M. Hugo de Senger, directeur des concerts de l'orchestre de la ville de Genève, achetait chez un marchand de curiosités de cette ville deux précieuses reliques de Berlioz : un petit portrait en couleur et l'exemplaire de la partition des Troyens que le maitre avait donné à son fils, avec dédicace appropriée au caractère du jeune marin. Je connaissais déjà le portrait, dont M. Hugo de Senger avait fait cadeau à M. Ernest Redon et que celui-ci m'avait communiqué dès le premier appel ; mais qu'était-il advenu de cette partition unique ? Elle était également sortie des mains de M. de Senger, qui l'avait offerte à M. Alexis Rostand, de Marseille ;

et ce dernier, malgré le prix qu'il attache justement à cet exemplaire, a bien voulu me l'expédier : grâces lui soient rendues pour son obligeance empressée qui me permet de reproduire ici cette triste et fière dédicace, où le grand artiste a laissé percer son découragement, où le père a mis toute sa tendresse. Maintenant, comment ces épaves du maître sont-elles allées, après la mort de son fils et la sienne, échouer chez un brocanteur de Genève ? C'est ce qu'il serait malaisé de raconter de façon positive et ce qu'on peut soupçonner pourtant, quand on connaît la fin de la vie de Berlioz[1].

Et voilà que j'ai fini. Sans y prendre garde, en laissant courir ma plume avec la seule idée de payer à chacun ma dette de reconnaissance, il se trouve que j'ai raconté de quelle façon il m'était devenu presque impossible de ne pas composer ce nouvel ouvrage et comment ce gros volume avait pris corps. L'auteur, à présent qu'il en est quitte, aurait mauvaise grâce à ne pas remercier tous ceux qui, par leur aimable insistance, l'ont décidé à entreprendre ce travail, tous ceux qui, par leur obligeance et leur bon vouloir, l'ont mis à même de le faire aussi exact, aussi complet qu'il était en son pouvoir. Mais, il doit bien l'avouer, ces demandes si flatteuses, ces promesses si encourageantes seraient demeurées vaines s'il n'avait dû retrouver le concours fidèle et précieux d'un ami tel que M. Fantin-Latour, s'il n'avait été sûr qu'une égale admiration pour les deux maîtres de la musique en cette fin de siècle échauffait l'imagination de l'artiste, et le ferait s'employer d'aussi grand cœur à l'exaltation de Berlioz qu'à la glorification de Richard Wagner.

---

1. Cette partition, en plus de la dédicace, est également intéressante et par sa date et par sa disposition. En 1862, Berlioz était encore persuadé qu'on exécuterait son « opéra » tel quel, en une seule soirée. Aussi, cette partition pour piano et chant, gravée à l'avance et tirée uniquement pour l'auteur, forme-t-elle un gros volume de 450 pages, marqué du prix de 25 fr. net, mais sans indication d'éditeur, n'ayant qu'un seul titre : les Troyens, et divisé en 5 actes (le 1ᵉʳ comprend les deux premiers de la Prise de Troie et le 2ᵉ équivaut au 3ᵉ du même ouvrage ; le 3ᵉ est le même que le 1ᵉʳ des Troyens à Carthage ; le 4ᵉ comprend les 2ᵉ (Chasse royale) et 3ᵉ du même ouvrage ; enfin, le 5ᵉ correspond aux deux derniers des Troyens à Carthage). — A la fin se trouve aussi l'avis imprimé qu'on peut lire à la dernière page des Troyens à Carthage ; seulement il est plus long dans sa forme première et se termine ainsi : « Si les mouvements sont bien pris et bien soutenus, la durée de chaque acte sera la suivante : 1ᵉʳ acte, 52 minutes ; 2ᵉ, 22 ; 3ᵉ, 40 ; 4ᵉ, 47 ; 5ᵉ, 45. Total, 206 minutes. Avec quatre entr'actes de 15 minutes chacun, la représentation devra durer 4 heures et 26 minutes ; commencée à 7 h 1/2, elle devra finir un peu avant minuit. » — Enfin, ce qui fait le grand intérêt de cette partition au point de vue musical, c'est qu'on y trouve l'air de Narbal et la cavatine d'Anna qui doivent précéder les airs de ballet dans les Troyens à Carthage et qui n'ont jamais paru dans aucune partition mise en vente.

Puisse à présent ce travail, autour duquel se réunirent tant de bonnes volontés, ne pas tromper l'attente bienveillante des admirateurs du maître qui vont y trouver un Berlioz aussi soigneusement étudié, aussi sincèrement jugé, que le fut déjà Wagner, par un partisan d'ancienne date et qui, dans la mesure de ses forces, contribua, dès qu'il tint une plume, à la défense, à la réhabilitation du génie méconnu, que ce génie eût nom Schumann, Berlioz ou Wagner. Puisse aussi ce volume — et ce n'est pas là mince ambition — trouver un accueil favorable auprès des simples amateurs, de ceux qui, sans avoir, à proprement parler, de préjugé contre Berlioz, ne laissent pas de rester encore en défiance quand ils écoutent certaines de ses œuvres ; puisse un ouvrage où l'on n'a cherché qu'à faire prévaloir la vérité, qu'à laisser parler l'histoire et les faits, leur mieux faire apprécier un caractère assez rébarbatif au premier abord, et les rallier décidément, par admiration pour l'artiste et sympathie pour l'homme, au grand compositeur de qui l'on a pu dire si justement : « Il a lutté toute sa vie ; il a été un confesseur et un martyr de sa foi musicale. Dieu lui avait donné ce feu sacré qui fait l'enthousiasme, et il s'était donné, lui, cette volonté opiniâtre et cette patience agissante qui sont le signe et le caractère du génie. »

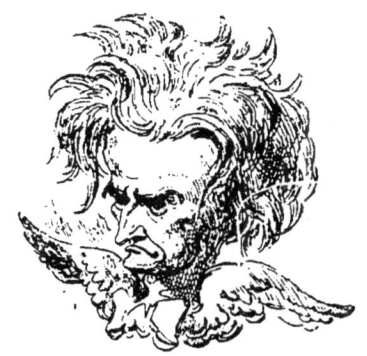

« ... En ce temps-là le mauvais génie de Berlioz dit à Berlioz : « Tu me copieras cinq mille vers de *l'Énéide*, « pour apprendre à faire un libretto ! » — Et voilà comment il nous a donné un pensum pour un opéra. »
(Marcelin, *Vie parisienne*, 21 novembre 1863.)

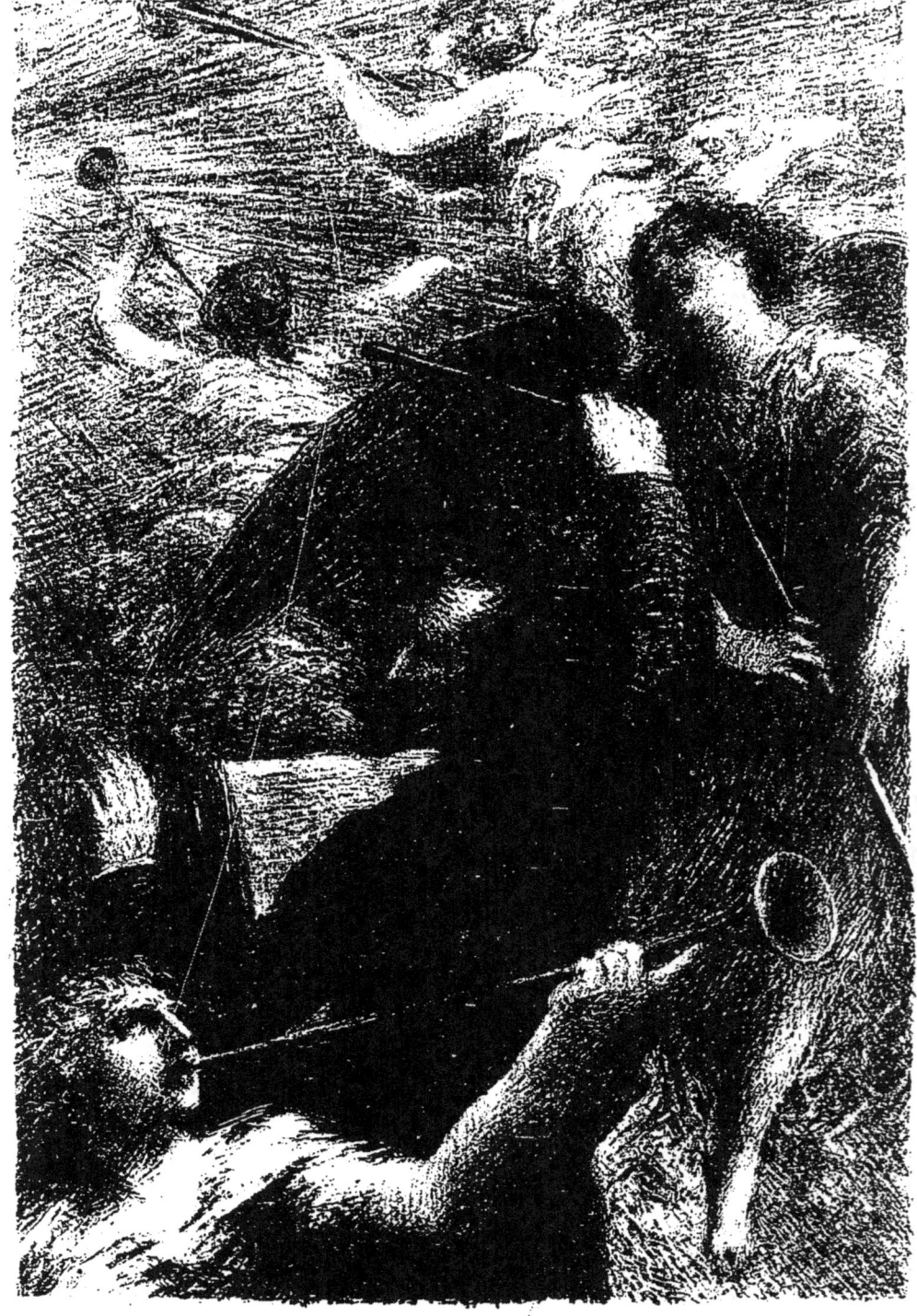

HECTOR BERLIOZ

SA VIE ET SES ŒUVRES

CHAPITRE PREMIER

L'ENFANCE A LA CÔTE-SAINT-ANDRÉ. — PREMIER SÉJOUR A PARIS. PREMIERS ESSAIS DE MUSIQUE.

l'une des représentations des *Troyens*, des amis qui accompagnaient Berlioz lui dirent, en voyant la salle à moitié garnie : « Eh bien! les voilà qui viennent. » Et lui, avec un sourire mélancolique et de l'air le plus découragé : « Oui, ils viennent; mais, moi, je m'en vais. » Aujourd'hui qu'il s'en est allé, tous accourent.

Ce fut l'éternel chagrin de Berlioz de ne pouvoir, malgré son énergie infatigable, renverser la barrière qui s'élevait entre lui-même et la masse du public français. Et sa plainte s'exhalait plus vive et plus amère à mesure qu'il vieillissait. Non que les honneurs ne fussent pas venus avec l'âge et aussi quelques succès consolateurs; mais il n'avait obtenu ces honneurs qu'après une compétition acharnée, et ses succès les plus brillants ne dépassaient pas un cercle assez restreint d'amateurs. Il avait d'ardents admirateurs, — car le propre de sa musique, en tout temps, fut d'exciter une admiration violente ou une violente hostilité, — mais en dehors de ses partisans très hardis, très convaincus, et qui menaient grand bruit autour de lui, il ne rencontrait qu'indifférence ou dénigrement.

Il arrivait bien à organiser, à force de fatigue et d'argent, des concerts pour l'exécution de ses grands ouvrages, et cette exécution même obtenait le plus souvent quelque succès grâce au bruyant concours de ses amis; mais, sitôt qu'il essayait de poursuivre, il échouait. Il pouvait bien faire exécuter telle ou telle œuvre une ou deux fois de suite; il ne pouvait pas davantage, le grand public ne répondant pas à l'appel, et il se trouvait du coup mis à l'index par les directeurs de théâtre, auxquels le goût du public était bien connu et qui n'auraient eu garde de le braver.

Et cependant Berlioz, avec son libre esprit, n'ajoutait nulle créance à cette idée, si ancrée dans l'opinion en France, que les connaisseurs français consacrent les réputations et que nul n'est sûr d'aller à la postérité s'il n'a reçu son passeport signé du public parisien. Il savait bien que ce sont là pures fadaises dont on enchante notre amour-propre national et que les plus grands compositeurs, ceux qui rayonnent au plus haut du ciel musical, sont précisément ceux que le public français a combattus de leur vivant ou complètement ignorés; mais ces maîtres-là étaient étrangers et Berlioz était Français. Les succès répétés qu'il remportait en Allemagne, en Autriche, en Russie, auraient dû le consoler de ses échecs persistants en France; car, dans tous ces pays, ce n'était pas seulement un auditoire ami, c'était la masse du public qui l'applaudissait d'enthousiasme. Et pourtant ces glorieux triomphes ne pouvaient lui suffire : il revenait toujours tenter la fortune en France et ne prit jamais son parti de n'avoir pas été prophète en son pays.

La carrière militante de Berlioz peut se diviser en deux périodes bien distinctes : celle où il combat sur place, et qui va depuis son arrivée à Paris jusqu'après *Roméo et Juliette,* en 1842; celle où, las de lutter sans profit, sinon sans gloire, il se met à courir le monde, afin d'établir sa réputation hors frontières et de rentrer ensuite à Paris, victorieux et triomphant : celle-là va jusqu'à sa mort. Sitôt qu'il obtenait un succès, petit ou grand, à l'étranger : « Faites en sorte que Paris le sache », écrivait-il à ses amis. Et Paris, qui l'apprenait, en effet, l'avait oublié l'instant d'après. C'est dans l'intervalle de ses grandes tournées et chaque fois qu'il revenait toucher barre en France, afin d'éprouver si ses succès de l'étranger l'avaient un peu grandi auprès de ses compatriotes, qu'il faisait entendre ses dernières œuvres capitales, composées partie en voyage et partie à Paris : *la Damnation de Faust* et *l'Enfance du Christ,* le *Te Deum* et *Béatrice et Bénédict,* enfin *les Troyens.* Après, il n'eut plus que la force de retourner en Russie, — et ce fut tout.

C'est à la fin de 1821 et pour le commencement de l'année d'études à la Faculté que Berlioz s'en vint à Paris, dans le dessein avoué d'apprendre la médecine et avec le secret désir de n'étudier que la musique. Il touchait alors à ses dix-huit ans, étant né le 11 décembre 1803, à la Côte-Saint-André, toute petite ville du département de l'Isère, bâtie au versant d'une colline entre Lyon, Grenoble et Vienne, et dont les principales industries sont la fabrication de la bougie, le commerce des liqueurs[1]. Berlioz tenait à la fois à la robe et à l'armée; à la robe par son grand-père paternel, noble Louis-Joseph Berlioz, qui avait été d'abord avocat au parlement de Grenoble, puis conseiller du Roy, auditeur de la chambre des comptes du Dauphiné, et qui habitait tour à tour la Côte et Grenoble; à l'armée, par son oncle maternel, le futur colonel Marmion, alors adjudant-major de lanciers, qui venait reprendre haleine au pays natal, entre deux campagnes, entre deux blessures reçues en suivant l'empereur à travers l'Europe. Le père de Berlioz, pour lequel le grand musicien marqua toujours une tendresse exclusive, au détriment de sa mère, exerçait la profession de médecin par charité plutôt que pour en tirer profit. D'une nature mélancolique et bonne, aimant les champs, où il vivait de préférence, autant par goût que par souci de santé, le docteur, ou simplement l'officier de santé Louis Berlioz, était un de ces philosophes qui traversent ce monde en faisant le bien sans autre préoccupation que de vivre honnêtement et de faire autour d'eux le plus d'heureux possible; il se plaisait dans la solitude et, tout en ayant acquis un rang distingué dans son art, tout en ayant vu certain de ses mémoires couronné à l'Académie de Montpellier, il ne tirait nulle vanité de son savoir, qu'il mettait au service des humbles et des malheureux.

Il était tourmenté du démon de la bâtisse, et le plus grand plaisir qu'il eût, après celui d'étudier et de rendre service, était de surveiller les travaux qu'il faisait incessamment exécuter sur ses domaines; aussi sa perte fut-elle vivement ressentie dans tout le pays où sa science était d'un grand secours pour les malades, où sa rage de faire exécuter des travaux de tout genre était d'un grand profit pour nombre d'ouvriers. Bien qu'il fût imbu des idées philosophiques de la Révolution française, le père de Berlioz était d'un esprit très tolérant, n'imposant sa façon de penser à personne et se pliant même aux convictions d'autrui, plutôt que de les froisser : c'est ainsi qu'il avait fait excellent ménage avec une compagne d'une piété ardente et qui tenait à élever ses enfants dans le respect et la pratique assidue de leurs devoirs religieux. Aussi Berlioz, qui avait hérité des idées indépendantes de

[1]. « Du lundy vingtième jour du mois de frimaire, à onze heures du matin, l'an douze de la République française. Acte de naissance de Louis-Hector Berlioz, né hier dimanche dix-neuf de ce mois, à cinq heures du soir, fils légitime du citoyen Louis-Joseph Berlioz, officier de santé, domicilié à la Côte-Saint-André, et de Marie-Antoinette-Joséphine Marmion, mariés, etc. »

son père, se rappelait-il avec émotion que celui-ci, loin de le détourner de la religion, lui faisait réciter son catéchisme, et se prêtait le mieux du monde aux vues de la mère de famille. Excellente mère et femme d'une rigide honnêteté que celle-là, pour laquelle, il faut bien l'avouer, son fils paraît avoir été injuste et cruel, au moins la plume à la main. C'était une belle personne, plus distinguée que jolie, de haute taille, d'abord sympathique; elle était malheureusement atteinte d'une maladie de foie à laquelle elle devait succomber de bonne heure, et cependant, elle fréquentait le monde, aimait à recevoir et donnait chez elle des réunions intimes très goûtées où l'on causait beaucoup, où l'on jouait un peu, mais d'où la musique était sévèrement proscrite : était-ce déjà par suite des croyances, des craintes religieuses, qui lui montraient un danger dans tout ce qui touchait à cet art profane, au théâtre, et qui la firent s'opposer vivement, plus tard, à la vocation de son fils?

L'enfance de Berlioz s'écoula douce et bienheureuse entre ses parents qui l'aimaient ardemment tous les deux, à côté de deux sœurs, dont la plus jeune surtout, Adèle, eut dès le premier âge et garda, toute sa vie durant, son affection la plus vive : « Son indulgence était si complète et si tendre pour les aspérités de mon caractère, dit-il, pour mes caprices les plus puérils. » Nancy, l'aînée, avec laquelle il fit sa première communion, paraît avoir eu un caractère plus sérieux, avoir partagé la piété fervente de leur mère. Assurément Berlioz l'aimait beaucoup et, vu son âge, la prenait parfois pour confidente de ses chagrins ou de ses espérances; mais il n'avait pas pour elle le même élan de cœur que pour Adèle, avec qui, jusqu'à près de vingt ans et même après son retour de Rome, il courait gaiement la campagne. Un jour qu'il pleuvait à verse, n'imaginent-ils pas, les deux fous, de chausser de grosses galoches, de prendre un grand parapluie et d'aller ainsi, serrés l'un contre l'autre, patauger sur la route au moins pendant deux heures et sans dire un mot? « Nous nous aimions », soupire tristement Berlioz, au moment où la mort de sa chère Adèle vient lui rappeler ce gai souvenir des jeunes années[1]. Le père de

---

[1]. Mlle Nancy Berlioz, qui avait épousé, en 1832, un juge au tribunal de Grenoble, M. Pal, mourut en 1854 d'un cancer au sein, après d'épouvantables souffrances; elle laissait une fille, aujourd'hui veuve, et dont le fils, M. Masclet, est avocat au barreau de Grenoble. Mlle Adèle Berlioz épousa un notaire de Vienne, M. Suat; elle mourut en 1860, laissant deux filles de vingt et un et de dix-neuf ans, sur lesquelles Berlioz reporta toute l'affection qu'il avait pour leur mère ; l'aînée épousa un officier supérieur, aujourd'hui colonel Chapot, qui vit en retraite à Grenoble, et la seconde un descendant d'une ancienne famille dauphinoise, M. de Colongeon, fixé près de Tournon, dans l'Ardèche. Berlioz eut aussi un frère, de dix-sept ans plus jeune que lui, Prosper Berlioz, qui naquit à la Côte en 1820 et mourut à Paris de la fièvre typhoïde, à peine âgé de dix-huit ans, dans une pension de la rue Notre-Dame-des-Champs où ses parents l'avaient mis pour lui faire achever ses études. Berlioz n'a jamais parlé de ce frère et c'est M. Hippeau qui le premier a signalé son existence; il ne l'aurait guère aimé, paraît-il ; mais cette froideur entre enfants aussi distants par l'âge est chose trop commune et trop naturelle, après tout, pour qu'on en fasse un crime à Berlioz.

Berlioz, tout occupé qu'il fût alors par ses recherches médicales, avait entrepris de faire lui-même l'éducation de son fils ; il lui avait appris les éléments du latin, auquel Hector ne mordait guère, absorbé qu'il

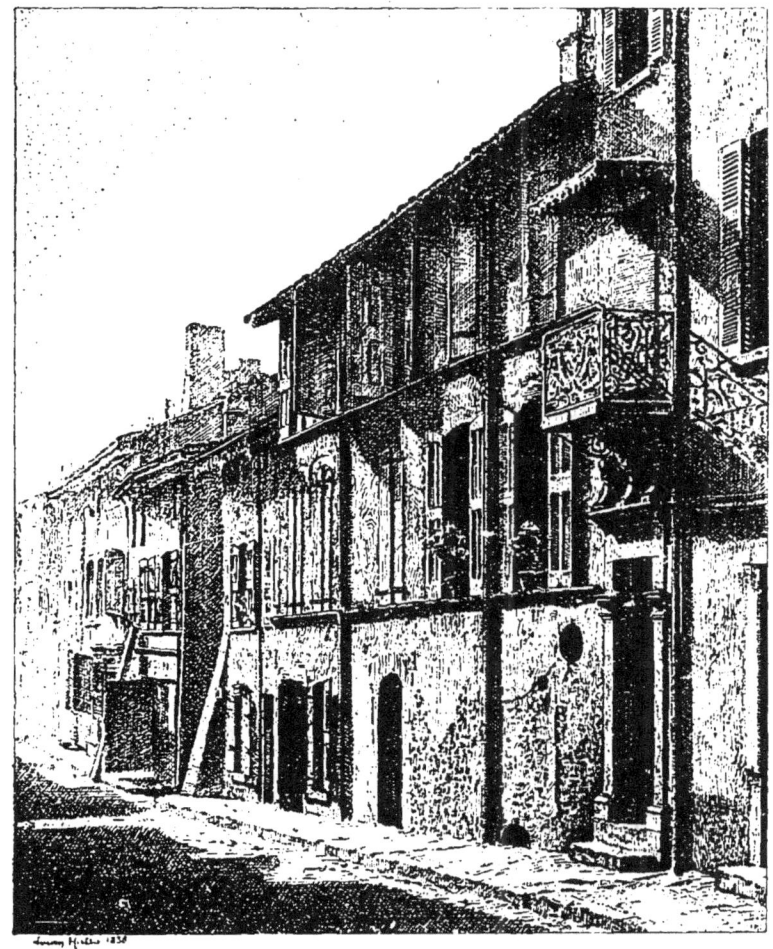

MAISON NATALE DE BERLIOZ, A LA CÔTE-SAINT-ANDRÉ [1].

[1]. La maison natale de Berlioz est au n° 83 de la rue Nationale, une des deux ou trois grandes voies de la Côte. Cette maison à deux étages, avec cinq fenêtres de façade, avec sa porte basse et cintrée donnant sur un grand vestibule en contrebas de la rue, avec ses murs en plâtras recouverts de badigeon gris, est de l'aspect le plus villageois : elle est bordée à l'est par une ruelle dont elle n'est séparée que par un bâtiment plus bas, avec boutique (n° 85), et dont la gouttière a été ornée de dentelures en bois, découpées à la scierie mécanique. Cette année, on a restauré la maison de Berlioz ; mais le dessin ci-dessus la représente dans son état ancien, même avant la plaque commémorative qui y fut posée, le 25 juin 1885, par « ses compatriotes fiers de son génie », et qui donna lieu à une cérémonie où se firent entendre les diverses fanfares et sociétés orphéoniques de la région.

était par l'étude de la géographie et des mappemondes, par la lecture des livres de voyages anciens et modernes : c'était son grand bonheur que de découvrir, en lisant, tant de pays inconnus, auxquels il rêvait nuit et jour, que de voyager ainsi par la pensée. Pourtant, après qu'il eut péniblement logé dans sa mémoire quelques vers d'Horace et de Virgile, il se sentit bientôt gagné par la poésie, tendre et passionnée, du chantre de Didon, et ce lui devint un plaisir ineffable, une source d'émotions on ne peut plus vives que d'expliquer le quatrième livre de l'*Énéide*. Un jour même qu'il était plus troublé que d'habitude, en traduisant l'admirable épisode de la mort de la reine de Carthage, comme la poitrine de l'enfant se gonflait, que sa voix tremblait et que les mots sortaient à peine intelligibles de sa bouche, le père, affectueux et voulant ménager une nature aussi vibrante, aussi facile à émouvoir, lui dit tranquillement, en fermant le livre : « Assez, mon enfant, je suis fatigué. » Et le petit garçon, soulagé d'un tourment atroce, courut pleurer dans le fond du jardin et donner libre cours à sa douleur, inexplicable chez un pareil bambin.

Il avait douze ans alors, et déjà, dit-il, il avait ressenti cette cruelle passion si merveilleusement décrite par Virgile ; il en avait déjà vivement souffert et il nous initie à ses premiers tourments avec l'insistance et l'abandon d'un homme auquel cette « sensibilité maladive » et cette ardeur des sens devaient servir d'excuse dans la vie et de stimulant dans son art. Il allait à cette époque passer tous les ans trois semaines, un mois, sur la fin de l'été, chez son grand-père Marmion, qui possédait une campagne à Meylan, non loin de Grenoble. Dans la partie haute de ce village, adossée au rocher du Saint-Eynard et d'où la vue s'étend sur toute la vallée de l'Isère, habitait une dame Gautier avec deux nièces tout à fait charmantes : la cadette surtout, du nom d'Estelle, avait une grâce indicible, de grands yeux magnifiques, une chevelure abondante, et de tout petits pieds chaussés de brodequins roses, au moins la première fois que Berlioz la vit. Et, dès cette première entrevue, un coup de foudre abattit le garçonnet, dont l'innocente passion pour une belle jeune fille de seize ans fut bientôt un objet d'agréables moqueries dans toute la société de Meylan ; le pauvre enfant souffrait le martyre quand l'adorable Estelle acceptait de danser avec des cavaliers de son âge, ou quand elle causait simplement avec un d'entre eux. Elle-même, et sans méchanceté, s'amusait des airs langoureux et sombres de son jeune adorateur ; tantôt elle affectait de lui tenir rigueur, tantôt elle paraissait compatir à ses peines, et, certain soir qu'il s'agissait de se diviser en deux camps, chaque cavalier désignant sa dame, afin de jouer aux barres, comme on avait fait exprès de laisser Hector choisir avant tout le monde et qu'il restait penaud, les yeux baissés, le cœur lui battant fort au milieu des chuchotements et des rires de tous les invités, Estelle alors s'approcha et lui prit gentiment la main en s'écriant : « Eh bien, non, c'est moi qui choisirai ! Je prends M. Hector ! » — O douleur ! s'écrie Berlioz en rapportant ce trait de son existence après quarante années, elle riait aussi, la cruelle, en me regardant du haut de sa beauté !

Le jeune garçon allait bientôt faire sa première communion ; mais, en considération de sa ferveur religieuse et des sentiments pieux de sa mère, il devait être admis à la sainte table en même temps que sa sœur aînée et dans le couvent des Ursulines où celle-ci était pensionnaire ; on vint le chercher de grand matin, par un beau jour de printemps, et lorsqu'il s'approcha de l'autel, lui seul de son sexe, avant toutes les jeunes filles du couvent, un chœur de voix virginales entonnant un hymne à l'Eucharistie le remplit d'un trouble à la fois mystique et passionné qu'il eut bien de la peine à cacher aux yeux de l'assistance. En entendant cette mélodie si expressive et si touchante, il lui semblait voir le ciel s'ouvrir et les anges lui faire cortège auprès du Très-Haut. Ce fut là, dit-il, sa première impression musicale ; mais, avant même que d'avoir eu cette sorte de révélation, Berlioz savait déjà chanter à première vue et jouer de deux instruments : le flageolet et la flûte. Tel était le résultat des premières notions que lui avait données son père, un peu pour lui être agréable et surtout pour couper court aux sifflements barbares qu'il produisait avec un flageolet découvert au fond d'un tiroir. L'enfant avait fait des progrès assez rapides en moins de huit mois, si bien que M. Berlioz, n'étant plus capable de lui rien apprendre, avait proposé à quelques familles aisées de la ville de s'entendre avec lui pour faire venir de Lyon, à frais communs, un maître de musique à la Côte. La proposition sourit à ces personnes et un nommé Imbert, second violon du théâtre des Célestins, qui jouait aussi de la clarinette, ayant accepté de venir se fixer à la Côte si on lui assurait un certain nombre d'élèves et la direction de la musique de la garde nationale, Berlioz était devenu son élève assidu, prenant deux leçons par jour, chantant à première vue avec une assez jolie voix et jouant sur la flûte les concertos les plus difficiles de Drouet. Cependant, le fils de cet Imbert, déjà corniste habile et de très peu plus âgé que Berlioz, qu'il avait pris en amitié, s'avisa de se pendre un jour ; alors, son malheureux père ne voulut pas rester à la Côte et fut remplacé presque immédiatement par un artiste beaucoup plus habile, du nom de Dorant, qui jouait un peu de tous les instruments, mais particulièrement de la clarinette, de la basse, de la guitare et du violon. Ce modeste artiste, originaire de Colmar, fut réellement le premier maître un peu sérieux de Berlioz, celui qui lui enseigna la guitare ainsi qu'à sa sœur et le proclama bientôt son égal sur cet instrument, celui auquel Berlioz, passant par Lyon quelque trente ans plus tard, reportera le mérite de son éducation première et rendra publiquement hommage, devant tout un orchestre également surpris de la modestie de l'élève et de la discrétion du professeur.

Le père de Berlioz avait d'abord vu d'un bon œil grandir le goût d'Hector pour la musique; il l'avait cultivé, il avait trouvé le moyen de lui donner des professeurs; mais cependant, comme il entendait bien que ce ne fût là qu'une source de distractions et non pas une occupation principale, il avait refusé de laisser son fils étudier le piano; et celui-ci, plus tard, regretta souvent cette décision tout en se louant d'en être réduit à « composer silencieusement et librement » et d'être ainsi « garanti contre la tyrannie des habitudes des doigts, si dangereuse pour la pensée ». Un jour, il avait trouvé parmi les vieux livres de son père le traité d'harmonie de Rameau, expliqué par d'Alembert, et il avait pâli dessus sans en découvrir le sens; il voulait cependant composer à toute force et s'escrimait à faire des arrangements de duos en trios et en quatuors, mais il ne pouvait trouver une basse et des accords qui eussent le sens commun. Cependant, à force d'écouter des quatuors de Pleyel, joués par des amateurs, et surtout grâce au traité d'harmonie de Catel qu'il avait pu se procurer, il se rendit compte presque instantanément de la formation et de l'enchaînement des accords, et le premier usage qu'il fit de son nouveau savoir fut d'écrire une façon de pot-pourri sur des airs italiens dont il avait découvert un recueil; puis, enhardi par ce premier essai qui parut acceptable, il composa de son propre fonds un grand quintette pour flûte, deux violons, alto et basse, qu'il prit grand plaisir à jouer avec son maître et trois amateurs.

L'auditoire applaudit fort, à l'exception du père de Berlioz, qui jugea sévèrement cet essai; aussi fut-il peu agréablement surpris quand Hector, moins de deux mois après, lui dit qu'il avait déjà composé un autre quintette; il voulut en entendre au moins la partie de flûte avant qu'on ne l'essayât avec tous les instruments et, son fils la lui ayant jouée : « A la bonne heure, dit-il, en entendant certaine phrase bien claire, voilà de la musique. » Malheureusement ce morceau était beaucoup plus difficile que le premier et les exécutants ordinaires de la Côte ne purent jamais s'en tirer d'une façon passable. A propos de ces premières ébauches comme aussi de diverses romances écrites par lui vers cette époque et dans lesquelles Berlioz, relisant sans cesse l'*Estelle*, de Florian, traduisait inévitablement son romanesque amour pour l'Estelle de Meylan, il fait observer qu'elles étaient presque toutes dans le mode mineur et portaient l'empreinte d'une mélancolie profonde : autant d'essais de son adolescence, autant de morceaux brûlés plus tard, le sextuor sur des airs italiens et les deux quintettes aussi bien que telle ou telle romance inspirée par des vers de Florian. Mais toutes ses inspirations lui venaient du cœur, car le motif approuvé par son père dans le second de ses quintettes obsédait son esprit lorsqu'il composa l'ouverture des *Francs-Juges* et devint la phrase qu'exposent les premiers violons peu après le début de l'allegro ; car la mélodie de la romance de Florian se représenta à sa pensée lorsqu'il entreprit la *Symphonie fantastique,* elle lui parut alors si bien convenir à l'expression d'une tristesse accablante qu'il la fit chanter par les premiers violons au début du largo de la première partie de cet ouvrage. Il avait douze ans, dit-il, — ou un peu plus, — quand il écrivit ces différents morceaux, quand ces deux mélodies si caractérisées lui passèrent par la tête : aussi, lorsqu'elles lui revinrent plus tard, se garda-t-il d'y rien changer.

Berlioz, après avoir appris avec son père un peu de latin, de grec, de littérature, d'histoire et de géographie, avait été mis en pension au petit séminaire de la Côte, adopté par les principales familles de la ville et qui se trouvait tout à côté de la maison des Berlioz[1]. Lorsqu'il en sortit, au bout de trois ou quatre années, remplies par des études assez peu brillantes mais qui lui furent cependant profitables, Hector devait avoir environ dix-huit ans ; il rentra alors dans sa famille et sentit se développer son goût pour la musique, avec d'autant plus d'acuité que son père, voyant approcher le moment de choisir une carrière, le poussait plus ouvertement vers la médecine. Il n'avait cependant jamais vu de grande partition et la seule musique qu'il connût alors consistait en solfèges accompagnés d'une basse chiffrée, en solos de flûte ou en fragments d'opéras avec accompagnement de piano : quelle surprise et quelle révélation ce fut pour lui qu'une simple feuille de papier à vingt-quatre portées qui vint à lui tomber sous les yeux ! Il entrevit alors, comme par une clarté soudaine, quelles prodigieuses combinaisons on pouvait créer sur cet échiquier musical, et ce simple coup du hasard arrivant après une lecture très captivante qu'il avait faite des articles concernant Gluck et Haydn

---

1. Tous ces points ont été nettement déterminés par M. Hippeau, qui, sur les lieux mêmes, a consulté d'anciens camarades du maître et a pu fixer ainsi l'époque exacte où le jeune Hector suivit les cours du séminaire de la Côte ; il y avait certainement confusion dans les souvenirs de Berlioz et le temps de ses études à la maison, sous la direction de son père, a précédé, non suivi la période de ses classes au petit séminaire ; d'ailleurs, c'est là l'ordre naturel.

dans la *Biographie universelle* lui révéla sa vocation véritable et le décida à tout tenter pour se dérober à la carrière qu'on lui destinait. Cependant il lui était difficile de rompre en visière à son père, en raison de sa grande affection d'abord, et puis parce que celui-ci se servait précisément de la musique pour stimuler Hector à étudier la médecine. Le docteur avait entrepris lui-même l'éducation médicale de son fils, avant de le diriger sur une des trois facultés : Paris, Strasbourg ou Montpellier, et il lui avait mis sous les yeux le gros traité d'anatomie de Munro avec des planches représentant la charpente humaine en grandeur naturelle ; enfin, pour l'exciter au travail, il lui avait solennellement promis de lui faire venir de Lyon une flûte modèle garnie de toutes les nouvelles clefs et Hector, de son côté, s'était engagé à travailler sérieusement ; puis, afin de lui rendre ses études d'ostéologie un peu moins désagréables, on lui avait adjoint un sien cousin, du nom de Robert, qui se préparait également à la médecine et n'entendait pas plaisanter.

Hector avait tristement accepté ces conditions, tant était grande sa déférence pour son père et tant la tentation de la flûte perfectionnée était puissante ; mais par bonheur le cousin Robert était excellent violoniste. Il avait même exécuté les quintettes de Berlioz et sitôt que les deux jeunes gens se trouvaient seuls, au lieu de se livrer à l'étude du corps humain sur les magnifiques planches du Munro, ils ne parlaient plus que de musique et de composition ; si bien qu'Hector encourait les remontrances de son père pour la façon dont il tenait sa promesse, en se laissant distancer par son cousin dans leurs communes études de médecine. Alors Berlioz se retournait en secret vers la musique et, brûlant de se faire connaître, écrivait à divers éditeurs de Paris, d'abord à Janet et Cotelle, ensuite à Ignace Pleyel, pour leur proposer de publier « un *pot-pourri* concertant composé de morceaux choisis pour flûte, cor, deux violons, alto et basse ». A ces deux demandes, réponses immédiates et réponses défavorables[1] ; aussi Berlioz, voyant échapper cette première chance de se soustraire à la médecine en frappant un coup d'éclat, retourna-t-il à ses planches, à ses squelettes, avec une sorte de rage désespérée : il arriva tant bien que mal, son condisciple aidant, à se fourrer dans la tête tout ce que son père pouvait lui enseigner d'anatomie, de façon qu'un beau jour celui-ci lui dit de faire ses malles pour aller, toujours avec le cousin Robert, aborder les grandes études médicales à Paris.

1. La lettre à Janet et Cotelle est du 25 mars 1819 et celle à Pleyel du 6 avril. Cette dernière est religieusement conservée dans les archives de la maison Pleyel ; on peut voir, par la mention mise au-dessous de la date d'envoi, que Pleyel répondit le lendemain ou le jour même qu'il reçut la lettre de Berlioz.

Berlioz arriva donc à Paris dans les derniers jours de 1821 et tout d'abord il s'efforça de donner satisfaction à son père en travaillant consciencieusement la médecine ; il était soutenu dans ces bonnes intentions par son compagnon qui, lui, prétendait devenir un médecin sérieux, qui l'est devenu par la suite et qui suivait assidûment les cours. Hector l'y accompagnait sans entrain, mais aussi sans ennui trop grand. Il prenait même un vif intérêt aux leçons de Thénard et de Gay-Lussac qui professaient l'un la chimie, l'autre la physique au Jardin des Plantes ; et, comme il cédait toujours à son impression première, à ses mouvements d'instinct, il éprouvait de premier élan une vive sympathie pour le chirurgien Amussat qui faisait le cours d'anatomie à l'École de médecine : la conviction de ce maître et la passion qu'il marquait pour son art, son esprit novateur et hardi imposaient le respect au jeune étudiant et lui causaient une admiration sincère. Mais ce qui le charmait par-dessus tout et ce qui n'avait aucun rapport avec la médecine, c'était le cours de littérature fait par Andrieux au Collège de France et dans lequel le spirituel vieillard présentait des aperçus fort ingénieux avec une bonhomie malicieuse. Cependant, l'agrément qu'il trouvait au cours d'Andrieux n'était pour lui qu'un réconfortant et ne le détournait nullement de ses études principales, auxquelles il apportait une exactitude résignée ; il avait même, dès la deuxième séance de dissection, surmonté complètement l'horreur qu'il avait tout d'abord éprouvée pour cette espèce de boucherie et qui lui avait pendant vingt-quatre heures causé un cauchemar horrible ; enfin il allait probablement se résigner à devenir un étudiant comme les autres, si un événement inattendu ne l'avait tiré de cette somnolence intellectuelle et jeté dans un train de vie nouveau.

Un soir, il alla à l'Opéra entendre *les Danaïdes ;* il sortit de là comme transfiguré ; la pathétique partition de Salieri, directement inspirée de celles de Gluck, avait rendu visible à son intelligence, à ses yeux, l'idéal qu'il s'était formé de la tragédie lyrique en parcourant naguère quelques feuillets de *l'Orphée,* de Gluck, trouvés chez son père. A dater de ce jour, la musique l'avait reconquis sur la médecine ; il ne rêvait plus que de retourner au spectacle, que de connaître d'autres opéras, que d'en composer lui-même. Et, dès la semaine suivante, il avait amassé assez d'argent pour recommencer son équipée ; cette fois, il entendait la *Stratonice,* de Méhul, qui lui parut un peu froide avec des passages superbes, et le ballet de *Nina* orchestré par Persuis, au milieu duquel, ô merveille, il découvre cette délicieuse mélodie qui l'avait ravi en extase au jour déjà lointain de sa première communion : c'était Vogt qui la jouait sur le cor anglais avec une expression indicible pendant une pantomime déchirante de Mme Bigottini ; mais cet air si douloureux, si délicieux à la fois, quel était-il donc ? Tout uniment la célèbre romance de la *Nina*, de Dalayrac : *Quand le bien aimé reviendra*, que Persuis n'avait pu se dispenser d'intercaler dans son ballet, car depuis longues années elle était gravée dans le souvenir des amateurs comme la mélodie-type de la folle par amour, de l'inconsolable Nina [1].

Cependant Berlioz hésitait encore ; il essaya pendant quelque temps de concilier sa frénésie musicale avec ses études de médecine et n'avançait ni dans un sens ni dans l'autre. Un jour il apprit que la bibliothèque du Conservatoire était ouverte à tout venant ; il y courut demander les partitions de Gluck pour lequel il ressentait d'instinct une admiration irrésistible : une fois plongé dans ces chefs-d'œuvre, il ne put plus s'en détacher, il passait tout son temps au Conservatoire, abandonnait l'amphithéâtre et se lassait même des leçons de Gay-Lussac pour lesquelles il avait d'abord marqué tant d'ardeur. Il avait lié connaissance, à la bibliothèque, avec un élève de Lesueur, nommé Gerono, qui lui avait proposé de le présenter à ce maître, afin d'être admis dans sa classe. A première inspection, Lesueur, tout en trouvant de l'élan, de la chaleur dans une grande scène pour voix et orchestre, *le Cheval arabe*, que Berlioz venait de composer sur des vers de Millevoye, vit que le postulant n'était pas de force à suivre un véritable cours de composition et lui conseilla d'étudier l'harmonie avec Gerono pour être à même, avant peu, d'assister avec profit à ses leçons du Conservatoire. Aussitôt Berlioz s'était mis à travailler de tout cœur sous la direction de Gerono, qui lui avait révélé avec une confiance aveugle le système sur lequel reposaient la doctrine et l'enseignement de Lesueur, et le néophyte avait si passionnément écouté ces explications laborieuses qu'il put bientôt passer des mains de l'élève entre celles du maître : il devint alors un des disciples favoris, un des adeptes les plus chaleureux de Lesueur. Celui-ci, d'ailleurs, l'avait pris en vive amitié ; à peu près chaque dimanche, il l'emmenait à la chapelle royale et, avant que le service commençât, il lui expliquait en quelques mots le sujet, le plan de celui de ses petits oratorios qu'on allait exécuter. Puis, lorsque la messe était finie et que Charles X s'était retiré, Lesueur et Berlioz s'en allaient le long de la Seine ou

---

1. En février 1822, cela résulte d'une lettre à sa sœur Adèle, il avait déjà franchi le seuil de l'Opéra, entendu notamment *Stratonice*, où le fameux air : *Versez tous vos chagrins dans le sein paternel*, lui avait causé une émotion inexprimable, et le jour où, après avoir gaiement dîné en compagnie de son oncle et de son cousin Raymond, il alla voir jouer à Feydeau *Azémia* et *les Voitures versées*, avec Ponchard et Martin, il éprouva commotion pareille en entendant chanter l'air admirable : *Ton amour, ô fille chérie !* « ... Oh ! tiens, s'écrie-t-il, je me serais jeté au cou de Dalayrac si je m'étais trouvé à côté de sa statue ! »

La Côte St André le 6 Avril 1819
Répondu le 10 D[itt]o

Monsieur

Ayant le projet de faire graver plusieurs œuvres de musique de ma Composition je me suis adressé a vous esperant que vous pourriez remplir mon But; Je desirerois que vous prissiez a votre Compte l'Edition d'un pot-pourri Concertant composé de morceaux choisis, et concertant pour flutte, Cor, deux violons, alto et Basse; Voyez si vous pouvez le faire et combien d'exemplaires vous me donnerez. Répondez moi au plus-tôt je vous prie si cela peut vous convenir combien de temps il nous faudra pour le graver et s'il est necessaire d'affranchir le Paquet; J'ai l'honneur d'être avec la plus parfaite Consideration votre Obeissant Serviteur

Hector Berlioz.

Mon adresse est : à Mr Hector Berlioz
a la Côte St André Dep.^t de l'Isère

LETTRE DE BERLIOZ A L'ÉDITEUR DE MUSIQUE IGNACE PLEYEL.

dans le jardin des Tuileries, le maître évoquant tous les triomphes et les déboires de sa longue carrière, l'hostilité persistante de Méhul et les cabales ourdies contre sa partition de *la Caverne,* le grand succès des *Bardes* et l'engouement de l'empereur pour cet opéra ; la difficulté qu'il avait eue à faire exécuter son premier ouvrage et la rapidité qu'il avait mise à composer son *Télémaque;* l'élève écoutant religieusement ces récits qui auraient dû lui enseigner la patience et qui enflammaient son ardeur, osant parfois discuter les idées mêmes du compositeur sur la musique ou sur la religion, mais tous deux se retrouvant toujours d'accord pour admirer Gluck, Virgile et Napoléon, une trinité singulière et qu'ils étaient seuls, sans doute, à adorer également.

Mais ce n'étaient pas là leurs seuls points de contact. Bien que Berlioz ait affirmé, plus tard, qu'il avait secoué l'influence de son maître, il n'en est pas moins positif que le grain jeté par Lesueur dans ce jeune esprit devait germer d'une façon exceptionnelle, et Berlioz, quand il signait orgueilleusement sur ses premières mélodies : élève de Lesueur, prenait un titre auquel il eut droit toute sa vie et beaucoup plus qu'il ne voulait le croire. Lesueur, il faut bien le savoir, est le véritable inventeur de la musique à programme : à ses yeux, le but suprême de l'art des sons était l'imitation ; il voulait que ses élèves, comme lui-même, missent le plus possible « de poésie, de peinture et d'expression » dans leurs compositions ; il demandait avant tout aux sons d'exprimer quelque chose, de peindre ou des sentiments ou des faits, et ses écrits théoriques comme ses petits oratorios tendaient à faire prévaloir cette opinion, tout à fait singulière en un temps où les compositeurs n'avaient que l'un ou l'autre de ces deux objectifs : plaire à l'oreille par le charme de la mélodie ou captiver l'esprit par le pathétique de la déclamation. Lesueur fut donc un novateur à son époque et ce fut un bonheur pour lui que de rencontrer l'élève qui devait, par disposition naturelle, adopter le plus ardemment ses théories et les réaliser, jusqu'à leurs extrêmes limites, avec une puissance extraordinaire. Car Lesueur ne s'en tenait pas là : pour que les auditeurs pussent bien saisir tous les traits successifs du « tableau musical » qui allait se dérouler devant leurs yeux, il jugeait bon d'y joindre un commentaire explicatif : aussi en faisait-il distribuer chaque fois qu'il exécutait un de ses oratorios, ou bien donnait-il de vive voix à ses élèves les renseignements nécessaires, pour bien comprendre ses œuvres. En outre, et comme les principaux éléments de sa musique ainsi traitée, de la musique picturale, pourrait-on dire, sont le rythme et le timbre, qui donnent le mouvement et la couleur au tableau musical, Lesueur, comme plus tard Berlioz, était surtout préoccupé de varier à l'infini les rythmes, les effets de timbre et les tonalités et, pour y parvenir, il s'ingéniait à introduire dans sa musique et les modes antiques et les tonalités du plain-chant : Berlioz ne fit-il pas de même? Enfin, avec tant de points analogues, avec une égale horreur de la fugue qui ne signifiait rien à leurs yeux, avec un égal appétit de musique expressive, imitative et pittoresque, avec une disposition pareille à superposer, à combiner ensemble, au point de les rendre indistincts, plusieurs thèmes qui tous exprimaient un fait, un sentiment particulier dans leur esprit, n'est-il pas naturel que le maître et l'élève se soient sentis attirés l'un vers l'autre, et que Lesueur ait marqué une affection constante au jeune musicien qui le devait suivre et dépasser dans cette voie, au disciple en qui se révélaient des dons supérieurs pour la « musique d'expression »[1] ?

En cette année 1823, qui semble avoir été celle où Berlioz, enthousiasmé par une audition d'*Iphigénie en Tauride* à l'Opéra, signifia à ses parents son intention formelle de se vouer à la musique, il n'était encore qu'élève particulier de Lesueur et ne suivait pas les cours du Conservatoire. Il n'en était pas moins très décidé à composer pour le théâtre, et comme il ne savait où trouver un livret d'opéra, il imagina tout simplement de s'adresser par lettre au vieil Andrieux, dont les leçons de littérature l'avaient si fort captivé. Cette lettre et cette requête durent bien surprendre le vieillard, qui y répondit cependant avec une bonhomie malicieuse, en s'excusant sur ses soixante-quatre ans, en déplorant que ses idées et ses études eussent pris une autre direction. Andrieux s'étant dérobé à l'honneur de collaborer avec lui, Hector était plus embarrassé que jamais de trouver une pièce à mettre en musique. Heureusement que le musicien Gerono était bon à tout faire et qu'il accepta volontiers d'écrire pour son camarade un livret dramatique sur l'*Estelle,* de Florian ; pièce et musique, au dire de Berlioz, étaient souverainement ridicules, en dépit des souvenirs de Meylan, qui auraient dû échauffer son imagination musicale, et il n'eut jamais l'illusion de croire que ce beau chef-d'œuvre pût être exécuté en public. Il s'était, entre temps, engoué d'un sujet extrêmement mélodramatique ; il avait écrit un grand morceau pour voix de basse, avec orchestre, sur une scène de *Beverley ou le Joueur,* de Saurin, adaptation de la pièce anglaise *The Gamester,* et il rêvait de l'entendre chanter par Dérivis, dont la magnifique voix, qui faisait merveille dans *les Danaïdes* et dans les opéras de Gluck, résonnait toujours à son

---

[1]. Mon regretté confrère, Octave Fouque, a étudié de la façon la plus intéressante les rapports de maître à élève entre Lesueur et Berlioz, et l'influence que le premier exerça sur le second, dans un travail très complet sur Lesueur, première partie de son livre : *les Révolutionnaires de la Musique* (Calmann Lévy, 1882).

oreille. Il décide alors de porter sa scène à Talma pour que celui-ci l'intercale dans une représentation à son bénéfice, en demandant le concours de Dérivis, et le voilà qui se dirige bravement vers la rue de la Tour-des-Dames ; mais, à mesure qu'il approche, son assurance l'abandonne, et, quand il arrive à la porte, il se sent pris d'un violent battement de cœur. Deux fois il va pour sonner et deux fois sa main retombe ; enfin, tout échauffé, tout rouge, il prend une détermination suprême... et s'éloigne à grands pas [1].

Ce n'étaient encore là que des essais sans importance ; mais l'élève avait progressé sous la direction de Lesueur et il rêvait d'entreprendre des ouvrages plus vastes. Le maître de chapelle de Saint-Roch, nommé Masson, lui ayant proposé d'écrire une messe solennelle le jour des Saints-Innocents (28 décembre 1824), fête patronale des enfants de chœur, Berlioz, décidé par cette considération qu'il n'aurait rien à débourser, puisque les enfants de chœur eux-mêmes devaient soigneusement copier toutes les parties, se mit rapidement à la besogne et entreprit du même coup un oratorio latin sur le *Passage de la mer Rouge*. Aussitôt la messe achevée, il la soumit à Lesueur qui fut surtout charmé par les passages qui procédaient le plus directement de ses œuvres, puis il la remit à M. Masson qui en distribua les copies à faire aux enfants de la maîtrise. A en croire le trop confiant maître de chapelle, on devait obtenir une exécution magnifique avec cent instrumentistes de choix, des chœurs plus nombreux encore ; il ne manquait à ce magnifique orchestre qu'un chef capable et digne de le diriger. Heureusement que Berlioz, sur la recommandation de Lesueur, obtint le précieux concours de Valentino ; mais imaginez le désappointement de l'auteur lorsqu'au jour de la répétition cet excellent chef d'orchestre se trouve en face de dix musiciens, plus ou moins valeureux, et de vingt-cinq à trente choristes, enfants compris ; jugez de sa fureur lorsque, dès les premiers accords, on découvre des fautes tellement grossières, un gâchis si complet dans toutes les parties qu'il devient absolument impossible de répéter et qu'il fallut en demeurer là. Valentino, cependant, si fâcheuse que fût cette mésaventure, eut la bonté d'en consoler Berlioz et de lui promettre qu'il serait toujours à sa disposition.

Berlioz, si peu qu'il eût entendu de sa messe, avait bien compris qu'elle était toute à refaire ; mais certaine lettre qu'il reçut de Chateaubriand (1er janvier 1825) en réponse à la demande qu'il lui avait

[1]. Il règne une confusion inextricable dans les *Mémoires* de Berlioz en ce qui concerne les différents épisodes des premières années passées dans la capitale, ses premiers essais de composition, ses allées et venues de la Côte à Paris, etc. J'adopte ici l'ordre établi par M. Hippeau en s'appuyant sur les quelques dates précises qu'on connaît et qui suffisent à prouver le décousu de ces capricieux

faite, sans le connaître, de lui prêter douze cents francs, dut le refroidir un peu sur son projet de reprendre entièrement sa messe en sous-œuvre, car il ajourna cette besogne et s'occupa surtout de son oratorio latin : *le Passage de la mer Rouge*. Il n'eut pas cependant le loisir de s'y donner longuement, car, sur la nouvelle, qui avait fini par arriver à la Côte, du pitoyable échec de sa *Messe*, il avait été rappelé par ses parents, qui commençaient à se lasser de ses belles promesses, de ses vaines assurances de soumission ; il y avait trois ans, tout bien compté, que durait ce manège, et l'étudiant paraissait plus éloigné que jamais de passer ses examens de médecine. Il partit, probablement vers la fin de mai 1825, et reçut à la Côte un accueil aussi cordial qu'il pouvait l'espérer. Tout en lui faisant d'affectueuses remontrances, son père se laissait aller à causer beaucoup de musique avec lui, il était vraiment captivé par les explications que lui donnait Hector, d'après les travaux de Lesueur, sur l'harmonie présumée des anciens ; enfin, tout en voulant remettre son fils dans le droit chemin de la médecine, il se laissait gagner à ses vues et s'intéressait à ses projets. Ne lui avait-il pas simplement recommandé de ne jamais parler musique devant sa mère, et celle-ci, de son côté, ne lui avait-elle pas épargné ces « malheureuses et inutiles remontrances » qui n'auraient pu que les chagriner tous ?

C'est Berlioz qui raconte lui-même ces détails dans une lettre affectueuse à Lesueur ; car, durant cette retraite à la Côte, qui paraît avoir duré deux mois, il ne s'était pas tenu d'écrire à son maître afin de le mettre au courant de ses projets persistants pour l'avenir, afin de lui transmettre aussi tous les remerciements de son père pour les soins et les conseils qu'il avait reçus de lui, et cette marque de déférence envers Lesueur montre au moins que le docteur Berlioz n'était plus tellement rebelle aux projets de son fils. Celui-ci, d'ailleurs, écrivait à son ami Ferrand dès le 10 juin : « Tout va bien pour moi ; mon père est tout à fait dans mon parti et maman parle déjà avec sang-froid de mon retour à Paris. » Il y revint effectivement dans les premiers jours d'août 1825, mais il n'eut pas plutôt remis les pieds à Paris qu'il se sentit repris tout entier par le démon musical. Alors, il s'acharna furieusement à sa messe, il en refit tous les morceaux, puis, après, comme il n'avait pas d'argent pour les faire copier et qu'il se défiait de tout autre que lui-même, il passa trois mois à en tirer toutes les parties manuscrites nécessaires, puis il

Mémoires; mais non plus que lui je ne saurais garantir l'exactitude de cette chronologie pour les moindres incidents. Au moins n'est-elle pas en désaccord perpétuel, comme le récit de Berlioz, avec les dates que nous fournissent ses propres lettres et celles de ses correspondants.

attendit. Le hasard lui vint en aide sous la forme d'un jeune amateur passionné de musique, Augustin de Pons, avec lequel il s'était lié aux représentations de l'Opéra et qui avait été furieux de la débâcle de la messe à Saint-Roch. Cet ami de rencontre, et cependant si dévoué, jouissait d'une certaine aisance ; il proposa à Berlioz de lui prêter la somme nécessaire, soit douze cents francs, à vue de pays, pour organiser une magnifique exécution de sa messe, toujours à Saint-Roch. Berlioz accepta avec enthousiasme ; orchestre et chœurs, tout le personnel fut engagé bien vite et, fidèle à son ancienne promesse, Valentino accepta de venir diriger cette nouvelle exécution qui marcha à merveille et permit enfin au jeune compositeur de s'entendre et de se faire entendre pour la première fois.

Honneur au brave de Pons ! s'écriait-il dans la joie de cette première victoire. Il n'en était pas moins endetté d'une somme importante et voulait parvenir à se libérer sans faire appel à sa famille : il n'y pouvait suffire avec sa pension mensuelle de cent vingt francs ; mais il espérait y arriver peu à peu en se réduisant au strict nécessaire, et surtout en tirant parti de son savoir musical. Il alla loger dans la Cité, tout au haut d'une maison sise au coin de la rue du Harlay et du quai des Orfèvres ; il se mit à donner, à vingt sous le cachet, des leçons de musique, de flûte, de guitare ou de solfège ; enfin, il s'habitua à ne dépenser que sept ou huit sous pour sa nourriture, achetant des figues, des pruneaux, des dattes pour manger avec son pain, et allant prendre ce repas misérable à la pointe de la Cité, en contrebas du Pont-Neuf. Il était arrivé déjà de la sorte à rembourser lentement six cents francs, lorsque de Pons, soit par besoin d'argent, soit par inquiétude de le voir se fatiguer, se ruiner l'estomac par ce quasi-jeûne, eut la fâcheuse idée d'écrire au docteur Berlioz pour lui apprendre et la dette contractée par son fils et la vie qu'il menait afin de s'en libérer. A cette nouvelle, le père de famille prit une résolution énergique : il remboursa à de Pons les six cents francs restants, mais il coupa radicalement les vivres à son fils, pensant ainsi le réduire à merci. Cette mesure rigoureuse eut un résultat tout contraire, et Berlioz, habitué d'ailleurs à cette vie de Spartiate et ne craignant plus de mécontenter son père, décida de rester à Paris, dût-il ne vivre que du produit de ses leçons, dût-il s'imposer encore, les leçons venant à manquer, de nouvelles privations.

Juste à ce moment, il était sous le coup d'une émotion profonde, irrésistible. Il venait d'entendre à l'Odéon *le Freischütz*, de Weber, arrangé, torturé, défiguré sous le nom de *Robin des bois,* par Castil-Blaze, et cette musique lui avait causé une surprise, un ravissement extrêmes. Il avait, paraît-il, entrée libre à l'orchestre de ce théâtre, et il en usait largement, tant la grâce rêveuse, la poésie et la couleur agreste, qui se dégageaient du chef-d'œuvre de Weber, lui paraissaient délicieuses et captivantes après les accents si pathétiques, mais toujours solennels, des tragédies lyriques. Weber, au travers des brumes d'une exécution défaillante, incomplète, « avec un orchestre admirable, un chœur médiocre et des chanteurs affreux », lui apparut comme un nouveau dieu de la musique et, du premier élan, il se voua à lui comme il s'était déjà donné corps et âme à Gluck, à Spontini. Quel coup ce dut être alors pour lui lorsqu'il apprit, un matin de février 1826, que ce maître était à Paris, mais qu'il ne faisait que passer pour gagner Londres où son *Oberon* allait voir le jour! Avec quelle ardeur il se lança à sa poursuite à travers la ville, avec quel désespoir il dut rentrer au logis sans avoir pu le joindre, après l'avoir manqué seulement de quelques minutes, le matin, chez Lesueur, chez Schlesinger dans la journée, et le soir à l'Opéra, où Weber était allé applaudir Mᵐᵉ Branchu dans *Olympie!*

Dès son arrivée à Paris, Berlioz avait lié connaissance avec un jeune étudiant en droit, Albert Duboys, qui réunissait chez lui, une ou deux fois la semaine, quelques compatriotes dauphinois, et, dans le nombre, il s'était senti tout de suite attiré vers un garçon originaire de Belley, brûlant, comme lui, d'une passion exclusive pour l'art et la littérature. Aussi, cette communauté d'aspirations, d'enthousiasmes et de dédains n'avait-elle pas tardé à sceller l'amitié la plus vive et la plus durable entre ces deux jeunes gens profondément divisés d'opinions politiques et religieuses : Humbert Ferrand, c'était son nom, était un catholique ardent, attaché de cœur à la monarchie légitime, et Berlioz, au contraire, en sentant se développer chez lui avec l'âge les idées incrédules de son père, avait voué une admiration profonde à l'empereur et se rattachait à l'école libérale, en politique comme en littérature, qui menait une campagne acharnée contre les Bourbons. Humbert Ferrand venait précisément d'écrire une grande scène héroïque avec chœurs sur la *Révolution grecque* qui passionnait alors tous les esprits. Berlioz la mit en musique et voulut aussitôt faire exécuter cette partition, tout à fait imitée de Spontini, dit-il, comme sa messe était un pastiche enfantin de Lesueur, aux concerts spirituels qui se donnaient durant la semaine sainte à l'Opéra. Cela dépendait uniquement de Kreutzer, qui occupait à ce théâtre la place de directeur de la musique, mais Berlioz ne mettait pas en doute que celui-ci ne fût bien disposé à son égard, d'abord parce que Lesueur avait dû parler à son confrère, ensuite et surtout parce qu'un ami de Ferrand, secrétaire de M. de la Rochefoucauld, le surintendant des Beaux-Arts, avait obtenu une lettre de ce dernier en faveur du jeune compositeur. Mais Kreutzer, insensible à tant de belles recommandations, écouta d'une oreille distraite la requête du visiteur, ne regarda même pas son cahier de musique et lui répondit sèchement qu'on n'avait pas le temps d'étudier de nouvelles compositions pour les concerts spirituels; Lesueur, à ce que dit Berlioz, reprocha vivement ce mauvais accueil à son confrère et celui-ci s'écria avec humeur : « Eh ! pardieu, que deviendrions-nous si nous aidions ainsi les jeunes gens ?... »

Cela devait se passer durant le carême de 1826 et, deux ou trois mois plus tard environ, Berlioz allait jouer une partie autrement importante pour la suite de sa carrière. Il n'était toujours qu'élève particulier de Lesueur, mais, pour venir à bout des résistances de ses parents, qui n'avaient pas tardé cependant à lui rendre sa modique pension, il avait résolu de se présenter quand même au concours pour le prix de Rome. Hélas ! il ne fut même pas admis à l'épreuve préliminaire, et cet échec eut pour résultat immédiat un retour de sévérité de son père, en dépit du bon témoignage que Lesueur portait sur son compte[1]. Alors Berlioz jugea qu'il ferait bien de se rendre à la Côte afin de plaider sa cause en personne et d'obtenir, si c'était possible, un nouveau délai. Il reçut d'abord un accueil glacial de ses parents : ceux-ci l'abandonnèrent à ses réflexions pendant plusieurs jours ; puis, un beau matin, ils le mirent en demeure de choisir une carrière sérieuse quelconque autre que la médecine, si la médecine décidément lui était insupportable. A cette ouverture, il répondit en déclarant sa volonté très arrêtée de devenir compositeur; sur quoi son père lui certifia qu'il ne retournerait de sa vie à Paris. Alors Berlioz tomba dans un indicible abattement, dans un désespoir affreux, restant enfermé dans sa chambre ou errant par les champs et les bois, mais répondant à peine aux questions qu'on lui adressait et ne mangeant plus pour ainsi dire. En voyant son fils s'absorber ainsi dans un chagrin plus muet et plus profond de jour en jour, le malheureux docteur fut repris d'un accès fou de tendresse ; il fit alors un suprême effort sur lui-même et, sacrifiant ses idées les plus chères : « Écoute, lui dit-il un jour, je consens à te laisser aller étudier la musique à Paris, mais pour quelque temps seulement et, si de nouvelles épreuves ne te sont pas favorables, tu voudras bien renoncer de toi-même à tes chimères et prendre une autre voie en reconnaissant que j'ai fait tout ce qu'il était possible

---

[1]. Le grand prix fut remporté par Paris, élève de Lesueur, et le second grand prix fut partagé entre J. B. Guiraud, autre élève de Lesueur, et Émile Bienaimé, élève de Berton et Fétis : la cantate à mettre en musique était une *Herminie*, de Vinaty.

pour ne pas te décourager. » Hector sauta au cou de son père, promit tout ce qu'on lui demandait et courut faire ses malles pour Paris.

Eut-il, avant de partir, à subir un nouvel assaut de la part de sa mère, et son père lui avait-il vraiment recommandé de quitter secrètement la Côte afin de ménager les idées très absolues, très exaltées de la pauvre femme et de leur épargner à tous des scènes très pénibles et tout à fait superflues ? Il est permis d'en douter ; il est peu croyable, en tout cas, que cette scène d'adieux entre elle et son fils ait atteint au degré de violence et d'exaspération religieuse que dit Berlioz : qu'il ait vu sa mère en pleurs se traîner à ses genoux et qu'il ait dû quitter le logis frappé de la malédiction maternelle. En effet, même au plus fort de la lutte contre les préférences de sa famille, il parlait toujours de ses parents avec une affectueuse reconnaissance, écrit Hiller, et raillait seulement entre amis ce qu'il appelait les « préjugés » de sa mère au sujet de la religion et de l'art. Quoi qu'il en soit de cet épisode imaginaire ou réel, Berlioz n'en avait pas moins obtenu l'autorisation de se vouer uniquement à la musique et de prouver au plus tôt qu'il n'avait pas faussement préjugé de sa vocation musicale : il ne possédait pas un sou de plus pour cela, mais qu'importe ? il avait enfin conquis la liberté après laquelle il soupirait depuis nombre d'années et pouvait se lancer dans la carrière toute grande ouverte devant lui.

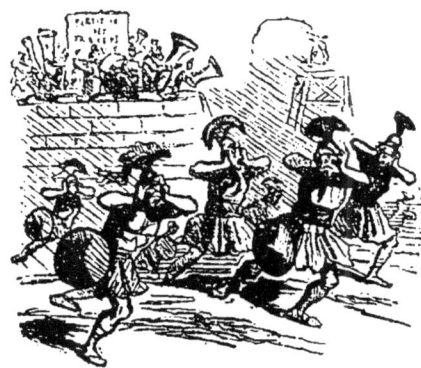

Comme quoi les Grecs auraient certainement levé le siège devant Troie si les Troyens avaient eu la partition de M. Berlioz en temps utile.
(Cham, *Charivari*, 22 novembre 1863.)

CHAPITRE II

DE L'ENTRÉE AU CONSERVATOIRE AU PRIX DE ROME

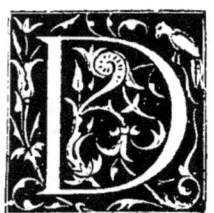Ès qu'il fut de retour à Paris, Berlioz s'occupa de se faire comprendre parmi les élèves titulaires dans la classe de composition de Lesueur au Conservatoire, et, grâce à son maître, qui fit lui-même la demande à Cherubini, l'affaire alla de soi ; bien mieux, Cherubini, qui tenait en tout pour la régularité, ayant appris que le nouvel élève n'avait pas suivi la filière habituelle avant d'arriver dans une classe de haute composition, décida qu'il serait également inscrit à la classe de contrepoint et de fugue de Reicha, par laquelle il aurait dû passer : Berlioz dut suivre ainsi deux cours au lieu d'un, ce qu'il fit d'ailleurs avec un zèle exemplaire et qui prouvait son désir de réparer le temps perdu. Quels jours heureux pour lui que le 26 août 1826, où il fut officiellement inscrit sur les registres du Conservatoire; que le 2 octobre, où les classes commencèrent ! Et, comme s'il n'avait pas encore assez de ces deux cours à suivre et des doubles devoirs à faire, il entreprenait d'écrire un grand opéra sur certain poème des *Francs-Juges* que son ami Humbert Ferrand avait élaboré : ne se voyait-il pas déjà, lui naïf, accueilli, représenté, triomphant à l'Opéra ? Ces nombreuses occupations le détournèrent un peu de ses leçons, si bien que lorsque furent les beaux jours et qu'il dut penser à vivre un peu moins au grand air, à se nourrir d'une façon plus substantielle, il se trouva fort dépourvu. Mais son enthousiasme d'artiste et sa répulsion pour tout autre métier le soutinrent : plutôt que de crier misère et de s'avouer vaincu, plutôt que d'appeler sa famille à son aide, il résolut d'avoir recours aux derniers expédients.

Il venait précisément de rencontrer à Paris un jeune homme originaire de la Côte, nommé Antoine Charbonel, qui étudiait la pharmacie et n'était pas plus fortuné que lui. Mais la misère à deux paraît plus supportable et les jeunes gens eurent l'idée de s'associer ; d'abord, ils louèrent deux petites chambres rue de la Harpe, ils achetèrent les ustensiles indispensables pour faire leur cuisine et manger : deux fourneaux, une marmite, une écumoire, une soupière, huit assiettes à quatre sous et deux verres à huit. Puis, comme ils étaient d'honnêtes garçons, ne voulant pas se tromper l'un l'autre, ils se procurèrent un cahier où leurs dépenses quotidiennes furent soigneusement portées tant que dura cette association, soit du 6 septembre 1826 au 22 mai de l'année suivante. Certes, ils faisaient maigre chère, et, surtout vers les fins de mois, on allait fort à l'économie : le 29 septembre, par exemple, Berlioz, étant seul, n'acheta que quelques grappes de raisin ; puis, le lendemain, du pain pour 43 centimes, du sel pour 25 ; total, 68 centimes. Tout cela est navrant ; mais on me fera difficilement croire que de vigoureux garçons de cet âge aient pu se soutenir en suçant un jour du raisin, en croquant le lendemain du pain trempé dans du sel. D'ailleurs, Berlioz nous dit qu'ils vivaient ainsi tous les deux pour trente francs chacun par mois (et Berlioz ne devait pas forcer le chiffre), ce qui ne fait pas loin de deux francs par jour ; en feuilletant ce carnet à des moments moins malheureux, on voit que l'ordinaire était la côtelette ou des légumes assaisonnés à la graisse de porc. Le 1er janvier 1827, Charbonel dîne en ville et Berlioz, demeuré seul, ne prend que huit sous de pain ; mais pour Pâques, en revanche, festin pantagruélique : « Un chapon, 1 fr. 55 cent.! » La vie, en somme, était supportable, surtout grâce à Charbonel, dont l'adresse leur était précieuse : il prenait des bûches et taillait dedans une paire de galoches pour chacun d'eux, il se fabriquait un filet et des appeaux avec lesquels, le printemps venu, il allait prendre des cailles dans la plaine de Montrouge. Des cailles, peste, ils n'étaient pas dégoûtés et ce fin régal ne leur revenait pas cher.

L'hiver, il faut en convenir, avait été plus dur, et Berlioz, malgré l'industrie et le talent culinaire de Charbonel, ne parlait de rien moins que de s'exiler, de s'engager comme flûtiste dans un théâtre du Nouveau-Monde, à Mexico ou à New-York, aux Indes ou en Chine. Il n'eut pas besoin d'aller aussi loin, si tant est qu'il en ait jamais marqué l'envie. Il apprit certain jour qu'à Paris même allait s'ouvrir un nouveau théâtre où l'on devait jouer des vaudevilles et des opéras-comiques : une scène destinée à la musique suppose un orchestre, un orchestre, des flûtistes... Vite, il court au théâtre des Nouveautés, en face de la Bourse, et demande au régisseur une place de flûtiste : elles sont toutes prises. Un emploi de choriste, alors ? Ils sont tous donnés. On inscrit cependant son adresse pour le cas où l'on aurait besoin de sujets supplémentaires et, quelques jours après, Berlioz recevait avis qu'il eût à venir concourir pour la place sollicitée : il dut la disputer à de redoutables concurrents, un tisserand, un forgeron, un acteur congédié d'un petit théâtre et un chantre de Saint-Eustache. Il l'emporta cependant, ce qui lui donnait cinquante francs par mois, et c'est ainsi qu'à partir du jour où le théâtre effectua son ouverture (1er mars 1827), il dut s'esquiver chaque soir de la rue de la Harpe afin d'aller chanter aux Nouveautés de simples chœurs de vaudevilles [1]. Mais il avait affaire à un compagnon de misère assez fier qui n'aurait pas admis l'idée de cohabiter avec un histrion ; aussi, tant pour ménager la dignité du futur pharmacien que pour cacher à sa famille à quel degré de bassesse il était descendu, Berlioz, quand il dut s'absenter tous les soirs, prétextait-il des leçons à donner tout au bout de la ville, et prenait-il soin de se grimer avant que d'entrer en scène, ou même, à ce qu'on dit, de mettre un faux nez.

Le 22 mai, Charbonel part et Berlioz reste seul à Paris, entre ses cours à suivre, ses leçons à donner et ses chœurs à chanter ; mais, aussitôt qu'il se voit un peu moins gêné, soit qu'il ait gagné quelque argent, soit que sa famille ait eu pitié de sa détresse, il renonce à cet emploi misérable et reprend sa liberté du soir ; alors vite à l'Opéra. C'était là, dit-il, qu'il faisait ses véritables études d'instrumentation. Avant d'entrer aux Nouveautés, il s'était lié avec un ami du célèbre chorégraphe Gardel, qui lui donnait très souvent des billets de parterre, et Berlioz, une fois sa liberté reconquise, put se rendre à l'Opéra presque tous les jours. Il apportait avec lui la partition de l'ouvrage ; il se rendait compte, en suivant avec attention, des effets d'orchestration et se familiarisait avec le timbre et l'accent des divers instruments, quitte à en apprendre un peu plus tard l'étendue et le mécanisme ; il suppléait de la sorte à tout ce qu'il trouvait d'insuffisant dans l'enseignement de Lesueur et de Reicha, trop fidèles observateurs des traditions établies et n'ayant eux-mêmes que des notions fort bornées sur cet art tout particulier. Berlioz avait bien d'abord été vivement frappé par l'expression saisissante et les beautés supérieures de certaines œuvres de Salieri, de Méhul ; il avait été bouleversé par *la Mort d'Abel,* de Kreutzer, auquel il n'avait pu se tenir d'écrire une lettre extravagante : « O génie ! je meurs ! les larmes m'étouffent ! *la Mort d'Abel !* dieux !... Quel infâme public ! il ne sent rien ! Que faut-il donc pour l'émouvoir ?... » Mais il avait singulièrement rabattu de cet enthousiasme depuis que Kreutzer l'avait éconduit avec son morceau de la *Révolution grecque,* et son admiration pour Salieri, pour Méhul, s'était légitimement confondue avec son adoration pour Gluck de qui procédaient les auteurs des *Danaïdes* et de *Stratonice.* Quant à Beetho-

---

1. En 1827, le 27 octobre, on donna bien aux Nouveautés un prétendu opéra de *Faust,* tiré du poème de Gœthe par Théaulon et Gondelier, et orné par Béancourt, chef d'orchestre du théâtre, de morceaux puisés dans divers ouvrages français (voir mon *Gœthe et la musique,* chez Fischbacher, 1880) ; mais il paraît avéré qu'à cette date Berlioz avait déjà pu abandonner ce métier qui l'aurait, dit-il, à la longue ou rendu idiot ou fait mourir du choléra.

ven, dit-il, dont il avait seulement lu deux symphonies et entendu un andante, il lui faisait de loin « l'effet d'un soleil, mais d'un soleil obscurci par d'épais nuages »; bref, à l'en croire, il était alors exclusivement adonné à l'étude de la tragédie lyrique, il était tout à Gluck et à Spontini [1].

Cependant l'époque du concours pour le prix de Rome était arrivée, et, cette fois, il fut admis à l'épreuve définitive ; mais, voyez un peu le malheur. La scène lyrique qu'il avait dû traiter était *Orphée déchiré par les bacchantes*, et son morceau final, une bacchanale furibonde, était tellement difficile que le pianiste, chargé de représenter l'orchestre, y pataugea d'un bout à l'autre ; alors, les juges, plutôt que de s'en prendre à l'exécutant, exclurent le candidat du concours. Ces juges-là s'appelaient Cherubini, Paër, Lesueur, Berton, Boieldieu, Catel, et le concurrent évincé ne leur pardonna jamais cet arrêt sommaire ; à quelques mois de là, quand il fit chanter de nouveau sa messe, il leur envoya à tous des lettres d'invitation, afin qu'ils entendissent exécuter ce qu'ils appelaient de la musique inexécutable, « car ma *Messe*, écrit-il à Humbert Ferrand, est trente fois plus difficile que ma cantate de concours, et vous savez que j'ai été obligé de me retirer parce que M. Rifaut n'a pas pu m'exécuter sur le piano et que M. Berton s'est empressé de me déclarer inexécutable, même à

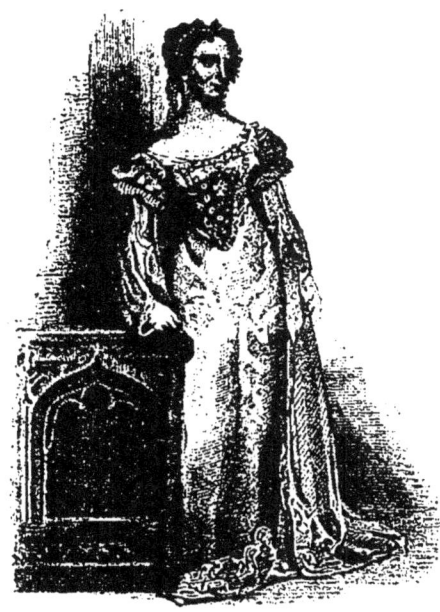

MISS SMITHSON DANS MARGUERITE,
d'après un dessin de Wageman, gravé par T. Woolnoth [2].

---

1. Berlioz se trompe étrangement quand il ajoute, en parlant des maîtres qu'il admirait alors, après l'échec de son *Orphée* au concours de Rome, c'est-à-dire en 1827 : « Weber n'avait pas encore produit ses chefs-d'œuvre ; son nom même nous était inconnu. » Il se peut qu'il ne ressentît pas encore l'influence de Weber dans son style musical ; mais il avait entendu de nombreuses fois *Robin des Bois* qui se jouait à l'Odéon depuis 1824, peut-être aussi *la Forêt de Sénart*, imitée d'*Euryanthe*, et sa poursuite folle à la recherche de Weber par tout Paris remontait au mois de février de l'année précédente, à moins qu'elle ne fût d'imagination pure. Voir notre étude sur Weber à Paris en 1826, dans *Paris dilettante au commencement du siècle* (Firmin-Didot, 1884).

2. Ce rôle de Marguerite est probablement celui de la fille de Sir Giles Overreach, dans la comédie de Massinger intitulée : *A New Way to pay Old Debts* (*Nouvelle Méthode pour payer de vieilles dettes*), que miss Smithson joua avec Kean, à Drury-Lane, le 6 février 1824.

l'orchestre. Mon grand crime, aux yeux de ce vieil et froid classique, à présent du moins, est de chercher à faire du neuf[1]. »

Pour se consoler de cet échec, il reprit, avec un redoublement d'ardeur, le cours de ses études à l'Opéra ; il y apportait un véritable fanatisme et cherchait à recruter des prosélytes, à réchauffer, quand il tiédissait, le culte de ses amis pour Gluck. Connaissant les bonnes et les mauvaises places du parterre, il s'arrangeait pour arriver dès l'ouverture avec sa troupe afin d'avoir le choix, puis on attendait anxieux le lever du rideau, craignant toujours qu'un contretemps subit n'eût fait remplacer le chef-d'œuvre annoncé de Gluck, de Salieri, voire de Sacchini, par quelque pauvreté de Lebrun, de Lemoyne ou de Grétry. Pour faire patienter ses compagnons, Berlioz les initiait aux beautés de l'opéra qu'ils allaient entendre et leur nommait les principaux artistes à mesure qu'ils venaient se placer à l'orchestre ; enfin, dès que la toile était levée, la petite troupe imposait silence aux bavards, réprimait les bravos inopportuns de la claque et claquait elle-même d'autorité aux bons endroits, mais seulement lorsque les chanteurs méritaient réellement d'être encouragés. Jusque-là, rien de mieux, car tous ces détails, que Berlioz rapporte avec complaisance, rentrent bien dans les habitudes des gens passionnés de théâtre à cette époque ; mais que Berlioz et ses amis aient interrompu le spectacle par des clameurs lorsqu'on ajoutait des cymbales dans tel morceau d'*Iphigénie* ou qu'on supprimait les trombones dans tel autre, qu'ils aient protesté à grands cris contre l'introduction d'airs de danse étrangers dans le ballet d'*Œdipe à Colone* et qu'ils aient de la sorte empêché de renouveler ces outrages envers Gluck et Sacchini, qu'un beau soir, enfin, le public, excité par leurs clameurs, ait sauté dans l'orchestre et brisé les instruments parce que Baillot, soliste en titre, n'avait pu venir jouer son solo de violon dans *Nina* ; voilà bien des exploits, racontés avec une verve bouillonnante et fort amusants à lire, mais qui paraissent terriblement apprêtés, démesurément grossis, sinon tout à fait imaginaires

Cependant, Berlioz n'avait pas renoncé à sa messe ; après l'exécution, qu'il avait payée avec l'argent de Pons, il y avait encore apporté des modifications et désirait beaucoup la réentendre sous cette forme définitive. Il obtint qu'on la chantât à Saint-Eustache le jour de la Sainte-Cécile (22 novembre 1827), et l'impression qu'il en ressentit fut excellente. Ses corrections lui parurent bonnes ; le passage *Et iterum venturus*, qui avait été manqué la première fois, fut rendu d'une façon

---

1. Le premier grand prix, en 1827, fut remporté par J. B. Guiraud (le père de M. Ernest Guiraud), élève de Lesueur et Reicha, et les deux seconds grands prix furent attribués à Ross-Despréaux et Alphonse Gilbert, tous deux élèves de Berton.

foudroyante par six trompettes, quatre cors, trois trombones et deux ophicléides ; enfin, certain passage du chœur qui suivait, exécuté par toutes les voix à l'octave, produisit sur l'auditoire une impression terrible. Pour lui, dit-il, il avait bien conservé son sang-froid jusque-là, car il n'avait pas craint de diriger toute l'exécution ; cependant, quand il attaqua ce tableau du Jugement dernier, quand il entendit cette annonce chantée par six basses-tailles à l'unisson, ce terrible *clangor tubarum,* ces cris d'effroi de la multitude, il fut saisi d'un tremblement convulsif qu'il put bien maîtriser jusqu'à la fin du morceau, mais qui le contraignit ensuite à s'asseoir et à laisser reposer l'orchestre un bon moment ; il ne pouvait plus tenir debout et craignait que le bâton ne lui échappât des mains. Tel est le récit qu'il fait à Humbert Ferrand de cette exécution solennelle ; c'était la première fois qu'il dirigeait un orchestre, une de ses œuvres, et déjà il ressentait ces palpitations, ces suffocations, ces quasi-évanouissements qu'il devait éprouver toute sa vie avec une violence inimaginable. En deux mots, ce lui parut être un « succès double de la première fois », et qui aurait été encore plus considérable s'il avait eu des voix en assez grand nombre pour remplir cette immense église ; il avait reçu des félicitations de tout le monde et, le soir même, il lui arrivait « une lettre où certain auditeur inconnu lui disait des choses charmantes ». Déjà ! Ce fut peut-être un succès, mais un succès qui n'eut pas grand retentissement, d'abord parce que les journalistes qu'il avait priés, Castil-Blaze et Fétis, plus le critique de *l'Observateur,* lui manquèrent de parole, et puis, parce que cette audition arrivait au milieu des émeutes qui troublaient le quartier Saint-Denis, et que beaucoup de personnes, même de ses connaissances particulières, avaient jugé prudent de rester au logis.

Tout à coup, un éclair sillonna la nue, un coup de tonnerre éclata dans le ciel littéraire, et tous les poètes, les artistes, les écrivains ralliés à la nouvelle école dont Victor Hugo allait arborer le drapeau dans la préface de *Cromwell,* furent éblouis, fascinés par l'apparition d'un génie étranger dont ils n'entendaient pas la langue, pour la plupart, mais dont les puissantes conceptions, presque réduites pour eux à l'état de pantomimes, les remuaient jusqu'aux entrailles. Et puis, ces drames si violents, si hardis, si libres d'allures et de conception, ne semblaient-ils pas devoir porter le dernier coup aux conventions de la tragédie classique, aux timidités bourgeoises de la scène française ? Dès lors, tous ceux qui rêvaient le triomphe d'un art libre et sans entraves devaient être heureux d'engager la bataille en se couvrant du nom de Shakespeare, et tous, parmi les tenants du romantisme, auraient pu s'écrier avec Berlioz : « Shakespeare, en tombant sur moi à l'improviste, me foudroya ; son éclair, en m'ouvrant le ciel de l'art avec un fracas sublime, m'en illumina les plus lointaines profondeurs. Je reconnus la vraie grandeur, la vraie beauté, la vraie vérité dramatiques. Je vis... je compris... je sentis... que j'étais vivant et qu'il fallait me lever et marcher. » En 1827, les comédiens anglais, qui venaient de traverser le détroit pour nous révéler Shakespeare, arrivaient bien à l'heure opportune : autant ceux qui avaient déjà tenté pareille entreprise à la Porte-Saint-Martin, en 1822, avaient été mal accueillis par raison patriotique, et chassés comme ennemis, autant les nouveaux venus furent fêtés par raison littéraire, et transformés, d'un jour à l'autre, en messagers de paix. Il est vrai que le directeur Abbott avait très habilement fait exécuter, au commencement de la représentation, l'air *Vive Henri IV,* puis le *God save the King,* et prononcé une allocution où il mettait sa troupe et les œuvres qu'elle allait exécuter sous le couvert de nos sentiments hospitaliers, du libre esprit d'examen qui guidait alors la jeunesse française dans toutes les questions d'art et de littérature : il aurait été difficile, à coup sûr, de mieux débuter.

La première représentation donnée à l'Odéon par la troupe anglaise eut lieu le 6 septembre : le grand tragédien de la troupe étant en retard de quelques jours, on commença par deux pièces, l'une de Sheridan, l'autre d'Allingham : *The Rivals* (les Rivaux) et *Fortune's Frolic* (un Caprice de la Fortune). Parmi ces artistes inconnus à Paris, la presse et le public distinguèrent, outre le directeur Abbott, de tenue excellente en scène, un acteur comique, du nom de Liston, plein de naturel, et deux amoureux, Powers et Masson ; mais ils furent surtout charmés par une élégante et grande personne, dans tout l'épanouissement de la beauté, avec des bras superbes, un visage d'une blancheur mate et deux grands yeux bleus tantôt vifs et brillants, tantôt pleins d'une langueur douloureuse. En consultant le programme, on avait appris qu'elle s'appelait miss Harriet Smithson. Elle devait avoir à peu près vingt-sept ans, étant née avec le siècle, à Ennis, dans le comté de Clare, en Irlande[1]. Son père, directeur de théâtre, après l'avoir fait très convenablement élever chez un clergyman d'Ennis, l'avait décidée à prendre la carrière dramatique vers laquelle elle n'était nullement portée. Une fois qu'elle eut débuté cependant, à Dublin, elle fit des progrès assez rapides; après avoir

---

1. La date communément adoptée est celle du 18 mars 1802. D'autre part, l'acte de décès de miss Smithson, morte à Montmartre le 3 mars 1854, la porte âgée de cinquante-trois ans, ce qui la fait naître en 1801 ; enfin, un écrivain anglais, M. Dutton Cook, dit, dans le *Gentleman's Magazine* (article traduit par la *Revue Britannique* en décembre 1879), qu'elle était née en 1800. De toute façon, elle était plus âgée que Berlioz, d'un an pour le moins.

paru sur différentes scènes irlandaises, elle avait été engagée à Birmingham, en 1817, puis à Londres dans la troupe de Drury-Lane où l'on appréciait déjà son joli visage et sa tournure élégante, sa voix charmante, expressive, et sa diction plus animée que pure. En 1819,

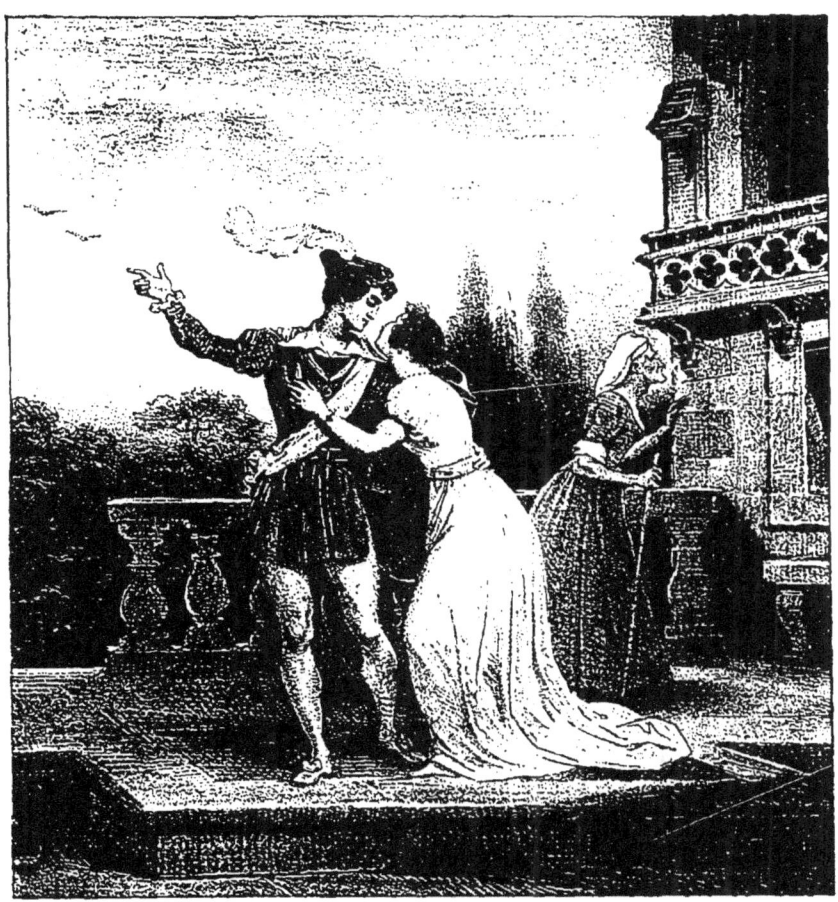

CH. KEMBLE ET MISS SMITHSON DANS « ROMÉO ET JULIETTE », EN 1827.
Scène des adieux (acte III, scène v). — Lithographie de Devéria et L. Boulanger.

elle regagnait Dublin; mais son ancien directeur de Birmingham, Elliston, ayant pris le théâtre de Drury-Lane, il la rappela à Londres où elle aborda bientôt les premiers rôles à côté d'Edmond Kean : la reine Anne dans *Richard III*, Desdémone dans *Othello*. Cependant, et bien qu'elle tînt un rang très convenable, elle était loin de compter parmi les illustrations de la scène anglaise : on lui reprochait toujours, à Londres, de n'avoir pas su se défaire d'un accent irlandais très prononcé. En somme, et malgré des essais passagers, elle ne tenait pas les premiers emplois, surtout dans la tragédie : aussi fut-elle troublée au dernier point lorsqu'on lui dit de vite apprendre le rôle d'Ophélie afin de le jouer à côté de Charles Kemble, qui venait d'arriver et qui ne pouvait pas, contre son gré, débuter dans *Roméo* : « Vous n'avez pas de Juliette, avait-il dit au directeur; alors commençons par *Hamlet*; le rôle d'Ophelia n'est rien ; nous le donnerons à miss Smithson. »

Ce qui troublait surtout la comédienne, c'est que, d'après la tradition anglaise, Ophélie était ordinairement jouée par une cantatrice, à cause des vieilles ballades qu'elle doit chanter dans la scène de la folie, et la pauvre Henriette se jugeait tout à fait inhabile à tenir cet emploi de chanteuse; elle courait au-devant d'un insuccès grave et dans son désespoir elle offrait une semaine de ses appointements à celle de ses camarades qui aurait accepté de la remplacer. Toutes refusèrent; alors elle dut se dévouer, elle s'enferma dans sa chambre en pleurant pour étudier son rôle et, quand elle en sortit, elle avait dans les yeux un feu extraordinaire; elle avait pressenti, deviné une nouvelle façon de représenter Ophélie et décidé de risquer ce coup d'audace. Mais, par prudence, elle usa de ruse ; elle répéta son rôle en observant les jeux de scène traditionnels; elle essaya de chanter tant bien que mal; puis le grand jour arrivé, n'ayant plus à compter avec personne, elle ne s'inspira que d'elle-même et donna la vie à la nouvelle Ophélie qu'elle avait rêvée. Épouvante de ses camarades qui la croient réellement folle, enthousiasme du public auquel cette incarnation paraît être de tradition anglaise et qui, tout en applaudissant, en rappelant la comédienne, ne voit que son charme indicible, sa mimique déchirante : elle ne roucoulait plus ces ballades avec de prétentieux effets de chanteuse, elle les murmurait à demi-voix, en les coupant d'un sanglot déchirant lorsqu'elle s'agenouillait sur son voile noir comme sur le linceul de son père. A sa deuxième scène de folie, quand elle reparut avec des brins de paille emmêlés dans ses cheveux, des fleurs champêtres à la main et qu'elle les distribua au roi, à la reine, à son frère, en laissant échapper de tristes plaintes, en exhalant vers le ciel la dernière strophe de sa chanson mélancolique, elle arracha des larmes de tous les yeux... La foule avait envahi l'Odéon, attirée par les noms de Shakespeare et de son illustre interprète, Charles Kemble, et c'était une actrice secondaire, à laquelle on avait eu recours par nécessité, qui bouleversait toute une salle en délire, qui arrachait de frénétiques bravos aux plus silencieux.

L'engouement gagna de proche en proche après cette soirée du 11 septembre et ce fut par tout Paris comme une traînée de poudre. Après Ophélie, elle jouait Juliette, Desdémone, d'autres rôles encore, et remportait le plus éclatant succès à côté de Charles Kemble, émerveillé d'une pareille révélation. Pendant tout l'hiver ce fut une mode, une fureur que d'aller voir les tragédiens anglais. Après six semaines de séjour à l'Odéon, comme on s'était plaint de voir le second Théâtre-Français toujours envahi par des productions de l'étranger, par les tragédies anglaises après les opéras allemands ou italiens, la troupe d'Abbott alla jouer au Théâtre-Italien où Kean parut dans *Richard III*, où Macready joua *Macbeth*; puis, en janvier 1828, ils revinrent à l'Odéon, où furent représentés *le Roi Lear* et *le Marchand de Venise*, la *Jane Shore*, de Rowe, et le *Virginius*, de Knowles. Dans toutes ces pièces, c'est miss Smithson qui donne la réplique aux plus célèbres tragédiens de son temps, et le public suit partout l'artiste dont il s'est engoué, artiste inspirée et réellement supérieure en certains endroits, de l'aveu même de ses camarades; car Macready rapporte que, quand elle prononçait ces mots dans *Jane Shore* : « Vous voyez une affamée qui n'a pas pris de nourriture depuis trois jours! » un frisson parcourait la salle, qu'on entendait partout des cris d'angoisse aussitôt réprimés. Mais le rôle où elle était incomparable, où tout le monde allait admirer la grâce de ses attitudes, l'expression déchirante de sa physionomie et surtout les douloureux accents d'une voix endolorie partant du cœur, allant au cœur, c'était toujours celui d'Ophélie : c'est aussi celui où les gravures du temps la représentent de préférence avec son long voile noir et des fleurs sauvages dans les cheveux[1].

Berlioz, qui ne savait pas un seul mot d'anglais et n'entrevoyait Shakespeare qu'à travers le théâtre de Ducis ou les traductions de Letourneur, avait assisté comme tous les tenants de l'école romantique à la représentation d'*Hamlet*; il avait pleuré des larmes amères sur les malheurs de la douce Ophélie, et si tous ses compagnons, Victor Hugo, Dumas, Vigny, Delacroix, avaient été émus, ravis par cette idéale apparition, lui, avec sa nature bouillonnante et son cœur toujours prêt à flamber, avait reçu une telle secousse qu'il s'était sagement résolu à

---

1. Pendant toute cette première saison, l'enthousiasme du public et des journaux ne se démentit pas un instant. La représentation donnée au bénéfice de miss Smithson, le 3 mars 1828, fut un véritable triomphe; elle y joua trois actes de *Roméo*, tandis que Mlle Mars interprétait une petite comédie d'Andrieux, *le Manteau*, et que Mme Sontag chantait le deuxième acte d'*Il Barbiere*. On refusa plus de mille personnes; le théâtre était jonché de bouquets et de couronnes. Charles X fit offrir à la bénéficiaire une bourse d'or et la duchesse de Berry, présente au spectacle, lui envoya un magnifique vase de Sèvres. La clôture eut lieu le 28 juillet par une représentation où Macready joua *Othello*, où Abbott et miss Smithson parurent dans *Jane Shore*. — Sur toute la carrière antérieure de miss Smithson et sur son premier début à Paris, on trouvera des détails circonstanciés dans le *Berlioz intime*, de M. Hippeau, et dans un joli article de M. Julien Tiersot : *Ophelia en 1827*, publié au *Ménestrel* en 1886.

ne pas aller entendre *Roméo et Juliette*. Mais, dès qu'il avait vu ce nouveau drame annoncé pour le 15 septembre, aussitôt et bien qu'il pût entrer gratis à l'orchestre de l'Odéon, il avait couru louer une place afin d'être plus sûr de ne pas manquer un pareil bonheur... Et cette soirée décida de son malheur. Il sut cependant ne plus retourner au théâtre anglais et ne vit miss Smithson ni dans Cordelia, du *Roi Lear*, ni dans Virginie, de *Virginius*, où elle était admirable au moment de l'agonie; mais c'était déjà trop tard. Il se sentait envahir par un chagrin intense, insurmontable; il tombait dans un état nerveux maladif; il en perdait le sommeil, le goût de ses études favorites, et, dans l'impossibilité où il était de travailler, errait sans but par les rues de Paris ou dans les environs, — Liszt et Chopin le suivirent, toute une nuit, à travers la plaine Saint-Ouen, — pour tuer la douleur morale en brisant le corps. Et quand il tombait, exténué de fatigue, où que ce fût, dans un champ, sur une table de café, sur l'herbe gelée, il dormait là, dit-il, d'un sommeil de plomb semblable à la mort[1].

Deux des génies qui devaient le plus bouleverser et dominer Berlioz se révélèrent à lui coup sur coup : c'est au plus fort de sa crise shakespearienne et lorsqu'il était encore ébloui, fasciné par les soirées anglaises de l'Odéon, qu'il reçut une commotion nouvelle et plus forte encore, s'il était possible, en faisant plus ample connaissance avec les symphonies de Beethoven. La Société des concerts du Conservatoire avait été fondée par arrêté de M. de la Rochefoucauld en date du 15 février 1828, et, moins d'un mois après, le 9 mars, elle donnait son premier concert où la *Symphonie héroïque* formait la pièce de résistance : pour reconnaître l'appui que Cherubini avait donné au projet conçu par Habeneck, on terminait ce premier programme par trois morceaux du directeur du Conservatoire. Mais la seconde séance, donnée quinze jours après, était consacrée à la mémoire de Beethoven et ne comprenait que des morceaux de lui; enfin, durant cette première année on entendait deux fois la *Symphonie héroïque*, trois fois celle en *ut mineur*, les ouvertures d'*Egmont* et de *Coriolan*, deux fois son concerto de violon, exécuté par Baillot, un fragment du concerto de piano en *ut mineur*, le quatuor de *Fidelio*, plus des frag-

---

1. Le renseignement d'après lequel Berlioz, après *Roméo et Juliette*, aurait eu le courage de ne plus jamais retourner voir jouer miss Smithson doit être exact, puisqu'il se retrouve dans une lettre à Ferrand, — à moins que Berlioz n'ait aussi adopté un rôle à l'égard de son ami; — mais on lit tout le contraire dans un article de d'Ortigue, écrit sous la dictée de Berlioz, à propos de la *Symphonie fantastique* : « Le jour où les Anglais ne jouaient pas, Berlioz ne pouvait songer sans frémissement à revoir le lendemain miss ***. Il redoutait ce moment-là comme le moment d'une crise ou d'un accès. Alors, on le voyait dans un coin de l'orchestre de l'Odéon, pâle, défait, égaré, ses longs cheveux et sa barbe en désordre, assistant, morne et taciturne, à quelque comédie de Picard, qui, de temps en temps, lui arrachait un affreux éclat de rire, etc. »

ments de la messe en *ut* et du *Christ au mont des Oliviers*. Ces différents morceaux, mais surtout les deux symphonies, avaient jeté le désarroi dans le monde musical en France : autant certains artistes, les jeunes gens en particulier, marquaient d'enthousiasme pour ces

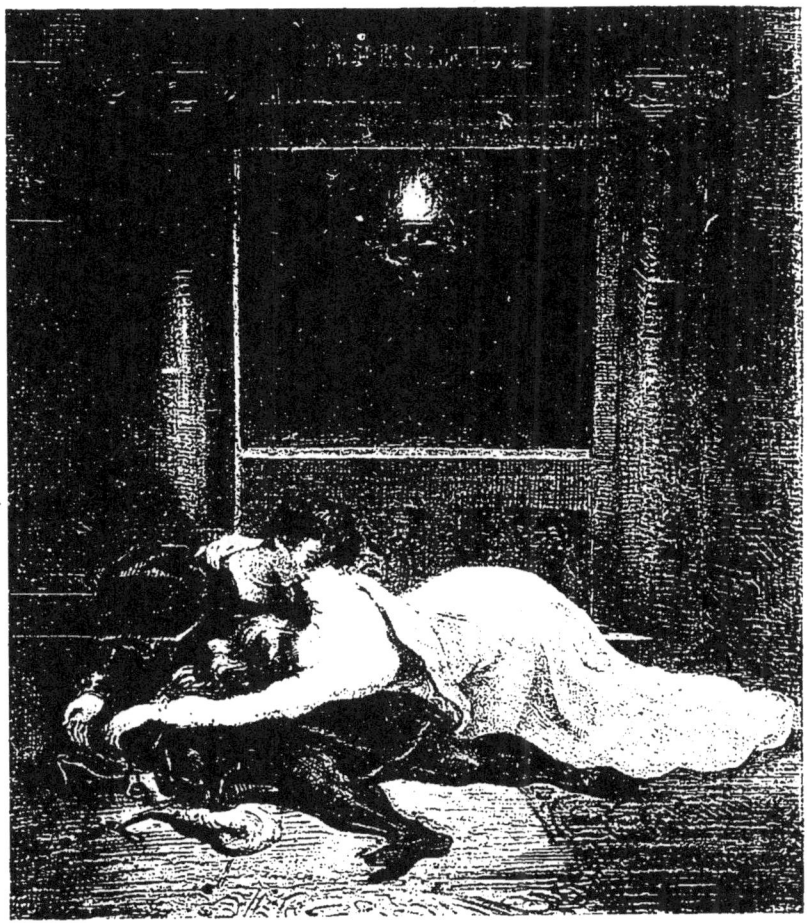

CH. KEMBLE ET M^{ISS} SMITHSON DANS « ROMÉO ET JULIETTE », EN 1827.
Mort de Roméo (acte V, scène dernière). — Lithographie de Devéria et L. Boulanger.

créations, d'une nouveauté de forme, d'une richesse de développement inimaginables, et bataillaient avec ardeur pour faire prévaloir leur opinion ; autant les musiciens classés, les maîtres patentés montraient de réserve et de méfiance à l'égard de cet Allemand dont la musique éclatait comme une bombe au milieu des ouvrages français et italiens ayant régulièrement cours à Feydeau comme à l'Opéra. Aussi Berlioz, dès qu'il sentit quel abîme le séparait désormais de Lesueur, lui qui ne jurait plus que par Beethoven, perdit-il toute confiance en son maître et se promit-il de l'écouter toujours par convenance, mais de n'en faire qu'à sa fantaisie et de lui cacher ses nouvelles compositions.

A ce moment, d'ailleurs, il ne songeait guère à composer, accablé par son amour sans espoir; il était, dit-il, en proie à un chagrin dont rien ne pouvait le distraire. Après plusieurs mois passés dans cette sorte d'abrutissement, c'est l'expression qu'il emploie, en ne rêvant que de Shakespeare et de la divine Ophélie, il s'éveilla de sa torpeur. Il sentait battre en sa poitrine un cœur de poète et prétendait marcher l'égal de l'artiste acclamée; il voulut que son nom fût porté par les cent voix de la renommée aux oreilles de la tragédienne et résolut alors de donner un grand concert exclusivement composé de ses œuvres. Le programme était vite arrêté : l'ouverture de *Waverley*, qu'il venait de terminer, celle des *Francs-Juges*, plus un air et un trio avec chœur du même opéra, la *Scène grecque* et surtout la *Mort d'Orphée* qu'il voulait inscrire au programme avec cette mention de défi : *morceau déclaré inexécutable par l'Académie des Beaux-Arts de l'Institut et exécuté le ·· mai 1828.* Mais le hasard sauvegarda pour un temps l'amour-propre des membres de l'Institut, et Alexis Dupont se trouva si fort enroué le jour du concert qu'il fallut rayer du programme cette cantate et la remplacer par le *Resurrexit* de la messe. C'était toujours tous morceaux de Berlioz, et comme on clabaudait, comme on le taxait déjà d'outrecuidance et de témérité pour oser remplir un concert avec ses seules compositions, il s'empressa d'écrire à Fétis, directeur de la *Revue musicale,* afin de se justifier : il ne voulait, disait-il, que se faire connaître, qu'inspirer confiance aux directeurs, et de ce qu'il composait tout un programme avec ses œuvres il ne s'ensuivait pas qu'il se mît sur le même rang que Mozart et que Beethoven; bref, comme depuis quatre ans il frappait vainement à toutes les portes, il usait du seul moyen qu'il eût de se faire connaître et n'en demandait pas plus.

Que cette « justification » ait été vraiment nécessaire ou bien qu'il ait trouvé là, l'habile homme, un moyen d'apprendre son nom au public, toujours est-il que le concert eut lieu le lundi de la Pentecôte, 26 mai, au Conservatoire, avec le concours de Mme Lebrun et de M. Ferdinand Prévost, comme chanteurs, et sous la direction de Bloc, le chef d'orchestre des Nouveautés. L'ouverture de *Waverley*, accueillie par trois salves d'applaudissements, avait mis l'auditoire en bonnes dispositions ; malheureusement une *Mélodie pastorale* à trois voix avec chœur, tirée des *Francs-Juges,* fut pitoyablement rendue par la faute du chef d'orchestre qui négligea d'indiquer aux choristes le moment d'entrer ; la *Marche religieuse des Mages,* nouvellement écrite, avait été fort applaudie et, quant au *Resurrexit* de la messe, ce fut, si l'on en croit sa lettre à Ferrand, un véritable délire à l'orchestre et dans la salle : « Les coups d'archets retentissaient comme la grêle sur les basses et contrebasses : les femmes, les hommes des chœurs, tout applaudissait ; quand une salve était finie, une autre commençait ; c'étaient des cris, des trépignements !... Enfin, ne pouvant plus y tenir dans mon coin de l'orchestre, je me suis étendu sur les timbales et je me suis mis à pleurer. » La deuxième partie commençait par l'ouverture des *Francs-Juges,* qui fit aussi un effet foudroyant : « C'est effrayant ! il y a de quoi en perdre la tête », lui disait son voisin le timbalier, tandis que Berlioz se tirait avec rage une grosse touffe de cheveux pour s'empêcher de crier : « Monstrueux, colossal, horrible ! » Enfin, venait la scène de la *Révolution grecque,* assez mal exécutée, avec de mauvais mouvements, des entrées désordonnées, et qui cependant bouleversa l'auditoire... En somme, ce premier succès le faisait délirer de joie ; il avait reçu force embrassades de nombreux chanteurs de l'Opéra, et, par-dessus le marché, les critiques de Panseron et de Bruguières, qui trouvaient ce genre nouveau, mais détestable ; il avait eu plusieurs articles favorables, un entre autres non signé et cependant très flatteur, qu'il sut être d'un élève de Berton, nommé Despréaux, son principal concurrent pour le prix de Rome, et il adressait toutes ces feuilles à Ferrand en lui criant : « Envoyez-moi donc un opéra ! *Robin Hood !...* que voulez-vous que je fasse si je n'ai pas de poème ? » Enfin, il était rayonnant, il avait conquis la gloire, il était illustre..., et de ce grand tapage entre amis, circonscrit dans le monde musical, il n'était pas arrivé le moindre écho aux oreilles de sa Dulcinée[1].

Mais, sur le moment, Berlioz était tout aux compliments dont on lui rebattait les oreilles ; un mois après la fête, il les rapportait encore

1. Lorsqu'en novembre 1885 on vendit, à Paris, la grande collection musicale de feu M. Martin, ancien directeur du Conservatoire de musique à Marseille, deux numéros attirèrent l'attention des amateurs : une copie manuscrite de la cantate de la *Mort d'Orphée,* avec cette mention ajoutée de la main de Berlioz : *Ouvrage déclaré inexécutable par la section de musique de l'Institut et exécuté à l'École royale de musique le 22 juillet 1828. L'auteur à son ami Ferrand ;* et une copie manuscrite de la *Scène héroïque,* avec cette indication : *Exécutée au Conservatoire de Paris le 22 juillet 1828.* Le premier ouvrage fut adjugé à un collectionneur de Marseille au prix de 160 fr. ; et le second à M. Weckerlin pour 72 fr. Mais il se pourrait que la date et la mention ajoutées par Berlioz fussent de pure fantaisie, car, d'une part, il est bien positif que la *Scène héroïque* avait déjà été exécutée auparavant, le 26 mai ; et d'autre part, on ne trouve nulle trace dans les journaux, ni dans *le Figaro,* ni dans la *Revue musicale,* d'un concert donné le 22 juillet dans la salle du Conservatoire. Ajoutez à cela que l'époque et même le jour, un mardi, auraient été singulièrement choisis, que Berlioz dans aucune de ses lettres ne parle de ce concert qui aurait été bien rapproché du précédent pour lequel il avait dépensé toutes ses économies, et qu'enfin la seconde quinzaine de juillet était précisément l'époque où il était en loge, en train de concourir pour le prix de Rome.

à Ferrand le plus naïvement du monde. Tel artiste lui avait dit qu'il était le Byron de la musique, un autre s'est senti devenir pâle comme la mort en entendant ces compositions qui lui arrachaient les entrailles; enfin, il suppliait son ami de lui envoyer vite au moins deux actes des *Francs-Juges* auxquels il brûle de travailler, quoiqu'il ait beaucoup de choses en train, dont deux ouvrages, l'un pour Feydeau, l'autre pour l'Opéra : il va, dit-il, sortir sur l'heure afin d'aller voir M. Laurent, directeur des théâtres anglais et italien, et d'obtenir de faire un opéra italien avec la tragédie anglaise de *Virginius*. Et, huit heures plus tard, il ajoute un post-scriptum à sa lettre : il n'est pas allé chez le directeur ; il est parti en courant pour Villeneuve-Saint-Georges et revenu de même... Il n'en est pas mort ! mais tous ses muscles tremblent comme ceux d'un mourant. « A mon âge, avec mon organisation, n'avoir que des sensations déchirantes ; avec cela, les persécutions de ma famille recommencent : mon père ne m'envoie plus rien ; ma sœur m'a écrit aujourd'hui qu'il persistait dans sa résolution. L'argent... toujours l'argent !... Oui, l'argent rend heureux. Si j'en avais beaucoup, je pourrais l'être, et la mort n'est pas le bonheur, il s'en faut de beaucoup. Ni pendant... ni après... Ni avant la vie ?... Quand donc ? Jamais. Inexorable nécessité !... Et cependant le sang circule ; mon cœur bat comme s'il bondissait de joie. Au fait, je suis furieusement en train ; de la joie, morbleu, de la joie ! » Et il jette cette lettre à la poste. Mais dès le lendemain, après une nuit de repos, il récrit vite à Ferrand et lui recommande instamment de ne parler à âme qui vive des « malheureuses aberrations de son cœur », de peur que tout cela n'arrive jusqu'à son père qui en perdrait totalement le repos : « Cette effroyable course d'hier m'a abîmé : je ne puis plus me remuer, toutes les articulations me font mal, et cependant il faut que je marche encore toute la journée[1]. »

C'est au milieu de cet affolement, de ce bouillonnement de tout son être qu'il dut, le temps étant venu, concourir une troisième fois

---

1. Berlioz ne s'ouvrait à Ferrand que de ses œuvres importantes et de ses vastes projets ; mais il écrivait alors plusieurs romances sur des poésies que lui fournissaient des amis, Albert Duboys, Bourgerie, d'autres encore qui gardaient l'anonyme ; il les dédiait à Augustin de Pons, à son ami Édouard Rocher et à son cousin Alphonse Robert, à la vicomtesse Dubouchage ou à Mme Branchu ; il était tout heureux de les voir éditer chez Boieldieu jeune ou chez Mme Cuchet et les signait fièrement : Hector Berlioz, élève de Lesueur. Tels sont *le Maure jaloux*; *Toi qui l'aimas, verse des pleurs*; *Pleure, pauvre Colette*, à deux voix égales ; un *Canon libre à la quinte* pour basse et contralto ; l'invocation à quatre voix : *Amitié, reprends ton empire* (la première peut-être de ces compositions, car c'est la seule où le nom de Lesueur soit encore accompagné du titre de chevalier), et le chant élégiaque à deux voix : *le Montagnard exilé*, orné d'une lithographie de Louis Boulanger qui débutait alors par des dessins du genre troubadour le plus pur. Berlioz détruisit plus tard ces divers essais du tour mélodique le plus simple et d'une harmonie élémentaire où l'on distingue encore l'influence florianesque : peut-être à la rigueur pourrait-on retrouver en germe, dans ce mélodiste sentimental et pleurard, le Berlioz de la *Scène aux champs* et de la sérénade d'*Harold*.

pour le prix de Rome. L'année précédente, en annonçant à Ferrand son pitoyable échec, il s'écriait avec rage : « Faut-il m'avilir jusqu'à concourir encore une fois ?... Il le faut pourtant, mon père le veut, il attache à ce prix une grande importance. A cause de lui, je me représenterai ; je leur écrirai un petit orchestre bourgeois à deux ou trois parties qui fera autant d'effet sur le piano que l'orchestre le plus riche ; je prodiguerai les redondances puisque *ce sont là les formes auxquelles les grands maitres se sont soumis et qu'il ne faut pas faire mieux que*

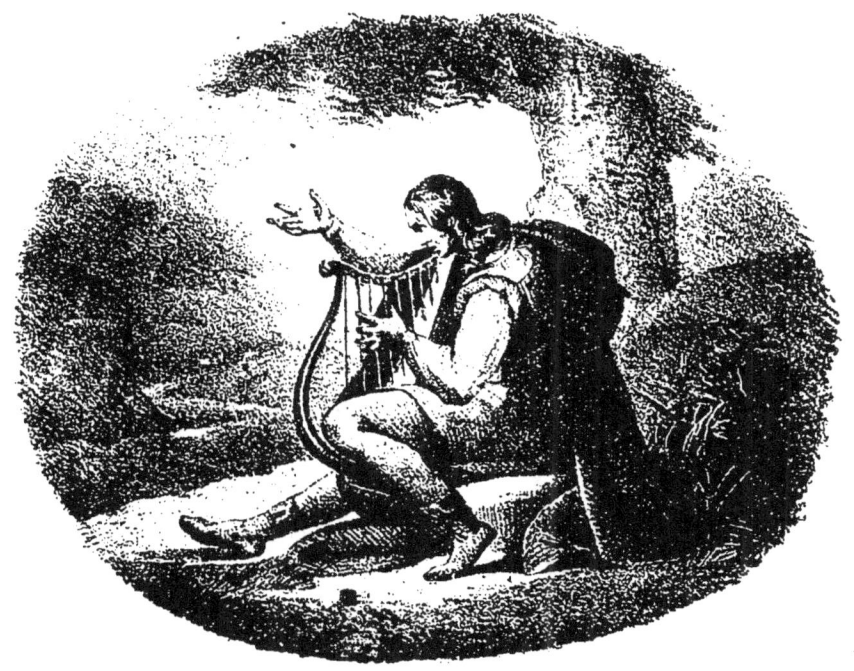

« LE MONTAGNARD EXILÉ », DE BERLIOZ, VERS 1827.
Dessin lithographié sur le titre, par L. B. (Louis Boulanger).

les grands maitres, et, si j'obtiens le prix, je vous jure que je déchire ma *scène* aux yeux de ces messieurs, aussitôt que le prix sera donné. » Il entra donc en loge et s'escrima sur une cantate de Vieillard, *Herminie;* mais, au jour décisif, il n'eut pas occasion d'accomplir le sacrifice annoncé, car cette fois encore il n'obtint pas le premier prix qui fut décerné justement à ce Ross-Despréaux qui s'était montré critique courtois et bon camarade à son égard. Berlioz, malgré tous les efforts de Lesueur pour faire apprécier les mérites de son élève, n'eut que le second prix en partage avec Julien Nargeot, autre élève de Lesueur, dont toute la carrière s'écoula comme chef d'orchestre aux Variétés, puis à Saint-Pétersbourg. Il paraît avoir pris son échec relatif avec philosophie et ne s'insurgea pas trop contre ce verdict : il partit pour la Côte et Grenoble, où il demeura presque tout le mois de septembre, accueilli en véritable lauréat, choyé par ses parents qui ne lui laissent même pas le temps d'aller voir Ferrand, gâté par ses sœurs qui organisent à son intention bals, goûters à la campagne et qui le retiennent, si triste figure qu'il fasse, au milieu de ces fêtes. « Arrivez au plus tôt, écrivait-il à Ferrand, nous lirons *Hamlet* et *Faust* ensemble, Shakespeare et Gœthe! les muets confidents de mes tourments, les explicateurs de ma vie. Venez, oh! venez! personne ici ne comprend cette rage de génie. »

Il venait justement l'avant-veille, étant en voiture, d'écrire une ballade du *Roi de Thulé* en style gothique qu'il offrait à son ami pour glisser dans son *Faust*, s'il en avait un, et ce paraît être là l'origine des *Huit Scènes de Faust*, auxquelles il se mit à travailler lorsqu'il fut revenu à Paris pour la réouverture des cours, en octobre. Il était sous le coup de la profonde impression ressentie en lisant le *Faust* de Gœthe, traduit par Gérard de Nerval, impression telle qu'il ne pouvait plus quitter ce livre et qu'il le lisait partout, dans la rue, à table, au théâtre. Il fut irrésistiblement pris du désir de mettre en musique les fragments versifiés, hymnes et chansons de ce poème, et ce nouveau travail le captiva tellement qu'il s'en acquitta très vite et qu'une fois fini, sans en avoir entendu une note, il résolut de le faire graver, à ses frais comme de raison : il en eut regret par la suite, et il attribua presque au hasard le fait que quelques exemplaires se fussent comme égarés en France et en Allemagne; mais sur le moment même il était ravi de les répandre et pestait contre le graveur trop lent à la besogne. Il s'empressait d'adresser sa partition à Gœthe et hâtait de tous ses vœux l'instant où il recevrait du maître une réponse annoncée par intermédiaire et qui n'arrivait pas; il l'attendait tous les jours, mais ne la vit jamais venir; il envoyait un exemplaire à Ferrand qui s'était galamment offert à fournir cent francs pour payer l'imprimeur et lui faisait observer que l'œuvre était dédiée par reconnaissance à M. de la Rochefoucauld, bien que « ce ne fût pas pour lui ». Un peu plus tard, il annonçait encore à son ami que *Faust* avait le plus grand succès parmi les artistes; Meyerbeer l'avait fait demander de Bade; Urhan, Chelard et beaucoup d'autres musiciens de l'Opéra se l'étaient procuré et lui adressaient de nouveaux compliments chaque soir; enfin Onslow, qui « depuis la mort de Beethoven tient le sceptre de la musique instrumentale », Onslow lui-même était venu de sa personne, un matin, le déconcerter par les éloges les plus passionnés : « J'aime bien ma musique, aurait-il dit ; mais, en conscience, je me crois incapable d'en faire autant. » Comment un jeune compositeur qui se voyait gravé pour la première fois aurait-il fait la sourde oreille à de pareils compliments ? Aussi ne rêvait-il plus que de donner un concert solennel où il ferait entendre, avec son *Faust*, deux grandes ouvertures, plus diverses mélodies irlandaises, imitées de Thomas Moore et dont Gounet lui faisait bien attendre le texte : il n'en avait encore écrit qu'une et brûlait déjà de les faire exécuter[1].

Le titre exact de cette partition d'orchestre, qui comprenait près de cent pages, est : HUIT SCÈNES DE FAUST, *tragédie de Gœthe, traduite par Gérard, musique dédiée à Monsieur le vicomte de Larochefoucauld, Aide de camp du Roi, Directeur général des Beaux-Arts, et composée par Hector Berlioz.* Grande partition. Œuvre 1. Prix, 30 fr. A Paris, chez Schlesinger, rue de Richelieu, n° 97. Sur la couverture même il y a deux épigraphes ; d'abord une phrase traduite de *Faust* même : *Je me consacre au tumulte, aux jouissances les plus douloureuses, à l'Amour qui sent la haine, à la Paix qui sent le désespoir;* puis deux vers des *Mélodies irlandaises* de Thomas Moore : *One fatal remembrance, one sorrow that throws Its bleak shade alike o'er our joys and our woes.* Chacun de ces huit morceaux, outre la phrase du drame de Gœthe servant de réplique, porte, en tête, une épigraphe en anglais, plus ou moins exacte[2], et, en regard des parties de chant, l'indication du caractère que ce fragment doit avoir, d'après la pensée du musicien. Le premier morceau : *Chants de la fête de Pâques,* a pour épigraphe ces paroles d'Ophélie dans l'*Hamlet* de Shakespeare : *Heavenly powers, restore him,* et pour indication : *Caractère religieux et solennel.* Le morceau lui-même est identique, au moins dans sa première partie, à celui que Berlioz a remis dans *la Damnation de Faust;* seulement, dans la seconde partie, après le deuxième appel des soprani : *Christ vient de ressusciter,* il a fait des changements peu importants, confiant aux voix de femmes le chant qu'il avait d'abord marqué aux ténors, supprimant dès lors aux dessus des dessins ornés de vocalises et ajoutant une *coda* d'une dizaine de mesures sur le mot : Hosanna. Le morceau qui vient après, *Paysans sous les tilleuls,* porte en tête ces mots de Capulet dans *Roméo* : *Who'll now deny to dance? she that makes dainty, she I'll swear hath corns,* et, en marge des parties vocales : *Gaieté franche et naïve;* c'est exactement le chant des paysans reporté dans la première partie de *la*

---

1. Lettres à Humbert Ferrand, des 9 avril et 3 juin 1829.
2. Ces épigraphes, avant d'être reproduites ici, ont été révisées sur les textes anglais originaux.

Damnation de Faust, mais plus haut d'un ton et sans le *presto* à 2/4 qui le termine aujourd'hui. Le troisième morceau : *Concert de Sylphes*, a une épigraphe interminable empruntée au Mercutio de Shakespeare : *I talk of dreams, Which are the children of an idle brain, Begot of nothing but vain fantasy; which is as thin of substance as the air; And more inconstant than the wind*, et comme caractéristique ces mots : *Caractère doux et voluptueux*. Berlioz dit quelque part qu'en replaçant ce morceau à six voix dans la *Damnation de Faust*, il s'est contenté de le faire chanter par tous les choristes au lieu de le confier à six solistes. Il y a bien apporté aussi quelques modifications de détail, transportant le chant d'une partie à une autre, donnant aux premiers dessus ce qu'il avait marqué pour les seconds, supprimant çà et là quelques mesures et ajoutant à la fin celles où la voix du démon se fait entendre sur les longues tenues des chœurs ; mais, à très peu de chose près, c'est le même sextuor qu'on jugea tout d'abord froid, confus, dépourvu de mélodie, et qu'on trouve aujourd'hui délicieusement tendre et très clair.

Ici finissent les grands morceaux d'ensemble et commencent les petits morceaux détachés. Le n° 4 : *Echo de joyeux compagnon*, histoire d'un rat, n'est autre que la chanson absolument identique de Brander, avec ces paroles d'Hamlet en demi-cercle : *How now? a rat? dead, for a ducat, dead*, et cette mention en marge : *Joie grossière et désordonnée*. La *Chanson de Méphistophélès*, histoire d'une puce (n° 5), est demeurée exactement la même, avec cette épigraphe d'Hamlet : *Miching mallecho : it means mischief*, et cette qualification : *Raillerie amère*, en marge. Identique aussi *le Roi de Thulé*, chanson gothique (n° 6), à cela près que Berlioz l'a, depuis, baissée d'un ton et qu'il a ajouté la syncope au deuxième temps, si caractéristique dans la phrase initiale de la ballade. Quant à l'épigraphe empruntée au rôle d'Ophélie : *He is dead and gone; at his head a grass green turf, at his heels a stone*, elle a disparu avec l'indication : *Caractère simple et ingénu*, et avec une note où Berlioz expliquait que la chanteuse, au lieu de varier l'expression de son chant selon les différentes nuances de la poésie, devait tendre, au contraire, à le rendre extrêmement uniforme, Marguerite s'occupant fort peu des malheurs du roi de Thulé et fredonnant par distraction cette chanson apprise dans son enfance. Sous le n° 7 sont réunis deux morceaux distincts chez Gœthe : d'abord, la *Romance de Marguerite*, avec cette exclamation de Roméo : *Ah me! sad hours seem long*, et cette observation : *Sentiment mélancolique et passionné*, morceau demeuré tout à fait pareil par la suite ; puis, le *Chœur des soldats*, orné de cette phrase de Mercutio : *Come, let's be gone, the sport is over*, et de cette mention : *Joyeuse insou-*

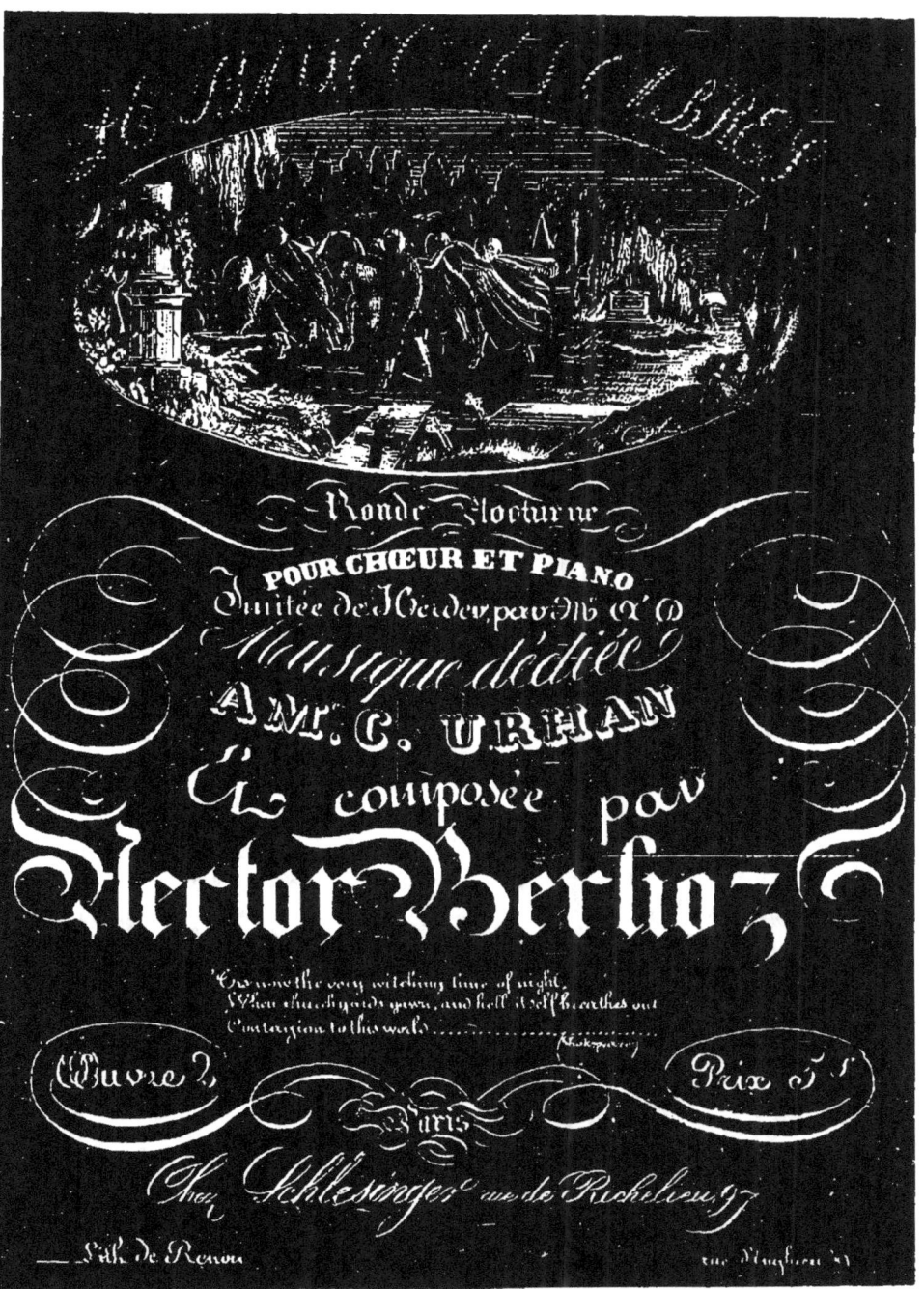

TITRE-COUVERTURE DU « BALLET DES OMBRES », DE BERLIOZ (1830).
Morceau presque aussitôt détruit par Berlioz.

ciance, autre morceau que Berlioz a repris tel quel pour le reporter à une autre place, en corrigeant toutefois certaines fautes de prosodie, en supprimant quelques mesures de *crescendo* au début, de *diminuendo* à la fin, par lesquelles il avait voulu marquer que les soldats, arrivant de loin, passaient sous la fenêtre de Marguerite. Mais tels étaient alors ses scrupules d'arrangeur, sa crainte était si grande qu'on ne l'accusât d'avoir défiguré Gœthe, qu'il a grand soin d'expliquer par une note qu'en rapprochant ces deux fragments, très éloignés l'un de l'autre dans le drame original, il avait cherché uniquement un contraste résultant de leur caractère bien tranché et qu'on devait pardonner cette licence au musicien. Enfin, le huitième et dernier morceau de ce recueil est la *Sérénade de Méphistophélès,* avec ces mots d'Hamlet : *It is a damned ghost,* et cette mention : *Effronterie,* sérénade accompagnée uniquement avec la guitare et qui, d'ailleurs, est absolument pareille à celle qu'on connaît ; seulement, Berlioz, ayant d'abord écrit son Méphistophélès pour ténor, baissa plus tard sa sérénade d'une quarte, tandis qu'il laissait la chanson de la Puce dans le ton original. Il convenait d'insister longuement sur cette œuvre, presque introuvable aujourd'hui, et qui paraît singulièrement bigarrée avec les vers de Gœthe, les citations de Shakespeare et les annotations de Berlioz ; mais, en somme, et sauf des modifications insignifiantes, ce sont bien les mêmes morceaux que Berlioz avait conçus, écrits, réalisés dès sa jeunesse, et dont on reporte en général le mérite au temps de sa maturité.

Tandis que Berlioz travaillait aux scènes de *Faust,* il avait éprouvé un coup terrible en apprenant que miss Smithson devait aller donner des représentations à Bordeaux : il sanglotait à l'idée qu'elle ne respirerait plus le même air que lui ; puis, quand elle fut bien partie, au mois de novembre 1828, il ne vivait plus, ou plutôt il vivait trop, disait-il, et souffrait l'impossible. Il n'en travaillait pas moins ; il s'occupait d'un oratorio pour voix seules avec accompagnement d'orgue, que Choron lui avait demandé pour ses concerts et qui devait le faire connaître dans le faubourg Saint-Germain ; il prenait dans *les Orientales* la *Chanson de pirates* et la mettait en musique ; il réclamait à grands cris d'Humbert Ferrand le poème des *Francs-Juges,* assurant que l'amour d'Ophélie avait centuplé ses moyens ; enfin, en mai 1829, il s'occupait des *Mélodies irlandaises,* traduites de Thomas Moore[1], qui semblaient le rapprocher de sa bien-aimée. Elle était revenue

---

[1]. Berlioz ignorait sans doute que les *Irish Melodies* avaient été composées par Moore sur de vieux airs irlandais, et, en les mettant en musique, il ne s'inquiétait nullement de donner à ses mélodies un caractère populaire ; il s'inspirait de poésies qui répondaient à l'état de son cœur, rien de plus.

cependant ; mais lui ne la voyait pas davantage. Par désespoir héroïque, il évitait même de passer devant l'Odéon, il détournait les yeux quand il apercevait aux vitrines des marchands de gravures le portrait de la tragédienne ; il ne lui avait jamais adressé la parole, il ne l'avait jamais vue en particulier, il lui écrivait cependant sans jamais obtenir un mot de réponse ; elle avait même fini par refuser ses lettres ; mais, enfin, elle était dans la capitale, il respirait le même air qu'elle, et ce lui était une jouissance atroce que de se sentir ainsi vivre à côté de cette amante inhumaine. Un moment, pendant douze heures, il avait été dans le délire de la joie ; il avait cru découvrir qu'elle était moins éloignée de lui qu'il ne pensait, et lorsque l'Anglais Turner, l'agent chargé de la correspondance et des intérêts d'Henriette, avait parlé à sa compatriote du profond désespoir où se consumait ce soupirant terrible, elle avait répondu doucement : « Eh mais, s'il m'aime véritablement, si son amour n'est pas de la nature de ceux qu'il est de mon devoir de mépriser, ce ne sera pas quelques mois d'attente qui pourront lasser sa constance. » Berlioz, avec son impétuosité naturelle, avait décidé que la présence seule de sa mère l'avait empêchée de pousser plus loin ce demi-aveu, et il s'écrie avec transport : « Comment, je parviendrais à être aimé d'Ophélie ou du moins mon amour la flatterait, lui plairait ?... Mon cœur se gonfle et mon imagination fait des efforts terribles pour comprendre cette immensité de bonheur sans y réussir. »

Mais voilà-t-il pas qu'il se répand un bruit fâcheux dans Paris. La troupe anglaise, après d'assez médiocres résultats, allait quitter définitivement la capitale et gagner la Hollande. Il eut d'abord comme un mouvement de défi : « Elle n'est pas encore partie, écrit-il à Ferrand. Singulière destinée que celle d'un amant dont le vœu le plus ardent est l'éloignement de celle qu'il aime » ; puis, lorsqu'il apprit que miss Smithson, avant de partir, allait jouer deux actes de *Roméo* avec Abbott, dans une représentation au bénéfice de Huet, l'acteur de l'Opéra-Comique, il brûla du désir de renouveler sa première tentative et de se faire enfin connaître à la cruelle. Il alla demander au directeur du théâtre d'ajouter une ouverture de lui sur le programme de cette soirée à bénéfice, et, le directeur ayant consenti, il pensait que ce morceau, brillamment exécuté, redemandé peut-être, éveillerait l'attention d'Henriette ; hélas ! son ouverture, assez bien jouée au commencement de la soirée et convenablement applaudie, fut absolument ignorée de la tragédienne, qui se préparait dans sa loge et n'en descendit qu'au moment d'entrer en scène. Cette représentation d'adieux fut un dernier triomphe pour la belle voyageuse, et le lendemain — soit le 3 mars — elle partait pour la Hollande. Au moment même où elle montait en voiture, Berlioz, qui s'était logé par hasard, assure-t-il, rue de Richelieu, 96, presque en face de l'appartement qu'elle occupait rue Neuve-Saint-Augustin, mit machinalement le nez à la fenêtre ; à cette vue, il lui sembla qu'on lui arrachait une partie de lui-même. « Il n'y a rien de plus impossible », tel avait été le dernier mot de la tragédienne, lorsqu'au moment du départ l'obligeant Turner lui avait exposé les secrètes espérances de son furieux adorateur. Alors, Berlioz tombe dans une douleur effrayante et ne peut même plus en entretenir ses amis ; il attend comme une bête et compte les jours avec une angoisse inexprimable. Est-ce que Turner ne lui avait pas dit pour le remonter : « Je réussirai, j'en suis sûr ; si je pars avec elle pour la Hollande, je suis sûr de vous écrire dans peu d'excellentes nouvelles. » Et depuis plus d'un grand mois que ce déchirement s'est produit, aucune nouvelle de Turner : « Il y a trente-six jours qu'elle est partie, et *il n'y a rien de plus impossible*[1]. »

Entre temps, il apprenait que *les Francs-Juges* étaient décidément refusés à l'Opéra, et qu'Alexandre Duval, chargé de rendre compte du poème au Comité, l'avait déclaré long et obscur, tout en trouvant que le style était remarquable et qu'il « y avait un avenir poétique là dedans ». C'était une fiche de consolation pour Ferrand ; mais Berlioz n'en fulminait pas moins. Comme il venait d'obtenir ses entrées à l'Opéra allemand et que *le Freischütz* et *Fidelio,* chantés dans la langue originale, lui avaient causé des sensations toutes nouvelles, comme il ne rêvait plus que de l'Allemagne, il projetait de faire traduire *les Francs-Juges* et d'en faire un opéra pareil au *Freischütz*, mélangé de parlé, de mélodrame et de musique ; puis, comme le vieux Spohr, dit-on, n'est nullement jaloux et cherche à protéger les jeunes gens, il ira le trouver à Cassel et lui porter son ouvrage... aussitôt qu'il aura remporté son prix de Rome[2]. Il ne doutait pas en effet que son second prix de l'année précédente ne lui assurât une victoire facile, et il entrait en loge avec des idées toutes riantes, bien que son père lui eût de nouveau coupé les vivres en apprenant qu'il avait gaspillé de l'argent pour donner un concert, bien qu'il eût refusé même de

1. Lettre à Humbert Ferrand, du 6 avril 1829.
2. Lettre à Humbert Ferrand, du 3 juin 1829. — Il s'agit là de la troupe de chanteurs allemands dirigée par Rœckel, qui était venue donner des représentations dans la salle Favart, avec le détestable orchestre des Italiens. Ils avaient débuté le 14 mai, en donnant *le Freischütz*, chanté par Haitzinger, Fischer, Fritze, Wieser, Rœckel, M*mes* Fischer et Hanff (huit représentations) ; puis, ils avaient joué, le 21, *la Flûte enchantée*, pour les débuts de M*lle* Greis (deux représentations) ; enfin, après trois représentations de *Fidelio*, dont la première avait eu lieu le 31 mai, ils quittèrent Paris le 9 juin, non sans esprit de retour. Et ils revinrent, en effet, l'année suivante, du commencement d'avril à la fin de juin, et pareillement en 1831 : *Fidelio* et surtout *le Freischütz* étaient toujours les deux opéras qui attiraient le plus de spectateurs.

fournir à sa dépense pendant son séjour en loge, et que le bon Lesueur eût dû s'en charger.

Berlioz, concourant avec de jeunes rivaux qui n'avaient encore obtenu aucune distinction, se croyait tellement sûr du prix qu'il jugea superflu de se modérer autant que l'année précédente, et, comme il avait à traiter un sujet qui le séduisait par son rapprochement possible avec le monologue de Juliette, — c'était la *Mort de Cléopâtre*, suprême invocation de la souveraine dissolue aux Pharaons, ses ancêtres, — il donna pleinement carrière à son tempérament romantique, au lieu de s'astreindre aux formes sanctionnées par l'Institut. Il avait en particulier écrit tout un passage essentiel, qui lui paraissait avoir un grand caractère, sur un rythme saisissant, étrange, avec des enchaînements enharmoniques d'une sonorité solennelle et funèbre, et dont il fit plus tard, sans y rien changer, le chœur d'ombres en unissons et octaves de *Lélio;* ce fut précisément ce morceau-là qui le perdit. Les juges préférèrent ne pas donner de prix plutôt que d'encourager des tendances à ce point subversives. Lesueur, malade, avait dû rester chez lui; Auber et Cherubini le défendirent mollement; Catel et surtout Boieldieu, qui avouait ne pouvoir s'élever à ce niveau et qui, d'ailleurs, traitait Berlioz,

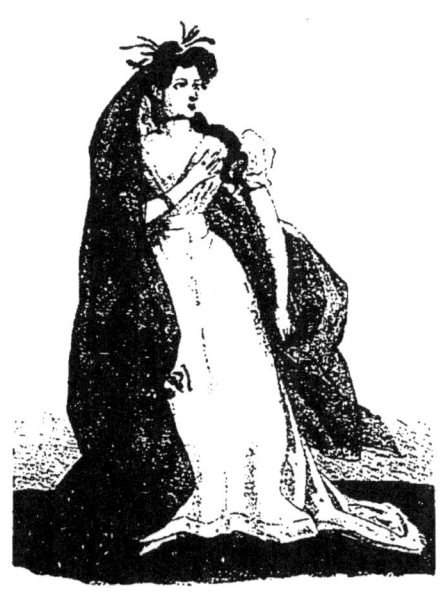

MISS SMITHSON DANS OPHÉLIE,
D'après une gravure en couleur d'Adrien de Valmont.

ce « volcanisé », avec une certaine sympathie, firent valoir qu'un homme professant de telles idées, ayant adopté pareille façon d'écrire, devait mépriser l'Institut du plus profond de son cœur, et cette considération parut péremptoire à la plupart des membres : ils décidèrent de ne pas décerner de premier prix et d'en donner deux seconds, l'un à Eugène Prévost, élève de Lesueur; l'autre à Alexandre Montfort, élève de Reicha, de Boieldieu et de Fétis. Et comme il lui fallait passer sa colère sur quelqu'un, Berlioz, animé déjà des sentiments les plus hostiles pour Rossini et qui, de plus, le rendait en partie responsable de son échec parce que Mme Dabadie, retenue à la répétition générale de *Guillaume Tell,* n'avait pu venir chanter sa cantate, s'écrie avec fureur : « *Guillaume Tell ?...* Je crois que tous les journalistes sont décidément devenus fous ; c'est un ouvrage qui a quelques beaux morceaux, qui n'est pas absurdement écrit, où il n'y a pas de *crescendo* et un peu moins de grosse caisse, voilà tout. Du reste, point de véritable sentiment, toujours de l'art, de l'habitude, du savoir-faire, du maniement du public. Ça ne finit pas ; tout le monde bâille, l'administration donne force billets. » Peu de temps avant son entrée en loge, ne lui avait-on pas proposé de le présenter à Rossini ? Mais il avait refusé, rouge d'indignation, de voir ce Figaro qui lui était tous les jours plus odieux, en raison des plaisanteries qu'il avait lancées contre Weber au foyer du théâtre allemand, et qu'on se répétait entre musiciens : « Ah ! comme il aurait voulu être là, présent, et lui servir ses vérités en face lorsque ce pitre italien avait dit que *le Freischütz lui donnait la colique!* » Admirable sympathie des maîtres de l'art musical les uns pour les autres : autant Rossini aimait Weber, autant Berlioz aimait Rossini ; autant bien d'autres, Kreutzer et Berton par exemple, aimaient à la fois Berlioz et Rossini.

Berlioz, du reste, était alors en train de se créer des ennemis plus nombreux de jour en jour. Moitié pour augmenter un peu ses ressources, moitié pour défendre sa musique et ses idées, si contraires au goût des dilettantes de l'époque, il avait pris la plume et s'efforçait de faire prévaloir son admiration exclusive pour la musique allemande et son mépris pour l'école italienne, en exceptant Spontini dans lequel il ne voulait voir que l'héritier de Gluck. Il a jeté feu et flammes, toute sa vie, contre cet horrible métier de critique ; mais il faut bien savoir qu'au début et contrairement à ce qui est raconté dans les *Mémoires,* c'est lui qui a voulu s'escrimer de la plume, moins pour le profit que par conviction, car ses premiers articles ne lui rapportaient pas lourd. L'idée vint non de Ferrand, mais de Berlioz. C'est lui qui, sur la fin de 1828, demande à son ami s'il connaît assez le baron d'Eckstein, catholique et royaliste à n'en pas douter, collaborateur influent dans un recueil que va fonder Beuchon, l'un des rédacteurs du *Constitutionnel,* et s'il pourrait, par ce M. d'Eckstein, lui faire attribuer les articles de musique dans ce nouveau journal qui devait s'appeler *le Correspondant :* au surplus, dit-il, on pourrait le mettre à l'épreuve. Ferrand agit peut-être de ce côté, mais, surtout, il fit parler à M. de Carné, l'un des principaux fondateurs du recueil, par leur ami commun, M. Duboys, et ce fut une affaire entendue. Le premier article de Berlioz : *Considérations sur la musique religieuse,* où il vantait les belles œuvres de Kreutzer, de Cherubini, de Lesueur, tout en s'élevant contre le style fugué, absurde et barbare des anciennes partitions de l'Italie et de l'Allemagne, parut dans le courant d'avril 1829 ; mais comme au bout d'un mois à peine il en apportait un autre où il recommençait ses attaques contre l'école italienne, M. de Carné, qui commençait, dit-il, à le trouver « un peu dur », le pria de choisir un autre sujet, et Berlioz écrivit alors, en trois fois, une étude assez développée sur Beethoven. Il avait pris la plume : il ne devait plus la poser avant trente-six ans[1].

Après son nouvel échec pour le prix de Rome, Berlioz avait eu d'abord l'intention d'aller à la Côte, mais, soit qu'il dût y subir trop de tracasseries, soit qu'il eût réellement trop à faire, à veiller particulièrement sur un opéra qu'on allait présenter pour lui à Feydeau, il décida de rester à Paris. L'été fut bientôt passé ; puis, dès le mois d'octobre, il s'occupa d'organiser un nouveau grand concert pour le jour de la Toussaint, mais sans en aviser sa famille. Il obtint encore la salle du Conservatoire ; il recruta cent dix musiciens qu'Habeneck accepta de diriger ; il demanda à Hiller de jouer un concerto pour piano de Beethoven, qu'on n'avait jamais entendu à Paris « conception prodigieuse, étonnante, sublime » ; il projetait d'avoir la célèbre cantatrice allemande Mlle Heinefetter, puis Mme Dabadie, et dut se contenter d'une demoiselle Marinoni, qui chanta « une pasquinade italienne » ; bref, après avoir passé des nuits pour copier les parties nécessaires, après avoir couru aux quatre coins de la ville, étant malade à ne pouvoir marcher, il arriva au moment de répéter et fut ranimé dès le premier accord par « le feu d'enfer qui a dicté l'ouverture des *Francs-Juges* ». En effet, il n'avait pas manqué de remettre sur le programme cette ouverture, « hymne au désespoir, mais au désespoir le plus désespérant qu'on puisse imaginer, horrible et tendre », et aussi celle de *Waverley* pour laquelle il fut toujours moins enflammé ; mais il y avait aussi deux nouveautés : son sextuor de sylphes[2], de *Faust*, et sa scène du *Jugement dernier* (le *Resurrexit* de sa messe). Ce fut ce dernier morceau, exécuté cependant par trop peu de voix, qui obtint

---

1. *Le Correspondant*, durant la première série (du 10 mars 1829 au 31 août 1831), était un journal qui paraissait d'abord toutes les semaines, puis deux fois par semaine, en numéros de seize pages in-4° à deux colonnes. Les premiers articles de Berlioz au *Correspondant*, comme plus tard aux *Débats*, sont simplement signés H. — Dans le même temps, soit en mai 1829, il était chargé de la correspondance à peu près gratuite pour la *Gazette musicale de Berlin*, dont le propriétaire, alors à Paris, ne le lâchait pas et l'ennuyait à mourir.

2. Voici le commentaire exact dont le *Concert de Sylphes* était accompagné sur le programme et qui n'empêcha pas le public de n'y comprendre absolument rien : « Méphistophélès, pour exciter dans l'âme de Faust l'amour du plaisir, assemble les esprits de l'air et leur ordonne de chanter. Après avoir prélude sur leurs instruments magiques, ils décrivent un pays enchanté, dont les heureux habitants s'enivrent de voluptés sans cesse renaissantes ; peu à peu le charme opère, la voix des sylphes s'éteint et Faust, endormi, demeure plongé dans des rêves délicieux. »

le plus de succès avec l'ouverture des *Francs-Juges;* mais le malheureux sextuor, mal su et mal chanté par des solistes médiocres, passa pour une véritable cacophonie. Ovation dans la salle au milieu du concert, ovation dans la rue à la sortie, ovation le soir à l'Opéra, lorsque les musiciens de l'orchestre l'aperçurent ; article de Castil-Blaze aux *Débats,* article au *Correspondant,* au *Figaro,* mais articles trop courts au gré de l'auteur qui s'écrie : « Ces animaux ne savent parler que quand il n'y a rien à dire. » Bref, succès complet, « volcanique », et qui le replongea dans le désespoir : « O mon ami, que n'êtes-vous ici ! Depuis dimanche, je suis d'une tristesse mortelle ; cette foudroyante émotion m'a abîmé ; j'ai sans cesse les yeux pleins de larmes, je voudrais mourir ! »

Pour organiser ce concert et aussi pour publier les *Mélodies irlandaises* qu'il faisait graver à frais communs avec Gounet, Berlioz s'était endetté de différents côtés : il avait emprunté à son cousin, Auguste Berlioz, puis à Gounet, puis à Ferrand, qui paraît avoir toujours été sa providence en pareille occasion ; toutefois, comme le concert, tous frais payés, lui avait rapporté cinq cent cinquante francs, il en donna vite les deux tiers à Gounet qu'il jugeait plus pressé que Ferrand et pria celui-ci de patienter. Cependant sa correspondance avec cet excellent ami éprouvait souvent des retards, des accidents inexplicables, et il est à présumer que le père de Ferrand, prévenu sans doute par celui de Berlioz et tenant celui-ci pour un pilier de brelan, aidait à ces irrégularités de la poste et faisait tout son possible pour détacher son fils d'un ami aussi dangereux. Berlioz, de son côté, ne pouvant compter que sur des envois d'argent accidentels (et encore son père le chargeait-il alors de commissions qu'il devait payer et qui absorbaient la somme envoyée), économisait sou à sou et travaillait comme un damné pour éteindre ses dettes, mais sans y parvenir. Il devait plus de cent francs à Gounet, sans parler de Ferrand ; il avait en tout deux élèves, lui rapportant quarante-quatre francs par mois, et il s'estimait trop heureux, suprême humiliation ! de recevoir deux cents francs de Troupenas pour avoir corrigé les épreuves de ce maudit *Guillaume Tell.*

Enfin, coûte que coûte, elles paraissent ses « chères » *Mélodies irlandaises,* comme il les appelle, et Ferrand dut les recevoir au mois de février en même temps qu'un autre morceau fantastique intitulé : *le Ballet des Ombres,* composé sur des paroles de leur ami commun, A. Duboys. Par un singulier hasard ou peut-être par calcul, ces deux cahiers portent le même numéro d'œuvre : Op. 2 ; mais il y eut cette différence entre eux que Berlioz ne s'occupa guère du second que pour le détruire entièrement, tandis que ses *Neuf Mélodies* pour une voix, deux voix ou chœur, furent toujours de ses compositions préférées, de celles où il avait mis le meilleur de sa pensée. Il en parle avec amour dès le premier moment; à peine sont-elles publiées, qu'un artiste du Théâtre-Italien de Londres les emporte pour les montrer à Thomas

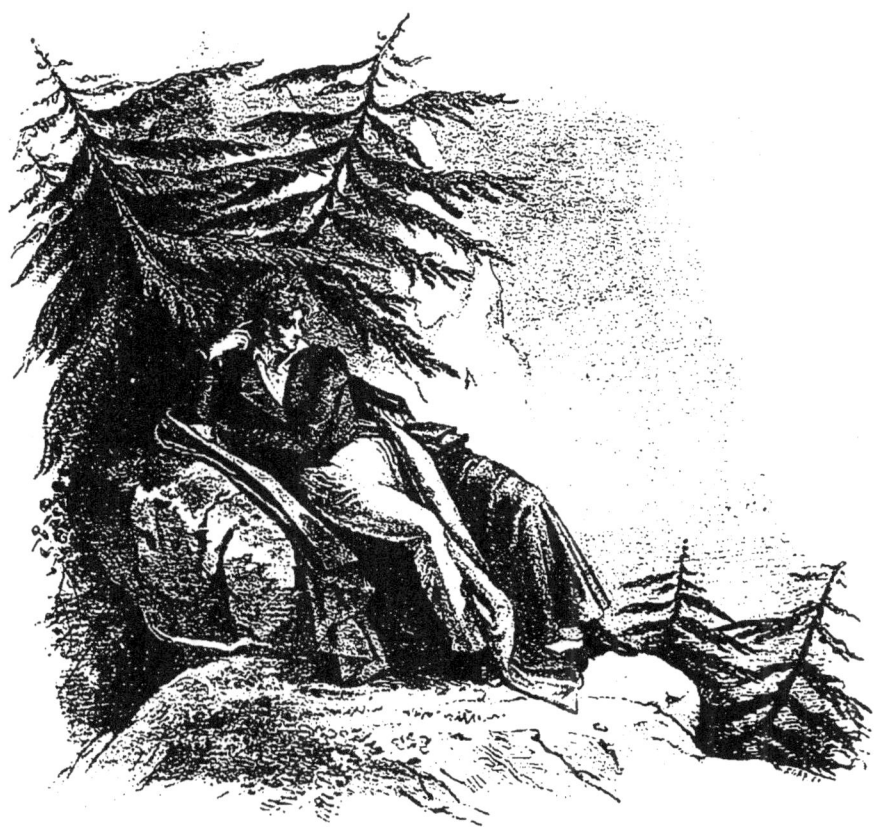

« NEUF MÉLODIES IMITÉES DE THOMAS MOORE », PAR BERLIOZ.
Lithographie de Barathier sur le titre (1830).

Moore, auquel Berlioz et Gounet les avaient naturellement dédiées; puis, voilà que Nourrit promet de les chanter dans les soirées; Berlioz en attend autant de Mocker, auquel il les avait envoyées; Onslow, à qui il s'était empressé de les offrir, marque une préférence évidente pour la *Chanson à boire*, l'*Élégie*, le *Chant sacré;* enfin, des personnes qui avaient été un peu surprises tout d'abord, comme les filles de Lesueur, y prennent tellement goût qu'elles ne s'en peuvent plus détacher et qu'elles jouent incessamment l'*Élégie,* ce « douloureux tableau des angoisses d'un mourant d'amour ». C'est Berlioz qui qualifie ainsi sa neuvième mélodie, en tête de laquelle il a mis ces trois lettres significatives : *F. H. S. (For Harriet Smithson).* C'était au plus fort de son délire shakespearien, alors qu'il courait la campagne ou les rues de Paris, s'endormant l'été sur une gerbe et l'hiver dans la neige ; au retour d'une de ces excursions où il avait l'air, dit-il, de courir après son âme, il trouva, ouvert sur sa table, un volume de Thomas Moore et ses yeux tombèrent sur cette déchirante poésie : *Quand celui qui l'adore...* Aussitôt il avait pris la plume, et il avait jeté tout d'un trait sur le papier la mélodie qui lui montait du cœur à la tête, et c'était la seule fois, disait-il plus tard, qu'il avait pu peindre un sentiment pareil en étant sous son influence immédiate, mais il croyait aussi « avoir atteint rarement à une aussi poignante vérité d'accents mélodiques, plongés dans un tel orage de sinistres harmonies ».

L'héroïne de cette élégie, après sa tournée en Hollande, avait regagné Londres ; mais, si loin qu'elle fût, Berlioz, la tête en feu, croyait toujours la sentir, la voir à ses côtés : c'était pour lui l'idée fixe, la muse inspiratrice. Et lorsque les journaux anglais lui apportaient, en juin 1829, l'écho des triomphes de sa bien-aimée, il rêvait de composer une œuvre immense qu'il irait faire exécuter là-bas, pour triompher à côté d'elle et par elle : il pensait alors à son grand *Épisode de la vie d'un artiste.* Et plus la séparation dure, plus cette idée prend corps ; mais, s'il est toujours sur le point de commencer, s'il a dans la tête toute la symphonie où le développement de son infernale passion doit se dépeindre, il n'en peut rien écrire... « Elle est toujours à Londres, écrit-il à Ferrand, le 6 février 1830, et, cependant, je crois la sentir autour de moi ; tous mes souvenirs se réveillent et se réunissent pour me déchirer ; j'écoute mon cœur battre et ses pulsations m'ébranlent comme les coups de piston d'une machine à vapeur. Chaque muscle de mon corps frémit de douleur... Inutile!... Affreux!... Oh ! malheureuse, si elle pouvait un instant concevoir toute la poésie, tout l'infini d'un pareil amour, elle volerait dans mes bras, dût-elle mourir de mon embrassement [1]. » En moins d'un mois, volte-face subite ; il est guéri ou du moins bien près de guérir : d'affreuses vérités découvertes, à n'en pas douter, ont fait ce prodige. Ces « affreuses vérités » étaient d'odieuses calomnies rapportées par un ami malfaisant ou sceptique et auxquelles il avait complaisamment prêté l'oreille. Il faut dire aussi

---

[1]. Cette phrase est reproduite à peu près textuellement dans l'article de d'Ortigue sur la *Symphonie fantastique :* preuve indiscutable de la collaboration de Berlioz à cet article, republié dans le *Balcon de l'Opéra* (Paris, Renduel, 1833).

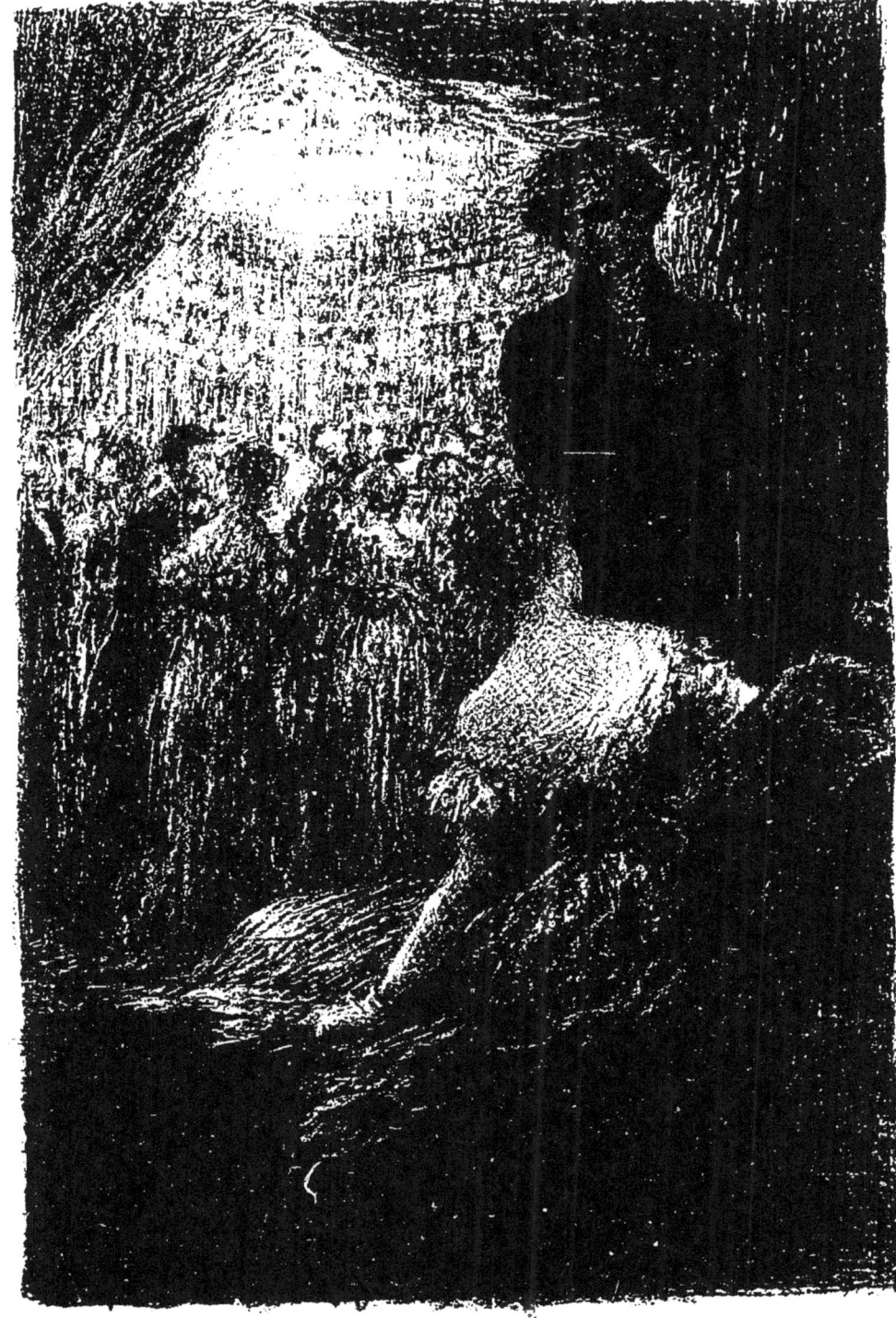

que Berlioz, tout en jouant toujours le désespéré d'amour, commençait à se lasser de ce rôle inutile et l'aveu lui en échappe dans une lettre à Hiller, au milieu d'un débordement de sanglots, d'anathèmes et d'adjurations [1]. Mais la secousse avait été terrible : pendant deux jours, Berlioz avait disparu de Paris ; il avait erré dans les champs déserts, ne prenant pas de nourriture, et finissant par tomber de fatigue et de faim dans une plaine, aux environs de Sceaux, où il dormit comme une brute. A son réveil, il rentra tout droit chez lui au grand ébahissement de ses amis qui le croyaient mort et qui l'avaient cherché jusque sur les dalles de la Morgue ; mais, pendant plusieurs jours, il se renferma dans un silence obstiné, puis reprit tranquillement son train de vie habituel.

A ce moment, un nouveau personnage venait d'entrer en scène, qui devait jouer un rôle important dans sa vie : le jeune Ferdinand Hiller, arrivé à Paris depuis un an, tout au plus, et qui avait commencé par donner des leçons dans l'école de musique fondée par Choron. C'est là qu'il avait dû rencontrer Berlioz, puis dans le pensionnat de Mme Daubrée, au Marais, où ce dernier enseignait la guitare, et il s'était lié tout de suite avec lui de si grande amitié qu'il devint le confident attitré de ses désespoirs et de ses ravissements amoureux. Car le cœur de Berlioz ne pouvait rester longtemps libre : son nouvel ami l'apprit bientôt à ses dépens. Hiller, en arrivant à Paris, avait été enivré par la « beauté irritante et le grand talent » d'une jeune pianiste, Belge par son père, Allemande par sa mère, et qui était un des professeurs les plus recherchés dans l'aristocratie et les grands pensionnats ; elle était déjà presque célèbre sous le nom de Camille Moke. Pour correspondre avec la belle, Hiller avait imaginé de se servir de Berlioz qui donnait des leçons de guitare dans une des pensions où Camille enseignait le piano, et dame, le fulgurant commissionnaire eut bientôt supplanté son bel ami. Alors Berlioz, la tête et le cœur en feu, se livre à ce nouvel amour avec sa furie habituelle ; il exalte, il trépigne, il rugit ; il parle aussitôt de mariage et veut conquérir sa bienaimée à coups de chefs-d'œuvre ; bref, au lieu de s'en tenir discrètement aux amusettes comme avait fait le sage Hiller, il prend tellement au sérieux ce caprice de coquette, il mène si grand tapage autour de sa passion qu'il en devient odieux à la mère. Et tandis que les deux amoureux se contemplent en extase, la prudente matrone jure bien que ce personnage exubérant ne deviendra jamais son gendre et

1. Cette lettre, datée de 1829 dans la *Correspondance inédite*, doit être de mars 1830, puisque Berlioz y dit formellement : « Il y a un an que je la vis pour la dernière fois », et qu'Henriette était partie en mars 1829. D'ailleurs, avec cette date ainsi rectifiée, elle correspond bien aux lettres écrites à Ferrand les 6 février et 16 avril 1830, entre lesquelles s'est opérée la mirifique guérison de Berlioz.

compte, avec raison, sur l'humeur changeante de sa fille pour en être un jour débarrassée : Hiller, lui, suivait tout ce manège avec une clairvoyance encore affinée par le dépit et, connaissant bien la belle, attendait pour savoir dans quelle catastrophe allait sombrer son triomphant et vaniteux ami [1].

Cependant Berlioz brûlait toutes les dépouilles de miss Smithson sur l'autel de Camille Moke. Une fois guéri de son indigne amour, il s'était juré de punir cette indifférente infidèle. Et comment « sanctionne-t-il sa résolution », pour employer son propre langage? En composant contre miss Smithson et sans y rien changer cette même symphonie qu'il brûlait d'écrire en son honneur. Tant qu'il ne s'était agi que de la glorifier, il n'avait pu se mettre au travail; à présent qu'il veut lui signifier son mépris, la stigmatiser en public, il travaille avec une ardeur indicible. Au bout de trois mois, il annonce avec un cri de joie rageuse qu'il vient d'écrire la dernière note et que l'heure de la vengeance approche. Puisse-t-elle sonner au plus tard le 30 mai, par un grand concert qu'il organise au théâtre des Nouveautés et dans lequel il fera distribuer le programme imprimé de sa symphonie, afin que tout le monde en comprenne bien la cruelle allégorie! En attendant, il raconte à Ferrand tout le plan de son œuvre vengeresse et, comme s'il prévoyait quelque remontrance, il va au devant et lui dit le 13 mai : « La vengeance n'est pas trop forte. D'ailleurs, ce n'est pas dans cet esprit que j'ai écrit le *Songe d'une nuit de sabbat*. Je ne veux pas me venger. Je la plains et je la méprise. C'est une femme ordinaire, douée d'un génie instinctif pour exprimer ces déchirements de l'âme humaine qu'elle n'a jamais ressentis, et incapable de concevoir un sentiment immense et noble comme celui dont je l'honorais. »

Pour faire exécuter sa symphonie, il avait trouvé aide efficace auprès

---

1. Mlle Moke, de ses vrais prénoms Marie-Félicité-Denise, avait alors dix-huit ans: elle était née à Paris et avait, dès l'âge de neuf ans, attiré l'attention du monde musical ; elle avait étudié le piano d'abord avec Jacques Herz, puis avec Moschelès. A douze ans, elle était allée avec ses parents en Belgique où elle avait émerveillé les artistes par son habileté précoce ; une fois revenue à Paris, elle avait tiré grand profit des leçons de Kalkbrenner et conquis une réputation méritée : c'est ici que se placent ses aventures avec Hiller et Berlioz. Ce dernier, en notant plutôt qu'en racontant la « distraction violente » dans ses *Mémoires*, avec beaucoup de réticences perfides, tendait à faire croire que ce coup de passion, provoqué par une confidence maladroite d'Hiller et par la curiosité malsaine de Mlle Moke, n'avait traversé que comme un éclair son imperturbable amour pour miss Smithson ; il voulait aussi prouver que cette ardente fille d'Ève avait presque abusé de lui, pauvre victime, et l'on est resté longtemps sous l'impression de cette habile insinuation. Mais les révélations contenues dans ses lettres à Humbert Ferrand, mais la publication des spirituels *Künstlerleben* d'Hiller, où celui-ci raconte sa mésaventure avec une bonne grâce charmante, sont venues détruire le roman bâti par Berlioz en prouvant que, pendant plus de deux années, il avait méconnu, oublié, injurié miss Smithson ; que sa nouvelle maîtresse n'avait pas eu beaucoup de peine à le rendre sensible, à le « putipharder », pour parler son langage, et que le pauvre Hiller n'avait nullement joué le rôle assez sot qu'il lui prête. Après cela, fiez-vous donc aux récits des *Mémoires*. Il convient de se reporter encore au livre de M. Hippeau pour connaître les moindres incidents de cette amoureuse aventure : aussi bien ne puis-je ici que les résumer d'après le récit minutieux qu'il en a fait dans son *Berlioz intime*.

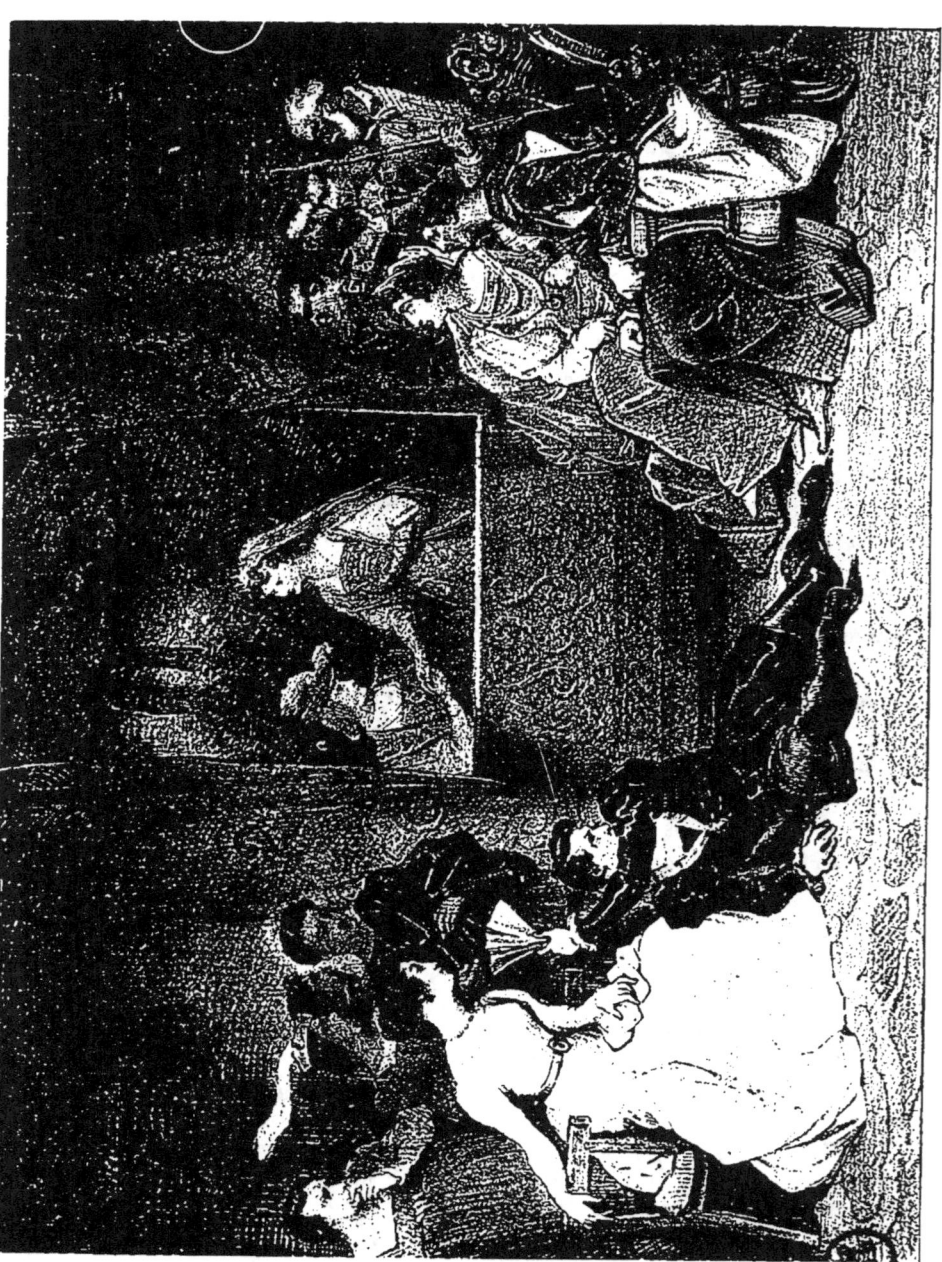

CH. KEMBLE ET MISS SMITHSON DANS « HAMLET », EN 1827.
Scène des Comédiens (acte III, scène II) — Lithographie de Devéria et L. Boulanger

de Bloc, le chef d'orchestre des Nouveautés, qui l'avait présenté aux directeurs du théâtre. Il avait été convenu que ce grand concert aurait lieu le soir de la Pentecôte, où tous les théâtres étaient fermés par ordre, et Berlioz avait obtenu du préfet de police Mangin l'autorisation nécessaire. La saison était bien un peu avancée, il ne l'ignorait pas et ne comptait guère sur l'attrait de sa « composition gigantesque » pour retenir les gens à Paris ou les faire revenir de la campagne ; mais il voulait risquer la partie. Il espérait avoir le célèbre ténor Haitzinger et Mme Schrœder-Devrient, les deux têtes de la troupe allemande qui chantait à la salle Favart ; bref, avec de tels artistes et un orchestre de cent trente musiciens, il comptait bien n'en pas être pour ses frais. Et puis, pouvait-il remettre à plus tard ce délicieux plaisir de la vengeance ? Il se délecte à l'idée que les acteurs de Feydeau conspirent pour amener miss Smithson par surprise à cette exécution de *la Fantastique* et que tout le public la reconnaîtra dans cette apparition d'une *Nuit de sabbat* : « *Ce n'est plus qu'une courtisane digne de figurer dans une telle orgie* » ; enfin, il avait hâte de frapper un grand coup qui le rendît célèbre et décidât les parents de Camille à la lui donner. Tout cela n'était malheureusement qu'un rêve et le succès qu'il croyait déjà tenir lui échappa : après un simulacre de répétition où l'on n'avait pas pu caser convenablement le quart des musiciens, faute de gradins, faute de pupitres, faute de tout, les directeurs, trouvant que c'était beaucoup d'embarras pour peu de profit, renoncèrent à l'entreprise, et Berlioz se retrouva dans la rue avec ses deux mille trois cents pages de musique copiée et sans les quatre cents francs qu'elles avaient coûté.

Tandis qu'il se consolait dans les bras d'*Ariel,* sa ravissante sylphide, arriva le temps du concours pour le prix de Rome. Il avait résolu de s'y présenter une dernière fois, bien plus pour conquérir sa bien-aimée que pour répondre au désir de son père : il songeait bien aux gens de la Côte ! Il entra en loge le 15 juillet et, tandis qu'il était cloîtré à l'Institut, il ne vivait que du souvenir de Camille dont la femme de chambre venait le visiter tous les deux jours : « Dieu ! quel vertige quand je la reverrai dans dix ou douze jours ! Nous aurons peut-être encore bien des obstacles à vaincre, mais nous les vaincrons. Que pensez-vous de tout cela ?... Cela se conçoit-il ? Un ange pareil, *le plus beau talent de l'Europe !* » Il termina sa cantate au bruit de la bataille qui se livrait dans les rues de Paris et sortit enfin de prison, le 29 juillet, juste à temps pour voir l'enthousiasme du peuple et des gardes nationaux à demi ivres qui « beuglaient l'ignoble *Parisienne* », pour entendre un beau jour dans le jardin du Palais-Royal une douzaine de jeunes gens qui chantaient, ô surprise! son hymne guerrier des *Mélodies irlandaises*. Il se joint à leur bande et tous, bras dessus, bras dessous, s'en vont chantant soit cet hymne, soit *le Vieux Drapeau,* de Béranger, jusqu'à la galerie Vivienne où, sur les instances de la foule, ils reprennent leur concert et le finissent par *la Marseillaise.* Au dernier couplet, Berlioz se rappelle qu'il vient d'orchestrer ce chant de Rouget de Lisle en mettant au lieu des mots : ténors, basses, cette mention nouvelle : « *Tout ce qui a une voix, un cœur et du sang dans les veines* », et crie à la foule : « Eh! sacredieu! chantez donc! » Alors ces quatre ou cinq mille voix lancent un formidable : *Aux armes, citoyens!* dont la commotion renverse Berlioz, ainsi qu'aurait fait un coup de tonnerre : c'était trop, paraît-il [1]. Au milieu d'août, l'Institut s'occupa de juger le concours et cette fois, enfin! enfin!! enfin!!! grâce à certain morceau que Berlioz se hâta de brûler, les juges, trompés par son apparente conversion aux saines doctrines, lui décernèrent le premier prix *ex æquo* avec Alexandre Montfort, le futur auteur de *Polichinelle* et de *la Jeunesse de Charles-Quint.*

« J'ai obtenu le premier prix à l'unanimité, écrit-il à Ferrand, ce qui ne s'est encore jamais vu. » Dans ses *Mémoires,* il se moque agréablement de la séance traditionnelle où l'on exécuta sa cantate couronnée et fait assez bon marché d'un succès officiel dont le seul mérite, à ses yeux, dit-il, était de flatter l'orgueil de ses parents et de lui assurer, pendant cinq années, une pension de trois mille francs, avec ses entrées libres dans les divers théâtres lyriques; mais ses lettres, écrites au lendemain du triomphe, témoignent d'un ravissement sans pareil : « Oh! mon ami, quel bonheur d'avoir un succès qui enchante un être adoré! Mon idolâtrée Camille se mourait d'inquiétude quand je lui ai apporté, jeudi dernier, la nouvelle si ardemment désirée. Oh! mon *délicat Ariel,* mon bel ange, ses ailes étaient toutes froissées, la joie les a relustrées... C'est le 2 octobre que ma *scène* sera exécutée publiquement à grand orchestre; ma belle Camille y sera avec sa mère; elle en parle sans cesse. Cette cérémonie, qui ne m'eût paru sans cela qu'un enfantillage, devient une fête enivrante. Vous n'y serez pas, mon cher, bien cher ami; vous n'avez jamais vu que mes larmes amères; quand donc verrez-vous dans mes yeux briller celles de la joie [2]? » Pour cette exécution solennelle de sa cantate, reculée au

---

1. Tel était alors son culte pour Rouget de Lisle que, le 29 décembre 1830, à la veille de partir pour Rome, il lui écrira pour lui marquer son très vif regret de ne pouvoir le visiter avant son départ : « Un de mes rêves d'enthousiasme, ajoutait-il, a toujours été de connaître personnellement l'auteur de *la Marseillaise.* »

2. Lettre du 23 août 1830, à Humbert Ferrand. — A rapprocher du passage des *Mémoires* où Berlioz, après avoir raillé les lauréats qui, ce jour-là, embrassent à bouche que veux-tu père, mère, cousine, maîtres et maîtresse, ajoute avec un air assez piteux pour abuser le lecteur : « Mon maître

30 octobre et dirigée selon l'usage par Grasset, ancien chef du Théâtre-Italien, Berlioz, sûr de son prix et ne craignant plus d'effaroucher les juges, avait ajouté à ce *Sardanapale* un morceau final figurant l'incendie et l'écroulement du palais. Cette conclusion avait produit un effet foudroyant à la répétition ; mais, le lendemain, voilà qu'au moment décisif et malgré les signes désespérés de Grasset, de Berlioz, un cor oublie de jouer : les autres instruments se taisent, rien ne prend feu, rien ne s'écroule et tout finit piteusement sur un maigre trémolo des instruments à cordes. Le lauréat, furieux, jette sa partition par terre et le public, interloqué, se retire en croyant qu'on s'est moqué de lui : c'est un si grand mystificateur que ce Berlioz.

Il trouva bientôt une occasion de se relever de cette défaite. Après l'exécution manquée de la *Symphonie fantastique* aux Nouveautés, son ami Girard, chef d'orchestre du Théâtre-Italien, lui avait conseillé d'écrire une composition moins longue et qu'il se faisait fort de faire exécuter par l'orchestre et les chœurs de son théâtre. Berlioz était toujours fidèle à Shakespeare, mais il négligeait *Hamlet,* il méprisait Ophélie et ne rêvait que de *la Tempête* et d'Ariel. Il lui parut alors qu'il devait s'inspirer du sylphe adorable : « A sa taille élancée, à son vol capricieux, à sa grâce enivrante, à son génie musical, j'ai reconnu l'Ariel de Shakespeare », écrit-il en parlant de Camille, et ses idées poétiques, tournées vers le drame de *la Tempête*, lui dictèrent « une ouverture gigantesque d'un genre entièrement neuf, pour orchestre, chœur, deux pianos et harmonica ». Tellement gigantesque et tellement neuf, en effet, que Girard, du premier coup d'œil, reconnut qu'il était impossible d'essayer un pareil morceau aux Italiens : passe encore à l'Opéra. Mais à l'Opéra, c'était Lubbert qui était directeur, le même Lubbert qui avait déjà refusé de confier un poème à Berlioz et faisait également fi de Weber et de Beethoven. Il n'importe, Hector va lui proposer sa grande fantaisie et le directeur consent à jouer cette composition dans une représentation au bénéfice de la caisse des pensions de retraites : peut-être n'était-ce qu'un ingénieux moyen pour ne plus entendre parler de lui. Berlioz court tout d'une haleine porter cette grande nouvelle à Camille : « Elle en a frémi de joie, écrit-il. Je lui ai dit *confidentiellement,* dans *l'oreille,* après deux baisers dévorants, un embrassement furieux, l'amour grand

---

était malade, mes parents absents et mécontents : pour ma maîtresse..... Je n'embrassai donc que M. le secrétaire perpétuel. » Bien mieux : ce récit d'un couronnement académique avait paru d'abord sous forme de nouvelle dans la *Gazette musicale*, en 1834 ; et Berlioz, qui venait alors d'épouser Henriette et voulait faire croire qu'il n'avait jamais pensé qu'à elle, écrivait : « Pour ma maîtresse : ... oh ! elle était loin... bien loin ! » Ce qui était encore une invention, car miss Smithson était à Paris au moment de son couronnement ; seulement c'est lui qui, par la pensée, était loin, bien loin d'elle

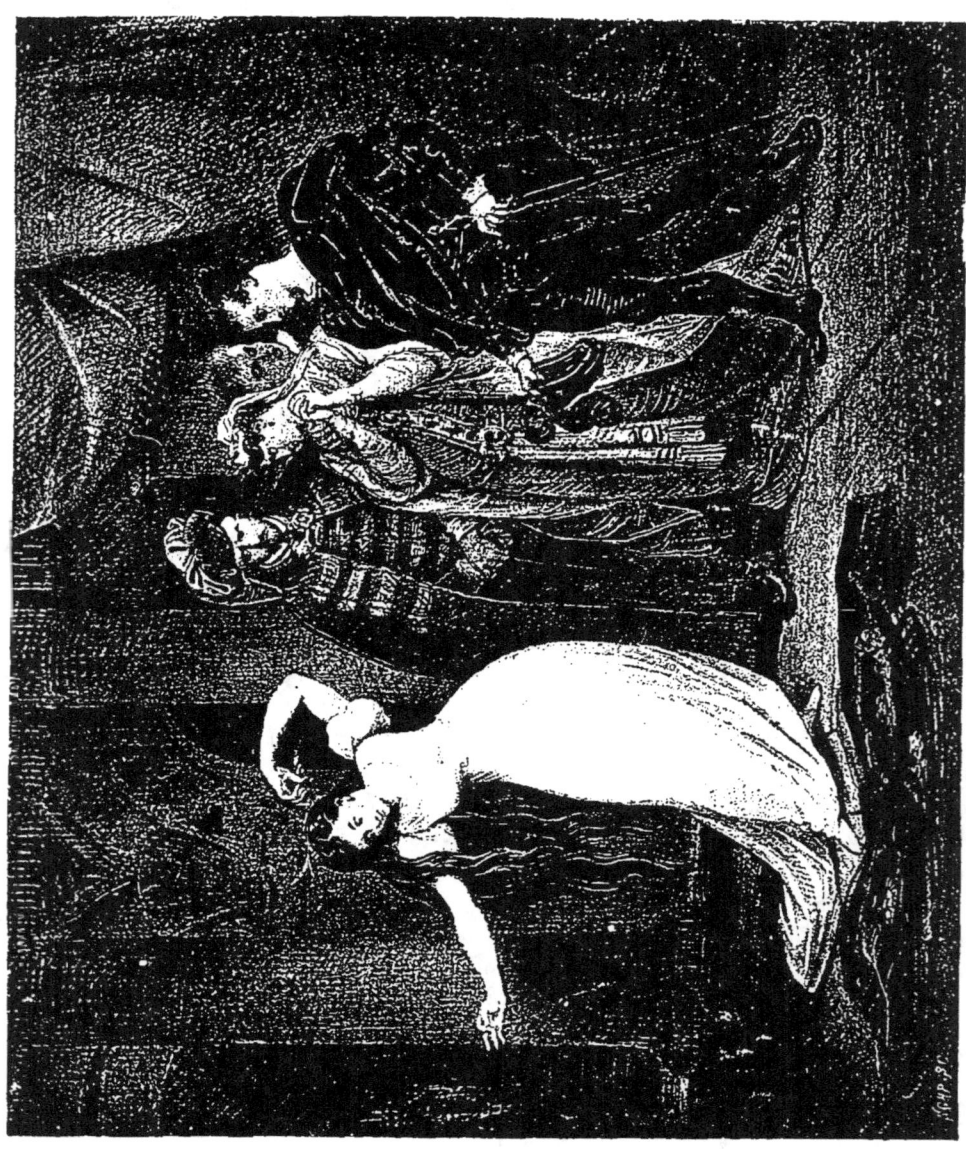

MISS SMITHSON DANS « HAMLET », EN 1827.
Scène de la Folie, acte V, scène vi. — Lithographie de Devéria et L. Boulanger.

et poétique comme nous le concevons. » Et, le soir venu, le dimanche 7 novembre, les deux amants mènent en secret la mère à l'Opéra, espérant lui arracher son consentement par ce beau coup de théâtre : surprise inutile, elle refuse obstinément.

Il n'importe, et le jeune lauréat voyait l'avenir en rose. Grâce à son prix, il allait pouvoir payer ses dettes les plus criardes. L'exécution de *la Tempête* lui avait valu la pleine approbation de Fétis, deux articles superbes dans la *Gazette musicale*[1]; on parlait, vu le succès, de rejouer sa *Tempête marine* à l'Opéra vers la fin de novembre; il avait promesse formelle que son ouverture des *Francs-Juges* serait exécutée, l'hiver suivant, par la Société des concerts; enfin, ravissement suprême, il avait trouvé « quelqu'un qui comprenait, qui devinait son âme », qui pensait mourir dans ses bras en jouant quelque adagio dévorant de Weber ou de Beethoven et qui lui faisait jurer de ne pas se tuer si la mort l'emportait avant lui; il adorait, il bénissait cet Ariel, il l'aimait en un mot plus que la pauvre langue française ne pouvait l'exprimer, et brûlait d'avoir un orchestre de cent musiciens, un chœur de cent cinquante voix, pour le lui dire ». Les parents de la belle inventaient bien toujours de nouvelles excuses dilatoires, ils voulaient à présent que Berlioz eût fait représenter un opéra avant d'obtenir leur fille; mais il intriguera, dit-il, il ira se jeter aux pieds du roi pour obtenir qu'on le dispense du voyage à Rome et qu'on lui paye sa pension à Paris; en attendant il s'occupe d'organiser au Conservatoire un grand concert où il fera entendre sa cantate de *Sardanapale* et sa *Symphonie fantastique*. Et comme si le hasard voulait s'associer à ses projets, est-ce que la malheureuse Henriette, la *fille* Smithson, comme il l'appelle alors, en soulignant le mot lui-même, n'est pas revenue à Paris depuis le printemps? Est-ce qu'elle ne se débat pas sous les coups de la fortune adverse? Les directeurs de l'Opéra-Comique l'avaient engagée en souvenir de ses succès d'antan; ils avaient commandé pour elle à Moreau et d'Épagny une petite pièce, *l'Auberge d'Auray*, mise en musique par Carafa et Herold, et

---

[1] C'est vrai, Fétis, cette fois, était presque entièrement satisfait, par la bonne raison que Berlioz lui paraissait avoir profité d'un de ses articles sur *les Révolutions de l'orchestre* et la nécessité de chercher, dans un système beaucoup plus riche en modifications sonores, une source de variété plus grande pour les effets musicaux. Il qualifie ce morceau de très remarquable, surtout dans le passage de la tempête et dans le chœur des esprits aériens; il trouve que les heureuses facultés du jeune homme pour la musique d'effet et pour l'invention dans l'instrumentation se sont beaucoup développées, qu'il dispose son orchestre et ses chœurs avec une grande originalité, que la plupart de ses moyens sont nouveaux, ses associations de sonorité inusitées, les voix employées avec une intelligence rare et d'après un système tout à fait singulier, celui de Fétis. Conclusion logique : « L'organisation de M. Berlioz le portait à sentir l'art sous ce point de vue et le destinait à lui ouvrir des routes nouvelles. Il n'est encore qu'à l'aurore de son talent : ce qu'il fait maintenant, il le devine et parfois il doit s'égarer ; mais quand l'expérience l'aura éclairé, il s'avancera d'un pas ferme dans la nouvelle voie où il s'est jeté. »

qui parut à la scène le 15 mai 1830; mais, ainsi présentée en dehors de son cadre naturel, dans une seule scène où elle ne comprenait pas les répliques de ses partenaires, la tragédienne avait paru jouer avec une mimique exagérée, et l'on avait ri de sa pantomime exubérante... finalement, elle avait perdu six mille francs dans la faillite inévitable du théâtre. Et Berlioz s'apitoie un moment sur son sort. Mais voilà qu'il la croise un jour dans la rue et qu'elle le dévisage avec un sang-froid imperturbable. A ce coup, le fulgurant amoureux est tout bouleversé et court se réconforter auprès d'Ariel qui lui dit en riant : « Eh bien, vous ne vous êtes pas trouvé mal? Tu n'es pas tombé à la renverse?... »

Ce grand concert, annoncé d'abord pour le 14 novembre, avait été reculé au 5 décembre et le programme était ainsi composé : l'ouverture des *Francs-Juges,* le chant sacré et le chant guerrier des *Mélodies,* la scène de *Sardanapale* avec son incendie et la *Symphonie fantastique* : « Venez, venez, ce sera terrible ! Habeneck conduira le géant orchestre », écrivait-il à Ferrand qui paraissait ne pas s'émouvoir de ces fiévreux appels. Ce ne fut pas terrible ; trois morceaux de la symphonie : *le Bal,* la *Marche au supplice* et *le Sabbat,* produisirent quelque sensation ; mais la *Scène aux champs* passa inaperçue et le jeune musicien prit le parti de la récrire. Hélas ! miss Smithson, cette fois encore, échappa à l'expiation que son ancien adorateur voulait lui infliger en public : ce soir-là, à la même heure, elle paraissait à l'Opéra dans une représentation organisée à son bénéfice et y mimait pour la première et dernière fois le rôle de Fenella dans *la Muette de Portici.* Mais l'ami trompé par Berlioz, l'amoureux évincé par Camille, Ferdinand Hiller, assistait au concert, car il n'était nullement parti pour Francfort, après sa mésaventure ; il était demeuré le confident de Berlioz et poussait la grandeur d'âme ou l'indifférence dédaigneuse jusqu'à lui donner de judicieux conseils pour retoucher sa symphonie. Le vrai succès du jeune artiste, en cette circonstance, fut de ne pas rencontrer d'indifférents. Ennemis et amis attaquaient ou défendaient son œuvre avec passion ; mais lui n'entendait que les éloges ; il se riait des blâmes d'une critique hostile et se délectait de l'irritation manifestée par Cherubini : « Zé n'ai pas besoin d'aller savoir *comment il né faut pas faire* », avait sèchement répondu le vieillard à qui lui demandait s'il n'irait pas entendre la nouvelle production de Berlioz.

Sur le moment, il était tout à la joie du triomphe ; il était ravi de l' « effet satanique » produit par la *Nuit de sabbat* et se disait contraint par le public enthousiasmé de répéter exactement le même concert le lendemain de Noël ; il exultait d'avoir enfin par ce succès arraché le consentement de la mère d'Ariel, d'Ariel qui, depuis l'audition de ce sabbat, ne l'appelait plus que « son cher Lucifer, son beau Satan ». Et si l'homme avait tout lieu de chanter victoire, l'artiste aussi pouvait rayonner, car Spontini lui avait envoyé sa partition d'*Olympie* avec une dédicace très flatteuse ; après quoi Berlioz, étant allé le voir, avait dû promettre de lui écrire de Rome et avait reçu de lui une lettre de recommandation pour son frère, qui était Père au couvent de Saint-Sébastien. Car il allait partir ; toutes ses démarches pour rester à Paris avaient été vaines et puis les parents de la belle Camille, espérant encore un retour de fortune, avaient reculé le mariage à Pâques 1832, après que Berlioz aurait séjourné au moins une année en Italie, afin de ne pas perdre ses droits à la pension. Il allait partir seul, car l'arrêt qu'il devait faire dans sa famille, à la Côte, l'empêchait de voyager avec les autres lauréats du prix de Rome, et d'ailleurs ils étaient déjà loin que lui était toujours à Paris, occupé des préparatifs de son concert pour le lendemain de Noël. Il dut cependant y renoncer et cette fois, comme il avait, de retard en retard, atteint à l'extrême limite et que décembre allait finir, après avoir prévenu l'ami Ferrand de son prochain passage, après avoir échangé bien des serments d'éternel amour avec Ariel, il prit tristement la diligence et se dirigea sur Lyon, puis de là sur la Côte : il y arriva le lundi 3 janvier 1831.

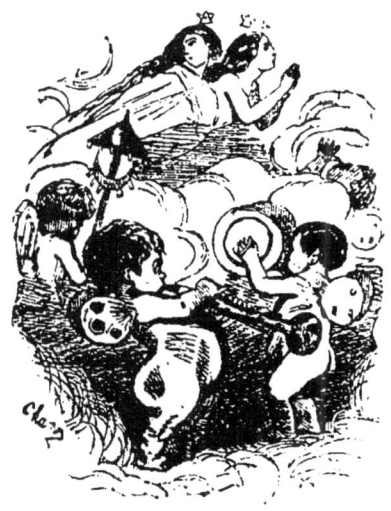

CONCERT DE SYLPHES.
(Cham, *Charivari*, 23 juillet 1847.)

CHAPITRE III

SÉJOUR EN ITALIE ET RETOUR A PARIS
ÉPISODE DE LA VIE D'UN ARTISTE. — MARIAGE AVEC MISS SMITHSON

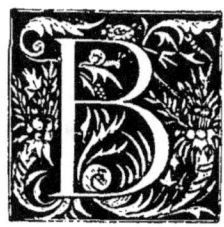ERLIOZ fut reçu par sa famille à bras ouverts; mais ni les tendresses de ses parents, ni les caresses de ses sœurs ne pouvaient le distraire de ses tristes pensées, et cette séparation si douloureuse était toujours présente à son souvenir : « O ma pauvre Camille, mon ange protecteur, mon bon Ariel, ne plus te voir de huit ou dix mois! Oh! que ne puis-je, bercé avec elle par le vent du Nord sur quelque bruyère sauvage, m'endormir enfin dans ses bras du dernier sommeil! »[1] Il reçoit des félicitations, des compliments de toute espèce et y répond à peine; mais ses parents, auxquels il a fait part de son mariage à venir, comprennent sa tristesse et la lui pardonnent; il appelle à lui le bon Ferrand qui ne vient toujours pas; il se ronge les poings à l'attendre; il part pour aller le voir à Belley et s'arrête à mi-chemin, craignant d'être mal reçu par les parents de son ami; il va passer à Grenoble, avec sa mère et ses sœurs, plusieurs jours qui lui paraissent insipides par toutes les visites qu'il faut recevoir et rendre; enfin, quand il rentre à la Côte après « une journée dévorante passée sans mot dire », il reçoit des mains de son père deux lettres venant de Paris. Il est heureux, ravi, transporté; mais voilà-t-il pas qu'arrive une lettre d'Hiller qui le replonge en d'affreux tourments. Celui-ci, du ton le plus charitable, avertissait son larmoyant ami qu'il se complaisait dans un désespoir inutile et que les gens pour lesquels il se désespérait lui en sauraient moins de gré que personne. Alors Berlioz, vexé, le prend de très haut avec le rival qu'il a supplanté : « D'abord, je ne me désespère pas pour DES GENS; ensuite, je vous dirai que, si vous avez vos raisons pour juger si sévèrement la personne pour laquelle je me désespère, j'ai les miennes aussi pour vous assurer que je connais aujourd'hui son caractère *mieux que personne*... Vous ne savez pas ce qu'elle sent, ce qu'elle pense. Ce n'est pas parce que vous l'aurez vue dans un concert,

---

1. Cette phrase d'une lettre à Ferrand (6 janvier 1831) sera utilisée à peu près textuellement dans les monologues de *Lélio,* avec un changement qui permettra de l'appliquer à miss Smithson.

gaie et contente, que vous pourrez en tirer une induction fatale contre moi... »

Au commencement de février, Berlioz, que les tourments et le désespoir avaient presque rendu malade à la Côte, dut penser à se rendre en Italie. Après une traversée assez périlleuse de Marseille à Livourne, il gagna Florence où il entendit sans éclater de fureur « un opéra de *Romeo e Giulietta*, d'un petit polisson nommé Bellini », et un autre intitulé *la Vestale,* d'un « misérable eunuque appelé Pacini »; puis, ayant traité avec un voiturin pour aller à Rome, il débarqua un soir, juste à l'heure du souper, devant l'Académie de France où ses camarades, en train de manger, le saluèrent de cris, de hurrahs, de quolibets sur ses façons cérémonieuses, sur sa tignasse rousse et son nez crochu[1]. Sitôt après le repas, visite officielle au directeur, Horace Vernet, et première station au Café Greco, où se réunissaient tous les artistes étrangers ; puis, dès le lendemain, Montfort, qui l'avait devancé de deux mois, le mettait en rapports avec un jeune compositeur du nom de Mendelssohn qui voyageait pour son plaisir, et les trois musiciens furent bientôt inséparables. Il surgissait cependant entre eux de fréquentes discussions; Berlioz, en particulier, ne manquait aucune occasion de piquer au vif son nouvel ami et de confondre ses prétentions à l'infaillibilité, son ton doctoral, comme il le fit avec un air manuscrit du *Telemacco,* que le jeune Allemand prit pour une mauvaise ariette italienne, ou bien avec sa propre ouverture du *Roi Lear* dont Mendelssohn ne sut pas trouver le vrai mouvement, lui qui prétendait que le métronome était un instrument inutile et que tout « bon musicien » devait, au seul aspect d'un morceau, en deviner la vitesse. Malgré tout, les jeunes gens se plaisaient fort ensemble et Berlioz, dans une grande lettre écrite à ses amis de Paris, se louait beaucoup d'avoir rencontré là-bas Mendelssohn : « C'est un garçon admirable, son talent d'exécution est aussi grand que son génie musical, et vraiment c'est beaucoup dire. Tout ce que j'ai entendu de lui m'a ravi; je crois fermement que c'est une des capacités musicales les plus hautes de l'époque. C'est lui qui a été mon cicerone; tous les matins j'allais le trouver ; il me jouait une sonate de Beethoven, nous chantions *Armide,* de Gluck, puis il me conduisait voir toutes les fameuses ruines qui me frappaient, je l'avoue, très peu. Mendelssohn est une de ces âmes candides comme on en voit si rarement ; il croit fermement à la religion luthérienne et je le scandalisais quelquefois beaucoup en riant

---

[1]. La salle où les pensionnaires prenaient leur repas était ornée d'une cinquantaine de portraits représentant tous les anciens prix de Rome et dessinés par les élèves peintres; pour continuer la collection, M. Signol fit bientôt le portrait de Berlioz que nous donnons ici, d'après une photographie prise sur place et rapportée à M. E. Reyer.

de la Bible. Il m'a procuré les seuls instants supportables dont j'ai joui pendant mon séjour à Rome. »

Mendelssohn, de son côté, discernait très bien le fond du sac chez ses deux compagnons et les dépeignait d'une plume acérée : « ... Les deux Français m'ont aussi, ces jours derniers, entraîné à flâner, écrivait-il à sa mère le 29 mars 1831. Rien de plus comique ou de plus triste, comme vous voudrez, que de voir ces deux êtres à côté l'un de l'autre. Berlioz est une vraie caricature, sans l'ombre de talent, cherchant à tâtons dans les ténèbres et se croyant le créateur d'un monde nouveau ; avec cela, il écrit les choses les plus détestables, et ne parle, ne rêve que de Beethoven, Schiller ou Gœthe. Il est, de plus, d'une vanité incommensurable et traite avec un superbe dédain Mozart et Haydn, de sorte que tout son enthousiasme m'est très suspect. Montfort travaille depuis trois mois à un petit rondeau sur un thème portugais ; tout ce qu'il fait est parfaitement correct, brillant et selon les règles ; il doit, après ce rondeau, se mettre à composer six valses, et il serait l'homme le plus heureux du monde si je voulais lui jouer une masse de valses viennoises. Il estime fort Beethoven ; mais il n'estime pas moins Rossini, Bellini également, Auber aussi, bref, tout le monde. Me voyez-vous entre ces deux individus, moi qui ai parfois des envies de dévorer Berlioz jusqu'à ce qu'il retombe dans son enthousiasme pour Gluck, où je dois être de son avis ; moi qui, cependant, vais volontiers me promener avec eux parce que ce sont les seuls musiciens qu'il y ait ici et qu'au demeurant leur société est très agréable ? Tout cela fait le contraste le plus comique qu'on puisse imaginer. Tu dis, chère mère, que Berlioz doit cependant poursuivre un but dans l'art ; je ne suis pas en cela de ton avis ; *je crois que ce qu'il veut, c'est se marier*, et il est, à bien prendre, pire que les autres, parce qu'il est plus affecté. Cet enthousiasme purement extérieur, ces airs désespérés qu'on prend auprès des dames, ces génies qui s'affichent en grosses lettres, tout cela m'est parfaitement insupportable [1], et si ce n'était un Français, c'est-à-dire un homme avec lequel les relations sont toujours agréables, — car les Français ont le talent de ne jamais être à court et de savoir vous intéresser, — il n'y aurait pas moyen d'y tenir. »

Certes, le portrait n'était pas indulgent ; mais était-il entièrement injuste ? Il faut savoir que Berlioz, de son propre aveu, était alors

---

[1] N'est-ce pas, en somme, ce que dit M. Legouvé lorsqu'il commence le récit de ses relations avec Berlioz par ces mots : « ... La première fois que j'entendis prononcer le nom de Berlioz, c'est à Rome, en 1832, à l'Académie de France. Il venait de la quitter et y laissait le souvenir d'un artiste de talent, d'un homme d'esprit, mais bizarre et *se plaisant à l'être* ; on prononçait volontiers à son sujet le mot de poseur. Mme Vernet et sa fille le défendaient et le vantaient beaucoup ; les femmes sont plus perspicaces que nous à deviner les hommes supérieurs. » (*Soixante ans de souvenirs*, 2 vol. in-8°, chez Hetzel.)

insupportable. En arrivant à Rome, au commencement de mars, il avait été désolé de n'y pas trouver certaines lettres de Paris qui auraient dû le devancer; il était en proie à la plus vive inquiétude; il attendait tous les jours une lettre de sa *fidèle fiancée* et, sans Horace Vernet, il serait immédiatement reparti pour Paris. Il était méchant comme un dogue à la chaîne, écrit-il, et tous les efforts de ses camarades pour lui faire partager leurs plaisirs ne servaient qu'à l'irriter davantage; mais ce désespoir excessif, byronien, avait un côté tellement burlesque que les pensionnaires l'avaient dénommé tout du premier coup *le Père la Joie,* et encore avait-il soin de leur cacher ses longues rêveries misanthropiques la nuit, dans les jardins de la villa Borghèse, en attendant le lever du soleil[1]. Quinze jours, trois semaines se passent sans nouvelles, et Berlioz jure ses grands dieux qu'il va partir. Ses amis rient de son projet; Mendelssohn parie avec lui qu'il ne fera pas cette escapade. Berlioz obtient quelque argent du directeur, retient aussitôt sa place à la diligence, et Mendelssohn, s'avouant battu, paye un excellent déjeuner dont ils se régalèrent le mercredi saint avec Montfort : c'était prendre assez gaiement cette incartade d'amoureux en fureur.

Le 1er avril, Berlioz montait en diligence et prenait son chemin vers Paris. Mais la fatalité s'en mêle : un violent mal de gorge survient et le contraint de s'arrêter à Florence; alors, il écrit une lettre à son ami Pixis, le priant de surveiller le faubourg Montmartre et de le renseigner au plus tôt sur la conduite et la santé de « ces dames »; il attendra sa réponse à Florence. Hélas! ce n'est pas une lettre de Pixis qu'il reçoit; c'en est une de Ferrand, ignorant de cette péripétie, et auquel il riposte aussitôt par des cris de douleur : « Vous me parlez de musique!... d'amour!.. Que voulez-vous dire? Je ne comprends pas... Y a-t-il quelque chose sur la terre qu'on appelle musique et amour? Je croyais avoir entendu en songe ces deux noms de sinistre augure. Malheureux que vous êtes si vous y croyez; MOI, JE NE CROIS PLUS A RIEN ! » Et, tout en blasphémant de la sorte, il réinstrumentait la scène du bal de la *Symphonie fantastique* en y ajoutant une *coda* définitive; il passait ses journées sur le bord de l'Arno, dans un bois délicieux, lisant Shakespeare, découvrant *le Roi Lear* et se roulant sur l'herbe afin de calmer ses transports d'admiration. Mais voilà que le 14 avril, jour néfaste, arrive la lettre tant attendue de Mme Moke :

---

1. Ce plaisant sobriquet remonte, si l'on en croit d'Ortigue, au temps des représentations de l'Odéon, lorsqu'il blêmissait et poussait de sourds rugissements en pensant à miss Smithson; et, dans ce cas, ce surnom vraiment drôle aurait été colporté à Rome par quelque musicien de Paris. Quoi qu'il en soit, qu'il vînt de France ou d'Italie, il n'en était pas moins si bien trouvé qu'il resta par la suite attaché à Berlioz.

Berlioz l'ouvre avec fièvre et qu'y voit-il ? Une mère visiblement heureuse d'être enfin débarrassée d'un fou tel que lui, qui l'accuse en propres termes d'être venu porter le trouble dans sa famille et lui annonce le mariage de sa fille avec Pleyel. Horrible révélation, mais il avait encore au doigt l'anneau de fiançailles qu'il tenait de Camille et

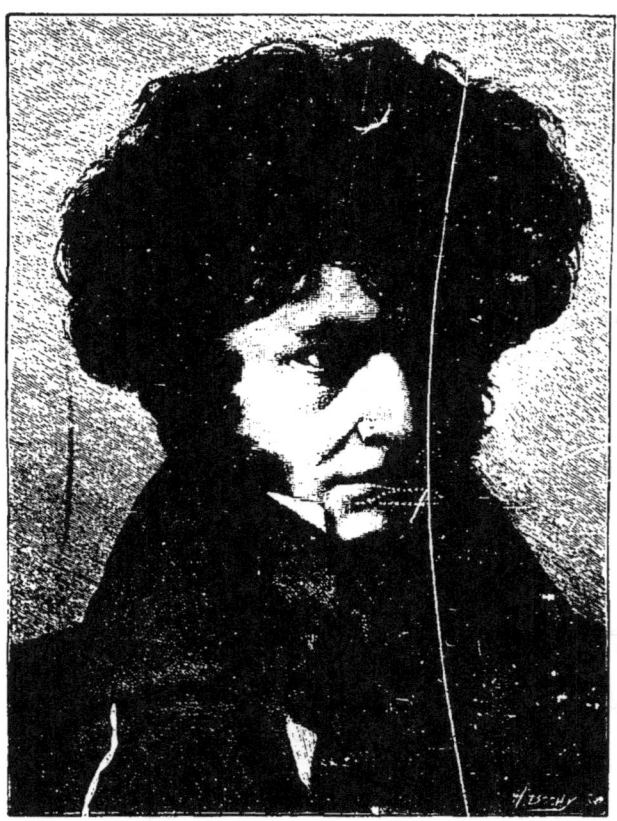

HECTOR BERLIOZ, PAR M. SIGNOL.
Portrait peint à Rome en 1831.

cette odieuse mère, en lui disant adieu, l'avait tendrement appelé son gendre ; à présent, en lui faisant une horrible blessure, en retournant le fer dans la plaie, elle lui conseille charitablement de ne *pas se tuer*, la bonne âme !

Il se tuera, bien au contraire, il en atteste le ciel ; mais seulement après avoir fait justice de tous ceux qui viennent de lui déchirer le cœur. Dans sa rage indicible, il combine une vengeance infernale : il va voler à Paris et tuer du même coup les deux femmes et le fiancé, après quoi il se fera sauter la cervelle. Mais on pourrait le reconnaître ; on doit redouter son arrivée, sa colère ; alors, il organise toute une comédie aboutissant à ce quadruple meurtre : il imagine de pénétrer dans la place sous des vêtements féminins ; il se commande à la hâte un costume complet de femme de chambre ; il écrit ses dernières volontés, adresse à Habeneck sa *Symphonie fantastique*, encore imparfaite, en lui disant comment on devra l'exécuter en « son absence » ; un architecte danois, qu'il avait connu à Florence, lui procure un passeport, une place dans la voiture du courrier, et, six heures sonnant, après avoir armé ses redoutables pistolets qui ne doivent faire feu qu'à Paris, il monte en carriole, et puis fouette cocher.

En arrivant à Gênes, feux et tonnerre, il s'aperçoit que son déguisement s'est égaré dans le changement de voiture à Pietra Santa ; il bat la ville et parvient, dit-il, à s'en faire faire un autre en six heures de temps. Mais ce qu'il ne dit pas dans ses *Mémoires*, en donnant à cette aventure un prolongement tout à fait romanesque, c'est qu'à Gênes il fit une chute, volontaire ou non, du haut des remparts dans la Méditerranée et que ce plongeon lui inspira de sages réflexions ; car c'est aussitôt après, le 18 avril, qu'il écrivit de Diana Marina, petite ville de l'ancien duché de Gênes, aux environs d'Oneille, une lettre de repentir à Horace Vernet, en l'assurant qu'il ne franchirait pas la frontière italienne, en le suppliant de ne pas le rayer des registres de l'École : « Un crime odieux, un abus de confiance dont j'ai été pris pour victime, m'a fait délirer de rage depuis Florence jusqu'ici, je volais en France pour tirer la plus juste et la plus terrible des vengeances ; à Gênes, un instant de vertige, la plus inconcevable faiblesse, a brisé ma volonté ; je me suis abandonné au désespoir d'un enfant ; mais enfin j'en ai été quitte pour boire l'eau salée, être harponné comme un saumon, demeurer un quart d'heure étendu mort au soleil, et avoir des vomissements violents pendant une heure ; je ne sais qui m'a retiré ou vu tomber par accident des remparts de la ville, mais enfin je vis, je dois vivre pour mes deux sœurs, dont j'aurais causé la mort par la mienne, et vivre pour mon art. »

Une fois cette lettre expédiée, il gagna Nice afin d'attendre l'avis de son directeur ; il y dut arriver vers le 27 avril et reçut bientôt après une lettre qui le rassura pleinement sur son sort : il était toujours élève de l'Académie ; on n'apprendrait rien au ministère de son équipée. Alors, tranquillisé de ce côté, il résolut de rester quelque temps à Nice, afin d'être plus près du Dauphiné, de communiquer plus vite avec sa famille, extraordinairement indignée, à ce qu'il assure ; et les quinze ou vingt jours qu'il passa dans cette ville furent des plus heureux de son existence. Il logeait dans une maison bâtie sur un rocher et dominant la mer, il errait dans les bois d'orangers, il se baignait dans l'onde amère, il dormait sur les bruyères des montagnes de Villefranche, il se sentait envahi par l'inspiration musicale et composait avec une joie sans égale l'ouverture du *Roi Lear*.

Mais cette vie si heureuse et si bizarre allait bientôt prendre fin, car il lui fallait rentrer à l'École. Il repartit pour Rome à petites journées. Il suivit d'abord l'admirable route de la Corniche ; en repassant à Gênes, il entendit l'*Agnese*, de Paer, qui lui causa un ennui glacial ; à Florence, il retrouve avec joie, dans la chambre d'auberge où il était descendu, sa malle, ses effets, ses partitions qu'il croyait bien ne jamais revoir ; puis, il continue la route avec de bons moines qui allaient à Rome assister à la célébration de la Fête-Dieu. Mais, à San Lorenzo, il abandonna la voiture et chemina tout le long du jour autour du lac de Bolsena et dans les montagnes de Viterbo, en esquissant la musique d'un mélologue dont il venait de bâtir le canevas, dont il avait même essayé deux ou trois tirades sur le bon Ferrand, notamment celle du brigand calabrais, qui se trouve presque textuellement dans la lettre écrite de Florence, avant qu'il n'eût reçu la nouvelle du mariage de Camille : il prenait donc son ami pour public, sans le prévenir, et jouait son monodrame en pensée avant de le faire exécuter. Cette composition de *Lélio,* la plus extravagante qui se pût voir, devait servir de complément à la *Symphonie fantastique ;* et de même qu'il avait voulu exprimer par la musique, aidée d'un programme, ses tortures d'homme et d'artiste, aboutissant au suicide ; de même, une fois qu'il reprenait goût à la vie, il devait vouloir dépeindre au moyen des sons et de la parole déclamée les phases successives, les impressions douloureuses ou joyeuses de cet émouvant *Retour à la vie*. Et c'est ce qu'il fit le plus allègrement du monde en écrivant ce *Lélio*, qui ne dut pas lui donner beaucoup de peine, puisqu'il y réunit simplement, au moyen de monologues extravagants, cinq ou six morceaux des provenances les plus diverses[1].

---

1. Mlle Moke, après son mariage avec Camille Pleyel, devint une incomparable virtuose, surtout lorsqu'elle eut reçu les conseils de Thalberg, en Russie, et qu'elle eut transformé son talent par une retraite de cinq années entièrement consacrée à l'étude ; mais elle eut toujours à subir les attaques plus ou moins directes de son ancien adorateur. Dès 1834, aussitôt après son mariage avec miss Smithson, il donnera à la *Gazette musicale* une nouvelle intitulée : *le Suicide par enthousiasme, nouvelle vraie* (republiée dans *les Soirées de l'orchestre*), où les deux héros, Adolphe et Hortense, sont, à des indices certains, Berlioz et Mlle Moke. Mais l'allégorie, transparente pour la postérité qui a lu les *Mémoires* et les lettres, n'était pas compréhensible en ce temps pour le public, tandis que dans le conte d'*Euphonia ou la ville musicale, nouvelle de l'avenir*, publiée en 1844 dans la *Gazette musicale* l'année même où le futur chapitre des *Mémoires : Il n'y a personne de mort*, paraissait dans les

Enfin, Berlioz rentrait à Rome dans la seconde quinzaine de mai, pour assister aux cérémonies de la Fête-Dieu, dont on lui avait dit des merveilles au point de vue musical et qui blessèrent cruellement son oreille, autant par la voix aigre et discordante des castrats que par l'effroyable musique militaire qui accompagnait la procession papale. Il rapportait, de cette agréable excursion, l'ouverture du *Roi Lear* à peu près terminée et se fit un plaisir de la montrer à Mendelssohn, lorsque celui-ci revint à son tour d'une tournée dans l'Italie du Sud : « N'êtes-vous donc pas *bon musicien* ? » lui dit-il, en le voyant hésiter sur le mouvement qu'il convenait d'adopter. Berlioz assure, et c'est assez naturel, que Mendelssohn, sans en laisser rien voir, était très vexé de ses reparties, de ses boutades ; il était, dit-il, d'une humeur intraitable dès qu'on parlait musique, mais il avait dans le fond un excellent caractère et supportait la contradiction sur tout le reste, à ce point que Berlioz avoue lui-même avoir abusé de sa tolérance sur toutes les questions philosophiques et religieuses. Quoi d'étonnant dès lors, à ce que Félix, un beau matin, soit parti sans crier gare? Et, deux mois plus tard, comme Mendelssohn avait dû remonter vers la Suisse et se diriger sur Paris, Berlioz, regrettant sérieusement son ami de Rome, écrivait à Ferdinand Hiller : « Mendelssohn est-il arrivé ?... C'est un talent énorme, extraordinaire, superbe, prodigieux. Je ne suis pas suspect de *camaraderie* en parlant ainsi, car il m'a dit franchement qu'il ne comprenait rien à ma musique. Dites-lui mille choses de ma part ; il a un caractère tout virginal, il a encore des croyances ; il est un peu froid dans ses relations, mais, quoiqu'il ne s'en doute pas, je l'aime beaucoup. »

Même après qu'il fut remis de la terrible secousse causée par l'infidélité de sa « fidèle fiancée », Berlioz put difficilement se plier à la nécessité de rester encore loin de France. Non seulement ce séjour en Italie lui était inutile, à lui qui ne rencontrait là aucune des jouissances, aucun des enseignements que ses camarades peintres ou sculpteurs trouvaient dans la Ville éternelle ; mais il lui était odieux parce qu'il perdait là, à ne rien faire, un temps précieux et qu'il aurait pu employer plus utilement à Paris. Ce qui le blessait le plus dans « cette terre bénie des arts », c'était la musique. Le répertoire habituel de la

Voyages en Italie et en Allemagne), les allusions étaient beaucoup plus claires et les noms visiblement forgés pour exercer la sagacité du lecteur. Le compositeur *Xilef* représente Hiller ; le compositeur *Rotceh*, c'est Hector; la cantatrice danoise *Ellimac*, c'est Camille ; *Eérised*, c'est sa femme de chambre Désirée, si complaisante aux amoureux ; enfin, M*ᵐᵉ* *Ellianac*, c'est sa mère, M*ᵐᵉ* Canaille ; gracieux surnom par lequel Berlioz désignait M*ᵐᵉ* Moke quand il ne l'appelait pas : l'Hippopotame. Cette nouvelle, dont les moindres incidents sont à l'honneur du jeune Rotceh, a été réimprimée aux *Soirées de l'orchestre* avec les noms des personnages légèrement modifiés. (Voir, pour plus de détails, tout un chapitre du *Berlioz intime* de M. E. Hippeau.)

Chapelle Sixtine avec ses dix-huit chanteurs, doublés pour les grandes fêtes, était vraiment misérable et les chants de Palestrina, intéressants vestiges de la musique aux siècles antérieurs, lui semblaient, tout comme à Mendelssohn, totalement dépourvus de sentiment religieux. Encore avait-on conservé là quelque respect pour le culte, tandis que dans les autres églises les organistes entremêlaient le service divin de joyeux motifs d'*Il Barbiere* ou de la *Cenerentola*, à moins que de véritables orchestres de foire, recrutés pour les grandes solennités, ne s'excrimassent à jouer aussi faux que possible. A toutes ces « jouissances » musicales, Berlioz préférait le plaisir d'aller, aux jours de grande chaleur, s'installer dans un confessionnal, sous les frais arceaux de Saint-Pierre, et d'y faire tranquillement la lecture (il emportait Byron de préférence et dévorait *le Corsaire*), ou bien de laisser errer sa pensée en tenant ses regards fixés sur la coupole de Michel-Ange, en prêtant l'oreille aux concerts des Séraphins.

Il aimait aussi passionnément à se promener dans les environs de Rome, et le but ordinaire de ces excursions était le gros village de Subiaco, situé à quelques lieues de Tivoli. Rien ne lui plaisait tant que cette vie vagabonde à travers les bois et les rochers, avec des paysans qu'il jugeait pleins de bonhomie et que le son de sa guitare émerveillait. Ces grandes marches, pour lesquelles il eut toujours un goût marqué, cette vie en plein air et cette dépense d'activité corporelle étaient le seul remède qu'il eût trouvé contre les progrès d'un mal assez étrange et dont il avait ressenti les premières atteintes au temps de sa jeunesse : « ... Quand cette idée d'*isolement* et ce sentiment de l'absence viennent me saisir, le vide se fait autour de ma poitrine palpitante, et il semble alors que mon cœur, sous l'aspiration d'une force irrésistible, s'évapore et tend à se dissoudre par expansion... On n'a pas d'idées de mort pendant ces crises ; non, la pensée du suicide n'est pas même supportable ; on ne veut pas mourir, loin de là, on veut vivre, on le veut absolument, on voudrait même donner à sa vie mille fois plus d'énergie ; c'est une aptitude prodigieuse au bonheur, qui s'exaspère de rester sans application et qui ne peut se satisfaire qu'au moyen de jouissances immenses, dévorantes, furieuses, en rapport avec l'incalculable surabondance de sensibilité dont on est pourvu. Cet état n'est pas le spleen, mais il l'amène plus tard · l'ébullition, l'évaporation du cœur, des sens, du cerveau, du fluide nerveux. Le spleen, c'est la congélation de tout cela, c'est le bloc de glace. »

A l'automne de 1831, Berlioz fit, avec l'architecte Constant Dufeu et le statuaire Dantan aîné, un long voyage à Naples qui dura bien tout un mois ; il rentrait à l'Académie au commencement de novembre et passait alors deux ou trois mois à travailler avec suite. Il composait son ouverture de *Rob-Roy* ; il refaisait presque entièrement la scène aux champs de la *Symphonie fantastique* ; il adaptait le chant du bonheur de *Lélio* sur une phrase de sa *Mort d'Orphée* ; il réclamait à cor et à cri, de Ferrand, puis d'Hiller, qu'on lui copiât et qu'on lui envoyât la page finale de cette cantate, un *adagio con tremulandi* qui venait après la Bacchanale ; il ne se la rappelait pas assez pour l'écrire de tête et voulait l'employer pour le cinquième morceau de *Lélio* : *Souvenirs de la harpe éolienne* ; il composait encore une méditation religieuse à six voix avec accompagnement d'orchestre, sur la traduction en prose d'une poésie de Thomas Moore : *Ce monde entier n'est qu'une ombre fugitive*, qui deviendra le premier morceau de ses *Tristia* ; enfin, comme il fallait satisfaire au règlement en envoyant quelque chose aux académiciens de Paris, il détacha tout simplement le *Resurrexit* de son ancienne messe et le fit tenir à l'Institut, qui y découvrit, dit-il, « une *preuve* sensible de l'influence du séjour de Rome sur ses idées et l'abandon complet de ses fâcheuses *tendances musicales* [1] ». Il roulait alors dans sa tête de vastes projets et projetait de mettre en musique un oratorio colossal, intitulé *le Dernier Jour du monde*, avec trois ou quatre acteurs *solos*, des chœurs, un orchestre de soixante musiciens devant le théâtre et un autre de deux ou trois cents, étagés en amphithéâtre au fond de la scène, plus quatre groupes d'instruments de cuivre placés aux quatre points cardinaux ; cette idée ne sera pas perdue pour son *Requiem*. Par deux fois, il expliquait le plan de son œuvre à Ferrand pour le décider à en écrire les vers ; mais, bien que celui-ci ait accepté d'abord, il paraît avoir manqué d'enthousiasme pour entreprendre un travail aussi long, dans la perspective peu probable, comme l'avouait Berlioz, d'un festival monstre à l'Opéra, au Panthéon ou dans la cour du Louvre ; au moins Ferrand réfléchissait-il avant d'agir [2].

Dès le mois de février 1832, voilà Berlioz reparti pour Subiaco où il vagabonde pendant dix jours dans la neige et la glace, où il gagne aussi un beau mal de gorge, mais d'où il rapporte une de ses plus délicieuses mélodies. Un soir qu'à la clarté de la lampe il causait dans une auberge avec son camarade, l'architecte Lefebvre, il fait, par hasard, tomber un livre, *les Orientales*, et le ramasse ouvert à la page de *la Captive* ; il lit la pièce et la relit, puis, sur l'heure, il note en

---

1. Cela doit être là une aimable plaisanterie, car ce *Resurrexit*, ayant été exécuté deux et trois fois à Paris avant le départ de Berlioz, n'aurait pas pu être accepté comme envoi de Rome.
2. A ce moment, d'ailleurs, Humbert Ferrand se mariait et négligeait même d'en faire part à Berlioz, ce qui chagrinait fort ce dernier, bien habitué pourtant à ne pas recevoir souvent de lettres de son ami et à lui écrire plusieurs fois avant d'obtenir une réponse. (Lettre du 8 décembre 1831.)

courant la basse et le chant de ce petit air. A Rome, peu de temps
après, Mlle Louise Vernet, qui avait facilement pris goût aux *Mélodies
irlandaises*, faisait de la musique en sa présence ; il lui proposa alors
de chanter cette ébauche de romance, et sa nouvelle mélodie eut tant
de succès dans les salons, dans l'École et jusqu'à l'ambassade, que tout
le monde en voulut vite avoir copie. Avec quelle joie il entrevoyait
déjà la fin de son exil en Italie ! Il projetait de partir dès le commencement de mai, si toutefois le directeur voulait bien le libérer six mois
plus tôt et lui faire payer sa pension totale à Milan, point essentiel à
ses yeux, car il avait besoin de cet argent pour s'acquitter envers
Ferrand et envers Hiller, auquel, en cas de gêne, il avait donné
permission de vendre sa médaille de prix de Rome qui représentait
bien deux cents francs. Tout s'arrangea selon ses désirs ; le 1er mai,
il quittait Rome et disait adieu, non sans un serrement de cœur, à
cette excellente famille Vernet, où il avait fini par passer presque
toutes ses soirées tant il y était bien reçu, tant il se plaisait à entendre
chanter Mlle Louise, à se faire jouer par elle de sublimes adagios
qu'elle répétait avec une patience inaltérable ; et, comme il l'écrivait
plus tard à Mme Vernet, il aurait bien voulu envoyer à sa fille quelque
petite composition dans le genre de celles qu'elle aimait, mais il
détruisait tout ce qu'il essayait d'écrire, car rien ne lui paraissait
« digne d'exciter le sourire d'approbation du gracieux Ariel ». Encore
un Ariel, et, cette fois, c'est Mlle Louise Vernet !

Sur les six mois de congé qu'il avait obtenus, Berlioz en comptait
passer quatre ou cinq dans sa famille et le reste à Paris où il voulait
« lâcher deux ou trois bordées musicales » avant d'aller faire un
voyage d'une année en Allemagne avec sa bourse de prix de Rome.
En repassant par Florence, où il entendit *la Sonnambula* qui redoublait son aversion pour cette musique et lui faisait refuser d'entrer en
rapport avec l'auteur, il renoua connaissance avec un jeune ténor, du
nom de Duprez, qui chantait à la Pergola, et qu'il signale à Hiller
comme devant faire fureur à Paris avant qu'il soit longtemps ; après
avoir entendu à Milan un ouvrage « pitoyable » de Donizetti, *l'Elisire
d'amore*, après avoir, de Turin, annoncé son arrivée à Ferrand qui
n'écrivait toujours pas, il franchit les Alpes et, le 12 mai 1832, jour
à jamais gravé dans sa mémoire, il revit, en descendant le mont
Cenis, sa chère et superbe vallée du Grésivaudan. Toute la famille
était en joie à l'arrivée de Berlioz ; sa sœur aînée venait d'épouser un
juge, M. Pal, et le médecin, encouragé par cette première union, ne
parlait de rien moins que de marier son fils à une jeune héritière ayant
déjà trois cent mille francs de dot et tout autant en expectative. Le

parti était beau, trop beau, pensait Berlioz, pour un jeune musicien dont le patrimoine ne devait pas dépasser une centaine de mille francs ; aussi prit-il d'abord la chose en riant ; mais quand il vit sa famille revenir à la charge avec insistance, il refusa d'une façon très catégorique et même assez dure pour son père[1]. A la Côte et dans les environs, ce n'étaient que réceptions en son honneur, que soirées où l'on s'obstinait à lui parler art, musique, haute poésie ; que visites, où il lui fallait raconter toujours sur nouveaux frais ses souvenirs de Rome, de Florence et de Naples ; mais, entre tant de personnes haïssables, il y en avait une qu'il adorait et dont il se laissait adorer de la façon la plus édifiante, sa sœur Adèle. Il passait tout son temps à recopier les parties du mélologue, travail effrayant qui remplit au moins quatre mois de son séjour à la Côte, ou bien il se plongeait dans la lecture de Locke, de Cabanis, de Gall, etc., qui fixaient et consolidaient ses idées philosophiques ; mais il avait fixé son départ à la fin d'octobre et ne recula pas d'un jour, tant il lui tardait de rentrer dans la capitale et d'y faire un peu parler de lui.

Dès le lendemain de son retour à Paris, il s'occupa d'organiser au Conservatoire un grand concert, annoncé d'abord pour le 2 décembre et qu'il dut, bien à contre-cœur, différer de huit jours. Mais, tandis qu'il était absorbé par ces préparatifs et ne souhaitait que d'entendre avant peu tout l'*Épisode de la vie d'un artiste,* indifférent à miss Smithson, indifférent à Mlle Moke, un hasard surprenant vint ramener ses pensées vers sa première idole. En arrivant à Paris, comme il n'avait pas trouvé libre le logement qu'il occupait rue de Richelieu, avant de partir pour Rome, il en avait pris un en face, 1, rue Neuve-Saint-Marc, dans l'hôtel où demeurait autrefois miss Smithson, et là, en causant avec une vieille domestique, il avait appris que la tragédienne était revenue à Paris, qu'elle occupait encore une chambre en cet hôtel quelques jours auparavant et qu'elle l'avait quitté pour aller demeurer à l'hôtel du Congrès, rue de Rivoli. Cette révélation paraît avoir laissé Berlioz assez froid, et ce rapprochement fortuit avec la « fair Ophelia », dont il ne s'était guère inquiété depuis deux ans et

---

[1]. Tous ces renseignements sur ce mariage disproportionné, sur les conditions dans lesquelles il accepterait de se marier, sur la fortune qui lui reviendrait par la suite, il les donne, non pas à quelque ami de cœur, mais à Mme Horace Vernet qui l'avait très affectueusement traité, c'est vrai, mais qui ne devait pas s'attendre à recevoir des épanchements aussi intimes. Et quand on se rappelle que Berlioz, cela ressort de plusieurs de ses lettres, avait été frappé de la « beauté chaque jour croissante de Mlle Vernet », qu'il se plaisait fort à montrer sa musique au « gracieux Ariel » dont il chante les louanges avec une insistance habile dans cette même lettre à Mme Vernet, on peut se demander, avec M. Hippeau, si ces confidences, qui sont presque des insinuations, ne cachaient pas quelque ambition secrète de sa part. Plusieurs de ses amis, Ferrand, Duboys, Carné, venaient justement de se marier et lui-même en grillait d'envie, à ce qu'assurait Mendelssohn : quel succès ç'aurait été pour lui que ce mariage, et quelle revanche de son échec auprès de Mlle Moke !

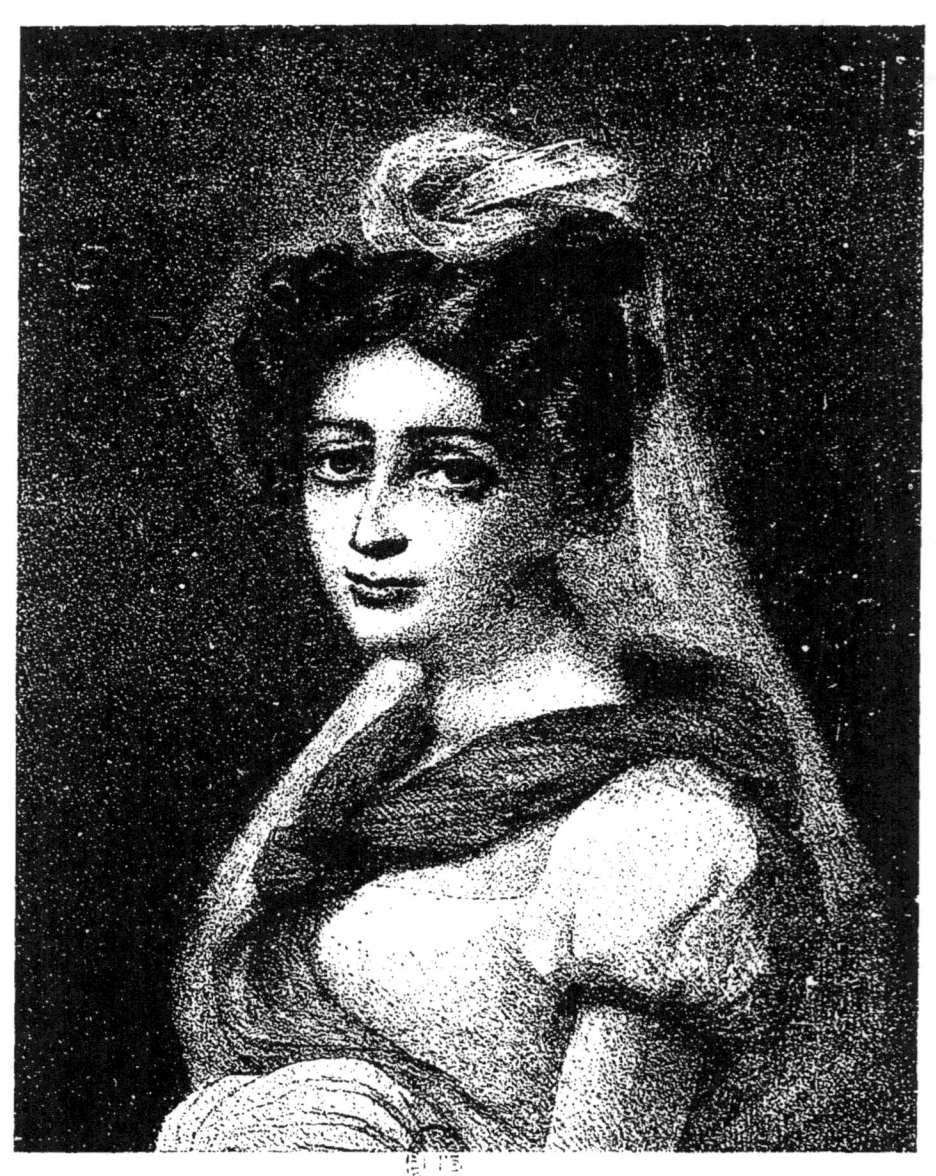

MISS SMITHSON.
D'après une lithographie française de Francis (1827).

plus, ne lui causa pas une révolution trop violente : il se raisonna, il se dit qu'il était venu à Paris pour organiser un concert, que s'il revoyait son ancienne idole, il en perdrait peut-être toute liberté d'esprit et qu'il ne pourrait plus mener à bien sa grande entreprise. En conséquence, il s'éloignerait sagement d'elle, il n'irait même pas la voir jouer et remettrait ce divin plaisir à plus tard, après son concert. Miss Smithson, de son côté, ne pensait nullement à son ancien adorateur : elle était revenue à Paris avec l'idée d'y fonder un théâtre anglais permanent ; elle s'était complètement illusionnée sur son crédit auprès du public français ; l'engouement dont elle avait été l'objet trois ou quatre ans plus tôt lui avait fait croire que son nom, toujours puissant, suffirait à attirer la foule. Après la faillite de l'Opéra-Comique, elle avait imposé au directeur de la troupe anglaise, Abbott, des conditions telles que celui-ci, bientôt ruiné, avait abandonné l'entreprise et qu'Henriette, avec toutes les illusions de l'amour-propre, l'avait courageusement reprise à son compte. Malheureusement, la vogue avait tourné, et, le public ne venant pas, elle se débattait dans les embarras d'une situation plus difficile de jour en jour : Dieu sait si, dans ces circonstances, au milieu de tels tracas, elle aurait jamais eu vent du grand concert qui se préparait au Conservatoire ! Et, le jour même, lorsque son ami Schutter, rédacteur du *Galignani's Messenger,* auquel l'éditeur Schlesinger avait offert une loge, vint lui proposer d'aller à cette séance, elle refusa tout d'abord ; elle ne céda que sur les instances de sa sœur et de son ami la suppliant de se distraire, et, moitié de gré, moitié de force, elle monta en voiture. Alors seulement elle jeta les yeux sur le programme que lui montra Schutter et y lut distraitement le nom de Berlioz ; le titre de l'ouvrage et l'intitulé des différents morceaux lui causèrent bien quelque surprise, mais elle n'y prit pas autrement garde. Tout cela l'intéressait si peu !

Schlesinger et Berlioz, en faisant tenir une loge à miss Smithson, avaient pressenti que la présence de la tragédienne donnerait à cette séance un intérêt exceptionnel, et que le public serait ravi d'avoir ainsi devant les yeux, vivants, les deux vrais personnages de cet « épisode » romantique et musical. Effectivement, lorsqu'elle entra dans son avant-scène, les assistants, déjà renseignés par les propos du monde ou intrigués par les allusions du programme, n'eurent plus aucun doute, et tous les regards se tournèrent, pour ne plus la quitter, sur l'héroïne du drame. L'héroïne aujourd'hui, mais la victime hier. La *Symphonie fantastique* avait bien été conçue sous l'influence de la passion malheureuse de Berlioz pour la tragédienne ; mais, avant d'en avoir écrit une seule note, il se détournait d'Ophélie, échangeait des serments d'amour avec Mlle Moke et composait alors sa symphonie avec fureur, afin de flétrir celle qui ne s'était pas rendue à ses vœux. Il l'avait fait exécuter avant de partir pour Rome, et, grâce au succès de cette œuvre incandescente, il pensait avoir gagné la main de Mlle Moke ; enfin, cette dernière ayant trahi son attente, il en était revenu à sa première idée et présentait de nouveau sa symphonie comme un gage de son adoration pour miss Smithson ; bien plus, il y ajoutait une seconde partie, ayant pour couronnement cette fantaisie sur *la Tempête*, inspirée directement par le « gracieux Ariel », par Mlle Moke, et il en faisait encore hommage à l'objet de sa flamme invariable, à miss Smithson. Seulement, il avait judicieusement modifié le commentaire de la *Nuit de sabbat*; il l'avait raccourci, atténué; il en avait surtout retranché la phrase essentielle autrefois : *Ce n'est plus qu'une courtisane digne de figurer dans une telle orgie ;* et, grâce à ces retouches opportunes, Henriette, émue et troublée en voyant ce héros dédaigné s'empoisonner par désespoir d'amour, allait naïvement accueillir le tribut peu flatteur d'une œuvre écrite à l'origine en vue de la stigmatiser[1].

Berlioz n'avait que vingt-sept ans lorsqu'il écrivait la *Symphonie fantastique,* et à cet âge, où tant d'autres en sont encore à chercher leur voie, il créait d'emblée une œuvre où toutes ses facultés géniales brillaient en pleine lumière, où se réalisaient du premier coup toutes les innovations dont il devait faire bénéficier l'art musical et dont la plus importante, à coup sûr, était cette représentation d'une idée par une phrase musicale, cette incarnation d'une personne par un motif, motif qui prend vie en quelque sorte et devient personnage agissant, tant il se modifie, en restant cependant reconnaissable, sous l'influence des sentiments ou le choc des événements extérieurs. Mais cette partition ne révélait pas seulement un artiste du tempérament le plus riche, d'une imagination débordante ; elle indiquait aussi que, chez lui,

---

1. Berlioz, d'ailleurs, ne se fit pas faute de modifier son programme explicatif, sans rien changer à la musique, et l'on en compte jusqu'à trois rédactions différentes. La première est celle soumise à Ferrand dans la lettre du 16 avril 1830, et qui exprime une idée de vengeance à l'endroit de miss Smithson ; dans ce projet, la *Scène aux champs* venait en second, avant *le Bal*. La deuxième est celle imprimée pour le concert du 9 décembre 1832, avec la *Scène aux champs* reportée après *le Bal* ; c'est celle dont Schumann eut connaissance et qu'il a paraphrasée en allemand, celle enfin dont M. de Monter a retrouvé le texte français, qu'il a republié dans la *Revue et Gazette musicale* du 19 septembre 1869. Enfin, la troisième et définitive est celle qui se trouve en tête de la partition courante ; elle est peu différente, au moins comme rédaction, de la précédente. Une différence essentielle existe entre ces trois textes ; dans le dernier, le musicien ardent et maladif avale une dose d'opium dès le début, de façon que toute la symphonie est un rêve, tandis que, dans les deux premières versions, il s'empoisonnait seulement après le troisième morceau, que ce fût *le Bal* ou la *Scène aux champs*. La *Marche au supplice* et la *Nuit de sabbat* étaient seuls les produits d'une hallucination, et les épisodes décrits dans les trois premières parties devaient avoir alors, dans la pensée de l'auteur, une réalité qu'ils n'ont plus, maintenant que toute la symphonie est devenue un rêve. La différence, à ce qu'il semble, est insensible pour l'auditeur, mais elle devait avoir une grande importance aux yeux de Berlioz, qui n'a fait ce changement qu'assez tard.

quoi qu'en pussent penser ses ennemis, l'inspiration mélodique était des plus abondantes, et c'est ce que discerna fort bien Schumann dès qu'il en eut pris connaissance : « Si jamais une critique m'a semblé injuste, écrit-il, c'est celle que M. Fétis a faite de cette symphonie, et qui se résume en ces mots : « Je vis qu'il manquait d'idées mélo-« diques et harmoniques. » Passe encore qu'on refuse à Berlioz, comme M. Fétis le fait d'ailleurs, la fantaisie, l'invention, l'originalité. Mais lui refuser la mélodie, lui refuser la richesse harmonique ! » Il est bien vrai que le jeune auteur accumulait à l'envi dans sa symphonie les mélodies simultanées, les sonorités bizarres, les heurts les plus violents ; mais il fallait être aveugle ou sourd pour ne pas discerner sous ces extravagances romantiques une vigueur peu commune, un génie expressif, descriptif de premier ordre. Et n'est-ce pas merveille de voir avec quelle aisance il joue de l'orchestre et comme il en tire des effets réellement prodigieux par son entente admirable des timbres des divers instruments, et cela sans épuiser tous les développements qu'on pourrait tirer des divers motifs, en se contentant d'en donner des esquisses succinctes, mais des esquisses géniales, dans la manière de Beethoven ; le mot est de Schumann ?

Le morceau le plus parfait des cinq, celui où le sentiment est le plus profond, où le musicien a le mieux dépeint par les sons le tableau qu'il pensait avoir devant les yeux, est aussi le moins bizarre, celui où les idées mélodiques suivent le développement le plus régulier, et s'enchaînent ou se superposent de la façon la plus naturelle, avec un charme et une sérénité extraordinaires : c'est la *Scène aux champs*. Ce dialogue des deux pâtres sur leurs chalumeaux est d'une poésie agreste incomparable ; puis, la phrase rêveuse et tendre que chantent les violons et que traversent de courtes plaintes des instruments à vent, la large mélodie exposée par les violoncelles sous un léger badinage des violons avec de lointains échos de la flûte, et ce beau récitatif entrecoupé des violoncelles sous un mouvement *strepitoso* des cordes, dont chaque phrase aboutit à un douloureux rappel de la « mélodie aimée », qui prend à chaque fois un caractère plus passionné... Que sais-je encore ? Et le chant plaintif que soupirent la clarinette et la flûte sous de doux pizzicato des altos, tandis que les violons brodent de délicates arabesques ; enfin, la réapparition de la naïve complainte du pâtre, au bruit lointain du tonnerre, et le calme de la nature entière si poétiquement rendu par ces larges accords de la fin ; voilà des beautés de premier ordre et qui décelaient en ce jeune homme un profond sentiment de la nature, une émotion sincère et surtout une habileté déjà merveilleuse pour traiter et développer un aussi long morceau sans que l'intérêt musical faiblisse un instant, sans que le coloris champêtre et la teinte poétique subissent jamais la moindre altération ; c'est un chef-d'œuvre à tous égards, et Schumann le juge d'un mot : Beethoven n'eût pas mieux fait.

Ces qualités, qu'il était si surprenant de trouver toutes réunies et ayant acquis leur épanouissement complet chez un débutant de cet âge, atteignent au plus haut degré dans ce tableau champêtre, mais n'étaient-elles pas déjà nettement perceptibles dans le premier morceau : *Rêveries-passions* ? Il s'en dégage une impression douloureuse et délicieuse à la fois, par l'habile accouplement des différents motifs expressifs, par l'instinct merveilleux avec lequel le musicien présente, éteint, ramène à travers ce morceau d'exposition la « mélodie aimée », celle qui doit, durant toute la symphonie, incarner la femme adorée. Après avoir été exposé à découvert par les violons, ce motif, qui n'a rien de bien saillant, qui paraît même un peu maigre, acquiert bien vite une plénitude, une chaleur d'expression surprenante, en reparaissant par bribes au milieu du déchaînement de l'orchestre, en revenant haletant, éperdu, entrecoupé, jusqu'à ce qu'il disparaisse à nouveau dans le tumulte des passions bouillonnantes ; une fois encore, on le distingue au loin, murmuré par les violons avec une douceur infinie, et puis tout s'éteint : on dirait d'un souvenir fugitif et près de s'effacer à jamais. Souvenir durable au contraire et tout puissant sur l'esprit du malheureux artiste qui, même au milieu du bal, croit revoir à tout instant la bien-aimée, et, dès le début de la seconde partie, apparaît la « mélodie aimée » qui va se représenter obstinément sous les aspects les plus variés. Ce deuxième morceau, *le Bal*, écrit en mouvement de valse, est d'une légèreté charmante ; le premier motif, il est vrai, quand on l'entend à découvert, ne paraît pas être d'une élégance impeccable, mais telle est la magie orchestrale de l'auteur que ce thème, assez vulgaire, produit un effet délicieux chaque fois qu'il revient par la suite ; et puis, il y a deux ou trois passages intermédiaires où les délicates sonorités des instruments de bois unis aux harpes, sous un doux bruissement de cordes, prennent une allure féerique et semblent accompagner une danse de sylphes ou de follets : ici, surnage encore la « mélodie aimée » dans un rythme nouveau, avec de nouvelles harmonies qui la transforment quoiqu'elle soit reproduite note pour note. Mais voilà que les danses mondaines reprennent avec animation, les couples s'enlacent et tournoient de plus belle sous les feux étincelants des lustres.

Après le tableau délicieusement poétique et calme de la *Scène aux champs,* arrive la *Marche au supplice* dont le rythme puissamment scandé et l'orchestration saisissante assurèrent le franc succès dès l'origine : si la *Scène aux champs* est d'une inspiration plus élevée et d'un caractère contemplatif autrement difficile à réaliser, la *Marche au supplice* est traitée de main de maître et admirablement appropriée à la scène qu'elle doit traduire : ces éclats terrifiants des cuivres, ces roulements sourds du tambour voilé, ces lugubres appels des cors en sons bouchés, cette terrible phrase de marche ébauchée par les basses et reprise par les instruments à cordes, ces sinistres grondements des bassons, ces montées superbes amenant une reprise en *tutti* foudroyante, ce rappel de « la mélodie aimée » aigrement lancé par la petite flûte et brutalement coupé comme par un coup de hache après lequel éclate un formidable cri de la foule assoiffée de sang, tout cela ne rend-il pas admirablement l'épouvantable tableau que le musicien voulait peindre? Une telle habileté de main, qui tenait réellement du prodige, arrive encore à un résultat plus étourdissant dans le dernier morceau de ce cauchemar épouvantable intitulé : *Songe d'une nuit de sabbat*. Cette scène diabolique, où la petite flûte ricane, où les cloches sonnent, où grondent les trombones, où mugissent les ophicléides, où la divine « mélodie aimée » est cruellement travestie en un motif trivial de guinguette, où les instruments à cordes, en manière de raillerie, ébauchent une fugue entrecoupée de terribles éclats des cuivres ; ce *Dies iræ* burlesque avec cloches, basson et ophicléide imitant le serpent ; ce chant lugubre repris en charge par les trombones tandis que les légers pizzicato des violons, les clapotements de l'archet sur la corde ou les gais persiflages des instruments de bois, accentuent encore la parodie de ce motif liturgique ; toutes ces conceptions romantiques, toutes ces bizarreries instrumentales que Schumann, parlant à la fois comme musicien et comme protestant, trouvait « dures, choquantes et laides », font sourire à présent l'auditeur non prévenu, sans autrement l'exaspérer, puis le dominent et l'entraînent dans un tourbillon infernal.

La symphonie, à ce concert du 9 décembre 1832, se termina au milieu d'une émotion générale, où dominaient les avis favorables, tant les amis de l'auteur se multipliaient, mais où les critiques les plus violentes trouvaient pourtant de nombreux échos. Durant l'entr'acte qui suivit la symphonie, Schutter et Schlesinger, qui étaient venus saluer miss Smithson, échangèrent des paroles ambiguës qui excitèrent la curiosité de la tragédienne, déjà passablement intriguée par ce qu'elle venait de lire ; les allusions transparentes des deux interlocuteurs à la constance, aux chagrins du jeune compositeur qu'elle avait reconnu sur l'estrade, à côté du chef d'orchestre, éveillèrent en son esprit un doute qui l'agitait de plus en plus. Aussi était-elle tout yeux, tout oreilles, lorsque le comédien Bocage, étant venu se placer sur l'estrade, se mit à lire, à réciter, presque à jouer les monologues du malheureux Lélio : d'où le titre de « mélologue » imaginé par Berlioz pour bien indiquer que le personnage principal est représenté non plus par l'orchestre, comme dans la symphonie qui venait de finir, mais par un récitant qui déclame et joue des scènes entre chaque morceau. Lélio s'éveille de son affreux sommeil et se rappelle que, la veille au soir, il a écrit à son ami Horatio pour lui annoncer sa résolution de se tuer : le souvenir lui revient alors d'une ballade qu'il a composée autrefois avec lui, et l'on entend ce morceau dans le lointain. Puis Lélio s'étend sur un lit de repos et s'absorbe dans de tristes pensées que traduit un chœur d'ombres, d'une mélodie lugubre. Les difficultés de la carrière et le mépris du beau qu'il rencontre partout le dégoûtent de l'art ; il rêve de se faire bandit, et, pendant qu'une voix entonne un refrain de combat, il s'affuble d'un costume de brigand romain et s'escrime avec furie de la carabine et du sabre. Son exaltation se dissipe enfin ; il s'attendrit, pleure, puis reprend empire sur lui-même et entonne un chant de bonheur. Mais l'image adorée reparait et le rejette dans de tristes pensées ; il se laisse alors bercer par le bruit des harpes suspendues au feuillage. Cependant le courage lui revient, il écarte ces dangereuses illusions et se voue de nouveau à l'art sublime, à la musique. Pour commencer, il rappelle à lui ses élèves et leur fait exécuter sa grande fantaisie sur *la Tempête*, de Shakespeare[1].

Des six morceaux qui composent la partition de *Lélio*, le premier, une simple mélodie sur la ballade du pêcheur, de Gœthe, est un des plus jolis ; le deuxième est un chœur d'ombres en unissons et octaves, large, sourd, sinistre, dernier débris conservé par Berlioz de sa cantate de *Cléopâtre*. La chanson du brigand respire une ardeur sauvage ; mais le chant de bonheur et la harpe éolienne sont les deux pages hors ligne de cette création, deux merveilles de grâce, de poésie, et qui, cependant, dataient de son extrême jeunesse, puisqu'elles proviennent de sa cantate de *la Mort d'Orphée*[2], et quant au morceau final sur

---

1. Le texte à la fois emphatique et puéril du mélologue de *Lélio*, tout au plus admissible en un moment de folie amoureuse, en un temps de furie romantique, a été imprimé tel quel par Berlioz, qui n'en était pas mécontent, dans l'édition définitive de *Lélio*, publiée en 1856. Il serait donc inutile d'en reproduire aucun passage, mais toutes ces extravagances nous paraîtraient tellement inacceptables aujourd'hui, même venant de Berlioz, que pour les exécutions de *Lélio* aux concerts du Châtelet, en 1881, les premières qu'on donnât en France depuis 1833, on s'était dispensé de faire déclamer toutes ces divagations, et qu'on avait simplement mis sur le programme un résumé succinct et bénin du texte original.

2. Précisons l'origine des différents morceaux de *Lélio*. La *Ballade du pêcheur*, composée sur la version française de M. A. Duboys, date de 1827, car Lélio s'écrie après le premier couplet : « Il y a

la Tempête, s'il contient des pages remarquables par la jeunesse, la richesse de l'imagination et la puissance de la mise en œuvre, il renferme aussi des passages qui dénotent trop de fougue et d'emportement désordonné. Berlioz, on le voit de reste, était alors dans une période où, selon son expression pittoresque, il aimait par-dessus tout à « faire craquer les barrières ».

Berlioz, en plus de son retour à la vie, avait aussi voulu traduire dans *Lélio* ses aspirations, ses déboires, ses enthousiasmes et ses haines. La verve furieuse qu'il avait apportée dans cette peinture occasionna au concert un incident scandaleux qui valut à l'auteur un ennemi de plus. Avant de partir pour l'Italie, Berlioz gagnait sa vie en corrigeant des épreuves pour l'éditeur Troupenas. Un jour qu'on l'avait chargé de revoir des symphonies de Beethoven, il s'aperçut que Fétis, qui les avait examinées avant lui, y avait introduit des modifications, non en cachette, mais en notant en marge « *qu'il était impossible que Beethoven eût commis des erreurs aussi grossières* ». La colère saisit Berlioz qui courut chez Troupenas, jeta feu et flammes contre Fétis et annonça qu'il allait dénoncer à tous les musiciens l'infidélité de l'édition et l'irrévérence du correcteur. La nouvelle de ces profanations courrouça fort les artistes parisiens, Habeneck surtout, qui, pourtant, n'était pas innocent de pareilles fantaisies ; l'éditeur fut obligé de rétablir le texte original et Fétis crut devoir démentir, dans son journal, qu'il eût jamais voulu corriger le moins du monde l'œuvre de Beethoven.

Berlioz avait donc prévenu cet « outrage » ; mais sa colère ne s'apaisait pas si facilement, d'autant plus qu'une brouille, assez naturelle entre gens de nature aussi différente, était survenue entre lui et son défenseur de la première heure. Il le poursuivit dès lors de quolibets impitoyables, jusque dans ses lettres, et voici ce qu'il écrivait de Rome à Ferdinand Hiller : « Nous aurions été bien flattés de voir le jugement que ce gigot fondant aurait laissé tomber du haut de sa succulence sur vos nouvelles productions. Il comprend si bien la poésie

cinq ans qu'Horatio écrivit cette ballade imitée de Gœthe et que j'en fis la musique. Nous étions heureux alors ; son sort n'a pas changé, et le mien !... Cinq ans ! que j'ai souffert depuis lors ! » Le chœur d'ombres est extrait, sans aucun changement, de la cantate de *Cléopâtre* ; seulement, il représente ici le discours imaginaire du spectre au jeune Hamlet, au lieu d'être une invocation de Cléopâtre aux ombres des Pharaons. Le *Chant de bonheur* et les *Derniers Soupirs de la harpe* proviennent de sa cantate de *La Mort d'Orphée* et n'ont guère été modifiés ; la *Chanson de brigands* avait été écrite, en janvier 1830, sur des vers de Ferrand ; enfin, la *Fantaisie sur la Tempête*, amendée par une invocation à Shakespeare, n'était autre que celle exécutée à l'Opéra avant son départ pour Rome. Idée étrange et bien propre à Berlioz, car il l'eut plus d'une fois, que de faire ainsi resservir des fragments disparates, d'utiliser jusqu'à des bribes de lettres, de les réunir dans un scenario où chaque morceau fût amené tant bien que mal par une tirade explicative et de se figurer qu'il suffirait de courts rappels de l'*Idée fixe* pour rattacher cette rapsodie à la *Symphonie fantastique* et pour lui donner un semblant d'unité.

de l'art, ce Falstaff!... Patience, je lui ai taillé des croupières (comme on dit en Dauphiné) dans un certain ouvrage *dont je vous prie de ne pas parler* et dans lequel j'ai lâché l'écluse à quelques-uns des torrents d'amertume que mon cœur contenait à grand'peine. Cela fera, au jour de l'exécution, l'effet d'un pétard dans un salon diplomatique. » Or, le pétard annoncé, c'était justement une violente apostrophe qu'il avait mise dans la bouche de Lélio pour stigmatiser des « attentats » pareils à ceux que commettaient Fétis et autres arrangeurs : « Mais les plus cruels ennemis du génie sont ces tristes habitants du temple de la Routine, prêtres fanatiques qui sacrifieraient à leur stupide déesse les plus sublimes idées neuves, s'il leur était donné d'en avoir jamais... Ces profanateurs, qui osent porter la main sur les ouvrages originaux, leur font subir d'horribles mutilations qu'ils appellent *corrections et perfectionnements*, pour lesquels, disent-ils, il faut *beaucoup de goût*. (C'était un mot qu'il avait entendu dire à Fétis.)

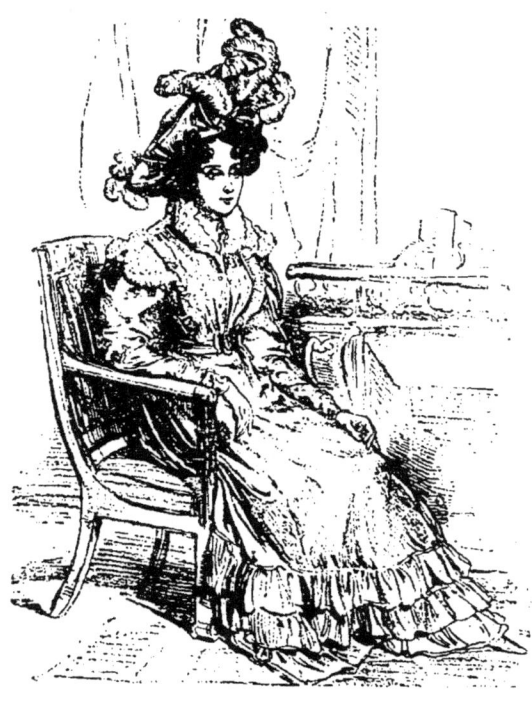

HENRIETTE-CONSTANCE SMITHSON,
d'après une lithographie française (1827).

Malédiction sur eux! Ils font à l'art un ridicule outrage! » Et Bocage, en prononçant les mots soulignés, contrefit le parler doucereux de Fétis, si bien que l'allusion fut comprise de presque tous les assistants et provoqua une explosion de rires et de bravos : Fétis, assis au premier rang du balcon, reçut cette bordée en pleine poitrine et ne broncha pas[1].

---

1. Fétis ne laissa rien voir de son dépit, mais il fit chèrement payer cette offense à Berlioz par un article dont celui-ci eut à souffrir jusqu'à la dernière heure. Article difficile à faire, étant donné que Fétis avait d'abord défendu Berlioz et parlé sans défaveur de la *Symphonie fantastique*, mais article habilement déduit, qu'il faut lire avec soin, car il contient en germe toutes les critiques dirigées contre Berlioz durant sa vie entière. Avant ce moment, les ennemis instinctifs ou décidés de Berlioz batail-

Berlioz, sur le premier moment, tout joyeux d'avoir si bien drapé Fétis, ne pensait pas que cette attaque dût avoir pour lui de fâcheuses conséquences. Et puis, d'ailleurs, il songeait bien à Fétis. Il épiait sur le visage de miss Smithson le reflet de ses appréhensions secrètes, de ses douces émotions intimes ; il brûlait de voir quel effet lui produirait cette suprême et palpitante invocation de Lélio : « Oh ! que ne puis-je la trouver, cette Juliette, cette Ophélie que mon cœur appelle ! Que ne puis-je m'enivrer de cette joie mêlée de tristesse que donne le véritable amour, et, un soir d'automne, bercé avec elle par le vent du nord, sur quelque bruyère sauvage, m'endormir enfin dans ses bras, d'un mélancolique et dernier sommeil ! » En entendant ces mots, déclamés par Bocage avec un feu sombre, miss Smithson n'eut plus de doute : c'est bien d'elle qu'il s'agissait et son terrible amoureux ne l'avait décidément pas oubliée. A partir de ce moment, répétait-elle souvent à Berlioz, qui le raconte avec satisfaction, il lui sembla que la salle tournait et elle rentra chez elle comme une somnambule... Hélas ! elle ne pouvait pas se douter des revirements frénétiques qui s'étaient opérés chez son adorateur, sans calcul, il est vrai, et de la meilleure foi du monde ; elle les ignorait, pour son malheur, car, autrement, elle aurait écouté sans émotion cette « musique à feux tournants », selon la jolie expression de M. Léonce Mesnard, et n'aurait pas mis sa main dans celle de Berlioz.

Ce concert si bien mis en scène avait décidé de l'avenir des deux artistes. Miss Smithson permit au compositeur de la venir voir, et celui-ci ne tarda pas à dévoiler ses vues matrimoniales ; Henriette l'agréa, mais les deux familles s'opposèrent également à ce mariage un peu trop romanesque, et, de ce jour, pendant près d'un an, ce furent pour Berlioz d'épouvantables alternatives d'espoir et de désespoir, d'aigres débats avec sa famille, des entrevues orageuses avec sa fiancée, que cette exaltation effrayait sensiblement et qui paraît avoir eu, par moments, des velléités de rupture. « Jamais plus intense douleur n'a rongé un cœur d'homme ! Je suis au septième cercle de l'enfer. J'avais bien raison ; il n'y a pas de justice au ciel. » Ainsi s'exclame-t-il un mois à peine après promesse échangée avec Ophélie ; on les avait, à ce qu'il paraît, calomniés l'un auprès de l'autre, et d'une façon infâme ; on avait écrit de Londres à Henriette que son fiancé

laient à la légère, au gré de leur impression capricieuse ; mais ce jugement sévère, émanant d'un musicien qui connaissait bien son art, s'il le jugeait mal, vint offrir un terrain plus solide aux critiquailleurs futurs. Ils trouvèrent rassemblés là tous les arguments, dont quelques-uns assez spécieux, qu'on pouvait présenter au public pour discréditer l'auteur de *la Fantastique* ; si bien qu'en les reprenant, en les aiguisant, ils arrivèrent à se forger des armes bien trempées et dont ils ont pu faire usage pendant trente et quarante ans sans les émousser. Ce sont eux qui ont harcelé Berlioz, qui l'ont criblé de blessures cuisantes ; c'est Fétis qui les avait armés.

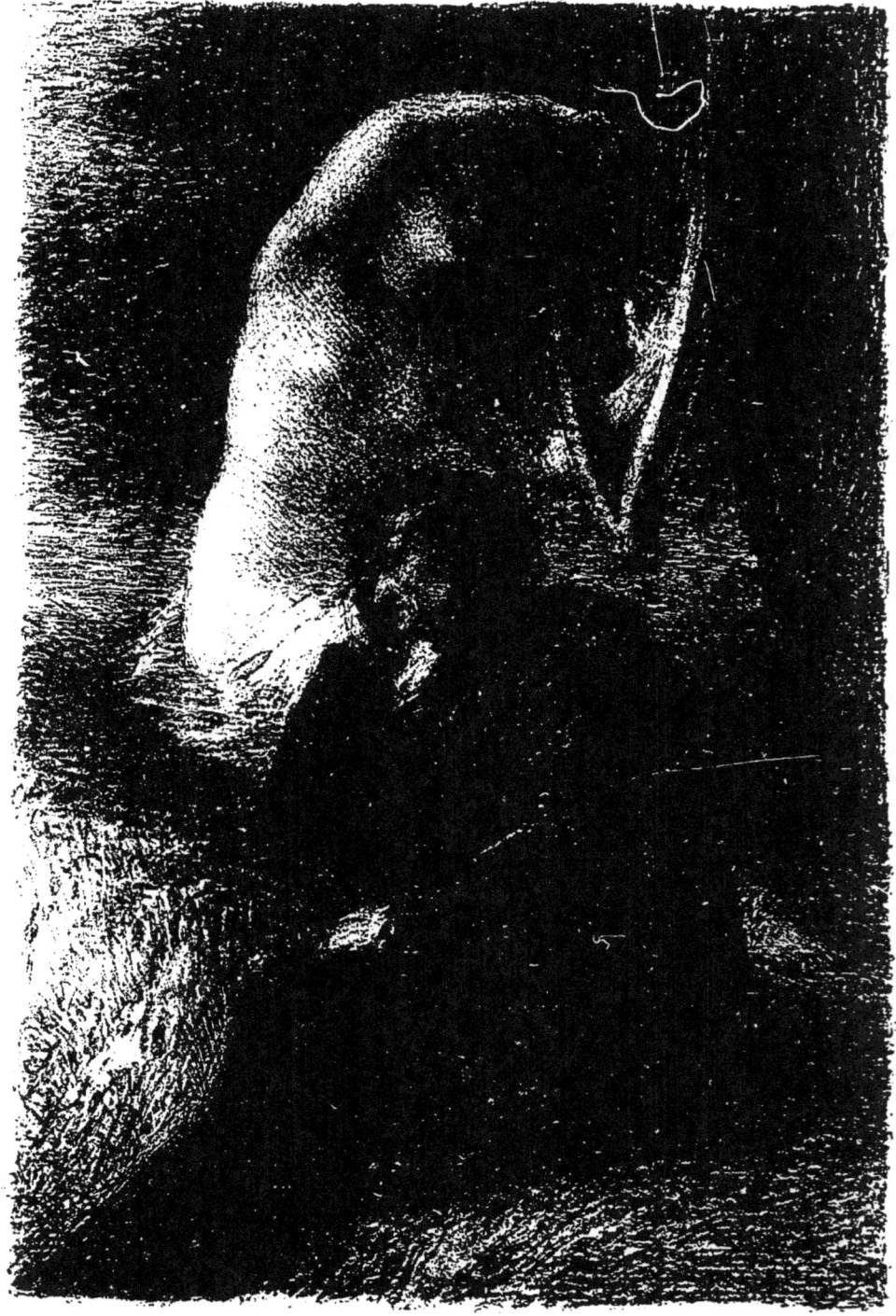

était sujet à des attaques d'épilepsie, et de telles crises d'exaltation délirante n'étaient pas propres à démentir ces propos calomnieux. Ne dit-il pas lui-même qu'avec Henriette il devait se consumer en efforts pour se contenir, qu'un rien l'effarouchait, qu'il l'effrayait par son exaspération et que ses caresses, si réservées qu'elles fussent, lui paraissaient trop ardentes ? « Elle me brise le cœur et moi je l'épouvante ; nous nous tourmentons mutuellement ». Aveu perspicace et qui aurait dû les éclairer l'un et l'autre sur l'imprudence qu'ils allaient commettre en s'unissant pour la vie.

Un grave accident devait définitivement sceller cette affection purement cérébrale. Les affaires théâtrales de miss Smithson allaient de mal en pis ; pour conjurer un désastre inévitable, elle s'occupait d'organiser une représentation à son bénéfice, avec concert en intermède, et tout s'annonçait bien, lorsque le 16 mars 1833, à quatre heures, la bénéficiaire se cassa la jambe en descendant de voiture, à sa porte. Alors, Berlioz alla la voir tous les jours ; il obtenait pour elle une gratification de mille francs sur la caisse d'encouragement des beaux-arts, il parvenait, avec l'aide empressé de Mlle Mars, à organiser cette représentation à bénéfice, à laquelle Liszt et Chopin prirent part, et qui produisit une somme importante, immédiatement employée à payer les dettes les plus criardes ; il la soignait comme une enfant et, dès qu'elle pouvait sortir de sa chambre, il lui faisait faire quelques pas aux Tuileries. Entre temps, il apprenait que Véron refusait décidément *le Dernier Jour du monde,* pour lequel Ferrand lui avait déjà faussé compagnie, et dont il avait fait bâtir le livret par Émile Deschamps et Saint-Félix ; mais il obtenait de faire exécuter, par la Société des concerts (14 avril), son ouverture de *Rob-Roy,* qu'il détruisit ensuite ; il travaillait toujours aux *Francs-Juges* et projetait de les réduire en un acte afin de les donner aux Italiens ; il rêvait d'une grosse entreprise de concerts pour l'hiver ; il s'occupait d'un grand festival qu'on devait donner en plein air, le soir, dans les Tuileries, pour célébrer les fêtes de Juillet et dans lequel on ne put exécuter son *Chœur héroïque* (sur la Révolution grecque), les bougies ayant manqué[1] ; enfin, il était tout heureux de voir l' « arrangement étonnant » que Liszt avait fait de sa *Symphonie fantastique ;* il le voyait, mais n'en savait rien déchiffrer. « Si je pouvais avoir l'esprit entièrement libre, écrivait-il à Ferrand, tout irait bien ; je défierais la meute de l'Opéra et celle du Conservatoire, qui sont aujourd'hui plus acharnées que jamais

---

[1]. « On n'a pas oublié sans doute, écrit-il aux *Débats* en 1835, le fameux concert monstre des fêtes de juillet où trois cents voix et deux cent cinquante *instruments à vent*, adossés au palais des Tuileries, produisirent un résultat si misérable. »

à cause de mes articles de *l'Europe littéraire* sur *l'illustre vieillard* (Cherubini), et surtout parce que je me suis permis, à la première représentation d'*Ali-Baba*, d'offrir *dix francs* pour une *idée* au premier acte, vingt francs au second, trente au troisième, quarante francs au quatrième, en ajoutant : « Mes moyens ne me permettent pas de « pousser plus haut, je renonce ». Cette charge a été sue de tout le monde, même de Véron et de Cherubini, qui m'aiment, comme vous pouvez penser[1]. »

Ces occupations multiples étaient entremêlées de terribles discussions avec sa bien-aimée et de violentes crises de nerfs. Un jour du mois de juillet, Berlioz reprend sa liberté, mais, presque aussitôt, la pauvre convalescente le supplie instamment de revenir ; elle lui fait mille protestations, se disculpe au moins sur le point principal (on soupçonne aisément quel il était), et les voilà de nouveau transportés au septième ciel. Pas pour longtemps ; deux mois après, nouvel accès de fureur ; il y avait eu commencement de mariage, un acte civil déchiré par l'« exécrable » sœur d'Henriette, qui machinait tout contre eux ; là-dessus, trépignements fous de Berlioz, reproches de miss Smithson ; il s'empoisonne à ses yeux ! « Cris affreux d'Henriette !... désespoir sublime ! rires atroces de ma part !... désir de revivre en voyant ses terribles protestations d'amour !... émétique !... ipécacuana !... vomissements de deux heures !... il n'est resté que deux grains d'opium ; j'ai été malade trois jours et j'ai survécu ! » Alors, Henriette se rend à discrétion et lui dit d'ordonner, qu'elle obéira ; Berlioz signifie que, si elle ne consent pas à marcher tout droit à la mairie, il part aussitôt pour Berlin, car c'est son droit et son devoir de lauréat de l'Institut que d'aller faire un an de séjour en Allemagne ; elle hésite encore, il tient bon, et, très cavalièrement, s'apprête à filer avec une jeune fille de dix-huit ans, « charmante et exaltée », qui s'est enfuie de chez ses parents pour courir le monde, et qu'il entreprend de consoler... Un peu plus, et la pauvre Ophélie échappait à sa destinée ; elle « allait subir, dit-il, la conséquence de son malheureux caractère, faible et incapable d'un grand sentiment et d'une forte résolution » ; tranchons le mot, elle allait être oubliée, oubliant elle-même ; mais la malheureuse accourt : « Henriette est venue, s'écrie-t-il, je reste ! » On se cotise entre amis pour expédier à l'étranger la jeune cantatrice fugitive et les bans du mariage entre Berlioz et miss Smithson sont enfin publiés.

[1]. Berlioz a rapporté ce trait facétieux dans ses *Mémoires*, en le reculant à une époque où *Ali-Baba* ne se jouait plus depuis longtemps. Ici les dates concordent bien, car cette médiocre partition de Cherubini, sur un livret de Scribe et Mélesville, avait été jouée le 22 juillet 1833 (elle n'eut que onze représentations), et la lettre de Berlioz à Ferrand est du 1ᵉʳ août.

Les parents n'avaient désarmé ni d'un côté ni de l'autre, et il avait fallu que Berlioz eût recours aux sommations respectueuses pour « venir à bout de ce chef-d'œuvre d'amour et de persévérance »; bien plus, il avait dû demander de l'argent à droite et à gauche pour parer au plus pressé, son père ne lui envoyant plus un sou afin de rendre un tel mariage impossible. Opposition vaine; le jeudi 3 octobre, cette union « très originale » était célébrée par le chapelain Luscambe dans la chapelle de l'ambassade anglaise, en présence de Bertha Strich, Robert Cooper, Jacques Henry et Franz Liszt[1]; puis les deux amoureux s'en allaient cacher leur bonheur dans la banlieue, et, tout aussitôt, Berlioz, brûlant de détruire chez Humbert Ferrand les fâcheuses préventions que ses lettres, déjà vieilles de deux ans, avaient pu faire naître, annonçait à son ami qu'il avait trouvé sa femme aussi pure et aussi vierge qu'il est possible de l'être. « Et certes, ajoutait-il, dans la position sociale où elle a vécu jusqu'à ce jour, elle n'est pas sans mérite d'avoir su résister aux mauvais exemples et aux séductions de l'or et de l'amour-propre dont elle était sans cesse environnée. Vous devez penser quelle sécurité cela me donne pour l'avenir. » Étrange illusion d'un amant vivement épris et qui ne voyait de dangers, pour le bonheur durable de cette union, que du côté de miss Smithson.

1. Renseignements copiés sur les registres de l'ambassade d'Angleterre, à Paris.

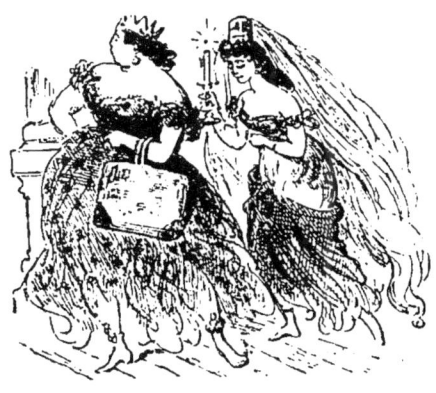

LA MÈRE DIDON,
digne de porter une couronne aussi bien qu'un cabas ; sa sœur l'éclaire sur l'état de son cœur.
(Marcelin, *Vie parisienne*, 21 novembre 1863.)

CHAPITRE IV

HAROLD EN ITALIE. — LE REQUIEM

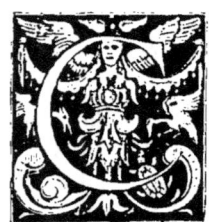'EST à Vincennes que les jeunes époux passèrent les premiers temps de leur lune de miel. Henriette achevait là sa convalescence en se promenant dans le bois ; mais Berlioz venait tous les jours à Paris où leur mariage, disait-il, avait fait un bruit d'enfer : à l'en croire, on ne parlait pas d'autre chose. A la fin d'octobre, il fallut penser à rentrer en ville, et l'on s'installa tant bien que mal dans son logement de garçon, rue Neuve-Saint-Marc, avant de monter rue Saint-Denis (actuellement rue du Mont-Cenis), à Montmartre, Le jeune ménage ne roulait pas sur l'or : la femme n'avait que des dettes et le mari possédait pour tout capital trois cents francs que Gounet lui avait prêtés, plus sa pension de l'Institut, à courir encore pendant dix-huit mois, quoiqu'il eût obtenu d'être dispensé du voyage réglementaire en Allemagne. Il n'importe, on supportait gaiement la gêne et l'on recevait sans façons, le soir, de bons amis : Eugène Sue, Legouvé, d'Ortigue et Liszt, qui venaient causer, prendre le thé, faire de la musique. « Henriette est un être délicieux, écrivait Berlioz à Ferrand. C'est Ophélie elle-même, non pas Juliette ; elle n'en a pas la fougue passionnée ; elle est tendre, douce et *timide*. Quelquefois seuls, silencieux, appuyée sur mon épaule, la main sur mon front ou bien dans une de ces poses gracieuses que jamais peintre n'a rêvées, elle pleure en souriant : « Qu'as-tu, pauvre belle ? — Rien, mon cœur est si plein ! Je « pense que tu m'achètes si cher, que tu as tant souffert pour moi... « Laisse-moi pleurer ou j'étouffe. » Et je l'écoute pleurer tranquillement jusqu'à ce qu'elle me dise : « Chante, Hector, chante ! » Moi, alors, de commencer la *Scène du bal* qu'elle aime tant ; la *Scène aux champs* la rend tellement triste qu'elle ne veut pas l'entendre. C'est une *sensitive*. En vérité, jamais je n'ai imaginé pareille impressionnabilité ; mais elle n'a aucune éducation musicale, et, le croiriez-vous ? elle se plaît à entendre certains ponts-neufs d'Auber. Elle trouve cela *pas beau, mais gentil.* »

Avec le sens de la réclame qui ne lui fit jamais défaut, Berlioz comprit qu'il ne fallait pas laisser tomber l'émotion provoquée dans

Paris par son mariage et il organisa à l'Opéra-Italien, logé alors à l'Odéon, une grande représentation-concert où miss Smithson reparaîtrait dans le quatrième acte d'*Hamlet*, où Mme Dorval et Firmin joueraient *Antony*, grâce à l'obligeance amicale d'Alexandre Dumas, où il voulait enfin faire exécuter la *Symphonie fantastique*, l'ouverture des *Francs-Juges*, sa cantate de *Sardanapale*, le *Concert Stück*, de Weber, par Liszt, et un chœur de Weber : *la Chasse de Lutzow*. Cette soirée du 24 novembre 1833 fut une déroute pour la tragédienne anglaise : Mme Dorval remporta un succès magnifique et fut rappelée à grands cris par le public, tandis que miss Smithson ne recueillit que de maigres applaudissements et ne fut pas redemandée après la chute du rideau. Berlioz explique ce renversement des rôles par ce fait que la première avait rempli la salle de claqueurs, tandis que sa femme avait négligé cette précaution. Mais à quoi bon ces vaines récriminations d'une naïveté inadmissible chez un homme qui n'en était plus à apprendre comment se préparent les triomphes de théâtre ? Est-ce que l'inconstance naturelle du public ne suffit pas à expliquer cet humiliant discrédit de la tragédienne étrangère, ce retour subit des spectateurs français vers une actrice de drame qui parlait leur langue et qu'ils avaient coutume d'applaudir tous les soirs ? La malheureuse Henriette ne sentit pas tout d'abord que cet échec était irrémédiable et, peu de temps après, Berlioz, partageant les illusions de sa femme, insistait auprès de son ami Girard, chef d'orchestre au Théâtre-Nautique, pour faire attribuer le principal rôle à miss Smithson dans certaine « pièce géante » en cours de répétition. Elle obtint effectivement d'être engagée à ce théâtre, mais pour une courte pantomime, *la Dernière Heure d'un condamné*, dont la *Gazette musicale* rendit compte dans un article d'une étendue et d'une chaleur extraordinaires, en racontant toute la carrière antérieure de la tragédienne : un mari seul était capable de consacrer encore à miss Smithson un article aussi glorieux, mais sans le signer[1].

Cette soirée de l'Odéon, si funeste à miss Smithson, n'avait pas été beaucoup plus heureuse pour Berlioz ; mais, en ce qui le concernait, le mal était réparable, car il provenait d'accidents tout à fait fortuits.

---

1. Cette représentation de *la Dernière Heure d'un condamné* est de la fin de novembre 1834. Juste à la même époque, le 15 décembre, miss Smithson écrivait à un M. Bloqué pour le remercier de lui avoir trouvé un engagement dans la troupe de M. Kemble, dont le *manager* était M. Lawson. Malheureusement, dit-elle, sa jambe brisée la retient encore au lit et elle a obtenu des arrangements de la part de ses créanciers, mais elle désirerait fort que M. Lawson lui fît des avances. Trois ans plus tard, elle fera encore une apparition dans un concert donné à l'hôtel Castellane, et les journaux amis de Berlioz, comme *l'Artiste* et *les Débats*, en aviseront leurs lecteurs en ces termes : « Les honneurs de la soirée ont été pour Mme Smithson-Berlioz, qui, dans le dernier acte de *Jane Shore*, s'est élevée jusqu'au sublime. » (Mai 1837.)

Il s'était embrouillé lui-même en dirigeant l'introduction orchestrale de sa cantate, et le fameux incendie final n'avait pas jeté plus de feux qu'à la séance de l'Institut ; enfin, tandis qu'on chantait le chœur de Weber, les instrumentistes du Théâtre-Italien, qui n'étaient pas tenus de rester passé minuit, s'étaient esquivés, si bien qu'il avait fallu renoncer à jouer *la Fantastique* et s'en excuser auprès du public : la musique de Berlioz, dirent alors les rieurs, faisait fuir jusqu'aux musiciens[1]. Ce malheureux concert, cependant, ne lui avait pas rapporté moins de sept mille francs qui disparurent dans le gouffre des dettes de sa femme, sans le combler ; mais il ne voulut pas rester sous le coup de ce désastre et prépara pour le 22 décembre, au Conservatoire, un grand concert où l'on jouerait bien cette fois tout ce qui serait annoncé ; seulement, comme il se défiait de ses talents de chef d'orchestre, il s'adressa d'abord à Habeneck, qui refusa net, puis à Girard, qui accepta de grand cœur et s'en tira fort bien. La *Symphonie fantastique*, en particulier, sur laquelle on s'était tant égayé depuis la soirée de l'Odéon, souleva de chaleureux applaudissements et lui valut, à la fin du concert, les éloges brûlants d'un grand artiste avec lequel il n'avait jamais eu de rapports, d'un « colosse entre les géants », « d'un possédé de génie », en un mot de Paganini.

Ce concert de réhabilitation, comme il l'appelle, avait donc pleinement réussi ; mais, une fois rentré chez lui, il lui fallut reprendre sa tâche de journaliste : il ne composait plus guère et ne faisait qu'écrire des articles afin de gagner de quoi vivre[2]. Sur ces entrefaites, Paganini, qui possédait un alto magnifique et désirait en jouer, vint lui demander d'écrire à son intention un morceau d'importance pour cet instrument : Berlioz, craignant de ne pas le satisfaire, avait grande envie de se récuser, mais, sur les instances de Paganini, il finit par s'engager à lui fournir un solo qui devait d'abord exprimer les *Derniers instants de Marie Stuart*. Ce sujet fut abandonné, mais non le travail en lui-

---

1. L'occasion était trop belle pour que Fétis ne fit pas payer une fois de plus à Berlioz les sarcasmes de *Lélio* et il ne s'en fit pas faute dans son article du 30 novembre, à la *Revue musicale*. Il faut remarquer, à ce propos, que la *Revue musicale* de Fétis et la *Gazette musicale* de Schlesinger, qui devaient se fondre et devenir la *Revue et Gazette musicale* en 1835, formaient alors deux journaux distincts et tout à fait divisés d'opinions au sujet de Berlioz. Dans la *Revue musicale*, qu'il avait fondée en 1827, Fétis l'attaquait violemment et le traitait de musicien sans génie, *sans mélodie*, après l'avoir patronné ; tandis que la *Gazette*, fondée en 1834 et à laquelle Berlioz collabora dès l'origine, l'exaltait et le défendait vivement contre les attaques de Fétis et de son fils.

2. Au mois de mars 1834, à la veille de la représentation de *Don Juan* à l'Académie de musique, il priait Émile Deschamps, qui avait traduit cet opéra avec Henri Blaze, de le venir voir aussitôt après la répétition, car il était lui-même trop esclave pour assister à la *prova prima*, « mais il aurait, dit-il dans sa lettre, beaucoup à causer avec le poète de Mozart, car il faut faire mousser le chef-d'œuvre de manière à donner des vertiges aux amants de la grosse caisse ». A rapprocher de sa lettre à Ferrand, du 19 mars (la représentation avait eu lieu le 10), où il dit pis que pendre de l'exécution et s'élève contre « l'absurdité de la direction qui s'amuse à dépenser son argent pour remonter des ouvrages connus de tout le monde et ne sait pas donner un ouvrage *nouveau* digne d'intéresser les amis de l'art ».

même, et Berlioz se mit à l'œuvre pour contenter l'illustre virtuose. Il lui déplaisait cependant de produire un morceau vulgaire, orné de difficultés diaboliques; alors, il s'avisa de combiner le solo avec l'orchestre, sans rien enlever de son indépendance à la masse instrumentale, et, ce plan lui paraissant neuf, il s'éprit bientôt d'une œuvre

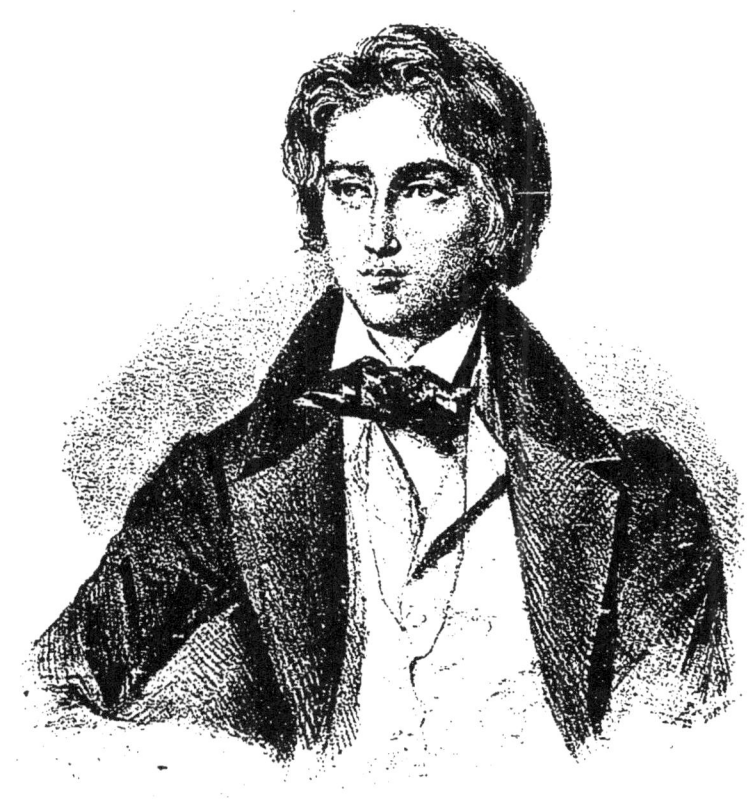

LISZT,
par Tavernier, d'après Devéria (1832).

commencée à contre-cœur. Il se proposa de composer pour l'orchestre une suite de tableaux dans lesquels l'alto interviendrait comme un personnage actif; il voulait faire de cet instrument, en le plaçant au milieu des poétiques souvenirs que lui avaient laissés ses pérégrinations dans les Abruzzes, une sorte de rêveur mélancolique dans le genre du *Childe Harold,* de Byron. De là le titre de la symphonie, *Harold en Italie,* dans laquelle la mélodie principale, exposée d'abord par l'alto, devait se superposer aux autres chants de l'orchestre, avec lesquels elle contrasterait par son mouvement et son caractère, sans en rompre le développement. Bref, en deux mots comme en cent, la musique symphonique, au sens classique du mot, n'était pas du tout son fait, et dans cette composition même, celle de ses œuvres qui se rapproche le plus de la symphonie ordinaire, il n'avait pu s'empêcher d'avoir devant les yeux un personnage agissant, puis de le placer au milieu de scènes diverses et assez bizarres, qui n'ont entre elles aucun lien réel.

Malgré la complexité du tissu harmonique, Berlioz mit fort peu de temps à composer cette symphonie, presque classique par la coupe, mais si romantique de plan et d'exécution. Ce fut un des ouvrages qu'il acheva le plus vite; à certains jours, il écrivait treize heures sans quitter la plume et s'acharnait d'autant plus au travail qu'à mesure qu'il avançait sa symphonie augmentait de proportions : elle ne devait d'abord comprendre que deux parties; puis, il en avait imaginé une troisième; ensuite, une quatrième. « J'espère pourtant que je m'en tiendrai là, écrivait-il à Ferrand en lui demandant permission de lui dédier cette œuvre considérable ; je crois que ce sera bien et surtout d'un pittoresque fort curieux. Il y a une *Marche de pèlerins chantant la prière du soir* qui, je l'espère, aura au mois de décembre une réputation. » En quoi il ne se trompait pas, mais il n'était pas l'homme du travail improvisé, même dans le feu de l'inspiration ; et ce délicieux morceau, composé en deux heures un soir de rêverie au coin du feu, fut pendant plus de six années l'objet de retouches, de modifications de détail qui l'améliorèrent infiniment, de son propre aveu.

Il eut complètement terminé son *Harold* dès le mois de juin, soit cinq ou six mois après l'avoir entrepris ; mais il pressentait bien que Paganini n'en serait pas satisfait. « Il trouvera sans doute, écrivait-il à Ferrand, que l'alto n'est pas écrit assez en concerto ; c'est une symphonie sur un plan nouveau et point une composition écrite dans le but de faire briller un talent individuel comme le sien. Je lui dois toujours de me l'avoir fait entreprendre[1]. » Et Berlioz voyait juste ; à peine Paganini eut-il jeté les yeux sur le premier morceau qu'il fut tout surpris des nombreuses pauses marquées à l'alto principal : « Ce n'est pas cela, s'écria-t-il, je me tais trop longtemps là dedans ; il faut

---

1. Il y a ici contradiction flagrante entre cette lettre écrite au moment même et le récit des *Mémoires*. Cette lettre prouve en effet que Paganini ne se fit pas montrer le premier morceau sur ébauche et qu'il n'eut connaissance de la symphonie qu'après son complet achèvement ; elle prouve aussi que Berlioz avait tout d'abord traité l'ouvrage entier comme il l'entendait et que ce n'est pas après l'avoir soumis à Paganini qu'il s'appliqua à écrire sa symphonie « dans une autre intention et sans plus s'occuper de faire briller l'alto principal ».

que je joue toujours. — Je l'avais bien dit, répondit Berlioz, c'est un concerto d'alto que vous voulez, et vous seul, en ce cas, pouvez bien écrire pour vous. » Paganini s'en fut tout désappointé et Berlioz, toujours aidé de Girard, s'occupa aussitôt d'organiser trois grands concerts au Conservatoire afin d'y faire entendre l'ouvrage répudié par Paganini, plus différents petits morceaux pour voix et orchestre qu'il avait écrits par manière de délassement, au cours de son grand travail.

La première séance eut lieu le dimanche 6 novembre 1834; mais comme *Harold* n'aurait pas été suffisamment su, on annonça que beaucoup d'amateurs avaient marqué le désir de réentendre la *Symphonie fantastique*. Ce fut là le gros morceau du concert qui commençait par *le Roi Lear* et dans lequel Berlioz fit entendre deux quatuors pour voix d'hommes avec orchestre; l'un était la ballade de *Sara la baigneuse*, d'après l'Orientale de Victor Hugo, et l'autre un arrangement de sa légende irlandaise : *la Belle Voyageuse*. Au concert suivant (23 novembre), il fit chanter par Mlle Falcon sa rêverie de *la Captive* et une romance inspirée par la *Marie*, de Brizeux[1]; Liszt exécuta avec une maestria superbe une grande fantaisie qu'il venait de composer sur deux thèmes du *Lélio* : la ballade du Pêcheur et la chanson du Brigand; MM. Puig, Boulanger et ***, interprètes habituels de Berlioz, chantèrent le grand trio avec orchestre et chœurs des *Ciseleurs de Florence*, qui formait la première scène du futur *Benvenuto Cellini*; enfin, cet important concert, si plein d'œuvres nouvelles, se terminait par la première exécution d'*Harold en Italie*, avec l'excellent Chrétien Urhan comme alto principal.

« Le premier morceau, dit Berlioz, fut seul applaudi, par la faute de Girard qui conduisait l'orchestre, et qui ne put jamais parvenir à l'entraîner assez dans la *coda*, dont le mouvement doit s'animer du double graduellement. Je souffris le martyre en l'entendant se traîner ainsi. La marche des Pèlerins fut redemandée. A sa deuxième exécution et vers le milieu de la seconde partie du morceau, au moment où, après une courte interruption, la sonnerie des cloches du couvent se fait entendre de nouveau, représentée par deux notes de harpe que doublent les flûtes, les hautbois et les cors, le harpiste compta mal ses pauses et se perdit. Girard, alors, au lieu de le remettre sur la voie, comme cela m'est arrivé dix fois en pareil cas (les trois quarts des exécutants commettent à cet endroit la même faute), cria à l'orchestre : « le dernier accord! » et l'on prit l'accord final en sau-

---

1. C'était la romance connue sous le nom du *Jeune Pâtre breton* (intitulée alors *le Paysan breton*), avec de nouvelles paroles adaptées par Auguste Barbier sur la musique, afin d'entrer dans l'opéra que Berlioz avait espéré voir jouer à l'Opéra cette année-là même, et qui avait été écarté « par les intrigues d'Habeneck et consorts, dit-il, par la stupide obstination du docteur Véron ».

tant les cinquante et quelques mesures qui le précèdent. Ce fut un égorgement complet. Heureusement, la marche avait été bien dite la première fois et le public ne se méprit pas sur la cause du désastre à la seconde. Si l'accident fût arrivé tout d'abord, on n'eût pas manqué d'attribuer la cacophonie à l'auteur. »

L'idée qui a guidé Berlioz dans cette composition pouvait paraître séduisante, mais il y avait loin de l'idée à l'exécution, et il s'est heurté à l'impossible. Alors même que l'artiste chargé de jouer l'alto solo a le talent de Vieuxtemps, de Léonard ou de Sivori et possède un instrument d'une sonorité remarquable, la partie qu'il joue se noie le plus souvent dans la masse orchestrale et ne s'y superpose pas d'une manière distincte, comme Berlioz voulait et avait cru pouvoir le faire. C'est seulement lorsque l'orchestre se tait, ou bien quand l'accompagnement est des plus ténus, que l'oreille perçoit clairement les phrases de l'alto : ce défaut seul suffit pour condamner l'idée qui a présidé à cette composition. De plus, Berlioz a trop cédé, dans ces différents morceaux, à son goût, je dirais presque à sa manie, de décrire par les sons les épisodes les plus divers de la vie réelle. Cette préoccupation et cette recherche constantes entravent son inspiration, loin de l'exciter, morcellent la phrase musicale et brisent à tout instant la pensée mélodique, qu'il coupe de rappels inattendus ou d'effets descriptifs dont l'auditeur ne s'explique pas toujours le sens.

Ces réserves une fois exprimées et motivées sur l'ensemble de l'œuvre, il faut reconnaître que Berlioz a montré dans toute cette symphonie sa richesse d'imagination habituelle et cette admirable entente des sonorités de l'orchestre, qui était chez lui don de nature. Jamais, peut-être, il ne poussa plus loin cette minutieuse recherche des timbres les plus variés, des contrastes inattendus, des plus curieuses surprises pour l'oreille, si loin même qu'il tombe parfois dans l'excès. Le premier morceau : *Harold aux montagnes, scène de mélancolie, de bonheur et de joie,* renferme d'abord une jolie phrase de l'alto, accompagnée de simples arpèges de harpe et de doux soupirs de la clarinette. L'alto, uni aux instruments de bois, chante ensuite une mélodie expressive sous laquelle crépitent et grondent tous les instruments de l'orchestre : l'effet de cet ensemble est saisissant ; puis, un chant gracieux lui succède, exposé d'abord par l'alto, mais dont le développement orchestral, si habilement prolongé qu'il soit, ne va pas sans lourdeur et sans répétitions. La *Marche des Pèlerins chantant la prière du soir* forme une page absolument délicieuse et dont la couleur rêveuse et poétique doit séduire, inévitablement, tout auditoire non prévenu. Il se dégage un charme égal de la troisième partie : *Sérénade d'un montagnard des Abruzzes à sa maîtresse*. Autant le début et le milieu de ce morceau charment l'oreille par leur inspiration gracieuse, avec ce beau chant du cor anglais, soutenu d'un hautbois, qui se marie au thème original de l'*adagio* repris par l'alto ; autant la fin de ce tableau champêtre, un long *perdendosi* de la mélodie, joué par le soliste sur une tenue prolongée de la flûte et une batterie persistante des altos divisés, emporte l'esprit dans une douce et lointaine rêverie.

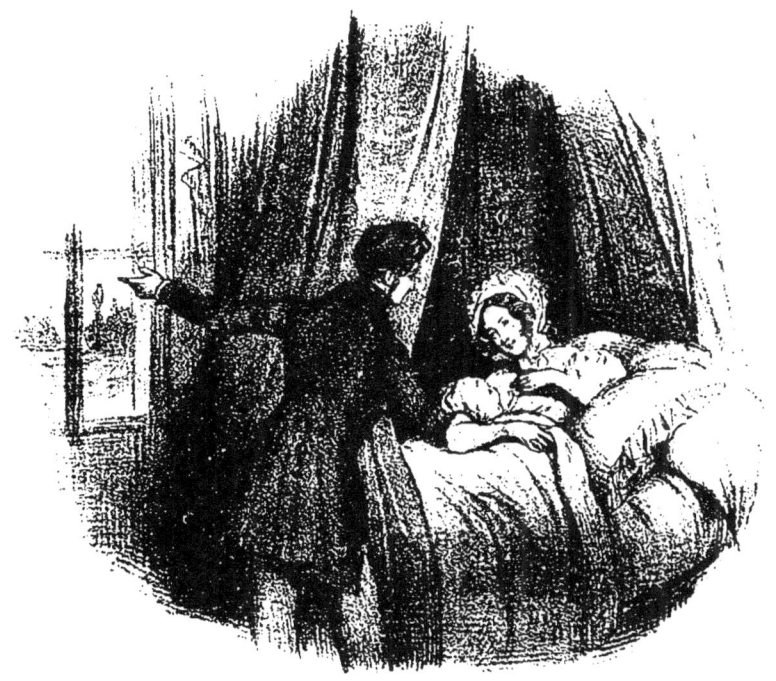

« LES CHAMPS », MÉLODIE DE BERLIOZ.
Lithographie sur le titre (avril 1834).

Le quatrième morceau représente une *Orgie de Brigands,* entremêlée de souvenirs des scènes précédentes. C'est une composition énergique, passionnée, remplie de tumulte et de sonorités étranges ; mais on ne saurait, avec la meilleure volonté du monde, distinguer tout ce que voyait l'auteur « dans cette furibonde orgie où concertent ensemble les ivresses du vin, du sang, de la joie et de la rage; où le rythme paraît tantôt trébucher, tantôt courir avec furie ; où des bouches de cuivre semblent vomir des imprécations et répondre par le blasphème à des voix suppliantes ; où l'on rit, boit, frappe, brise, tue et viole, pendant que l'alto-solo, le rêveur Harold, fuyant épouvanté, fait encore entendre au loin quelques notes tremblantes de son hymne du soir ». Malgré tout, cette œuvre si compliquée et si difficile produit toujours une excellente impression sur le public, abstraction faite du dernier morceau dont les éclats fulgurants effrayaient à l'origine et font sourire aujourd'hui plus d'un auditeur.

Si fort qu'on le discutât dans la presse et dans le public, le jeune musicien gagnait du terrain, de toute évidence, et la parodie, une parodie retentissante, allait bientôt consacrer sa réputation. Pour égayer les bals masqués et costumés de l'Opéra, qui n'étaient alors costumés pour personne et masqués que pour les femmes, l'entrepreneur Mira essayait de toutes les attractions ; il les entremêlait de pas dansés par les rats de l'Opéra, de défilés grotesques, de tombolas avec boniments burlesques, etc. Et voilà qu'au premier bal de l'année 1835, il imagina de couper la « folle nuit » par de plaisantes charges sur la musique instrumentale, dont une grande symphonie imitative et pittoresque : *Épisode de la vie d'un joueur,* composée et dirigée par Arnal, après une annonce charlatanesque : « Pour faire comprendre mes pensées dramatiques, criait le chef d'orchestre improvisé, je n'ai besoin ni de paroles, ni de chanteurs, ni d'acteurs, ni de costumes, ni de décorations. Tout cela, messieurs, est dans mon orchestre ; vous y verrez agir mon personnage, vous l'entendrez parler, je vous le dépeindrai des pieds à la tête ; à la seconde reprise du premier allegro, je veux vous apprendre même *comment il met sa cravate.* O merveille de la musique instrumentale ! Mais je vous en ferai voir bien d'autres dans ma seconde *Symphonie sur le code civil.* Quelle différence, messieurs, d'une musique comme celle-là, qui se passe de mille accessoires inutiles au vrai génie, et n'a besoin, pour se faire comprendre, que de..... trois cents musiciens ! Quelle différence, dis-je, avec les ponts-neufs de Rossini ! Oh ! Rossini ! ne me parlez pas de Rossini ! un intrigant qui s'avise de faire exécuter sa musique dans les quatre parties du monde pour *se faire une réputation !...* Charlatan !... Un homme qui écrit des choses que comprendra le premier venu ! Tenez, c'est abominable ; et, pour moi, la musique de Rossini est une chose ridicule ; elle ne me fait aucun *effet,* mais aucune espèce *d'effet,* voilà *l'effet qu'elle me fait.* » Berlioz, on peut l'imaginer, n'avait pas manqué la fête ; avec beaucoup de roucrie, il vanta lui-même et le piquant de cette parodie et la verve de l'acteur qui, « sans jamais tomber dans la grosse farce, avait su rendre à merveille l'anxiété, les transports, les rages, les mouvements brusques du compositeur assistant à la première répétition de son œuvre chérie ». En vérité, jamais, disait-il, il n'avait ri d'aussi bon cœur ; mais il était seul à rire : était-il donc seul à deviner le sens caché de la satire, à saisir les charges musicales de l'orchestre, et combien c'était dommage, en ce cas, d'avoir dépensé tant d'esprit pour ennuyer le public¹ !

En cette même année, il entreprenait une nouvelle campagne de concerts avec le concours très actif de Girard et de Liszt. Le 3 mai, il fait entendre au Conservatoire la *Symphonie fantastique* et *Lélio*, avec Geffroy, de la Comédie-Française, pour les monologues² ; ensuite, il organise une séance au Gymnase musical, boulevard Bonne-Nouvelle, avec un programme comprenant *Harold*, *le Roi Lear* et le bel air du *Telemacco*, de Gluck, chanté par Ponchard. Puis, quand l'hiver revint, les deux associés, Berlioz et Girard, reparurent sur la brèche, donnant un grand concert le 22 novembre au Conservatoire, où Girard produisit plusieurs de ses compositions, où Mlle Falcon rechanta *la Captive*, où vingt basses solistes à l'unisson, s'appuyant sur l'orchestre et les chœurs, firent résonner *le Cinq Mai*, de Béranger, que Berlioz venait de composer à la gloire de Napoléon. « Ce sont bien les mauvais vers de Béranger que j'ai pris, écrit-il à Ferrand, parce que le sentiment de cette quasi-poésie m'avait semblé musical. Je crois que la musique vous ferait plaisir, malgré les vers ; c'est extrêmement grand et triste... » *Harold* formait le noyau du concert, et cette exécution, la cinquième au bas mot, faillit mal tourner par suite d'une négligence de Girard qui n'élargit pas assez le mouvement, à la fin de la sérénade, pour une partie de l'orchestre. Dès lors, Berlioz, qui se méfiait toujours de son habileté de conducteur, résolut de vaincre cette défiance et de ne plus jamais s'en rapporter qu'à lui-même pour diriger ses ouvrages. Que le motif allégué par Berlioz fût ou non le vrai, sa rupture avec Girard fut presque immédiate, car le concert suivant, annoncé d'abord pour le 6 décembre avec un programme mélangé

---

1. Dans sa Correspondance académique adressée à Édouard Monnais et publiée à la fin des *Grotesques de la musique*, Berlioz évoque ce souvenir en rappelant à Monnais que c'est ce soir-là qu'il lui avait été présenté par Schlesinger, et il attribue à Véron l'idée, à Adolphe Adam la composition de cette parodie : « Plus tard, dit-il, Véron m'a fait louer chaudement dans *le Constitutionnel* : le remords le dévorait... Arnal est devenu un des habitués de mes concerts ; il s'est cru obligé en conscience de les suivre ; c'est un homme d'honneur... Adam est un bon enfant ; il s'est repenti, dix ans après, d'avoir accepté cette tâche de caricaturiste ; et depuis lors il n'a plus *chargé* que l'orchestre de Grétry et de Monsigny. »

2. A propos de cette exécution complète de l'*Épisode de la vie d'un artiste*, d'Ortigue donnait à la *Gazette musicale* (10 mai 1835) un article considérable où il tendait à prouver que Berlioz écrivait bien réellement de la musique, et que les sottes critiques dont on le poursuivait étaient les mêmes qu'on avait dirigées peu auparavant contre les symphonies de Beethoven. Telle était l'importance que Berlioz attachait à cette question, qu'à la fin de la même année, le même journal publiait encore, au sujet de la *Symphonie fantastique*, un grand article intitulé : *S'il y a de la mélodie dans la musique de M. Berlioz* (20 décembre 1835), article non signé, mais imperturbablement enthousiaste et qui se termine en qualifiant la *Marche des pèlerins* tout simplement d'admirable chef-d'œuvre de grâce, de vérité, d'inspiration autant que d'instrumentation.

d'œuvres de Berlioz et de Girard, fut, sans motif, retardé d'un dimanche, et toutes les œuvres de Girard disparurent du programme. On réentendit encore *Harold* à ce concert, « sous la direction de Berlioz seul », ainsi que le dit la *Gazette* en jugeant l'exécution sensiblement supérieure, et son *Chant du 5 mai,* à propos duquel il crut devoir fournir au public quelques explications : s'il avait, dit-il, employé vingt basses à l'unisson, c'est que ce chant faisait partie d'une vaste composition écrite en vue du Panthéon et que, faute d'un soliste à la voix assez puissante, il avait cru devoir conserver cette disposition imitée du chœur antique ; cette prétendue analogie justifiait tout à ses yeux [1].

Cependant, sa vie intérieure était toujours la même. Au mois d'août 1834, il lui était né un fils qui augmentait sensiblement les charges du ménage. « C'est bien le plus doux et le plus joli enfant que j'aie vu, écrivait-il à Ferrand. Ma femme et moi sommes aussi unis, aussi heureux qu'il soit possible de l'être, malgré nos ennuis matériels. Il semble que nous nous en aimons davantage. L'autre jour, à l'exécution de la *Scène aux champs,* de la *Symphonie fantastique,* elle a failli se trouver mal d'émotion ; elle en pleurait encore de souvenir, le lendemain. » Il écrivait alors plus que jamais ; il avait rédigé une étude biographique sur Gluck, en vue du *Publiciste*, nouveau journal affectant la forme de l'ancien *Globe;* mais elle avait paru dans la *Gazette musicale,* en juin 1834 ; il donnait une romance au journal de modes *le Protée* (septembre 1834), et travaillait comme un nègre, écrivait-il en mai 1835, pour quatre journaux qui lui assuraient son pain quotidien : *le Rénovateur,* qui payait mal, *le Monde dramatique* et la *Gazette musicale,* qui payaient peu, et *les Débats,* qui payaient bien. Il venait d'être chargé d'une partie de la critique musicale à ce journal ; depuis quelque temps déjà, il avait noué de bons rapports avec la famille Bertin et comptait sur son crédit, dès 1834, pour obtenir un poème d'opéra, qu'il désirait être l'*Hamlet* de Shakespeare. Il se lamentait de n'avoir pas le temps de composer pour « combattre l'horreur de sa position musicale », et commençait un ouvrage intitulé : *Fête musicale funèbre à la mémoire des hommes illustres de la France,* qu'il pensait devoir être en sept parties et exiger au moins sept cents exécutants ; il en écrivait même, du premier élan, deux morceaux, qu'il utilisait bientôt après pour sa *Symphonie funèbre et triomphale* et pour sa cantate napoléonienne : *le Cinq Mai.* Dans le fond, il était très absorbé par son petit garçon, qu'il trouvait une merveille : « Notre petit Louis vient d'être sevré, écrivait-il en mai 1835 ; il s'est bien tiré de cette épreuve, malgré

---

1. *Gazette musicale*, année 1835, page 392.

les alarmes délirantes de sa mère. Il marche presque seul. Henriette en est toujours plus folle. Mais il n'y a que moi dans la maison qui possède toutes ses bonnes grâces ; je ne puis sortir sans le faire crier pendant une heure. » Heureuse illusion de l'amour paternel.

C'est au commencement de 1835 qu'il eut la bonne fortune d'entrer à poste fixe au *Journal des Débats*. Il avait publié à la *Gazette musicale*, au mois d'octobre 1834, une nouvelle assez gaie : *Rubini à Calais*, et *les Débats* l'avaient reproduite, avec un mot aimable, après l'avoir fort bien traité lui-même à l'occasion du *Roi Lear*. Berlioz alla remercier M. Bertin de sa bienveillance, et celui-ci lui proposa sur l'heure de rédiger le feuilleton musical, devenu vacant par la retraite de Castil-Blaze. Il ne s'agissait encore que de parler des concerts, des compositions nouvelles, Delescluze ayant sous sa juridiction le Théâtre-Italien et Jules Janin rendant compte de tout ce qui se jouait à l'Opéra-Comique et à l'Opéra. Berlioz, cependant, était trop heureux de se sentir une arme pareille entre les mains ; il accepta de grand cœur : « C'est une affaire importante pour moi, écrit-il à Ferrand le 15 avril 1836 ; l'effet que ces feuilletons produisent dans le monde musical est vraiment singulier ; c'est presque un événement pour les artistes de Paris. Je n'ai pas voulu, malgré l'invitation de M. Bertin, rendre compte des *Puritani* ni de cette misérable *Juive* ; j'avais trop de mal à en dire ; on aurait crié à la jalousie. Je conserve toujours *le Rénovateur*, où je ne contrains qu'à demi ma mauvaise humeur sur toutes ces gentillesses...[1] » Cela lui permit par la suite, une fois qu'il parla des théâtres aux *Débats* (les Italiens étant toujours réservés à Delescluze et les ballets de l'Opéra demeurant sous la coupe de Janin), de renoncer à ses articles du *Correspondant* et de borner sa collaboration aux *Débats* et à la *Gazette musicale* ; mais, à cette époque, il écrivait toujours tant et plus, portant de sa prose partout où l'on voulait bien la payer, publiant jusqu'à des livraisons dans *l'Italie pittoresque*, et donnant une étude intitulée : *la Musique en général*, au *Dictionnaire de la conversation*[2].

[1]. *Le Rénovateur*, qui parut du 17 mars 1832 au 31 décembre 1835, avait été fondé par M. Laurentie avec le concours du duc de Fitz-James, du duc de Noailles, de M. de Bonald, du vicomte de Conny et autres chefs du parti légitimiste. Il est assez curieux d'observer que, dans le début, Berlioz, libre-penseur, jeune-france et romantique, était, grâce à ses amis du Dauphiné, défendu comme compositeur, accueilli comme rédacteur surtout par des organes tout à fait devoués au trône et à l'autel.

[2]. C'est l'article que Berlioz a replacé en tête d'*A travers chants*. — Son premier feuilleton au *Journal des Débats*, signé H., parut le 25 janvier 1835 ; il y rendait compte du premier concert de la saison au Conservatoire et exécutait une charge contre la fugue qui termine le *Credo* de la messe en *ré* de Beethoven. Cette singulière division de la critique musicale a subsisté aux *Débats* jusqu'en ces dernières années : d'Ortigue ne put parler des Italiens qu'après la disparition de Delescluze, et c'est seulement après la mort de Caraguel, ayant pris l'héritage de Jules Janin, que M. Reyer fit rentrer dans sa juridiction les ballets, devenus presque aussi importants pour la musique que maint grand opéra.

Certes, Berlioz n'aurait pas demandé mieux que de composer au lieu d'écrire, et aussi de donner des concerts, mais il n'avait pu y arriver pour le printemps de 1836. Il avait précédemment essayé de toutes les salles de Paris et avait reconnu que la seule qui convînt à sa musique était celle du Conservatoire; seulement, comme de janvier à avril elle était affectée à la Société des concerts, il avait dû en faire son deuil et attendre. A la fin de l'année seulement, il put organiser au Conservatoire, le 4 décembre, un concert où l'on entendit de nouveau *Harold* et la *Symphonie fantastique,* où Massol vint chanter son air des cloches de Quasimodo, dans *la Esmeralda*; le 18 décembre, il y donnait encore, avec Liszt, une séance où le public put revenir applaudir ses morceaux préférés : *le Bal* et la *Marche funèbre* de la *Symphonie fantastique,* le premier morceau d'*Harold* et la victorieuse *Marche des pèlerins*. Et, presque dans le même temps, Berlioz apprenait que son ouverture des *Francs-Juges,* dont il ne voulait plus entendre parler à Paris, tant elle lui paraissait s'être encanaillée aux concerts des Champs-Élysées et du Jardin Turc, venait de triompher à Lille, à Douai, à Dijon, et surtout à Leipzig, où Schumann avait osé la faire jouer. Ce succès, provoqué par une exécution magnifique, avait retenti par toute l'Allemagne, et l'éditeur Hoffmeister lui avait proposé de publier ses symphonies, en même temps que Schumann parlait de les exécuter; mais Berlioz, éclairé par l'insuccès des *Francs-Juges* à Londres et si grande que fût sa reconnaissance envers Schumann, restait fidèle à sa décision de ne laisser ni graver, ni même exécuter ses œuvres à l'étranger tant qu'il ne pourrait pas les aller diriger en personne; il ajoutait que « le suffrage de l'Allemagne, cette patrie de la musique, était d'un trop haut prix à ses yeux et trop difficile à gagner pour qu'il n'attendît pas avec impatience le moment d'aller le conquérir lui-même ». Ces raisons, si bien présentées qu'elles fussent, ne convainquirent pas Schumann qui, l'année suivante, revenait encore à la charge : « Berlioz a grand tort, écrivait-il, de publier si peu de ses compositions ou de ne savoir se décider à faire un voyage en Allemagne. Quoiqu'on le confonde parfois encore avec Bériot, malgré le peu d'analogie qui existe entre eux, on n'est pas sans le connaître chez nous, et si Paganini est le plus considérable de ses admirateurs, il n'est pas le seul[1]. »

---

[1]. Les articles de Schumann sur *Waverley* et *les Francs-Juges* ont été traduits en entier et joints par M. Maurice Kufferath à l'étude sur la *Symphonie fantastique* dans sa brochure : *Hector Berlioz et Robert Schumann.* Dans l'article sur *Waverley*, il se trouve quelques lignes qui, bien involontairement peut-être, ont une apparence assez malicieuse : « Il est à remarquer, au surplus, que Berlioz donne lui-même *Waverley* comme son premier ouvrage, c'est-à-dire qu'il a détruit une œuvre précédente (*Huit Scènes de Faust*) et qu'il désire qu'on considère *Waverley* comme son premier ouvrage. Qui nous garantit que plus tard celui-ci n'aura pas le même sort ? »

Le grand succès de l'ouverture des *Francs-Juges*, à Leipzig, le premier qu'il remportât hors de France, arrivait à point pour consoler Berlioz des ennuis, des méchants bruits provoqués par la représentation de *la Esmeralda* à l'Académie de musique. Les railleurs avaient eu beau jeu en apprenant d'abord que Victor Hugo, contrairement à ses principes, consentait à découper sa *Notre-Dame de Paris* en livret d'opéra pour Mlle Louise Bertin ; puis que l'Opéra, d'accès si difficile, allait s'ouvrir tout grand devant la fille du puissant Bertin ; ce fut bien pis lorsqu'on sut, ce qu'il n'était pas difficile de supposer, qu'elle avait reçu les conseils amicaux de Berlioz et que celui-ci avait suivi, surveillé les répétitions. Tous les ennemis politiques de Bertin, tous les adversaires ou les envieux de Berlioz agirent comme de concert et répandirent force calomnies : bien avant la représentation, qui eut lieu le 14 novembre 1836, ils allaient répétant partout que cet ouvrage était sûrement de Berlioz en entier ; ils montaient une cabale qui fut assez puissante pour faire baisser la toile au milieu de la seconde soirée, et ce fut bientôt une opinion répandue dans le public que, sinon la partition entière, au moins l'air des cloches, qui avait forcé les bravos d'un public rebelle, était du Berlioz tout pur. Il a toujours repoussé cette allégation avec énergie et une lettre à Ferrand, plus encore que le démenti en quelque sorte forcé des *Mémoires,* ne laisse aucun doute à cet égard : « Je ne suis pour rien, absolument rien que des conseils et des indications de forme musicale, dans la composition de Mlle Bertin ; cependant on persiste dans le public à me croire l'auteur de l'air de Quasimodo. Les jugements de la foule sont d'une témérité effrayante. »

Cet insuccès, si douloureux pour l'amour-propre de Mlle Bertin, fut plutôt favorable à Berlioz en ce sens qu'il ne fit que resserrer les liens qui l'attachaient à cette famille considérable. Il dit simplement que M. Bertin l'indemnisa très généreusement du temps qu'il avait consacré aux répétitions ; mais n'est-ce pas par lui qu'il obtint coup sur coup la commande officielle d'une importante composition musicale et la représentation d'un grand opéra à l'Académie de musique : ce devaient être et le *Requiem* et *Benvenuto Cellini*. M. de Gasparin, qui était ministre de l'intérieur en 1836, disposa qu'une somme de trois mille francs serait, tous les ans, allouée à quelque musicien français qu'on chargerait d'écrire une grande composition religieuse et décida de commencer par Berlioz en lui demandant une messe de *Requiem,* pour l'exécuter dans une cérémonie à la mémoire des combattants morts pendant les journées de Juillet. Malgré cette haute protection, Berlioz rencontra d'abord beaucoup de mauvais vouloir auprès du directeur des beaux-arts, Cavé, qui se croyait un juge infaillible en musique et ne jurait que par Rossini; mais, une fois que l'arrêté lui eut été communiqué par ordre formel du ministre, il se mit fiévreusement au travail. Toutes les parties étaient déjà copiées, déjà les répétitions commencées sur avis de ce même directeur des beaux-arts, lorsque M. de Montalivet, devenant ministre de l'intérieur le 15 avril 1837, décida que la cérémonie de Juillet aurait lieu sans musique, et voilà Berlioz endetté pour le compte du gouvernement envers de nombreux artistes. Il réclamait en vain le payement des sommes déboursées et discutait vivement à ce sujet avec différents fonctionnaires, lorsque arriva fort à propos la nouvelle de la prise de Constantine. Le général Danrémont ayant péri en commandant l'attaque, on décida de célébrer aux Invalides, le 5 décembre, un service solennel en son honneur, en mémoire aussi des officiers et soldats tués pendant toute la durée du siège, et, plutôt que de rembourser le compositeur, on préféra, pour utiliser les dépenses déjà faites, faire chanter son *Requiem* à cette cérémonie : il suffisait d'obtenir le consentement du général Bernard, ministre de la guerre, et, grâce aux Bertin, cela ne souffrit pas de difficultés[1].

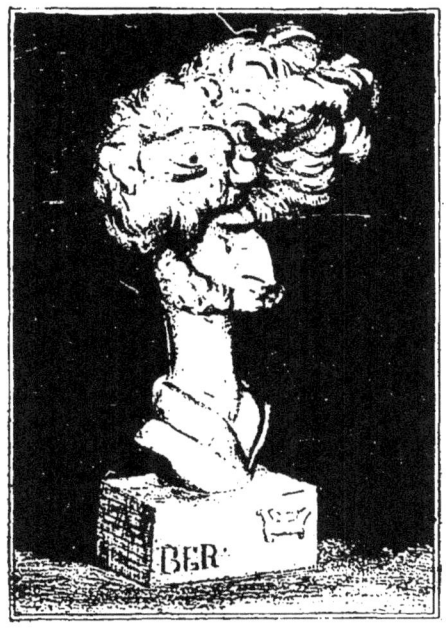

M. BERLIOZ (BER-LIT-HAUT), par Dantan jeune. (*Charivari* 5 mai 1836.)

Mais Berlioz, à l'en croire, n'était pas au bout de ses peines. Lorsque cette nouvelle se répandit dans le monde musical, Cherubini, dont on exécutait toujours une des deux grandes messes funèbres dans les cérémonies officielles de ce genre, crut voir une atteinte à ses droits dans cette faveur faite au

---

1. Ces divers incidents ont été bien souvent rapportés d'après ce que Berlioz a raconté dans ses *Mémoires*, mais il faut observer qu'il y commet au moins deux erreurs : erreur de chiffre, erreur d'objet. Dans une lettre à Humbert Ferrand, du 11 avril 1837 (soit quatre jours avant le départ de M. de Gasparin), Berlioz dit que sur la demande du ministre de l'intérieur qui lui payera *quatre mille francs*, il compose un grand *Requiem*, pour le second anniversaire, non pas des combattants de Juillet, mais des victimes de l'attentat de Fieschi, qui tombait d'ailleurs le 28 juillet. Il a, dit-il, accepté la commande et le prix proposé sans observation, mais en ajoutant qu'il lui fallait cinq cents exécutants; le ministre fit la grimace et finit par consentir, en réduisant d'une cinquantaine d'hommes l'effectif des musiciens.

jeune compositeur, et ses élèves se mirent en campagne afin de rétablir les choses dans l'ordre naturel. Halévy même, allant droit au plus puissant, à celui qui avait tout fait pour Berlioz, s'en fut trouver M. Bertin et son fils Armand, qui le reçurent avec une froideur marquée et promirent seulement de s'employer pour faire obtenir à Cherubini une compensation honorifique. Ainsi se seraient passées les choses, d'après le récit de Berlioz; mais plusieurs lettres de lui, récemment retrouvées, semblent indiquer qu'elles ne marchèrent pas si facilement ; celle-ci d'abord, de la forme la plus obséquieuse, qu'il adressait à Cherubini : « Je suis vivement touché de la noble abnégation qui vous porte à refuser votre admirable *Requiem* pour la cérémonie des Invalides. Veuillez être convaincu de toute ma reconnaissance. Cependant, comme la détermination de M. le ministre de l'intérieur est irrévocable, je viens vous prier instamment de ne plus penser à moi et de ne pas priver le gouvernement et vos admirateurs d'un chef-d'œuvre qui donnerait tant d'éclat à cette solennité[1]. » Que ce renoncement fût ironique ou sérieux, qu'il fût dicté par la politique ou la politesse, il n'en est pas moins vrai que jusqu'au dernier moment Berlioz eut des craintes et qu'il faisait encore agir ses amis un mois avant l'époque fixée pour l'exécution : « Mon cher Dumas, écrivait-il le 30 octobre au célèbre romancier, très en crédit au Palais-Royal, Ruolz doit vous voir demain mardi au sujet d'une affaire musicale que vous pourriez faire réussir et qui m'intéresse vivement. Seriez-vous assez bon pour me donner encore un coup d'épaule? Il s'agit de faire exécuter mon malencontreux *Requiem* dans une cérémonie que motiverait la prise de Constantine. Si le duc d'Orléans voulait, ce serait très aisé. J'irai vous voir pour en causer plus au long... »

Le grand jour arriva pourtant sans que Berlioz eût éprouvé d'autre ennui que de se voir presque imposer, comme chef d'orchestre, Habeneck, avec lequel il était à peu près brouillé; mais on avait tellement insisté dans les bureaux du ministère, qu'il avait fini par céder. Ce dont il se repentit bien fort, car il accuse Habeneck d'avoir, dans un endroit capital, au début du *Tuba mirum*, posé tranquillement sa baguette pour prendre une prise de tabac. Heureusement que Berlioz, assis à ses côtés, aurait bondi, saisi l'archet et marqué la mesure avec assez de vigueur pour entraîner l'orchestre et déjouer la trahison. Il ne

---

[1]. Cette lettre, du 24 mars 1837, montre que la rivalité possible de Cherubini empêchait Berlioz de dormir dès le commencement de l'affaire, ce qui était tout naturel, et que si Cherubini agit réellement contre Berlioz, ce ne fut pas seulement après qu'on eut connu la prise de Constantine (13 octobre 1837) et qu'on eut décidé de faire exécuter ce *Requiem* à la mémoire du général et des soldats tués pendant le siège. Il règne donc dans toute cette partie des *Mémoires* une fantaisie extraordinaire et peu propre à leur donner de l'autorité.

doute pas que Habeneck, d'accord avec Cavé, avec Cherubini, n'ait voulu, en provoquant un horrible charivari, le perdre aux yeux de l'immense et magnifique assemblée réunie aux Invalides. Ce serait tellement odieux qu'on se refuse à le croire. Et puis, comment n'aurait-il pas soufflé mot de ce grave incident dans sa lettre si détaillée à Humbert Ferrand : « Le *Requiem* a été bien exécuté; l'effet en a été terrible sur la grande majorité des auditeurs; la minorité, qui n'a rien senti, ni compris, ne sait trop que dire; les journaux, la masse, ont été excellents, à part *le Constitutionnel, le National* et *la France*, où j'ai des ennemis intimes... C'est un succès qui me popularise, c'est le grand point; l'impression a été foudroyante sur les êtres de sentiments et d'habitudes les plus opposés; le curé des Invalides a pleuré à l'autel; un quart d'heure après la cérémonie, il m'embrassait à la sacristie en fondant en larmes. Au moment du *Jugement dernier*, l'épouvante produite par les cinq orchestres et les huit paires de timbales accompagnant le *Tuba mirum* ne peut se peindre; une des choristes a pris une attaque de nerfs. Vraiment, c'était d'une horrible grandeur... Ah! Ferrand, c'eût été un beau jour pour moi, si je vous avais eu à mon côté pendant l'exécution. Le duc d'Orléans, à ce que disent ses aides de camp, a été aussi très vivement ému. On parle, au ministère de l'intérieur, d'acheter mon ouvrage, qui deviendrait ainsi propriété nationale. M. de Montalivet n'a pas voulu me donner les 4,000 francs tout secs; il y ajoute, m'a-t-on dit aujourd'hui dans ses bureaux, une assez bonne somme; à présent, combien m'achètera-t-on la propriété de ma partition ? Nous verrons bien¹ ».

Berlioz, assez prolixe d'habitude en ce qui concerne la composition de ses différents ouvrages, ne dit que fort peu de chose sur celui-ci : « Le texte du *Requiem* était pour moi une proie dès longtemps convoitée, qu'on me livrait enfin et sur laquelle je me jetai avec une sorte de fureur. Ma tête semblait prête à crever sous l'effort de ma pensée bouillonnante. Le plan d'un morceau n'était pas esquissé que celui d'un autre se présentait; dans l'impossibilité d'écrire assez vite, j'avais adopté des signes sténographiques qui, pour le *Lacrymosa* surtout, me

---

1. Ici nouvelle observation. Comment concilier ces informations avec le récit des *Mémoires*, où Berlioz se représente faisant le siège du cabinet du ministre de l'intérieur, de dix à quatre heures, afin de lui arracher une malheureuse signature, obtenant bien les dix mille francs que le ministre de la guerre avait promis pour les frais de l'exécution et les distribuant intégralement, y compris trois cents francs à Duprez, qui avait chanté les soli du *Sanctus*, et trois cents autres à Habeneck « l'incomparable priseur », mais ne pouvant pas arracher un sou des mille francs qui lui étaient dus, à lui personnellement, par le ministre de l'intérieur, refusant d'accepter la croix d'honneur en échange, et n'arrivant à se faire payer qu'en menaçant le ministre et ses représentants des foudres d'un journal redoutable, on devine lequel? Dans ses *Mémoires*, Berlioz parle toujours de la somme de *trois mille* francs qui lui était due par le ministère de l'intérieur, et dans toutes ses lettres à Ferrand, écrites sur le moment même, il parle invariablement de *quatre mille*; ce dernier chiffre doit donc être le vrai.

furent d'un grand secours. Les compositeurs connaissent le supplice et le désespoir causé par la perte du souvenir de certaines idées qu'on n'a pas eu le temps d'écrire et qui vous échappent ainsi à tout jamais. J'ai, en conséquence, écrit cet ouvrage avec une grande rapidité et je n'y ai apporté que longtemps après un petit nombre de modifications... » Le *Requiem* est une œuvre romantique au premier chef, que Berlioz avoue avoir écrite avec une sorte de fureur, dans le temps où les idées de palingénésie littéraire et artistique avaient acquis toute leur force d'expansion. Aussi doit-on se garder de juger cette création de sang-froid, non plus que l'auteur ne l'a composée de sens rassis ; il convient de se laisser gagner, en quelque sorte, par sa fièvre pour mieux entrer dans l'esprit de l'œuvre et l'apprécier comme il a voulu sans doute qu'elle fût jugée. Il ne faut pas non plus rapprocher cette messe des morts d'aucune autre, qu'elle soit signée de Mozart, de Cherubini, de Schumann ou de Brahms, car chacun de ces compositeurs s'est efforcé de rendre le texte liturgique ou sa paraphrase en langue vulgaire (en allemand pour le *Requiem* de Brahms), avec cette simplicité de moyens et cette grandeur sévère convenables à la musique religieuse. Berlioz, au contraire, s'est bien moins occupé d'imprimer à son œuvre le caractère religieux que d'en dramatiser les diverses parties, et s'il avait fait pour son *Requiem* comme pour ses autres créations, s'il avait décrit, analysé le travail qui s'opérait dans sa pensée à propos de chaque morceau, si nous pouvions assister rétrospectivement à la genèse de chaque verset de sa messe, nous verrions qu'il a dû la concevoir et la composer exactement comme il concevra et composera sa symphonie dramatique de *Roméo et Juliette*. Ce sont les mêmes brusques arrêts de la phrase mélodique, les mêmes retours inattendus à une pensée dominante, les mêmes recherches de sonorités étranges, les mêmes silences prolongés qui ont une grande éloquence dans l'idée de l'auteur, les mêmes oppositions entre de foudroyants éclats et des demi-sonorités d'une douceur infinie, les mêmes contrastes, les mêmes minuties, les mêmes heurts.

Avec cette préoccupation constante de tracer un tableau saisissant sur chaque verset de la séquence liturgique, bien plutôt que de serrer de près le sens exact du texte latin, Berlioz se donne libre carrière et prend des licences qu'il condamnera plus tard en termes sanglants chez autrui. Il jongle avec les paroles, il brise les phrases et les émiette pour les adapter au rythme persistant qu'il a adopté, — voyez plutôt les mots *Dies illa* coupés en quatre pour terminer le *Lacrymosa*, les répétitions précipitées des mots *Kyrie eleison* à la fin du premier morceau, et surtout le dessin obstiné et absolument inex-

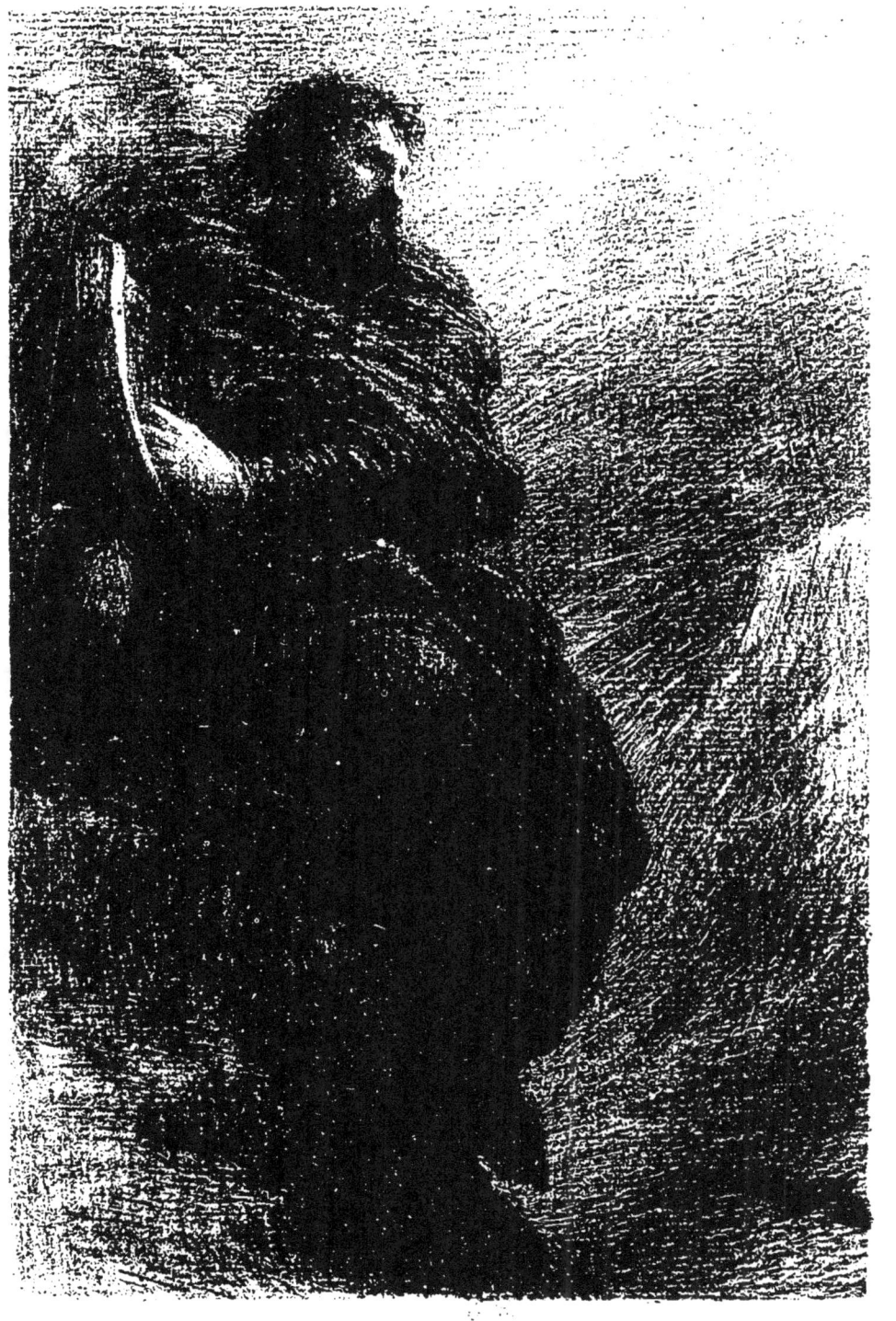

plicable des ténors sur les mots : *Dies iræ*, — de plus, il imagine, lui qui se moquait si bien des roulades de Marcello, de faire vocaliser des mesures entières aux premiers ténors sur la phrase : *Quantus tremor est futurus*, etc.; mieux encore, il bâtit une fugue d'assez belles dimensions sur le *Hosannah in excelsis*, lui, le révolutionnaire à tous crins, qui riait si fort de la fugue et la qualifiera de « bestialité dans toute sa splendeur ». Tous les droits qu'il s'arroge et qu'il ne croit pas un instant qu'on puisse lui contester, il en use pour dépeindre de la façon la plus saisissante à ses yeux les scènes douloureuses ou terribles dont il trouve le sujet dans les paroles du *Requiem*; afin d'y mieux réussir, il invente aussi ces accouplements bizarres d'instruments qu'il se vanta par la suite d'avoir trouvés et qui ne répondent pas toujours à l'idée excessive, surhumaine qu'il avait dans l'esprit et qu'il a voulu rendre. A dire vrai, on ne comprend bien son idée que quand on en est exactement informé.

Parmi les effets d'instrumentation chers à Berlioz et qu'il imagina pour son *Requiem*, se trouvent d'abord les accords parfaits qu'il a réalisés au moyen de huit paires de timbales, et les grincements étranges qu'il tire des sons aigus de la flûte, accouplés aux notes les plus graves du trombone, de façon que la note des flûtes semble être comme la résonnance harmonique suraiguë des trombones, dont les grondements ultra-profonds doivent rendre plus terrifiant l'arrêt de la phrase vocale dans le chœur : *Hostias et preces*. L'effet, c'est incontestable, est on ne peut plus bizarre et le morceau entier est d'une très belle expression, mais l'étrangeté voulue de cette sonorité ne dépasse-t-elle pas la mesure, en distrayant l'auditeur non prévenu au lieu de le terrifier? Quant aux accords parfaits de timbales, il est bien possible que ces roulements en accords complets donnent un son plus plein, plus étoffé dans un ensemble, dans le *Tuba mirum* par exemple, mais lorsqu'ils reviennent presque seuls à la fin de la messe sur des arpèges des cordes, la tierce et la quinte ne sont guère perceptibles, et force est bien d'avouer que l'effet ne répond pas ici à la théorie éclose dans l'esprit de Berlioz.

Ces observations générales et ces remarques techniques, qu'on ne s'y méprenne pas, ne vont nullement à diminuer le prix de cette création géniale, que traverse un souffle puissant, de ce *Requiem*, si singulier comme composition religieuse, mais si admirable, si émouvant comme conception dramatique. Le *Kyrie* est un des morceaux les moins bizarres et les plus expressifs; la phrase dialoguée des ténors et des basses : *Te decet hymnus*, sur une ondulation des violoncelles, est particulièrement touchante et aussi la mélodie des voix de femmes, avec les flûtes et hautbois, sur une batterie des violons et des altos. L'explosion du *Tuba mirum* avec ces quatre orchestres de cuivre qui semblent éveiller les morts des quatre coins de l'horizon (disposition théâtrale d'un effet grandiose et que Félicien David et M. Verdi ont empruntée à Berlioz en l'affaiblissant beaucoup, l'un pour son *Jugement dernier*, l'autre dans sa messe de Manzoni), produit une commotion terrible. Il est vrai que le morceau est également admirable depuis les premières notes jusqu'aux dernières sur les mots : *Mors stupebit*, répétés d'une voix expirante, et que les appels superposés de trombones sont véritablement une trouvaille. Entre ce morceau et le *Rex tremendæ*, également écrit dans cette gamme de sonorités fulgurantes, Berlioz, qui s'entend si bien aux contrastes, a placé une triste lamentation des ténors : *Quid sum miser*, accompagnée seulement par les cors anglais, les violoncelles et les bassons.

De même, la strophe *Quærens me* est écrite pour les voix seules, sans orchestre, afin de ménager l'effet du *Lacrymosa* où l'orchestre entier se déchaîne de nouveau avec une furie irrésistible : la phrase primordiale, avec ces appels haletants de toutes les voix entrecroisées, me semble beaucoup plus vraie, partant plus émouvante, que la mélodie cadencée à l'italienne des ténors et sopranos chantant à l'unisson des violoncelles, avec réponses des voix graves unies aux contrebasses et aux bassons. Cette page de grande dimension et d'une sonorité éclatante produit une impression très vive ; elle me paraît pourtant moins absolument belle que l'*Offertoire* qui suit, un superbe morceau symphonique, où les voix ne lancent que de temps à autre de courtes et monotones exclamations aussitôt réprimées. Et tel était l'avis de Schumann qui, entendant l'orchestre de Leipzig répéter ce morceau sous la direction de Berlioz, sortit de son mutisme habituel pour dire brièvement au musicien-voyageur : « *Cet Offertorium surpasse tout.* »

Après l'*Hostias*, murmuré par le chœur et entrecoupé de ces prodigieux accords de flûtes et de trombones, commence le *Sanctus*, une mélodie séraphique soupirée par le ténor solo, soutenue à l'aigu par la flûte et reprise par toutes les voix sur un doux bruissement des altos divisés ; cette page délicieuse se termine par un brillant *Hosannah* qu'on a entendu d'abord à l'état de simple épisode entre les deux reprises du motif principal. Le début de l'*Agnus* reproduit encore la mélopée chorale de l'*Hostias*, avec les inévitables appels de flûtes et de trombones ; puis l'auteur ramène habilement le beau motif du premier chœur : *Te decet hymnus*, auquel s'enchaîne un *Amen* non fugué cette fois et qui est cependant d'une extrême élévation. Telle est cette grandiose et superbe composition qui tenait tellement aux entrailles de Berlioz qu'il écrivait encore en 1867, après *Roméo et Juliette,* après *Faust,* après *les Troyens* : « Si j'étais menacé de voir brûler mon œuvre entier, moins une partition, c'est pour la *Messe des Morts* que je demanderais grâce... »

Et si le maître avait vécu jusque-là, la triomphante réapparition de son *Requiem* à Paris en 1878 l'aurait probablement moins surpris que le succès d'engouement obtenu par *la Damnation de Faust,* car cette œuvre, d'un caractère beaucoup plus sévère, partant moins accessible à la foule, avait pourtant été sinon mieux accueillie, au moins plus souvent essayée et supportée en France, à Paris, que sa légende dramatique bâtie sur le poème de Gœthe. Il y a là une anomalie qu'on ne comprend pas bien tout d'abord, et qui s'explique en raison des cérémonies du culte catholique, où nos compositeurs officiels, en première ligne les membres de l'Institut, peuvent glisser quelques-unes de leurs productions dites religieuses, sans encourir un jugement nettement exprimé de la part du public, qui ne saurait manifester son impression dans le saint lieu et qui, d'ailleurs, a toujours des trésors d'indulgence pour la musique qu'on lui fait entendre sous les arceaux d'une église. C'est, sans doute, en raison du silence forcé de l'auditoire que le *Requiem* put être exécuté plusieurs fois à Paris, d'abord aux Invalides, puis à l'Opéra, puis encore à deux reprises dans l'église Saint-Eustache, sans que le public ait paru s'en fâcher, tandis que *la Damnation de Faust,* cette création plus variée, plus vivante, plus théâtrale enfin et par conséquent plus dans le goût général, fut jugée et condamnée sans appel en deux auditions. On aurait exécuté le *Requiem* à l'Opéra-Comique et *la Damnation* aux Invalides, que c'aurait été tout le contraire, à supposer, ce qui n'est pas invraisemblable, qu'on pût confondre alors deux créations de caractère et de style aussi différents.

Moins d'un an après cette exécution solennelle, un fragment important du *Requiem,* le *Lacrymosa,* était exécuté à Lille en dehors de toute ingérence de l'auteur et par la seule volonté d'Habeneck, qui n'était donc pas aussi mal disposé pour Berlioz que celui-ci se plaisait à le dire. Il s'agissait d'un grand festival organisé dans cette ville au mois de juin 1838 et dont l'illustre chef d'orchestre avait la direction musicale : il insista de lui-même auprès du comité pour faire inscrire au programme du premier concert (25 juin) ce long fragment qui fut d'ailleurs admirablement exécuté et que le public fit répéter à grands cris. Berlioz, n'ayant pas reçu d'invitation personnelle, était resté à Paris ; mais, tout de suite après le concert, Habeneck lui adressait un court message afin de lui apprendre ce brillant succès. Cette lettre fut aussitôt publiée par la *Gazette musicale* et frappa au cœur Cherubini, dont on avait exécuté un *Credo* à ce même festival et qui n'avait rien reçu d'Habeneck ; aussi quand celui-ci, de retour à Paris, alla l'informer de l'heureux résultat du concert : « Oui, lui dit-il d'un ton sec, mais vous ne m'avez pas écrit, à moi. » Si Berlioz ne brode pas ici, si cette anecdote est vraie, et elle doit l'être puisque la lettre d'Habeneck existe, il faut avouer que Berlioz aurait pu souhaiter d'avoir beaucoup d'ennemis de cette trempe.

Entre temps, la partition du *Requiem* avait été donnée à la gravure et lorsqu'elle parut, en 1838, Berlioz la dédia par reconnaissance à M. de Gasparin, avec d'autant plus d'empressement, dit-il, que son protecteur n'était plus au pouvoir ; mais il s'empressait aussi d'en faire offrir un exemplaire au duc d'Orléans, dont l'appui n'était pas à dédaigner. Vers cette époque, il fut avisé par M. Bertin, qu'en dépit de l'opposition de Cherubini, il allait être nommé professeur de composition au Conservatoire avec quinze cents francs de traitement, plus une pension de quatre mille cinq cents francs, ce qui lui assurerait un revenu annuel de six mille francs et lui permettrait de composer tout à son aise ; il n'en fut rien, d'ailleurs, et le contraire eût été bien surprenant, car une allocation semblable aurait constitué une faveur par trop exceptionnelle. En tout cas, Berlioz, ses embarras pécuniaires mis à part, n'avait pas à se plaindre des dernières années écoulées : *Harold* et le *Requiem* l'avaient singulièrement grandi. Par les Bertin, par les *Débats,* il pouvait se faire craindre dans le monde musical et parler haut dans le monde officiel ; ses compositions commençaient à se répandre hors de Paris, hors de France ; enfin, pour comble de fortune, il allait faire jouer un grand ouvrage à l'Académie de Musique et touchait à la croix d'honneur...

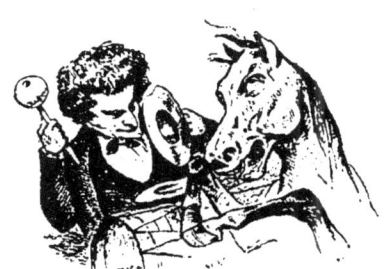

LE CHEVAL DILETTANTE.

L'effet sera le même sur lui, soit qu'on joue à ses oreilles de la musique de Rossini,
soit qu'on le régale d'un solo de chaudrons ou d'une symphonie de M. Berlioz.

(*Almanach du sport,* 1839.)

CHAPITRE V

BENVENUTO CELLINI

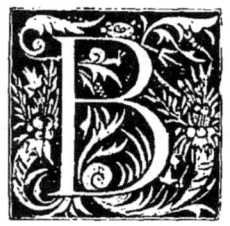ERLIOZ, depuis son retour de Rome et malgré les succès qu'il obtenait dans les concerts, brûlait de se produire au théâtre. Il voulait s'emparer à la fois de l'Opéra et de l'Opéra-Comique : il rêvait de traiter en opéra l'*Hamlet* de Shakespeare et ne doutait pas que ses amis Bertin ne fussent assez puissants pour vaincre les hésitations du docteur Véron ; il avait choisi pour héros de son opéra-comique Benvenuto Cellini, dont les *Mémoires* l'avaient passionné durant son séjour en Italie, tant il se plaisait à s'identifier avec ce « bandit de génie », en menant libre vie au grand soleil, en arpentant la campagne de Rome, artiste et brigand à la fois, le fusil sur l'épaule et la guitare au dos. Une fois à Paris, il avait prié Léon de Wailly de lui bâtir deux actes d'opéra-comique avec certains épisodes de la vie de Benvenuto ; de Wailly, à son tour, avait demandé les conseils de son intime ami Auguste Barbier, l'auteur des *Iambes*, et, sitôt le livret ébauché, Berlioz en avait composé la première scène, le chant des ciseleurs de Florence. Il regardait le poème de ses amis comme « le plus délicieux opéra-comique qu'on pût trouver » ; ceux-ci, de leur côté, étaient enthousiasmés par le chant des ciseleurs : aussi se présentèrent-ils bravement tous les trois devant Crosnier, directeur de l'Opéra-Comique, qui les reçut poliment, les écouta de même et refusa leur ouvrage en raison des paroles. Mais Berlioz prit cette défaite pour ce qu'elle valait et sentit — non sans un vif plaisir — que c'était lui seul qu'on évinçait, parce qu'il se posait trop en ennemi de l'opéra-comique, en « sapeur, en bouleverseur du génie national » ; bref, qu'on avait refusé les paroles pour ne pas avoir à admettre la musique d'un fou.

Il n'était guère mieux reçu à l'Opéra ; mais là Véron avait fait une réponse moins catégorique : en refusant le sujet d'*Hamlet*, il avait conseillé au musicien de choisir un sujet historique et neuf à la scène. Aussitôt Léon de Wailly s'était mis à la besogne avec le fils de Castil-Blaze ; mais *Benvenuto* ayant été nettement refusé par Crosnier, Berlioz et de Wailly jugèrent plus expédient de transformer leur opéra-comique en grand opéra, d'autant mieux qu'il remplissait la double condition imposée par Véron. Celui-ci, sur ces entrefaites, vint à quitter la direction de l'Opéra et fut remplacé par Duponchel en mai 1835 : c'était un coup de fortune pour Berlioz. Le nouveau directeur, ne voulant pas débuter en se mettant à dos une famille puissante, un journal redouté, admit ce poème en principe et demanda seulement des modifications qui reculèrent, par exemple, au commencement du deuxième tableau le fameux chant des ciseleurs, placé d'abord tout au début de la pièce : après quoi, disait Berlioz, il en faudrait venir *au fait*, c'est-à-dire à faire signer au directeur un *bon contrat* avec un *dédit solide*, car il ne faisait pas plus de cas de la parole d'un directeur que de celle d'un Grec ou d'un Bédouin.

Berlioz était alors, avec Barbier, avec Léon de Wailly, un des familiers du salon d'Alfred de Vigny, où venaient aussi Brizeux, Antoni Deschamps, et qui était le centre d'une tentative de réaction contre les truculences de l'école romantique. Il s'était tout à fait rallié à Vigny et ne tarissait pas d'éloges à son endroit : « Faites-moi le plaisir de lire *Chatterton* », écrivait-il à Ferrand, ou bien encore : « C'est une rare intelligence et un esprit supérieur que j'admire et que j'aime de toute mon âme. Il publiera aussi dans peu la suite de *Stello*; n'admirez-vous pas le style de son dernier ouvrage (*Servitude et grandeur militaires*)? Comme c'est senti ! comme c'est vrai ! » Si Berlioz s'était détourné du salon de la place Royale et du principal centre de réunion des écrivains romantiques, c'était peut-être un peu parce que son admiration pour Shakespeare trouvait plus d'écho chez ses nouveaux amis, c'est aussi qu'il était passablement agacé par Hugo et par son entourage : « Hugo, dit-il, je le vois rarement ; il *trône* trop. Dumas, c'est un braque écervelé. » Quant à Vigny, il l'appelait tout simplement le « protecteur de l'association » et Vigny jouait bien un peu ce rôle envers lui, Barbier et de Wailly, puisqu'une fois tous les remaniements opérés sur leur poème de *Benvenuto*, il le prit et l'emporta chez lui pour « revoir attentivement les vers ». Duponchel, tout en marquant une grande peur de la musique, sans même en connaître une note, avait bien signé l'engagement exigé par Berlioz, mais sous cette réserve que celui-ci prendrait patience et laisserait passer les ouvrages reçus avant le sien. « Il y en a trois, malheureusement », écrit Berlioz le 2 octobre 1835, en ne comptant que *les Huguenots, la Esmeralda* et *Stradella*, et déjà il touchait à la fin de sa partition, n'ayant plus, disait-il, qu'une partie importante de l'orchestration à terminer. Affirmation difficile à concilier avec les dernières lignes d'une lettre, postérieure de trois mois, où il confirme à Ferrand qu'il a un opéra reçu à l'Opéra, que le *livret*, cette fois, sera sûrement un *poème*, étant d'Alfred de Vigny[1] et A. Barbier, que « c'est délicieux de diversité et de coloris »; après quoi il ajoute : « Je ne puis pas encore travailler à la musique, le *métal* me manque comme à mon héros : vous savez peut-être déjà que c'est Benvenuto Cellini. »

L'argent, voilà quelle était toujours la pierre d'achoppement où venait se briser l'inspiration du compositeur. Encore était-ce un soulagement pour lui, dans l'obligation où il se voyait d'écrire des articles pour subvenir aux nécessités de la vie, que de pouvoir se mettre en scène sous un nom supposé, comme il le fit dans sa nouvelle, *le*

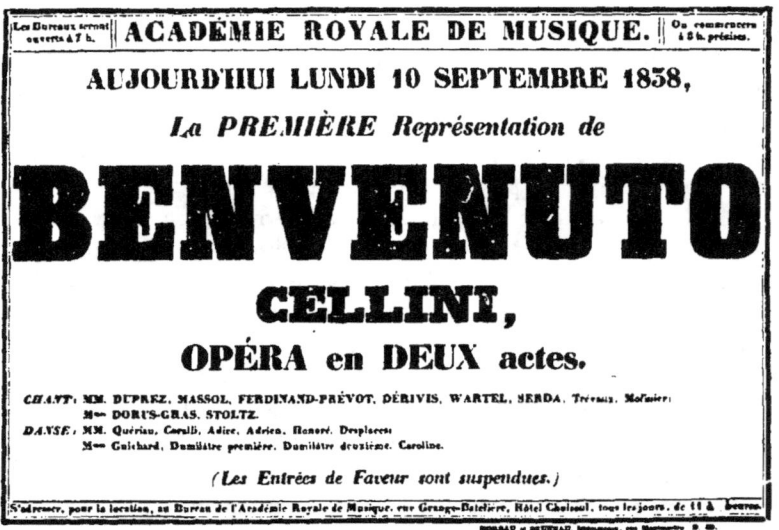

AFFICHE DE « BENVENUTO CELLINI »,
tirée des Archives de l'Opéra.

Premier Opéra, que d'exhaler sa bile et de remplir toute une correspondance imaginaire, entre le musicien Alfonso della Viola et Benvenuto Cellini, de fines allusions à la composition de son propre *Requiem* et aux rapports qu'il entretenait avec l'administration des Beaux-Arts pour l'exécution de cet ouvrage[2]; mais, une fois passé ce plaisir éphémère, il laissait tomber la plume et reculait devant la besogne écœurante des simples comptes rendus. Dans le premier feu de la fièvre musicale,

---

1. Il y a ici une erreur évidente et la plume a fourché : c'est Léon de Wailly qu'il faut lire au lieu d'Alfred de Vigny.
2. Cette nouvelle si bizarre fut publiée dans la *Revue et Gazette musicale* des 1ᵉʳ et 8 octobre 1837, et rééditée ensuite dans les *Soirées de l'orchestre*. On trouvera dans le *Berlioz intime*, de M. Hippeau, les renseignements les plus circonstanciés sur ce curieux épisode.

il avait bien essayé de donner deux mois pleins à la composition de *Benvenuto*, mais ç'avait été impossible. Un jour qu'il était plongé dans l'abattement le plus profond, il voit entrer chez lui son ami Legouvé : celui-ci s'informe, apprend que Berlioz n'a même pas terminé le premier acte et qu'il ne trouve pas un moment pour s'en occuper ; alors, tout ému, tout confus lui-même, il offre au musicien désespéré une avance de deux mille francs qui le délivrera de tout souci matériel... Berlioz se jette en pleurant dans les bras de son ami, et vite il se remet au travail d'un cœur tout joyeux. « Mon opéra est fini, s'écrie-t-il au mois d'avril 1837. J'attends que MM. Halévy et Auber veuillent bien se dépêcher de donner chacun un opéra en cinq actes dont la mise en scène (d'après mon engagement) doit précéder l'exécution du mien. » Il faisait erreur à son détriment, car ni *Guido et Ginevra* ni *le Lac des fées* ne devaient être joués avant *Benvenuto* : les trois opéras prévus lors de la signature du traité avaient déjà vu le jour ; seulement le directeur, qui différait le plus possible, avait résolu de reculer Berlioz après Halévy ; bien plus, il n'aurait pas mieux demandé que de le sacrifier aussi à Auber. Berlioz fit-il agir ses amis puissants auprès de Duponchel, Auber ne fut-il pas prêt, hypothèse invraisemblable, ou bien est-ce vraiment le succès récent du *Requiem* qui arrangeait ses affaires et le poussait vers l'Opéra, toujours est-il qu'on décida d'expédier *Benvenuto* avant *le Lac des fées*. Cette fois Berlioz avait décidément le dessus.

« Nous aurons bientôt un opéra de Berlioz, écrivait Henri Heine au printemps de 1837. Le sujet est un épisode de la vie de Benvenuto Cellini : la fonte du Persée. On attend quelque chose d'extraordinaire parce que ce compositeur a déjà fait de l'extraordinaire. La tournure de son esprit le porte au fantastique, allié non à une tendre naïveté, mais à une sentimentalité de passion. Il a une grande affinité avec Gozzi et Hoffmann. Son extérieur annonce déjà quelque chose. Il est dommage qu'il ait fait couper sa monstrueuse chevelure antédiluvienne, toison hérissée qui se dressait sur son front comme une forêt primitive sur une roche escarpée. C'est ainsi que je le vis pour la première fois, il y a six ans, et que je le verrai toujours dans ma mémoire. C'était au Conservatoire et l'on y exécutait une grande symphonie de sa composition, bizarre œuvre de ténèbres, éclairée de loin en loin par une robe de femme d'un blanc sentimental qu'on y voit flotter çà et là, ou par un éclair sulfureux d'ironie. L'une des meilleures parties, celle du moins qui m'a frappé le plus, est un sabbat de sorciers, où le diable chante la messe, où la musique de l'église catholique est parodiée avec la plus horrible, avec la plus sanglante bouffonnerie.

C'est une farce où tous les serpents que nous portons cachés dans le cœur se redressent en sifflant de plaisir et se mordent la queue dans l'emportement de leur joie. Mon voisin dans la loge, jeune homme communicatif, me montra l'auteur qui était au fond de l'orchestre et jouait les timbales, c'est là son instrument. « Voyez-vous dans l'avant-
« scène, continua mon voisin, cette belle Anglaise ? C'est miss Smithson,
« que les actrices françaises ont tant imitée. M. Berlioz est, depuis

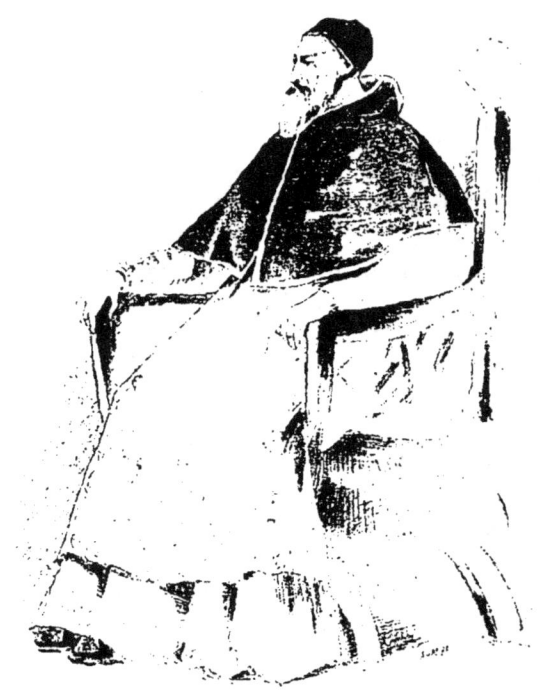

LE PAPE OU LE CARDINAL (SERDA).
(Costumes de *Benvenuto Cellini*, par M. Paul Lormier, aux Archives de l'Opéra.)

« trois ans, amoureux fou de cette dame, et c'est à cette passion que
« nous devons la sauvage symphonie que nous entendons aujourd'hui. »
Je vis en effet, à l'avant-scène, la célèbre actrice de Covent-Garden.
Berlioz ne se cachait pas pour regarder sans cesse de son côté, et, chaque fois qu'il rencontrait ses yeux, il frappait les timbales comme dans un mouvement de rage. Miss Smithson est devenue depuis Mme Berlioz, et son mari s'est fait couper les cheveux. Quand, l'hiver dernier, j'entendis exécuter de nouveau sa symphonie, je le vis encore au fond de l'orchestre, à sa place, près des timbales ; la belle Anglaise

était encore à l'avant-scène, leurs regards se rencontrèrent encore, mais il ne frappa plus avec autant de rage sur ses timbales. »

Henri Heine avait parlé trop vite et les répétitions de *Benvenuto* ne commencèrent qu'un an plus tard, au printemps de 1838. Un compte de dépenses, conservé aux Archives de l'Opéra, place au 4 mai la première commande de costumes, et une note, inscrite au crayon sur la copie du livret, indique qu'il y eut en tout dix-neuf répétitions en scène, dont la première eut lieu le mardi 26 juin. Et presque aussitôt des rumeurs inquiétantes circulèrent hors du théâtre ; elles étaient colportées, amplifiées par les ennemis de l'auteur, et le public accueillait avec avidité tout ce qu'on débitait sur cet artiste excentrique, indiscipliné, tapageur, dont la musique et les écrits, l'esprit mordant, le nez crochu et la luxuriante chevelure avaient fait une sorte de personnage hoffmannesque et démoniaque. Ses rivaux étaient aux aguets ; la critique aiguisait sa plume, afin de le traiter, ce redresseur de torts, ce Don Quichotte musical, selon ses mérites, et des notes du genre de celle-ci se glissaient jusque dans *le Monde dramatique,* assez bien disposé cependant pour les tenants de la nouvelle école littéraire : « *Benvenuto Cellini* augmentera-t-il les recettes en appelant la foule ? Nous saurons tout cela mercredi, car c'est mercredi le *jour du jugement.* En attendant, voici quelques indiscrétions de coulisses qui ne laissent pas que de donner de vagues soucis aux séides du système musical de l'auteur : Spontini assistait, il y a une semaine à peu près, à la répétition du premier acte, et il n'a pas admiré! Ceux qui l'entouraient ont été aussi froids que lui [1]. »

Tandis que Berlioz semblait être entièrement absorbé par son *Benvenuto,* il trouvait encore le temps de solliciter, de courir les bureaux et de faire agir ses amis pour obtenir une position fixe et lucrative. Il ambitionnait d'être nommé professeur d'harmonie au Conservatoire et ne put y parvenir [2]. Repoussé de ce côté, il imagina de se faire

---

1. Voir, sur ces dispositions préventives de la presse et du public envers Berlioz, l'excellent travail de Michel Brenet : *le Premier Opéra de Berlioz* (*Courrier de l'Art*, septembre 1886), qui nous a fourni des indications très exactes pour tout l'historique de *Benvenuto Cellini.*

2. Berlioz, par la suite, attribua cet échec à l'opposition de Cherubini, très irrité du succès remporté à Lille par le *Lacrymosa* du *Requiem* et par la hâte qu'Habeneck avait mise à prévenir son jeune rival ; Cherubini aurait refusé de l'accepter parce qu'il n'était pas pianiste et aurait fait nommer à cette place « un nommé Bienaimé, qui ne jouait pas plus du piano que lui ». L'histoire est amusante et racontée de la façon la plus drôle dans les *Mémoires ;* mais est-elle bien vraie ? Cette nomination était imminente dès le commencement de mars ; or, c'était précisément Rifaut, mort au mois de mars, qu'il s'agissait de remplacer. N'étaient-ce donc pas là des titres, et Bienaimé, quand même il n'aurait pas mieux joué du piano que Berlioz, ne devait-il pas faire un professeur d'harmonie autrement rassis que l'auteur du *Requiem* ?

accorder un privilège de théâtre, et, au mois de juin 1838, il était nommé directeur des Italiens pour la longue période de quinze ans. Mais il en devait être de ces fonctions comme de celles de directeur du Gymnase musical, qui lui auraient rapporté douze mille francs par année, et que cet « aimable petit M. Thiers lui avait fait perdre en refusant d'y laisser chanter des oratorios, des chœurs et des cantates, ce qui aurait pu faire du tort à l'Opéra-Comique ». Il ne fut aussi directeur des Italiens que sur le papier ; dès qu'on apprit cette nomination, la presse opposante cria au favoritisme et répandit le bruit que si M. Bertin avait fait concéder un théâtre de musique à son feuilletoniste attitré, c'était pour que sa fille, Mlle Louise Bertin, pût faire exécuter à Ventadour les ouvrages qu'on lui refusait partout ailleurs. Cette accusation aurait dû tomber d'elle-même, puisqu'une clause du cahier des charges accepté par Berlioz interdisait formellement la représentation d'ouvrages d'*auteurs français* sur le Théâtre-Italien ; mais les journaux avaient trouvé un trop beau sujet d'attaque pour s'arrêter devant une raison de ce genre, et le déchaînement fut tellement général que Berlioz dut renoncer de lui-même à son privilège.

La première représentation de *Benvenuto* fut affichée pour le lundi 3 septembre ; mais dans la matinée, par suite d'une indisposition de Duprez, le spectacle fut changé et l'on joua à la place un acte du *Philtre* avec le ballet de *la Chatte métamorphosée en femme*. L'opéra de Berlioz fut retardé juste de huit jours et représenté le 10, devant une salle enfiévrée, hostile en majeure partie et contre laquelle les amis de l'auteur allaient avoir à soutenir une lutte incessante. On colportait dans les couloirs les bruits les plus défavorables : c'était de la musique absurde, savante peut-être, mais savante jusqu'à en être inintelligible ; l'auteur d'un pareil ouvrage était perdu à tout jamais ; il ne se relèverait pas d'une aussi lourde chute et cet échec serait le juste châtiment de son orgueil, de sa prétention à toujours innover. C'est Chaudes-Aigues, dans *l'Artiste,* un des rares défenseurs de Berlioz, qui dépeint ainsi l'auditoire et qui continue en ces termes : « L'œuvre était condamnée aux flammes avant que d'avoir été entendue. A telles enseignes que, depuis la première note de l'opéra jusqu'à la dernière, des messieurs que je n'ai ni ne veux avoir l'honneur de connaître n'ont cessé, dans divers coins de la salle, de se livrer aux plus ravissantes pasquinades, telles que vociférations sourdes, ou cris aigus, ou sifflets prolongés, ou exercices de ventriloque, le tout entremêlé d'éclats d'un gros rire... » Et celui-là n'inventait rien, car Berlioz écrit dans ses *Mémoires* : « On fit à l'ouverture un succès exagéré et l'on siffla tout le reste avec un ensemble et une énergie admirables » ; car le compositeur Xavier Boisselot, gendre de Lesueur et tout acquis à Berlioz, qui s'était chargé de juger *Benvenuto* dans la *Gazette musicale*, est contraint d'avouer que la soirée avait été très orageuse et que l'opéra nouveau, comme toutes les œuvres qui remuent les idées et changent les habitudes, en soulevant d'un côté les applaudissements les plus enthousiastes, n'avait trouvé de l'autre qu'indifférence et froideur, peut-être même dédain et mépris. Il tient cependant à établir que l'honneur du musicien est sorti sain et sauf de cette défaite et que l'auditoire a été surtout choqué par les allures nouvelles et cavalières du livret : « Certes, dit-il, la lutte a été vive et longue, mais les nombreuses beautés, les combinaisons savantes dont est remplie l'ouverture; un finale, plusieurs chœurs, deux airs, un duo, un trio, ont donné raison au compositeur et finiront certainement par faire triompher toute la vigueur et la beauté de son talent. » L'horoscope était trop beau pour se réaliser de sitôt.

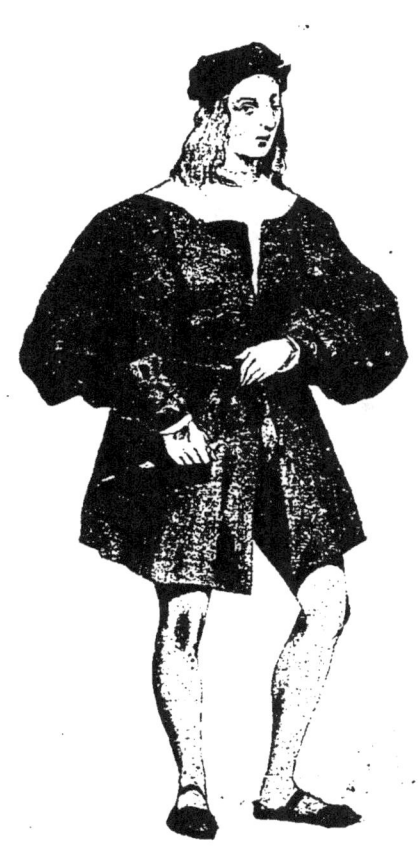

BENVENUTO CELLINI (DUPREZ)
(Costumes de *Benvenuto Cellini*, par M. P. Lormier.)

Le système adopté par les partisans du compositeur était précisément de faire retomber tout le poids de l'échec sur ce fameux livret, ce « vrai poème » dont Berlioz était si fort épris naguère, et Jules Janin dit en propres termes, dans les *Débats*, que l'insuccès est imputable à de Wailly et à Barbier, qui ont bâti une pièce misérable et plaisante pour un artiste qui ne sait pas rire. Et tous les amis de Berlioz observèrent ce mot d'ordre, jetant à l'eau les deux malheureux librettistes pour sauver le musicien : Chaudes-Aigues et Boisselot, Théophile Gautier à *la Presse* et le dévoué d'Ortigue, dans un gros volume qu'il publia tout exprès pour défendre

Benvenuto[1], puis les rédacteurs de *la France musicale*, de la *Quotidienne* et des *Débats*. Mais ces zélés défenseurs étaient trop peu nombreux pour agir sur le public; de plus, ils savaient très bien que les détracteurs de *Benvenuto* se souciaient fort peu des deux poètes et n'en voulaient qu'au compositeur. « Enfin, M. Berlioz a eu sa soirée, s'écriait méchamment la *Revue de Paris* », et la *Revue des Deux-Mondes,* à son tour, par la plume d'Henri Blaze[2], qui se vengeait de n'avoir pu collaborer avec lui : « La partition de M. Berlioz semble un défi porté aux lois essentielles de l'art... Qu'on nous dise à présent quels moyens ont manqué à M. Berlioz de se produire, quelle porte est demeurée close à la sollicitation persévérante du marteau d'airain de sa musique. M. Berlioz a traversé déjà la salle des concerts qui suffit à Beethoven, l'église qui suffit à Sébastien Bach, le théâtre qui suffit à Rossini; si M. Berlioz n'est encore ni Sébastien Bach, ni Beethoven, ni Rossini, à qui s'en prendre? Est-ce la faute de l'indifférence dédaigneuse du public? Non, certes; de son mauvais goût peut-être, et peut-être aussi du mauvais goût de M. Berlioz[3]. »

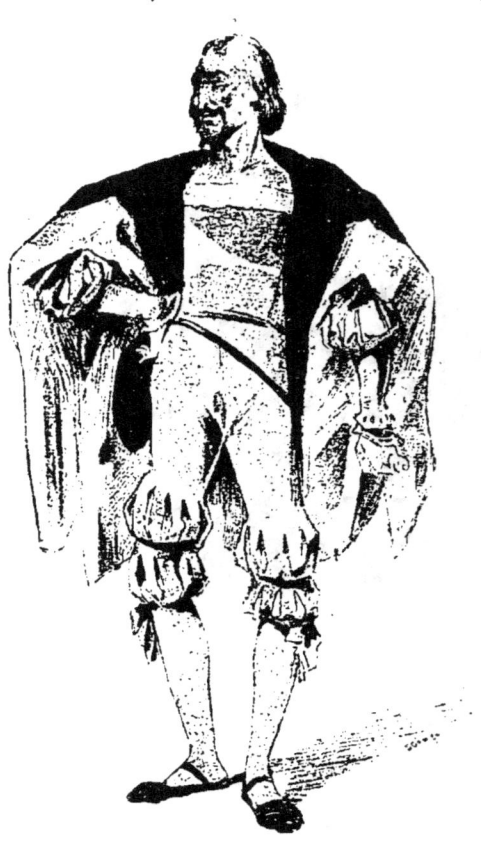

FIERAMOSCA (MASSOL).
(Costumes de *Benvenuto Cellini*, par M. P. Lormier.)

Après la première représentation, le directeur et les auteurs pratiquèrent vite de notables coupures pour alléger l'ouvrage et donner

1. *De l'École musicale italienne et de l'Administration de l'Académie royale de musique, à l'occasion de l'opéra de M. H. Berlioz, par M. Joseph d'Ortigue;* à Paris. In-8° de xxii-347 pages, 1839.
2. Cet article : *De l'École fantastique et de M. Berlioz*, publié dans le numéro du 1ᵉʳ octobre, est d'une violence au moins égale à tout ce que Scudo écrivit plus tard ; il serait édifiant de mettre en regard l'article que Blaze de Bury publia dans la même revue, après la mort de Berlioz.
3. L'article de Gautier, précieux entre tous pour Berlioz, esquissait pour la première fois un rapprochement sur lequel on est souvent revenu depuis : « M. Hector Berlioz, réformateur musical, a de

satisfaction au « bon goût » du public ; les deux exécutions suivantes avaient produit meilleur effet, et certain journal exprimait déjà l'espoir que l'ouvrage se jouerait assez longtemps pour permettre aux gens impartiaux de l'étudier et de le comprendre, lorsque inopinément, après la troisième soirée, Duprez rendit son rôle et déclara ne pouvoir continuer. Il agit de la sorte, c'était bien évident, par dépit de voir tout le succès aller à Mmes Stoltz et Dorus-Gras, qui chantaient avec conviction les rôles d'Ascanio et de Teresa ; mais il prit prétexte d'un fâcheux accroc survenu par sa faute à la fin de cette représentation. Il s'attendait d'un moment à l'autre, explique-t-il dans ses *Souvenirs,* à être père pour la troisième fois, et comme il n'avait encore que des filles, il brûlait du désir d'avoir un fils ; il avait bien recommandé au médecin de venir lui porter la nouvelle au théâtre, et lorsque, de la scène, il aperçut le visage rayonnant de son ami qui l'attendait dans la coulisse, il perdit la tête de joie et s'embrouilla si bien dans cette « musique endiablée » qu'il ne put jamais s'y retrouver.

Berlioz, dans le premier moment, marqua moins d'emportement qu'on ne pourrait croire après une défaite aussi cruelle, et la lettre par laquelle il annonce à Ferrand son échec et l'abandon de Duprez est conçue en des termes très modérés ; il se leurrait de l'espoir que son ouvrage allait bientôt reparaître et se jouer plus souvent avec Alexis Dupont qu'il ne l'aurait été avec Duprez[1]. « C'est là l'important ; il ne s'agit que d'être entendu très souvent. Ma partition se

---

grands rapports avec Victor Hugo, réformateur littéraire. Leur première pensée à tous deux a été de se soustraire au vieux rythme classique avec son ronron perpétuel, ses chutes obligées et ses repos prévus d'avance ; de même que Victor Hugo déplace les césures, enjambe d'un vers sur l'autre et varie, par toutes sortes d'artifices, la monotonie de la période poétique, Hector Berlioz change de temps, trompe l'oreille qui attend un retour symétrique et ponctue à son gré la phrase musicale ; comme le poète qui a doublé la richesse des rimes, pour que le vers regagnât en couleur ce qu'il perdait en cadence, le novateur musicien a nourri et serré son orchestration ; il a fait chanter les instruments beaucoup plus qu'on ne l'avait fait avant lui, et, par l'abondance et la variété des dessins, il a compensé amplement le manque de rythme de certaines portions. L'horreur du convenu, du banal, de la petite grâce facile, des concessions au public, distingue également le musicien et le poète, encore pareils par l'amour exclusif de l'art, l'énergie morale et la force de volonté... » Bref, Gautier conférait officiellement à Berlioz ses lettres de noblesse romantique, en le louant d'avoir appliqué dans son art les principes de rebellion professés par le chef d'école, et d'avoir ainsi mérité d'être mis au rang des génies qu'on avait traités d'abord de disciples en révolte, brisant les faux dieux de l'Empire, au rang de Lamartine et de Victor Hugo, de Sainte-Beuve et d'Alfred de Musset, d'Alfred de Vigny, de Devéria, d'Eugène Delacroix et de Louis Boulanger.

1. Il n'en avait rien marqué, mais son ressentiment n'en était pas moins vif. « Lisez donc les *Débats* d'aujourd'hui dimanche, écrivait-il à Ferrand le 22 septembre 1839 ; vous verrez, à la fin, une homélie à l'adresse de Duprez, sous le nom d'*Un débutant.* Cela vous fera rire. » C'étaient des conseils qu'il donnait au ténor Masset, qui venait de débuter avec succès dans *la Reine d'un jour,* conseils imités de ceux que Don Quichotte donne à Sancho, devenu gouverneur de Barataria, mais conseils d'une malice si fine qu'on se douterait difficilement qu'ils visent Duprez. Mais son morceau capital contre le ténor déserteur est l'étude astronomique : *Révolution d'un ténor autour du public,* où sa victime est reconnaissable à chaque ligne (on y retrouve d'ailleurs les conseils qui s'adressaient à Duprez sous le nom de Masset), étude insérée au tome II du *Voyage musical en Allemagne et en Italie* (1844), puis dans *les Soirées de l'orchestre* (1855).

défend d'elle-même. Vous l'entendrez, je pense, au mois de décembre, et vous jugerez si j'ai raison de vous dire aujourd'hui que *c'est bien*. L'ouverture ne fait pas honte, je crois, à celles des *Francs-Juges* et du *Roi Lear*. Elle a toujours été chaudement applaudie. C'est la question du *Freischütz* à l'Odéon qui se représente ; je ne puis vous donner de comparaison plus exacte, bien qu'elle soit ambitieuse musicalement. C'est pourtant *moins excentrique et plus large* que Weber. J'ai fait une ouverture de *Rob-Roy,* qui m'a paru mauvaise après l'exécution ; je l'ai brûlée. J'ai fait une messe solennelle dont l'ensemble était, selon moi, également mauvais ; je l'ai brûlée aussi. Il y avait trois ou quatre morceaux dans notre opéra des *Francs-Juges* que j'ai détruits pour le même motif. Mais, quand je vous dirai : « Cette « partition est douée de toutes les qualités qui donnent la vie aux « œuvres d'art », vous pouvez me croire, et je suis sûr que vous me croyez. La partition de *Benvenuto* est dans ce cas. »

Pauvre Berlioz, qui se figurait qu'Alexis Dupont allait apprendre en dix jours le rôle de Cellini ! Il fallut bien trois mois pour que cet artiste en vînt à bout, et, lorsqu'on fut à même de rejouer cet opéra, le public l'avait oublié et ne désirait nullement l'entendre : on redonna trois fois le premier acte avec un ballet ; puis, comme les recettes étaient toujours mauvaises, on le raya de l'affiche après l'avoir annoncé une dernière fois, le 3 mai 1839, sans le jouer [1]. Mais un homme assistait à ces représentations tronquées, qui en conserva le souvenir le plus vivace et qui, treize ans plus tard, devait évoquer triomphalement *Benvenuto* sur une scène étrangère, à Weimar. C'était l'ami dévoué de Berlioz, Franz Liszt, qui, ne pouvant alors le servir que de la plume, exaltait la gloire du musicien sifflé dans une de ses *Lettres d'un bachelier en musique,* l'identifiait tour à tour avec Cellini et avec Persée : « Honneur à toi, Berlioz, car toi aussi tu luttes avec un invincible courage, et si tu n'as pas encore dompté la Gorgone, si les serpents sifflent encore à tes pieds en te menaçant de leurs dards hideux, si l'envie, la sottise, la malignité, la perfidie semblent se multiplier autour de toi, ne crains rien, les dieux te sont en aide ; ils t'ont donné, comme à Persée, le casque, les ailes, l'égide et le glaive,

---

1. Voici quelles furent les recettes de *Benvenuto Cellini*, d'après les registres des Archives de l'Opéra : Première représentation, le 10 septembre 1838 : 5,049 fr. 40. — Deuxième, le 12 septembre : 2,733 fr. 20. — Troisième, le 14 septembre : 2,923 fr. 20. — Quatrième, le 11 janvier 1839 : 2,947 fr. 10. — Cinquième (le 1ᵉʳ acte avec *la Gipsy*), le 20 février : 4,426 fr. 80. — Sixième (le 1ᵉʳ acte avec *la Gipsy*), le 8 mars : 3,126 fr. — Septième (le 1ᵉʳ acte avec *le Diable boiteux*), le 17 mars : 4,153 fr. 20. Ces chiffres sont ceux de la recette journalière à la porte, en dehors des abonnements. En ce temps-là, la recette au bureau variait entre 7 ou 8,000 francs, chiffre dont on approchait un jour avec *Guillaume Tell* ou qu'on dépassait un autre soir avec *les Huguenots*, et 4 ou 5,000 francs, produits tantôt par *la Juive*, tantôt par *le Philtre* et *la Sylphide*. Les recettes de *Benvenuto Cellini* étaient donc généralement inférieures à celles du répertoire courant : c'était la disparition forcée à bref délai.

c'est-à-dire l'énergie, la promptitude, la sagesse et la force. Combat, douleur et gloire, destin du génie ![1] »

Berlioz, en annonçant à Humbert Ferrand la ruine des espérances qu'il avait fondées sur *Benvenuto,* parlait en artiste qui savait n'avoir rien sacrifié de son idéal et qui, beaucoup plus tard, pourra se rendre justice avec une simplicité d'autant plus touchante qu'elle est plus rare chez lui. « ... Il y a quatorze ans, dit-il dans un passage des *Mémoires,* que j'ai été ainsi traîné sur la claie à l'Opéra ; je viens de relire avec soin et la plus froide impartialité ma pauvre partition, et je ne puis m'empêcher d'y rencontrer une variété d'idées, une verve impétueuse et un éclat de coloris musical que je ne retrouverai peut-être jamais et qui méritaient un meilleur sort. » Berlioz, ici, se jugeait bien et discernait nettement les qualités qui faisaient le prix de sa partition : l'abondance des motifs, la chaleur de l'idée mélodique, la véhémence et le brillant de l'inspiration. Quant au livret, il était revenu de son premier enthousiasme et, sans se déjuger d'une façon formelle, il ne réprouvait pas non plus l'avis de ses défenseurs, qui reportaient tout le poids de l'insuccès sur la pièce : « Le travail de Barbier et de Wailly, à en croire même nos amis communs, ne contient pas les éléments nécessaires à ce qu'on nomme un drame *bien fait.* Il me

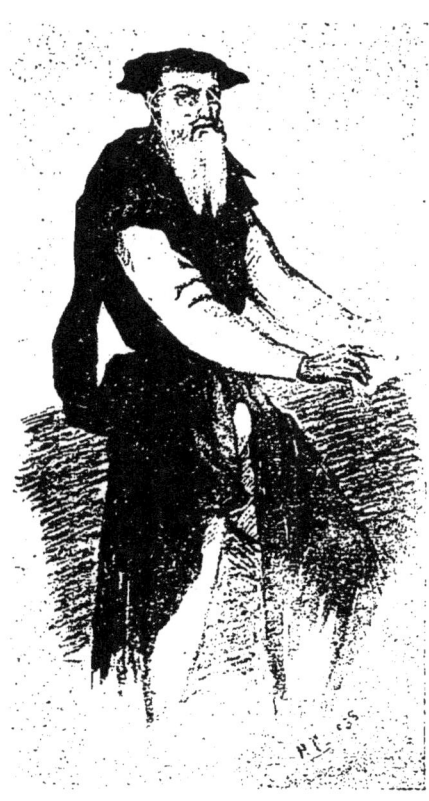

BERNARDINO, CHEF D'ATELIER (FERD. PRÉVOT).
Costumes de *Benvenuto Cellini*, par M. P. Lormier.

[1]. Cet insuccès ne désarmait pas les ennemis de Berlioz, et *la Caricature provisoire,* en novembre 1838, le harcelait de la plume et du crayon ; elle publiait la caricature ci-contre, accompagnée d'un article signé L. H. (Louis Huart), qui passait alors pour un modèle de littérature légère : « ..... Voici le célèbre musicien au talent ébouriffant et à la chevelure ébouriffée, à qui nous devons la partition charivarique dont vous n'êtes pas sans avoir entendu parler dans la société. M. Berlioz, dit Hector, ou M. Hector, dit Berlioz, nous apparait sous le double aspect de compositeur et de critique ; d'une main, Hector se livre à une mélodieuse harmonie en frappant sur l'instrument musical désigné

plaisait néanmoins, et je ne vois pas encore aujourd'hui en quoi il est inférieur à tant d'autres qu'on représente journellement. » Cette opinion moyenne est assez près de la vérité ; car ce livret de *Benvenuto*, avec un sonnet en guise de préface, avec des titres inusités en tête de chaque partie : *Lundi gras, Mardi gras, Mercredi des Cendres*, n'était ni meilleur ni pire que tant d'autres. L'action ne présentait pas grand intérêt, mais elle amenait quelques scènes dramatiques, et offrait à un musicien du tempérament de Berlioz des tableaux brillants et animés à mettre en musique ; après tout, c'était bien à prendre en considération.

Cellini le dissipateur, Cellini, l'amant de toutes les filles, est, par un contraste essentiellement romantique, amoureux jusqu'à la folie d'une adorable enfant, Teresa, la propre fille du trésorier du pape, le seigneur par les cuisiniers sous le nom de *chaudron*; et, de l'autre main, Berlioz rédige pour le *Journal des Débats* un feuilleton, dans lequel cette même musique est qualifiée du sobriquet *d'admirable!* En même temps, M. Hector Berlioz, semblable à l'homme-orchestre qui parcourt les rues de Paris, souffle à la fois dans un cor de chasse, un cornet à pistons, un ophicléide, un trombone, pendant que le public

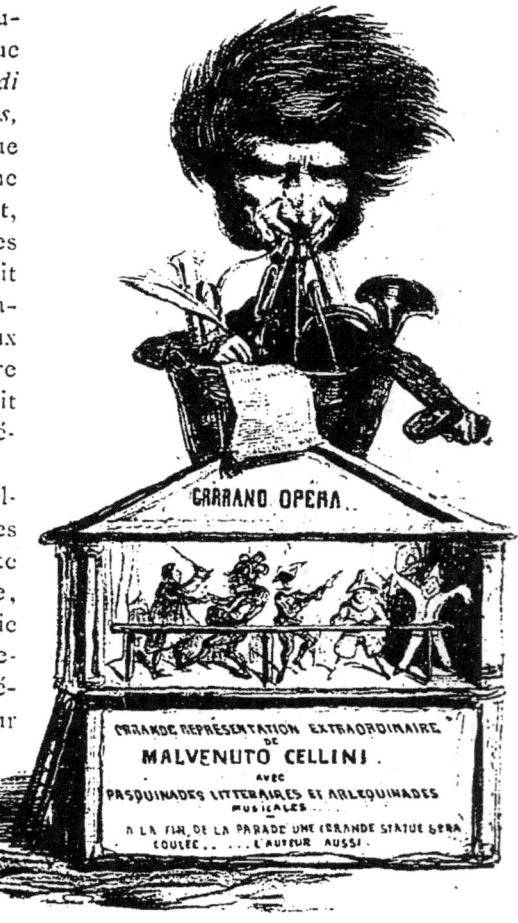

BERLIOZ L'HOMME-ORCHESTRE.
(Benjamin. *Caricature provisoire*, 1ᵉʳ novembre 1838.)

répond sur le même ton à l'aide d'une clé parfaitement forée. Hélas! voyez un peu l'instabilité des choses humaines! On prépare une parade magnifique au théâtre de l'Opéra (monument national, rue Lepelletier, la troisième porte à gauche, au fond de l'allée); la France lui accorde huit cent mille francs de subvention pour monter ladite parade ; on charge le musicien le plus célèbre... du *Journal des Débats* d'en composer la musique; on prodigue des trésors de poésie, on emprunte un sac de farine au directeur des Funambules, on jette de la poudre aux yeux des acteurs et aux yeux du public, et tout cela finit par une *symphonie* horriblement *fantastique!* Le public d'aujourd'hui a un goût bien dépravé! »

Balducci, qui paye en beaux écus les ouvrages de Cellini, mais le tient à distance de sa maison. Benvenuto en veut donc à la fois au trésorier trop riche d'écus, au père trop bon gardien de sa fille, et ne laisse échapper aucune occasion de le duper. Il s'introduit, de nuit, dans la chambre de la jeune fille et la décide, avec grands serments d'amour, à se laisser enlever le lendemain, mardi gras, sur la place Colonne, à la faveur des déguisements autorisés par le carnaval. Mais un autre soupirant, le sculpteur Fieramosca, plus poltron qu'un lièvre, et qui venait, de l'aveu du père, offrir son hommage à Teresa, surprend cette entrevue ; il se trouve apprendre ainsi le lieu du rendez-vous, la couleur des habits que les ravisseurs masqués doivent prendre, et se promet d'en tirer parti. Tout à coup, Balducci rentre, Cellini s'esquive, et c'est Fieramosca que l'argentier surprend dans la chambre de sa fille ; au lieu de le chasser lui-même, il appelle à grands cris servantes et voisines ; elles accourent, armées de balais, de broches, de pincettes, et se ruent sur le galant qu'elles veulent jeter dans le bassin, mais il leur échappe et court tendre un piège aux amoureux.

Ce premier tableau ne comptait pas pour un acte et n'était, en réalité, qu'un prologue amenant les épisodes si variés, si animés du carnaval à Rome, qui valaient tout un opéra pour Berlioz[1]. Cellini, tout en soupirant après l'heure où sa belle doit venir, festoie en gaie compagnie et chante avec ses compagnons de plaisir un hymne à la gloire des maîtres ciseleurs. Tant de chansons, tant de bouteilles bues n'ont fait qu'altérer ces débauchés, et comme leur bourse est à sec, le cabaretier refuse inhumainement de donner à boire autrement que contre écus sonnants. Mais voilà que survient l'élève préféré de Cellini, le jeune et riche Ascanio, qui jette sa bourse aux mains du tavernier ; seulement, comme il est plus soucieux de la gloire de son maître que Benvenuto lui-même, il met à cette largesse une condition : c'est que, dès le lendemain, le grand artiste entreprendra la fonte de son admirable *Persée*. Cellini fait par serment cette promesse et tous ses amis jurent avec lui, puis ils se remettent à boire, à chanter de plus belle. La nuit vient, une foule bariolée emplit de ses cris la place Colonne, les bateleurs jouent sur leurs tréteaux une farce du roi Midas, où tout le peuple reconnaît le vieux Balducci ; celui-ci, rouge de colère, veut rosser les histrions ; et, tandis qu'au milieu de la bagarre Cellini et Ascanio, tous deux vêtus de robes monacales, l'un pénitent blanc,

---

1. Cette remarque est confirmée par ce fait révélé dans les lettres de Berlioz, à savoir que, d'après le plan primitif, le chant des fondeurs était le premier morceau de l'opéra ; l'ouvrage, alors, devait commencer par le grand tableau sur la place Colonne, et c'est sur les observations de Duponchel ou d'un autre qu'on aura imaginé cette espèce de prologue dans la maison du trésorier Balducci.

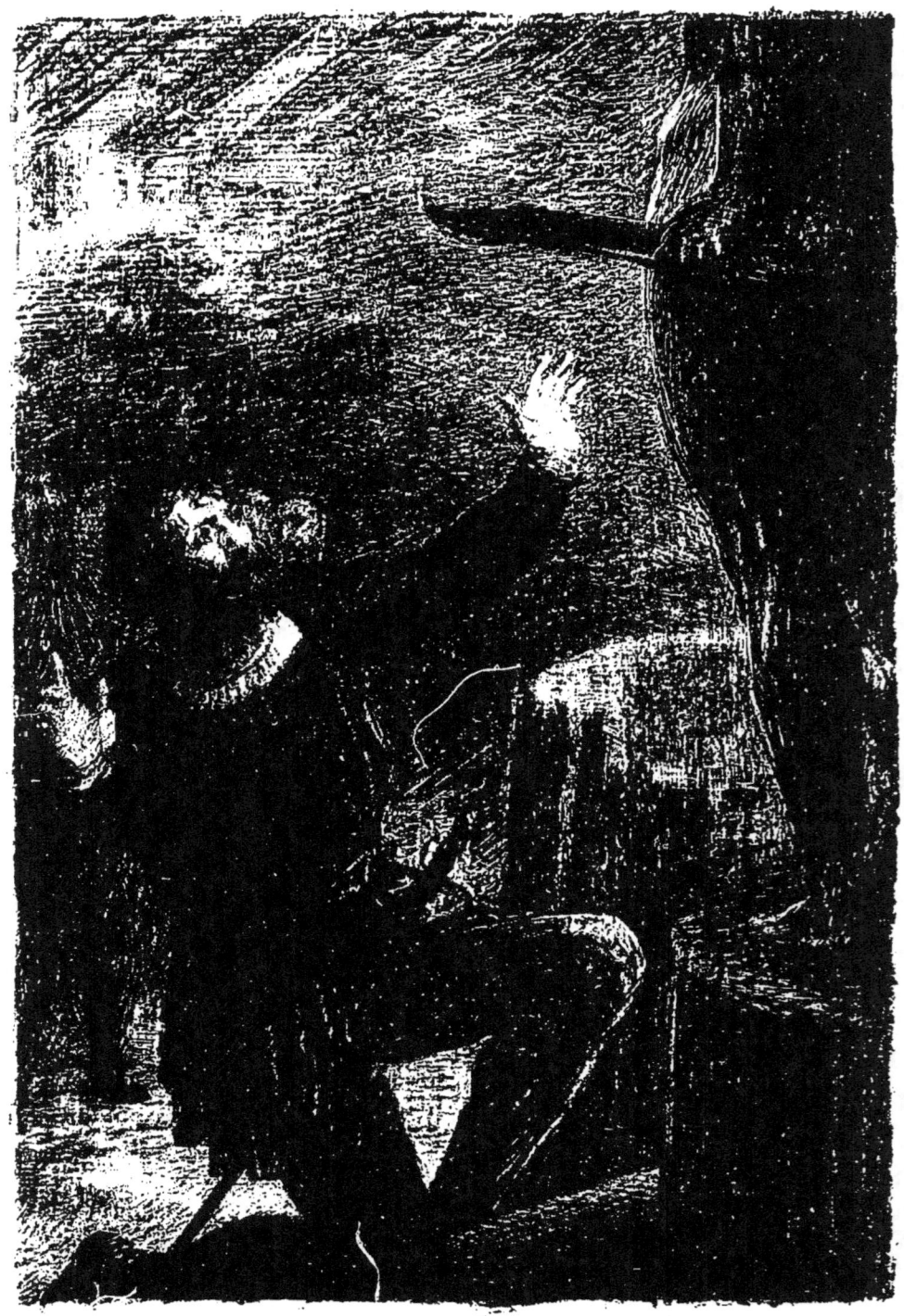

l'autre capucin, vont pour enlever Teresa, tout à coup, deux autres moines, absolument pareils, Fieramosca et son ami le spadassin Pompeo, veulent entraîner aussi la jeune fille ; les rapières sortent du fourreau, Ascanio croise le fer avec Fieramosca et Cellini avec Pompeo, qu'il couche à terre d'un coup mortel. Balducci, les gardes, le peuple accourent au bruit de la lutte et se jettent sur le meurtrier ; mais, à l'instant même, retentit le canon du fort Saint-Ange : c'est la fin du carnaval; c'est l'heure précise où toutes les lumières, tous les *moccoli* doivent s'éteindre. Il fait subitement nuit noire. Les amis de Cellini bousculent les sbires, qui le laissent échapper ; Ascanio entraîne Teresa, et Balducci, trompé par le déguisement de Fieramosca, le fait arrêter : « C'est le meurtrier, crie la foule, écharpez-le ; c'est le pénitent blanc ! »

Teresa, guidée par le fidèle Ascanio, s'est réfugiée dans la demeure de Cellini ; mais l'artiste n'a pas reparu. Un cortège de pénitents passe dans la rue en psalmodiant des litanies, auxquelles Ascanio et Teresa joignent leurs prières pour Cellini[1] ; mais le voilà qui survient, la robe encore ensanglantée. Il retrace à ses amis toutes les émotions de la nuit précédente, et sa fuite, et son évanouissement dans la rue, et son heureuse chance de rencontrer des pénitents auxquels, grâce à son costume, il a pu se joindre. Il a fini son histoire ; alors Ascanio, discret, se retire afin que Cellini puisse échanger doux aveux et tendres promesses avec Teresa ; mais ce dialogue amoureux est subitement coupé par l'irruption de Balducci et de Fieramosca, qui viennent réclamer, l'un sa fille, l'autre sa fiancée : nouvel esclandre et nouveaux cris, interrompus par l'entrée du cardinal Salviati, pour lequel Cellini devrait avoir déjà fondu le *Persée*[2]. Balducci et Fieramosca se jettent à ses genoux, réclamant justice contre le ravisseur de Teresa ; mais le cardinal ne pense qu'à la statue annoncée et paraît beaucoup plus irrité de la paresse du sculpteur que de ses déportements ; il décide qu'un autre aura l'honneur de terminer le chef-d'œuvre. A ce coup, Cellini ne se sent pas de colère ; il va pour briser son moule et s'arrête aux cris du cardinal, qui lui concède un dernier délai : que Cellini se décide à tenter l'épreuve et qu'il réussisse, alors son crime lui sera remis et il épousera celle qu'il a ravie ; s'il échoue, il sera pendu.

---

1. Berlioz ne s'est-il pas, ici, ressouvenu de l'impression qu'il avait ressentie au pays natal, à peine âgé de seize ans, en entendant passer la procession des Rogations, et n'a-t-il pas, visiblement, voulu rendre l'effet de cette mélancolique psalmodie, qu'il avait si bien décrit par la plume au chapitre XI de ses *Mémoires* ?

2. Dans le projet primitif, ce cardinal, dont il n'a jamais été parlé, était le pape en personne. Cette modification, qui dut se faire au dernier moment, est prouvée par les mentions qui se trouvent sur les projets de costumes, conservés aux Archives de l'Opéra (*le Pape, un garde du pape, un valet du pape*); il n'y est jamais question ni de cardinal ni de camerlingue.

Rendez-vous est pris pour le soir même à l'atelier que l'on a bâti tout exprès pour Cellini, dans le Colisée. Et, tandis que les ouvriers se remettent tristement à la besogne en chantant un refrain de mauvais augure, le sculpteur voit entrer Fieramosca flanqué de deux spadassins; celui-ci vient le provoquer en duel, et Cellini court au rendez-

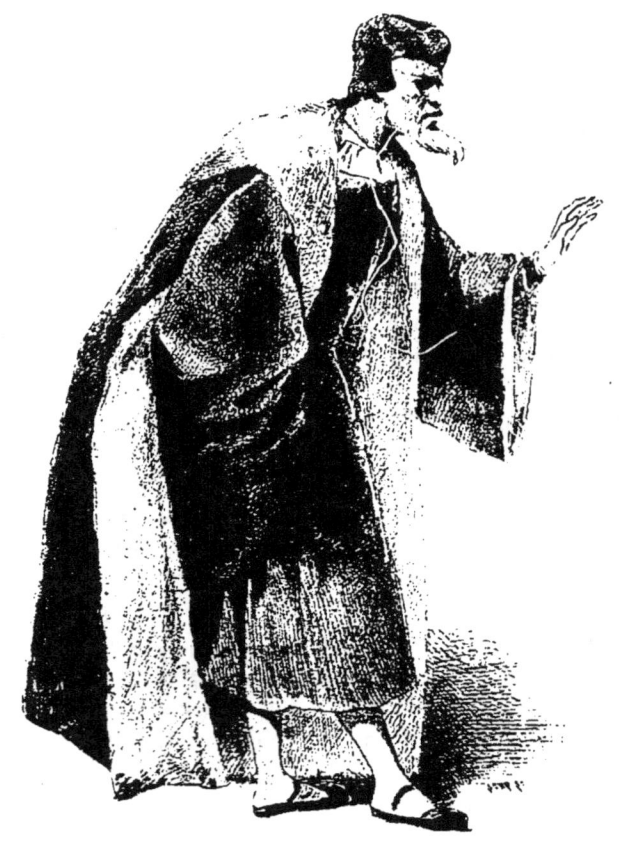

FALDUCCI (DÉRIVIS).
Costumes de *Benvenuto Cellini*, par M. Paul Lormier.

vous, malgré les supplications de Teresa. Mais Fieramosca ne voulait que l'éloigner, afin d'avoir le champ libre et d'essayer de corrompre ses ouvriers; mal lui en prend, car ceux-ci, croyant qu'il a tué leur maître, le veulent jeter dans la chaudière : heureusement que Cellini rentre à temps pour le sauver, sous condition qu'il aidera lui-même à la fonte et travaillera de la sorte au succès de son rival, car l'heure décisive a sonné. Le Colisée est plein de monde; Rome entière assiste à l'épreuve solennelle et la réussite en paraît d'abord certaine ; mais voilà que des cris retentissent : « Du métal! du métal! » Cellini, éperdu, lance ses ouvrages les plus précieux dans la fournaise... La chaudière éclate, un nouveau chef-d'œuvre apparaît aux yeux émerveillés de la foule : on acclame l'artiste de génie. Balducci et Fieramosca eux-mêmes le pressent dans leurs bras, l'accablent d'éloges.

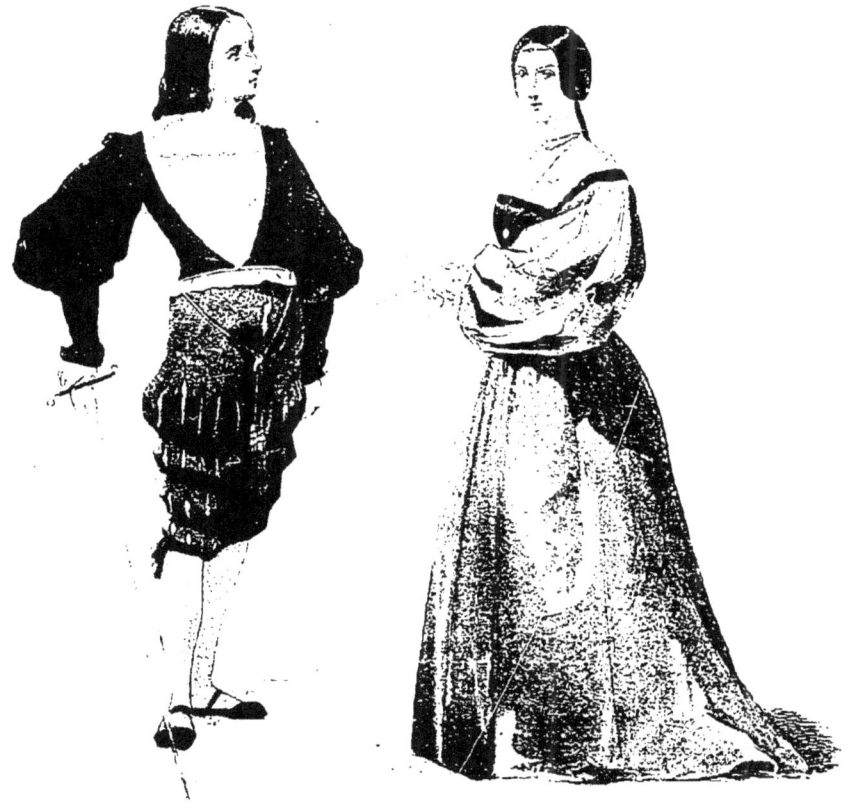

ASCANIO (Mme STOLTZ). TERESA (Mme DORUS-GRAS).
(Costumes de *Benvenuto Cellini*, par M. Paul Lormier.)

« Il réussit, je l'avais dit! » clament-ils, et Benvenuto, traduisant la secrète pensée du musicien, murmure avec un profond dédain : « C'est à qui sera le plus lâche, maintenant! » Cellini a créé une œuvre immortelle; il a conquis sa bien-aimée, et le cardinal, fidèle à la parole donnée, unit les deux amoureux, tandis que les ouvriers, pour célébrer le triomphe du maître, entonnent de nouveau leur hymne aux maîtres ciseleurs.

M. Xavier Boisselot, tout en se défendant d'avoir aucune compétence littéraire, remarque assez justement que ce livret est traité à la manière italienne, et que les scènes, légèrement indiquées, semblent avoir été tracées vaguement pour laisser toute latitude au musicien. L'intérêt, si l'on peut employer ce mot, repose sur le revirement qui s'opère chez Benvenuto, lorsqu'on veut lui enlever l'honneur de fondre le *Persée*. Sous cet affront suprême, le débauché, le ferrailleur disparaît; le créateur de génie se réveille et termine enfin le chef-d'œuvre auquel sa vie de paresse et d'orgies l'empêchait de travailler. Le contraste entre le libertin et l'artiste, la noble incarnation de ce « sacripant de génie », comme dit Berlioz, voilà sûrement ce qui le séduisit dans ce personnage ainsi posé à la façon romantique. A cette époque de sa vie, il fallait que Berlioz s'identifiât avec les héros qu'il se proposait d'évoquer par la musique; or, cet artiste, enlevant la jeune fille qu'il aime et l'obtenant en légitime mariage au prix d'un chef-d'œuvre, n'était-ce pas l'exacte évocation de sa propre existence et des difficultés qu'il avait dû vaincre avant de conquérir Ophélie au prix de la *Symphonie fantastique*? Aussi, s'il avait été frappé par les mémoires plus ou moins dramatisés de Benvenuto, dès son séjour en Italie, il dut s'éprendre encore plus de ce sujet après sa rentrée en France, après son mariage, et lorsqu'il vit quelle tournure prenait ce poème entre les mains de collaborateurs, auxquels il avait eu soin d'indiquer les épisodes les plus favorables, selon lui, pour l'inspiration musicale. Un tel livret devait donc l'enchanter; mais ce contraste entre les deux aspects de Cellini, si marqué qu'il fût d'un acte à l'autre, offrait peu d'intérêt pour le public qui n'avait pas les mêmes raisons que Berlioz de sympathiser avec ce ravisseur de filles, et qui pensait, par gros bon sens, que l'intéressante Teresa ne coulerait pas de longs jours heureux avec un tel mari. Quatre ou cinq années plus tard, si les auditeurs de tempérament peu romantique avaient eu l'idée de poursuivre l'analogie et de vérifier leurs craintes instinctives, ils auraient vu qu'elles étaient singulièrement fondées et que l'événement avait dépassé leurs prévisions.

La partition de *Benvenuto,* de l'avis de M. Boisselot, se fait remarquer par une pensée originale, une forme sévère, un style chaud et coloré, et ces trois qualités constituent, aux yeux du musicien critique, l'art et les moyens par lesquels il se manifeste, soit l'imagination, la science et l'individualité. On ne comprend guère, aujourd'hui, qu'il ait pu se trouver tant de gens pour nier à Berlioz ces qualités si éclatantes; encore moins comprend-on qu'un opéra aussi scrupuleusement coulé dans le moule ordinaire, avec cavatines, romances, points d'orgue, allegros à roulades et reprises des motifs amenés d'une façon presque enfantine[1], ait tellement choqué les habitudes du public. Cela prouve au moins qu'en ce temps, comme au nôtre, on jugeait de tout sur l'étiquette. Autant Berlioz, dans ses œuvres de concert, montrait de mépris pour les formes consacrées, les brisait au gré de son caprice et heurtait ainsi de front les goûts routiniers des auditeurs pris en masse, autant, dès qu'il abordait le théâtre, il se montrait respectueux des conventions scéniques, pour la coupe des morceaux et le style vocal. Néanmoins, il gardait la même spontanéité mélodique, la même indépendance orchestrale, de façon que le plan purement conventionnel des morceaux, le retour régulier des motifs, formaient un contraste absolu avec la nouveauté des combinaisons rythmiques et harmoniques qui donnent à l'instrumentation de Berlioz tant de vie et de couleur. C'est par là seulement que la partition de *Benvenuto* pouvait blesser les spectateurs de l'Opéra, infiniment plus nombreux et moins musiciens que le public habituel des concerts, et qui, ne connaissant Berlioz que de renommée, le considéraient comme un révolutionnaire, un barbare en musique, un contempteur de tous les génies antérieurs. C'est par là seulement qu'on peut expliquer l'insuccès de cet ouvrage, insuccès d'autant plus immérité qu'il y avait largement là de quoi charmer un auditoire non prévenu.

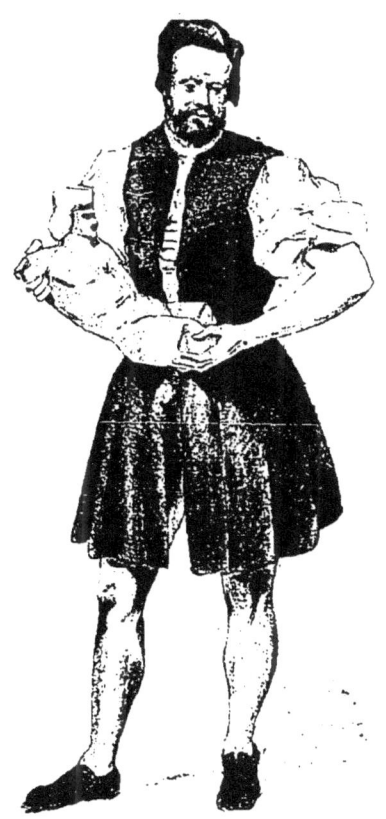

FRANCESCO, CISELEUR
(WARTEL).
(Costumes de *Benvenuto Cellini*, par M. Lormier.)

En dehors même des ornements vocaux, des traits vocalisés, prodigués dans le rôle de Mme Dorus-Gras et qui lui valurent un grand succès après l'exécution de sa cavatine avec allegro final, que de phrases mélodiques d'une clarté parfaite,

---

1. Dans le trio du premier tableau, l'ensemble à trois voix qui forme l'allegro final est ramené de cette manière : « Faut-il redire encore l'heure et le lieu de notre rendez-vous ? — Oui, je viendrai, disons-nous », etc. C'est d'une simplicité incomparable.

comme celle du trio du premier acte : *Vous que j'aime plus que ma vie ;* comme la mélodie mélancolique par laquelle débute l'air de Teresa ; comme les deux motifs si bien tranchés que chantent Balducci et Teresa en arrivant sur la place Colonne et sur lesquels viennent se greffer les répliques légères et moqueuses de Cellini, d'Ascanio, de manière à former un quatuor tout à fait classique et caressant pour l'oreille ! Que de gais refrains, du genre de ceux que le public applaudit toujours, comme les joyeux couplets d'Ascanio, comme l'air narratif de Cellini, et la scène imitative où le poltron Fieramosca ferraille en imagination avec son adversaire et l'embroche à tout coup ; enfin, que de morceaux charmants par la simple disposition des voix, comme le duo entre Teresa et Cellini, dont la phrase mélodique se poursuit, se développe d'un bout à l'autre avec une chaleur croissante ! Voilà pourtant nombre de pages où les motifs chantés, d'une limpidité parfaite, n'avaient contre eux que le nom dont ils étaient signés ; mais, en revanche, il s'en trouvait d'autres, les véritables pages maîtresses de l'œuvre, auxquelles l'oreille plus ou moins inexpérimentée des spectateurs aurait eu besoin de s'habituer, pour en percevoir la grandeur et l'originalité : c'est ce que les amateurs les mieux disposés n'eurent pas le temps de faire.

Comme on applaudit cependant cette belle ouverture, bâtie sur le chant du cardinal, avec adjonction de motifs secondaires tout à fait piquants ; comme on fit fête à cette conclusion si neuve où, après un brusque silence suspensif, le chant de l'adagio est reproduit piano par les violoncelles avant une conclusion très brève et foudroyante ! Alors, pourquoi donc avoir moins goûté le grand sextuor où la phrase si noble du cardinal se développe avec une ampleur incomparable [1] ? C'est que le finale du dernier acte, au milieu duquel ce sextuor arrive, était traité dans une forme inusitée à cette époque et que l'auteur, mis à part ce grand ensemble à six voix, y avait constamment subordonné la mélodie à la marche de l'action dramatique, en rejetant toute symétrie conventionnelle, en ramenant certains thèmes essentiels qui se modifiaient selon le cours des événements, par exemple le motif pathétique exposé pour la première fois à l'orchestre, lorsque Cellini avoue n'avoir pas terminé sa statue, ou bien le thème symphonique accompagnant la scène de la fonte et qui s'enfle, s'apaise ou grandit

---

[1] « L'ouverture de *Benvenuto Cellini*, dit Ehlert, est une des productions les plus belles tombées de la plume de Berlioz. Bien que légèrement défectueuse dans sa conception, elle est néanmoins transparente, pleine de charmants motifs, traitée d'un bout à l'autre avec esprit, et contient une véritable vie orchestrale. On ne saurait y voir l'instrumentation posthume de pensées abstraites. Nous sentons involontairement que l'orchestre sans paroles est incontestablement le domaine de Berlioz. » *Lettres sur la musique à une amie*, traduites par M. Félix Grenier. (Baur, 1878.)

selon les alternatives dramatiques de cette péripétie décisive pour éclater finalement en un superbe chant de triomphe[1]. Une autre page grandiose est l'ensemble du serment, lorsque Cellini et ses amis, faisant trêve aux rasades, jurent d'accomplir leur œuvre et de fondre

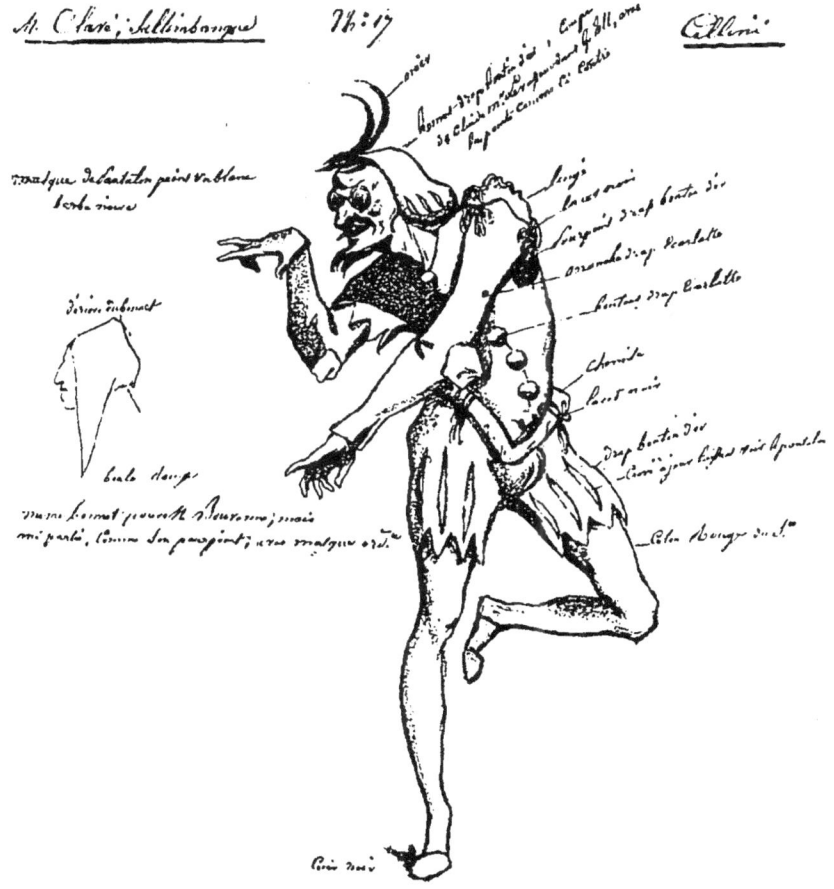

UN SALTIMBANQUE (CLAVÉ).
(Costumes de *Benvenuto Cellini*, par M. Paul Lormier.)

enfin la statue, ensemble d'une énergie superbe, encore accentuée par les dessins des cordes et par les batteries des instruments de bois à l'aigu. Le récit de Cellini : *Ma dague en main, protégé par la nuit*, avec ce sombre dessin chromatique à l'orchestre, avec ces lumineux

1. M. Georges Noufflard, dans son opuscule : *Hector Berlioz et le mouvement de l'art contemporain* Fischbacher, 1883), établit un curieux parallèle entre ce finale et celui du dernier acte du *Freischütz*.

effets d'instrumentation, pour peindre le lever du jour, forme encore un épisode émouvant ; mais le point rayonnant de tout l'ouvrage est cette grande fête romaine qui se déroule sur une phrase vive, animée, étincelante. C'est là vraiment le sommet de l'œuvre et ce long tableau du carnaval est, d'un bout à l'autre, une création de premier ordre dont tous les épisodes, gais ou tendres, dramatiques ou burlesques, sont traités avec une richesse, une variété d'inspiration surprenantes et aboutissent à un ensemble d'une confusion, d'un fourmillement extraordinaires ; où les rumeurs croissantes, la bousculade et les cris de la foule ont une réalité saisissante : il n'y a, ce semble, de comparable à cette scène si bourdonnante, si grouillante en musique que le charivari nocturne des *Maîtres chanteurs*.

Ce qu'il y eut de plus caractéristique dans cet insuccès de *Benvenuto*, provoqué, exploité par les ennemis de Berlioz, mais auquel le public entier s'associa de grand cœur, c'est que la plupart de ceux qui menaient la campagne et qui n'avaient que d'assez vagues notions de musique affectaient une compétence doctorale et se lançaient dans de grandes dissertations sur la théorie et l'esthétique musicales ; tous ces savants articles, bourrés de définitions imprévues de la mélodie, du rythme, etc., jetaient de la poudre aux yeux des lecteurs et leur faisaient croire que ceux qui chantaient si bien sa gamme au prétendu réformateur étaient de grands clercs en musique. Et cependant lui, Berlioz, ne se posait nullement en rénovateur dramatique ; au contraire, il se réclamait à bon droit d'illustres ancêtres qu'il avait simplement l'ambition de continuer, sans faire mieux. « Ce que les feuilletonistes appellent mon système n'est autre que celui de Weber, de Gluck, de Beethoven, disait-il à Ferrand ; je vous laisse à juger s'il y a lieu à tant d'injures ; ils ne l'attaquent de la sorte que parce que j'ai publié dans les *Débats* des articles sur le *rythme* et qu'ils sont enchantés de faire, à ce sujet, des pages de théorie contenant presque autant d'absurdités que de mots. » Ce sont pourtant les faux jugements de ces écrivains sans compétence et sans perspicacité qui ont prévalu contre les plaidoyers si chaleureux des partisans de Berlioz, à ce point que cinquante ans après cet échec, dix et quinze ans après la glorification du maître dans les concerts, il n'est encore venu à la pensée d'aucun directeur français de réparer cette injustice. Certains ont parlé de le faire qui n'en avaient pas sérieusement l'intention et qui ne voyaient dans cette annonce illusoire qu'un moyen de faire parler d'eux et d'exploiter à leur profit la renommée de l'auteur de *la Damnation de Faust*.

En France, encore plus que dans d'autres pays, un succès ou un échec au théâtre est décisif pour la renommée ou le discrédit d'un compositeur, quelle que soit la carrière qu'il ait fournie auparavant dans les concerts. C'est qu'en tout temps, pour répondre à la curiosité du public, la presse de Paris ne s'est guère occupée que des œuvres musicales exécutées au théâtre; de façon que lorsqu'elle juge avec défaveur, comme c'est arrivé pour Berlioz, la première création d'un artiste uniquement connu par des productions de concert, elle lui fait un tort considérable ; elle imprime en quelque sorte à son nom une marque suspecte et dont le malheureux ne peut plus se laver. De plus, elle n'encourage à priori que les médiocres et les intrigants, ceux qui suivent les chemins battus et ne la dérangent pas dans ses préférences routinières ; quant aux audacieux dont l'essor créateur entrevoit d'autres horizons, aspire à de nouvelles conquêtes, c'est toujours pour la critique une jouissance ineffable que de leur barrer la route au nom des traditions sacro-saintes. Et c'est ainsi que l'échec de *Benvenuto*, répercuté par tous les échos de la presse parisienne, eut une influence décisive sur toute la carrière du maître. Il dut en revenir à ses concerts et ne put jamais reprendre pied à l'Opéra, même après que d'éclatants succès dans ses festivals, que la consécration officielle de l'Institut, que les acclamations des peuples étrangers, semblaient devoir lui faire ouvrir toutes les portes; le souvenir de *Benvenuto*, plus vivace et plus fort que celui de ses nombreuses victoires, suffit à le faire éternellement proscrire. Et quand, après vingt-cinq années d'attente, presque au déclin de la vie, il voulut courir de nouveau les hasards d'une représentation théâtrale, entendre encore un ouvrage ou deux, de ses préférés, avec tout l'appareil dramatique, il dut, comme un débutant, s'en aller dans une nouvelle salle, aux bords de la Seine, ou, comme un proscrit, traverser le Rhin.

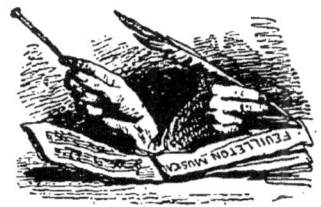

DEUX MAINS POUR UN BRAS.
(Grandville, *Jérôme Paturot à la recherche d'une position sociale*. 1846.)

CHAPITRE VI

ROMÉO ET JULIETTE. — LA SYMPHONIE FUNÈBRE ET TRIOMPHALE

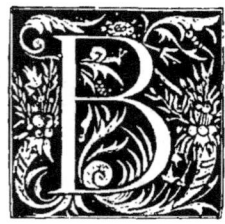ERLIOZ, accablé de fatigue à la suite des études et des trois représentations accidentées de *Benvenuto*, demeura d'abord comme anéanti ; puis, dès qu'il se sentit plus vaillant, il entreprit d'organiser deux concerts au Conservatoire, afin de compenser la perte de ses droits d'auteur. Mais le premier, donné le 25 novembre 1838, couvrit à peine les frais, et le bénéficiaire, attribuant ce maigre résultat au peu d'intérêt du programme, résolut de réunir pour le second ses deux œuvres à succès : la *Symphonie fantastique* et *Harold en Italie*, en même temps que Mme Stoltz y chanterait l'air : *Divinités du Styx*, et la mélodie du *Pâtre breton*. Ce concert mémorable eut lieu le 16 décembre. Paganini, qui venait justement de rentrer à Paris pour y donner une série de concerts et qui n'avait jamais entendu la symphonie d'*Harold*, se rendit à cette séance en compagnie de son jeune fils Achille : c'était son guide indispensable, qui lui servait de truchement, et qui, seul, pouvait comprendre ou deviner ce que le vieillard voulait dire. A la fin du concert, il monta sur l'estrade, traversa la masse des musiciens empressés autour de Berlioz, et lui fit marquer par le jeune garçon que cette musique l'avait enthousiasmé, que jamais il n'avait ressenti d'émotion comparable. Et, tandis que l'enfant parlait, le grand artiste appuyait ses paroles de *Oui, oui!* incompréhensibles ; puis, renonçant à s'exprimer autrement que par gestes, il s'inclinait devant Berlioz et lui baisait les mains.

Le surlendemain, Berlioz était malade, au lit, dit-il, lorsqu'il reçut un billet de Paganini, qui le proclamait l'héritier, le successeur de Beethoven, et le priait d'accepter, en gage d'admiration, une somme qui lui permît de vivre et de travailler pour l'honneur de la musique. A cette lettre, était joint un bon de vingt mille francs sur la caisse du baron de Rothschild. Vite, il écrivit à son bienfaiteur, en essayant de lui peindre toute sa reconnaissance ; puis, dès qu'il put sortir, cinq ou six jours après, il courut aux Néothermes de la rue de la Victoire et tomba dans les bras de Paganini. On a raconté cent fois, d'après Berlioz, les moindres détails de ce coup de fortune inespéré ; mais ne sont-ils pas imaginés à plaisir? Dès le premier jour, cette générosité d'un homme aussi peu généreux que Paganini trouva beaucoup d'incrédules; on pensait généralement que c'était là pure comédie et que le célèbre virtuose n'avait rien donné du tout; que l'argent, s'il avait été touché chez Rothschild, provenait sûrement de M. Bertin. Au demeurant, la vérité pourrait bien avoir été révélée par Liszt, qui vivait, pour ainsi dire, avec Berlioz à cette époque et qui avait même assisté aux embrassements frénétiques de Paganini. D'après lui, ce serait

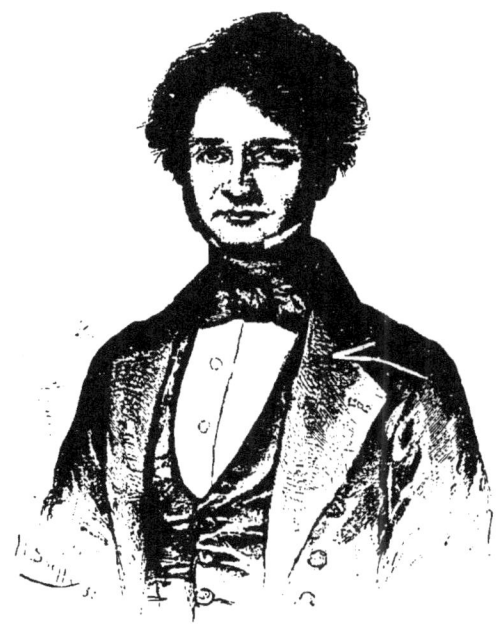

HECTOR BERLIOZ VERS 1839,
d'après une miniature de P. de Pommayrac.

vraiment le grand violoniste qui aurait versé les vingt mille francs, mais à contre-cœur et sur le conseil de Jules Janin, afin d'amadouer le public français qui commençait à le traiter de ladre, à lui montrer les dents, parce qu'après avoir encaissé de très belles recettes, il avait sèchement refusé son concours gratuit pour un concert organisé en faveur des hospices de Paris. Jules Janin, très grand admirateur du « virtuose infernal », apprit qu'on allait faire le vide aux quatre derniers concerts de Paganini. Il courut le prévenir et lui suggéra ce moyen de rentrer en grâce auprès du public parisien : « Donnez fastueusement vingt mille francs à Berlioz, et, au lieu de quatre concerts qu'il vous reste à donner, vous en aurez huit avec des salles combles. » Paganini fit d'abord une grimace effroyable, puis il s'exécuta, en calculant les beaux bénéfices à venir ; et toute cette mise en scène : embrassades en public, lettres à publier, fut immédiatement réglée entre les deux amis. Berlioz, lui, n'eut qu'à toucher [1].

Une fois toutes ses dettes payées, comme il se trouvait encore assuré de plusieurs mois d'aisance, il décida, toute affaire cessante, « d'écrire une maîtresse œuvre, sur un plan neuf et vaste, grandiose, passionnée, pleine aussi de fantaisie, digne enfin d'être dédiée à l'illustre artiste auquel il devait tant ». Après de longues indécisions, et sur la réponse évasive de Paganini lui-même : « Je n'ai aucun conseil à vous donner là-dessus ; vous savez mieux que personne ce qui peut vous convenir », il s'arrêta à l'idée d'une symphonie avec chœurs, solos de chant et récitatif choral sur le *Roméo et Juliette,* de Shakespeare ; il écrivit en prose tout le texte destiné à être chanté, puis il le fit versifier par Émile Deschamps et se mit à l'œuvre. Il travailla pendant sept mois à cette symphonie sans s'interrompre plus de deux ou trois jours sur trente, pour quoi que ce fût ; et pendant tout ce temps, dit-il, il vécut « de la plus ardente vie, nageant avec vigueur sur cette grande mer de poésie, caressé par la folle brise de la fantaisie, sous les chauds rayons de ce soleil d'amour qu'alluma Shakespeare, et se croyant la force d'arriver à l'île merveilleuse où s'élève le temple de l'art pur ». Enfin, le 22 septembre 1839, il pouvait annoncer à Ferrand cette heureuse nouvelle, qu'il avait terminé sa grande symphonie avec chœurs : « Cela équivaut à un opéra en deux actes et remplira tout le concert ; il y a quatorze morceaux ! [2] »

---

1. Ce récit, fait de vive voix par Liszt à des amis de Bruxelles, dans les derniers temps de sa vie, est d'autant plus vraisemblable qu'il s'accorde sur tous les points avec le caractère des différents personnages et qu'il explique jusqu'à l'intervention de Jules Janin. Celui-ci, en effet, paraissait bien avoir joué le principal rôle en cette affaire, car immédiatement après, les journaux, avec les lettres de Paganini et de Berlioz, en imprimèrent une troisième, où Janin célébrait en termes pompeux la générosité de l'un, la reconnaissance de l'autre ; et cette lettre elle-même n'était qu'un prologue à certain grand article où le feuilletoniste des *Débats* exaltait, dans un style abondant et fleuri, le bienfaiteur illustre et son illustre obligé. En tout cas, il avait prouvé là sa vive amitié pour Berlioz, en faisant tomber sur lui cette pluie d'or, et voilà qui l'honore grandement. — Berlioz, la même semaine, était adjoint, en qualité de sous-bibliothécaire du Conservatoire, à Bottée de Toulmon, lequel était décoré de la Légion d'honneur.

2. Berlioz a commencé et terminé *Roméo et Juliette* en moins de huit mois ; rien de plus exact ; mais n'en portait-il pas depuis longtemps le plan général de cette œuvre dans sa tête ? Émile Deschamps, dans la préface de ses traductions de Shakespeare, dit que Berlioz lui avait soumis cette idée dès 1828, alors que la fièvre shakespearienne était dans l'air, et qu'ils avaient aussitôt concerté le plan de cette œuvre musicale et poétique, les mélodies et les vers arrivant en foule dans la tête. Berlioz aussi, dans ses *Mémoires*, se défend d'avoir dit, après la représentation de *Roméo et Juliette*, en 1827 : « Cette femme, je l'épouserai, et sur ce drame, j'écrirai ma plus vaste symphonie. » Il attribue ce propos, pour le démentir, à un rédacteur de l'*Illustrated London News*. Mais cette pensée, sinon cette phrase même, est nettement indiquée dans la notice biographique écrite, sur ses données mêmes, par son ami d'Ortigue, dans *le Balcon de l'Opéra* (1833) ; bien plus, la phrase textuelle avait été déjà prêtée à Berlioz, « très jeune et encore plus pauvre », par Jules Janin, rendant compte de la première

Tandis que Berlioz était dans le feu de la composition de *Roméo et Juliette,* il se produisit un changement de ministère, et M. de Gasparin reprit le portefeuille de l'intérieur. Un de ses premiers actes fut d'attribuer au musicien la croix de la Légion d'honneur, cette croix pour laquelle, à ce qu'il assure, il n'aurait pas donné trente sous dix-huit mois plus tôt, quand on la lui offrait en dédommagement des pertes par lui subies à propos du *Requiem,* et qu'il rougissait presque d'obtenir en même temps que « le grand Duponchel » et que Bordogni, « le plus maître de chant des maîtres de chant de l'époque[1] ». Cependant le jour approchait où la symphonie-cantate sur *Roméo et Juliette* allait être offerte au public. Berlioz avait commencé de faire répéter les chœurs et, dans une première note annonçant l'exécution probable pour la fin de novembre, au Conservatoire, la *Gazette musicale* cherchait à préparer les amateurs aux singularités d'orchestration du scherzo de *la Reine Mab* : « On a essayé en petit comité dernièrement un scherzo instrumental d'un effet très curieux, dans lequel tous les instruments à cordes jouent en sons harmoniques. »

La première audition fut donnée le dimanche 24 novembre : Alizard chantait la partie du père Laurence ou, plus exactement, de frère Laurent; Mme Wideman les strophes du prologue et Alexis Dupont le scherzetto de *la Reine Mab.* Le 12 décembre eut lieu une seconde exécution avec Mme Stoltz[2], et le 15 une troisième et dernière, renforcée de l'air de Teresa dans *Benvenuto,* chanté par Mme Dorus-Gras, et des deux premières parties d'*Harold.* « Toute la salle est déjà louée », disait la *Gazette,* en constatant que la deuxième exécution avait été mieux comprise et des musiciens et des auditeurs, si bien qu'à la fin du Serment de réconciliation, tous ensemble avaient fait une ovation au compositeur. Stephen Heller avoue également, dans une longue lettre adressée à Schumann, que l'impression générale avait été beaucoup moins favorable au premier concert qu'aux deux suivants : « Si j'ai manifesté, en commençant, un peu d'humeur contre le public en général, je dois dire que ce n'est qu'à l'occasion de certains passages, tels que le prologue et le convoi funèbre. Les amis et les admirateurs de Berlioz ont eu, du reste, lieu de se féliciter. Au

audition de *Roméo et Juliette* (*Débats,* 29 novembre 1839), et Berlioz ne l'avait nullement démenti à cette époque. Il est donc positif qu'il avait dit quelque chose d'analogue et qu'il avait pensé à mettre en musique *Roméo et Juliette* dès 1828. Mais alors pourquoi s'en être défendu plus tard, dans quel intérêt avoir formulé ce démenti que tant de faits positifs devaient démentir ? (Voir à ce propos toute la discussion de M. Hippeau dans son *Berlioz intime.*)

1. Le *Moniteur Universel,* en annonçant cette nomination le 11 mai 1839, le désigne ainsi : M. de Berlioz, compositeur. Est-ce qu'à Paris aussi, comme en Allemagne, on le confondait avec le violoniste de Bériot ?

2. Pour le premier concert, Mme Stoltz avait été annoncée sur le programme, et c'est tout au dernier moment que Mme Wideman avait dû la remplacer.

second concert surtout, il a été applaudi avec un tel enthousiasme qu'il pouvait maîtriser à peine une profonde émotion. C'est un grand bonheur pour les amis de l'art de voir ce progrès de l'opinion publique et surtout l'homme de génie se frayant avec courage un chemin glorieux hors des voies prosaïques et vulgaires de la routine et de la spéculation[1]. »

Berlioz raconte bien dans ses *Mémoires* comment il composa cette œuvre capitale; mais il faut chercher ailleurs, dans la courte préface qui précède la symphonie, l'explication de ce qu'il a voulu et cru faire. « Bien que les voix y soient souvent employées, ce n'est ni un opéra de concert, ni une cantate, mais une symphonie avec chœurs. Si le chant y figure dès le début, c'est afin de préparer l'esprit de l'auditeur aux scènes dramatiques dont les sentiments et les passions doivent être exprimés par l'orchestre. C'est en outre pour introduire peu à peu dans le développement musical les masses chorales, dont l'apparition trop subite aurait pu nuire à l'unité de la composition. Ainsi le prologue où, à l'exemple de celui du drame de Shakespeare lui-même, le chœur expose l'action, n'est chanté que par quatorze voix. Plus loin se fait entendre (hors de la scène) le chœur des Capulets (hommes) seulement; puis, dans la cérémonie funèbre, les Capulets hommes et femmes. Au début du finale figurent les deux chœurs entiers des Capulets et des Montagus et le père Laurence; et à la fin, les trois chœurs réunis. » Cette œuvre est, à tout prendre, d'une ordonnance assez bizarre, et si Berlioz sait bien comment ne pas nommer sa composition, il se montre assez empêché pour lui trouver un titre convenable; car celui de « symphonie dramatique » qu'il a adopté, peut-être en désespoir de cause, n'est d'aucun secours à qui ne connaît pas d'avance la partition. Berlioz a simplement distribué sa symphonie en sept grands morceaux, mais, pour plus de clarté, on la divise ordinairement en un prologue et deux parties, renfermant chacune trois numéros.

Ce prologue, qui forme comme la charpente de l'œuvre entière, est singulièrement compliqué et difficile à comprendre pour les esprits non avertis, car les voix humaines ou orchestrales y sont tour à tour actrices et narratrices, sans qu'on démêle bien la raison de ce double rôle. C'est assurément un spectacle original que de voir le chœur, racontant froidement les événements qui vont se passer, quitter le ton du récit pour entonner un chant dont les paroles indiquent avec pré-

---

[1]. *Gazette musicale*, 19 et 22 décembre 1839. — Pour ces trois séances, la recette s'éleva au total de treize mille deux cents francs, et quand Berlioz eut payé tous les frais, il lui resta juste onze cents francs de bénéfice. Résultat brillant pour l'artiste et misérable pour l'homme, qui ne trouvait pas là des moyens suffisants d'existence, et qui ne pouvait pas compter tous les ans sur une libéralité pareille à celle de Paganini.

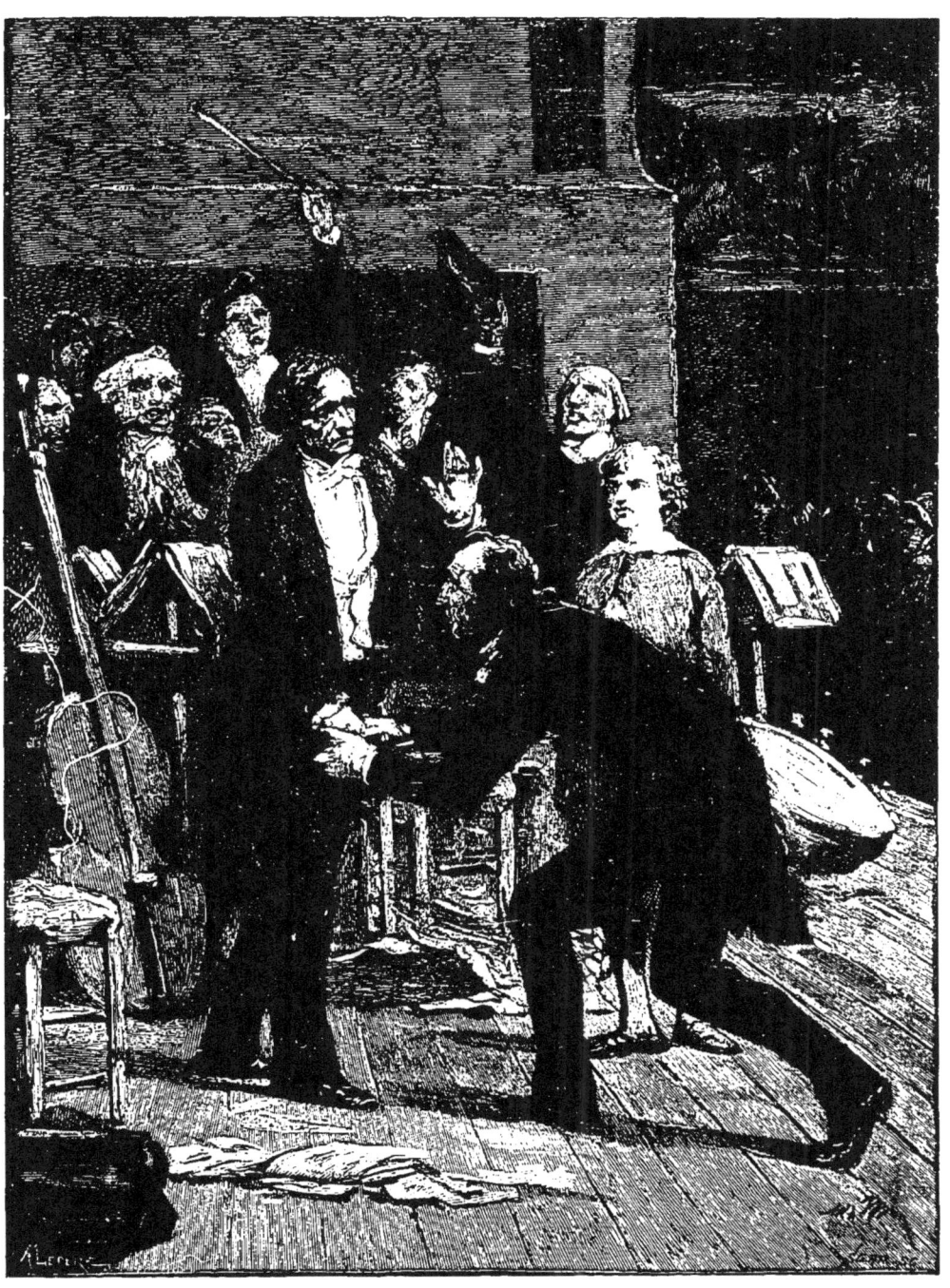

LE 16 DÉCEMBRE 1838 AU CONSERVATOIRE : BERLIOZ ET PAGANINI.
Ébauche du tableau préparé par M. Adolphe Yvon, sur la demande de M. Édouard Alexandre (1884).

cision le sentiment, ou céder la place à l'orchestre pour expliquer ce qu'il vient de dire, lorsqu'il se présente une des scènes qui doivent être rendues plus tard par l'orchestre seul. C'est ainsi qu'apparaissent dans le prologue le thème principal de la scène d'amour, celui du bal et enfin la marche funèbre : grâce à cette innovation, pensait Berlioz, l'auditeur ne pourrait plus se méprendre sur le sens de ces phrases musicales quand il les entendrait ensuite sans aucune parole, et développées avec toutes les ressources de la langue instrumentale. Mais il est bien chanceux de se fier ainsi à la mémoire du public qui n'attachera pas l'importance qui convient à ces motifs essentiels, s'il n'est initié d'avance à l'intention de l'auteur, et les reconnaîtra à grand'peine lorsqu'ils reparaîtront avec tous leurs développements symphoniques.

Si Berlioz s'est un peu illusionné sur les avantages de cette disposition, et s'il est à présumer que des détails aussi ténus seront appréciés et admirés par ceux-là seulement qui auront fait une étude attentive de la partition, il n'en est pas moins vrai que cette page vocale et orchestrale est une des plus belles et des mieux conduites qui se puissent voir. Le prologue déclamé par les chœurs est précédé d'un morceau instrumental : *Combat, tumulte, intervention du prince*, dans lequel le motif de l'action dramatique, la haine et les querelles toujours renaissantes des Capulets et des Montaigus, se dessinent avec une énergie singulière. L'intervention pacifique du duc de Vérone est figurée par un beau récitatif des cuivres (cors, trombones et ophicléides), entrecoupé des dernières menaces et des sourdes protestations de rage des deux partis rivaux ; puis ici commence un admirable récitatif choral, plaintive mélopée d'un caractère calme et grave, dont Shakespeare a proprement fourni l'idée à Berlioz, qui, d'ailleurs, ne s'en cache pas. Le petit chœur arrête à deux reprises son récit, non plus pour laisser l'orchestre ébaucher l'idée principale de quelque grand morceau à venir, mais pour permettre au contralto solo et au ténor de chanter chacun un air. Les strophes du contralto, — dont le premier couplet est simplement accompagné par des arpèges de harpes entrecoupés de soupirs des instruments de bois, et dont le second gagne beaucoup à l'adjonction du violoncelle qui semble, par ses douces répliques, prolonger la phrase vocale, — renferment un hommage d'un caractère tendre et touchant au génie de Shakespeare, à la puissance divine de la poésie. Le scherzetto de *la Reine Mab,* que Mercutio lance aussitôt après, avec neuf ou dix choristes, est d'une vivacité, d'une fluidité exquise ; ce thème syllabique, entre les mains de Berlioz, devient un modèle de fantaisie ailée, auprès duquel s'évanouissent toutes les autres chansons de *la Reine Mab*.

La première partie renferme trois morceaux d'orchestre des plus remarquables ; ce sont aussi les mieux connus du public, les plus applaudis dans les concerts et ceux qui forment le noyau même de la symphonie. Le premier est cette magnifique scène de Roméo seul, errant à l'aventure dans le jardin, par une nuit étoilée, et percevant les joyeux éclats de la fête qui se donne dans le palais de Capulet. Quiconque a entendu une fois cet épisode, avec sa plainte persistante du hautbois, se rappelle quel superbe effet de sonorité produisent en se combinant les deux motifs principaux, si bien contrastés : la rêverie amoureuse de Roméo et ces bruyants airs de danse, traités de main de maître, enrichis des mille couleurs d'une instrumentation éblouissante. La scène d'amour entre Juliette et Roméo, précédée elle-même d'un délicieux petit chœur de jeunes seigneurs Capulets, qui sortent de la fête en chantant des réminiscences d'airs du bal, n'est pas seulement une page débordante de passion, de tendresse et d'amour ; c'est peut-être la plus chaude inspiration qui ait jailli du cœur de l'artiste, le morceau le plus achevé qu'ait enfanté son cerveau ; c'est sûrement une création unique dans l'art musical par l'intensité, le rayonnement de l'expression orchestrale, par la transfiguration de simples instruments qui semblent avoir une âme, une voix, s'animer presque au souffle de Berlioz. Après ces deux chefs-d'œuvre, il en arrive un troisième, une merveille de musique aérienne ; quelle légèreté féerique, quelle rêverie adorable dans ce scintillant scherzo de *la Reine Mab*, et comme on rirait, à présent, d'un critique auquel cette évocation vaporeuse et ces doux bruissements d'ailes ne rappelleraient que l'aigre grincement de seringues mal graissées [1] !

La seconde partie comprend également trois morceaux : le Convoi funèbre de Juliette, la Mort de Roméo, et le Serment de réconciliation des familles rivales sur les corps des deux époux. La marche funèbre est d'un effet lugubre et saisissant ; elle offre cela de particulier que les rôles y sont subitement intervertis. L'orchestre expose d'abord une cantilène éplorée, tandis que les sopranos et ténors l'accompagnent en psalmodiant une seule note ; puis, tout à coup les voix reprennent la phrase mélodique, tandis que l'orchestre répète cette note unique (*mi* naturel), dont le retour obstiné répand une tristesse pénétrante [2], principalement lorsque les violons et la flûte la font entendre avec une

---

[1]. La conclusion de ce morceau, dans le principe, était trop rapide, trop brusque. On en fit l'observation à Berlioz, et lui-même, après avoir composé une nouvelle *coda*, de l'effet le plus mystérieux, ne cache pas qu'il a fait cette modification d'après les conseils de Frankowski, le secrétaire d'Ernst ; il l'en remercie, au contraire, en termes formels dans ses *Mémoires*.

[2]. C'est par le même procédé très prolongé (un *ut* incessamment répété) que Berlioz produira plus tard cet admirable effet de calme nocturne et d'immensité, tant applaudi dans le septuor des *Troyens*.

régularité désespérante sur de cours fragments de mélodie. C'est surtout dans la scène de Roméo au tombeau des Capulets que Berlioz a donné libre cours à sa passion pour la musique descriptive. Il tombe ici dans l'excès, à n'en pas douter, car, sauf la belle invocation confiée

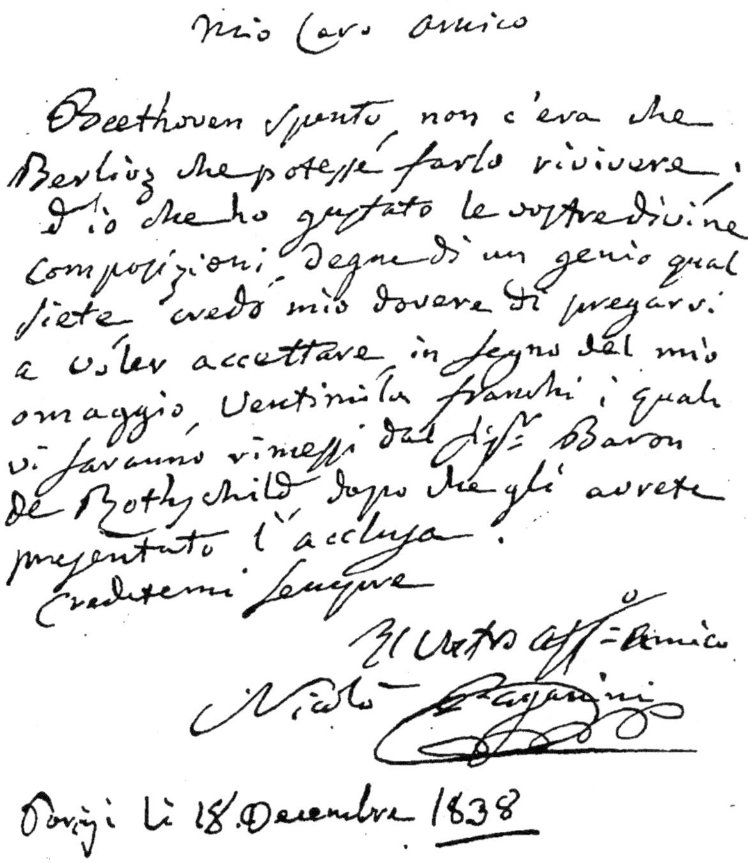

Mio caro amico

Beethoven spento, non c'era che Berlioz che potesse farlo rivivere ; ed io che ho gustato le vostre divine composizioni, degne d'un genio qual siete, credo mio dovere di pregarvi a voler accettare, in segno del mio omaggio, ventimila franchi i quali vi saranno rimessi dal Sig. Barone de Rothschild dopo che gli avrete presentato l'acclusa.

Credetemi sempre

Il vostro aff.mo amico
Nicolò Paganini

Parigi li 18 Decembre 1838

LETTRE DE PAGANINI A BERLIOZ

au cor anglais et au basson, sauf certains rappels émouvants de la scène du bal, le compositeur semble n'avoir voulu que rendre visibles, par les sons, la souffrance physique et les spasmes de son héros avant d'expirer sur le corps de Juliette. Il a *matérialisé* tout cet épisode ; il a même essayé de peindre quelque part les gorgées successives bues par Roméo et les premières atteintes du poison ; mais les jeux de scène ou les gestes qu'il se représentait et qu'il pensait décrire un à un par tel trait rapide de violons ou de violoncelles, par un soupir de la clarinette ou un roulement des timbales, demeureront lettre

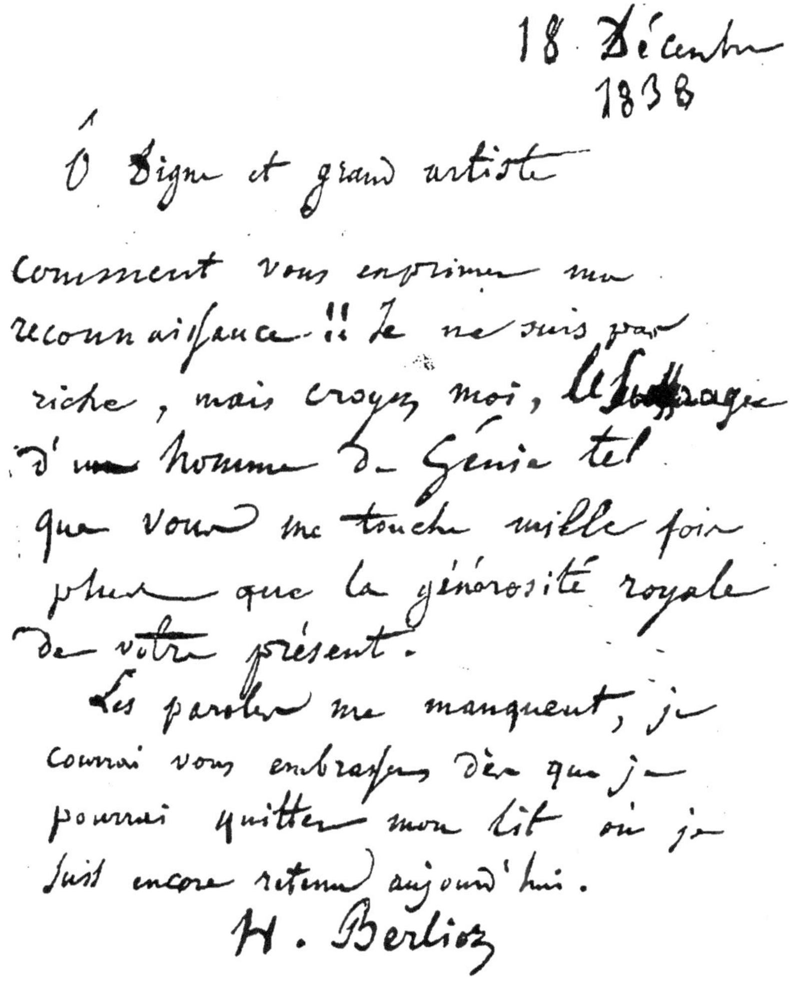

> 18. Décembre
> 1838
>
> Ô digne et grand artiste
>
> Comment vous exprimer ma reconnaissance!! Je ne suis pas riche, mais croyez moi, le suffrage d'un homme de Génie tel que vous me touche mille fois plus que la générosité royale de votre présent.
>
> Les paroles me manquent, je courrai vous embrasser dès que je pourrai quitter mon lit où je suis encore retenu aujourd'hui.
>
> H. Berlioz

LETTRE DE BERLIOZ A PAGANINI.

close pour l'auditeur qui n'a pas l'acteur devant les yeux. Il est bien vrai que Berlioz, désespérant de voir jamais ce morceau exécuté et compris comme il le sentait, conseille dédaigneusement au chef d'orchestre, dans une note, de tourner la feuille et de passer outre ; mais comment eût-il traité le musicien assez candide pour prendre au sérieux cette boutade d'artiste méconnu ? Il n'aurait pas eu assez d'épithètes désobligeantes à lui lancer à la tête et ne l'aurait pas plus ménagé que ce critique imprudent qui l'accusait de n'avoir pas compris Shakespeare : « *Crapaud gonflé de sottise,* s'écrie-t-il avec rage, *quand tu me prouveras cela!...* »

Berlioz, d'ailleurs, a cherché plus tard à se justifier d'avoir employé le langage symphonique plutôt que la déclamation lyrique pour traduire ces admirables duos des amants à leur premier baiser et à leur suprême embrassement. « Si, dans les scènes célèbres du jardin et du cimetière, le dialogue des deux amants, les *a parte* de Juliette et les élans passionnés de Roméo ne sont pas chantés, si enfin les duos d'amour et de désespoir sont confiés à l'orchestre, les raisons en sont nombreuses et faciles à saisir. C'est d'abord, et ce motif suffirait à la justification de l'auteur, parce qu'il s'agit d'une symphonie et non d'un opéra. Ensuite, les duos de cette nature ayant été traités mille fois vocalement et par les plus grands maîtres, il était prudent autant que curieux de tenter un autre mode d'expression. C'est aussi parce que la sublimité même de cet amour en rendait la peinture si dangereuse pour le musicien qu'il a dû donner à sa fantaisie une latitude que le sens positif des paroles chantées ne lui eût pas laissée, et recourir à la langue instrumentale, langue plus riche, plus variée, moins arrêtée et, par son vague même, incomparablement plus puissante en pareil cas. » Toutes raisons qui se résument en celle-ci, la seule valable : c'est que tel était son caprice et son droit de créateur, car le sujet de *Roméo et Juliette* était un des moins rebattus en musique et les compositeurs qui l'avaient déjà mis au théâtre, sans excepter Steibelt, n'étaient pas de ceux avec lesquels Berlioz devait craindre de se mesurer.

Et le grand morceau final, le Serment de réconciliation ? « Cette dernière scène, dit-il encore, est seule du domaine de l'opéra ou de l'oratorio. Elle n'a jamais été, depuis le temps de Shakespeare, représentée sur aucun théâtre ; mais elle est trop belle, trop musicale, et elle couronne trop bien un ouvrage du genre de celui-ci, pour que le compositeur pût songer à la traiter autrement. » Les exclamations haineuses des deux partis, le magnifique récit du moine expliquant cette épouvantable catastrophe, ses exhortations à la concorde, les derniers éclats de rage des ennemis, reprenant à voix sourde le motif initial de l'ouvrage ; la belle mélodie du père Laurence : *Pauvres enfants que je pleure;* son pieux appel à la clémence céleste, devant lequel cèdent peu à peu les haines invétérées ; enfin l'admirable serment de réconciliation qu'il prononce d'abord seul, puis que les

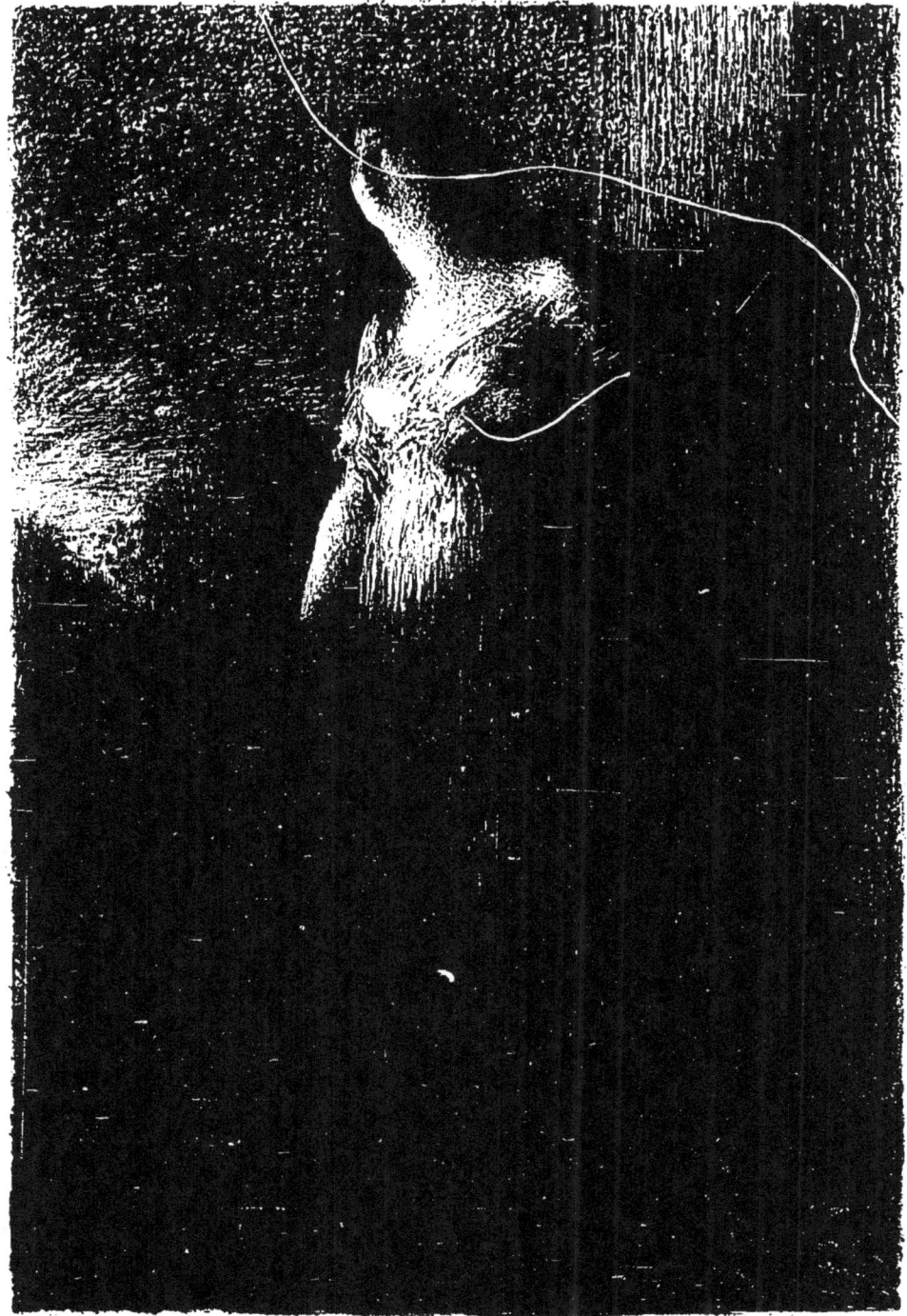

Capulets et les Montaigus reprennent solennellement, avec un déchaînement d'orchestre formidable et certain trait persistant des violons que Wagner devait avoir dans l'oreille quand il écrivit l'ouverture de *Tannhæuser* : autant d'épisodes, de chants inspirés, dont l'ensemble forme une péroraison magnifique et souleva d'emblée les acclamations... « Maintenant, tout est fait; l'envie ne peut plus que se taire », écrivait Paganini à Berlioz en apprenant, en Italie, le succès croissant de ce *Roméo* qu'il ne devait jamais connaître; et Berlioz, la tête en feu, l'oreille encore pleine du bruit des bravos, se laissait facilement gagner à ce décevant espoir.

L'année 1839 avait donc très bien fini pour lui; l'année 1840 allait aussi commencer sous d'heureux auspices. Ses œuvres faisaient lentement leur percée en Allemagne : il apprenait d'abord, par la *Gazette d'État de Prusse*, que son ouverture des *Francs-Juges* venait d'être applaudie à Berlin; puis, que l'ouverture du *Roi Lear*, exécutée à Francfort par la Société Philharmonique, avait obtenu un succès considérable. En recevant ces heureuses nouvelles, il sentait augmenter son désir d'aller faire connaître lui-même ses ouvrages à des auditeurs aussi bien disposés; mais une nouvelle commande de l'administration le retenait en France. Le gouvernement avait décidé de célébrer par de pompeuses cérémonies le dixième anniversaire de la révolution de Juillet et la translation des restes des victimes des trois journées dans le monument qui venait de leur être élevé sur la place de la Bastille. On devait chanter le *Requiem* de Cherubini durant le service funèbre, à Saint-Germain-l'Auxerrois; mais M. de Rémusat, alors ministre de l'intérieur, eut l'idée, très probablement suggérée par les Bertin, de demander à Berlioz, pour le cortège même, une symphonie dont la forme et les moyens d'exécution étaient laissés à son choix : on lui assurait seulement pour cette composition la somme de dix mille francs, sur laquelle il devrait payer les frais de copie et les exécutants.

Il entreprit alors sa *Symphonie funèbre et triomphale*, mais non sans rester en défiance; il se rappelait les difficultés survenues à l'occasion du *Requiem*, les obstacles qu'il avait dû vaincre, et savait par expérience qu'en fait de commande officielle on n'est jamais sûr de rien qu'au lendemain de l'exécution. Il en était déjà au tiers de son ouvrage lorsqu'on répandit le bruit que les cérémonies projetées n'auraient pas lieu; mais, sur l'assurance du ministre que rien ne serait changé dans le programme, il poursuivit sa besogne, et, quand il l'eut finie, il engagea une bande militaire de deux cents artistes qu'il se réserva de conduire lui-même pour prévenir l'intervention d'Habeneck, très désireux de figurer dans cette cérémonie. Il fit préalablement une répétition générale dans la salle Vivienne, et bien lui en prit, dit-il, car le jour de l'exécution en plein air et tout le long du défilé par les quais, la place de la Concorde et les boulevards (28 juillet 1840), les musiciens jouèrent la marche funèbre sans nuances, sans expression, sans ensemble, excepté lorsque le cortège était contraint de s'arrêter et qu'ils pouvaient alors reprendre un peu d'aplomb; en fait d'ensemble, écrit un journal, rien n'égala l'unanimité bachique et joyeuse des gardes nationaux suburbains, dont la tenue était absolument inconvenante. En plusieurs endroits, sur les boulevards, il se produisit dans la foule des paniques qui bousculèrent les exécutants; enfin, au pied du monument même, alors qu'on aurait pu distinguer quelques notes en prêtant l'oreille, toute l'*Apothéose* fut couverte par le bruit des tambours de la garde nationale qui, lasse d'attendre ainsi l'arme au bras, se mit à défiler, tambours battant, sans plus s'inquiéter de Berlioz et de sa musique. Il ne voulut pas tenir son œuvre pour jugée après cette promenade accidentée, et s'entendit avec le directeur des Concerts-Vivienne en vue d'organiser deux concerts où il donnerait la *Symphonie funèbre et triomphale* encadrée dans d'autres œuvres de lui : au premier, qui eut lieu le jeudi 6 août, à huit heures du soir, il fit exécuter l'ouverture de *Benvenuto,* puis les trois premières parties d'*Harold,* et ce programme fut augmenté de la *Fête chez Capulet* pour la deuxième audition (vendredi 14 août) : « Décidément, dit Habeneck en sortant d'un de ces concerts, ce b..... de Berlioz a de grandes idées [1]. »

Au moment d'entamer son travail, il avait réfléchi; il s'était dit que le plan le plus simple serait le meilleur, et qu'une grande masse d'instruments à vent était seule convenable pour une symphonie destinée à être exécutée en plein air. « Je voulus, explique-t-il, rappeler d'abord les combats des trois journées fameuses, au milieu des accents de deuil d'une marche à la fois terrible et désolée, qu'on exécuterait pendant la durée du cortège; faire entendre une sorte d'oraison funèbre ou d'adieu adressée aux morts illustres, au moment de la descente des corps dans le tombeau monumental; et, enfin, chanter un hymne de gloire, l'apothéose, quand, la pierre funèbre scellée, le peuple n'aurait plus devant les yeux que la haute colonne surmontée de la Liberté aux ailes étendues et s'élançant vers le ciel, comme l'âme de ceux qui moururent pour elle. » Effectivement, Berlioz écrivit d'abord sa *Symphonie* pour un orchestre d'instruments à vent et c'est sous cette

---

1. Berlioz parle de quatre concerts donnés aux Concerts-Vivienne; on n'en trouve que deux d'annoncés dans les journaux. Dès lors, il est permis de mettre en doute l'anecdote qu'il raconte de jeunes gens brisant les chaises d'enthousiasme après l'*Apothéose*. Il faut croire que sa mémoire le sert mieux au sujet des dix mille francs promis, qu'ils lui furent remis sans peine, et qu'une fois tous les comptes liquidés, il lui resta bien deux mille huit cents francs. Ce n'était guère, mais il avait la gloire en sus.

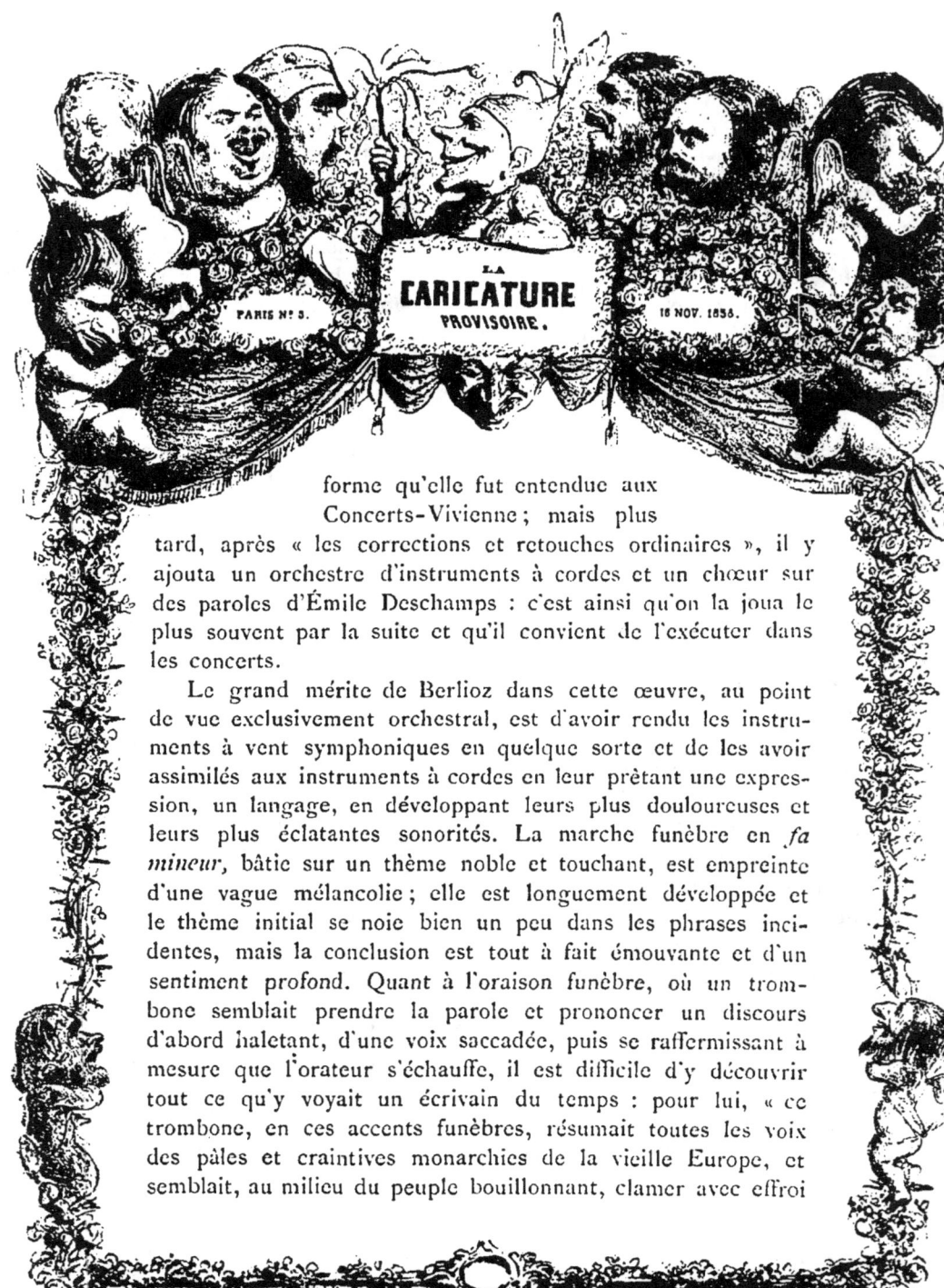

forme qu'elle fut entendue aux Concerts-Vivienne ; mais plus tard, après « les corrections et retouches ordinaires », il y ajouta un orchestre d'instruments à cordes et un chœur sur des paroles d'Émile Deschamps : c'est ainsi qu'on la joua le plus souvent par la suite et qu'il convient de l'exécuter dans les concerts.

Le grand mérite de Berlioz dans cette œuvre, au point de vue exclusivement orchestral, est d'avoir rendu les instruments à vent symphoniques en quelque sorte et de les avoir assimilés aux instruments à cordes en leur prêtant une expression, un langage, en développant leurs plus douloureuses et leurs plus éclatantes sonorités. La marche funèbre en *fa mineur*, bâtie sur un thème noble et touchant, est empreinte d'une vague mélancolie ; elle est longuement développée et le thème initial se noie bien un peu dans les phrases incidentes, mais la conclusion est tout à fait émouvante et d'un sentiment profond. Quant à l'oraison funèbre, où un trombone semblait prendre la parole et prononcer un discours d'abord haletant, d'une voix saccadée, puis se raffermissant à mesure que l'orateur s'échauffe, il est difficile d'y découvrir tout ce qu'y voyait un écrivain du temps : pour lui, « ce trombone, en ces accents funèbres, résumait toutes les voix des pâles et craintives monarchies de la vieille Europe, et semblait, au milieu du peuple bouillonnant, clamer avec effroi

Berlioz. Rossini. Balzac. Jules Janin.   Delacroix. Fréd. Soulié. Victor Hugo. Alex. Dumas.
LES CORYPHÉES DE LA LITTÉRATURE ET DES ARTS EN 1838, PAR DE BARRAY.

ce vers du poète tragique : *Les morts après dix ans sortent-ils du tombeau ?* [1] ». Cette harangue en musique se rattache à cette série de morceaux purement imitatifs ou déclamatoires auxquels se plaisait parfois Berlioz, mais elle manque un peu trop d'idée chantante et de plan général : c'est décousu et d'une inspiration médiocre. En revanche, l'*Apothéose,* qui demeura toujours une de ses créations préférées, forme une péroraison magnifique, aussi franche d'idée que riche d'orchestration, et c'était un véritable meurtre que d'écraser sous des roulements de tambours cette composition du caractère le plus noble et d'une fulgurante sonorité [2].

Berlioz, alors, songeait à remplacer Habeneck à l'orchestre de l'Opéra, et sa combinaison, toute personnelle, reposait sur la nomination éventuelle d'Habeneck en qualité de directeur du Conservatoire lorsque Cherubini viendrait à mourir ; mais celui-ci s'obstinait à vivre [3]. En attendant et pour montrer ce qu'il serait capable de faire si on lui confiait ce poste musical, il proposa secrètement à Pillet, directeur de l'Opéra, d'organiser sur ce théâtre un festival tel qu'on n'en avait pas encore vu en France, au moins par le nombre des exécutants : le directeur, pensant que cette nouveauté grandiose avait des chances de réussite, accepta en assurant à l'organisateur une somme de cinq cents francs pour ses peines, en lui donnant carte blanche pour le reste. Alors Berlioz battit le rappel pour rassembler au moins quatre cent cinquante exécutants. Afin d'aller plus vite en besogne, il divisa ses masses chorales en trois groupes pour les études préparatoires ; on les faisait répéter à l'Opéra, à l'Opéra-Comique, au Conservatoire ; il procéda de même avec l'orchestre ; enfin tout fut prêt pour le 1er novembre et la grande nouvelle fut lancée après qu'on eût pris de minutieuses précautions pour conjurer les maléfices d'Habeneck. Celui-ci, très froissé d'être dépossédé pour un soir de

1. A l'origine, c'est Dieppo qui joua cette allocution, confiée au trombone-ténor ; mais, à défaut d'un bon tromboniste, Berlioz en autorise l'exécution par un cor à pistons ou une clarinette-basse.

2. « ... Il est un talent qu'on ne saurait contester à Berlioz, écrivait Richard Wagner en 1841, à l'*Europa* d'Auguste Lewald : c'est précisément son entente à fournir des compositions parfaitement populaires ; je dis « populaires » au sens le plus idéal du mot. Quand j'entendis la symphonie qu'il a écrite pour la translation des victimes de Juillet, j'éprouvai l'impression vive que le premier gamin en blouse bleue et en bonnet rouge devait la comprendre à fond ; ce genre de compréhension, à vrai dire, exigerait de ma part le nom de « national » plutôt que celui de « populaire » ; car il est certain que du *Postillon de Lonjumeau* à cette *Symphonie de Juillet*, il y a encore un bon bout de chemin à parcourir. Je n'aurais vraiment nulle répugnance à donner le pas à cette composition sur les autres œuvres de Berlioz ; elle est noble et grave de la première à la dernière note... ; un sublime enthousiasme patriotique, qui s'élève du ton de la déploration aux plus hauts sommets de l'apothéose, garde cette œuvre de toute exaltation malsaine... » (Article traduit par M. C. Benoit, dans son recueil d'opinions de Richard Wagner : *Musiciens, poètes et philosophes*, chez Charpentier, 1887.)

3. Quand Cherubini abandonna la direction du Conservatoire, en 1841, soit un an avant de mourir, ce fut Auber, comme on sait, qui fut nommé directeur. Habeneck resta à l'Opéra, et la combinaison rêvée par Berlioz, après avoir paru prendre un peu de consistance, car les journaux s'en étaient occupés (voir le *Moniteur des théâtres*, 27 février 1841), s'en alla en fumée.

son pupitre, avait bien fait contre fortune bon cœur et marqué son désir d'aller justement à la campagne ce jour-là, mais Berlioz ne dormait pas d'inquiétude et le voyait déjà, dans ses rêves, bouleversant les parties, graissant de suif les archets et crevant la peau des timbales : heureusement qu'il ne fit que rêver.

La première partie du programme, qui comprenait le premier acte d'*Iphigénie en Tauride* et quatre morceaux du *Requiem*, marcha sans encombre ; les attaques des cuivres dans le *Tuba mirum* produisirent même un effet superbe, et Berlioz se voyait déjà acclamé, traîné sur l'estrade après les fragments de *Roméo et Juliette* et la *Symphonie funèbre et triomphale*, lorsque des cris violents éclatèrent dans le parterre : *la Marseillaise, la Marseillaise !* Étaient-ils poussés par des partisans d'Habeneck habilement disséminés dans la salle, n'étaient-ce pas plutôt des républicains qui saluaient M. de Montalivet, présent à la fête, ou des ennemis de Berlioz qui voulaient le forcer à exécuter ce chant révolutionnaire afin de le brouiller avec ses protecteurs ; toujours est-il que Berlioz ne perdit pas la tête et que, s'avançant sur le bord de l'estrade, il cria de toute sa force aux cabaleurs : « Nous ne jouerons pas *la Marseillaise ;* nous ne sommes pas ici pour cela. » Le calme renaît et l'on va pouvoir écouter la musique... Voilà qu'un grand bruit de dispute éclate ; un soufflet retentit, puis des cris de femme : « Arrêtez-le, c'est infâme, à l'assassin ! » C'est Bergeron, le rédacteur du *Charivari,* qui venait de souffleter Émile de Girardin, assis dans une loge avec Mme de Girardin et plusieurs amis. Toute la salle est debout ; on se jette entre les deux adversaires ; Bergeron se retire en criant son nom ; mais c'en était fait de la musique et le concert finit au milieu du désordre : on n'écoutait que d'une oreille, on discutait politique et l'on ne prêtait d'attention qu'aux propos des couloirs [1].

Le mois suivant, tout Paris n'était occupé que du retour des cendres de Napoléon, et Berlioz, sans doute, aurait vivement désiré qu'on

---

[1]. Cet acte de violence eut lieu à propos de l'attentat qui venait d'être commis contre le roi, le 15 octobre précédent, sur le quai des Tuileries. Girardin, en le rapportant dans *la Presse*, avait fait un rapprochement injurieux pour Bergeron, que certaines gens accusaient tout bas d'avoir, quelques années auparavant, tiré sur le roi le coup de pistolet du Pont-Royal, et Bergeron s'était vainement adressé au rédacteur en chef de *la Presse* pour obtenir réparation ; dans une lettre, écrite après le scandale, il dit ne regretter qu'une chose, c'est d'avoir été, par les circonstances, obligé de frapper un homme aux côtés de sa femme. — La recette totale du festival monta au chiffre de 7,936 fr. 50 (dont 6,684 fr. 50 pour la location et 1,252 pour les places prises au bureau), et c'était vraiment superbe, car, à cette époque, *Robert le Diable* seulement variait entre 5,717 (9 novembre) et 6,824 fr. (4 novembre), tandis que *les Huguenots* ne donnaient que 3,266 fr. 50 (28 octobre) ; *les Martyrs*, 2,809 fr. 50 (30 octobre) ; un acte de *Gustave* et *le Diable amoureux*, 3,055 fr. (2 novembre), et *la Muette de Portici*, 1,756 fr. (11 novembre). La seule recette qui, dans tout le mois, dépassa celle du festival, est celle du 15 novembre, où *Robert le Diable* atteignit 8,245 fr. 10. (Registres de caisse, aux Archives de l'Opéra.)

choisit sa *Messe des Morts* pour la cérémonie qui devait avoir lieu aux Invalides le 15 décembre; mais certains journaux prirent les devants et proclamèrent que l'immortel Mozart était seul en possession de traduire les sentiments qu'une telle solennité devait faire naître. Et ces articles décidèrent du choix de l'administration, qui fit exécuter le *Requiem* de Mozart par trois cents instrumentistes et choristes, avec les solos de chant quadruplés : Mmes Grisi, Damoreau, Persiani et Dorus-Gras, pour la partie de soprano ; Mmes Pauline Viardot-Garcia, Eugénie Garcia, Albertazzi et Stoltz, pour celle de contralto; Duprez, Rubini, Alexis Dupont et Ponchard, comme ténors ; Lablache, Tamburini, Levasseur et Barroilhet, comme basses. Mais procéder de la sorte, de la part des organisateurs ; mais approuver ces dispositions, de la part des journaux, n'était-ce pas encore rendre hommage à Berlioz et suivre l'exemple d'un homme auquel les uns et les autres avaient bien souvent reproché de ne pas savoir se borner, et de doubler, de tripler ainsi les parties de chant par amour du bruit? Lui, de son côté, organisait, pour le 13 décembre, au Conservatoire, un grand concert exclusivement composé de ses œuvres : les quatre premières parties de *Roméo, la Fantastique* en entier, son *Orientale* de Victor Hugo, pour quatre voix seules, chœur et orchestre, mais surtout, c'était de circonstance, le *Cinq Mai,* intitulé pour ce jour-là : *Chant sur la mort de l'empereur Napoléon,* et qu'Alizard déclama de sa voix puissante en enlevant l'auditoire : le compositeur et le napoléonien devaient être également satisfaits chez Berlioz[1].

L'année 1841 fut une année de repos pour le chef d'orchestre et de besogne aride pour le musicien. Berlioz en passa le premier tiers à écrire des récits, à orchestrer l'*Invitation à la valse,* en vue de la reprise du *Freischütz* qu'il avait accepté de préparer, sinon de diriger, à l'Académie de musique. Pour lui-même, il semblait assez indécis sur ce

---

1. Le *Charivari* se faisait remarquer alors par la violence de ses attaques contre Berlioz. Aux approches de ce festival, il avait mené une campagne très vive en faveur d'Habeneck et criblé son rival de quolibets, le qualifiant de charlatan musical, comparant sa musique aux travaux forcés pour les exécutants, le raillant sur sa prétention d'importer d'Angleterre (on eût mieux dit : d'Allemagne) un mot nouveau : festival, etc. Berlioz ne pouvait pas relever les appréciations plus ou moins défavorables qu'on portait sur ses œuvres ; mais il n'était pas tenu à la même réserve en ce qui regardait les erreurs de fait, et le critique de la *Revue des Deux-Mondes* l'apprit à ses dépens. Il avait reproché à Berlioz d'avoir ajouté des ophicléides à l'orchestre de Gluck, et aussi d'avoir « arraché Palestrina à la chapelle Sixtine, où quelques soprani suffisaient à ses mélodies fuguées, pour l'écraser, lui, le maestro paisible, à l'inspiration suave et religieuse, sous la pompe des voix et des instruments ». Berlioz prit aussitôt la plume et écrivit à Buloz pour protester contre les critiques de son rédacteur (P. Scudo) : « L'acte d'*Iphigénie,* disait-il, a été exécuté absolument tel que l'auteur l'a écrit ; on n'y a donc point entendu d'ophicléides. Quant à Palestrina, quelques soprani lui suffisaient si peu que son madrigal *Alla riva dei Tebro,* morceau profane du reste et qui n'a jamais pu être entendu à la chapelle Sixtine, est à quatre parties (*soprani, contralti, ténors et basses*) ; il a fallu en outre une étrange préoccupation pour trouver écrasé sous la pompe instrumentale le chœur chanté d'après le texte du compositeur, *sans accompagnement.* » La guerre était dès lors allumée entre Berlioz et Scudo.

qu'il devait entreprendre : un jour, il se vantait d'avoir repoussé, sans même le lire, un scenario de Scribe, dont on voulait lui faire composer la musique; puis, quelques mois plus tard, le voilà tout absorbé par une grande partition qu'il écrit sur ce même livret de *la Nonne sanglante,* que Scribe, assure-t-il, « a très habilement tiré du *Moine,* de Lewis, en y adaptant un dénouement emprunté à certain ouvrage de

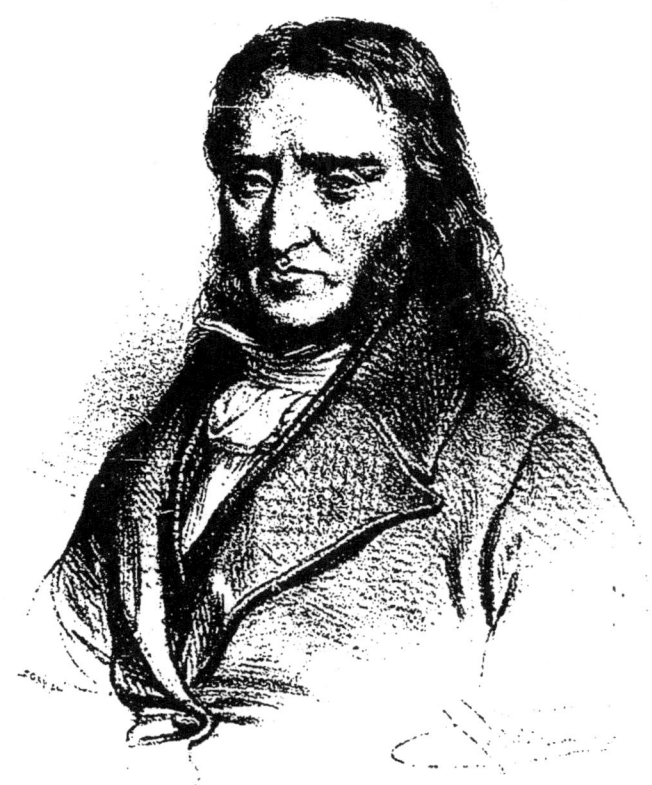

PAGANINI, PAR JULIEN (1839).

M. de Kératry, et du plus grand effet scénique ». Entre temps, et comme pour ranimer son courage, il lui arrivait d'excellentes nouvelles de l'étranger : c'était d'abord son ouverture des *Francs-Juges,* qu'on avait exécutée à Hambourg (15 janvier) et qu'on avait jugée comme « une œuvre d'une portée peu commune »; c'était surtout le *Requiem,* que Henri Romberg, premier violon du Théâtre-Allemand de Saint-Pétersbourg, avait eu l'idée de choisir pour un concert à son bénéfice. « Vous savez sans doute, écrivait Berlioz à Ferrand, le succès *spaven-*

toso de mon *Requiem* à Saint-Pétersbourg. Il a été exécuté en entier dans un concert donné *ad hoc* par tous les théâtres lyriques réunis à la chapelle du czar et aux choristes de deux régiments de la garde impériale. L'exécution, dirigée par Henri Romberg, a été, à ce que disent des témoins auriculaires, d'une incroyable majesté. Malgré les dangers pécuniaires de l'entreprise, ce brave Romberg, grâce à la générosité de la noblesse russe, a encore eu, en sus des frais, un bénéfice de cinq mille francs. Parlez-moi des gouvernements despotiques pour les arts!... Ici, à Paris, je ne pourrais sans folie songer à monter en entier cet ouvrage, ou je devrais me résigner à perdre ce que Romberg a gagné. »

Ces nouvelles favorables de l'étranger semblaient aiguiser encore la verve sarcastique des petits journaux, et juste à ce moment où Berlioz ne faisait que travailler sans donner de concert ni publier d'œuvre nouvelle, il circulait un profil de *Musicien incompris,* dont chaque ligne était un trait dirigé contre lui : « ... Amuser le public ! dérision ! Être applaudi par cette foule stupide, qui ne remplit pas la salle, quand on exécute ses rêveries fantastiques ! horreur ! Pour lui, moins il est applaudi, plus il s'estime. Aussi s'estime-t-il excessivement... !! Il va, notre grand homme, chercher la solitude au huitième au-dessus de l'entresol ; il saisit sa guitare et tombe, le poil hérissé, sur son sofa, où il compose, compose jusqu'à extinction de chaleur naturelle... Une fois lancé, rien ne l'arrête, la langue de Beethoven et de Weber ne lui suffit plus ; il invente des accords inouïs, des rythmes inconnus, des mélodies inaccessibles ; il arrive à produire une partition qui peut lutter avec les charivaris les mieux organisés et il obtient toujours le succès... non, je veux dire la chute demandée [1]. »

Berlioz, au printemps de cette année, était tout aux études du *Freischütz,* appris, monté, répété sous sa surveillance inquiète et qui put enfin paraître à l'Opéra le 7 juin. Dans la pensée du grand admirateur de Weber, cette restitution intégrale du chef-d'œuvre devait être la revanche posthume du génie contre l' « indigne arrangement » de Castil-Blaze, qui avait eu un si grand succès à l'Odéon dès 1824, et qui venait de reparaître à l'Opéra-Comique, en 1835 ; il fallait que tous les amateurs français, même ceux qui, faute de comprendre la langue allemande, n'avaient pas suivi les représentations de la troupe de Rœckel, connussent enfin dans sa forme originale l'incomparable création de Weber et la pussent sainement apprécier. Richard Wagner,

---

1. *La Caricature* (16 mai 1841). — Le mois suivant, Berlioz faisait seulement éditer sous ce titre : *Nuits d'été* (op. 7), six mélodies sur des paroles de Théophile Gautier (*Villanelle, le Spectre de la rose, Sur les lagunes, Absence, Au cimetière, l'Ile inconnue*), qu'il avait commencé de composer dès 1834, et la *Gazette musicale* en publiait un compte rendu des plus élogieux par la plume de Stephen Heller.

qui vivait alors à Paris, ne fut pas étranger à cet heureux événement et travailla avec Berlioz à surmonter les obstacles que rencontrait ce projet si louable. « Il faut de nombreux auxiliaires pour y arriver, écrivait-il en substance au conseiller de la cour Winckler ; Berlioz seul ne suffira pas à la besogne, par la raison qu'il a besoin lui-même de tout le bon vouloir de M. Pillet pour l'un de ses propres ouvrages. Or, comme le résultat n'a pas répondu à l'attente générale, la direction n'a pas grande envie d'en essayer un second (*la Nonne sanglante*)... Il s'est donc adressé à Schlesinger, qui a de l'influence auprès du directeur, en sa qualité de propriétaire d'un journal musical : c'est un homme d'une grande activité et très énergique, fils du premier éditeur du *Freischütz*... Celui-ci demande une autorisation écrite de Mme de Weber, avant de pousser l'affaire plus loin, et il faut qu'elle la lui envoie, afin que la représentation au bénéfice des héritiers de Weber puisse avoir lieu. »

Grâce à l'énergie invincible de Berlioz, qui défendit pied à pied les moindres parties de l'ouvrage, et jusqu'au rôle de l'ermite que le directeur parlait de supprimer, on arriva à la première représentation sans avoir retranché *une seule note* du chef-d'œuvre ; au contraire, on en avait ajouté, et Berlioz, devant la règle qui défendait, à l'Opéra, l'emploi du dialogue parlé, avait dû se charger lui-même de composer les récitatifs indispensables. Comme il cherchera plus tard à s'excuser d'avoir accepté cette tâche ingrate et comme il se repentira d'avoir encouru les terribles reproches qu'il n'avait pas manqué, en pareille occasion, de lancer à la face d'autrui ! Mais, pour lui comme pour Castil-Blaze, il convient de passer condamnation, non sans faire remarquer la bizarre coïncidence qui rapproche ainsi le juge du justiciable. Il fit bien d'agir ainsi, par la simple raison que, s'il avait refusé, l'opéra de Weber courait grand risque d'être maltraité par des mains inhabiles ou peu respectueuses. La réponse que fit Berlioz au directeur de l'Opéra, Pillet, quand celui-ci lui demanda d'entreprendre ce travail, est d'une grande modestie et aussi d'une grande sagesse. « Je ne crois pas, dit-il, qu'on doive ajouter au *Freischütz* les récitatifs que vous me demandez ; cependant, puisque c'est la condition sans laquelle il ne peut être représenté à l'Opéra, et comme, si je ne les écrivais pas, vous en confieriez la composition à un autre moins familier, peut-être, que je ne le suis avec Weber, et certainement moins dévoué que moi à la glorification de son chef-d'œuvre, j'accepte votre offre à une condition : *le Freischütz* sera joué absolument tel qu'il est, sans rien changer dans le livret ni dans la musique. » Et cela fut comme il le désirait.

Richard Wagner, auquel avait d'abord souri ce projet de rendre un éclatant hommage à Weber sur la scène de l'Opéra de Paris, avait marqué de louables scrupules dès qu'on avait parlé de récitatifs et d'airs de ballet à introduire dans la partition. Il s'en était expliqué, dans un article habilement fait d'ailleurs, à la *Gazette musicale,* et qui ne pouvait nullement blesser Berlioz ; mais, après la représentation, il formula son blâme d'une façon plus catégorique dans une des correspondances qu'il adressait à certains journaux peu répandus d'Allemagne et qui ne devaient certainement pas revenir à Paris : « J'avais d'avance manifesté la crainte, dit-il, que les récitatifs écrits par M. Berlioz ne fissent tort à l'ouvrage par leur trop grand développement, qui paraissait inévitable. Je pensais aussi que le compositeur se laisserait tenter par les occasions, qui ne manqueraient pas de s'offrir, de lâcher la bride à son impétueuse imagination, et qu'il arriverait à donner ainsi trop d'individualité à son travail. Mais, dans le cours de la représentation, je vis, à mon grand regret, que M. Berlioz, en écrivant ses récits, avait fait l'abnégation la plus complète de toute ambition personnelle et qu'il avait lui-même relégué son travail au dernier plan. Je l'ai constaté, je le répète, à mon grand regret, car, grâce à cette manière de comprendre sa tâche, M. Berlioz n'a pas seulement défiguré *le Freischütz,* chose qui était facile à prévoir, mais il l'a du même coup rendu mortellement ennuyeux. » Cette conclusion n'est peut-être pas sans justesse ; mais on ne peut se tenir de remarquer le défaut de logique de Wagner, qui reproche à Berlioz sa discrétion, après s'être méfié de son exubérance, et lui en veut de n'avoir pas fait assez, après avoir craint qu'il ne fît trop. Que n'imita-t-il lui-même, un peu plus tard, cette façon de procéder délicate, quand il s'avisa spontanément de remanier Gluck et de réorchestrer Beethoven !

Le vrai reproche que l'on pouvait faire à cette translation du *Freischütz* à l'Opéra provenait de l'insuffisance ou plutôt de l'impropriété des chanteurs. Des chœurs excellents, c'est vrai, un orchestre impeccable et bien dirigé par le second chef, Léon Battu, en place d'Habeneck, qui n'aurait pas voulu se mettre en apprentissage sous Berlioz, mais des solistes défectueux pour la plupart. Duprez ne pouvait pas chanter le rôle de Max sans en transposer de nombreux passages, et l'on avait dû le lui retirer pour le confier à Marié, bon musicien, mais chanteur de second ordre. Il fallut cependant admettre que Mme Stoltz transposât les deux principaux airs du rôle d'Agathe, qu'elle chantait d'ailleurs avec beaucoup de flamme ; Mlle Nau était charmante dans Annette, et Bouché très satanique dans Gaspard. Mais ce dernier et Marié, de l'aveu de Berlioz, déclamaient leurs récits avec une lourdeur solennelle au lieu de les débiter de façon simple et familière, et c'est là ce qui défigura surtout *le Freischütz*; la faute en était plutôt aux chanteurs qu'à l'arrangeur. Et puis, comme il fallait à toute force un ballet, n'avait-on pas proposé à Berlioz d'en composer un avec le bal de la *Symphonie fantastique* et la fête de *Roméo et Juliette!* Il avait refusé, mais il avait choisi des airs de danse dans *Preciosa*, dans *Oberon*, et combiné de la sorte un divertissement très présentable avec l'*Invitation à la valse;* au bout de quelques soirs, d'ailleurs, il ne resta que ce dernier morceau, dont l'instrumentation était une merveille en son genre, et qui allait conquérir, sous cette forme, une célébrité nouvelle par tout le monde musical.

Le *Freischütz*, ainsi mis en scène, obtint un réel succès, qui se traduisit par soixante et une représentations en l'espace de cinq années ; mais après, lorsque Pillet eut quitté la direction du théâtre, on profita de ce que Berlioz était en voyage, au loin, pour dépecer ce chef-d'œuvre et le réduire aux proportions d'un lever de rideau. « ... Soyez donc un inventeur, s'écrie-t-il, un porte-flambeau, un homme inspiré, un génie, pour être ainsi torturé, sali, vilipendé! Grossiers vendeurs! En attendant que le fouet d'un nouveau Christ puisse vous chasser du temple, soyez assurés que tout ce qui, en Europe, possède le moindre sentiment de l'art vous a en très profond mépris! » Et Berlioz mourut sans avoir vu châtier les coupables et purifier le temple, sans avoir vu surgir le Christ vengeur.

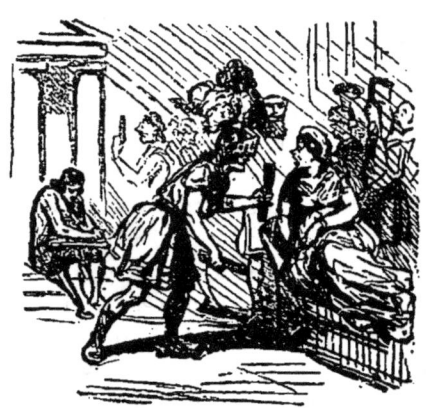

M. Mangin ayant prêté son casque à Énée,
à la condition qu'il placerait des crayons à la cour de Didon.
(Cham, *Charivari*, 22 novembre 1863.)

CHAPITRE VII

VOYAGE EN ALLEMAGNE. — GRANDS CONCERTS A PARIS

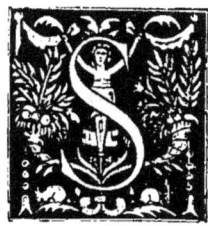EPTEMBRE 1842 : une date importante dans la vie et dans la carrière de Berlioz. Dans sa vie, parce que c'est l'époque où, rompant les derniers liens d'une passion depuis longtemps éteinte, il se sépare absolument de sa femme et se crée un nouvel intérieur ; dans sa carrière, parce que c'est le temps où, las de toujours lutter sans pouvoir s'imposer au public français, il se retourne vers ces auditoires d'outre-Rhin qui faisaient si grand accueil à ses ouvrages et entreprend ses pérégrinations à l'étranger. Au commencement de l'année, les 1er et 15 février, il avait donné deux séances aux Concerts-Vivienne avec le concours de Hallé, le « foudroyant pianiste » ; il y avait répété toujours à peu près les mêmes compositions : *Harold*, la *Symphonie fantastique*, l'*Invitation à la valse*, la *Symphonie funèbre et triomphale*, en ajoutant les deux fois un solo de violon joué par Alard avec accompagnement d'orchestre. Mais cette production laborieuse, intitulée *Rêverie et caprice* et composée en 1839 pour son ami Artot, avait été reçue assez froidement, si bien que la *Gazette musicale* elle-même avait traité ce petit morceau de « rêverie trop capricieuse ou de caprice trop rêveur », en ajoutant que l'auteur, musicien chercheur et curieux, faisait souvent des trouvailles, mais était sujet, tout comme un autre, à s'égarer. Visiblement, Berlioz tournait dans le même cercle ; il s'agitait sur place sans avancer, et s'il répondait toujours aux ovations que lui faisaient ses amis, s'il rencontrait un jour dans Paris une bande de conscrits qui revenaient de tirer au sort au Palais de Justice et qui défilaient en chantant le motif de la *Symphonie funèbre et triomphale*, il sentait bien que le vrai public demeurait en défiance et ne se dérangeait pas pour entendre des morceaux qui ne variaient guère. Il était temps pour Berlioz de changer ses batteries, et comme il recevait fréquemment de bonnes nouvelles de l'étranger, comme il apprenait encore au mois de mars que trois morceaux de son *Requiem* venaient d'être applaudis avec frénésie à Winterthur, en Suisse, il jugea que l'heure était venue de suivre le conseil de Schumann, et l'idée d'un prochain départ fut bientôt ancrée dans son esprit.

Ce projet lui souriait d'autant plus qu'il voyait là le seul moyen d'en finir avec sa femme, dont la jalousie tracassière était devenue insupportable, encore qu'il évitât, dit-il, d'y donner prétexte. En se faisant plus blanc que neige, il se vante, assurément, car un ami de la première heure, un des confidents attitrés de Berlioz en matière amoureuse, a minutieusement analysé ce long supplice, ce détachement insensible de deux artistes unis dans un élan d'amour shakespearien. « Quand Berlioz épousa miss Smithson, écrit M. Legouvé dans ses *Souvenirs*, il l'aimait comme un fou; mais quant à elle, pour me servir d'un mot qui le jetait dans une sorte de fureur, *elle l'aimait bien* : c'était une tendresse blonde. Peu à peu, cependant, la vie commune l'apprivoisa aux farouches transports de son lion, peu à peu, elle y trouva du charme, et bientôt enfin ce qu'il avait d'original dans l'esprit, de séduisant dans l'imagination, de communicatif dans le cœur, gagna si bien la froide fiancée, qu'elle devint une épouse ardente, et passa de la tendresse à l'amour, de l'amour à la passion, et de la passion à la jalousie. Malheureusement il en est souvent d'un mari et d'une femme comme des deux plateaux d'une balance; ils se maintiennent rarement de niveau; quand l'un monte, l'autre descend. Ainsi en arriva-t-il dans le nouveau ménage. A mesure que le thermomètre Smithson s'élevait, le thermomètre Berlioz baissait. Ses sentiments se changèrent en une bonne amitié, correcte et calme; mais en même temps éclatèrent chez sa femme des exigences impérieuses, des récriminations violentes et malheureusement trop légitimes. Berlioz, mêlé par l'exécution de ses œuvres et par sa position de critique musical à tout le monde des théâtres, y trouvait des occasions de faillir qui auraient troublé de plus fortes têtes que la sienne; en outre, son titre de grand artiste méconnu était un prestige qui changeait facilement ses interprètes en consolatrices. Mme Berlioz cherchait dans les feuilletons de son mari les traces de ses infidélités; elle les cherchait même ailleurs, et des fragments de lettres interceptées, des tiroirs indiscrètement ouverts, lui faisaient des révélations incomplètes, qui suffisaient pour la mettre hors d'elle-même, mais ne l'éclairaient qu'à demi. Sa jalousie retardait toujours..... »

Le chagrin, la jalousie, les scènes de ménage, et sans doute aussi l'habitude de boire, augmentant avec les ennuis, avaient précipité les ravages du temps chez miss Smithson, déjà trop âgée pour Berlioz quand il l'avait épousée. Plus elle vieillissait de visage, écrit encore M. Legouvé, plus elle rajeunissait de cœur, plus son amour s'accroissait, s'aigrissait, devenait une torture pour elle et pour lui, si bien qu'une nuit leur jeune enfant, qui couchait dans leur chambre, fut éveillé par de si terribles éclats d'indignation et d'emportement de la part de sa mère, qu'il se jeta en bas de son lit, et courant à elle : « Maman! maman! ne fais pas comme Mme Lafarge! » Au mois de septembre 1842, après avoir fait sortir à la dérobée et les paquets de musique et les bagages indispensables, Berlioz partait subrepticement pour la Belgique, en laissant à sa femme une simple lettre en guise d'adieu. Mais il ne partait pas seul; il emmenait avec lui certaine cantatrice, du nom de Martin-Recio [1], qui avait su le prendre en ses rets, une grande personne sèche, extrêmement brune, aux yeux durs, à l'humeur difficile, et dont les prétentions de chanteuse eurent toujours le don d'exaspérer Berlioz. Après avoir débuté à l'Opéra, le 30 octobre 1841, par le petit rôle d'Inès, dans *la Favorite*, elle avait chanté Isolier, dans *le Comte Ory*, et, après chacune de ces tentatives, les journaux amis, comme la *Gazette musicale* et les *Débats*, où Berlioz signait en toutes lettres, avaient atténué son échec en parlant de voix fraîche et d'intentions louables, en expliquant le manque de justesse et l'incertitude de la mesure par un tremblement bien explicable en présence d'un public aussi sévère. Elle avait, paraît-il, les qualités requises pour bien porter le travesti, et Berlioz ne se tenait pas de lui en faire compliment, avant même qu'elle ne se fût montrée en page ; mais ces avantages physiques ne suffirent pas à charmer le public, car au bout de deux mois Mme Stoltz reprenait son rôle et Mlle Recio quittait bientôt l'Opéra pour courir le monde avec Berlioz.

En arrivant à Bruxelles, celui-ci trouva tout un orchestre recruté et déjà dressé par Snel, le directeur de la société royale de la Grande-Harmonie, si bien qu'il lui suffit d'indiquer quelques nuances pour tout vivifier de son feu personnel. Au premier concert, donné dans le local de la Grande-Harmonie (26 septembre), il fit entendre le prologue de *Roméo*, la *Marche des Pèlerins*, avec Ernst comme alto-solo, la *Symphonie funèbre et triomphale*. Il avait eu la prudence de faire venir de Paris Mme Wideman, qui avait souvent dit les strophes du prologue de *Roméo*, et Mlle Recio soupira, « avec une expression mélancolique tout à fait touchante », la romance du *Jeune Pâtre breton*; après quoi les deux cantatrices se réunirent pour chanter le célèbre duo de *Norma*. A Bruxelles, pas plus qu'à Paris, les choses ne marchèrent tout droit, et quelques malveillants cherchèrent à entraver ce concert; mais ces menées envieuses et maladroites, où Berlioz pensait retrouver la main de son vieil ennemi Fétis, demeurèrent sans résultat [2]. Cependant il

---

[1]. Mme Recio, la mère, née Sothera Villas-Recio, qui marqua toujours beaucoup d'affection à Berlioz, était la veuve d'un commandant de la grande armée, nommé Martin, qui l'avait épousée en Espagne ; de là, pour la fille, le double nom de Martin-Recio.

[2]. Cette insinuation, qui se trouve dans une correspondance adressée de Bruxelles à la *Gazette*

ne voulut pas partir sans avoir fait connaître aux Belges sa *Symphonie fantastique*; il organisa donc une seconde séance, pour le 9 octobre, au temple des Augustins. Ce concert n'attira guère que ses partisans déclarés et Berlioz, grandement applaudi par ses amis, eut l'illusion d'un succès décisif, illusion encore accrue par les articles empha-

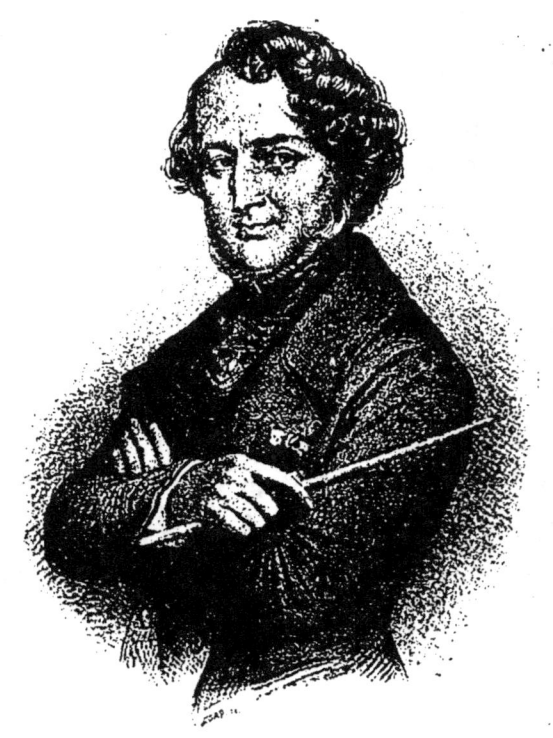

HECTOR BERLIOZ.
D'après une lithographie (1839).

tiques de quelques journaux, de *l'Éclair*, par exemple, où certain critique alors très estimé, Zani de Ferranti, rédigea l'analyse la plus

musicale, et qu'on peut, sans invraisemblance, attribuer à Berlioz lui-même, fut vivement relevée par M. Édouard Fétis, qui écrivait déjà, sous la signature XX., à *l'Indépendant* (la future *Indépendance belge*), et qui répliqua que Berlioz, au contraire, avait rencontré de toutes parts à Bruxelles la plus grande obligeance. « ... Il a voulu donner un grand concert aux Augustins ; le ministre, qui a refusé le même local à d'autres artistes, le lui a accordé sans difficulté. Tous les élèves du Conservatoire (dirigé par Fétis) et les instruments appartenant à cet établissement ont été mis à sa disposition ; il n'a payé qu'une partie du formidable orchestre qui l'a secondé, lui qui sait ce que coûte le concours des artistes de Paris. Comment, après des services aussi récents, rendus avec tant de bonne grâce, a-t-il pu laisser publier en son nom qu'il avait été ici, comme à Paris, en butte aux menées envieuses et maladroites de la malveillance ? » (*Indépendant* du 20 octobre 1842.)

enflammée et la plus propre à flatter l'auteur, en vantant chez lui le don supérieur de rendre visibles par la musique les scènes, les catastrophes, les hallucinations qu'il avait essayé de traduire : « Alors, disait le critique, qui ne s'est pas rappelé les paroles de Méphistophélès dans Gœthe : « Le seigneur Mammon n'illumine-t-il pas magni« fiquement son palais pour cette fête? Quel bonheur pour toi d'avoir « vu ceci! » Je suis presque tenté de dire de même : « Berlioz n'a-t-il « pas, par la magie de ses accords, éclairé d'une manière admirable « la scène déserte du sabbat et la sauvage bacchanale des sorcières? « Que je suis heureux d'avoir entendu, j'allais presque dire d'avoir vu « tout cela ! »

Quand il revint à Paris, Berlioz, par faveur insigne, obtint de glisser sa *Symphonie funèbre et triomphale* dans une représentation ordinaire de l'Opéra, le lundi 7 novembre, entre un acte de *Gustave III* et le ballet de *Giselle*. Il avait, pour un soir, fait la paix avec Habeneck, et chacun d'eux dirigeait un des grands orchestres nécessaires à l'exécution de la *Symphonie,* qui lui valut, paraît-il, un succès triomphal, malgré l'infériorité numérique des chœurs[1]. Cinq jours après ce concert, une élection avait lieu à l'Académie des Beaux-Arts, dans la section de musique, et, sur le premier moment, Berlioz aurait eu, ce semble, l'intention de se mettre sur les rangs, car, dès le 3 avril, la *Gazette musicale* le portait parmi les candidats qui se disputeraient le fauteuil de Cherubini; mais s'il avait jamais caressé cette idée, il y renonça au moment décisif, et ce fut Onslow qui l'emporta sur Adam, après deux tours de scrutin. Quant à Berlioz, il bouclait sa valise et ficelait d'énormes ballots de musique, afin d'entreprendre la conquête musicale des pays d'outre-Rhin.

Son premier grand voyage ne comprit que l'Allemagne et dura de cinq à six mois. Dès le milieu d'octobre 1842, on annonçait son prochain départ pour Francfort; mais il ne dut partir qu'en novembre et encore arriva-t-il à Francfort plus tôt qu'il ne pensait, après avoir presque brûlé Bruxelles et Mayence, où il avait projeté de faire un plus long séjour. Dans la première de ces villes, il aurait bien désiré,

---

1. Ici, il faut remarquer : 1° Que Berlioz, dans ses *Mémoires*, avance d'un an son voyage en Allemagne, en le datant : 1841-1842 ; — 2° Qu'il confond en un seul festival, qui aurait eu lieu en 1840, les deux grands concerts qu'il donna à l'Opéra le 1ᵉʳ novembre 1840 et le 7 novembre 1842 ; — 3° Qu'il place la représentation du *Freischütz*, à l'Opéra, après son retour à Paris, tandis qu'elle eut lieu un an et demi avant son départ pour l'Allemagne. Ces graves inexactitudes proviennent-elles simplement d'un manque de mémoire, ou faut-il y voir, avec M. Hippeau, l'intention bien arrêtée chez Berlioz de faire de l'ombre sur les années 1841 et 1842, pendant lesquelles il rompit avec sa femme et se lia ouvertement avec Mᵐᵉ Recio ? Il me paraît plus juste et plus prudent de s'en tenir à la première hypothèse, car, dans la seconde, il aurait été bien naïf à Berlioz de ne pas prévoir que les allégations des *Mémoires* seraient tôt ou tard détruites soit par ses lettres ayant date certaine, soit par les entrefilets de la *Gazette musicale* et des *Débats*.

sur l'avis favorable de Snel, donner un concert avec l'orchestre de la Grande-Harmonie, mais il ne voulut pas s'y risquer sans avoir le concours d'une chanteuse chère aux Bruxellois, Mme Nathan-Treillet, qu'un malaise imprévu retint à Paris, et quand il fut à Mayence, il apprit qu'il n'y avait dans cette ville aucun des éléments indispensables pour la réussite d'un concert, ni orchestre, ni public, ni argent. Berlioz, doublement déconfit, partit pour Francfort. Là, du moins, il était sûr de pouvoir donner deux concerts, puisqu'il en était convenu d'avance avec le maître de chapelle, Guhr, et qu'on y avait déjà fait entendre avec succès son *Roi Lear;* mais quelle ne fut pas sa déception lorsque Guhr, tout bouleversé de le voir arriver si tôt, lui dit qu'il n'y avait rien à tenter en fait de grande musique et de concerts tant que deux jeunes violonistes, les sœurs Milanollo, n'auraient pas fini de fanatiser le public! Berlioz se consola comme il put de cette malchance en entendant chanter *Fidelio* par deux artistes de premier ordre, Pischek et Mlle Capitaine; il eut aussi le bonheur de retrouver là Ferdinand Hiller avec lequel il reprit aussitôt ses relations de bonne camaraderie, et, quelques jours après, il partait pour Stuttgart.

Il ne connaissait guère dans cette ville que le docteur Schilling, auteur de nombreux ouvrages théoriques et critiques sur l'art musical, excellent homme au demeurant, mais de chétive assistance pour l'organisation d'un concert; alors, il prit le parti d'aller voir le maître de chapelle, le vieux Lindpaintner, qui le reçut à bras ouverts, lui donna de sages avis et le mit en rapport le soir même, au théâtre, avec ses futurs exécutants. Cet orchestre était excellent et comptait dans ses rangs un bon harpiste, l'oiseau rare en Allemagne à cette époque, ainsi que Berlioz avait déjà pu s'en convaincre; de plus, les violons, presque tous élèves du célèbre Molique, étaient de premier ordre et toute cette troupe déchiffrait la musique la plus difficile avec un aplomb imperturbable : aussi, Berlioz n'eut-il qu'à se féliciter en faisant répéter *la Fantastique, les Francs-Juges,* la marche d'*Harold,* etc. Mais voilà qu'au jour solennel la moitié de ces incomparables violons lui manquent de parole; le concert eut lieu quand même et l'exécution fut, sinon très puissante, au moins exacte et chaleureuse : à la fin, le roi, qui n'était nullement connaisseur, fit transmettre à Berlioz ses félicitations; Lindpaintner lui adressa quelques compliments sur son ouverture sans souffler mot du reste, et Molique affecta de n'avoir rien compris.

L'excellent docteur Schilling avait-il reçu meilleure impression de toute cette musique? Il n'en témoigna rien au compositeur; il le recommanda néanmoins au prince de Hohenzollern-Hechingen, dont il était conseiller intime, et le prince, grand amateur de musique, engagea tout aussitôt le voyageur à lui faire visite dans sa petite principauté, sur les confins de la Forêt-Noire. Berlioz y arriva juste au moment des fêtes de la nouvelle année 1843 ; il s'entendit vite avec le maître de chapelle Techlisbeck, pour approprier *le Roi Lear,* la *Marche des Pèlerins,* le bal de la *Symphonie fantastique* aux ressources restreintes de ce petit orchestre, et l'exécution marcha sans accroc trop grave, avec l'aide du souverain qui se tenait à côté du timbalier pour lui compter ses pauses et surveiller ses entrées. Et tous les invités d'applaudir, et le prince de le féliciter avec effusion ; mais, dès le surlendemain, Berlioz, si touché qu'il fût de cet accueil, reprenait sa route à travers la neige et regagnait Stuttgart, où il demeura quelques jours assez perplexe entre les divers chemins qu'il pouvait suivre... Une réponse favorable lui étant arrivée de Weimar, il remonta vers le nord et rallia d'abord Carlsruhe, puis Mannheim, où il trouva comme maître de chapelle un artiste plein de modestie et de talent : c'était le frère cadet du célèbre compositeur Lachner. Il eut bien vite fait d'organiser un concert où les trois premières parties d'*Harold* furent fort applaudies, et cependant Berlioz ne garda qu'un souvenir assez triste de cette ville endormie, en dépit du zèle affectueux de Lachner, malgré l'extrême amabilité de la princesse Stéphanie qui crut retrouver le calme heureux des nuits italiennes dans la Sérénade au milieu des Abruzzes : il lui tardait tant d'arriver à Weimar. Encore quelques tours de roue et le voilà de retour à Francfort, où il retombe dans les bras d'Hiller qui fait justement exécuter le lendemain sa *Chute de Jérusalem* et le convie à cette soirée ; mais Berlioz a bien le temps d'entendre de la musique. Il vole à Weimar et surtout fuit sa compagne de voyage qui commençait à lui porter sur les nerfs en voulant toujours chanter de sa musique : « Plaignez-moi, mon cher Morel, écrivait-il justement de Francfort; Marie a voulu chanter à Mannheim, à Stuttgart et à Hechingen. Les deux premières fois, cela a paru supportable ; mais la dernière !... Et l'idée seule d'une autre cantatrice la révoltait ! »

Berlioz, exaspéré, pensait rompre les chiens à Francfort, et comme Hiller insistait pour qu'il vînt à son concert : « Impossible, répondit-il en des termes que Hiller a notés dans son carnet journalier, à la date du 16 janvier 1843. Impossible. Tu sais que je voyage en compagnie d'une cantatrice. Elle chante comme une chatte, ce n'est pas là le malheur ; le pis est qu'elle veut figurer dans tous mes concerts. Je vais d'ici à Weimar, nous y avons un ministre et il est impossible qu'elle m'accompagne, mais j'ai mon plan. Elle croit que je suis invité ce soir chez Rothschild. Je vais quitter l'hôtel à sept heures, ma place est retenue à la diligence, mes malles sont prêtes, je pars et deux heures après, elle recevra par le maître d'hôtel une lettre l'informant de mon excursion. » Mais l'imprudent Berlioz, en s'inscrivant à la

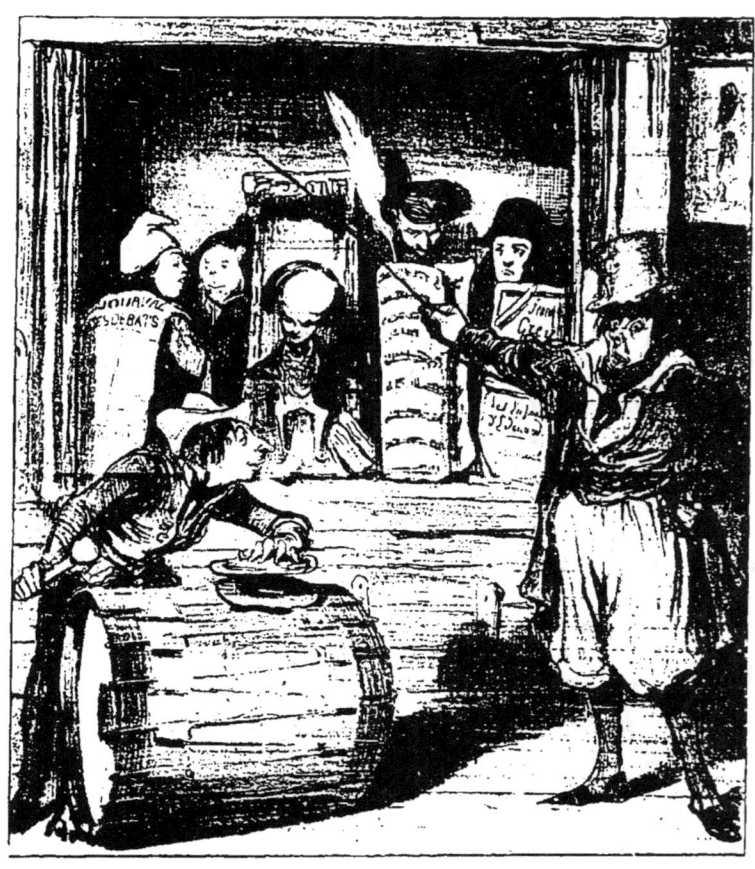

Jules Janin. David d'Angers. Victor Hugo. Berlioz. P. Delaroche.
LES SALTIMBANQUES, PAR DAUMIER.
Vous voyez ici les grandes célébrités de la France littéraire, musicale et artistique ;
ils ont tous 36 pieds au-dessus du niveau de la mer...
(*Charivari*, 5 avril 1843.)

diligence, avait donné son vrai nom ; Mlle Recio, au reçu de la lettre, courut au bureau, sut dans l'instant pour quelle ville il était parti et se lança à sa poursuite. Hiller, apprenant à son tour le départ de la chanteuse, en avisait Berlioz — un peu tard — et quelques jours après il recevait une lettre de Mlle Recio, qui le félicitait ironiquement de son zèle, et au milieu de laquelle Berlioz, assez penaud, avait ajouté deux lignes de sa main : « On n'a été ni attrapé, ni rattrapé ; mais on s'est trouvé réunis [1] ». Berlioz était parti de Francfort avec un grand mal de gorge et il arriva plus malade à Weimar, où Chelard et Lobe l'attendaient avec impatience. En sa triple qualité d'artiste, de compatriote et d'ancien ami, Chelard s'occupa très activement d'organiser le concert dans la salle du théâtre, accordée par l'intendant, baron de Spiegel ; un nombreux orchestre était mis à la disposition de Berlioz, et comme tout le monde, à Weimar, avait entendu déjà plus d'une fois *le Roi Lear,* cette ouverture et la *Symphonie fantastique,* par contre-coup, furent reçues avec force applaudissements et valurent à l'auteur les compliments de la cour : beau succès officiel en résumé, mais rien qui pût faire prévoir la faveur insigne dont Berlioz allait jouir à Weimar, grâce à l'apostolat de Liszt, ni la chaude et réconfortante admiration que les souverains enthousiasmés lui devaient marquer durant ses derniers jours.

De Weimar, sa route était toute tracée vers Leipzig. Il hésitait cependant à s'y rendre, ne sachant trop dans quels termes il était au juste avec Mendelssohn, qui exerçait dans cette ville une sorte de dictature musicale ; peut-être même aurait-il rayé Leipzig de son itinéraire si Chelard, qui connaissait bien Mendelssohn, n'eût vivement combattu ces craintes. Berlioz écrivit alors une lettre à Mendelssohn pour lui annoncer sa venue, et, quelques jours après avoir reçu une réponse pleine d'effusion, il débarquait à Leipzig ; il courait aussitôt voir la salle si réputée du Gewandhaus, et tombait précisément au milieu d'une répétition générale de *la Nuit de sabbat.* A la fin, les deux anciens amis s'abordèrent avec élan ; bien plus, Berlioz transporté, dit-il, par l'audition de cette cantate, pria Mendelssohn de lui remettre en souvenir la baguette dont il s'était servi pour battre la mesure, et, dès le lendemain, ils échangeaient leurs bâtons de commandement[2]. Ce n'était là qu'une démonstration facétieuse ; mais, plaisanterie à part, Berlioz rencontra dans Mendelssohn et dans le maître de concert, David, le célèbre violoniste, une obligeance, un dévouement

---

1. *Künstlerleben,* de Ferdinand Hiller, résumé par M. E. Hippeau dans *Berlioz intime.* — Plus haut, à la page 52, dans la note où il est déjà parlé de cet ouvrage, il faut rétablir un mot et lire : « la publication des spirituels souvenirs *(Künstlerleben)* d'Hiller, etc. »

2. Le bâton donné par Mendelssohn à Berlioz est maintenant au musée du Conservatoire, à Paris. Berlioz l'avait légué, avec beaucoup d'autres, à son exécuteur testamentaire, M. Édouard Alexandre, qui l'offrit à Pasdeloup en 1884, à l'occasion de son festival de retraite au Trocadéro. Pasdeloup ne l'accepta que comme un dépôt, dit-il alors dans une lettre, et promit de le faire remettre au musée du Conservatoire après sa mort, ce qui a eu lieu. C'est une simple baguette assez mince, de 32 centimètres de long, recouverte d'une peau de gant cousue, devenue jaune et sale à l'user. Berlioz a inscrit au milieu, à l'encre, cette mention déjà effacée aux trois quarts et qu'on a bien du mal à déchiffrer : *Bâton de Mendelssohn échangé par lui contre le mien, 3 février 1843. H. Berlioz.*

infatigables pour l'aider à préparer son concert. Malheureusement, il commit l'imprudence d'augmenter un peu l'orchestre, en portant le chiffre des violons de seize à vingt-quatre, ce qui donna prise à la critique : en vérité, n'était-il pas bien présomptueux à ce nouveau venu d'exiger plus de musiciens qu'il n'en fallait pour exécuter les chefs-d'œuvre de Mozart et de Beethoven? Impossible, en revanche, de trouver un cor anglais, un ophicléide, une harpe; si bien qu'au concert Mendelssohn dut figurer, tant bien que mal, la partie de harpe sur le piano; mais, en dépit de ces légères lacunes, l'exécution fut excellente après deux répétitions seulement. Tous les morceaux : *le Roi Lear*, *les Francs-Juges*, la *Symphonie fantastique* et la *Rêverie* pour violon, jouée par David, furent très applaudis, mais aussi fort discutés, et la polémique était tellement violente entre les journaux que Berlioz, à ce qu'il assure, aurait pu se croire encore à Paris.

Sur le conseil de Mendelssohn, il avait accepté de faire exécuter une de ses œuvres dans un concert au bénéfice des pauvres, qui devait avoir lieu le 22 février; mais il alla, dans l'intervalle, à Dresde, où l'intendant, baron de Lüttichau, l'avait engagé pour deux concerts, en lui promettant de mettre le théâtre entier à sa disposition. Il allait trouver là des ressources musicales telles qu'il n'en avait encore vu nulle part : orchestre excellent, musique d'harmonie, un soliste exceptionnel, le ténor Tichatschek et, par-dessus tout, un ami chaud, dévoué, énergique, en la personne de Charles Lipinski, le premier maître de concert; il allait rencontrer aussi deux excellents maîtres de chapelle, également disposés à le seconder : Reissiger et surtout Richard Wagner. Le concert, si long qu'il fût avec *le Roi Lear*, *la Fantastique*, des fragments du *Requiem* et les deux derniers morceaux de la *Symphonie funèbre*, marcha dans la perfection, tant les exécutants se piquèrent d'honneur, par rivalité sourde avec ceux de Leipzig; mais il fut de toute évidence, après ce nouvel essai, que *la Fantastique*, applaudie à Stuttgart, appréciée à Weimar, discutée à Leipzig et mal reçue à Dresde, heurtait par trop les préférences musicales de quantité d'amateurs en Allemagne, tandis que ces mêmes personnes, jugeant sur de simples fragments, marquaient une prédilection constante pour la *Symphonie funèbre* et le *Requiem*[1]. Le second concert fut peut-être encore plus heureux avec les scènes mélancoliques d'*Harold*, avec l'adagio, la scène du bal de *Roméo et Juliette*, avec la cantate du *Cinq Mai*, superbement dite par Waechter, et dont le succès inattendu

---

1. La compagne acharnée de Berlioz prit aussi part à ce concert : « Mlle Recio, qui *se trouvait alors* à Dresde, consentit très gracieusement à chanter deux romances avec orchestre, et le public l'en récompensa dignement. » Bon public !... Cette phrase d'une lettre à Ernst, dans le *Voyage musical en Allemagne et en Italie*, a été supprimée lors de la réimpression de ces lettres dans les *Mémoires*.

décida Berlioz à la faire rechanter souvent en Allemagne. Le baryton
Wæchter et le ténor Tichatschek, qui avait très fidèlement chanté le
solo du *Sanctus*, tels sont les chanteurs qui frappèrent le plus Berlioz
à Dresde. Au contraire, il fut sensiblement déçu par la Schrœder-
Devrient, dont il avait gardé si bon souvenir après l'avoir entendue à
Paris dans *Fidelio*, dans *le Freischütz*, et il marqua un dédain complet
pour la chanteuse légère, Mlle Wüst ; n'avait-elle pas, l'imprudente,
éludé de chanter la cavatine de *Benvenuto*, sous prétexte que le texte
était mal traduit, la musique mal appropriée à sa voix, et n'avait-il
pas fallu se rejeter au dernier moment sur la femme du violoniste et
maître de concert Schubert ? Berlioz passa bien trois longues semaines
dans cette ville, où tous les artistes semblaient heureux de lui venir
en aide, et c'est seulement quand il en fut loin qu'il se lamenta d'être
resté si longtemps à Dresde sans aller témoigner de sa profonde admiration à la veuve, aux enfants du grand Weber. Il ignorait, dit-il, on
lui avait caché qu'ils habitassent en cette ville ; est-ce vraiment possible
et peut-on croire un instant qu'on ne lui eût parlé ni de Weber ni de
sa famille dans une ville encore toute pleine de son souvenir, au
moment même où Richard Wagner organisait des concerts, provoquait
des souscriptions pour y ramener triomphalement les cendres de son
illustre prédécesseur ?

En retournant à Leipzig, Berlioz se faisait une fête d'y diriger, au
profit des pauvres, le grand finale, avec chœurs, de *Roméo et Juliette*.
L'exécution en avait été préparée au prix d'efforts persévérants : Mendelssohn s'était employé à mieux adapter la traduction allemande sur la
musique ; lui-même, et David, et Berlioz, s'étaient multipliés pour faire
répéter les différents groupes de chœurs ; enfin, lorsque tout paraissait
devoir aller à souhait, il fallut y renoncer au dernier moment par la
faute d'un malheureux soliste, absolument incapable de chanter la
partie du père Laurence, et qui grognait, de surcroît, chaque fois
que la répétition s'interrompait à cause de lui. Vite, il fallut remplacer
ce fragment par *le Roi Lear* et l'Offertoire du *Requiem* ; on étudia ces
deux morceaux dans la matinée et le soir l'exécution marcha sans le
moindre accroc. Quelle joie alors pour Berlioz que d'être enfin sorti
de peine et quelle satisfaction pour lui que d'avoir, le matin même,
après la répétition, reçu ce bref et précieux compliment de Schumann :
Votre Offertorium surpasse tout ! tandis que Mendelssohn ne paraissait
attacher de prix qu'à certaine *entrée de contrebasse*, dans l'accompagnement de *l'Absence !* Et cependant il ne lui tint nullement rigueur
pour cette réserve affectée : « Mendelssohn a été charmant, excellent,
attentif, en un mot, bon camarade tout à fait, écrivait-il à d'Ortigue

le 28 février 1843. C'est un grandissime maître : je le dis malgré ses compliments enthousiastes *pour mes romances;* car des symphonies ou des ouvertures, ni du *Requiem,* il n'a jamais dit un mot. Il a fait exécuter ici, pour la première fois, sa *Nuit de sabbat* sur un poème de Gœthe, et je t'assure que c'est une des plus admirables compositions orchestrales et chorales qu'on puisse entendre. »

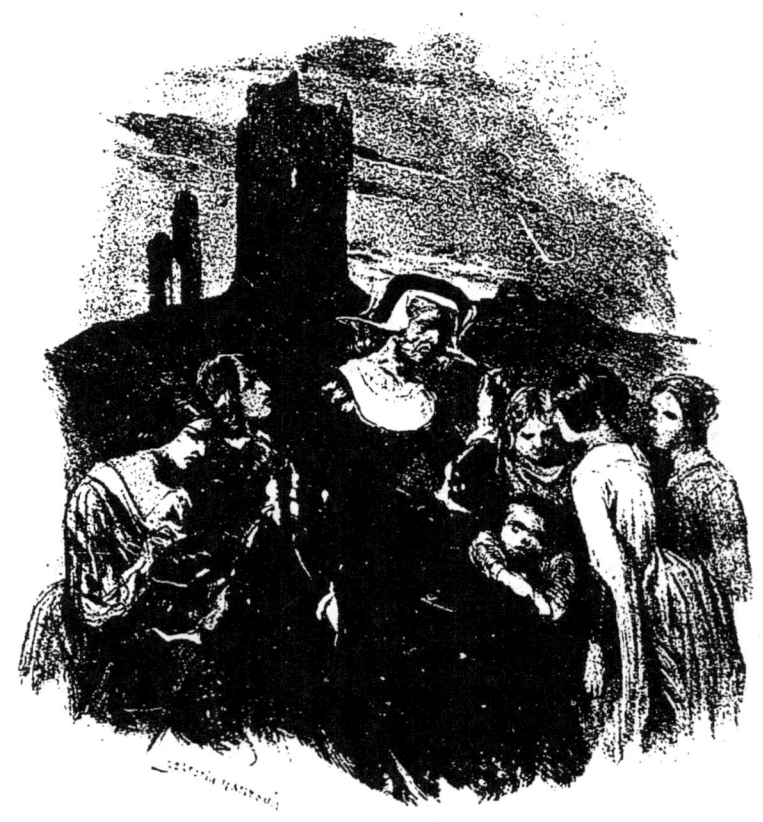

« LA BELLE ISABEAU », MÉLODIE DE BERLIOZ.
Lithographie de Célestin Nanteuil sur le titre (1844).

Le projet de Berlioz était de se rendre directement de Leipzig à Berlin ; mais, au moment de partir, il recevait une lettre de Meyerbeer lui conseillant de retarder d'un mois sa venue à Berlin, et d'aller auparavant à Brunswick, où il trouverait un orchestre d'honneur, où le souvenir des *Francs-Juges* et du *Roi Lear,* exécutés dès 1839, ne devait pas être entièrement effacé. Brunswick, en effet, était une des premières villes d'Allemagne où sa musique eût pénétré ; mais, après un coup de surprise et un enthousiasme passager, les critiques de profession avaient repris le dessus, modifié l'impression du public et fait rayer ses ouvertures des programmes courants, en exploitant contre lui le surnom de « Beethoven français », dont ses amis de Paris l'avaient gratifié trop vite. Cependant les discussions et plaisanteries provoquées par ce titre ambitieux n'empêchaient pas Berlioz de compter encore nombre de partisans à Brunswick, et, dès son arrivée, il était reçu à bras ouverts par l'excellent violoniste Zinkeisen, il trouvait bon accueil auprès des frères Müller, les incomparables interprètes des quatuors de Beethoven ; il était frappé du zèle des exécutants, très nombreux, qui, sans le prévenir, se réunissaient pour répéter entre eux les passages les plus épineux : aussi se décida-t-il à faire essayer par cet orchestre exceptionnel le difficile scherzo de *la Reine Mab*, qu'il n'avait encore osé donner nulle part en Allemagne. L'exécution en fut parfaite et le succès au moins égal à celui de l'ouverture de *Benvenuto*, d'*Harold*, de la fête de *Roméo*, des fragments du *Requiem*, et cela dès la répétition générale, à laquelle assistaient les connaisseurs faisant autorité. Quelle surprise aussi pour Berlioz quand, le jour du concert, il se voit forcé de prendre place au pupitre sous une sorte de berceau en feuillage ; quelle émotion lorsqu'à la fin de la séance, au bruit d'applaudissements frénétiques, il voit Georges Müller s'avancer, les mains pleines de fleurs, et lui offrir ces superbes couronnes au nom de la chapelle ducale; quel triomphe enfin que ce grand souper, au milieu duquel, après chaque toast, après chaque discours, cent cinquante voix, basses, ténors et sopranos, entrant à la file, attaquaient en musique et soutenaient un hurrah de l'effet le plus grandiose ! On aurait dit quelque cérémonie religieuse, un choral en l'honneur de l'art et de l'amitié.

Une fois lancé vers le nord, Berlioz poussa jusqu'à Hambourg, et grande fut sa surprise en découvrant dans cette ville lointaine ce qu'il avait vainement cherché par toute l'Allemagne : un excellent harpiste et un vigoureux ophicléide ; mais toujours pas de cor anglais. A son grand étonnement aussi, la salle de théâtre qu'il avait vue vide aux représentations de *la Flûte enchantée*, de *Moïse*, etc., fut pleine le jour de son concert, dont *Harold en Italie* et *le Cinq Mai*, chanté par la basse Reichel, firent les principaux frais. Enfin, il touchait au but principal de son voyage, et le 28 mars il arrivait à Berlin, où Meyerbeer, tout récemment promu au poste de directeur général de la musique du roi, le nouveau roi de Prusse, Frédéric-Guillaume IV, lui donnait aussitôt toutes les facilités désirables pour organiser ses con-

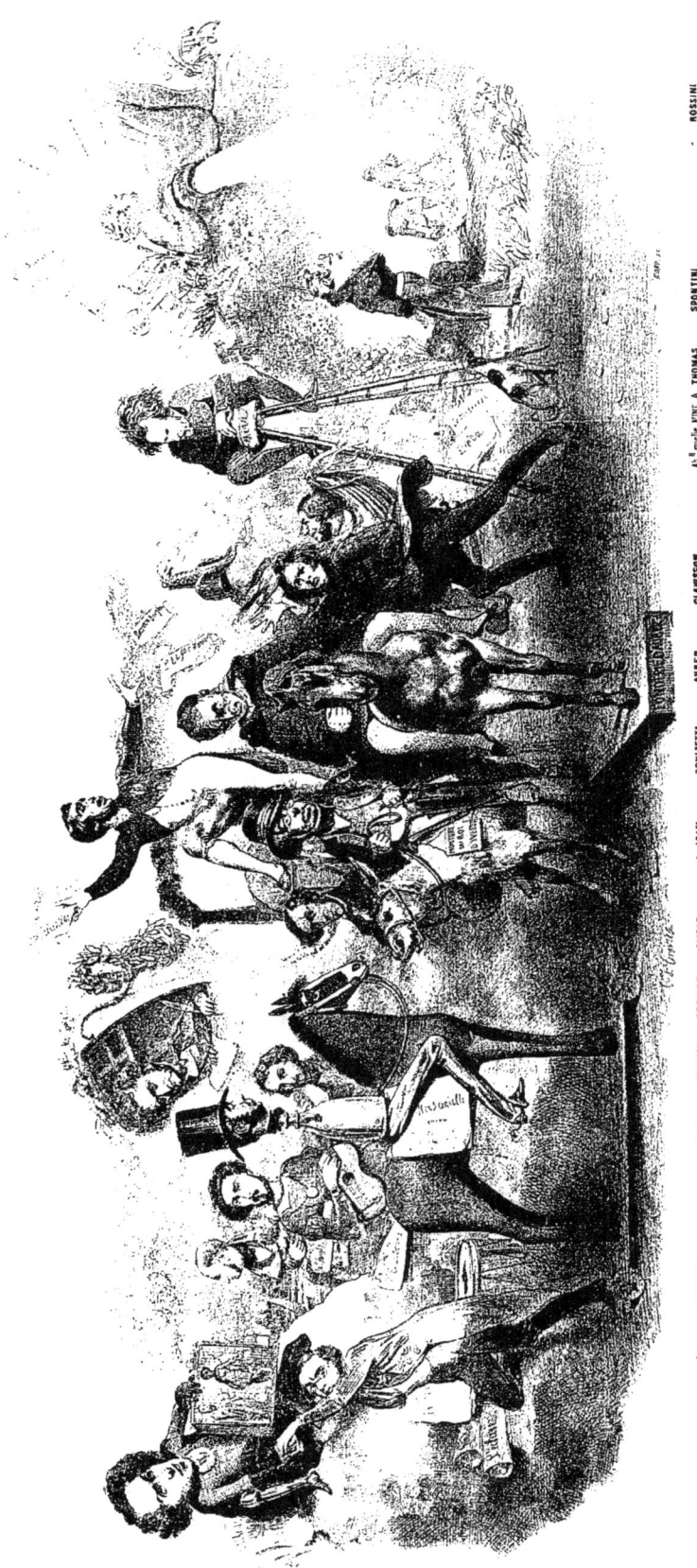

certs. Il suit régulièrement les représentations de l'Opéra, où l'exécution d'*Armide* l'émerveille autant que celle du *Freischütz* l'indispose ; il accepte une invitation à l'Académie de chant, où les grands ensembles de *la Passion,* de Bach, lui coupent la respiration ; il assiste à un concert de la cour, concert sans orchestre, où Meyerbeer tient le piano comme un simple accompagnateur ; enfin, il écoute, il apprécie, il admire les bandes de musique militaire organisées sous la haute direction de Wiprecht ; un beau jour, le prince royal l'invite à venir dans son palais, et tout à coup, derrière un rideau, éclatent les premières notes de l'ouverture des *Francs-Juges,* attaquée par plus de trois cents musiciens et menée jusqu'au bout avec une précision merveilleuse, une verve irrésistible... Et que fait-il entendre enfin dans ses deux grands concerts, pour lesquels Meyerbeer avait recruté tous les exécutants de renfort nécessaires ? Il arrive, après bien des peines, à exécuter les grands morceaux du *Requiem,* qu'il n'avait pas encore osé risquer en Allemagne, en plus de l'ouverture de *Benvenuto,* d'*Harold,* de l'*Invitation à la valse* et du *Cinq Mai,* chanté par Bœtticher. Pour la seconde séance, il n'annonce pas moins de cinq morceaux de *Roméo et Juliette, la Reine Mab* comprise, et parvient, en deux répétitions, à les faire jouer d'aplomb. L'œuvre plut, mais déconcerta le public, encore que chaque morceau eût ses défenseurs : la princesse de Prusse tenait pour le scherzo, dont les sonorités bizarres l'avaient fort intriguée ; le roi, venu tout exprès de Potsdam, se montra charmé par la *Fête chez Capulet,* dont il demanda copie afin de la faire jouer par ses musiques militaires ; enfin, les musiciens de l'orchestre marquèrent une préférence unanime pour la scène d'amour. Et Berlioz, qui n'en revient pas, se pose avec inquiétude cette question : Les artistes de Berlin auraient donc la même façon de sentir que ceux de Paris ?

Si royalement traité qu'il fût à Berlin, il lui fallait pourtant revenir à Paris. Et déjà, dit-il, à une certaine agitation vague, à une sorte de fièvre qui lui trouble le cerveau, à l'inquiétude sans objet dont sa tête et son cœur se remplissent, il sent que le voilà rentré en communication avec le courant électrique de Paris. Il renonce pour cette fois à visiter Breslau, Vienne et Munich, il reprend le chemin de la France. Il ne s'arrête pas à Magdebourg et va droit à Hanovre où l'attendait Bohrer, le grand violoniste et l'admirable interprète de Beethoven, où régnait le célèbre compositeur Marschner, dont Berlioz ne put pas se faire entendre en français, où le prince royal, qui suppléait à la perte de la vue par la finesse de l'ouïe, lui fait de chauds compliments après *le Cinq Mai.* Vite en route pour Darmstadt. Il passe de grand matin à Cassel et se garde bien d'aller réveiller Spohr ; il rentre pour la quatrième fois à Francfort, puis arrive à Darmstadt où son ancien condisciple de la classe de Lesueur, le concert-meister Schlosser, se faisait une joie de le recevoir. Là, le grand-duc se montre plus magnifique encore que celui de Weimar qui, seul jusqu'alors, avait laissé la recette entière à Berlioz : il alla jusqu'à l'exempter de toute espèce de frais. Le concert fut rapidement organisé, tant les musiciens apportaient de zèle aux répétitions, et différents morceaux de *Roméo et Juliette*, ainsi que l'indispensable *Cinq Mai*, chanté par Reichel, une ancienne connaissance de Hambourg, eurent un succès d'enthousiasme... Et quelques jours après, Berlioz rentrait en France : « Je viens, comme les hommes religieux de l'ancienne Grèce, de consulter l'oracle de Delphes. Ai-je bien compris le sens de sa réponse ? Faut-il croire à ce qu'elle paraît contenir de favorable à mes vœux ?... N'y a-t-il pas d'oracles trompeurs ?... L'avenir, l'avenir seul en décidera. »

C'est à la fin du mois de mai 1843 que Berlioz revint à Paris. Il se remettait d'abord à son interminable opéra de *la Nonne sanglante*; il corrigeait son *Traité d'instrumentation*, que l'éditeur Schonenberger allait publier l'année suivante ; puis, sur la demande de l'empereur de Russie, il arrangeait les plains-chants de l'église grecque à seize parties, à quadruple chœur, en employant, c'était spécifié, les voix de contrebasses, très communes parmi les chantres russes. Entre temps, il était nommé membre de l'Académie romaine de Sainte-Cécile et recommençait à donner des concerts, tout en formant de nouveaux projets de voyage. Il rêvait alors d'aller jusqu'en Danemark et priait Snel, par lettre du 3 décembre 1843, de lui envoyer des lettres de recommandation pour les autorités musicales des Pays-Bas, par où il devait passer pour gagner Copenhague. En attendant, il ne se reposait guère à Paris. Concert le dimanche 19 novembre, au Conservatoire, avec le concours de Duprez qui chante pour la première fois, à Paris, cette mélodie de *l'Absence* dont Mendelssohn avait fait compliment à Berlioz ; — concert le samedi 3 février 1844, à la salle Herz, où sa ballade à deux voix : *Hélène*, tirée d'*Irlande*, est mal chantée en chœur par les hommes, où l'ouverture du *Carnaval de Rome*, récemment composée sur le *saltarello* du carnaval, dans *Benvenuto*, est exécutée pour la première fois et redemandée avec transport ; — concert spirituel le samedi saint 6 avril à l'Opéra-Comique et réaudition de cette ouverture ; — en mai, concert aux Italiens, où Liszt a la part prépondérante, et dont Berlioz rendit compte lui-même avec une adresse extrême en ne soufflant mot de ses propres compositions, en ne parlant que des solistes et en terminant de la sorte : « Quant à lui, quant à M. Berlioz, chef d'orchestre, il a toujours l'air de mauvaise humeur et nous avons vu le moment où il allait jeter son bâton à la tête de deux dames, fort respectables cependant, qui causaient assez haut dans une seconde loge d'avant-scène pendant l'exécution de la marche de *Harold*.

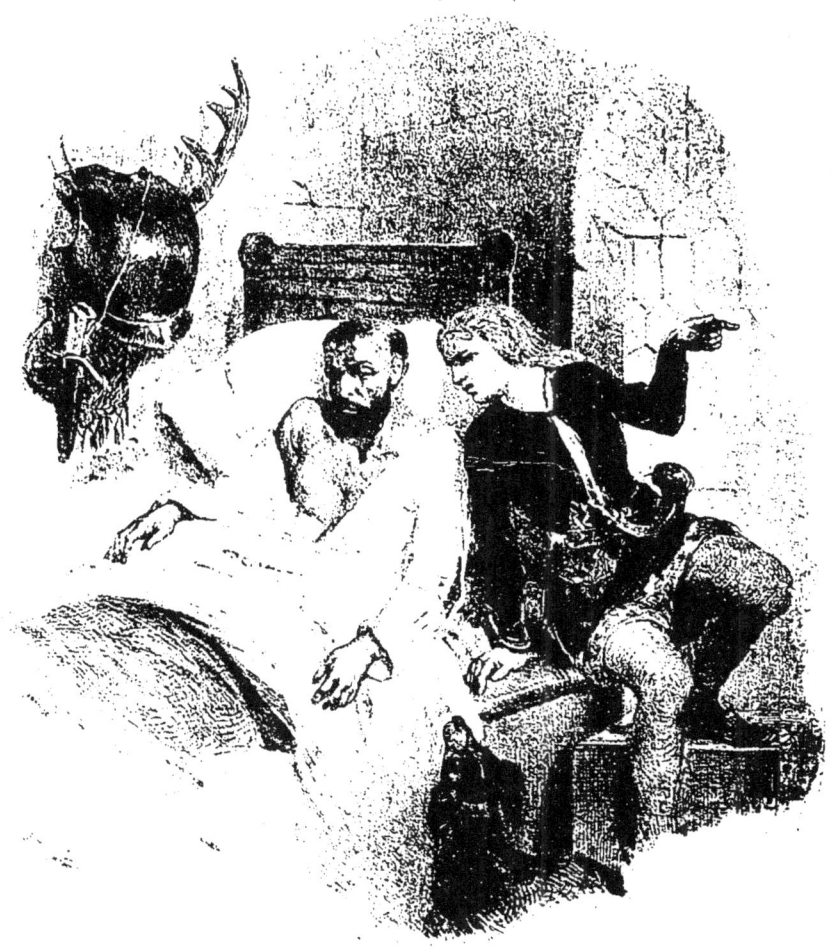

« LE CHASSEUR DANOIS », MÉLODIE DE BERLIOZ.
Lithographie de Célestin Nanteuil sur le titre (1845).

Ne voilà-t-il pas en effet un beau sujet de colère! et peut-on exiger d'une salle entière une attention absolue quand il ne s'agit pas d'écouter un ballet? Il y avait en outre plus de dix minutes que ces bonnes dames n'avaient rien dit, et le silence était profond partout ailleurs... En somme, c'est une splendide soirée où tout le monde a dû trouver son compte, les artistes, le public, les auditeurs attentifs, les vieilles femmes bavardes et les marchandes de fleurs. Quant aux compositions de mon ennemi intime, j'ai déjà dit que je n'en dirais rien. Cependant... Eh bien, non ! tant pis, que le diable l'emporte ! [1] »

Il y avait, cette année-là, aux Champs-Élysées une grande Exposition des produits de l'industrie ; elle allait fermer à la fin de juillet et le bâtiment élevé tout exprès devait être immédiatement démoli. Berlioz, aussitôt qu'on avait parlé de cette Exposition, et non pas seulement au dernier moment, avait eu l'idée de transformer la rotonde centrale, une fois qu'on aurait retiré les machines exposées, en une immense salle de concert où l'on pourrait donner le 1er août un festival monstre de musique sérieuse, et, le lendemain, un grand concert-promenade de musique légère. Il s'entendit pour cela avec Strauss, le chef d'orchestre des bals à la mode, et, grâce à la protection des Bertin, on obtint l'autorisation du préfet de police, Delessert, qui l'avait d'abord refusée par crainte de rassemblements trop nombreux, de manifestations anti-gouvernementales [2]. Berlioz, une fois nanti de la permission, prit toutes ses mesures en conséquence, engagea à peu près tous les instrumentistes et choristes disponibles de Paris, et adressa un chaleureux appel aux chanteurs les plus réputés, les priant de venir se joindre à ces masses chorales pour *les guider de l'âme et de la voix;* bref, il réunit de la sorte un personnel de plus de mille exécutants, dont quatre cents voix. Ce concert, donné le 1er août, fut exclusivement composé de morceaux qu'on pût jouer par grandes masses, sans aucun soliste : ouvertures de *la Vestale* et du *Freischütz*, *Marche au supplice* de *la Fantastique*, *Apothéose* de la *Symphonie funèbre et triomphale*, chœur de l'*Antigone*, de Mendelssohn, — en remerciement de son bon accueil à Leipzig, — chant national de *Charles VI*, *Bénédiction des poignards* et, tout au milieu du programme, une composition nouvelle de Berlioz sur des paroles d'Auguste Barbier : *Hymne à la France*, dont le finale : *Dieu protège la France*, souleva des tempêtes d'applaudissements. Le public, attiré par d'énormes affiches

---

1. Au mois d'août 1844, Berlioz faisait paraître chez Labitte son premier ouvrage en deux volumes, intitulé : *Voyage musical en Allemagne et en Italie*; et, l'année suivante, le prince de Hanovre envoya à l'auteur, pour lui marquer tout le plaisir qu'il avait pris à le lire, une grande médaille d'or avec cette inscription : *Nec aspera terrent*. Ces deux volumes, outre le récit de son séjour en Italie et de son voyage en Allemagne, qui venait de paraître aux *Débats*, renfermaient ses principales études ou fantaisies déjà publiées au *Correspondant*, à la *Gazette musicale* et aux *Débats*. Plus tard, lorsqu'il annula cet ouvrage et en refondit la matière, toute la partie ayant trait à sa biographie ou à ses voyages prit place dans ses pseudo-*Mémoires*, et les articles de critique ou de fantaisie furent distribués dans *les Soirées de l'orchestre*, *les Grotesques de la musique* et *A travers chants*.

2. La demande d'autorisation à la police pour donner une fête du 3 au 6 août remonte au mois de mars 1844, et, dès le 25 juin, Berlioz écrivait à Strauss pour lui dire de commencer les répétitions. Ces renseignements, fournis par M. Hippeau, prouvent doublement que ce festival du 1er août n'eut absolument rien d'improvisé.

qui lui promettaient un chiffre formidable d'exécutants, avait pris d'assaut la salle de l'Exposition. Malheureusement le concert-promenade du lendemain absorba les bénéfices et, tout compte fait, Berlioz tira de cette entreprise colossale un bénéfice net de 800 francs, qu'il employa à voyager pour se remettre et calmer sa surexcitation nerveuse. Il alla passer un mois à Nice : il se plongea dans la mer, il fit de longues excursions dans la campagne environnante et jouit avec délices d'un calme enchanteur ; puis, quand il vit sa santé remise et sa bourse vide, il reprit tristement le chemin de Paris.

Au commencement de 1845, Berlioz trouvait enfin ce qu'il cherchait depuis bien longtemps : un très grand local où donner des concerts réguliers dans lesquels ses propres ouvrages alterneraient avec ceux d'autres compositeurs vivants et des maîtres consacrés de l'art musical ; seulement, ce local avait le grave inconvénient d'être situé dans un quartier désert, tout au bout de la ville. C'était le Cirque-Olympique, aux Champs-Élysées, que le nouveau propriétaire, alléché par la recette du festival donné dans le local de l'Exposition, entreprit de convertir pour l'hiver en salle de concert. Conformément au désir de Berlioz, un plancher pour l'orchestre couvrait toute la piste centrale et se prolongeait d'un côté en une grande estrade pour les chœurs, de l'autre en une petite tribune où se plaçait le chef d'orchestre avec les solistes, qui regardaient ainsi l'orchestre et les chœurs, cinq cents exécutants pour le moins, au lieu de leur tourner le dos. La saison devait être de quatre concerts, un par mois, et le premier eut lieu le dimanche 19 janvier. Outre les morceaux qui faisaient toujours le fond de ses programmes : *Carnaval romain*, fragments du *Requiem*, *Hymne à la France*, Berlioz y donna la première audition d'une ouverture écrite au cours de son récent voyage dans le Midi et qu'il intitulait : *la Tour de Nice*, en souvenir de son gîte d'oiseau de proie, une vieille tour adossée au rocher des Ponchettes et d'où la vue s'étendait à l'infini sur la mer. Cette composition, qui n'eut pas de seconde audition, fut presque aussitôt anéantie par l'auteur qui n'en a jamais sonné mot. Dans le second concert, donné le 16 février, une place considérable était attribuée à Félicien David avec un mauvais chœur de janissaires, avec tout *le Désert*[1], et le pianiste Léopold de Meyer exécuta sa *Marche marocaine* avec un bruit effroyable, quoiqu'il fût tombé

---

1. Berlioz alors protégeait visiblement Félicien David, et il avait salué l'apparition du *Désert*, en décembre 1844, par un article tout à fait hyperbolique. A rapprocher de ce passage d'une lettre à Adolphe Samuel (16 octobre 1855), où il est aussi question du *Désert* : « ... David a donné deux concerts qui lui ont fait perdre 1,800 francs. On trouve maintenant cette musique enfantine ;... le temps est un grand maître ; je ne sais comment on pourra lutter contre les enseignements de ce maître-là

Et de David éteint rallumer le flambeau. »

de voiture en venant au concert et qu'il eût un doigt d'abîmé : séance médiocre en somme, et dont il fallait vite effacer l'impression.

Heureusement que le troisième programme (16 mars) allait offrir un sérieux intérêt avec divers fragments d'opéras d'un compositeur russe, nommé Michel Glinka, qui venait d'arriver à Paris pour étudier notre musique, pour propager la sienne, et qui marquait une vive admiration pour Berlioz, entrevu par lui naguère à la villa Médicis, chez Horace Vernet : un rondo de *la Vie pour le Tsar*, chanté en russe par Mme Soloviewa, du théâtre de Saint-Pétersbourg, et des airs de danse sur des thèmes du Caucase, extraits de l'opéra *Rousslan et Lioudmila*. Le rondo parut assez agréable, par la fraîcheur de la mélodie, et fut redonné au dernier concert (6 avril), tandis que les airs de danse, très colorés, disait-on, mais trop pleins d'imprévu, de vague, furent rayés du programme et remplacés par la *Marche marocaine*, de Léopold de Meyer, que Berlioz venait d'orchestrer avec un brio étourdissant. Mais le grand, l'indiscutable succès, fut encore à ce concert, comme aux précédents, pour le *Dies iræ* et le *Tuba mirum* du *Requiem*, que Berlioz avait dû faire figurer sur tous ses programmes, et maintenir sur le dernier pour répondre au désir exprimé par le duc de Montpensier[1]. Succès pour Berlioz et succès pour Glinka, grosse perte d'argent pour Franconi, tel fut le résultat des quatre grands concerts du Cirque, après lesquels Glinka écrivait à son ami Nestor Koukolnik : « Non seulement j'ai entendu de la musique de Berlioz dans des concerts et même dans des répétitions, mais je suis entré en relations étroites avec ce compositeur, à mon sens le premier de notre époque (dans son genre, bien entendu), et je suis devenu son ami, autant que c'est possible avec un caractère aussi excentrique que le sien. Or, voici mon opinion à son sujet. Dans le domaine de la fantaisie, personne n'a des inventions aussi colossales ; et ses combinaisons ont, entre tous leurs mérites, celui d'être entièrement nouvelles. Largeur dans l'ensemble, abondance dans les détails, tissu harmonique serré, instrumentation puissante et inouïe jusqu'à ce jour, tels sont les caractères de la musique de Berlioz. Dans le drame, entraîné par son tempérament fantaisiste, il sort de la situation, manque de naturel et tombe dans le faux[2]. »

Berlioz et Glinka partirent de Paris presque en même temps, vers

---

1. Peu de temps après, quatre numéros du *Requiem* étaient exécutés à Saint-Pétersbourg, dans un concert au profit de l'hôpital des enfants, où Mme Viardot chantait en russe une scène de Glinka, et ce nouveau succès de Berlioz excitait encore le désir qu'on avait de le voir là-bas diriger sa messe et ses différentes symphonies ; c'est du moins ce que disait la *Gazette musicale* en date du 8 juin 1845.

2. *Michel Ivanovitch Glinka*, d'après ses mémoires et sa correspondance, par Octave Fouque (Heugel, 1880). Voir aussi le long feuilleton que Berlioz consacra à Glinka dans le *Journal des Débats* du 17 avril 1845, et qui fut réimprimé, sous forme de brochure, en Italie, à l'occasion des représentations de *la Vie pour le tzar*, à Milan, au théâtre Dal Verme, en 1874.

le mois de juin ; celui-ci allait en Espagne et celui-là se rendait simplement à Marseille afin de s'y reposer au soleil et de se retremper dans la mer. Il le disait du moins ; mais le but sérieux de ce voyage était d'organiser, à Marseille et à Lyon, deux grands concerts, qui lui payeraient ses frais de déplacement. Pour Marseille, où il avait conclu affaire avec le directeur du théâtre, il n'eut qu'à se féliciter de l'orga-

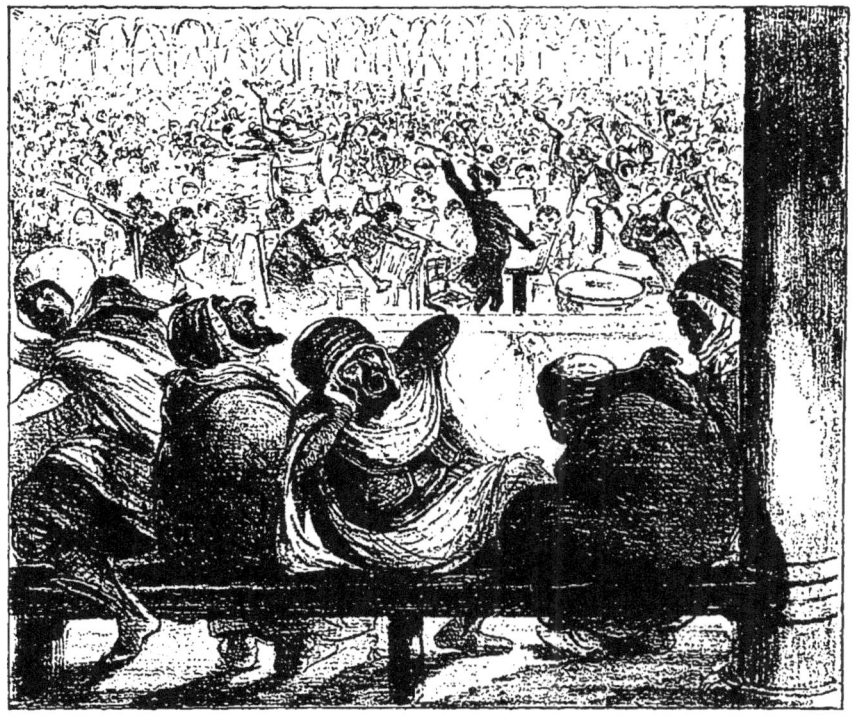

LES ARABES A PARIS.

Venus en France pour tout voir et même pour tout entendre, les chefs arabes étaient trop courageux pour reculer devant l'annonce d'un grand concert. Ils se rendirent donc à un festival Bédouino-musical. Presque tous les morceaux parurent vivement les impressionner, et ils promirent d'en conserver éternellement le souvenir.

(*Charivari*, 18 janvier 1845, veille du premier concert de Berlioz au Cirque des Champs-Élysées.)

nisation préalable et du résultat final, si chaude que fût déjà la saison ; mais les choses ne marchèrent pas aussi facilement à Lyon, où Berlioz aurait peut-être échoué si son ami George Hainl, le chef d'orchestre du Grand-Théâtre, ne s'était multiplié, faisant tous les métiers, jouant de tous les instruments durant les répétitions et même au concert, qui finit par avoir lieu le 21 juillet. Comme la Société Trotebas, à Marseille, à Lyon, la Société Maniquet ne laissa pas partir le triomphateur sans lui faire la conduite, et c'est au bruit des hurrahs prolongés que Berlioz reprit le chemin de Paris. Sitôt revenu, sitôt reparti. Dans les premiers jours d'août, il allait assister, à Bonn, aux fêtes solennelles organisées par Liszt pour l'inauguration de la statue de Beethoven. Ce qui le ravit le plus dans cette longue série de chefs-d'œuvre, avec la messe en *ut* et la symphonie en *ut mineur*, jouée sans coupures ni corrections, ce fut une exécution magistrale de la *Symphonie avec chœurs*; ce qui l'enchanta, ce fut de voir que, seule de tous les pays d'Europe, l'Italie n'avait envoyé aucun représentant à ces fêtes, tant elle sentait que Beethoven était son ennemi naturel, et que « partout où son génie domine, où son inspiration a prise sur les cœurs, la muse ausonienne doit se croire humiliée et s'enfuir ». Il pensait être libre enfin de respirer, lorsqu'il fut invité, de la part du roi de Prusse, au concert donné dans le château de Brühl en l'honneur de la reine Victoria et du prince Albert; tout gorgé qu'il fût de musique, il accepta l'invitation, non sans plaisir, et applaudit de grand cœur au jeu merveilleux de Liszt, au grand style de Mme Viardot, aux tours de force de Jenny Lind. Puis, quand tout fut bien fini, las d'admirer, ivre-mort d'harmonie, il traversa le Rhin et s'en fut goûter un peu de tranquillité au village de Kœnigswinter, en face de Bonn; succombant à un irrésistible besoin de silence et de calme, il y rêva quelques jours encore, avant de se replonger dans la fournaise et de rentrer à Paris.

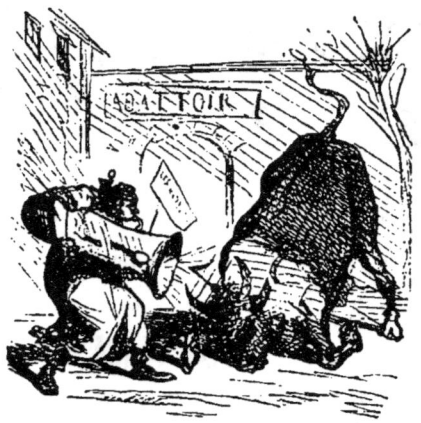

Les bœufs désormais foudroyés dans les abattoirs
par les notes de la partition des *Troyens*.
(Cham, *Charivari*, 22 novembre 1863.)

CHAPITRE VIII

VOYAGE EN AUTRICHE, EN BOHÈME ET EN HONGRIE
LA DAMNATION DE FAUST

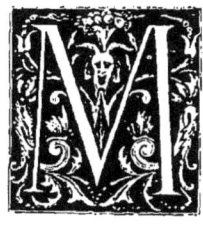ais Berlioz était toujours tourmenté du démon des voyages. Deux mois de repos à Paris, de repos ou plutôt de ce qu'il appelait son travail de galérien, de « feuilletonage », et le voilà qui reboucle sa valise, cette fois pour un grand voyage en Autriche, en Bohême et en Hongrie. Il tirait droit sur Vienne où il arrivait le 3 novembre 1845, en pleine saison des concerts, à un moment où quantité d'artistes étrangers se pressaient dans cette ville : il y rencontrait Liszt, les violonistes Ernst et Molique, le harpiste Parish-Alvars, le pianiste Dreyschock, célèbre par sa main gauche ; il y retrouvait aussi le jeune Félicien David, qui plaisait beaucoup dans les salons par son air doux et langoureux. Les journaux s'occupèrent bientôt également des deux musiciens français : ils étaient d'ailleurs bons amis, se soutenaient l'un l'autre et se montraient ensemble dans les concerts, où leurs figures si caractérisées excitaient la curiosité la plus vive. Aussitôt que leur arrivée avait été connue, un entrepreneur de concerts, orné d'une bosse énorme, était venu proposer ses bons offices à David, et comme celui-ci semblait hésiter : « Acceptez donc, lui dit son ami, il y aura du moins un chameau dans votre *Désert* ». Berlioz, lui, n'avait pas besoin de pareil intermédiaire, car il trouvait à Vienne quantité d'artistes, d'amateurs déjà familiarisés avec sa musique, et pour ses concerts il s'entendait facilement avec Pockorny, le nouveau directeur du théâtre *an der Wien*, où il dirigeait une première séance le 16 novembre, à midi : l'ouverture du *Carnaval romain* fut bissée avec enthousiasme et l'excellente basse Staudigl remua tout l'auditoire en chantant *le Cinq Mai*.

Deux autres concerts, donnés les 23 et 29 novembre, à la même heure, accrurent encore la popularité de son *Carnaval* qu'on exécuta bientôt dans les réunions populaires des faubourgs, dans les « salons de conversation », et ne firent qu'aviver la polémique autour de son nom : critiques fort vives d'un côté, enthousiasme forcené de l'autre, à ce point que beaucoup de dames, non contentes de lui jeter des fleurs, portaient des bracelets, des bagues, des boucles d'oreilles, ornés de son portrait, des bijoux *à la Berlioz*. Dans un banquet solennel, organisé le 11 décembre pour célébrer sa naissance, le baron de Lannoy lui offrait, au nom de ses admirateurs, un magnifique bâton de mesure en vermeil, et David, après le repas, chantait avec extase la romance des *Hirondelles*, et l'*Hymne à la nuit* du *Désert ;* l'empereur lui faisait remettre cent ducats (près de 1,200 fr.), avec un compliment aussi flatteur par l'intention qu'inattendu dans la forme : « Vous direz à Berlioz que je me suis *bien amusé* » ; enfin, ne lui proposait-on pas le poste de directeur de la chapelle impériale en remplacement de Weigl, qui venait de mourir ? Mais il aurait dû toujours rester là-bas, sans même pouvoir venir en France une fois par année, et le sacrifice était trop dur : « J'ai fait à ce sujet, dit-il à d'Ortigue, une curieuse découverte : c'est que Paris me tient tellement au cœur (Paris, c'est-à-dire vous autres, mes amis, les hommes intelligents qui s'y trouvent, le tourbillon d'idées dans lequel on se meut), qu'à la seule pensée d'en être exclu, j'ai senti littéralement le cœur me manquer et j'ai compris le supplice de la déportation. »

Berlioz se prodiguait, se montrait fort aimable à Vienne envers tous les artistes. Après un grand *festival* organisé par la Société des Amis de la musique, il leur adressait, le 6 décembre, une lettre de félicitations dithyrambiques[1] ; dans un concert du pianiste Dreyschock, donné le 16 du même mois, il conduisait son *Carnaval romain* et la célèbre cantatrice, Mlle Treffz, répondait à cette politesse intéressée en chantant en français *le Jeune Pâtre breton*. Il avait d'abord dû partir au commencement de décembre, puis il était resté pour organiser un

---

1. Voici le texte intégral de cette lettre, qui n'a jamais été publiée nulle part. Elle a trait au festival donné, le 11 novembre, dans l'immense salle du Manège impérial, en présence de la cour, et dont le programme était composé d'œuvres de Haydn, de Mozart et de Beethoven :

« A Messieurs les membres de la *Société des Amis de la musique.*

« Messieurs, je ne dois pas quitter Vienne sans vous dire l'impression profonde que m'ont fait éprouver vos fêtes musicales du Manège. C'est assurément une des plus belles choses qu'il m'ait été donné de connaître jusqu'à ce jour.

« La majesté de l'ensemble, la puissance des masses, dans cette pompeuse exécution des trois grands maîtres allemands, n'empêchaient jamais d'apercevoir le vif sentiment harmonique dont les divers groupes de l'orchestre et des chœurs étaient animés, et l'intelligence qui les guidait au milieu des difficultés les plus redoutables. Il est à peine croyable que cette réunion colossale de mille exécutants ait été formée presque entièrement d'amateurs ; et ce fait seul, en constatant les richesses vocales et instrumentales qu'elle possède, suffirait pour assurer à Vienne la suprématie musicale sur toutes les capitales de l'Europe.

« De pareilles fêtes sont dignes des jeux poétiques de l'antiquité ; elles peuvent donner aux êtres, même les moins favorisés par la nature sous ce rapport, une idée de la grandeur de notre art et de l'élévation du but qu'il se propose.

« Recevez, Messieurs, avec l'expression de mon admiration pour votre œuvre, celle de ma haute estime et de mon dévouement.

« Vienne, 6 décembre 1845.

« HECTOR BERLIOZ. »

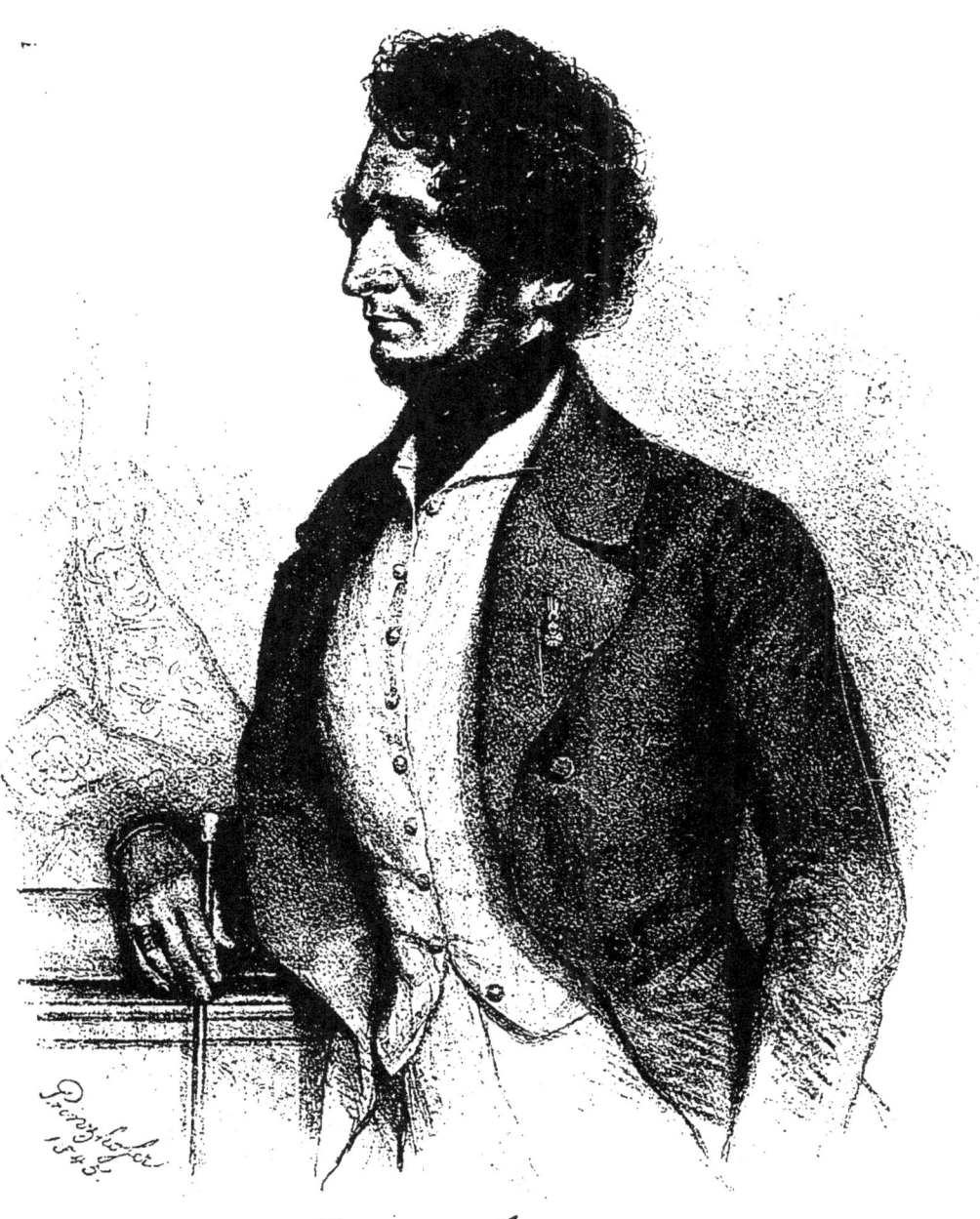

HECTOR BERLIOZ EN 1845.
Portrait lithographié fait à Vienne par Prinzhofer.

quatrième et dernier concert où l'on devait exécuter *Roméo et Juliette* en entier. Pour tous ses concerts, les prix ordinaires du théâtre étaient presque doublés et, au premier, la salle avait été prise d'assaut, tant on était impatient de le voir ; mais, aux deux suivants, l'assistance avait sensiblement diminué. Cette fois, en élevant toujours le prix des places, on fit beaucoup de réclame autour de *Roméo* ; le pianiste Fischhof en publia, dès le 25 décembre, une analyse, afin d'attirer le public ; si bien que le vendredi 2 janvier 1846, dès midi, la salle du théâtre *an der Wien* était entièrement garnie d'une foule innombrable, où l'on distinguait le prince héritier, l'archiduc François-Charles, et sa femme, l'archiduchesse Sophie. Le succès personnel de Berlioz fut des plus vifs, quoiqu'il eût laissé le chef habituel, Groidl, diriger l'orchestre, et, vers la fin de la séance, on voyait flotter dans la salle une poésie en son honneur, selon un vieil usage importé d'Italie et qui avait déjà presque disparu en Autriche. On applaudit très fort Staudigl, dans le Serment de réconciliation ; le contralto Betty Burry, le ténor Berhinger, eurent aussi leur part des bravos ; mais la symphonie elle-même était médiocrement goûtée et le critique Wiest, d'ailleurs favorable à Berlioz, écrivait que « pour comprendre cette œuvre, il faudrait bien connaître la métaphysique de Hegel[1] ».

Après comme avant *Roméo*, la presse viennoise demeura très divisée à l'égard de Berlioz. Certains journalistes le traitaient poliment de « maniaque » ; d'autres lui étaient nettement hostiles, mais sans nier son originalité ; un critique, ami des jeux de mots, disait : « *Le Désert*, de David, sera le *dessert* après le menu symphonique de ce toqué qui s'appelle Berlioz » ; et dans le nombre, à défaut de vrais enthousiastes, il se trouvait quelques juges bienveillants et raisonnables, Wiest, par exemple, qui publiait dans l'importante *Allgemeine Theaterzeitung* un « *capriccio* musical et critique » où se lisaient ces lignes : « Berlioz a goûté toutes les joies et toutes les amertumes de la célébrité. On lui a offert à Vienne un bâton d'argent doré et la critique l'a roué de coups de gourdin. Une grande exaltation dans les louanges et dans les blâmes ; nulle part un jugement franc et tranquille pour reconnaître son talent extraordinaire. Mais cela prouve la singulière valeur de l'homme... Partout où Berlioz arrive avec sa musique, surgit l'amour, mais aussi la haine... Berlioz est une sorte de levain

---

1. Le portraitiste Kriehuber a consacré le souvenir de la venue de Berlioz à Vienne et des artistes avec lesquels il frayait, par une belle lithographie, inconnue en France, oubliée en Allemagne et que nous sommes d'autant plus heureux de pouvoir donner ici, grâce aux indications de M. Oscar Berggruen. Dans cette composition, intitulée : *Une Matinée chez Liszt*, le peintre lui-même, avec son album et son crayon, le violoniste Ernst assis dans un fauteuil, Berlioz et Czerny debout l'un près de l'autre, écoutent et regardent improviser Liszt dont les yeux semblent demander au ciel l'inspiration.

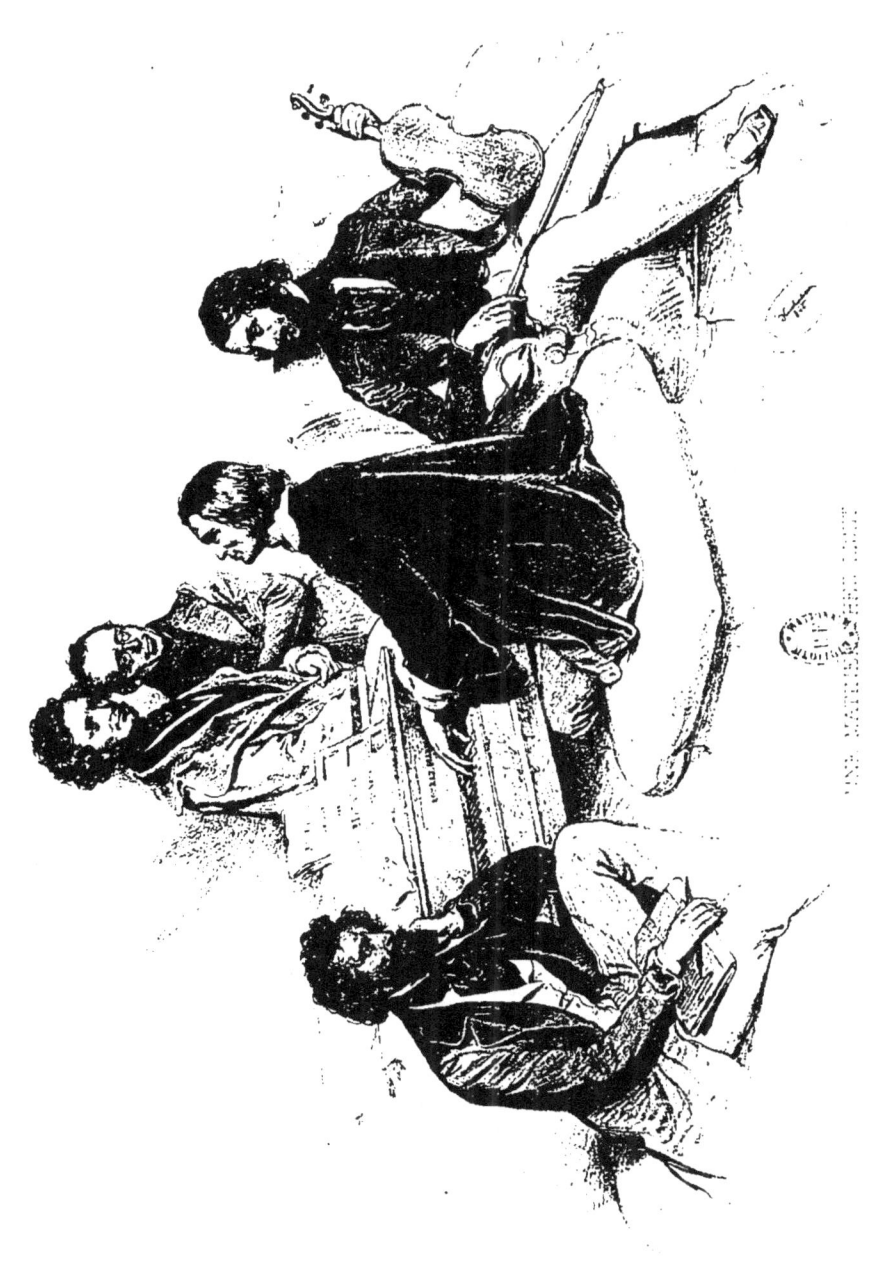

spirituel qui met en fermentation tous les esprits et tous les sentiments... Berlioz est un tremblement de terre musical, etc... » Grillparzer, enfin, le célèbre auteur dramatique, aurait dit un jour : « Pour moi, Berlioz est un génie sans talent, David un talent sans génie ». Et ce mot résume à souhait les opinions de tous les critiques viennois de quelque valeur sur les deux musiciens français.

Mais ceux-là mêmes qui avaient traité le plus durement Berlioz, ceux qu'il qualifie dans ses lettres de « Charles Maurice viennois », l'avaient bien servi sans le savoir, car la violence de leurs attaques allait assurer son triomphe dans une ville qui était en rivalité musicale avec Vienne et qui lui témoigna, dès son arrivée, une sorte de furie enthousiaste. Il avait hésité cependant avant d'aller à Prague, que les Viennois lui représentaient comme un centre musical arriéré où l'on ne faisait état que des morts, où l'on n'avait de bravos que pour Mozart. Mais le docteur Ambros, de Prague, un de ses plus chauds défenseurs, avait vivement combattu ces craintes et l'avait enfin décidé à venir juger par lui-même de leur inanité. Ce grand ami, qu'il n'avait jamais vu, eut bientôt fait de le présenter aux autorités musicales de la ville : à Kittl, directeur du Conservatoire, aux frères Scraub, maîtres de chapelle du théâtre et de la cathédrale, au maître de concert Mildner. Tous se mirent à sa disposition sans réserve, et si grand fut le succès de ses deux premiers concerts, dans l'un desquels il ne dut pas répéter moins de cinq morceaux, que le directeur du théâtre, Hoffmann, lui fit aussitôt de belles propositions pour le retenir à Prague un peu plus longtemps. Berlioz accepta : il donna d'abord un troisième concert le 27 janvier, puis deux autres encore et décida de terminer la série par une exécution complète, avec orchestre et chœurs, de *Roméo et Juliette*. Seulement, comme il fallait du temps pour que l'Académie de chant, composée de chanteurs amateurs et dirigée par Scraub jeune, apprît tous les chœurs, Berlioz, prévoyant un répit d'au moins deux mois, en profita pour redescendre à Vienne et de là gagner Pesth par le Danube : est-ce qu'on ne l'appelait pas du fond de la Hongrie en prose et en vers[1] ?

Berlioz eut alors l'idée ou reçut le conseil (car l'histoire qu'il raconte est sujette à caution) d'emprunter à quelque vieil air national de ce pays le sujet d'un grand morceau capable de lui procurer bon accueil en Hongrie : il adopta le thème de Rakoczy, et composa sur cette donnée, dans la nuit qui précéda son départ, une marche à

---

1. A ce moment même paraissaient à Paris la grande partition et les parties séparées de *l'Épisode de la vie d'un artiste*, « cette œuvre capitale de Berlioz, depuis si longtemps attendue par toutes les sociétés philharmoniques de France ». Voilà ce que disait un journal : il serait curieux de savoir combien de ces sociétés philharmoniques si impatientes essayèrent de jouer la *Symphonie fantastique*.

grands développements. Cette entreprise parut d'abord singulièrement téméraire aux Hongrois, et l'on s'indignait qu'un étranger eût osé s'attaquer à ce glorieux chant national ; au concert, le public, surpris d'entendre exposer *piano* un chant qu'on exécutait toujours *fortissimo*, demeura d'abord défiant et silencieux ; mais quels trépignements par toute la salle et quels cris à la fin, quelles acclamations couvrant tous les bruits de l'orchestre ! Il fallut recommencer sur l'heure ; il fallut replacer et redire, à tous les concerts, la *Marche hongroise*; enfin, quand Berlioz fut sur le point de partir, on le supplia de laisser en souvenir à la ville de Pesth ce précieux manuscrit : il consentit à s'en dessaisir, et c'est seulement un mois plus tard qu'il recevait en échange la copie qu'on en avait levée. Il était alors à Breslau, où il donnait, le 20 mars, un grand concert dans la salle de l'Université, et où l'on insistait beaucoup pour le retenir ; mais il était bien trop pressé de retourner à Prague afin d'y diriger son *Roméo et Juliette,* car cette exécution devait l'édifier sur la valeur des changements qu'il avait opérés dans son œuvre : suppression d'un des deux prologues et raccourcissement de l'autre ; suppression de la scène du tombeau, corrections importantes dans le scherzo, dans le grand finale et dans le récit du père Laurence où le baryton Stackaty ne pouvait manquer d'être admirable. En rentrant dans cette ville, il retrouva les chœurs parfaitement sus par l'Académie de chant, et « respira, dit-il, en s'entendant *pour la première fois* exécuté par des choristes amateurs si différents des braillards de théâtres ». La répétition générale, fixée au 15 avril, et qui marcha à miracle, avec l'aide empressée de Liszt, fut suivie d'un grand souper au milieu duquel on offrit à Berlioz, au nom de la ville de Prague, une superbe coupe en vermeil ; le concert public, donné le surlendemain, valut au grand musicien une dernière ovation, et, tout de suite après, Berlioz se séparait avec émotion de ses chers amis de Prague, qu'il avait failli ne jamais voir, qui l'avaient reçu en maître, en héros, et qui lui firent bien promettre de leur apporter *la Damnation de Faust* dès qu'elle aurait été donnée à Paris. De Prague, il courut à Brunswick, où on l'appelait à cor et à cri pour un concert fixé d'avance au 21 avril ; puis il dut se promener, en touriste, en amateur, par toute cette terre d'Allemagne où il comptait tant de zélés défenseurs, car il ne rentrait à Paris que tout à la fin d'avril.

Il y était depuis un mois environ, lorsqu'un beau jour il vit arriver chez lui un M. Dubois, envoyé par la ville de Lille. On allait, le 14 juin 1846, inaugurer le chemin de fer du Nord, et la municipalité lilloise avait pensé qu'un peu de musique ne gâterait pas la fête entre le banquet et le bal : on s'avisait, dit-il, de penser à lui comme à un excellent digestif. Ce M. Dubois, homme persuasif à ce qu'il paraît, venait lui demander d'écrire en deux temps une cantate dont Jules Janin avait déjà fait les paroles et qui s'appelait le *Chant des*

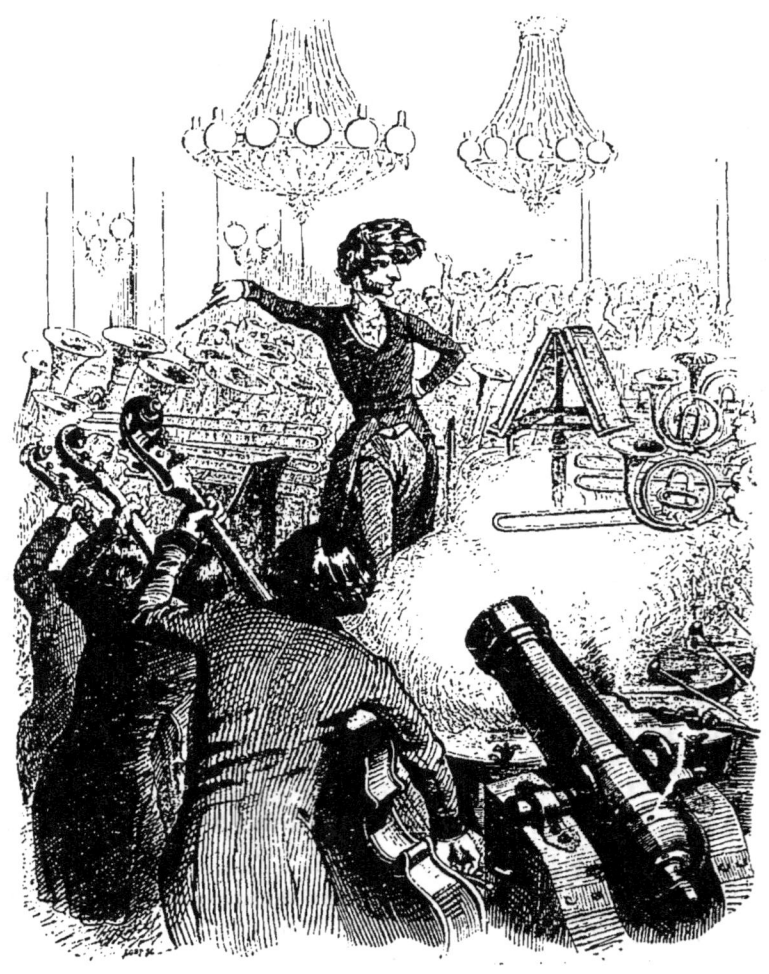

UN CONCERT A MITRAILLE ET BERLIOZ.
Heureusement la salle est solide... elle résiste !
(Grandville, *Jérôme Paturot à la recherche d'une position sociale*, 1846.)

Chemins de fer; on en avait besoin pour le surlendemain. Berlioz, devant une telle exigence... accepta; il écrivit les parties de chant en trois heures, et l'instrumentation la nuit suivante; il accepta surtout parce qu'on lui proposait d'aller conduire à Lille, en même temps, l'*Apothéose* de sa *Symphonie funèbre et triomphale*. Il fut assez satisfait de l'effet de ce morceau, qui fut joué le soir sur la promenade publique par des musiques militaires. Quant au *Chant des Chemins de fer*, qu'il courut aussitôt après diriger à l'hôtel de ville, et qui lui valut les compliments officiels des ducs de Nemours et de Montpensier, présents à la fête, il s'en moque agréablement lui-même et ne lui prête aucune importance : il a fait cette besogne pressée uniquement comme il aurait tenu une gageure. Tel est du moins le sens de son récit ; mais est-il bien prouvé qu'il fît si peu de cas de sa cantate, dont le motif essentiel est assez banal, c'est vrai, mais où la courte phrase en solo des basses et la mélodie religieuse à six parties sont tout à fait dignes de lui [1] ?

À son retour de Lille, il dirigeait, le 19 août, dans l'église Saint-Eustache, une exécution solennelle du *Requiem*, avec quatre cent cinquante musiciens et chanteurs recrutés dans l'élite des artistes, dans les principales maîtrises de Paris, avec Roger pour chanter le solo du *Sanctus* [2] ; mais il ne pouvait tarder davantage et brûlait d'entendre une œuvre qu'il avait, dit-il, subitement conçue et réalisée au cours de son dernier voyage. Le sujet qui le passionnait alors et qu'il avait longtemps médité, sans savoir dans quelle forme et sous quel titre le traiter, était justement le premier qui l'eût séduit au beau temps de la jeunesse : c'était la légende de *Faust*. Il avait d'abord rêvé d'en tirer, soit une composition symphonique, soit un ballet ; et, dans le temps même où il composait de la musique sur les fragments versifiés par Gérard de Nerval, il écrivait à son ami de cœur : « Écoutez-moi bien, Ferrand ; si jamais je réussis, je sens, à n'en pouvoir douter, que je deviendrai un colosse en musique ; j'ai dans la tête, depuis longtemps, une *symphonie descriptive* de *Faust* qui fermente ; quand je lui donnerai la liberté, je veux qu'elle épouvante le monde musical ». Il manœuvrait alors pour faire exécuter à l'Opéra un ballet sur le même sujet, et, le 12 novembre 1828, il adressait une lettre impor-

---

1. Quelques semaines plus tard, en même temps qu'il était nommé membre honoraire de la Société philharmonique de Vienne, il recevait une grande médaille portant d'un côté l'effigie du roi Louis-Philippe et sur le revers : *Inauguration du chemin de fer du Nord : La ville de Lille à M. Berlioz*. Enfin, le 24 juillet 1846, l'Association des artistes musiciens donnait à l'Hippodrome, sous le patronage du duc de Montpensier, un grand festival militaire où la *Symphonie funèbre et triomphale* était exécutée par dix-huit cents musiciens — dix-huit cents !

2. Cette solennité avait été organisée en l'honneur de Gluck par l'Association des artistes musiciens, fondée depuis deux ans par le baron Taylor, et qui voulait prouver sa force de vie en protestant contre l'oubli où Gluck était tenu par l'administration de l'Opéra. Berlioz étant un des quarante-six premiers fondateurs de l'Association, le choix avait pu se porter sur son *Requiem* ; cette cérémonie, où l'abbé Deguerry, curé de la paroisse, officiait en personne, eut un retentissement dont le renom de Berlioz et le crédit de l'Association bénéficièrent beaucoup plus que Gluck ; on parla peu d'*Armide* et beaucoup du *Requiem*.

tante à M. de la Rochefoucauld, son protecteur habituel ; il y exposait qu'un M. Bohain, auteur d'un ballet de *Faust,* reçu depuis deux mois par le jury de l'Académie royale de musique, avait bien voulu lui confier la composition de la musique, afin de le faire entrer de plain-pied à l'Opéra, et il énumérait tous les titres qu'il pensait avoir à cette faveur inespérée : il a mis en musique la plupart des poésies du drame de Gœthe, il a la tête pleine de *Faust,* et si la nature, écrit-il modestement, l'a doué de quelque imagination, il lui paraît impossible de rencontrer un sujet sur lequel il puisse se développer avec plus d'avantages [1]. Quoi qu'il en fût, ni le ballet, ni la symphonie descriptive de *Faust* ne purent aboutir, et lorsque le jeune enthousiaste eut satisfait son admiration pour Gœthe en publiant ses *Scènes de Faust,* il ne parut plus, de longtemps, y songer. Et cependant il y pensait toujours, il jetait même à l'occasion des fragments sur le papier [2].

Un beau jour, quinze ans plus tard, cette idée lui revient obstinément dans la tête au milieu de ses pérégrinations en Allemagne ; il s'en éprend avec sa frénésie habituelle, il décide d'en faire une grande composition pour chœurs et orchestre, un « opéra » comme il l'appelle, où il utilisera, non sans les retoucher, les huit morceaux de sa jeunesse, et le voilà qui, tout en roulant dans sa vieille chaise de poste, essaye de composer les vers destinés à la musique. Car il avait aussi résolu d'écrire et de rimer lui-même son livret, ce qui représentait un assez long travail ; les fragments de la traduction de Gérard de Nerval, qu'il avait déjà mis en musique, ainsi que deux ou trois scènes écrites sur ses indications par M. Gandonnière, avant son départ de Paris, ne représentant qu'une très faible partie de l'œuvre qu'il rêvait de produire. Il ne voulait pas, bien entendu, dit-il, traduire intégralement, ni même imiter de loin le chef-d'œuvre de Gœthe ; il voulait seulement en extraire la substance musicale qu'il pensait y être contenue. Son idée était d'écrire un opéra qu'il destinait à l'Académie de musique, et dans une lettre datée de Breslau, le 13 mars 1846, il chargeait d'Ortigue de prévenir Dietsch, alors chef d'orchestre à l'Opéra, qu'il lui préparait de la besogne, avec un « grand opéra de *Faust* où il y aurait quantité de chœurs difficiles, à étudier, à limer avec soin ».

Le premier fragment de son canevas qu'il essaya de mettre en vers devint la célèbre strophe de l'*Invocation à la Nature* : Nature

---

1. Lettre résumée dans un catalogue d'autographes dressé par Laverdet (30 mars 1863). — Berlioz dit, dans ses *Mémoires* : « Ce fut pendant un voyage en Autriche, en Hongrie, en Bohême et *en Russie,* que je commençai la composition de ma légende de *Faust...* » L'erreur est manifeste, puisqu'il partit pour la Russie en 1847, après avoir fait exécuter *la Damnation de Faust* à Paris.
2. La preuve en est qu'au concert donné par Berlioz, le 3 février 1844, Mme Nathan-Treillet devait chanter, avec un air d'*Alceste,* « une nouvelle scène de *Faust* », et qu'elle fut empêchée de se rendre au concert par une indisposition que la *Gazette musicale,* organe attitré du musicien, déplore amèrement.

immense, impénétrable et fière ; il fut très heureux d'avoir acquis la preuve qu'il pouvait se passer de collaborateur et se donna tout entier à ce double travail de poète et de compositeur, qu'il lui fallait mener de front pour aller plus vite. « Une fois lancé, dit-il, je fis les vers qui me manquaient, au fur et à mesure que me venaient les idées musicales, et je composai ma partition avec une facilité que j'ai bien rarement éprouvée pour mes autres ouvrages. Je l'écrivais quand je pouvais et où je pouvais, en voiture, en chemin de fer, en bateau à vapeur, et même dans les villes, malgré les soins divers auxquels m'obligeaient les concerts que j'avais à y donner. Ainsi, dans une auberge de passage, sur les frontières de la Bavière, j'ai écrit l'introduction : *Le vieil hiver a fait place au printemps ;* à Vienne, j'ai fait les scènes des bords de l'Elbe, l'air de Méphistophélès : *Voici les roses,* et le ballet des Sylphes. J'ai dit à quelle occasion et comment je fis en une nuit, à Vienne également, la marche sur le thème hongrois de Rakoczy. L'effet extraordinaire qu'elle produisit à Pesth m'engagea à l'introduire dans ma partition de *Faust,* en prenant la liberté de placer mon héros en Hongrie au début de l'action, et en le faisant assister au passage d'une armée hongroise à travers la plaine où il promène ses rêveries.... »

Et Berlioz, en parcourant la Bohème et la Hongrie, était toujours occupé de l'enfantement de son *Faust.* A Pesth, à la devanture d'une boutique brillamment éclairée, un soir qu'il s'était égaré dans la ville, il écrit le refrain en chœur de la Ronde des paysans ; à Prague, il se lève au milieu de la nuit pour noter un chant qu'il tremble d'oublier, le chœur d'anges de l'apothéose de Marguerite ; à Breslau, il compose les paroles et la musique de la chanson latine des étudiants : *Jam nox stellata velamina pandit*[1] ; enfin, pour se divertir, peut-être aussi pour juger des chances de succès de son œuvre, il mystifie un peu ce bon public d'Allemagne et fait exécuter la ballade du *Roi de*

---

1. Ce renseignement est difficile à concilier avec celui que Berlioz donne dans un feuilleton des *Débats* (6 septembre 1846) sur l'endroit et les circonstances où il a composé la chanson des étudiants. Il allait, dit-il, un dimanche du mois d'août, faire visite à Henri Heine et se dirigeait vers le faubourg Poissonnière, lorsque vint à passer près de lui un peloton d'infanterie, conduit par un sergent, et qui regagnait la caserne Poissonnière ; une douzaine de frères ignorantins marchaient derrière et semblaient rythmer leurs pas sur ceux des soldats. « Il faisait un temps superbe, écrit-il ; les idées s'enchaînent quelquefois d'une façon bizarre. Le soleil me fait penser à la lune, les ignorantins à des étudiants allemands, le sergent à César, et me voilà oubliant Heine et saisi à l'improviste par le rythme et la mélodie d'une chanson latine que j'ai eu la fantaisie de faire chanter à des étudiants dans *la Damnation de Faust,* espèce d'opéra que j'élucubre en ce moment. » Puis, le voilà qui, marchant d'un pas accéléré sur le rythme de sa chanson, gravit le faubourg et, suivant la foule, arrive à la gare du Nord, prend un billet, monte en wagon toujours chantonnant son refrain, le note à la hâte afin que le mouvement du train ne le lui fasse pas perdre, descend avec tout le monde, arrive dans un parc féerique, rencontre force amis : Halévy, Dumas, Herz, voit un ballon qui s'enlève, etc. Tout cela en guise de réclame allègrement tournée pour des bals-concerts que le violoniste Haumann venait d'établir à ses risques et périls dans le parc d'Enghien.

Thulé en la donnant comme une œuvre inédite de l'auteur du *Freischütz*, nouvellement découverte au milieu des papiers qu'il avait laissés. Les plus chauds partisans de Weber, les plus fins connaisseurs s'y

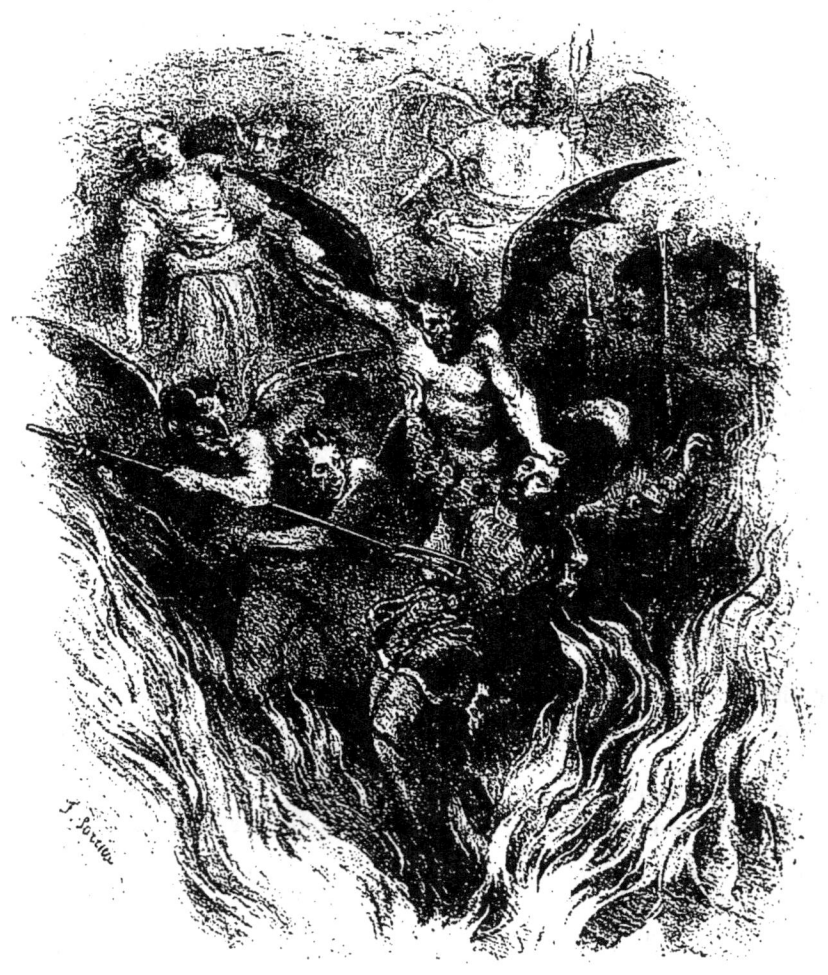

« LA DAMNATION DE FAUST ».
Lithographie de Sorrieu pour la partition d'orchestre (1854).

laissent prendre, et quelques Allemands de la vieille roche insinuent poliment à Berlioz que jamais un Français n'écrirait une semblable mélodie : Weber seul, à les entendre, avait pu trouver ce chant gothique si simple, si coloré, si puissant. Et Berlioz de rire en les écoutant, comme il se riait ou rira des amateurs favorables, par ignorance, à la romance de *Benvenuto*, au chœur des bergers de *l'Enfance du Christ*, toutes gens qui se seraient signés d'effroi s'ils avaient appris le vrai nom de l'auteur [1].

Au printemps, en rentrant en France, il était allé passer quelques jours dans les environs de Rouen, à la campagne du baron de Montville, et c'est là, paraît-il, qu'il écrivit le grand trio : *Ange adoré dont la céleste image*. Mais la majeure partie de l'œuvre, en fait, fut écrite à Paris, toujours à l'improviste, chez lui, au café, dans le jardin des Tuileries et jusque sur une borne du boulevard du Temple. Il ne cherchait pas les idées, dit-il, mais les laissait venir et elles se présentèrent dans l'ordre le plus imprévu. Enfin, quand il eut tracé l'esquisse entière, il se mit à retravailler le tout, à rechercher, à fondre les diverses parties avec une patience infatigable et à terminer l'instrumentation, qu'il s'était contenté d'indiquer en beaucoup d'endroits. Mais, lorsque le moment vint de faire exécuter cette composition considérable, il se trouva fort embarrassé : l'hiver était arrivé, la saison des concerts avait commencé au Conservatoire ; il ne pouvait donc obtenir la salle et, plutôt que d'attendre au printemps, il préféra s'adresser à Basset, directeur de l'Opéra-Comique, ne trouvant pas d'autre local disponible alors dans Paris. Il conclut avec lui moyennant la somme exorbitante de seize cents francs, recruta lui-même un orchestre et des chœurs, fit copier de ses deniers toutes les parties nécessaires, s'entendit avec trois excellents chanteurs de l'Opéra-Comique : Roger, Hermann-Léon et Henri, et choisit pour Marguerite Mme Duflos-Maillard, qui n'était guère à la mode ; enfin, comme il ne s'entendait pas mal à jouer de la presse, il s'occupa de faire annoncer son concert dans les journaux par des notes fort alléchantes... Et les frais grossissaient toujours.

Finalement, l'exécution, d'abord fixée au dernier dimanche de novembre, fut reculée de huit jours : elle eut lieu, le 6 décembre, devant une salle médiocrement garnie, et dut être assez incertaine de la part de l'orchestre et des chœurs, car les défenseurs décidés de Berlioz, comme Maurice Bourges à la *Gazette musicale*, en profitent pour expliquer le peu de succès de l'œuvre par les défaillances des exécutants. Si l'orchestre et les chœurs étaient médiocrement sûrs de leur affaire, les interprètes ne comprenaient guère la musique à laquelle ils se trouvaient attelés, et Roger, de son propre aveu, remplit sa tâche en conscience et par amitié pour Berlioz, mais sans conviction, car il ne fut saisi par cette puissante création que lorsqu'il

---

[1]. Feuilleton du *Journal des Débats*, signé E. D. (10 décembre 1846.)

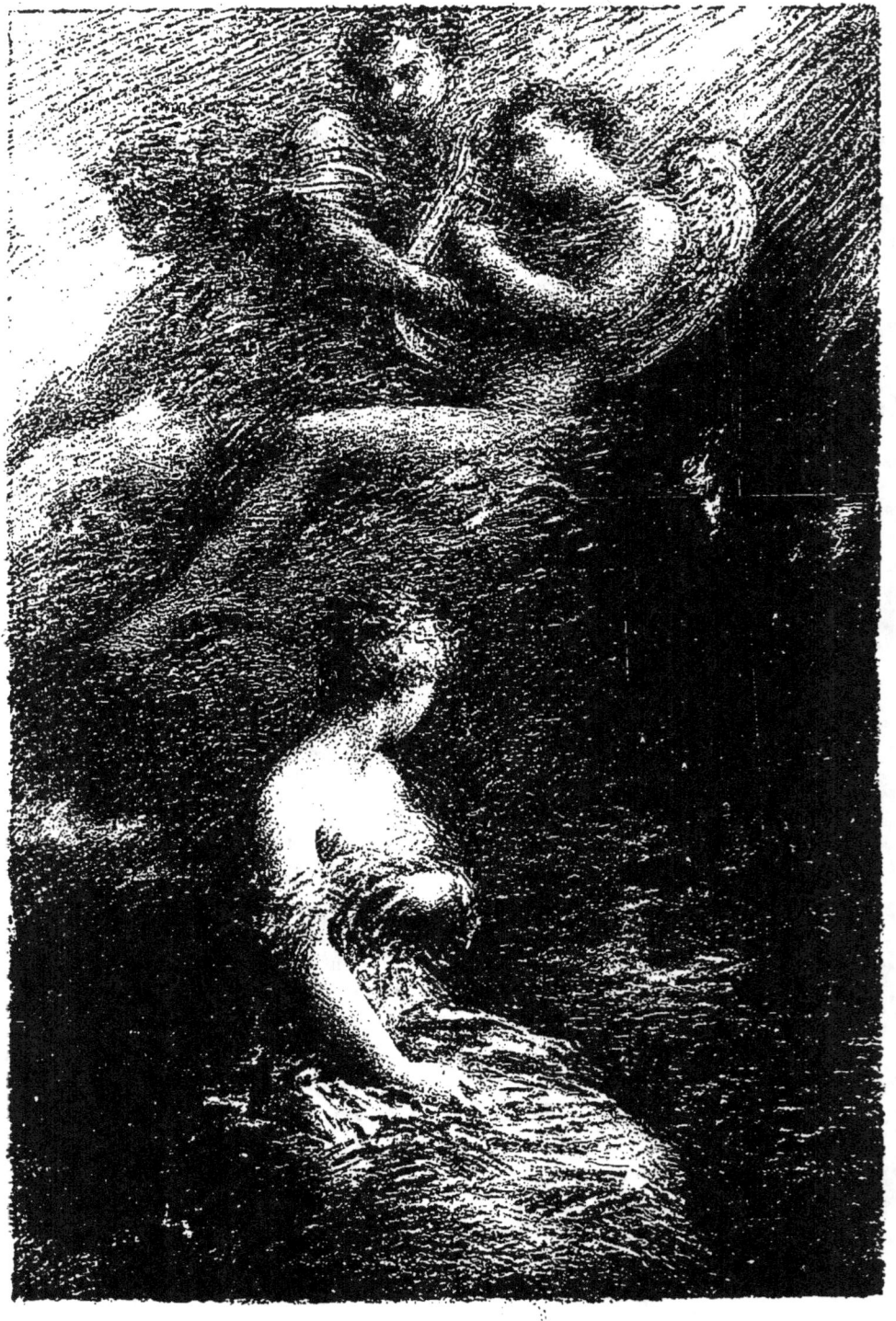

l'entendit, sur la fin de sa vie, aux concerts du Châtelet. Alors, il confessa galamment son erreur et reconnut même à ce propos qu'un chanteur a bien de la peine à conserver son aplomb lorsqu'il sent le public rebelle. En parlant de la sorte, il faisait certainement retour sur l'attitude de l'auditoire à la première exécution de *Faust*; or, ce qu'il avait éprouvé, les autres solistes avaient dû également le ressentir et leur défiance instinctive envers l'œuvre qu'ils avaient accepté de chanter s'en était encore accrue.

Berlioz, voulant sauver les apparences et se laissant peut-être abuser par les bravos bruyants de ses amis, organisa une seconde exécution pour le dimanche 20 décembre ; ce jour-là, un temps affreux vint refroidir encore le médiocre empressement du public, et l'on peut deviner ce qu'un journal dévoué entend par ces mots : salle convenablement garnie. Au surplus, Berlioz ne le cacha pas plus tard et nota d'infamie « le beau public de Paris, celui qui va au concert, celui qui est censé s'occuper de musique, qui était resté tranquillement chez lui, aussi peu soucieux de cette nouvelle partition que s'il eût été le plus obscur élève du Conservatoire ». A entendre la *Gazette musicale*, « l'enthousiasme, excité par la belle partition de l'illustre compositeur, aurait été immense », étant donné qu'on n'avait pas redemandé moins de quatre morceaux ; par malheur, Roger, qui avait fait réclamer l'indulgence du public, passa l'*Invocation à la Nature*. Il eut cependant sa bonne part de bravos, ainsi qu'Hermann-Léon, et l'auditoire, en applaudissant ses chanteurs favoris, semblait vouloir marquer qu'il ne les rendait pas responsables de l'œuvre à laquelle ils prêtaient accidentellement leur concours. Bref, pour parler franc, salle aux trois quarts vide et flagrant insuccès, malgré l'enthousiasme exubérant des amis de l'auteur, qui claquaient sans rencontrer d'écho.

Berlioz, en découpant lui-même différents épisodes dans le poème de Gœthe à mesure qu'il éprouvait le désir de les orner de musique, en les rimant alors, en les ressoudant aux fragments déjà versifiés par M. Gandonnière ou Gérard de Nerval, s'est certainement bâti, de pièces et de morceaux, un livret de *Faust* tout particulier et qui répondait à merveille à sa nature musicale, à ses aspirations romantiques, puisqu'il a seulement traité les situations par lesquelles il se sentait séduit ; mais cette composition, si considérable et si belle qu'elle soit, ne saurait être considérée comme une traduction du chef-d'œuvre allemand. Ce sont encore et purement des « scènes de Faust », plus nombreuses et plus développées que dans son premier recueil ; ce n'est pas un drame de *Faust*. Comme librettiste, il a, par moments, le grand mérite de serrer de près, de rendre à la lettre le poème original : dans l'hymne au printemps, par exemple, ou dans la scène de la taverne d'Auerbach, dans le sommeil de Faust aux bords de l'Elbe ou dans son chant d'amour en pénétrant dans la chambre de Marguerite, dans la scène de Marguerite au rouet ou dans l'*Invocation à la Nature*. De plus, en traitant certains épisodes négligés par des compositeurs qui avaient déjà cherché dans *Faust* un prétexte à cavatines ou à airs de bravoure, il accentuait ses préférences, il faisait saillir sa personnalité, car c'était lui le premier qui se souciât de respecter, au moins partiellement, le chef-d'œuvre de Gœthe et d'y puiser directement ses inspirations. Dès lors, on s'explique d'autant moins qu'il ait laissé de côté des scènes d'une importance capitale, telles que l'église, la prison, le duel, la mort de Valentin, et surtout qu'il en ait imaginé d'autres, comme le trio final de la troisième partie, qui sont de pures conceptions de musicien.

D'ailleurs, par les mauvais compliments qu'il reçut d'Allemagne, il ne dut pas tarder à connaître que cette vaste composition littéraire, un peu trop conçue au gré de l'inspiration du compositeur, donnait sérieusement prise à la critique, et, plus tard, en 1854, quand il publia sa partition d'orchestre, il y ajouta un avant-propos pour se justifier d'en avoir usé si librement avec le poème original ; mais ses raisons, pour ingénieuses qu'elles soient, ne sont pas toutes probantes. « Le titre seul de cet ouvrage, écrit-il, indique qu'il n'est pas basé sur l'idée principale du *Faust* de Gœthe, puisque, dans l'illustre poème, Faust *est sauvé*. L'auteur de *la Damnation de Faust* a seulement emprunté à Gœthe un certain nombre de scènes qui pouvaient entrer dans le plan qu'il s'était tracé, scènes dont la séduction sur son esprit était irrésistible. Mais fût-il resté fidèle à la pensée de Gœthe, il n'en eût pas moins encouru le reproche que plusieurs personnes lui ont déjà adressé (quelques-unes avec amertume), d'avoir *mutilé un monument*. En effet, on sait qu'il est absolument impraticable de mettre en musique un poème de quelque étendue, qui ne fut pas écrit pour être chanté, sans lui faire subir une foule de modifications. Et de tous les poèmes dramatiques existants, *Faust*, sans aucun doute, est le plus impossible à chanter intégralement d'un bout à l'autre. Or, si, tout en conservant la donnée du *Faust* de Gœthe, il faut, pour en faire le sujet d'une composition musicale, modifier le chef-d'œuvre de cent façons diverses, le crime de lèse-majesté du génie est tout aussi évident dans ce cas que dans l'autre et mérite la réprobation… »

Tout ce raisonnement repose sur des prémisses au moins contestables. Il n'est pas prouvé d'abord que Berlioz ait établi un plan général de son ouvrage ; il résulterait bien plutôt de ses demi-aveux qu'il choisit et traita ces différents épisodes au gré de son caprice musical, et qu'il s'occupa après de les réunir, négligeant d'y ajouter certaines scènes capitales, soit qu'il n'en fût pas épris, soit qu'il jugeât déjà son œuvre assez volumineuse ; il n'est pas établi non plus qu'on l'aurait quand même accusé d'avoir profané un chef-d'œuvre s'il l'avait respecté de toutes parts, et d'ailleurs, ces accusations de parti pris ne

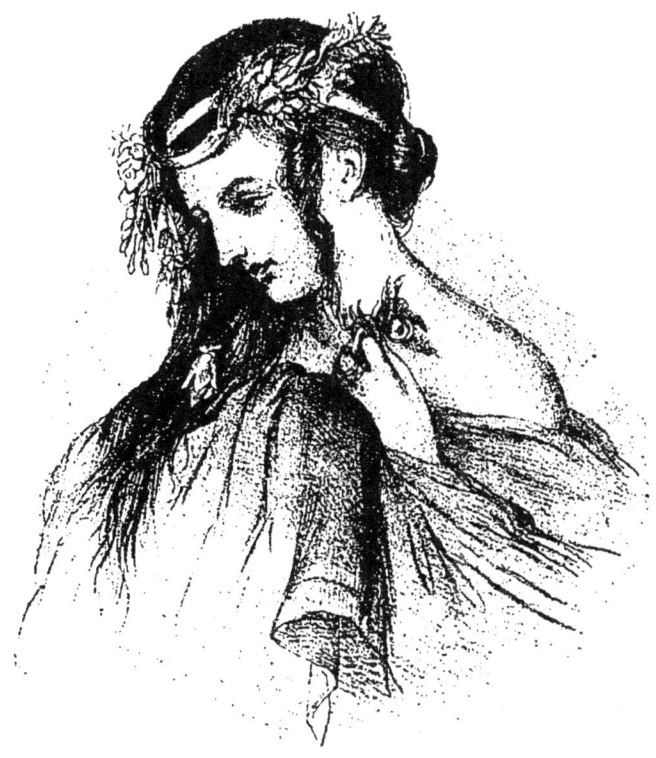

« LA MORT D'OPHÉLIE », MÉLODIE DE BERLIOZ.
Portrait idéal de miss Smithson, lithographié sur le titre (vers 1847).

devaient aucunement peser sur un homme de son caractère ; enfin, et c'est là le point capital, il avait complètement tort de dire que tout poème original devait être mutilé pour passer du livre au concert, — remarquez qu'au moment où il écrivait sa justification, *Faust* était bien décidément une œuvre de concert, non de théâtre, — et cette proposition aventurée allait être démentie absolument par Schumann. Le mieux pour Berlioz aurait été de ne pas entreprendre de se disculper ou de proclamer qu'il avait agi de la sorte en raison du droit supérieur qu'aurait, selon lui, tout artiste de modifier à sa guise le drame auquel il veut adjoindre de la musique. Ç'aurait été plus courageux de sa part et moins dangereux, car alors il ne se serait pas embrouillé après coup dans des explications qui n'expliquent rien et prouvent seulement qu'il avait conçu son *Faust,* un peu comme son *Lélio,* pour calmer sa fureur, épancher son inspiration musicale et ne pas laisser sans emploi différents essais ou morceaux qu'il croyait bons [1].

Cette discussion théorique, et plutôt littéraire que musicale, une fois close, il faut proclamer que Berlioz s'était bien taillé là le livret le plus favorable qui se pût voir pour ses facultés créatrices, et qu'il n'est pas étonnant dès lors qu'il ait produit un chef-d'œuvre, on pourrait dire son chef-d'œuvre par excellence, avec *la Damnation de Faust;* il faut reconnaître aussi qu'il ne fut jamais peut-être mieux inspiré que dans les épisodes empruntés directement à Gœthe. De ce nombre est précisément la première scène. Faust erre au milieu des plaines de Hongrie en chantant un hymne au printemps qui renaît, au soleil qui se lève, dans une mélodie charmante, qu'accompagne un suave murmure d'orchestre, le doux concert de la nature qui s'éveille. Cet accompagnement symphonique est, à vraiment parler, la partie principale de ce tableau champêtre, et le musicien l'a traité avec une prédilection visible; il y a réuni les effets les plus jolis et les plus curieux, et cette variété infinie de timbres et de rythmes produit alors un fourmillement délicieux, sans la moindre confusion. Les passages les plus remarquables de cette introduction sont peut-être ceux où, la voix se taisant, l'orchestre expose cette large phrase mélodique au-dessus de laquelle l'oreille perçoit les premières rumeurs agrestes et guerrières qui vont troubler le calme du matin ; toute cette page, où la petite flûte et les cors esquissent quelques bribes de la danse des paysans et de la marche hongroise, est d'une composition remarquable et du meilleur effet. Le chœur en ronde des paysans, entrecoupé de la triste plainte de Faust, est d'une animation, d'une gaieté charmante, qui font d'autant mieux ressortir l'éclat belliqueux, la merveilleuse instrumentation de la célèbre marche de Rakoczy.

La seconde partie nous transporte dans le cabinet de travail du

---

[1]. Il reconnut plus tard dans ses *Mémoires* qu'il avait fait une bêtise en rédigeant cet Avant-propos pour répondre aux critiques outrecuidantes de certains écrivains d'Allemagne, et, selon lui, il a fait une bêtise, uniquement parce que ces mêmes critiques allemands ne lui avaient adressé aucun reproche pour le livret de sa symphonie de *Roméo et Juliette,* peu semblable à l'immortelle tragédie ! « C'est sans doute parce que *Shakespeare n'est pas Allemand.* Patriotisme ! Fétichisme ! Crétinisme ! » Il est possible que les critiques allemands eussent montré dans cette question trop d'arrogance et de passion ; mais il y a une grande différence entre son *Roméo* et son *Faust,* et jamais on n'aurait imaginé de demander à une symphonie, presque exclusivement instrumentale, de suivre exactement le drame original dont elle procédait. Conclusion : il est bien vrai que Berlioz a fait une bêtise en répondant, mais uniquement parce qu'il n'avait pas de bonnes raisons à donner.

docteur. Son monologue, empreint d'un désespoir sombre, et le grand chœur de la Pâque, éclatant au moment où il va boire la liqueur de mort, ont été traités par Berlioz de la façon la plus développée, en deux morceaux importants qui finissent par se fondre dans un ensemble grandiose. Le récit de Faust, se reprenant à vivre après que ces chants de joie se sont éteints, respire une douce quiétude, que trouble aussitôt la raillerie du démon. Celui-ci conduit son esclave et maître à la taverne d'Auerbach. Ce tableau s'ouvre par un chœur de buveurs d'une gaieté entraînante; la chanson du Rat frit, lancée à plein gosier par Brander aviné, pourrait avoir plus d'accent et de couleur, mais le *Requiescat in pace* sur ce malheureux rat et la fugue ironique sur *Amen* sont d'une intention comique assez drôle, surtout quand on se rappelle que le musicien a voulu se moquer par là des défenseurs chenus de la musique classique et des formes pédantesques.

Méphistophélès a soin de nous en avertir et dit en ricanant au docteur : « Écoute bien ceci ; nous allons voir la *bestialité* dans toute sa splendeur. » Pour courte qu'elle soit, cette fugue est bâtie de main d'ouvrier, et Berlioz a écrit là, en forme de raillerie, un morceau modèle et d'un effet puissant ; il ne voulait que faire rire et il émeut presque : à quoi bon, dès lors, cette débauche d'esprit ? La chanson de la Puce, lancée par le diable au nez des buveurs ébahis, est suffisamment légère, avec un refrain qui manque d'aigreur et n'accuse pas assez le caractère satanique du chanteur improvisé. Le démon entraîne Faust aux bords de l'Elbe sur un tourbillonnement orchestral tout à fait féerique ; puis, ici, commence cette adorable scène du sommeil de Faust bercé par les Sylphes, véritable merveille d'inspiration gracieuse et féerique. La mélodie que Méphistophélès murmure à l'oreille du docteur est d'une suavité pénétrante ; puis : « Il sommeille, dit le démon. C'est bien, enfants de l'air, tendres esprits : vous l'avez fidèlement endormi par vos chants. Je vous suis obligé de cette symphonie. Faites voltiger autour de lui d'aimables songes ; plongez-le dans une mer d'illusions... A présent, Faust, poursuis tes rêves ; jusqu'au revoir. » Mais Faust a entrevu la douce image de Marguerite à travers ses songes. « Procure-moi quelque chose du trésor de cet ange ; mène-moi dans le lieu où elle repose ; procure-moi un mouchoir qui ait couvert son sein, une jarretière de ma mignonne. » Et le démon l'entraîne vers le logis de la belle en se mêlant aux groupes de soldats et d'étudiants qui s'en vont chantant la guerre et l'amour.

C'est une excellente idée, une idée bien théâtrale et qui sent l'opéra, que d'encadrer en quelque sorte dans la sonnerie de la retraite la scène d'amour et de faire revenir ce motif caractéristique avec la chanson des étudiants, lorsque Marguerite, déshonorée et délaissée, se désespère d'attendre toujours en vain le retour du bien-aimé. Après que tambours et trompettes ont sonné la retraite, Faust pénètre dans la chambre de Marguerite et chante un air : *Merci, doux crépuscule!* empreint d'une rêverie délicieuse et bien joliment accompagné par les violons et les altos enlacés ; la phrase en sourdine des violons, qui se déroule si voluptueusement pendant que Faust examine avec une curiosité passionnée les moindres coins de cette chambre virginale, est surtout d'une délicatesse et d'un charme extrêmes. Les méchantes paroles du démon, qui accourt annoncer la venue de Marguerite, sont bien soulignées par les trémolos des cordes, auxquels répondent quelques soupirs de la clarinette ; il y a surtout un trait bien curieux, une annonce stridente de la sérénade que le diable va bientôt chanter aux amoureux, lorsqu'il disparaît en leur promettant un épithalame de sa façon. Faust s'est caché dans les rideaux du lit ; Marguerite entre, une lampe à la main, et laisse échapper, en des phrases craintives doucement accompagnées par les flûtes et les clarinettes sur de courts trémolos d'altos, l'aveu de son naïf amour pour le héros qu'elle n'a encore vu qu'en rêve. Lorsque ce cri de passion lui échappe : *Dieu! j'étais tant aimée et combien je l'aimais!* les violons et violoncelles répondent en lançant *con tutta forza* une courte phrase d'une tendresse infinie ; puis, reprenant ses esprits, la jeune fille entonne, en tressant ses cheveux, la vieille chanson du *Roi de Thulé,* une ballade au rythme archaïque et que l'alto solo accompagne si bien en dialoguant avec six autres altos sur de longues tenues des basses. Excellent morceau, à tous égards, d'un caractère franchement gothique et bien préférable, par cette raison, à telle ou telle mélodie — il ne manque pas de chansons du *Roi de Thulé* — d'une inspiration peut-être aussi heureuse, mais trop moderne [1].

Le diable appelle les follets à son aide, et tout aussitôt trois petites flûtes de glapir, de sautiller, de courir avec le hautbois comme autant de flammèches qui voltigeraient et danseraient une ronde infernale. Le morceau qui vient après, le menuet des Follets, est une délicieuse fantaisie qui ne le cède en rien à la valse des Sylphes : ce babillage des instruments de bois, coupé de sourdes menaces, cette phrase

---

[1]. En 1855, Léon Kreutzer consacra plusieurs longs articles dans la *Gazette musicale* à étudier dans tous ses détails la partition de *la Damnation de Faust*, qui venait de paraître et dont il n'avait jamais, dit-il, entendu que les deux premières parties; alors, Berlioz, ayant lu ces articles à Weimar, chez Liszt, lui écrivit, le 16 février, pour le remercier de ses éloges et surtout de son analyse du microcosme sentimental contenu dans la ballade du *Roi de Thulé* : « Quels yeux doivent ouvrir en vous lisant les braves confectionneurs de musique parisienne! Mais, qu'ils ouvrent leurs yeux en vous lisant ou qu'ils les ferment en m'écoutant, au fond, qu'importe ? Ni vous ni moi, je crois, n'avons jamais eu la prétention de *travailler* pour eux. »

mollement cadencée des violons et surmontée de stridents appels, ce tourbillonnement final et cette chute si brusque lorsque tous les follets s'éteignent, forment un tableau fantastique incomparable. La sérénade de Méphistophélès, pimpante et leste avec ses gais pizzicato,

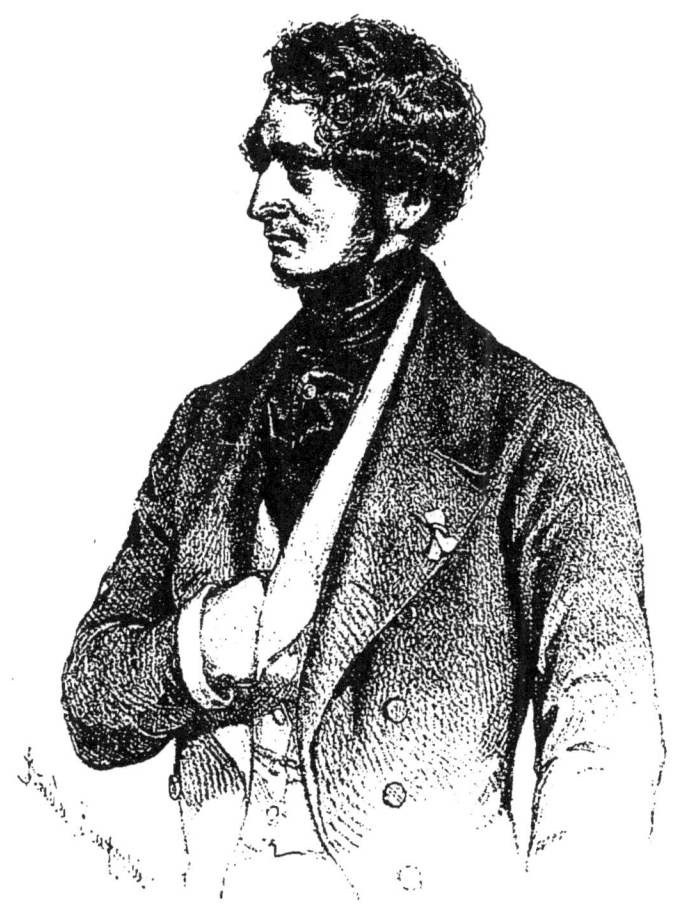

HECTOR BERLIOZ VERS 1847.
D'après une lithographie d'Amédée Charpentier.

respire une raillerie élégante, et les avis charitables du diable à la vierge qui va faillir sont d'un persiflage amer. « Silence ! crie le diable aux follets, allons voir roucouler nos tourtereaux ! » Marguerite s'avance tranquillement vers sa couche virginale, tandis que le hautbois et les altos reprennent la chanson du *Roi de Thulé* ; elle ouvre les rideaux et pousse un cri de joie... Faust est à ses pieds. Tous deux unissent leurs voix dans un grand duo d'amour, où la musique exprime à souhait le trouble pudique et les aveux détournés de la jeune fille ; éperdus, ils succombent aux doux enivrements de la passion, leurs voix s'éteignent, l'orchestre seul murmure de suaves cantilènes... Tout à coup, le démon surgit : « Vite, il faut partir ! les voisins accourent ! la fille est perdue ! » et tous ces sentiments si divers, l'amour vainqueur, la honte craintive, le sarcasme diabolique, se confondent avec les cris des voisins dans un trio final très mouvementé.

Au début de la quatrième partie, Marguerite est dans sa chambre solitaire, pleurant son bien-aimé, évoquant le souvenir du bonheur évanoui, dans un air très ému et soutenu par la plainte du cor anglais. La nuit vient : la retraite retentit encore dans la rue, des étudiants et des soldats passent au loin en chantant leurs joyeux refrains comme au soir du premier serment d'amour, et Marguerite, accablée par ces souvenirs, reste plongée dans l'abattement. L'invocation que Faust adresse à la Nature, en traînant sa misérable vie à travers les roches et les cavernes, est une très belle composition, d'une grandeur de pensée et d'inspiration qui n'a d'égale que la richesse de l'instrumentation. Le diable gravit les rochers pour rejoindre Faust et lui apprend la condamnation de Marguerite accusée d'avoir empoisonné sa mère, tandis qu'elle voulait seulement l'endormir pour ouvrir la porte au bien-aimé ; toute cette scène de raillerie et de désespoir est accompagnée au loin par une fanfare de chasse infernale, pour laquelle Berlioz a tiré des sons bouchés du cor les effets les plus sinistres et les plus mystérieux.

Le docteur et le diable enfourchent les chevaux d'enfer pour courir sauver l'infortunée Marguerite, et alors commence cet épouvantable morceau de la *Course à l'abîme*, qu'il faut avoir entendu pour en mesurer la grandeur terrifiante. Le galop ininterrompu des violons, la phrase désolée du hautbois qui semble être la plainte lointaine de Marguerite, les prières des femmes mises en fuite par cette cavalcade infernale, les terreurs suprêmes de Faust, les cris du diable excitant leurs montures, le glas des trépassés, la ronde des squelettes dansant autour de Faust : tous ces bruits et ces épouvantements se confondent dans un ensemble d'une magnifique horreur, jusqu'au moment où les cavaliers s'abîment dans un gouffre sans fond. Tout l'enfer célèbre alors le triomphe de Satan par un concert diabolique pour lequel Berlioz, à court de sonorités nouvelles, emprunte des mots sans suite au vocabulaire infernal de Swedenborg, et, lorsque les suppôts d'enfer ont suffisamment chanté victoire, le ciel s'ouvre et les voix des anges, unies aux harpes célestes, — c'est-à-dire tous les sopranos et les ténors, plus *deux ou trois cents* enfants, — appellent au séjour des bienheureux la pécheresse repentie, sauvée de la damnation par la chasteté de son amour.

Le cruel échec de *Faust* fut sensiblement atténué dans la presse, à cause des solides relations que Berlioz avait su s'y créer, et les nombreux journalistes qui, tout en réprouvant ses tendances novatrices, n'étaient pas assez sûrs de leur fait pour le condamner ou bien qui tenaient à rester en bons termes avec lui, prirent beaucoup de précautions pour donner à leur jugement une forme bienveillante; ils s'efforcèrent de combiner l'éloge et le blâme à dose égale, afin de ne pas se brouiller avec l'auteur, tout en ménageant l'opinion régnante à son sujet. Bref, Berlioz reçut de ses confrères beaucoup d'eau bénite de cour; mais tous ces compliments ne pouvaient prévaloir contre ce fait brutal, à savoir que le public, pris en masse, était toujours aussi indifférent à ses ouvrages et que ses tournées triomphales en Allemagne, en Autriche, en Bohême ne l'avaient nullement grandi dans son propre pays, ainsi qu'il aimait à se le figurer. Peut-être même lui avaient-elles nui dans une certaine mesure, et les éclats d'amis trop zélés, par exemple le solennel *Salut à l'Allemagne,* que lançait Antoni Deschamps pour remercier ce pays d'avoir consolé Berlioz des dédains de sa patrie, avaient dû plutôt écarter de lui les gens indécis ou timorés [1].

La presse favorable à Berlioz offre ceci de particulier qu'elle va droit aux parties les plus belles, à celles que le public d'alors devait le plus réprouver et qui sont devenues les pages vraiment lumineuses de l'œuvre entière aux yeux de la postérité. Maurice Bourges, par exemple, à la *Gazette musicale,* place au premier plan le monologue de Marguerite assise à son rouet, le dialogue amer de Faust et du démon, puis leur chevauchée fantastique à travers la nuit : voilà pour lui les sommets de l'œuvre. Il admire autant qu'un autre et la Marche hongroise et la scène de la Pâque, il aspire les délicieux parfums du Concert des Sylphes et applaudit à la scintillante évocation des follets, il apprécie à sa valeur la chanson gothique, il est séduit par la phrase ravissante qui ouvre le duo de Faust avec Marguerite et découvre un tableau adorable de suavité mystique dans l'apothéose finale; mais il en revient toujours à la Marguerite au rouet, bien plus touchante que celle de Schubert; enfin il porte aux nues cette *Course à l'abîme,* d'une horreur si magnifique, où l'orchestre pousse

---

[1]. Autant Berlioz était sensible aux critiques, autant il était reconnaissant des éloges, et, après cette bataille perdue, il écrivait à l'éditeur Escudier pour le remercier d'un article qui l'avait littéralement ranimé : « J'étais malade, ajoutait-il en propres termes, des insultes qui m'ont été prodiguées hier par des gens qui dissimulent mal leur rage. »

des gémissements, des rumeurs sinistres comme l'oreille n'en avait pas encore entendu : n'était-ce pas là le compliment qui devait le plus toucher Berlioz? Le critique, en revanche, apprécie médiocrement le trio final de la troisième partie; il ne goûte pas les plaisanteries de Méphistophélès dans la sérénade, en accordant que la musique est vive et spirituelle; il est choqué par les chansons de la Puce et du Rat, « compositions secondaires, de la première jeunesse de l'auteur, qui jurent étrangement au milieu de tant d'inspirations neuves, pleines de sève, de fraîche poésie »; et surtout il reproche au musicien d'avoir négligé deux épisodes aussi pathétiques que ceux de l'église et de la prison. Mais pensez donc : traiter de chef-d'œuvre une cacophonie comme la *Course à l'abîme* et découvrir de l'expression dans le monologue insignifiant de Marguerite, quelle folie! Placer Berlioz au-dessus de Schubert, quelle hérésie et quel blasphème! A tout le moins, quelle nouveauté!

Nulle part, peut-être, on n'attendait plus impatiemment qu'en Bohême des nouvelles sûres de *Faust*. Vite, après l'exécution, Stephen Heller renseigna les amis de Berlioz par une longue lettre au docteur Ambros, où l'analyse proprement dite de la partition est précédée de considérations bien personnelles sur le talent du musicien cher à son cœur. D'après Heller, Berlioz est une nature d'artiste admirablement douée, et le seul reproche qu'on lui puisse adresser est celui qu'encourent tous les novateurs, à savoir le manque de mesure. C'est un croyant qui a beaucoup souffert pour sa foi musicale et qui, comme tous les persécutés, est devenu fanatique : il est certain, dit-il, que si la critique, au lieu de nier entièrement et de railler son talent, s'était contentée de lui montrer les dangers de sa tendance, Berlioz ne s'y fût pas abandonné avec tant de frénésie. Elle aurait dû l'adjurer de rester musicien avant tout, alors que son génie, au contraire, le poussait à vouloir tout étreindre et tout traduire; en effet, il était naturellement porté à composer sa musique d'après un programme; il en voulait un à tout prix; il ne chantait pas pour chanter, mais il se sentait d'abord frappé par une idée poétique ou philosophique, qu'il s'efforçait après de rendre par les sons, et la valeur même de sa musique était subordonnée à la qualité du sujet. « Berlioz, poursuit-il en propres termes, est un grand compositeur plutôt au sens littéraire qu'au sens musical, et les inconvénients d'une telle manière de sentir éclatent d'eux-mêmes : le Berlioz musicien ne doit que trop souvent céder au Berlioz poète et penseur; les plus belles, les plus nobles harmonies, sont alors rompues par un caprice du poète; et cette intervention subite de l'élément extra-musical a toujours été le principal obstacle à l'intelligence de ses compositions. Sa riche fantaisie, son tempérament brûlant, une sorte d'inspiration fébrile, une ardeur effrénée pour tout sentir et tout embrasser, le beau et le laid, le sacré et le profane, tous ces efforts ont imprimé à sa musique un caractère aventureux qu'une telle nature pouvait seule lui donner. » Conclusion : le *Faust* de Berlioz renferme de grandes beautés et révèle une prodigieuse faculté d'invention ; mais, pour Heller, il n'est pas comparable à *Roméo*, qui demeure son œuvre la plus parfaite, un chef-d'œuvre absolu.

De tous les articles, le plus hostile, le plus violent, le plus injuste devait être et fut en effet celui de Scudo. Cet intraitable ennemi de Berlioz laissa bien s'écouler quatre ou cinq mois avant de donner son avis, puis il le fit de façon tranchante et brève, en accouplant différents compositeurs : Onslow et Reber, Berlioz et F. David. Confuse ébauche d'un tableau pastoral qui aurait pu être agréable si le malheureux compositeur avait su son métier ; chœur dansé de paysans ayant de la rondeur, mais tournant court par suite de l'inhabileté de l'auteur à développer un motif ; déchaînement effroyable de tous les instruments et de tous les timbres sur un rythme violemment accusé, avec une idée principale mal préparée, mal conduite, et couronné par l'amoncellement monstrueux des bruits les plus étranges, sous le titre de *Marche hongroise ;* un chœur de la fête de Pâques manquant de développements et de nuances délicates ; farces lugubres que les chansons du Rat et de la Puce où l'auteur a perdu une belle occasion de donner une fois pour toutes le « sublime du grotesque » ; de charmants détails dans le morceau symphonique des Esprits de l'air, où le critique se plaît à signaler on ne sait quelle réminiscence du chœur céleste de Paisiello : *Dormi, o cara ;* rien de supportable dans la troisième partie que quelques mesures d'un menuet dansé par les Sylphes ; rien de plus étrange qu'une chanson du *Roi de Thulé,* constamment écrite, dit le censeur, sur les notes les plus élevées et les plus criardes de la voix de soprano (la plus haute est un *fa !*) ; une ballade de Marguerite au rouet qui ne deviendra jamais immortelle comme la poésie de Gœthe, ni populaire comme la musique de Schubert ; tout ce qui suit, notamment l'*Invocation à la Nature,* ne méritant qu'un dédaigneux silence ; enfin une cavalcade infernale où le compositeur « a voulu très sérieusement imiter le bruit de deux chevaux noirs galopant à travers l'espace » ;... voilà, réduit à ses données essentielles et plutôt atténué dans les termes, le jugement raisonné que Scudo porta bravement sur *la Damnation de Faust* et qui fixa définitivement l'opinion d'une infinité de gens sur Berlioz [1].

[1]. Il était indispensable, dans un travail comme celui-ci, de résumer un tel article, si connu qu'il

D'ailleurs, ils étaient déjà renseignés sur son compte : est-ce qu'il pouvait rien sortir de bon de la plume de cet exalté, de cet excentrique ; est-ce qu'il n'avait pas paru récemment un violent article, très développé celui-là, où le même critique exécutait sans pitié ce présomptueux novateur, mettait à nu ses billevesées littéraires et musicales, montrait le néant de ses productions, et prouvait clairement qu'il ne lui passait par la tête, au lieu d'idées musicales, que des chants inintelligibles ? Aussi les gens sages s'étaient-ils bien gardés d'aller entendre une nouvelle élucubration de cet esprit baroque, et comme ils avaient eu raison de ne pas se déranger ! Leur mentor musical le leur disait bien : Ce prétendu chef-d'œuvre était une outre gonflée de vent qu'il avait crevée d'un coup de plume et l'on ne savait, à présent, de qui rire davantage, ou de ce faux génie ou des amis qui le prenaient au sérieux.

soit, si souvent qu'on l'ait déjà cité : mais on a pris grand soin de le faire de la façon la plus sommaire. Les personnes désireuses de connaître en entier ce morceau de critique auront toute facilité pour le retrouver soit dans la *Revue des Deux-Mondes* (15 mai 1847), soit dans le volume de Scudo : *Critique et littérature musicales* (1re série), avec le fameux article : *De l'influence du mouvement romantique sur l'art musical et du rôle qu'a voulu y jouer M. H. Berlioz*, publié en 1846, avant *la Damnation de Faust*.

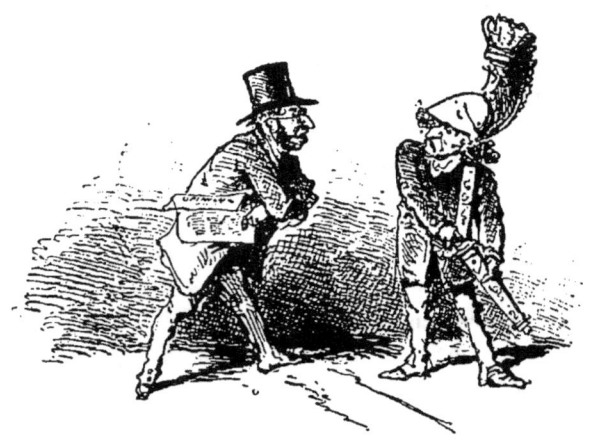

BERLIOZ ET AZEVEDO.

— Mais, sapristi, Monsieur Berlioz, pourquoi ne laissez-vous jamais flâner la moindre mélodie dans ce que vous appelez votre musique ?...
— Azevedo, vous êtes trop curieux ; sachez que je n'ai pas de *motifs* à vous donner.

(Bertall, *Journal amusant*, 2 janvier 1864.)

CHAPITRE IX

VOYAGE EN RUSSIE. — SÉJOUR A LONDRES
CONCERTS DE LA SOCIÉTÉ PHILHARMONIQUE, A PARIS

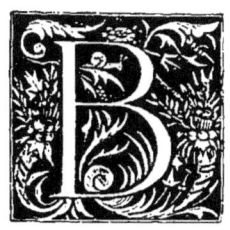ERLIOZ l'a dit et redit : rien, dans sa carrière d'artiste, ne l'a plus profondément blessé que l'indifférence inattendue du public en face de *la Damnation de Faust*. C'est que la déception fut d'autant plus grande, arrivant après les ovations de son voyage en Allemagne. Il était ruiné, de plus, endetté d'une somme considérable et sans moyen de se libérer. Tout à coup l'occasion de sortir d'embarras s'offrit à lui : il ne s'agissait que d'entreprendre un nouveau voyage musical, cette fois en Russie, avec l'assurance d'y récolter beaucoup de roubles. D'où lui venait cette ouverture? Apparemment de Glinka, qui le considérait comme le premier musicien de l'époque et avait dû faire prévaloir cette idée en Russie, où son mérite personnel et sa position de chef reconnu de l'école musicale russe donnaient un grand poids à ses opinions. Heureusement que les amis de Berlioz, M. Bertin, Adolphe Sax, le libraire Hetzel, etc., se mirent à sa disposition, si bien qu'une fois ses dettes payées, il partait de Paris le 14 février 1847 afin d'arriver là-bas pour le grand carême, époque où les théâtres ferment durant tout le mois de mars; et il s'en allait tout joyeux, car l'avant-veille il avait rencontré Balzac qui lui avait monté la tête en lui parlant de bénéfices fabuleux à réaliser, de cent cinquante mille francs tout au moins [1].

Après quinze jours d'un voyage rendu très pénible par la neige et la bise, après quelques heures d'arrêt à Berlin où le roi de Prusse lui fit tenir une lettre de recommandation pour sa sœur, l'impératrice de Russie, il arrivait à Saint-Pétersbourg « tout ratatiné par le froid ». Le soir même, il était conduit par M. de Lenz chez les comtes Wielhorski, pour une soirée musicale, et liait connaissance avec le chef

---

[1]. La dédicace que Balzac a mise en tête de *Ferragus, chef des Dévorants*, et surtout la brièveté de cette dédicace : *A Hector Berlioz*, témoigne de l'estime et de l'admiration qu'il portait à Berlioz. Il est à remarquer en effet que cette formule si simple est celle qu'il emploie toujours pour les gens dont le génie ou le talent le captivent : Liszt, Lamartine, Hugo, Delacroix, Geoffroy Saint-Hilaire, etc., et qu'elle contraste avec l'emphase de ses autres dédicaces adressées à des princes ou à de faux grands hommes.

d'orchestre de l'Opéra italien, Romberg, et le général Guédéonoff, intendant des théâtres impériaux. Sur l'heure, on décida que son premier concert serait donné, le 3 mars, dans la salle de l'assemblée des Nobles et qu'on y chanterait les deux premières parties de *la Damnation de Faust* : n'avait-on pas pour les solos la basse Versing et le ténor Ricciardi, l'un chantant en allemand, l'autre en italien, sans que les Russes fussent autrement choqués de cet assemblage, et Berlioz n'aurait-il pas bientôt fait, Romberg aidant, d'obtenir toutes les permissions nécessaires ? Cependant, il était opportun de présenter le voyageur au public qui le connaissait très peu, de renommée, et comme aucun écrivain n'était suffisamment renseigné sur sa vie et ses œuvres, ce fut Berlioz lui-même qui rédigea une courte notice, aussitôt traduite et insérée dans plusieurs journaux. Cette réclame déguisée, honorée du titre d'autobiographie à la Bibliothèque de Saint-Pétersbourg, était très habilement faite et très précise en peu de lignes ; elle n'omettait aucune particularité propre à piquer la curiosité des gens les moins épris de musique et concluait en proclamant la « supériorité du compositeur, reconnue en France et par toute l'Allemagne, dans l'art si difficile d'organiser et de diriger de grandes exécutions musicales[1] ». Et par là-dessus, le prince Odoïewski, qui était alors un des principaux musicographes de la Russie, insérait, la veille même du concert, un grand article dans la *Gazette de Saint-Pétersbourg*, où il portait Berlioz aux nues et qui se terminait habilement par ces mots : « Ajoutons qu'Hector Berlioz a été, dans l'Occident, l'un des promoteurs de la musique de Glinka. Il a fait exécuter à Paris, dans ses célèbres concerts, plusieurs morceaux de *la Vie pour le Tsar*. Nous comprenons à merveille cet élan de Berlioz, qui a dû étonner à Paris, où la Russie

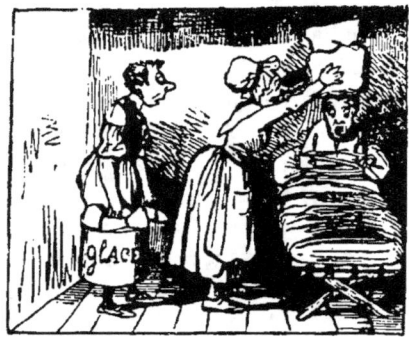

DÉPART DE BERLIOZ POUR LA RUSSIE.

Le mouvement d'oscillation que décrit la tête de M. Berlioz suffit pour trahir son origine hyperboréenne. L'été, on était obligé, à chaque instant, de lui verser des seaux de glace sur la nuque. Déjà on sentait l'ours blanc dans ses symphonies.

(*Charivari*, 17 et 18 février 1847.)

---

1. On la trouvera reproduite en entier dans l'excellente étude de M. Octave Fouque : *Berlioz en Russie*, faisant partie de son volume : *les Révolutionnaires de la musique* (Calmann-Lévy, 1882). Les deux voyages en Russie sont racontés là dans les plus grands détails et d'après des papiers, des renseignements, des articles envoyés de Russie à l'auteur ; on ne peut donc mieux faire que de s'en rapporter à son travail, exact et intéressant, comme tous ceux qui sortaient de sa plume.

n'est guère plus connue que la Chine : un grand talent est toujours compris par un autre grand talent. » L'affirmation est hasardée, mais elle était politique et porta coup.

Le concert eut lieu au jour dit, avec le *Carnaval romain*, les deux premières parties de *Faust, la Reine Mab* et l'Apothéose de la *Symphonie funèbre et triomphale*. Compliments de l'impératrice, embras-

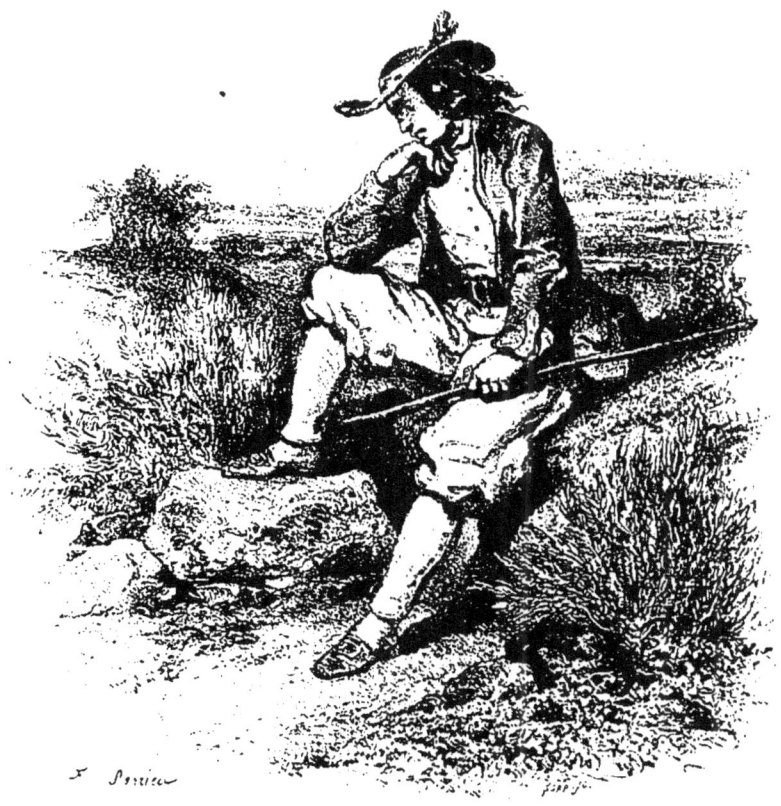

« LE JEUNE PATRE BRETON », MÉLODIE DE BERLIOZ.
Lithographie de Sorrieu sur le titre du recueil : *Fleurs des landes* (1850).

sades de ses partisans, dix-huit mille francs de recette, sur lesquels douze mille de bénéfice net, rien ne manqua à ce début triomphal. Et aussitôt la pensée du voyageur de se tourner instinctivement vers la France : « Ah ! chers Parisiens..... », murmura-t-il d'un ton de doux reproche et de regrets[1]. Dix jours après, Berlioz donnait un second

---

1. Le prince Odoïewski, débordant d'enthousiasme, entamait son compte rendu par cette apostrophe à Glinka : « Où es-tu, mon ami ? Pourquoi ne te trouves-tu pas avec nous ? Pourquoi ne

concert qui produisait d'assez beaux résultats ; puis, il partait pour Moscou, où il rencontra des musiciens de troisième ordre et des choristes exécrables, mais un public aussi ardent pour le moins que celui de la capitale : au bout de trois semaines, il quittait cette ville avec huit mille francs de bénéfice en poche et rentrait à Saint-Pétersbourg. Cette fois, il allait consacrer tout son temps à organiser deux grands concerts, non plus dans la salle des Nobles, mais au Théâtre-Impérial, afin de faire entendre aux Russes une grande œuvre en entier ; son choix se fixa sur *Roméo et Juliette*. Il réunit un nombre de voix formidable, il fit répéter tant et plus son orchestre et ses chœurs ; il eut le bonheur de trouver trois bons solistes : la basse Versing, Mme Walcker, et un acteur nommé Holland ; bref, « c'était impérialement organisé, dit Berlioz ; l'exécution devait être et fut merveilleuse ; je me la rappelle comme une des grandes joies de ma vie ». On connaît ce refrain ; le vrai est que ce concert du 23 avril, qui débutait par la symphonie d'*Harold* (sans l'*Orgie* finale), avec Ernst comme alto solo, ne répondit pas à l'attente générale ; aussi, pour la dernière séance, fixée au 30 du même mois, Berlioz crut-il devoir renforcer le programme avec les fragments si souvent applaudis et toujours redemandés de *la Damnation de Faust*.

Les amateurs avaient donc médiocrement goûté la grande symphonie de *Roméo ;* ils étaient tout déroutés de ne trouver là ni une œuvre symphonique, ni une œuvre vocale, mais une composition procédant de deux genres jusqu'alors très nettement séparés. La critique, au contraire, avait unanimement approuvé ; mais certains journaux, tout en célébrant le génie de Berlioz, formulaient quelques restrictions, cherchaient à expliquer l'attitude réservée du public. Le rédacteur du recueil mensuel *la Bibliothèque de lecture,* entre autres, exprimait cette opinion que Berlioz avait employé des moyens musicaux insuffisants en prétendant traduire des situations tellement dramatiques avec les seules ressources de l'orchestre ; il s'étonnait aussi de la façon dont l'auteur avait cru devoir se servir des voix dans les passages où elles lui avaient paru nécessaires, et continuait ainsi : « Il arrive fort rarement que le chœur prononce les paroles d'une façon assez distincte pour permettre à l'auditeur de comprendre la marche de l'action ; puis, même en supposant cette heureuse chance réalisée, le public ne par-

---

partages-tu pas le plaisir et la joie de tous les nôtres ? Berlioz a été compris à Saint-Pétersbourg ! On a compris cette musique raffinée et contre-pointée, malgré le fléau des cabalettes italiennes qui risquait d'abâtardir le goût slave... C'est avec la plus grande joie que j'ai constaté l'exaltation générale de notre public, dont la majorité entendait la musique de Berlioz pour la première fois. En vérité, il doit exister une sympathie particulière entre sa musique et le sentiment intime des Russes, pour qu'on puisse expliquer ce fait curieux. »

viendra pas toujours à saisir ce qui, dans le prologue, doit se rapporter aux morceaux de la symphonie... Si Berlioz avait placé sa légende, non plus au début de l'œuvre, mais en tête de chaque morceau, il eût mieux atteint son but. C'est le système que Félicien David a suivi dans son *Désert*, et avec grand succès; peut-être a-t-il été conduit là par l'exemple de Berlioz et de sa symphonie de *Roméo et Juliette*. »

Après ces observations générales, le journaliste entrait dans l'analyse détaillée de la partition et tout lui paraissait admirable. Mais les réserves introduites au début de son article n'en répondaient pas moins au sentiment, je ne dis pas des artistes et des connaisseurs, très préoccupés en faveur de Berlioz, mais du grand public, que cette musique avait déconcerté tout d'abord; il n'est pas bien sûr qu'en applaudissant très fort des créations si nouvelles, les personnes qui se pressaient à ses concerts ne le fissent beaucoup par mode, afin de ne pas encourir le dédain du parti des musiciens, mais elles étaient peut-être au fond interloquées par ces compositions qui brouillaient toutes leurs idées sur l'art musical. Est-ce que le comte Wielhorski n'avait pas avoué, malgré son enthousiasme avéré, qu'il ne comprenait rien à l'ouverture du *Carnaval?* Est-ce que certaine dame, habituée de l'Opéra italien, et qui avait régulièrement suivi ces concerts pour qu'on ne la supposât pas, écrit Berlioz, incapable de se plaire à l'audition de cette musique, ne disait pas à la fin : « C'est une œuvre très sérieuse, il est vrai, mais parfaitement intelligible; et, dans ce grand effet instrumental de l'introduction, j'ai tout de suite compris qu'on entendait *Roméo arrivant dans son cabriolet!!!* » Et Berlioz, en rapportant ce propos, n'hésite pas à décerner à la dame inconnue un brevet d'ignorance ou de naïveté; mais tout est dans la façon de dire, et peut-être cette affectation de niaiserie était-elle éminemment perfide : auquel cas, le naïf ne serait autre que Berlioz.

En revenant de Saint-Pétersbourg, qu'il quitta le 10 mai, Berlioz se dirigeait rapidement sur Berlin, où le roi de Prusse, très désireux de connaître enfin son *Faust*, l'avait prié de passer quelques jours. Mais voilà qu'en passant par Riga, une envie irrésistible le prend de s'y faire applaudir. Il s'arrête; il ne tient aucun compte des pronostics défavorables dont on le poursuit; il donne, le 12 mai, un concert qui lui vaut à peu près douze francs de bénéfice, et poursuit sa route, enchanté d'avoir récolté de nombreuses marques de sympathie, ravi d'avoir vu, dans cette petite ville, l'*Hamlet*, de Shakespeare, admirablement joué par le comédien Baumeister. Il arrivait le 4 juin à Berlin où, dès le lendemain, la *Musicalische Zeitung* saluait sa venue en ces termes : « Berlioz vient de débarquer à Berlin ; nous lui prophétisons peu de succès et encore moins d'argent. L'âme de la musique, c'est la mélodie ; de la musique et des hommes sans âme, grand merci. » Carl Gaillard, le rédacteur en chef de cette feuille, était personnellement hostile au compositeur français, mais il se sentait aussi porté par l'opinion[1] : à part le souverain et son entourage, qui traitèrent fort bien Berlioz, celui-ci se heurta à un mauvais vouloir général. On s'indignait notamment qu'un musicien français eût osé s'attaquer au chef-d'œuvre allemand par excellence, et ces dispositions malveillantes étaient habilement entretenues par le prince Radziwill, qui avait fait exécuter lui-même une partition de *Faust* ; de plus, Berlioz était assez mal vu des musiciens de l'orchestre, auxquels était revenu son avis que certains solistes français, les flûtistes par exemple, étaient très supérieurs à ceux de Berlin.

Cependant, tout fléchit devant la volonté royale, et le samedi 19 juin, à six heures du soir, le Grand-Opéra s'ouvrait pour un concert, abonnement suspendu, où l'on devait exécuter *la Damnation de Faust* ; Berlioz obtint, dit-il, une exécution parfaite de la part de cet orchestre chatouilleux, mais il ne put remédier à l'insuffisance des chanteurs solistes, du ténor Krause et de Mlle Brexendorf ; seul, Bœtticher fut excellent dans Méphistophélès. Il y eut, paraît-il, peu de monde à ce concert, auquel le beau temps et les courses de chevaux firent une concurrence fâcheuse ; et les journaux continuèrent leur campagne hostile, tantôt en accablant Berlioz sous le poème de Gœthe, tantôt en lui opposant la partition de Radziwill : « La tâche était singulièrement difficile, écrit Carl Gaillard, pour le poète et pour le musicien ; or, le premier a trompé complètement toute espérance, le second n'a rempli qu'à moitié notre attente. Il s'ensuit de là que l'impression générale, notamment dans les deux premières parties, n'a pas été très satisfaisante ; on a bien rendu justice au talent exceptionnel du compositeur dans la science instrumentale, mais le poème de Gœthe est tellement défiguré qu'il n'y a plus là matière à drame musical. »

[1]. Cinq ou six jours après, il revenait à la charge en ces termes : « Berlioz, non effrayé par le peu de succès qu'il a eu lors de son premier passage à Berlin, veut nous régaler encore d'un concert et même de plusieurs, si la fortune lui sourit. Nous espérons au moins que M. de Küstner, eu égard à ce qu'il doit encore à l'art allemand, ne va pas se dépenser en efforts pour faire valoir des phénomènes exotiques. C'est affaire à M. Berlioz de rassembler un orchestre particulier ; alors il pourra s'en donner à cœur joie et faire exécuter ses calembredaines musicales décorées du titre de *musique nouvelle* ou *musique de l'avenir* (*Musik der Zukunft*). Il n'est pas ici chez les Russes, à qui l'on en fait aisément accroire en musique ; nous ne contestons pas que Berlioz soit un homme très intelligent, mais cela ne suffit pas ; nous consentons même qu'il ait produit des ouvrages théoriques utiles à l'art, notamment dans le domaine de l'instrumentation ; quant au compositeur, c'est un zéro dont le critique des *Débats* s'emploie à démontrer la valeur. » — M. de Küstner, dont il est ici question, était apparemment l'intendant des théâtres royaux de Prusse, le même qui refusa si dédaigneusement de monter le *Tannhæuser* après l'échec de cet opéra à Dresde. (Voyez *Richard Wagner, sa vie et ses œuvres*, pages 76 et 77.)

Cependant Berlioz se dédommageait de ses peines et oubliait ces attaques en prêtant l'oreille aux vifs éloges de la princesse de Prusse qui, pour suivre les dernières répétitions, n'avait pas craint de venir dès huit heures du matin dans une salle obscure et froide ; en recevant

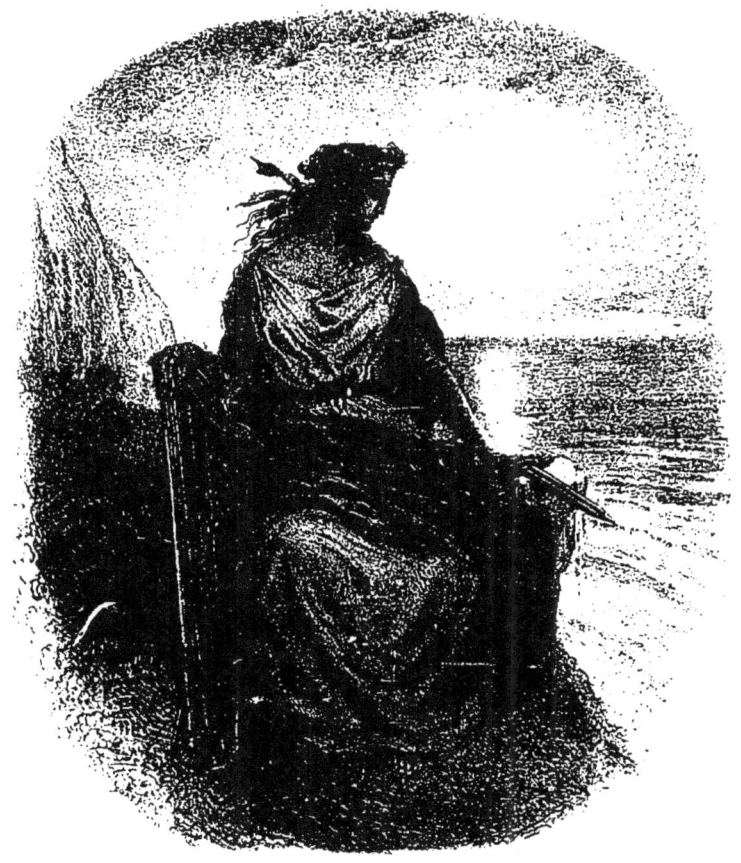

« IRLANDE », NEUF MÉLODIES DE BERLIOZ.
Lithographie de G. Staal sur le titre (vers 1850).

les compliments de Frédéric-Guillaume, qui lui envoyait par Meyerbeer la croix de l'Aigle rouge et l'invitait à venir dîner à Sans-Souci, sans grand cérémonial. Et sitôt après le repas, en prenant le café dans les jardins, Berlioz débitait au souverain mille folies qui le faisaient rire aux éclats ; n'était-il pas le « vrai roi des artistes », comme Berlioz le lui dit ce même soir, et ne devait-il pas permettre à ceux-ci de le traiter en artiste-roi ?

Lorsqu'il revint en France, à la fin de juin 1847, Berlioz trouva l'Académie de musique en émoi : Léon Pillet allait en abandonner la direction, et Duponchel et Roqueplan se remuaient pour obtenir le privilège, mais le ministre avait peu de penchant pour eux. Ils surent cependant si bien enguirlander Berlioz, en lui proposant la haute direction de la musique, conjointement avec Girard, le chef d'orchestre, en parlant de jouer *la Nonne sanglante* inutilement proposée à la précédente direction, que lui, naïvement, s'en allait trouver Armand Bertin et le décidait à enlever de haute lutte la nomination des deux associés. Mais ceux-ci, dès qu'ils furent en place, changèrent visiblement d'attitude : ils n'avaient plus d'emploi digne de son talent à lui offrir ; ils craignaient de ne pouvoir jouer *la Nonne,* si Berlioz occupait un poste officiel au théâtre, et parlaient d'acquérir son livret qu'ils feraient mettre en musique par un autre ; enfin, ils paraissaient si mal disposés à tenir leurs promesses, que Berlioz, brusquant les choses, acceptait d'aller diriger l'orchestre du Grand-Opéra à Londres et les dégageait de leur parole[1]. Cette rupture, au fond, ne lui déplaisait pas, d'abord parce qu'il pensait gagner une fortune en Angleterre, et puis parce que son éloignement de l'Opéra ferait tomber, pensait-il, le seul obstacle qu'il y eût à la représentation de *la Nonne sanglante.* Aussi, dès qu'il fut à Londres, chargeait-il son collaborateur de demander aux directeurs un délai de trois ans, afin qu'il pût méditer, terminer et revoir longuement cet ouvrage ; à quoi ceux-ci répondaient par l'offre d'une exécution immédiate, qu'ils savaient impossible, et Scribe alors priait Berlioz de lui rendre un poème qu'ils n'avaient plus aucune chance de voir jamais paraître à l'Opéra. Berlioz, profondément blessé, se dessaisissait de ce livret et détruisit, plus tard, tout ce qu'il en avait écrit, sauf deux airs entièrement instrumentés, qui le satisfaisaient et qu'il utilisa peut-être dans un de ses ouvrages postérieurs. Bref, en toute cette affaire, où Berlioz pensait avoir été fort habile, il avait trouvé son maître en la personne de Scribe, allié aux deux directeurs : « J'ai failli entrer dans cette détes-

---

[1]. Voici le texte exact de sa lettre, qui n'a jamais été publié. Elle est écrite sur papier officiel du théâtre de Drury-Lane, et datée de Paris, le 19 août 1847 ; mais la forme en est beaucoup moins acrimonieuse qu'on n'aurait cru : « Mon cher directeur, depuis la dernière conversation que nous avons eue ensemble au sujet de ma collaboration au service musical de l'Opéra, j'ai cru voir que des difficultés, que je ne connais pas, s'opposaient à ce que nous puissions conclure pour la place de chef du chant, comme pour celle de chef d'orchestre. Je serais désolé de vous susciter le moindre embarras, je l'avais préalablement dit à M. Arm. Bertin, lorsqu'il me parla de vos projets. Permettez-moi donc de vous rendre la parole que vous m'avez donnée en dernier lieu pour la place de chef du chant, et conservez-moi vos bonnes intentions et votre amitié. Disposez de moi, en outre, pour tout ce dont je serai capable qui puisse vous être agréable. »

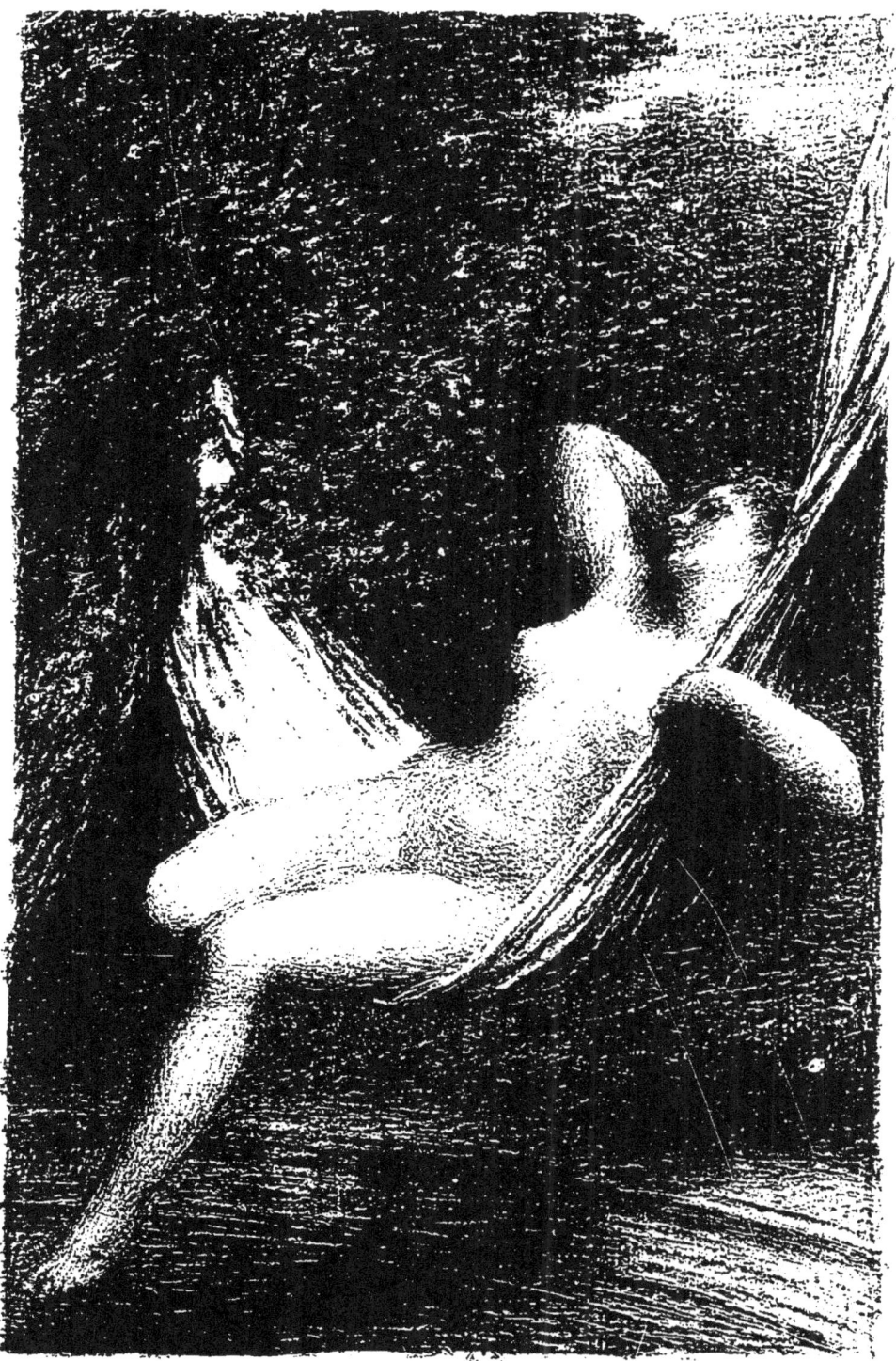

table officine comme directeur de l'exécution chorale, écrit-il de Londres à Tajan-Rogé, le 10 novembre; mais le bonheur a voulu que je pusse faire volte-face à temps, en conservant tous mes avantages. » Il les avait perdus, au contraire, et l'apprit bientôt à ses dépens[1].

Entre sa rupture avec les directeurs de Paris et son départ pour Londres, Berlioz allait passer quelque temps dans sa famille, afin de revoir son père dont il était séparé depuis longtemps, et pour lui faire connaître le petit Louis, gentil bambin de treize ans qui, d'abord élevé par sa mère et toujours éloigné de son père qui courait le monde, avait été placé au collège de Rouen et parlait déjà de se faire marin : c'était un garçon mélancolique, indécis, doué d'un assez bon cœur, et qui cependant devait rendre son père malheureux par ses ambitions impatientes, ses dépenses irréfléchies, ses caprices et ses dégoûts d'enfant gâté. Berlioz, dans ses *Mémoires*, place cette visite à la Côte immédiatement après son retour de Russie, avant ses pourparlers avec Duponchel et Roqueplan, mais c'est par erreur, car il écrivait lui-même à d'Ortigue en date du 26 août 1847 : « Maintenant je suis libre de partir pour la Côte. J'ai signé dernièrement un engagement pour Londres incomparablement plus avantageux que celui qu'on m'offrait ici. J'ai donc rendu leur *dernière* parole à MM. les directeurs de l'Opéra et j'ai accepté la proposition que m'a faite Jullien (le directeur du théâtre de Drury-Lane) de conduire l'orchestre. Il me donne pour cela dix mille francs, plus dix autres mille francs pour monter quatre concerts avec ma musique; en outre, il m'engage pour écrire un opéra en trois actes, destiné à la seconde année. Je ne serai occupé à Londres que quatre mois de l'année. Tu vois qu'il n'y a pas à hésiter et que j'ai dû définitivement renoncer à la belle France pour la perfide Albion. » Dans sa pensée, en effet, il s'exilait pour longtemps; il donnait suite à ces projets d'émigration qui l'avaient hanté dès son adolescence, lorsqu'il parlait d'aller à Vienne, à Carlsruhe ou à Cassel; il avait signé un traité pour dix années en qualité de chef d'orchestre à Drury-Lane et n'avait pas hésité, du moment qu'il lui restait huit mois de liberté par an pour continuer sa carrière à Paris; avantage qu'il n'avait pu obtenir quand on lui avait offert de remplacer Weigl à Vienne.

Hélas, que devait-il advenir de ces belles promesses? Comment Berlioz, qui connaissait ce fou de Jullien pour l'avoir vu à l'œuvre,

1. Cette « habileté » imaginaire de Berlioz dans ses négociations avec le directeur de l'Opéra n'excuse pas la conduite de Scribe, qui aurait dû, au contraire, être l'allié de son collaborateur, et qui ne pensa qu'à rattraper le plus vite possible un poème inutile entre les mains d'un musicien dont aucun directeur ne voulait entendre parler. Il l'offrit ensuite, à ce qu'il paraît, à Halévy, à Verdi, à Grisar, qui, tous, refusèrent par égard pour Berlioz ; puis à M. Gounod, qui l'accepta. On sait la suite, et comment cet opéra, représenté le 18 octobre 1854, ne put pas se jouer plus de onze fois ; l'insuccès définitif ne fut donc pas pour Berlioz.

pouvait-il s'embarquer dans une entreprise avec lui? Il partait pour Londres au commencement de novembre 1847 et dès son arrivée il s'aperçut que l'affaire était engagée dans des conditions déplorables : aussi ne fut-il qu'à demi surpris lorsqu'au mois de janvier, Jullien, laissant sa troupe en plan, sans la payer, entreprit une tournée de concerts-promenades en province. Il n'avait, c'est vrai, touché que le premier mois de son traitement, mais de petits triomphes d'amour-propre lui faisaient oublier ces mécomptes pécuniaires. D'abord on l'avait accueilli par des bravos dans un concert-promenade où Jullien lui avait fait diriger l'*Invitation à la valse,* et puis le soir de l'ouverture du théâtre (8 décembre), la salle lui avait fait une ovation quand il était monté au pupitre pour conduire l'ouverture n° 1 de *Léonore,* de Beethoven, avant *Lucia di Lammermoor*. De plus, il s'occupait activement, un grand mois à l'avance, de préparer son concert, annoncé pour le 7 février 1848, et se flattait toujours de pouvoir faire son nid en Angleterre, où, disait-il, il y avait une belle place à prendre depuis la mort de Mendelssohn ; bref, il se leurrait d'espérances exagérées. Il donnait bien son grand concert et le succès en était considérable avec *Harold* et *le Carnaval romain,* avec les deux premières parties de *Faust;* à la fin, on lui offrait même un souper où miss Dobby, miss Lyon et le ténor Reeves chantaient en son honneur des *glees* ou anciens madrigaux anglais ; mais que de peines et de démarches avant de pouvoir organiser une seconde séance ! Il ne pouvait pas conclure avec les directeurs de Covent-Garden pour un concert exclusivement composé de ses œuvres musicales inspirées de Shakespeare ; il ne s'entendait pas davantage avec la Société Philharmonique et n'arrivait à donner une seconde audition, en assumant tous les frais, que dans les derniers jours de juin. « J'ai passé dix mois à Londres, écrivait-il plus tard au comte Wielhorski ; j'y ai donné deux concerts (c'est un miracle d'avoir pu y parvenir) et j'ai été accueilli par les Anglais comme si j'étais un *national talent*. La presse tout entière m'a adopté avec une chaleur incroyable, à l'exception d'un vieux niais du *Morning Herald*, qui a découvert que je ne savais pas le contrepoint[1]. »

Si Berlioz était resté huit mois — et non dix — en Angleterre, c'est qu'il s'entêtait dans l'idée de conquérir là-bas une position glorieuse et fructueuse ; c'est qu'il fallait du temps, disait-il, pour s'y faire une place ; c'est, enfin, qu'il goûtait le plaisir ineffable d'être libre : il était venu *seul* à Londres, après une séparation qui n'avait pas été sans larmes, et, si bizarre que cet isolement lui eût paru tout

---

1. Lettre datée de Paris, 28 novembre 1848, et citée en entier par O. Fouque dans son étude : *Berlioz en Russie*. (Voir les *Révolutionnaires de la musique*, page 224.)

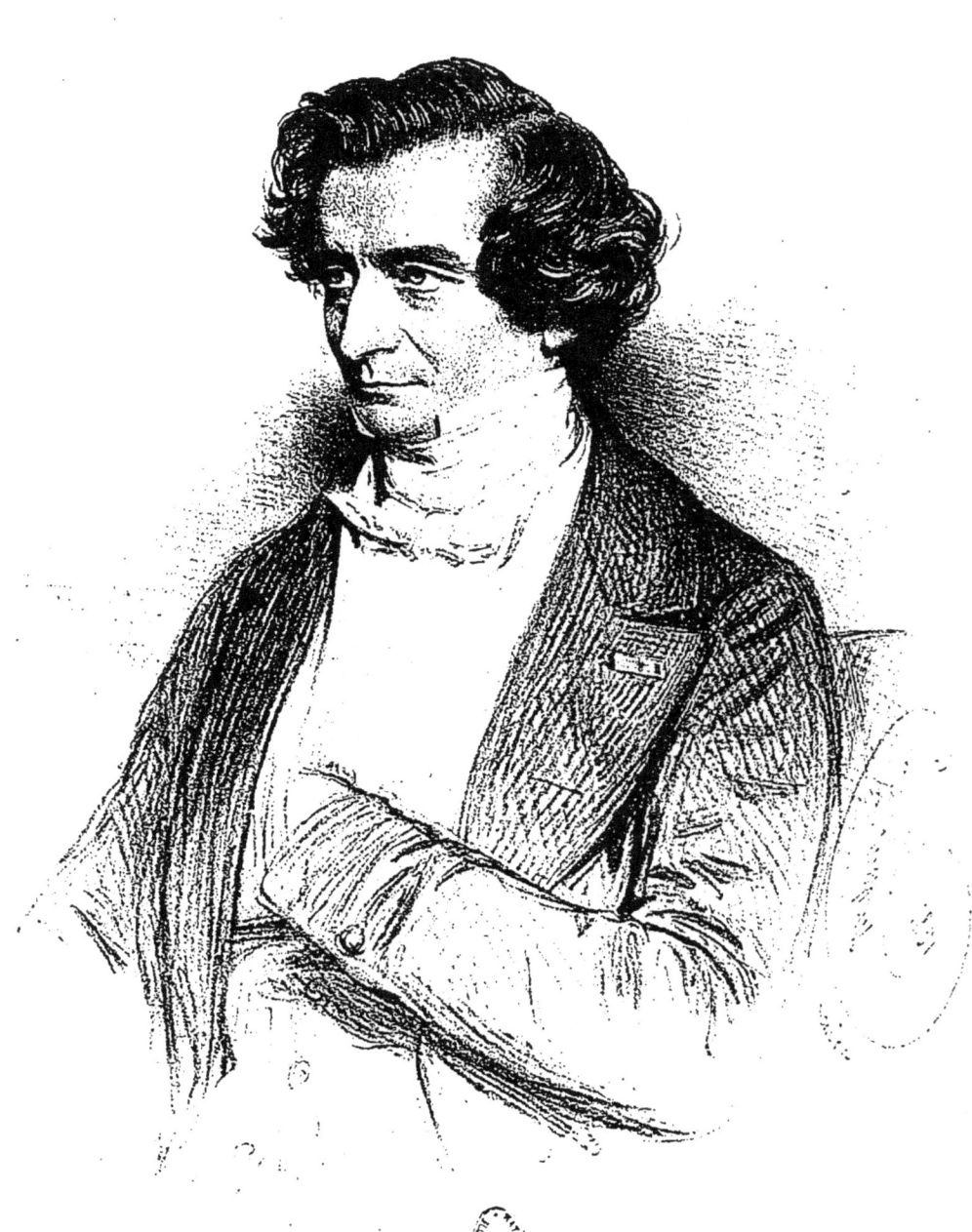

HECTOR BERLIOZ EN 1851.
Portrait lithographié fait à Londres par Baugniet.

d'abord, il était trop heureux d'avoir reconquis sa liberté pour n'en pas jouir le plus longtemps possible[1]. En outre, les troubles intérieurs dont la France avait peine à sortir dégoûtaient profondément Berlioz, qui n'avait pas d'opinion politique, à vraiment parler, mais qui voyait dans cet état de crise un stimulant médiocre pour l'art musical : « Je n'ai plus à songer, pour ma carrière musicale, qu'à l'Angleterre ou à la Russie, écrit-il à d'Ortigue en mars 1848. J'avais depuis longtemps fait mon deuil de la France ; la dernière révolution rend ma résolution plus ferme et plus indispensable... Les arts, en France, sont morts maintenant, et la musique, en particulier, commence déjà à se putréfier ; qu'on l'enterre vite ! Je sens d'ici les miasmes qu'elle exhale. » Et le fond de sa pensée se découvre encore mieux dans une lettre à Auguste Morel : S'il reste à Londres, c'est qu'il y vit à peu de frais en gagnant quelque argent, tandis qu'à Paris, dans un tel gâchis politique, il serait tout à fait au dépourvu ; cependant, du jour où il verra qu'à Londres aussi il n'a plus qu'à s'asseoir au coin d'une borne pour y mourir de faim comme un chien perdu, vite il regagnera la France : autant vaut crever à Paris qu'ailleurs[2].

La République, à tout prendre, ne se montrait pas bien cruelle à son égard. Par Victor Hugo, par Charles Blanc, qu'il avait fait agir de loin, il avait obtenu que sa place de bibliothécaire au Conservatoire — 118 francs par mois — lui fût conservée ; il lui sera même accordé, l'année suivante, une allocation de 500 francs à titre « d'encouragement comme compositeur » ; aussi, dès le milieu de 1848, avait-il retraversé la Manche et repris pied à Paris. Bientôt même, il avait organisé un grand concert (29 octobre) dans la magnifique salle du palais de Versailles, jusqu'alors fermée au public, et que le Gouvernement provisoire avait mise à la disposition de la Société des Artistes musiciens. « La recette a été magnifique, eu égard au temps et aux mœurs, écrit Berlioz à ses amis de Russie ; car le bas prix des places n'a pas permis d'opérer en grand. Nous avons eu l'illustre Marrast entouré de sa pléiade de gredins, siégeant aux lieu et place de

---

1. Le mot de Berlioz : « Je suis venu *seul* », vise certainement Mlle Recio et non pas miss Smithson, comme on l'a cru jusqu'ici. Berlioz parle de son *isolement,* qui l'étonne un peu ; or, comme à cette date il vivait, non plus avec sa femme, mais avec Mlle Recio, c'est l'absence seule de celle-ci qui pouvait lui causer cet isolement ; enfin, sa lettre étant adressée à un ami de Russie, le violoncelliste Tajan-Rogé, cette phrase veut dire évidemment : je suis venu ici *seul,* c'est-à-dire sans la personne qui m'accompagnait l'année dernière en Russie, et dont vous avez pu apprécier les grandes prétentions et le piètre talent. Le : « Vous pouvez en deviner les raisons », de sa lettre ne peut pas avoir d'autre sens.

2. Ce fut durant ce temps d'exil volontaire à Londres qu'il conçut le projet de réunir, sous le titre de *Mémoires,* en les soudant tant bien que mal par des chapitres succincts, beaucoup de ses écrits antérieurs, notamment ses récits de voyages en Italie et en Allemagne, et qu'il commença de rédiger les premiers chapitres nécessaires en utilisant d'anciens articles de la *Gazette musicale.* Ses occupations à Londres le forcèrent d'arrêter bientôt ce travail de rédaction, ou plutôt d'assemblage, qu'il reprendra après sa rentrée en France, à la fin du mois de juillet.

Louis XV et de sa cour. Les journaux vous auront sans doute appris cette bouffonnerie républicaine. » Il était revenu de Londres le 16 juillet 1848 et n'avait pas encore averti ses sœurs de son retour lorsque son père mourut à la Côte, le 26 du même mois, si bien qu'il ne put être au chevet du moribond ; d'ailleurs, Berlioz aurait fait diligence qu'il ne serait pas arrivé à temps pour être reconnu de son père : le vieux médecin mourut, et ce fut le grand regret de ses derniers jours, sans avoir entendu jamais le moindre fragment des œuvres de son fils. Un an plus tôt et lorsque Berlioz, dans son voyage à la Côte avec le petit Louis, faisait à sa famille le récit des succès qu'il venait de remporter en Russie : « Oui, je voudrais entendre ce terrible *Dies iræ* dont on m'a tant parlé, soupirait le vieillard, après quoi je dirais volontiers avec Siméon : *Nunc dimittis servum tuum, Domine.* »

A la fin de l'année, Berlioz se rendait auprès de ses sœurs et recueillait de leur bouche tous les détails concernant la longue agonie de son cher père ; puis, avant de rentrer à Paris, il se replongeait dans ses souvenirs de jeunesse. Il veut revoir Gre‑

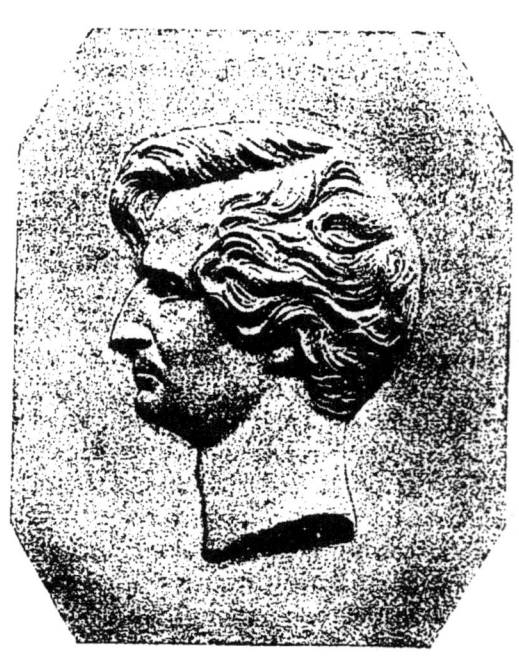

BERLIOZ, PAR ADAM-SALOMON.
Bas-relief en plâtre (1852).

noble et la maison de son grand-père à Meylan ; il gravit la montagne et s'arrête à l'endroit où, tout enfant, il jouait à son père, sur la flûte, le délicieux air de *Nina;* puis ses pensées prennent une autre direction, il se sent dominé par le souvenir de son premier amour, il tombe à genoux en criant à la vallée, aux monts, au ciel : « Estelle, Estelle, Estelle ! » En redescendant à Grenoble, il apprend qu'Estelle, devenue Mme Fornier, mère de famille et veuve, habite à Vif ; il veut y courir, mais, sur les remontrances d'un sien cousin, il s'arrête et se borne à écrire une lettre enflammée.. Point de réponse. Il part pour Paris l'âme en deuil; mais une fois dans la capitale, il est repris par le courant et ne songe plus guère à sa passion enfantine [1]. Il rêvait depuis longtemps de voir se fonder à Paris une grande institution musicale semblable à celles que nous opposaient les autres capitales de l'Europe, et cette idée allait enfin prendre corps. Il se formait, au commencement de 1850, une Société Philharmonique qui prétendait rivaliser avec celles d'Angleterre et de Russie, et Berlioz était tout désigné pour en devenir le chef d'orchestre. Il prit d'abord assez peu de place sur le programme, et pour le premier concert, qui se donna le 19 février, dans la salle Sainte-Cécile, à la Chaussée-d'Antin, il se contenta de faire chanter les deux premières parties de *Faust,* avec Roger et Levasseur, mais en supprimant la chanson de la Puce, afin d'enlever tout prétexte aux rieurs.

Cette Société, qui n'avait que le tort d'arriver trop tôt, subsista tant bien que mal, en donnant un concert par mois, avec des membres qui, ne gagnant rien, venaient répéter de façon très irrégulière [2]. A l'automne, les concerts reprirent de plus belle, et, dans celui du 12 novembre, Berlioz, renouvelant un genre de mystification cher aux romantiques, faisait exécuter sous un faux nom un petit chœur de bergers, de tournure archaïque. Il l'avait griffonné un soir, à côté d'amis qui jouaient aux cartes : « Que fais-tu là ? lui dit tout à coup l'architecte Duc. — Tu le vois. Bien fin qui devinerait que ce morceau est de moi. On jurerait qu'il date du siècle dernier. — Qui t'empêche d'essayer ? — Il faudrait un nom. Baste ! je prends le tien : ce morceau sera de Pierre Ducré. » Et ce petit pastiche, en effet, fut offert au public sous le nom de Pierre Ducré, maître de musique de la Sainte-Chapelle de Paris (1679) : « On l'a trouvé dans une armoire murée en faisant la restauration de la Sainte-Chapelle, expliquait Berlioz aux gens qui s'émerveillaient de sa découverte; c'était écrit sur un parchemin en vieille notation que j'ai eu beaucoup de peine à déchiffrer ». Le dimanche qui suivit cette brillante exécution, Duc se présenta

---

1. Le 15 avril 1849, la Société des concerts du Conservatoire inscrivait pour la première fois sur ses programmes le chœur et ballet de gnomes et de sylphes, suivi de la Marche hongroise, avec soli par Alexis Dupont et Depassio, et, à la fin de cette même année, Berlioz recevait des mains du baron Taylor, de Meyerbeer et de Sax une médaille d'or que certains admirateurs de *la Damnation de Faust* avaient fait frapper en souvenir de la première exécution de ce chef-d'œuvre ; son absence prolongée, puis les événements politiques avaient empêché qu'on ne lui remit plus tôt ce glorieux souvenir.

2. Dès qu'on connut à Paris la catastrophe du pont suspendu d'Angers (16 avril 1850), qui s'était rompu au moment où défilait un bataillon du 11e léger, la Société Philharmonique décida d'exécuter le *Requiem* de Berlioz à Saint-Eustache et de consacrer le produit de la quête aux familles des nombreuses victimes englouties dans la Loire. Cette cérémonie eut lieu le 3 mai, avec une certaine mise en scène : une grande croix blanche brillait au maître-autel, et sur le fond de velours noir se détachait le n° 11 ; sur le catafalque, des shakos, des épaulettes d'officiers ou de soldats, des sabres, des fusils, des baïonnettes, entassés pêle-mêle, « tels que le furent les malheureux officiers et soldats, au moment suprême où le fleuve les dévora ». La quête produisit plus de mille francs et fut aussitôt envoyée au colonel du régiment.

chez une dame qui avait de grandes prétentions en musique, et qui tombait en syncope au seul nom de Berlioz. « Quel musicien que ce Ducré ! s'exclama-t-elle. Et dire qu'il est resté inconnu jusqu'à présent !

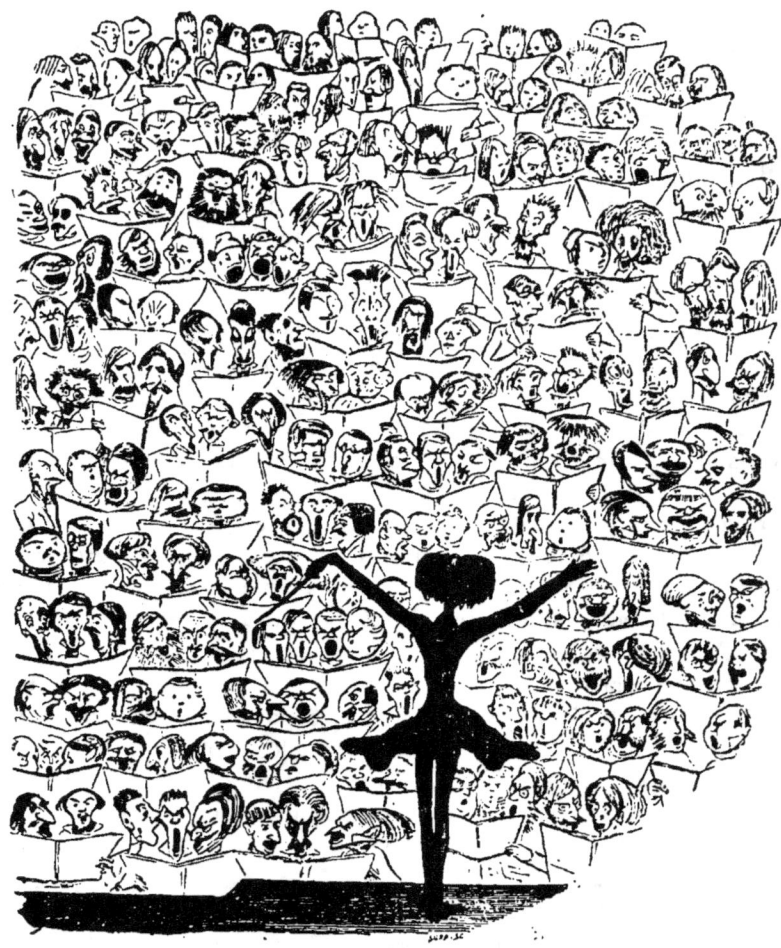

UN CONCERT DE LA SOCIÉTÉ PHILHARMONIQUE.
(Gustave Doré, *Journal pour rire*. 1850.)

Quel charme ! Quelle onction ! Ce n'est pas votre fou de Berlioz qui écrirait une pareille merveille ! — Vous vous trompez, madame ; Pierre Ducré, c'est lui. » La dame, à ce qu'on dit, ne se consola pas de longtemps d'avoir été si cruellement mystifiée ; elle était cependant en bonne compagnie, car la plaisanterie, une fois de plus, avait fait de nombreuses dupes : « M. Berlioz, écrit Léon Kreutzer, avait découvert pour ce concert une petite curiosité archéologique, une pastorale pour le chant, avec accompagnement de deux hautbois et de deux bassons, de Pierre Ducré ; ce morceau date de 1679. Il m'a paru assez joli et modulé assez heureusement *pour un temps où l'on ne modulait guère.* » Le trait n'est-il pas joli sous la plume d'un grand ami de l'auteur[1] ?

Ce n'était là qu'une amusette, mais Berlioz nourrissait un projet plus sérieux, qui était de faire exécuter par la même Société tout *Roméo*, pour se dégonfler, disait-il[2]. Ses efforts furent couronnés de succès et la symphonie, avec Roger et Mme Hortense Maillard pour solistes, fut très applaudie : une cantate d'un jeune débutant du nom d'Édouard Membrée, un chœur de Bortniansky, que la Société se faisait honneur de révéler au public français[3], et différents solos de chant complétaient ce concert (28 janvier 1851), qui se terminait — c'est à ne pas croire — par le duo d'*Armide : Esprits de haine et de rage,* avec trente soprani pour la partie d'Armide et tout autant de barytons pour celle d'Hidraot. Cependant cette Société ne battait plus que d'une aile ; elle se traîna péniblement encore un mois ou deux, et, dans un des derniers concerts (25 mars), Berlioz fit exécuter sa *Marche des Francs,* un « morceau fier, incisif, comme l'expression du défi et de la colère », à ce que dit un critique ami. Mais si la Société Philharmonique disparaissait à Paris, il en renaissait une autre à Londres qui prétendait rivaliser avec la célèbre *Philharmonic Society,* et comme Berlioz, en cette même année, avait souvent traversé le détroit pour prendre part aux séances du jury de l'Exposition de Crystal-Palace, on songea tout naturellement à placer à la tête de cette nouvelle Société un homme qui ne rêvait qu'exécutions gigantesques et festivals : il accepta et promit de revenir, au printemps suivant, diriger les six grands concerts qui devaient former la saison.

Cependant, il se préparait hors de France un événement considérable et qui allait causer le plaisir le plus vif à Berlioz. Liszt, qui avait déjà profité de la haute position musicale qu'il occupait à Weimar pour donner la vie au *Lohengrin,* de Richard Wagner, nourrissait également le désir de réparer l'injustice des Parisiens, en montant l'opéra de Berlioz qu'ils avaient méconnu. « Peu à peu, écrit-il à

---

1. Entre la soirée où il écrivit ce petit chœur et le concert où il le fit entendre, il s'écoula près d'un mois, pendant lequel Berlioz, entraîné, avait composé le morceau de ténor : *Repos de la Sainte Famille,* et une petite ouverture fuguée, dans un style innocent, dit-il, qui complétaient la *Fuite en Égypte* avec le chœur des bergers ; mais c'est seulement ce dernier morceau qu'il fit exécuter en le donnant comme l'œuvre de Pierre Ducré.
2. Lettre inédite du 9 janvier 1851, adressée à Philarète Chasles (en ma possession).
3. Berlioz avait adapté des paroles latines, celles du *Pater noster* et celles de l'*Adoremus* (comme un chant de chérubins), sur deux morceaux à quatre voix, sans accompagnement, de Bortniansky.

Belloni, son homme d'affaires, je compte bien employer tout le crédit que je suis en train d'acquérir pour établir et maintenir dans le répertoire des concerts de l'Allemagne les ouvrages de Berlioz d'une manière plus définitive qu'on n'a pu le faire jusqu'ici, et Berlioz peut être très assuré qu'au delà du Rhin il ne trouvera pas d'ami qui lui soit plus sincèrement dévoué que moi. Seulement, pour arriver aux résultats que j'ai en vue, il m'a fallu et il me faudra encore un peu de temps et garder certains ménagements qui n'étaient pas de suite très intelligibles à Paris [1]... » L'entreprise, de l'aveu même de critiques allemands, était des plus audacieuses, car le mépris de la mode et le dédain de toute concession, l'importance inusitée donnée à l'orchestre constituaient alors, en Allemagne aussi bien qu'en France, autant de nouveautés propres à dérouter le public, à entraver le succès ; mais ce n'était pas là ce qui devait arrêter un homme aussi résolu que Liszt, bien au contraire. Il s'était tenu parole et avait tout organisé en vue de cette bataille avec la même chaleur d'enthousiasme qu'il avait déjà montrée pour *Lohengrin*.

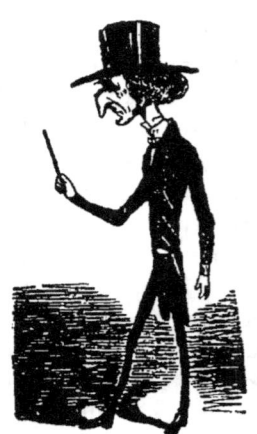

BERLIOZ, PAR NADAR.
(*Journal pour rire*, 18 sept. 1852.)

La traduction allemande avait été faite par un nommé Riccius, et Berlioz, modifiant la forme générale de son ouvrage, l'avait divisé en quatre actes. La pièce était superbement montée et la représentation en était fixée au 16 février, jour anniversaire de la grande-duchesse ; déjà Berlioz se préparait à partir pour Weimar avant d'aller à Londres lorsqu'il fut avisé qu'une indisposition du ténor et du mezzo-soprano causait un retard d'au moins quinze jours. Dès lors, il dut renoncer à se rendre à Weimar, son traité avec la *New Philharmonic* exigeant sa présence à Londres dès le 11 mars [2] ; mais, en dépit de ce contretemps, *Benvenuto*, joué le 20 mars 1852, tandis qu'il dirigeait ses dernières répé-

---

1. Liszt, en effet, devait étendre son apostolat à bien d'autres ouvrages de Berlioz. Il en voulait faire défiler le plus possible devant les habitants de cette petite capitale, et voici, dressée par M. Brenet, d'après M. Richard Pohl, la liste des productions de Berlioz exécutées à Weimar sous la direction de Liszt, en plus de *Benvenuto Cellini* : *Harold en Italie*; *Faust* (deux fois); *Roméo et Juliette* (deux fois); *Symphonie fantastique*; *le Retour à la vie*; *l'Enfance du Christ*; Ouvertures du *Roi Lear* (deux fois), de *Waverley*, de *Benvenuto Cellini* (cinq fois), du *Carnaval romain* (six fois), des *Francs-Juges* (trois fois); *la Captive*.

2. « Je suis, au fond, assez vexé de ne pas aller entendre *Benvenuto*, écrit-il à Morel, le 10 février; Liszt dit que cela va à merveille ; voilà quatre mois qu'on y travaille. J'avais bien nettoyé, reficelé, restauré la partition avant de l'envoyer. Je ne l'avais pas regardée depuis treize ans ; c'est diablement *vivace* ; je ne trouverais jamais une telle averse de jeunes idées. Quels ravages ces gens de l'Opéra m'avaient fait faire là dedans !... »

titions à Exeter-Hall, reçut un accueil honorable. Le public, tout surpris, demeura froid, sans pourtant marquer d'hostilité, de façon que Liszt, grossissant bien un peu les faits, put écrire à Berlioz : « Honneur aux ciseleurs ! Gloire aux belles choses et place pour elles ! *Benvenuto Cellini*, représenté hier ici, restera debout et de toute sa hauteur. C'est sans *puff* qu'on peut informer de son succès Londres et Paris. Je remercie bien sincèrement Berlioz du noble plaisir que m'a procuré l'étude attentive de son *Cellini*, qui est une des œuvres les plus puissantes que je sache. C'est à la fois de la ciselure splendide et de la statuaire vivante et originale. »

A Londres, Berlioz remportait un grand triomphe personnel en dirigeant les concerts de la *New Philharmonic*, dont le premier eut lieu le mercredi 24 mars. Il avait trouvé là un orchestre et des chœurs admirables, en tout trois cents exécutants, un entrepreneur qui ne lésinait pas, l'éditeur Beale, et sa joie aurait été complète, assure-t-il, si les critiques anglais n'avaient pas dédaigné les plus beaux fragments de *la Vestale*, à l'occasion desquels Mme Spontini, venue exprès à Londres, lui fit remettre le bâton dont « son cher mari se servait pour diriger les œuvres de Gluck, de Mozart et les siennes ». En revanche, la *Symphonie avec chœurs*, qui n'avait jamais pu bien marcher là-bas, produisait un effet miraculeux, et les deux premières parties de *Faust* lui valaient une véritable ovation. Son succès était double : il avait d'abord prouvé qu'il n'était pas seulement apte à diriger sa propre musique, comme on en avait répandu le bruit ; il posait enfin la Société nouvelle en rivale redoutable de l'ancienne, dont les chefs, Costa et Anderson, « buvaient leur bile à pleins verres », et cette réussite colossale le vengeait brillamment des dédains de ces « vieilles perruques ». Mais, tandis qu'il triomphait à Londres, il était toujours en proie à de vives préoccupations causées par les habitudes dépensières et l'instabilité des goûts de son fils, par les divers loyers qu'il devait payer à Paris sans y être, etc.; et, pour augmenter ses ressources, il chargeait d'Ortigue, qui le remplaçait aux *Débats* et faisait toutes ses commissions, de lui trouver un éditeur, Amyot de préférence, ou Charpentier, pour un volume « très drôle, très mordant, très varié, avec force nouvelles, historiettes, contes, romans, coups de fouet, critiques et discussions », qu'il était en train de composer avec d'anciens articles, et qu'il voulait intituler : *les Contes de l'orchestre*.

Il ne revint qu'au milieu de juin et ne paraît pas avoir été, en cette année 1852, d'une humeur très voyageuse. A l'automne, il fut très occupé par les répétitions de son *Requiem*, qu'on allait chanter à Saint-Eustache, au service funèbre organisé par les Artistes dramatiques et musiciens en l'honneur du baron de Trémont, mort dans le courant de l'été et qui leur avait généreusement légué presque toute sa fortune. Cette cérémonie fut fixée au 22 octobre ; elle devait avoir lieu avec un énorme concours de choristes, avec Roger pour chanter le solo du *Sanctus,* et Berlioz, dont il faut admirer le flair politique

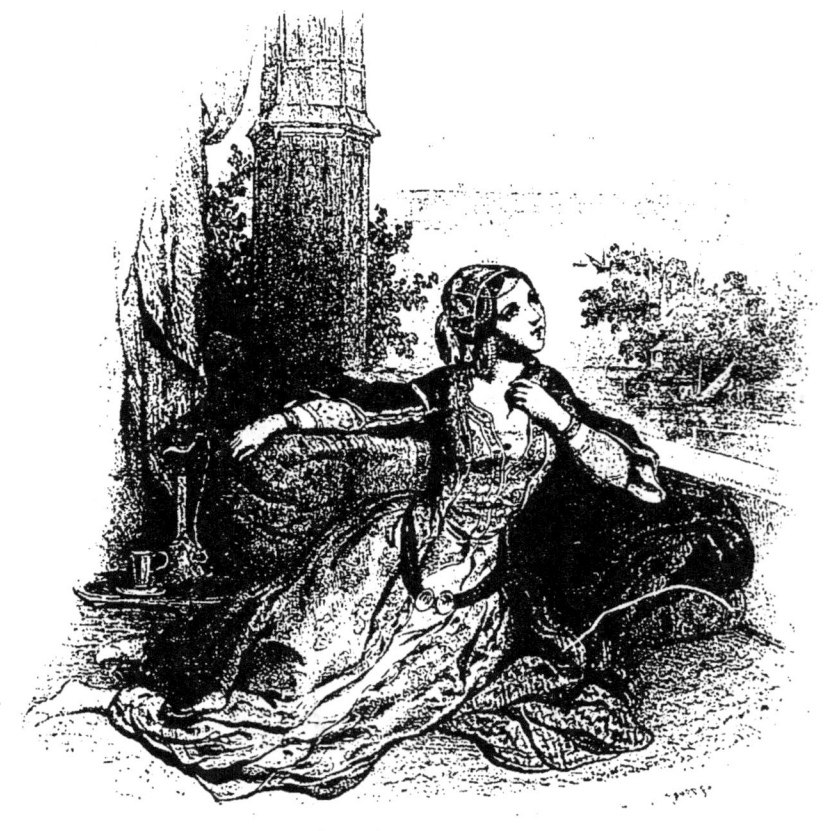

« LA CAPTIVE », MÉLODIE DE BERLIOZ.
Lithographie de Sorrieu sur le titre (vers 1850).

insista beaucoup auprès des membres du Comité pour que des billets fussent adressés « aux personnes entourant le ministre de l'intérieur, Mme de Persigny surtout ». Ce lui fut une bien douce satisfaction que cette réapparition de son *Requiem,* et, presque aussitôt après, il prenait son chemin vers Weimar où l'on devait lui consacrer toute une semaine musicale *(Berlioz-Woche),* où l'on allait rejouer *Benvenuto,* toujours conduit par Liszt avec une abnégation touchante. Il y arriva en novembre et put entendre chanter deux fois, au théâtre de la cour, son opéra, qu'il avait encore remanié et réduit en trois actes par la suppression de quelques morceaux ; puis il donna, sous sa direction, un grand concert où l'on exécuta *Roméo et Juliette* en entier et les deux premières parties de *Faust*. Bis, ovations, compliments de la famille ducale et des jeunes princesses de Prusse, dîner à la cour, décoration du Faucon blanc, grands repas et bal, offerts dans la Maison de ville par des artistes, des amateurs, même des étrangers : rien ne manqua à la glorification de Berlioz durant le peu de jours qu'il put demeurer à Weimar [1].

Mais la mauvaise fortune reprenait bientôt le dessus. Et d'abord, à peine était-il de retour qu'il se produisait en France un changement de régime dont il espérait grand bien et qui ne lui rapporta rien du tout. Il rêvait d'obtenir les honneurs, la haute position que Lesueur s'était vu attribuer sous le premier Empire, et, de même que son maître avait composé un *Te Deum* pour le sacre de Napoléon Ier, de même il mettait ses amis en campagne afin qu'on chantât au couronnement du nouveau souverain un *Te Deum* qu'il tenait en réserve : « On ne couronne pas un empereur tous les jours, écrivait-il à Jules Lecomte, et l'église Notre-Dame n'est pas une église de village ». Mais ses démarches n'aboutirent pas ; il sollicitait aussi la place de maître de la musique de la chapelle impériale et la vit attribuer à Auber. Au moins était-il sûr de l'Angleterre et ne doutait-il pas d'être engagé par Beale pour la saison de Londres, en 1853 ; mais voilà que Beale donne sa démission du Comité parce que Costa, allié au pianiste, le docteur Wilde, avait obtenu qu'on n'engageât pas Berlioz et qu'on fît venir, soit le vieux Spohr, soit Lindpaintner, dont il pensait n'avoir rien à redouter comme chef d'orchestre. Berlioz alla tout de même à Londres pour surveiller les répétitions de *Benvenuto Cellini*, qu'on allait jouer à Covent-Garden ; il reparut alors devant le public anglais au quatrième concert de la Société Philharmonique de Hanover-Square, où il faisait exécuter la symphonie d'*Harold*, l'ouverture du *Carnaval romain* et son nouveau morceau : *le Repos de la Sainte Famille*, adorablement soupiré par Gardoni. Peu de jours après, le 25 juin 1853, *Benvenuto Cellini*, dont le succès ne faisait pas doute à Londres après l'heureuse reprise de Weimar, échouait complètement, malgré l'appui d'excellents artistes, de Mmes Julienne-Dejean et Nantier-Didiée, de

---

1. Au mois d'octobre 1852, il publiait son deuxième recueil d'articles chez Michel Lévy, et sous ce titre : *les Soirées de l'orchestre*, au lieu de : *les Contes de l'orchestre*, auquel il avait d'abord songé. « On en parle beaucoup, écrivait-il le 19 décembre à Auguste Morel ; je vais vous l'envoyer. »

Tamberlick, de Formès et de Tagliafico, dans les rôles de Benvenuto, du cardinal et de Fieramosca.

Faut-il attribuer cet échec, comme le fait Berlioz, à une cabale d'Italiens dirigés par le chef d'orchestre Costa, qu'il avait plus d'une fois blasonné pour sa façon d'en user avec les chefs-d'œuvre des maîtres ? Toujours est-il que *Benvenuto,* dirigé par l'auteur en personne, eut fort à souffrir, malgré la présence de la reine et du prince Albert, du roi et de la reine de Hanovre ; on voulut même empêcher l'exécution de l'ouverture du *Carnaval romain,* placée au commencement du second acte. Peut-être a-t-il raison, car la manifestation de deux cent cinquante artistes de Londres se mettant à sa disposition pour un *Testimonial-Concert* qu'il voulait donner dans Exeter-Hall, l'empressement des amateurs à souscrire pour deux cents livres sterling (5,000 francs), semblent bien prouver qu'il y avait eu là une cabale et que cet insuccès ne traduisait nullement l'impression du public anglais. D'ailleurs, ce concert de réparation ne put avoir lieu, la saison étant trop avancée, et l'éditeur Beale, au nom des souscripteurs, offrait à Berlioz la somme recueillie ; mais celui-ci crut devoir refuser un cadeau si en dehors des mœurs françaises, et les souscripteurs, ne voulant pas reprendre leur argent, décidèrent de l'employer à se procurer les parties et partition de *la Damnation de Faust,* qui avait produit à Londres un effet extraordinaire. Le scrupule de Berlioz, qui dut paraître assez bizarre à Londres, s'explique par les hauts cris qu'auraient jetés certains journaux de Paris en apprenant qu'il avait reçu tout simplement de l'argent, comme un pauvre. Et cependant, combien ces beaux écus eussent été les bienvenus dans sa bourse, au moment où il se donnait tant de mal pour subvenir aux besoins de sa vie en partie double, aux dépenses inconsidérées de son fils !

L'année allait cependant mieux finir. A peine revenu de Londres, il se rendait à Bade, où le directeur des jeux, Bénazet, son futur Mécène, avait eu l'idée de l'engager. Il y dirigea, durant le mois d'août 1853, un grand festival où l'on entendit « deux actes de *Faust* », sans grande affluence du public ; puis il se rendit à Francfort, où il donnait deux autres concerts, toujours avec *Faust,* qui lui valait un vrai triomphe. Il n'était pas plutôt revenu à Paris qu'il recevait de brillantes propositions pour faire entendre ce même ouvrage à Brunswick et à Hanovre, à Brême et à Leipzig. Il les acceptait et se remettait vite en route. A Brunswick, où il donnait deux concerts, dont l'un au bénéfice de l'hôpital des veuves et orphelins de musiciens, Georges Müller lui remettait, au nom de l'orchestre, un bâton d'or et d'argent ; la foule lui faisait une ovation certain dimanche qu'on exécutait *le Carnaval romain* dans un jardin public ; des dames lui baisaient la main à la sortie du théâtre, en pleine rue ; des couronnes anonymes étaient envoyées chez lui le soir, etc. A Hanovre, où il arrive à la fin d'octobre, il trouve sa partition couverte de laurier, « comme un respectable jambon », ajoute-t-il ; après le concert, chaleureux vivats, visite de Mme d'Arnim, la Bettina de Gœthe, qui vient non pas *le voir*, mais *le regarder* ; ravissement du roi aveugle, qui réclame avec insistance un second concert et s'écrie : « Et puis, comme vous dirigez ! Je ne *vous vois pas*, mais je le sens ! » Même enthousiasme à Brême, où le jeune et déjà célèbre Joachim exécute à ravir le solo d'alto dans *Harold* ; pareil accueil à Leipzig, après *la Fuite en Égypte* et la marche d'*Harold*, admirablement jouée par le *concertmeister* Ferdinand David[1], mais succès provoqué, entretenu par une délégation des artistes de Weimar que Liszt avait amenés pour répondre aux hostilités possibles du parti classique et qui, fidèles à la consigne, revinrent encore au second concert que Berlioz donnait pour son propre compte. Après cette soirée du 16 décembre, sérénade, banquet d'honneur offert par Liszt, escorte triomphale, hurrahs d'adieu et vœux de prochain retour.

Et dire qu'après sept ou huit semaines de ces triomphes, de ces enivrements, il lui fallut quitter ce paradis pour l'enfer parisien, et choir brusquement du Harz et du Brocken dans la rue Boursault !

---

1. « Tout le monde dit que j'y ai obtenu un grand succès, écrit-il de Leipzig à M. Griepenkerl, de Brunswick. Il faut bien le croire, malgré la froideur de ce public, que je ne pouvais m'empêcher de comparer à l'ardeur du public de Brunswick. » Ce qui a le plus réussi, dit-il, auprès de ce singulier auditoire, c'est le petit oratorio de *la Fuite en Égypte*, qu'il faisait exécuter en entier pour la première fois ; et sa musique, à l'entendre, a soulevé dans ce milieu d'aussi vives controverses qu'à Paris.

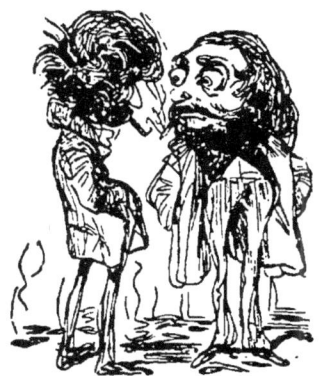

BERLIOZ EN RUSSIE.
(*Charivari*, 12 avril 1847.)

CHAPITRE X

L'ENFANCE DU CHRIST. — LE TE DEUM

u commencement de 1854, il courut dans Paris un bruit singulier et qui n'était pas pour chagriner nombre de gens par tout le monde musical. Berlioz, assuraient les nouvellistes, allait quitter la France pour longtemps, pour toujours peut-être, et s'installer à Dresde en qualité de maître de chapelle. Hélas! cette fausse joie fut courte pour les ennemis, rivaux ou victimes de Berlioz, qui publia vite un démenti plein d'humour. Il concevait fort bien, disait-il, la douleur, la consternation que devait provoquer son départ définitif, mais il pouvait rassurer les nombreux amis qu'il venait de se découvrir, et la seule chapelle musicale qu'il dût jamais diriger était encore en voie de formation : c'était celle de la reine des Hovas, à Madagascar : « En attendant, concluait-il après force plaisanteries sur ce thème favori, je continuerai à habiter Paris le plus possible, à aller dans les théâtres le moins possible, mais à y aller cependant et à remplir mes fonctions de critique comme auparavant, plus qu'auparavant. Je veux pour la fin m'en donner à cœur joie, puisqu'aussi bien il n'y a pas de journaux à Madagascar[1]. »

Il avait simplement accepté d'aller en tournée à Hanovre, à Dresde, afin de diriger l'exécution de *Roméo,* de *Faust,* de *la Fuite en Égypte,* et il devait partir dès la fin de mars; mais il put auparavant recevoir le dernier soupir de la pauvre Ophélie. Depuis plusieurs années déjà, la malheureuse Henriette vivait retirée dans une maison de la petite rue Saint-Vincent, à Montmartre; elle se voyait insensiblement mourir, envahie par la paralysie, privée de la parole. « Tu ne sauras jamais ce que nous avons souffert l'un par l'autre, ta mère et moi, écrit Berlioz à son fils, et ce sont ces souffrances-là qui nous avaient attachés l'un à l'autre. Il m'était aussi impossible de vivre avec elle que

---

1. Il y a quatre ans, il a passé en vente publique, à Paris, un curieux morceau de musique autographe de Berlioz, portant cette mention de sa main : « *Salut matinal,* improvisé en langue et en musique kanaques par Hector Berlioz, maître de chapelle de Sa Gracieuse Majesté Aïmata Pomaré, reine de Taïti, Eimeo, Ouahcine, Raiatea, Bora-Bora, Toubouaï-Manou et autres îles, pour l'album de M. Mendès, homme blanc d'Europe. » On voit par là combien ce mode de plaisanterie lui était familier. Cette pièce facétieuse est allée s'insérer dans une collection particulière de l'Amérique du Sud.

de la quitter. » Le fait est que, durant cette longue agonie de trois ans, il voyait souvent sa femme, quand il était en France, et l'entourait de soins ; il croyait fermement que son affection était toujours aussi vive, que la situation si pénible de la malade la lui rendait toujours plus chère, et ses élans de désespoir à la mort d'Henriette ne sont nullement joués, sa douleur est très sincère, on n'en saurait douter. C'est le 3 mars 1854 que la tragédienne oubliée vit finir son long supplice ; elle avait eu le bonheur, auparavant, d'entrevoir son fils et Berlioz se félicite de n'avoir pas voyagé loin de France au moment où la triste Ophélie expirait misérablement : quelques jours plus tard, il aurait peut-être été parti.

Le 26 mars, au soir, il quittait Paris. Après un premier arrêt à Hanovre, où *le Roi Lear* lui valut les plus chauds compliments du roi, il arrivait à Dresde et retrouvait là tous ses anciens amis, encore augmentés de nouveaux partisans. Il avait même été question de jouer *Benvenuto* dans cette ville, à la suite des brillantes représentations de Weimar : c'était le chef des chœurs de l'Opéra, Fischer, qui avait eu cette idée en pensant que Tichatschek serait très bien placé dans le rôle principal, que Mitterwurzer et Mme Krebs seraient excellents dans Fieramosca, dans Ascanio, et Liszt, auquel il s'était ouvert de ce projet, l'avait chaudement approuvé : « De la part de vos chœurs, si admirablement stylés, on peut attendre une exécution sans pareille de la grande scène du carnaval (finale du second acte), et je suis convaincu qu'en étudiant de plus près la partition, vous partagerez mon opinion que le *Cellini,* en exceptant les opéras de Wagner qu'il faut se garder de prendre pour terme de comparaison, est l'œuvre la plus remarquable, la plus originale au point de vue musical et dramatique qui ait paru depuis une vingtaine d'années..... A Pâques, Berlioz se rendra à Dresde pour y diriger plusieurs concerts au théâtre. Ce serait vraiment beau si vous pouviez gagner le baron de Lüttichau à votre projet d'exécuter *Cellini* et le décider à profiter du séjour de Berlioz à Dresde pour lui faire diriger son œuvre. De toutes façons, j'assisterai à la représentation ; et je m'en promets les résultats les plus satisfaisants et les plus heureux[1]. » Lorsque Berlioz arriva, l'affaire était encore en suspens et la soirée du 22 avril, où *la Damnation de Faust* fut admirablement exécutée sous sa direction, aurait dû amener une conclusion favorable : il était rappelé par le public ; Reissiger, le maître de chapelle, se jetait dans ses bras ; les chanteurs Weixlstorfer et Mitterwurzer, Faust et Méphisto, l'embrassaient devant tout le monde ; Lipinski et Schubert, les deux *concertmeister,* en faisaient

---

1. Lettre de Liszt à W. Fischer, écrite de Weimar, le 4 janvier 1854.

autant ; le baron de Lüttichau le venait féliciter au nom du roi, qui voulait absolument réentendre cette belle œuvre avant trois jours. Il se voyait aussi forcé de répéter deux fois (29 avril et 1ᵉʳ mai) un autre programme où figuraient *Roméo, la Fuite en Égypte*, et cependant, malgré cette quadruple ovation, il dut quitter Dresde sans avoir rien conclu. Nul ne l'avait plus chaudement embrassé que Reissiger, nul ne le desservit davantage après son départ; bref, l'affaire échoua sur une question de direction d'orchestre, Berlioz voulant absolument conduire et Reissiger refusant tout net de lui céder le bâton. Peut-être ce dernier avait-il eu vent des ouvertures faites au voyageur par le baron de Lüttichau pour lui attribuer sa place de maître de chapelle, et voulait-il prouver à Berlioz qu'il était toujours bien en vie : il y réussit en barrant la route à *Benvenuto*[1].

Tout le milieu de l'année 1854 fut occupé par le travail, par le règlement d'affaires d'intérêt pour lui-même ou pour son fils. Ce dernier, engagé comme élève pilotin depuis quatre ans, avait couru la mer, visité les Antilles, et parlait déjà d'abandonner cette carrière. Il avait eu de vives discussions avec son père à ce sujet; mais aussitôt après la

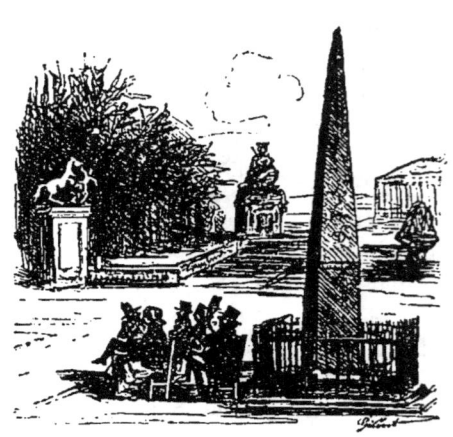

AUX PERSONNES D'UN TYMPAN DÉLICAT.
Places réservées pour entendre le prochain concert monstre donné par M. Berlioz dans la salle de l'Exposition.
(Cham, *Charivari*, 18 novembre 1855.)

mort de sa femme, Berlioz s'était senti irrésistiblement ramené vers le souvenir vivant de son grand amour et quand, au milieu de la guerre de Crimée, il avait appris que Louis, au lieu de croiser dans la Baltique, était envoyé devant Bomarsund, il avait frémi de toutes ses entrailles de père à l'idée de perdre son unique enfant[2]. Il songeait

---

1. Deux menus faits sont à noter dans les premiers mois de 1854 : le vendredi saint, la Société de Sainte-Cécile, à Paris, exécutait des fragments de *la Fuite en Égypte*, qui furent aussi chantés, durant le mois de mai, à la Société de musique de Copenhague.

2. « Vous êtes artiste évidemment, écrivait-il vers cette époque à un jeune homme qui affichait le plus grand dégoût de la vie et qui l'avait pris pour confident de son désespoir. La douleur nous ouvre des horizons inconnus aux autres hommes et c'est ce qui doit nous donner la force pour la supporter. Vous n'avez que vingt ans, j'ai plus du double de votre âge. J'ai donc souffert beaucoup plus que vous et je vis encore, et l'art, malgré tous les chagrins qu'il amène, suffit pour me faire supporter la vie. Il sera sans doute aussi bienfaisant pour vous... »

aussi, pour lui-même; à régulariser sa position dans le monde, et, sept mois après la mort de miss Smithson, vers le commencement d'octobre, il épousait Mlle Recio, non sans plaider les circonstances atténuantes auprès de ses amis et surtout de son fils. « Ma position, plus régulière, est plus convenable ainsi, écrit-il à ce dernier..... Ce mariage s'est fait en petit comité, sans bruit comme sans mystère. Si tu m'écris à ce sujet, ne m'écris rien que je ne puisse montrer à ma femme, car je voudrais pour beaucoup qu'il n'y eût pas d'ombres dans mon intérieur..... » Voilà le fin mot lancé. Malheureusement, il y eut des ombres dans son intérieur. « Je suis toujours malade, marquait-il quelques années plus tard à Adolphe Samuel; de plus, j'ai l'esprit inquiet, troublé... Ma vie est au dehors; mon intérieur est fatigant, irritant, presque impossible; tout le contraire du vôtre. Il n'y a pas de jour, pas d'heure où je ne sois prêt à risquer ma vie, à prendre les déterminations les plus violentes; je vous le répète, je vis en pensée, en affections immenses, loin de chez moi..... Je ne puis vous en dire davantage. » La pauvre Henriette, alors, fut vengée à la fois et de son époux infidèle et de sa rivale; car celle qui l'avait si cruellement défiée en sa solitude allait souffrir à son tour des feux cuisants de la jalousie, et plus elle s'efforcera de surveiller, de retenir son mari, plus celui-ci, exaspéré et toujours sujet à de nouveaux coups de foudre, se détournera d'elle et délaissera ce maussade intérieur.

Au mois d'août de cette année, et si grande envie qu'il eût d'aller à Munich, Berlioz s'était vu forcé de rester à Paris pour préparer sa candidature à l'Institut, où il désirait remplacer Halévy, nommé secrétaire perpétuel de l'Académie des Beaux-Arts. Trois ans auparavant, il s'était déjà présenté pour succéder à Spontini, mais n'avait pas eu de voix, M. Ambroise Thomas ayant été nommé haut la main dès le premier tour; en 1853, après la mort d'Onslow, il avait laissé le champ libre à Reber, très protégé par les *Débats* et qui, malgré le rang inférieur où l'avait classé la section de musique, avait fini par battre Clapisson. Mais cette fois, il pouvait avoir des chances; aussi se remua-t-il beaucoup; il faisait force visites et mettait tous ses amis en mouvement; Édouard Alexandre, en particulier, essayait de le réconcilier avec Adam, ce qui n'était pas facile; enfin, le grand jour, le jour du vote arrive et Berlioz se voit préférer Clapisson que le succès populaire de *la Promise* avait tiré de pair aux yeux du gros public. « A une autre fois, dit-il philosophiquement, car j'y suis résolu; je me présenterai jusqu'à ce que mort s'en suive. » Et le voilà remis au travail[1].

---

[1]. « On avait besoin d'un symphoniste, ce fut un danseur qui l'obtint. Un ami d'Hector Berlioz était allé solliciter la voix d'un immortel. Il lui énumérait toutes les qualités sérieuses de son ami, comme

Depuis son retour de Dresde, et pour tromper l'envie qui le tourmentait d'écrire un grand opéra, poème et musique, il prenait plaisir à compléter son embryon de trilogie sacrée, *la Fuite en Égypte,* en l'encadrant dans deux autres parties, de manière à former un ensemble

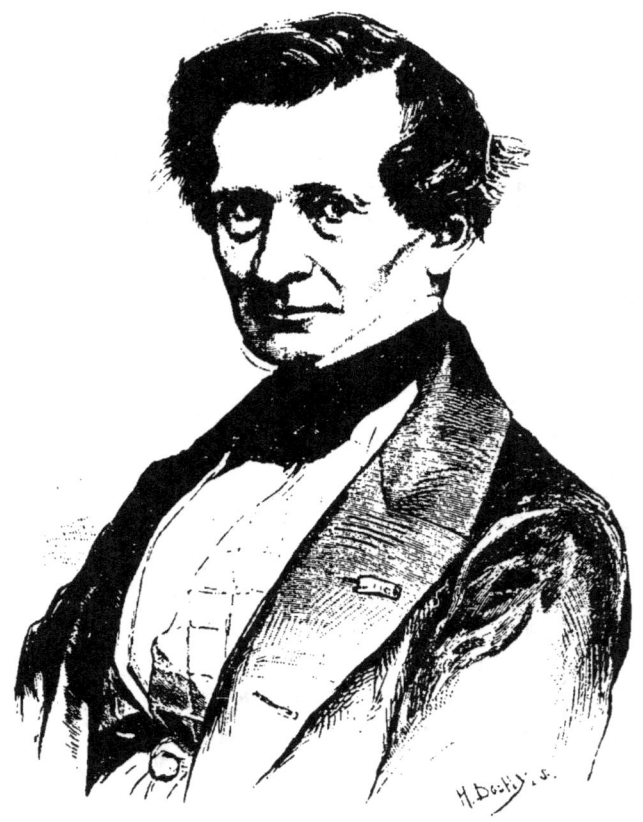

HECTOR BERLIOZ VERS 1856.
D'après une photographie faite à Paris.

symphoniste et grand compositeur. « Tout cela est bel et bon, dit l'immortel, mais citez-moi quelques-
« uns de ces fameux ouvrages. » L'autre lui répond : *Roméo et Juliette, la Damnation de Faust*, etc.
« — Ma foi, je ne connais pas toutes ces œuvres. D'ailleurs, nous avons promis notre voix au célèbre
« auteur du *Postillon de madame Ablou*, qui est connu dans les cinq parties du monde. — Et même dans
« tous les cafés-chantants, répondit le berliozistc en se retirant. » Aussi M. Clapisson a-t-il été nommé
au même titre que M. Adam, c'est-à-dire pour cause de *Postillon*, ce qui prouve que l'Académie est à
cheval sur les principes d'art. » Ce dernier trait montre quel cas le rédacteur de ces lignes faisait des
gais refrains d'Adolphe Adam. Or, ce défenseur acharné de Berlioz, ce critique tellement méprisant
pour les mélodies surannées de Clapisson et d'Adolphe Adam, n'était autre que Jacques Offenbach,
qui écrivait alors à *l'Artiste*. — Berlioz, deux mois après son échec à l'Institut, était nommé membre
de la Société néerlandaise pour l'encouragement de l'art musical, à Rotterdam : maigre consolation,

de seize morceaux ne durant qu'une heure et demie avec les entr'actes : « C'est peu assommant, comme vous voyez, écrit-il à Hans de Bülow, en comparaison des saints assommoirs qui assomment durant quatre heures. » Ce devait être *l'Enfance du Christ* : cette besogne le captivant, il en eut bientôt fini et employa les derniers mois de l'année à faire étudier son nouvel ouvrage, à préparer une exécution qui, après les retards inévitables, put avoir lieu le dimanche 10 décembre, à la salle Herz. Berlioz a porté lui-même sur cet ouvrage, et sur la nature de son talent, une appréciation très judicieuse : « Les qualités dominantes de ma musique, dit-il dans ses *Mémoires*, sont l'expression passionnée, l'ardeur intérieure, l'entraînement rythmique et l'imprévu. Quand je dis expression passionnée, cela signifie expression acharnée à reproduire le sens intime de son sujet, alors même que le sujet est le contraire de la passion et qu'il s'agit d'exprimer des sentiments doux, tendres, ou le calme le plus profond : c'est ce genre d'expression qu'on a cru trouver dans *l'Enfance du Christ,* etc. » Et quelques lignes plus haut : « Plusieurs personnes ont cru voir dans cette partition un changement complet de mon style et de ma manière. Rien n'est moins fondé que cette opinion. Le sujet a amené naturellement une musique naïve et douce, et par cela même plus en rapport avec leur goût et leur intelligence, qui, avec le temps, avaient dû en outre se développer. J'eusse écrit *l'Enfance du Christ* de la même façon il y a vingt ans. » Allusion discrète à la cruelle leçon que le faux Pierre Ducré avait récemment donnée aux détracteurs aveugles du vrai Berlioz[1].

La première partie de la trilogie, *le Songe d'Hérode*, se subdivise en deux tableaux opposés, dont l'un dépeint les terreurs du roi des Juifs dans son palais, au milieu de ses gardes, et l'autre la confiante félicité qui règne à l'étable de Bethléem. L'introduction orchestrale, qui représente la marche d'une patrouille de nuit dans les rues de Jérusalem, forme un travail symphonique très compliqué, d'où la pensée se dégage difficilement. On peut faire également bon marché du

---

1. La publicité fut organisée autour de cet ouvrage avec un soin tout particulier. Il parut d'abord dans les journaux un avis annonçant que Berlioz allait donner un grand concert « avant de partir pour l'Allemagne, où quatre villes déjà l'avaient engagé à venir monter *Faust* et *l'Enfance du Christ* ». Puis, huit jours avant l'audition, la *Gazette musicale* insérait une note expliquant que cette « trilogie sacrée n'était point entièrement semblable aux anciens oratorios, qu'il y avait une action dramatique en même temps qu'un personnage récitant pour relier entre eux les différents épisodes, qu'on y comptait tant de chœurs, tant de morceaux purement symphoniques, enfin, que chacune des parties se terminait par un chœur d'anges invisibles et sur un mot hébreu ; la première fois : *Hosanna !* la seconde : *Alleluia !* et la troisième : *Amen !* » A cette annonce était joint le programme détaillé du concert, qui devait commencer par un trio de Mendelssohn et finir par *Tendresse et caprice* (titre inusité de la romance de Berlioz pour violon avec orchestre), exécutée par M. Maurin, et par le finale d'une symphonie d'Haydn.

récit comique des deux centurions : Berlioz avait un faible pour ces dialogues de soldats, et il en a mis un autre dans *les Troyens* qui n'est guère plus amusant. L'air d'Hérode : *O misère des rois,* est vraiment d'une inspiration superbe avec ses harmonies et cadences imitées des modes grecs, et l'*allegro feroce* que le tyran lance, avec les devins, pour vouer à la mort tous les enfants nouveau-nés, produit un grand effet, pour peu qu'il soit chanté par un soliste à la voix très puissante, et tel était le cas de Depassio. Le morceau d'orchestre intermédiaire, qui représente les conjurations cabalistiques des devins, est d'une couleur très originale et très bizarre, avec ses mesures alternées à trois et quatre temps, avec ce tournoiement perpétuel des cordes et ce trait persistant de l'harmonie, que termine un aigre sifflement des violons et de la petite flûte. Le duo de Marie et de Joseph regardant Jésus jouer avec les agneaux repose sur une mélodie douce et caressante, puis le chœur où des anges invisibles ordonnent aux deux époux de fuir forme une page d'une suavité exquise ; l'hosanna final surtout, soutenu tour à tour par l'orgue, les violons divisés à l'aigu ou les flûtes, est d'un effet délicieux et séraphique.

La deuxième partie, *la Fuite en Égypte,* une des plus touchantes inspirations de Berlioz, ne renferme que trois morceaux, tous trois empreints d'une grâce infinie : une charmante symphonie pastorale figurant l'arrivée des bergers devant l'étable de Bethléem, leur joli chœur d'adieux aux voyageurs qui vont partir, enfin la fraîche et caressante mélodie de ténor dépeignant le repos de la Sainte Famille dans une verdoyante oasis. La troisième partie, *l'Arrivée à Saïs,* débute par un merveilleux récit de ténor, bâti sur le thème du prélude champêtre ; puis, arrive la scène si dramatique où Marie et Joseph, exténués de fatigue, heurtent à toutes les portes pour demander asile et se voient repoussés et injuriés. Ce morceau animé, dans lequel la plainte persistante de l'alto et les soupirs de la flûte répondent à la voix suppliante des fugitifs sur un trémolo continu, se développe d'une façon saisissante et forme une progression très pathétique jusqu'au moment où les deux voix, unies dans un suprême appel, émeuvent enfin le cœur d'un misérable artisan qui ouvre sa porte aux suppliants. Lorsque les nouveaux venus se sont fait connaître dans une phrase charmante de Joseph, le vieillard et toute sa famille leur répondent par une courte mélodie d'un grand caractère : *Près de nous Jésus grandira ;* puis commence le concert des jeunes Ismaélites, le célèbre trio pour deux flûtes et harpe, dont la phrase mélodique n'est pas sans analogie avec la marche religieuse d'*Olympie*. La Sainte Famille a trouvé l'asile où Jésus pourra vivre en sûreté, et le récitant laisse tomber ces dernières paroles qui sont bien dans le tour d'esprit de Berlioz :

C'est ainsi que, par un infidèle,
Fut sauvé le Sauveur.

Cette œuvre, où l'auteur semblait s'être inspiré de la foi simple et naïve des premiers âges, obtint d'emblée un brillant succès : la presse et le public, en effet, ne pouvaient sans se déjuger refuser à Berlioz les bravos qu'ils avaient accordés à Pierre Ducré, et la plupart de ses anciens ennemis acceptèrent leur défaite de bonne grâce. Il en est cependant qui voulurent réagir contre cette fâcheuse indulgence, et l'un de ceux-là, rivalisant avec Scudo, se montra courageusement sévère, traitant mainte page de l'œuvre d'*affreux gâchis*, de *steeple-chase de sons tumultueux*, et qualifiant l'auteur de *géant impuissant*, d'*iconoclaste de l'art de son temps*, de *Prométhée cloué au rocher*, de *Robespierre musical, guillotinant les idées des autres et coiffant les siennes à l'oiseau royal*, etc. Vaine logomachie : malgré l'éclat des images, ces attaques de Jouvin se perdaient au milieu des applaudissements, et, la veille de Noël, Berlioz redonnait son nouvel ouvrage, après lequel Mme Stoltz venait chanter *la Captive*, non plus la simple romance composée en Italie, avec son motif tout court accompagné par le violoncelle et le piano, mais *la Captive* telle qu'il l'avait refaite et que Mme Viardot l'avait chantée à Londres trois ou quatre ans plus tôt, c'est-à-dire un véritable poème pour voix et orchestre, où chaque couplet, bien que reposant sur l'idée principale, forme une scène à part, un tableau distinct, par la façon dont le maître en avait conçu et traité l'accompagnement : le succès fut égal pour l'auteur et pour son interprète. Et peu de temps après, *la Fuite en Égypte*, emportée par le vent du succès, était exécutée à Vienne, aux séances de la Société Philharmonique ; des fragments en étaient chantés à Lyon dans un concert donné par George Hainl. Berlioz n'avait-il donc pas raison de dire en parlant de son dernier ouvrage : « Il a un succès énorme ; toutes les presses françaises, anglaises, alle-

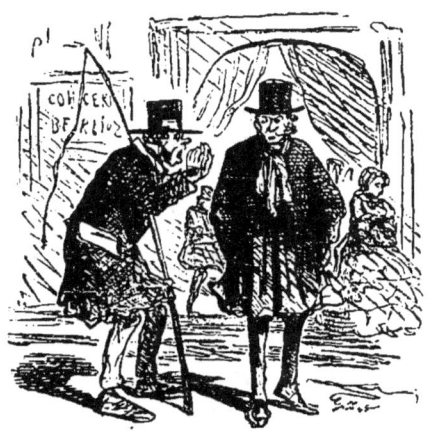

LE COCHER, *à tue-tête*. — Monsieur veut-il une voiture ?
LE MONSIEUR. — Mon ami, je vois bien que vous me parlez, mais je sors du concert Berlioz et ne puis entendre un mot de ce que vous me dites.
(Cham, *Charivari*, 18 novembre 1855.)

mandes, belges, chantent hosanna sur tous les tons, et il y a ici deux individus qui se gangrènent de rage. » Ici, c'est-à-dire à Paris, et les deux « gangrénés de rage » n'étaient autres que Scudo et Jouvin[1].

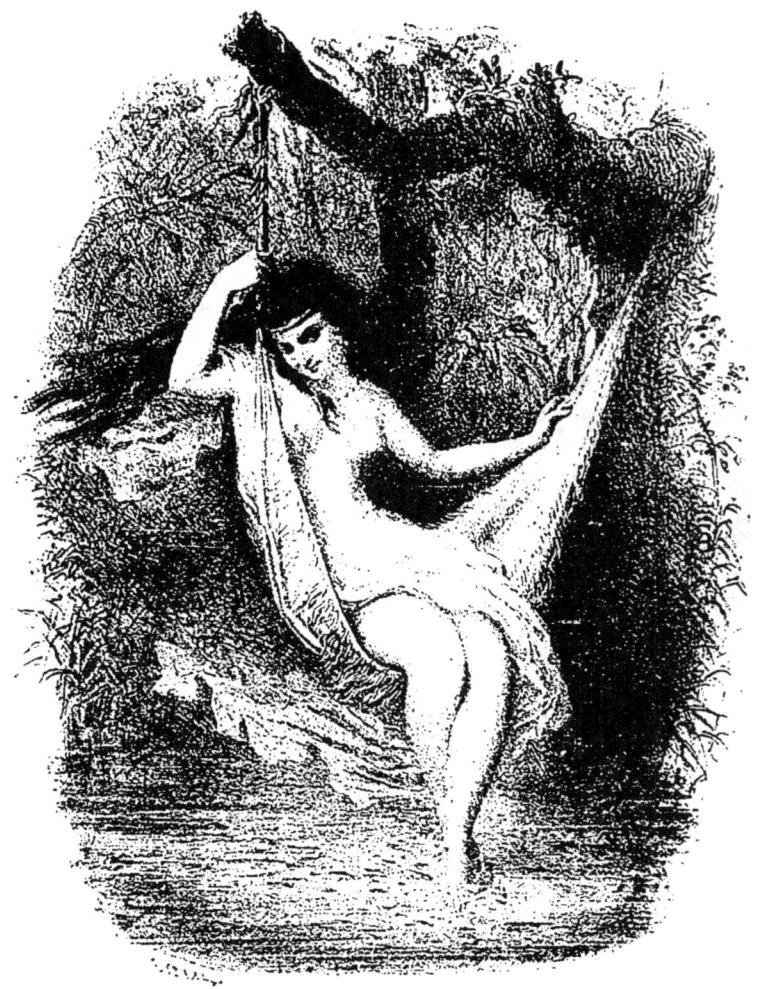

« SARA LA BAIGNEUSE », MÉLODIE DE BERLIOZ.
Lithographie de G. Staal sur le titre (vers 1850).

Au commencement du mois de février 1855, Berlioz partit pour Gotha, où il trouvait un confrère, un compositeur couronné en la per-

[1]. D'excellents artistes prêtaient un concours zélé au compositeur pour ces exécutions de l'*Enfance du Christ* : M. et Mᵐᵉ Meillet, Joseph et Marie ; Depassio, Hérode ; Jourdan, le Récitant ; Battaille, le Père de famille. Le trio pour deux flûtes et harpe était joué par MM. Brunot, Magnier et Prumier.

sonne du grand-duc Ernest II ; puis il gagna Weimar, pour y diriger, le 17, un concert tout rempli de ses œuvres, sur le désir de la grande-duchesse dont il s'agissait de fêter l'anniversaire ; et parmi tous ces morceaux, celui qui l'émut le plus fut le grand trio des ciseleurs, de *Benvenuto Cellini* : « Certainement, il y a là une verve et une fraîcheur d'idées que je ne retrouverai peut-être plus, écrivait-il à Léon Kreutzer. C'est empanaché, fanfaron, italico-gascon, c'est vrai ! Tenez, moquez-vous de moi, mais j'en ai rêvé cette nuit et je me sens le cœur serré d'avoir entendu cette scène ! et j'ai hâte pourtant de la réentendre demain. » Depuis combien de temps rêvait-il de voir exécuter son *Lélio* sur un théâtre, avec un orchestre et des chœurs invisibles, tandis que l'acteur représentant Lélio serait seul en vue du public, jouerait le drame et croirait entendre un orchestre imaginaire, etc. ! Et voilà qu'il allait pouvoir réaliser ce désir à Weimar, avec un excellent comédien, nommé Granz ; avec des chanteurs solides, Milde et Caspari, pour les airs du brigand et du pêcheur. Cette exécution si bizarre eut lieu le 21 février, dans un concert donné au théâtre, et produisit un grand effet de surprise sur un auditoire gagné d'avance à Berlioz[1]. Finalement, la poésie et la peinture rivalisèrent pour conserver le souvenir de sa venue à Weimar, et, tandis qu'un peintre faisait son portrait, on rimait une chanson latine en son honneur, Raff la mettait en musique et elle était entonnée en chœur pour célébrer sa réception au club du Nouveau-Weimar, présidé par Liszt :

Nostrum desiderium	Sicuti coloribus	Vivas, crescas, floreas
Tandem implevisti :	Pingit nobis pictor;	Hospes Germanorum,
Venit nobis gaudium	Pictor es eximius ;	Et amicus maneas
Quia tu venisti.	Harmoniæ victor.	Neo-Wimarorum.

Juste le temps de toucher barre à Paris et, vite, il repartait pour Bruxelles en vue de diriger *l'Enfance du Christ* dans un concert organisé au théâtre du Cirque. Sa nouvelle partition y fut bien chantée trois fois, les 17, 22 et 24 mars ; elle surprit, elle charma le public par ses accents si simples, si naïfs, si touchants ; et, dès le lendemain du premier concert, Berlioz annonçait au factotum de Liszt, Belloni, « l'immense succès remporté par une œuvre que le professeur Fétis seul prétendait ne pas comprendre ». Il se félicitait d'avoir reçu une députation des élèves et professeurs du Conservatoire, venus pour le complimenter malgré les gros yeux de leur directeur ; mais ce qui augmentait encore son contentement, c'était d'avoir pu conduire les chœurs d'anges invisibles, placés derrière le théâtre, aussi sûrement

---

[1]. C'est alors seulement qu'il s'occupa de publier sa partition de *Lélio* en la dédiant à son fils et en y maintenant toutes ces belles tirades d'un romantisme échevelé, qui nous paraissent friser la folie.

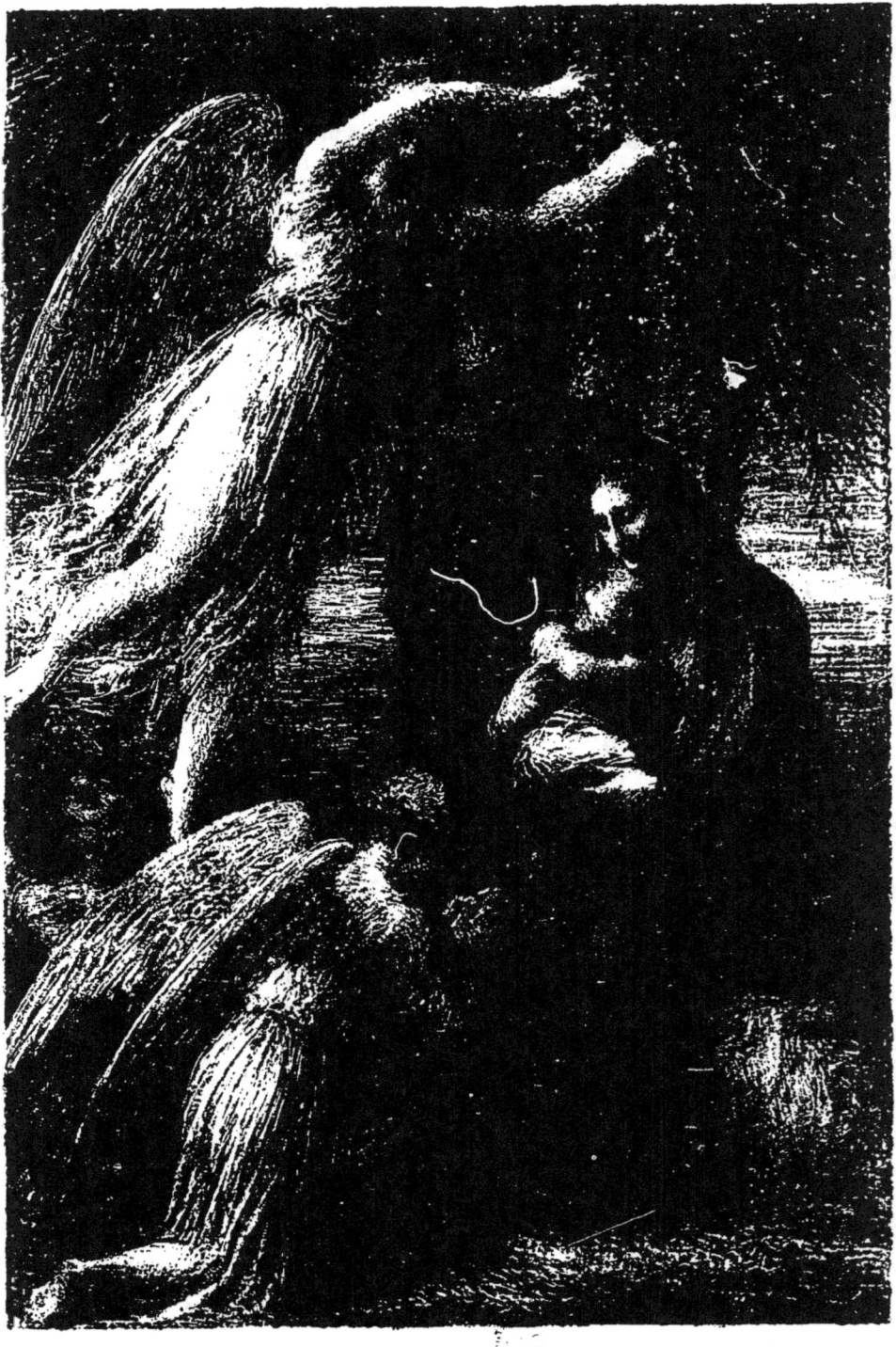

que les musiciens placés près de lui, grâce à un métronome électrique qu'un mécanicien lui avait fabriqué. Il jugeait cette découverte de la plus haute importance et se promettait de la signaler à Verdi pour *les Vêpres siciliennes* qui se répétaient à l'Opéra ; bref, sauf la souffrance que lui avaient causée les deux flûtistes en jouant leur trio avec harpe « comme des vachers auvergnats », — mais ne dites pas cela, marquait-il à Belloni ; — sauf le reproche qu'il faisait aux Belges, si bons, si patients, de ne pouvoir décomposer une mesure et de l'avoir mis ainsi à la torture, il revint enchanté de ce court voyage en Brabant [1].

Une fois rentré en France, il donnait, au dernier concert de la Société Sainte-Cécile (1er avril 1855), une de ses premières compositions, l'ouverture du *Corsaire,* pour le poème de Byron, et la critique, rétrospectivement sagace, y découvrait en germe « cette instrumentation serrée et vigoureuse, cette verve de pensée que le compositeur devait développer plus tard dans de si vastes proportions ». Il faisait aussi rechanter *l'Enfance du Christ* dans un concert donné le samedi saint 7 avril à l'Opéra-Comique ; et cependant, il gémissait toujours de voir le peu d'état qu'on faisait de lui dans son propre pays. Certes, épris comme il l'était de la légende napoléonienne, il avait salué avec enthousiasme le rétablissement de l'Empire ; mais il avait bientôt découvert dans le souverain de son choix un véritable barbare en musique. Il n'avait pu introduire son *Te Deum* dans aucune cérémonie officielle et désespérait de l'entendre exécuter, lorsque l'abbé Gaudreau, curé de Saint-Eustache, eut l'idée de le faire chanter dans son église la veille de l'ouverture de l'Exposition universelle, fixée au 1er mai ; grâce à cette heureuse initiative, Berlioz allait donc voir vivre enfin cette œuvre géante, écrite depuis six ans, qui comportait dès lors deux grands chœurs, un orchestre énorme, un orgue, et à laquelle il ajouta, pour la circonstance, un troisième chœur de six cents enfants. L'entreprise était audacieuse et les frais devaient s'élever pour le moins à sept mille francs, car on n'avait pas recruté moins de neuf cents musiciens. « C'est colossal, écrit-il à son fils le 27 avril. Le diable m'emporte, il y a un finale qui est plus grand que le *Tuba mirum* de mon *Requiem* [2]. »

1. Tout au plus certains auditeurs d'une piété sévère trouvaient-ils qu'il était inconvenant d'exécuter ce sujet religieux dans une salle de théâtre, ainsi qu'il appert d'une lettre du 22 décembre, où Berlioz discutait avec M. Adolphe Samuel la possibilité de faire entendre *la Damnation de Faust* à Bruxelles.
2. Ce *Te Deum* n'était pas une œuvre de circonstance puisque Berlioz avait commencé de l'écrire en 1849, peu de temps après le grand concert donné à Versailles, et qu'il voulait le placer, originairement, dans une composition moitié épique, moitié dramatique, destinée à célébrer la gloire du premier consul. Cet épisode était alors intitulé : *Retour de la campagne d'Italie ;* au moment de l'entrée du général Bonaparte sous les voûtes de la cathédrale, les chants sacrés retentissaient, les drapeaux s'agitaient, les tambours battaient, les canons tonnaient. Ainsi s'explique la physionomie toute guerrière de l'œuvre, peu en rapport avec les pacifiques luttes de l'industrie qui allaient se livrer à Paris.

Le *Te Deum* s'ouvre pompeusement par cinq grands accords résonnant alternativement à l'orchestre et à l'orgue ; puis éclatent les voix des choristes femmes : *Te Deum laudamus,* sur un motif plein d'élan triomphal, qui se développe en un grand chœur fugué, avec adjonction des voix d'enfants au milieu de l'ensemble, et ce premier morceau conclut sur de larges appels de toutes les voix à l'unisson montant vers le Créateur : *Te omnis terra veneratur.* Une belle mélodie, chantée par les jeux de flûte de l'orgue, amène l'hymne des séraphins : *Tibi omnes angeli,* que les sopranos exposent d'abord sur de longues tenues, puis sur de doux arpèges des flûtes à l'orchestre ; toutes les voix d'en haut s'unissent à ce cantique, en même temps que les forces instrumentales grandissent et se multiplient pour soutenir ce concert céleste ; après ce crescendo formidable, subitement, les voix se taisent, et la première ritournelle de l'orgue, reparaissant à l'orchestre, passe par différents timbres avant de s'éteindre sur une longue et lointaine tenue de l'orgue. Absolument, c'est un chef-d'œuvre que ce morceau ; c'est la page la plus saisissante et véritablement géniale de la partition. La prière : *Dignare Domine,* qui vient ensuite, repose sur une phrase suppliante indiquée d'abord par l'orgue, et que les voix des soprani reprennent en la complétant, tandis que les autres parties, intervenant tour à tour sur une pédale des voix graves, donnent à cette page compliquée une expression touchante ; le *Tu, Christe, rex gloriæ,* d'une allure noble et solennelle, brille moins par la spontanéité de l'inspiration que par l'habileté des combinaisons ; mais la phrase intermédiaire : *Ad liberandum,* est d'une douceur infinie. En somme, ces deux morceaux, qui portent les n°ˢ 3

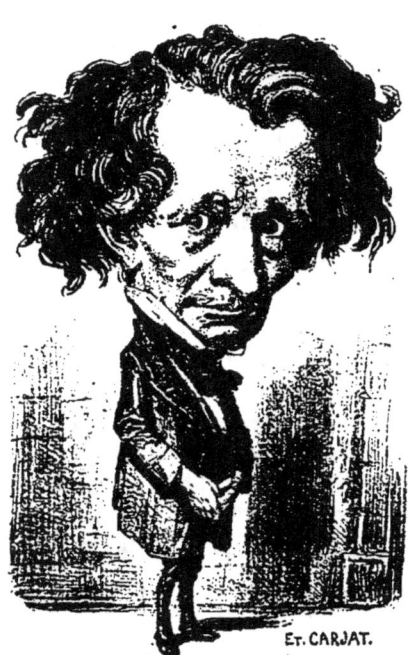

HECTOR BERLIOZ, PAR CARJAT.
(*Le Diogène,* 12 février 1857.)

L'ouverture de l'Exposition fut retardée de quinze jours ; mais, par une rencontre imprévue, ce *Te Deum,* en arrivant à cette date du 30 avril 1855, semblait bien plutôt célébrer le salut de l'empereur, qui venait d'échapper au pistolet de Pianori ; le chant de triomphe à la gloire de l'oncle devenait un chant d'actions de grâce en l'honneur du neveu.

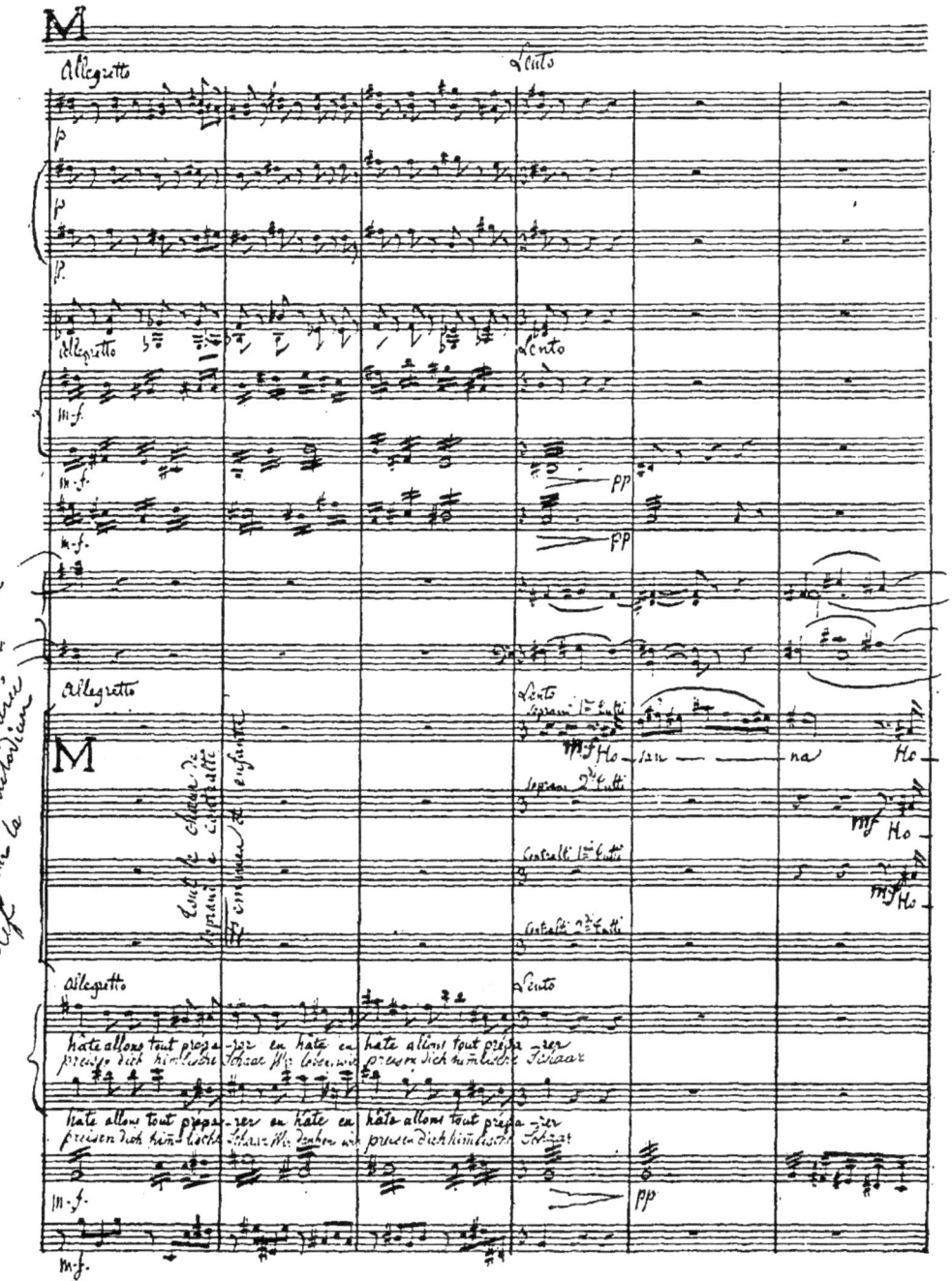

AUTOGRAPHE MUSICAL DE BERLIOZ.

Page du finale de la première partie de *l'Enfance du Christ*, tirée de la partition manuscrite dont il se servait pour conduire, appartenant à la Bibliothèque Nationale.
La page entière, y compris la note au crayon dans la marge, est de son écriture, à l'exception des deux lignes de paroles allemandes.

et 4, sont les moins saillants de l'ouvrage et ceux sur lesquels les amis les plus dévoués de Berlioz se permirent de faire quelques restrictions.

Mais combien ils sont rachetés par la belle prière de ténor-solo sur le verset : *Te ergo quæsumus,* inspiration touchante et délicate entre toutes, que les violons chantent d'abord à l'aigu, avant le ténor, et qui aboutit, après une cadence laborieuse et trop contournée du soliste, à un double chœur sans accompagnement : *Fiat super nos misericordia tua,* du sentiment le plus intime et le plus mystérieux ! Quant au morceau final : *Judex crederis esse venturus,* c'est une composition grandiose établie sur deux motifs bien distincts : le chant du *Salvum fac populum,* d'une douceur angélique, et le motif initial exposé par les basses avec une ampleur superbe ; c'est sur ce thème que repose le vaste édifice de ce finale, où le chant principal, attaqué sur le *si bémol,* vient, en montant par demi-tons, faire explosion sur le *ré bémol.* En conservant ce dessin obstiné, Berlioz, a su, par la richesse de ses développements, produire une émouvante gradation de rythme, de chaleur et d'éclat qui atteint à son apogée dans un formidable unisson des trois chœurs, de l'orgue et de tout l'orchestre. Ici, le *Te Deum* devrait régulièrement finir, mais l'auteur, ayant toujours devant les yeux l'entrée triomphale de Bonaparte à Milan, y a adapté une marche instrumentale pour la présentation des drapeaux ; il l'a construite avec un des motifs qui servent d'assises à son premier morceau, si bien qu'elle semble faire partie intégrante de cette belle composition, la résumer en quelque sorte, et cette page militaire, à l'allure victorieuse, amène encore un prodigieux effet de sonorité lorsque les trombones, les ophicléides, les tubas, lancent à toute volée le choral qui servait d'exorde à l'œuvre entière, au milieu de cette marche triomphale enlevée avec rage par tout l'orchestre et soutenue par le tonnerre de l'orgue.

Il en allait de ce *Te Deum* comme du *Requiem* : c'était une composition religieuse à la façon de Berlioz, où l'idée religieuse était totalement subordonnée à l'idée théâtrale, où l'auteur, du moment qu'il y voit son avantage, modifie à sa façon le texte du *Te Deum,* de même qu'il avait introduit un verset du *Credo* dans la prose des Morts. Il ne cherchait donc, dans ces tableaux suprahumains, qu'un prétexte à réaliser, si faire se pouvait, de nouveaux effets de masses, un accroissement sans fin d'intensité sonore, et jamais son ambition ne se tenait pour satisfaite à cet égard ; il rêvait toujours de faire plus grandiose et plus bruyant. Mais il se heurtait à une double impossibilité : faire manœuvrer sans accroc de telles armées d'exécutants, et surtout trouver un local assez vaste, église ou salle de concert, où ces compositions géantes pussent être entendues sans confusion pour l'oreille. Et c'est ce qui arriva pour le *Te Deum*, dont l'exécution, pour être parfaite avec de telles masses, aurait demandé des études beaucoup plus longues; toutefois, les auditeurs furent vivement frappés par quelques phrases ou morceaux de contour très net, comme le chant du début : *Te Deum laudamus*, le *Tibi omnes*, la prière : *Te ergo quæsumus*, dite avec onction par le ténor grave Perrier, le *Judex crederis* et la *Marche des drapeaux*, où le timbre strident du petit saxhorn-soprano, joué par M. Arban, surprit et fit dresser toutes les oreilles... Quant à Berlioz, il était au septième ciel.

Ce n'était pas tout que d'avoir fait chanter le *Te Deum*; restait à le graver et il n'était pas facile de trouver un éditeur disposé à entreprendre la publication d'une œuvre destinée à être exécutée assez peu souvent. Berlioz, de guerre lasse, résolut de le publier à frais communs avec l'éditeur Brandus, et il sollicita de tous côtés des souscriptions, auprès des grands de la terre comme auprès de son ami Auguste Morel, directeur du Conservatoire de Marseille : le prix était de 40 fr. pour les adhérents et devait être élevé à 50 après la publication. Les rois de Hanovre, de Saxe, de Prusse, l'empereur de Russie,

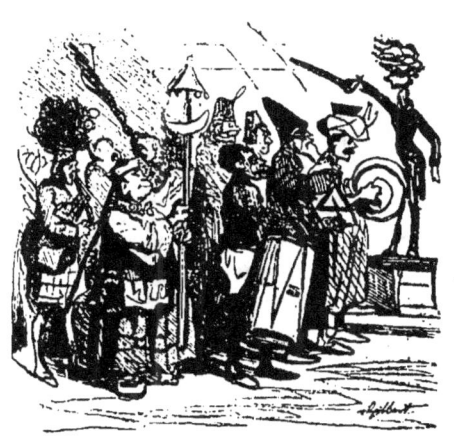

Quelle aurait dû être la composition de l'orchestre dirigé par M. Berlioz dans la salle de l'Exposition universelle.
(Cham, *Charivari*, 25 novembre 1855.)

le roi des Belges, la reine d'Angleterre, s'empressèrent de prendre part à cette souscription, et, à la fin de l'année, paraissait cette volumineuse partition, respectueusement dédiée au prince Albert[1]. Saint-Pétersbourg s'empressa de l'exécuter et M. Balakiref, un jeune compositeur et chef d'orchestre qui avait voué à Berlioz une admiration sans bornes, le fit entendre dans plusieurs concerts. Plus tard, en 1862, M. Vladimir Stassof, attaché à la bibliothèque impériale publique de Saint-Pétersbourg, étant venu à Paris, dépeignit à Berlioz l'enthou-

---

1. Ajoutons que le ministre d'État souscrivit pour dix exemplaires ; que l'impératrice douairière de Russie, le roi de Wurtemberg, le grand-duc de Bade, le grand-duc de Hesse, la grande-duchesse Hélène Paulowna, le prince Youssoupoff, le comte Mathieu Wielhorski, etc., lui apportèrent aussi leur aide empressée. L'empereur d'Autriche n'avait pas souscrit ; mais Berlioz lui adressa respectueusement le *Te Deum* dès qu'il fut gravé, et reçut en retour une magnifique bague en diamants.

siasme de ses compatriotes pour cette œuvre qui leur paraissait être le *summum* de l'art musical ; il marquait aussi le désir de rapporter à la bibliothèque de Saint-Pétersbourg un autographe de celui qu'avec beaucoup de musiciens russes, il considérait comme le premier compositeur de l'époque. Alors Berlioz, touché de ces marques d'admiration, lui promit de chercher dans ses manuscrits et lui adressa plus tard précisément la partition autographe du *Te Deum,* en lui disant par lettre jointe à l'envoi : « Quand j'écrivis cela, j'avais la foi et l'espérance ; aujourd'hui, il ne me reste pas d'autre vertu que la résignation. Je n'en éprouve pas moins cependant une vive gratitude pour la sympathie que me témoignent les vrais amis de l'art, tels que vous [1]. »

Berlioz, et cela devait arriver puisqu'il avait rempli les mêmes fonctions à Londres en 1851, avait été nommé membre du jury pour la partie musicale de l'Exposition. Ces réunions du jury, ces examens, ces auditions l'occupèrent beaucoup et le contraignirent à abréger son séjour annuel à Londres ; il y arrivait seulement vers la mi-juin, pour le cinquième concert de la *New-Philharmonic* où les fragments de *Roméo et Juliette,* en particulier *la Fête,* étaient enlevés, dit-il, avec une verve extraordinaire par l'immense orchestre d'Exeter-Hall (46 violons, etc.), et bissés avec acclamations. A la séance suivante, il dirigeait une très belle exécution d'*Harold,* avec Ernst comme alto solo ; il donnait un concert particulier à Covent-Garden, où Mme Viardot chantait *la Captive,* et Mme Nantier-Didiée l'air d'Ascanio, dans *Benvenuto;* puis il partait dans les premiers jours de juillet pour venir reprendre à Paris son collier de misère. Durant ce court séjour en Angleterre, il avait renouvelé

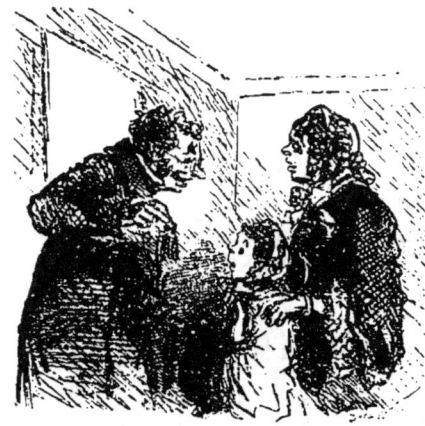

— Mon ami, pourquoi avoir acheté des boucles d'oreilles à ta fille, puisqu'elle n'a pas les oreilles percées ?
— Mais, ma chère, puisque nous la menons au concert Berlioz.

(Cham, *Charivari,* 18 novembre 1855.)

---

[1]. *Les Révolutionnaires de la musique,* par Octave Fouque, page 231. — L'auteur fait remarquer à ce propos que le manuscrit du *Te Deum* renferme un morceau de plus que la partition gravée ; c'est un huitième morceau, placé au n° 3 et intitulé : **Prélude,** avec une annotation de la main même de Berlioz, marquant que « ce morceau devra être exécuté seulement lorsque le *Te Deum* sera chanté pour une victoire ou toute autre cérémonie se ralliant par quelque point aux idées militaires ». Ce fragment, inconnu en France, est souvent exécuté séparément dans les concerts, à Saint-Pétersbourg ; c'est, au dire de M. Stassof, une page superbe qui provoque toujours de grands applaudissements.

connaissance avec Richard Wagner, engagé de son côté pour diriger l'orchestre de l'ancienne Société Philharmonique, et, bien qu'ils fussent rivaux par la force des choses, puisqu'ils dirigeaient deux Sociétés rivales, ils avaient noué de bons rapports ; ils s'étaient promis, en se quittant, de bientôt se revoir, et marquaient tous les deux à Liszt, leur ami commun, l'excellent souvenir qui leur restait de cette rencontre. « Wagner est superbe d'ardeur, de chaleur de cœur, écrivait Berlioz à son ami de Weimar, et j'avoue que ses violences mêmes me transportent. Il a quelque chose de singulièrement attractif pour moi, et si nous avons des aspérités tous les deux, au moins nos aspérités s'emboîtent[1]. »

A Paris même, il allait avoir une satisfaction d'amour-propre. Le prince Napoléon, président général de l'Expo-

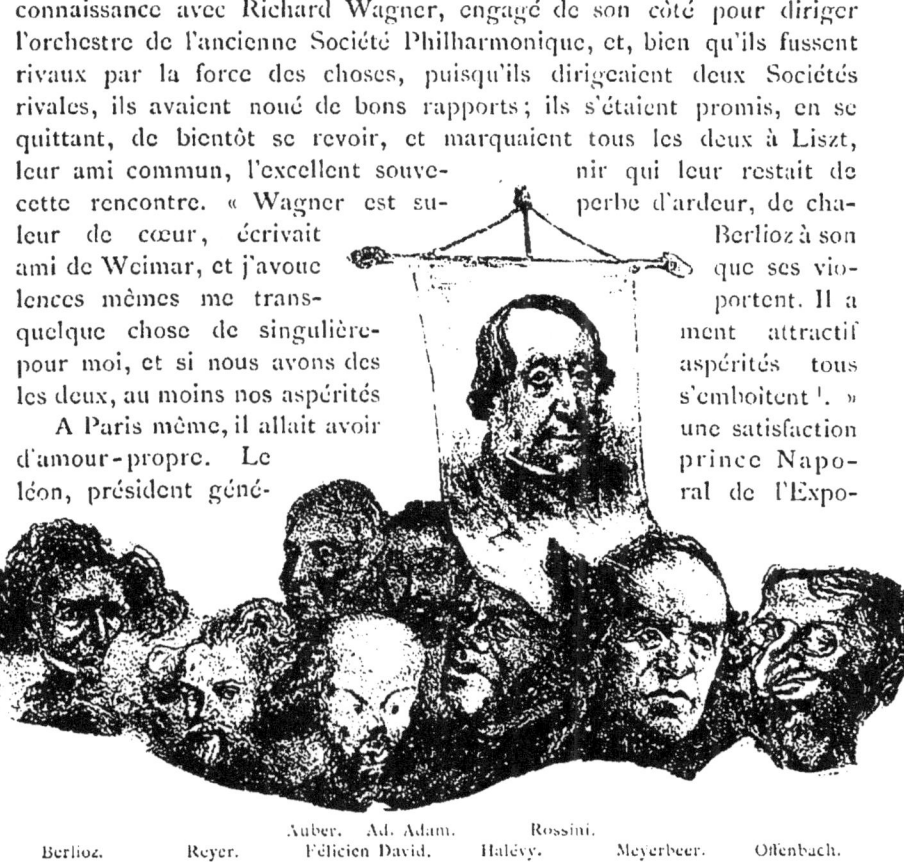

Berlioz. Reyer. Auber. Ad. Adam. Félicien David. Halévy. Rossini. Meyerbeer. Offenbach.
LES COMPOSITEURS DE MUSIQUE DANS LE PANTHÉON-NADAR (1858).

sition, le désigna pour organiser la partie de la cérémonie des récom-

1. Cette lettre, qui se trouve accessoirement dans la correspondance entre Richard Wagner et Liszt (1841-1861), publiée par la maison Breitkopf et Haertel, a été traduite et commentée par M. Maurice Kufferath dans le *Guide musical* avec la lettre que Wagner écrivait à Liszt de Zurich (5 juillet 1855), dans laquelle il se déclare très satisfait à tous égards de son voyage à Londres. « Je rapporte d'Angleterre un véritable gain : une amitié cordiale et sincère pour Berlioz. J'ai entendu un concert de la *Nouvelle Philharmonie* sous sa direction, et j'ai, il est vrai, été peu édifié de son exécution de la symphonie en *sol mineur* de Mozart, mais je l'ai plaint sincèrement de l'exécution insuffisante de sa symphonie de *Roméo et Juliette*. Quelques jours plus tard, je le rencontrai chez Sainton, à dîner ; il fut très vivant ; grâce aux progrès en français que j'avais eu l'occasion de faire à Londres, nous avons pu dans cette réunion, qui a duré cinq heures, échanger sur bien des sujets d'art, de philosophie et d'humanité, nos idées dans une conversation très entraînante. J'ai emporté de là une vive et profonde sympathie pour mon nouvel ami : il m'est apparu tout autre que je ne l'avais vu auparavant ; nous avons reconnu tout à coup en nous des compagnons de misère, et c'est moi, en somme, qui me suis paru le plus heureux des deux. Après mon dernier concert, Berlioz est encore venu me voir avec quelques autres amis ; sa femme était avec lui ; nous sommes demeurés ensemble jusqu'à trois heures du matin, et cette fois nous nous sommes séparés en nous embrassant cordialement. »

penses qui devait avoir lieu le 15 novembre, en présence de l'empereur et de l'impératrice. On lui avait d'abord proposé de donner au Palais de l'Industrie une série de concerts; mais il avait refusé, ne voulant pas courir de risques pécuniaires, et avait simplement traité avec un entrepreneur intelligent et hardi, du nom de Ber. Dans cette énorme enceinte, Berlioz allait pouvoir organiser une de ces exécutions colossales dont il rêvait toujours : la Bénédiction des poignards, avec les parties des quatre moines chantées par quatre-vingts voix; la prière de *Moïse,* accompagnée par quatre-vingts harpes; l'*Ave verum,* de Mozart; la Marche des drapeaux du *Te Deum,* etc.; de plus, il composa, sur des paroles du capitaine Lafont, une cantate intitulée l'*Impériale,* avec deux chœurs et deux orchestres, œuvre de circonstance et qui ne marque guère dans sa carrière. Pour le jour de la cérémonie, ses douze cents musiciens étaient si mal placés, dans une galerie derrière le trône, qu'on les entendit fort peu; de plus, il leur fallut s'arrêter net au milieu de la cantate parce que le prince avait un discours à prononcer et trouvait la musique trop longue, mais le lendemain, pour le concert payant qui produisit soixante-quinze mille francs, l'orchestre avait été transporté dans le bas de la salle et la cantate alla jusqu'au bout, si bien qu'on la rejoua encore à deux des festivals qui marquèrent la clôture de l'Exposition universelle. Ils eurent un grand retentissement ces concerts monstres, dont le dernier fut donné le 7 décembre, et firent pleuvoir sur Berlioz un déluge de railleries et de caricatures[1]; mais ils lui rapportèrent net près de huit mille francs. Grâce à cette aubaine, il put faire graver sa cantate et la dédia à l'empereur qui s'en souciait médiocrement, mais qui lui fit tenir une médaille d'or à son effigie avec cette inscription au revers : *L'Empereur Napoléon III à M. Hector Berlioz*. Tel, Napoléon le Grand, dont son neveu semblait s'inspirer, avait autrefois gratifié Lesueur d'une tabatière en or portant cette légende gravée sur le couvercle : *L'Empereur des Français à l'auteur des Bardes;* seulement, et Berlioz le savait bien, quand Lesueur avait ouvert la tabatière que le général Duroc venait de lui remettre, il y avait trouvé six mille francs en billets de banque et la croix de la Légion d'honneur.

A la fin de janvier 1856, Berlioz faisait exécuter une fois encore, à la salle Herz et par les mêmes chanteurs, cette adorable *Enfance du Christ,* puis, comme l'année précédente à pareille époque, il partait

---

1. Une simple observation de Gustave Héquet dans l'*Illustration* en dit plus que toutes les plaisanteries : « Six cents voix, six cents instruments ! Quel bruit cela doit faire ! Il faudra se boucher les oreilles ! Ce sera magnifique. Et l'on accourt de tous les points de l'horizon. Et l'on est fort étonné de voir que les cent vingt violons du monstrueux orchestre ne font pas autant d'effet que les quatre *crin-crin* du Vaudeville. »

pour Gotha, pour Weimar. Dans la première de ces villes, il dirigeait *l'Enfance du Christ* et sa mélodie avec orchestre : *le Spectre de la rose*, chantée par Mlle Bochkoltz-Falconi ; puis il arrivait à Weimar le 8 février. Cette fois encore, il avait été convié par la grande-duchesse à la solennité musicale qu'elle organisait pour sa propre fête et elle s'était décidée pour une exécution intégrale de *Benvenuto*, dirigée par Liszt, exécution d'autant plus importante aux yeux de l'auteur et de son ardent prosélyte qu'il s'agissait d'une double revanche à prendre, après la chute de l'ouvrage à Londres et les intrigues qui en avaient empêché la représentation à Dresde[1]. La réparation fut complète, et cependant, ce qui charma surtout Berlioz à Weimar, ce ne fut ni cette résurrection de *Benvenuto,* ni une exécution parfaite de *la Damnation de Faust,* mais bien certain esclandre survenu à propos de *Lohengrin* et qu'il signale avec ravissement dans une lettre à Auguste Morel : « Il en est résulté, dit-il, des histoires interminables dans tous les journaux d'Allemagne. » *Lohengrin* en était-il moins un chef-d'œuvre et Richard Wagner un génie hors de pair ?

Lorsque Adolphe Adam avait reçu la visite de M. Alexandre lui demandant de voter pour Berlioz, à l'Institut : « Parlons sérieusement, avait-il répondu. Berlioz est un homme d'une grande valeur. Je vous donne l'assurance que, après Clapisson, auquel nous avons tous déjà promis, Berlioz aura le premier fauteuil vacant ». Et ce premier fauteuil vacant fut celui d'Adam, qui mourut subitement le 3 mai 1856. Pour le coup, Berlioz avait des chances de succès très sérieuses ; mais il surgit de nombreux concurrents, tant l'occasion semblait favorable aux moindres compositeurs, de sorte qu'il n'y eut pas moins de dix candidats pour l'élection, fixée au 21 juin. Berlioz se multipliait, ne négligeait rien pour réussir, et en annonçant à M. Ber qu'il était le premier en ligne[2], il le priait d'intervenir auprès de la *Revue des Deux-Mondes* afin que, dans le numéro du 15, « le rédacteur maniaque de cette revue le dispensât de ses aménités ordinaires et ne plaidât pas contre sa candidature à l'Institut ». Scudo, de force ou de gré, fit

---

1. C'était bien toujours son vieil opéra, mais remanié sur nouveaux frais après l'insuccès de Londres, éclairci dans certains passages, orné d'une nouvelle traduction de Peter Cornelius, et fixé sous cette forme et dans ces dimensions définitives (trois actes) par une édition allemande et française, publiée chez Mayer et Litolff, à Brunswick, et dédiée à Son Altesse impériale et royale Maria Paulowna, grande-duchesse de Saxe-Weimar. — *Benvenuto Cellini*, depuis cette époque, a gagné beaucoup de terrain en Allemagne. Durant ces trois ou quatre dernières années, il a été représenté à Leipzig, sous la direction de M. Nikisch ; à Mannheim, sous celle de M. Pauer ; enfin, à Carlsruhe et à Bade, en 1885, sous la direction de M. Félix Mottl.

2. La section de musique avait classé les candidats dans cet ordre : Berlioz, Félicien David, Niedermeyer, M. Gounod, Leborne et Panseron, *ex-æquo*, puis Bazin. L'Académie, en veine de faire plaisir à tout le monde, ajouta à cette liste Elwart, M. Adolphe Vogel et Adrien Boieldieu, qui s'étaient également mis sur les rangs.

trêve et cependant, le jour du vote, il ne fallut pas moins de quatre tours de scrutin pour que Berlioz fût élu par 19 voix (ce qui était la majorité stricte sur 37 votants), contre 6 données à Niedermeyer, 6 à M. Gounod, 4 à Félicien David et 2 à Panseron. Il en faisait donc enfin partie de cet Institut, qui l'avait si longtemps repoussé comme élève, réprouvé comme compositeur, évincé comme candidat, et il n'avait pas eu à montrer une persistance égale à celle de Delacroix et d'Abel de Pujol qui, disait-il, s'était présenté *dix fois!*[1]

Au milieu de l'été, il fut appelé de nouveau dans cette hospitalière ville de Bade qui devait le consoler plusieurs années de suite, et de ses tracas et de ses déboires de Paris. Il s'agissait d'y organiser pour le 16 août, d'y conduire un grand concert au profit des inondés de France, et deux illustres cantatrices françaises, Mmes Viardot et Vandenheuvel-Duprez, acceptèrent de se joindre aux artistes réunis de Bade et de Carlsruhe afin d'augmenter la recette destinée à leurs compatriotes[2]. A l'exception de l'*Invitation à la valse* et du *Repos de la Sainte Famille,* avec solo par le ténor Greminger, le programme était composé presque exclusivement de morceaux de maîtres classiques : Vittoria, Gluck, Mozart, Beethoven, etc.; mais le succès personnel de Berlioz fut assez vif pour le décider à revenir dès l'été suivant. Ce fut cependant une triste année pour lui que l'année 1857.

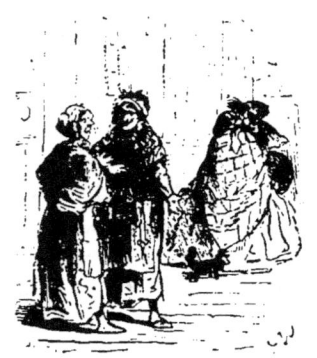

— Et où a-t-elle gagné tout ça ?
— Dans les cotons. Elle a eu l'idée d'en vendre à la porte du concert monstre Berlioz.
(Nadar. *Journal pour rire,*
5 janvier 1856.)

Il était vivement préoccupé de la position de son fils qui, par un caprice inexplicable, avait quitté la marine de l'État pour entrer dans la marine marchande, et ces inquiétudes l'avaient détourné de toute entreprise musicale. Un moment, il avait été question de monter à l'Odéon le *Roméo et Juliette* d'Émile Deschamps, accompagné par des fragments de sa musique; mais ce projet s'en était allé en fumée; et dans la même année, à huit mois de distance, il avait éprouvé un grave mécompte après une grande jouissance, avec deux ouvrages d'un de ses maîtres préférés : autant le succès d'*Oberon*

---

1. A cette même époque, il publiait une nouvelle édition de son *Grand Traité d'instrumentation,* et le terminait par un chapitre important sur *l'Art du chef d'orchestre,* qu'on lui avait demandé d'écrire à Londres lors de son dernier voyage, en vue de l'édition anglaise. Ce Traité considérable était, dès la première édition (1844), dédié par reconnaissance au roi de Prusse, Frédéric-Guillaume IV.

2. La recette atteignit 4,690 francs, auxquels Bénazet ajouta 5,000 francs et Mme Viardot 500 francs; cela fit donc plus de 10,000 francs à distribuer aux inondés du Midi de la France.

au Théâtre-Lyrique lui avait causé de ravissement, autant la non-réussite d'*Euryanthe* au même théâtre l'avait consterné comme un échec personnel. Mais voilà qu'arrive à Paris un de ses amis, de ses auxiliaires d'Allemagne, le pianiste Henry Litolff, et Berlioz, à son tour, l'aide à organiser deux grands concerts : il conduit même l'orchestre au second (2 mai), où Mlle Bochkoltz-Falconi vint chanter *la Captive*, où *la Fête*, de *Roméo*, produisit un effet irrésistible.

Hélas! c'est vers ce temps que les névralgies auxquelles il avait toujours été sujet se fixèrent sur les intestins et commencèrent à le faire horriblement souffrir. A Bade, en 1858, elles faillirent l'empêcher de diriger le festival annuel où l'on devait chanter les quatre premières parties de *Roméo*, avec Mme Charton-Demeur pour les strophes du prologue[1]. Ces douleurs, quand elles le prenaient, duraient plusieurs jours de suite; et cependant il ne cessait pas de courir, de voyager. « Je me force à vaincre ma faiblesse, écrivait-il à Morel en 1859, pour organiser un concert spirituel à l'Opéra-Comique, le samedi saint. Il faut gagner de l'argent et, ce jour-là, je suis à peu près sûr de remplir la salle. » Il y faisait entendre le sommeil de *Faust*, la scène des Sylphes, l'*Hymne à la France* et l'*Enfance du Christ*, avec Belval, dont la voix donnait un relief extraordinaire à l'air d'Hérode; ensuite il se rendait à Bordeaux pour diriger le *Corsaire* et des fragments de *Roméo*, de l'*Enfance du Christ*, dans un festival organisé par la Société de Sainte-Cécile ; puis revenait préparer son grand concert annuel de Bade, où il donnait, le 29 août, la première audition de deux fragments de ses *Troyens* : le duo de Corèbe avec Cassandre et celui d'Énée et Didon, chantés par Mme Viardot et Jules Lefort. Sur toute la ligne, ovations et bravos.

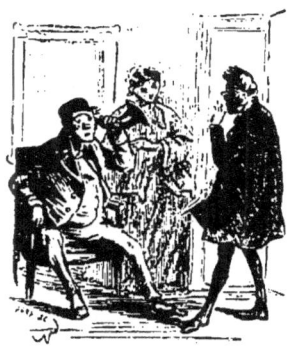

— Ah! mon Dieu! est-ce qu'il est devenu sourd, votre mari?
— Comme vous voyez! Il s'est obstiné à aller au concert monstre Berlioz......

(Nadar, *Journal pour rire*, 5 janvier 1850.)

Mais Berlioz n'était pas au bout de ses labeurs. Il avait encore

---

1. A la fin de l'année 1858, pour récolter un peu d'argent qui permit à son fils de préparer et de passer l'examen de capitaine au long cours, Berlioz autorisait *le Monde illustré* à publier quelques fragments, judicieusement choisis par lui-même, de ses prétendus *Mémoires* ; c'étaient les chapitres du début, ceux qui racontaient son enfance à la Côte et ses premières années à Paris, tous récits déjà publiés pour la plupart par la *Gazette musicale*, de 1834 à 1842. Il les faisait adresser à Humbert Ferrand, et comme celui-ci y relevait quelques inexactitudes ou méprises, il lui répondait « qu'il n'avait rien oublié de cet heureux temps, mais que tout cela avait été rédigé de 1848 à 1850 et qu'il n'écrivait plus ses souvenirs ». — Ensuite, et toujours dans le même dessein, il publiait chez Michel Lévy (janvier 1859) un nouveau recueil d'études ou fragments d'articles : *les Grotesques de la musique*.

accepté de diriger les études d'*Orphée* au Théâtre-Lyrique, de faire tout un travail de révision sur la partition afin de la restituer dans sa pureté première, et il poursuivait avec passion cette besogne très ardue, en dépit des crises de larmes et des convulsions de cœur qui lui faisaient souvent tomber la plume des mains. Le chef-d'œuvre, ainsi remis en ordre, apparut le 18 novembre 1859, aux yeux des Parisiens ébahis, et le succès prolongé qu'il obtint renversa pour un temps toutes les idées de Berlioz sur l'inintelligence absolue du public français en matière musicale : « *Orphée* commence à avoir une vogue inquiétante, écrivait-il avec une aigreur joyeuse. Il faut espérer pourtant que Gluck ne deviendra pas à la mode. » Cette victoire inespérée était due en partie au grand style, au jeu pathétique de Mme Viardot; mais celle-ci n'avait-elle pas ajouté des roulades dans un récitatif, ne faisait-elle pas à la fin de l'air : *J'ai perdu mon Eurydice,* un changement déplorable qui suspendait l'orchestre, modifiait l'harmonie et détruisait l'effet dramatique indiqué par Gluck ? Certes, Berlioz n'était pas homme à passer condamnation sur de semblables fantaisies : il les réprouva publiquement et, si grands éloges qu'il eût tout d'abord accordés à la tragédienne lyrique, elle ne voulut retenir de son feuilleton que la restriction finale. Et de ce jour leurs relations se refroidirent : elle n'admettait pas de blâme, et lui ne voulait plus pour sa Didon d'une artiste qui se permettait de corriger Gluck.

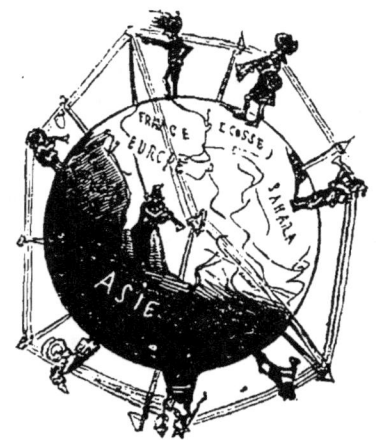

M. Berlioz profitant de son bâton électrique pour diriger un orchestre qui aura ses exécutants dans toutes les régions du globe.
(Cham, *Charivari*, 2 décembre 1855.)

CHAPITRE XI

BÉATRICE ET BÉNÉDICT

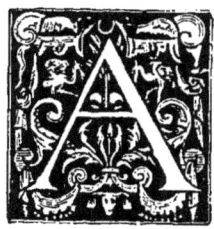AUTANT les années précédentes avaient été douces pour Berlioz, même en France, avec le succès de *l'Enfance du Christ*, avec l'exécution du *Te Deum* et sa nomination à l'Institut, autant celles qui vont suivre lui apporteront de cruelles déceptions après un premier succès à Bade. Il verra d'abord l'École dite de l'avenir, qu'il avait en horreur, prendre pied à Paris et lui ravir son tour de représentation à l'Académie de musique ; il verra surtout ses bien-aimés *Troyens* échouer au port, où ils abordaient après une traversée incertaine ; il verra mourir sa seconde femme, il verra mourir son fils et restera seul, dans sa maison déserte, à côté de son œuvre anéantie : tel est le chemin douloureux qu'il parcourra durant les dix dernières années de sa vie.

C'est à la fin de 1859 que Berlioz et Richard Wagner se retrouvèrent face à face à Paris. Entre eux deux, il y avait eu d'abord de bonnes relations et, sinon une vive amitié, du moins une mutuelle considération ; tout récemment encore, ils s'étaient rencontrés à Londres à la tête d'orchestres rivaux, et cette concurrence ne les avait pas empêchés de rester en bons termes puisqu'ils s'écrivaient cordialement, une fois rentrés dans leur pays, et se faisaient réciproquement hommage de leurs partitions. Mais voilà que Richard Wagner arrive à Paris, sur le terrain même de Berlioz, et qu'il donne aux Italiens trois grands concerts qui révolutionnent le monde musical. C'est alors qu'éclate la discorde sans motif apparent, sans discussion préalable : deux affirmations de principes qui sont de vraies déclarations de guerre, et ce fut tout. Le 9 février, Berlioz publiait dans les *Débats*, à propos des concerts de Wagner, son fameux *Credo* musical et, onze jours après, le même journal insérait une lettre adressée par Wagner à « son cher Berlioz » où, sous une forme amicale et d'une plume assez légère, il était indiqué que Berlioz n'avait guère réfléchi aux idées qu'il voulait combattre et qu'il était parti en guerre contre un mot : *Musique de l'avenir*, sans en bien percevoir le vrai sens. L'un et l'autre, on le put voir, avaient assez de ce semblant d'amitié : séparés de plus en plus par d'insurmontables différences de tempérament, l'un ennuyé des exagérations romantiques de *Roméo*, l'autre fatigué de la métaphysique de *Tristan* ; chacun sentant germer en lui la jalousie, tous deux heureux de n'avoir plus à feindre, ils saisirent avec entrain cette occasion de rompre. « Au fond cependant, — s'écriait Scudo, triomphant de cette brouille éclatante, — M. Wagner et M. Berlioz sont de la même famille et deux frères ennemis, deux enfants terribles de la vieillesse de Beethoven, qui serait bien étonné s'il pouvait voir ces deux merles blancs sortis de sa dernière couvée. »

Tannhæuser arriva par là-dessus et Berlioz, tout en restant dans la coulisse, travailla de toutes ses forces à ruiner cet opéra dans l'opinion. Il se perdait d'avance avec son rival ; mais tel était son aveuglement qu'il pensait avoir écarté définitivement *toute concurrence, et jamais ovation ne lui fut plus douce* que celle que lui firent les musiciens du Conservatoire peu de temps après la déroute de *Tannhæuser*. C'était le dimanche 7 avril 1861, et l'on chantait au Conservatoire l'air de Méphisto, le chœur et le ballet des Sylphes, plus le double chœur des soldats et des étudiants, avec Grisy et Cazaux comme solistes ; l'accueil avait été des plus froids et, seul, le ballet des Sylphes avait paru bercer un peu l'auditoire. A la fin pourtant, après ce double chœur exubérant de gaieté, quelques bravos se firent entendre et provoquèrent de vives manifestations en sens inverse. Ces marques de mécontentement froissèrent certains musiciens qui, à leur rentrée dans le foyer, acclamèrent Berlioz. Le public n'avait rien à voir à cette ovation, qu'il n'entendit pas d'ailleurs ; mais les ennemis du maître ne manquèrent pas de grossir l'incident outre mesure et s'en allèrent en protestant que si pareille scène se renouvelait, on serait forcé de faire usage au Conservatoire d'un vieil instrument délaissé, que les représentations de *Tannhæuser* venaient précisément de remettre à la mode. Il va de soi que Scudo fut un de ceux qui se fâchèrent tout rouge et crièrent le plus fort ; quant à la musique, il la jugea d'un mot, mais d'un mot de prophète : « J'ose affirmer qu'on ne la réentendra pas en pareil lieu[1] ».

Ce fut encore, aux yeux de Berlioz, comme une dernière défaite infligée à Wagner que de faire triompher Gluck, avec son *Alceste*, aux lieux mêmes où *Tannhæuser* avait succombé. L'administrateur, Alphonse

---

[1]. Avant ce jour, la Société des concerts du Conservatoire n'avait fait que deux fois accueil à Berlioz. En 1833, le 14 avril, elle avait exécuté son ouverture de *Rob-Roy*; puis, en 1849, le 15 avril, elle avait joué, toujours sans aucun succès, deux fragments de *la Damnation de Faust* : le chœur et le ballet des Sylphes (avec soli par Alexis Dupont et Depassio), suivis de la Marche hongroise. L'écart de ces deux dates montre assez quel cas on faisait alors de ces « divagations musicales » dans le sanctuaire de Beethoven.

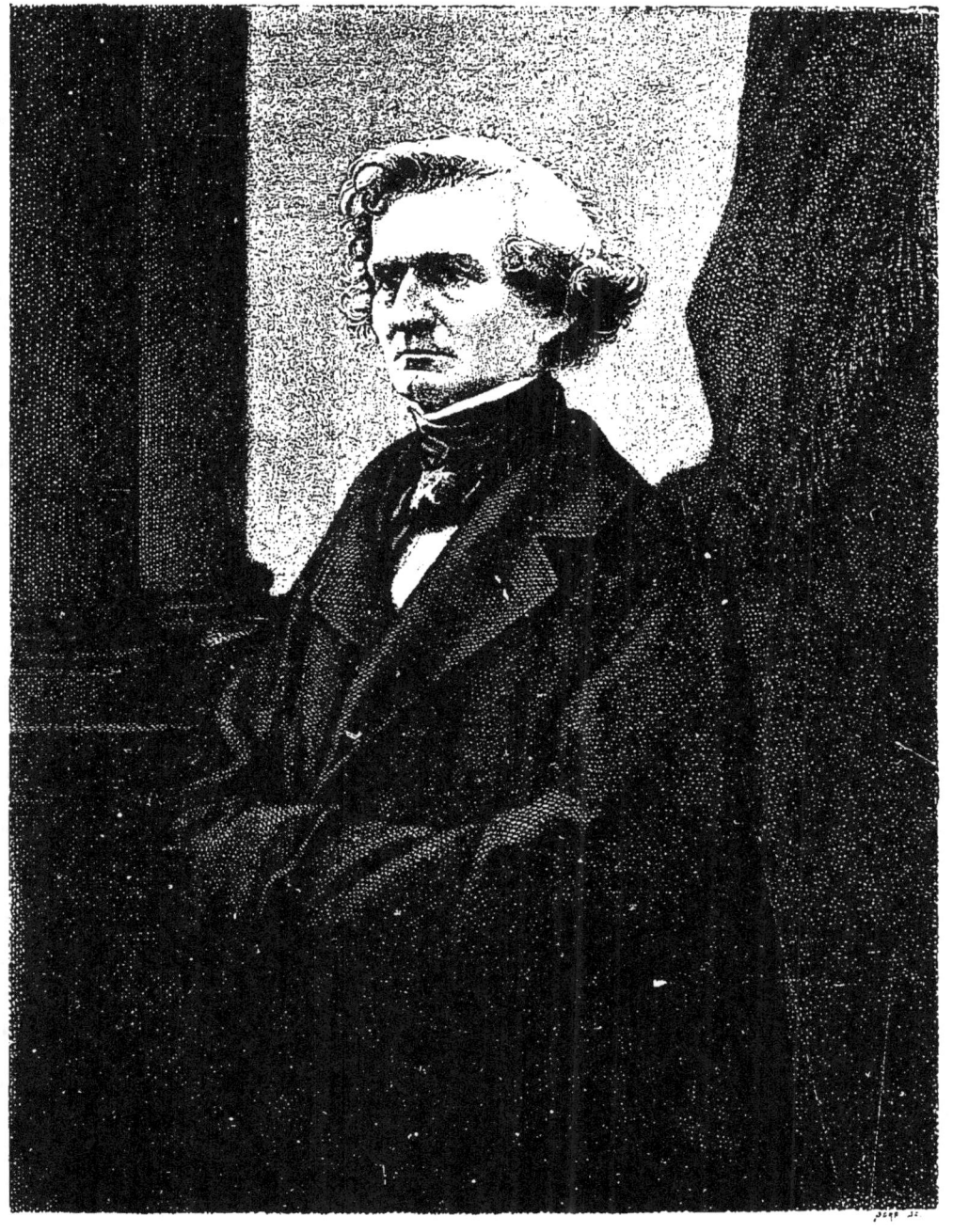

HECTOR BERLIOZ EN 1856.
D'après le portrait de Nadar, gravé par Metzmacher

Royer, se trouvant pris de court et jugeant, par le grand succès d'*Orphée* au boulevard du Temple, que la musique classique était alors dans les goûts du public, avait tout naturellement pensé à faire une reprise du *Freischütz*; puis, l'idée lui était venue, ou lui avait été suggérée, de monter *Alceste,* et il s'en était ouvert à Berlioz, non sans lui proposer les droits d'auteur complets. Celui-ci refusa d'abord : « On croit dans ce monde-là, disait-il à son fils, que l'on pourrait faire faire pour de l'argent les choses les plus contraires à la conscience de l'artiste ; je viens de leur prouver que cette opinion est fausse... Mon obstination à refuser de monter *Alceste* fait du bruit et contrarie beaucoup de gens. On ferait mieux de ne pas s'amuser à perdre du temps et de l'argent pour insulter un chef-d'œuvre de Gluck et de monter *les Troyens* tout de suite. » Mais les raisons très sérieuses que Berlioz donnait pour se dispenser de cette besogne, en particulier la nécessité d'adapter le rôle entier d'Alceste à la voix de Mme Viardot, ne pouvaient être admises par le ministre et comme, après tout, c'était ce ministre, le comte Walewski, qui devait signer l'ordre de monter *les Troyens,* reçus en principe à l'Opéra, Berlioz promit de fournir des instructions au metteur en scène et de suivre les dernières répétitions, sans présider à toutes les études, sans pratiquer tous les remaniements indispensables. Il se laissa entraîner cependant par son admiration, par le désir de rendre à Gluck un hommage digne de son génie, et dans les sept articles qu'il consacra à la reprise d'*Alceste,* on sent l'homme qui a fait mieux que d'assister à quelques répétitions, qui a surveillé de près, dirigé les préparatifs, tout en en reportant le mérite à d'autres [1]. Bref, malgré des défauts inévitables provenant surtout de la transposition du rôle d'Alceste, cette reprise, effectuée le 21 octobre 1861 et qui eut un succès réel, grâce à Mme Viardot, vraiment admirable dans Alceste, grâce à M. Michot, très convenable dans Admète, remplit de joie Berlioz : il s'en réjouit pour le public, qui lui semblait plus capable qu'autrefois d'apprécier une partition pareille ; il s'en réjouit pour Gluck, glorieusement remis en lumière ; il s'en réjouit enfin pour lui-même et ses futurs *Troyens* [2].

---

1. Il s'était finalement si bien chargé de cette besogne que dans ses *Mémoires* il se fait un mérite d'avoir obtenu l'introduction du métronome électrique à l'Opéra, « lorsqu'il y dirigea les répétitions d'*Alceste* », dit-il en propres termes. Et ce métronome électrique était fait sur le modèle de celui inventé à Bruxelles et qui, aux concerts de l'Exposition de 1855, lui avait permis de transmettre une mesure absolument identique à cinq sous-chefs très éloignés les uns des autres.

2. Vers la même époque, une Société de jeunes Hongrois lui envoyait une couronne d'argent portant, sur un écusson aux armes de la ville de Gior (en allemand Raab), ces mots gravés en langue hongroise : *A Hector Berlioz, la jeunesse de Gior*. A cet envoi était jointe une lettre, également en hongrois, où ses admirateurs le remerciaient d'avoir pris leur thème national comme motif à développements sublimes, d'avoir élevé au rang d'une œuvre d'art la Marche populaire qui entraînait les Hongrois à la bataille et les faisait vivre ou mourir pour la gloire de leur pays. « Recevez, lui

Il travaillait alors, ou plutôt il aurait voulu travailler en paix à certaine partition de demi-caractère, propre à le distraire d'occupations plus fatigantes et de ses ennuis d'intérieur. Depuis cinq ou six ans, il organisait et allait diriger à Bade un concert solennel, formé en grande partie de ses œuvres. L'année précédente, il avait orchestré tout exprès *le Roi des Aulnes*, de Schubert, que le ténor Roger était venu chanter avec le plus grand succès, et cet été même, en 1861, il « leur avait lâché, dit-il, deux morceaux du *Requiem*, le *Tuba mirum* et l'*Offertoire* », ce qui avait dû paraître passablement lugubre aux

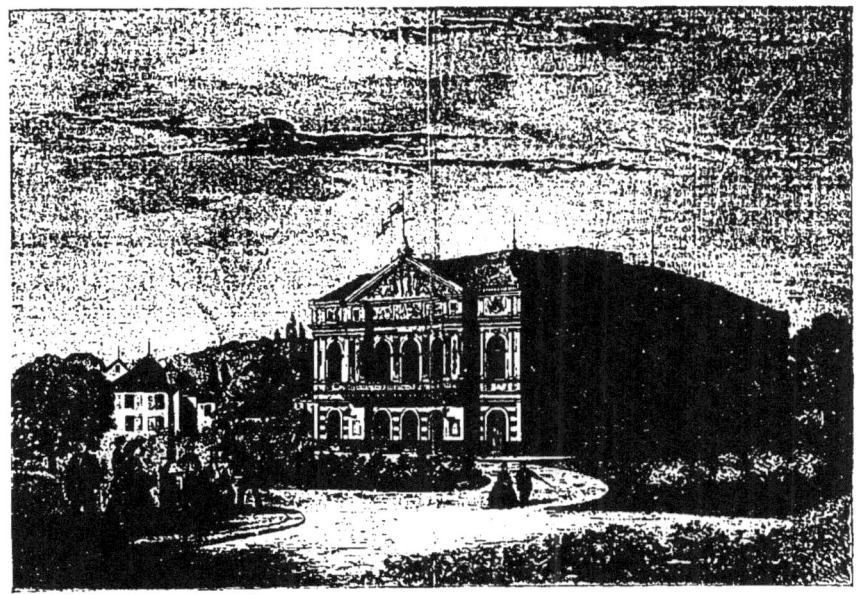

LE THÉÂTRE DE BADE, INAUGURÉ EN 1862.

malades en train de mourir comme aux joueurs en train de se ruiner. Or, Bénazet, le roi de Bade, ainsi qu'on l'appelait à juste titre, ayant entrepris de construire une nouvelle salle de spectacle, avait prié Berlioz d'écrire un opéra-comique exprès pour l'inauguration, qui devait avoir lieu en 1862 : il lui offrait quatre mille francs par acte, plus mille francs pour venir diriger la représentation. Dès les premiers pourparlers, une idée vieille déjà de près de trente ans s'était représentée à l'esprit de Berlioz : « Je vais faire un opéra italien *fort gai* sur la

disaient-ils en finissant, les souhaits de nos sincères cœurs hongrois ; que le Seigneur des cieux accorde à votre vie, qui jette tant d'éclat sur l'art musical de l'Europe, autant de félicité que votre esprit a montré de grandeur dans la production de cet ouvrage. »

comédie de Shakespeare : *Beaucoup de bruit pour rien* », s'écriait-il avec un rire amer en janvier 1833, au plus fort de son désespoir amoureux causé par les hésitations de miss Smithson. Il reprit ce projet pour Bade et se tailla bien vite dans cette tragi-comédie un livret qui n'avait d'abord qu'un seul acte ; par prudence, il changeait le titre original en celui moins dangereux de *Béatrice et Bénédict* : « En tout cas, dit-il, je réponds qu'il n'y a pas *beaucoup de bruit*[1]. » Entre temps et tandis qu'il s'occupait à la fois de *Béatrice* et des *Troyens*, le petit ouvrage le distrayant un peu du grand, il avait brigué la place de chef d'orchestre au Conservatoire, devenue vacante par la mort de son ami Girard, frappé d'apoplexie à son pupitre de l'Opéra, durant la représentation du 16 janvier 1860 ; mais il s'était vu préférer un autre de ses amis, Dietsch, alors chef du chant à l'Opéra, que le ministre avait promu au rang de chef d'orchestre. Et puis, en 1861, il composait *le Temple universel*, « double chœur pour deux peuples, chacun chantant dans sa langue », à l'usage des orphéonistes français qui devaient, durant juin, aller rendre une seconde visite aux orphéonistes anglais : « On étudie déjà ici le chœur français, écrivait-il à son fils le 14 février, et tous ces jeunes gens sont dans un entrain d'enthousiasme que je ne demande qu'à voir se continuer jusqu'au bout. Ce sera curieux, un duo chanté au Palais de Cristal par huit ou dix mille hommes, mais je n'irai pas l'entendre. Je n'ai pas d'argent à dépenser en parties de plaisir[2]. »

Cependant il avait fini de composer son opéra-comique à bâtons rompus ; il avait trouvé non sans peine en Mme Charton-Demeur une « femme d'assez d'esprit » pour jouer Béatrice ; il faisait répéter chez lui ses interprètes tous les mardis, en attendant qu'on mît la scène de l'Opéra-Comique à sa disposition, lorsqu'un nouveau deuil vint traverser sa vie. Un beau jour, le 14 juin 1862, sa femme, qui souffrait depuis assez longtemps d'une « atrophie du cœur », fut frappée à Saint-Germain, chez des amis, et mourut en une demi-minute. A la vérité, Berlioz était excédé de son ménage et de son intérieur ; mais telle

---

[1]. On avait parlé d'abord, pour le spectacle d'ouverture, — après la soirée officielle remplie par la troupe allemande du grand-duc de Bade, — d'un opéra sur un poème d'Edouard Plouvier : on confondait sans doute avec le *Nahel*, de M. Litolff, qui fut aussi représenté sur le théâtre du Kursaal de Bade, mais seulement au mois d'août 1863.

[2]. Ce chœur anglo-français, avec orgue, composé sur des paroles de J. F. Vaudin, directeur du journal *l'Orphéon*, fut publié aux bureaux de ce journal (op. 28). Il était dédié à l'impératrice Eugénie, et cette dédicace a induit en erreur M. Richard Pohl, qui le donne comme ayant été composé pour l'Exposition universelle de Paris, en 1867. — En regard de ce chœur, il en faut mettre un autre, dont la musique est gravée et qu'on n'a jamais signalé. C'est l'*Hymne pour la consécration du nouveau tabernacle*, un chœur à trois parties, très simple et très court (seize mesures), qui se répète sans aucun changement sous les huit strophes du cantique ; car il s'agit là d'une prière de la religion catholique et non d'un chant hébraïque, comme le titre semblerait l'indiquer. Les paroles : *Mystérieuse croix d'amour... Son divin fils Jésus*, etc., ne laissent aucun doute à cet égard.

était sa sensibilité qu'il demeura comme atterré par ce coup inattendu : la solitude à venir l'épouvantait. Après les obsèques de sa femme, qui fut enterrée au cimetière Montmartre, son ami, Édouard Alexandre, trouvant la sépulture trop modeste, fit l'achat d'un terrain à perpétuité et le lui offrit délicatement : il fallut alors transporter le corps dans ce caveau définitif, et cette cérémonie fut un véritable supplice pour une nature aussi nerveuse que celle de Berlioz : « Cela fut d'une tristesse navrante, écrit-il, et je souffris beaucoup. » Ce fut bien pis à quelque temps de là : on l'avertit officiellement que le petit cimetière de Montmartre, où reposait miss Smithson, allait être détruit et qu'il eût à faire porter ailleurs les restes de sa première femme. Alors, après avoir pris les arrangements nécessaires, il se rendit seul à l'ancien cimetière, où un officier municipal l'attendait pour procéder à l'exhumation : « Ne restez pas là, monsieur Berlioz, venez par ici... Ah ! pauvre *inhumanité !* » lui dit ce fonctionnaire en le voyant s'appuyer

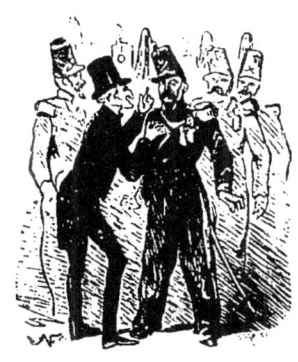

M. Berlioz allant embaucher des recrues pour son orchestre dans l'artillerie de la garnison...
(Nadar, *Journal pour rire*, 5 janvier 1856.)

contre un arbre, tout pâle ; et Berlioz, si près qu'il fût de se trouver mal, ne manqua pas de graver dans sa mémoire ce prétentieux pataquès administratif..... Quelques moments après, les restes d'Henriette Smithson étaient descendus auprès de ceux de Mlle Recio, et ces deux femmes, dont la dernière avait fait le malheur de l'autre, se trouvèrent réunies dans la tombe où devait les rejoindre celui qu'elles avaient toutes deux aimé.

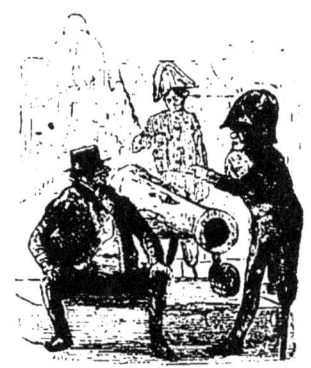

— Allez-vous-en donc de là !
— N'ayez pas peur ! ça me connait ! J'ai été au concert monstre Berlioz.
(Nadar, *Journal pour rire*, 5 janvier 1855.)

Les pensées de Berlioz, heureusement, se tournèrent rapidement du côté de Bade où tout lui faisait espérer un succès. « Mon cher Stephen, je savais bien que vous aviez un digne cœur ; vous venez de m'en donner une nouvelle preuve. Laissez-moi vous serrer la main. Je regrette seulement que vous ne soyez pas venu à la soirée d'Escudier ; j'aurais été si heureux de vous faire entendre, avant la scène des *Troyens*, des fragments de *Béatrice et Bénédict,* qui ont été supérieurement exécutés. Vous devriez venir à Bade où cet opéra sera représenté le 6 août ; vous devriez avoir 40,000 francs de rente... ou me les faire avoir. Alors je vous enverrais chercher dans une belle voiture à quatre chevaux pour vous conduire au chemin de fer, et un splendide hôtel vous attendrait à Bade, et je m'arrangerais pour vous éviter les honneurs d'une sérénade à votre arrivée ; — ou encore, et plus simplement, Bénazet devrait vous engager à venir assister à l'inauguration de son nouveau théâtre...[1] » Comme on sent dans cette lettre, adressée au fidèle Stephen Heller, la joie qu'éprouvait Berlioz à l'idée de faire enfin représenter un deuxième ouvrage dramatique aux portes de la France et devant un auditoire en grande partie composé de ses compatriotes ! La représentation de ce gracieux opéra-comique eut effectivement lieu, trois jours plus tard qu'il ne l'espérait, le samedi 9 août 1862, et elle eut un retentissement immédiat à Paris. « Grand succès, écrivait-il à son fils. *Béatrice* a été applaudie je ne sais combien de fois. Tous mes amis sont dans la joie. Moi, j'ai assisté à cela dans une insensibilité complète ; c'était un de mes jours de souffrance et tout m'était indifférent. Aujourd'hui, je suis mieux et les amis qui viennent me féliciter me font grand plaisir. Mme Charton-Demeur a été admirablement charmante, et Montaubry nous a présenté un Bénédict élégant et distingué. Le duo que tu connais, chanté par Mlle Monrose et Mme Geoffroy dans une jolie décoration et sous un clair de lune très habilement fait par le machiniste, a produit un effet monstre. On ne finissait pas d'applaudir. »

La presse accueillit cet ouvrage comme elle avait fait *l'Enfance du Christ ;* on n'en revenait pas que Berlioz eût de la mélodie et qu'il pût être ou joyeux ou comique, on découvrait qu'il ne faisait pas de *bruit* parce que les instruments *brutaux* n'étaient pas dans l'orchestre, et, bien qu'il affectât d'en rire, ces sots compliments étaient très doux au cœur du musicien. Un instant, il put espérer qu'on allait jouer ce charmant badinage à l'Opéra-Comique, avec les artistes qui l'avaient chanté et qui appartenaient presque tous à ce théâtre ; il s'inquiétait de trouver une chanteuse capable de tenir le rôle de Béatrice en place de Mme Charton, qui partait pour l'Amérique ; il se dépêchait de déve-

---

[1]. Lettre inédite, en ma possession. — Cette nouvelle salle, érigée sur les plans d'un architecte de Paris, M. Couteau, avait coûté près d'un million, et l'on calculait qu'à 2,000 francs par soirée, les recettes pourraient bien monter à une trentaine de mille francs pour une saison qui en coûterait plus de 150,000 ; c'était un beau cadeau que Bénazet faisait au public. Pour varier les distractions des joueurs et des buveurs, il avait été décidé que chaque opéra nouveau serait joué seulement deux fois, ce qui eut lieu pour *Béatrice et Bénédict* et aussi pour *l'Érostrate* de M. Reyer, représenté le 21 août et chanté par MM. Michot, Cazaux, Mmes M. Sax et A. Faivre. La première fois, *Béatrice et Bénédict* se joua seul ; la seconde fois (11 août), on donnait en même temps *la Servante maîtresse*, chantée par Balanqué et Mme Geoffroy, et mimée par M. Geoffroy. Les deux soirs, bien entendu, Berlioz conduisit l'orchestre et reçut force ovations avant, pendant et après l'exécution.

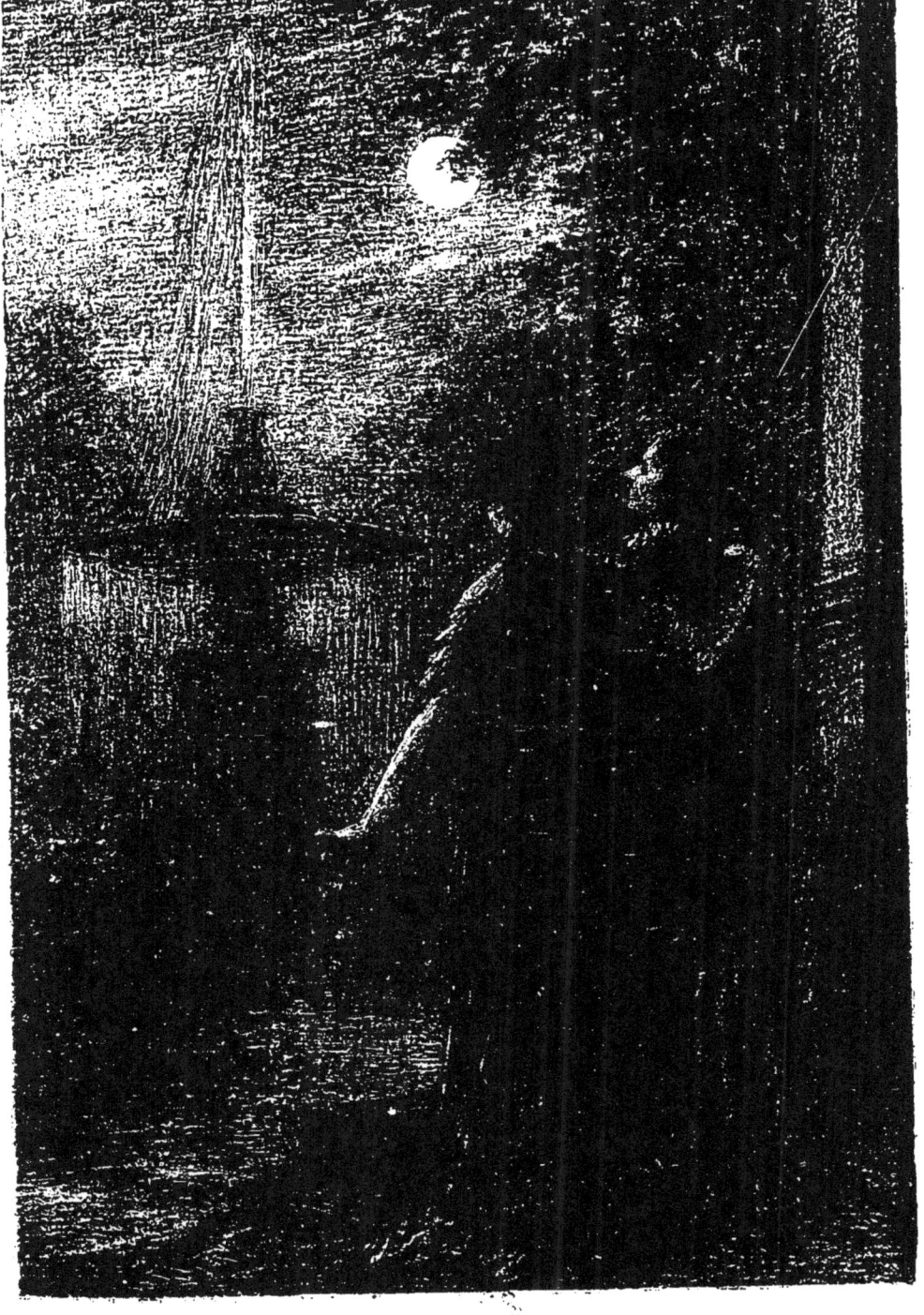

lopper un peu la partie musicale du deuxième acte en y insérant un trio et un chœur ; mais cela n'entrait pas dans les vues de Perrin, qui dirigeait alors l'Opéra-Comique, et tous les remaniements que Berlioz avait faits en vue de la représentation à Paris ne servirent que pour l'impression, car, ne pouvant faire jouer son ouvrage, il le fit graver : « Je me hâte, disait-il, de couper ou de dénouer tous les liens qui m'attachent à l'art, pour pouvoir dire à la Mort : « Quand tu voudras. »

Mais, en sus de cette victoire artistique, il avait emporté d'autres succès à Bade : lui qui était veuf depuis deux mois à peine et qui venait de verser tant de pleurs en réunissant ses deux femmes dans le même tombeau, il éprouva une nouvelle crise amoureuse à soixante ans. Après trente années de vie de ménage, il avait ressenti pour la première fois, dit-il, « cet affreux duo chanté à son oreille pendant l'activité des jours et le silence des nuits par l'isolement et l'ennui », et s'était laissé doucement aimer pendant les six ou huit mois que dura cette liaison consolante ; mais quels déchirements ! comme il se sentit le cœur arraché par lambeaux quand il fallut rompre ! Et quel étrange amoureux ce devait faire, s'il était vraiment tel qu'il se dépeignait à son ami Legouvé ! Celui-ci, qui venait de lui dédier son roman de *Béatrice ou la Madone de l'art,* le rencontre un jour errant dans les environs du vieux château de Bade et froissant convulsivement une lettre. « Elle est folle, elle est jeune et elle vous aime ; elle vous le prouve ; alors de quoi vous plaignez-vous ? » lui dit philosophiquement son confident habituel, auquel il venait de montrer cette lettre toute pleine de passion. « Il y a que j'ai soixante ans, s'écrie avec désespoir Berlioz. — Qu'importe, si elle ne vous en voit que trente ? — Mais regardez-moi donc ! Voyez ces joues creuses, ces cheveux gris, ce front ridé... Parfois, tout à coup, sans cause, je tombe assis sur un siège en sanglotant. C'est cette affreuse pensée qui m'assaille ! Elle le devine ! Et alors, avec une angélique tendresse, elle me dit : « Mais, malheureux ingrat, que puis-je faire pour vous convaincre ? « Voyons ? Est-ce que j'ai aucun intérêt à vous dire que je vous « aime ? Est-ce que je n'ai pas tout oublié pour vous ? Est-ce que je « ne m'expose pas à mille périls pour vous ? » Et elle me prend la tête entre ses mains ; et je sens ses larmes qui tombent dans mon cou. Et pourtant, malgré cela, toujours retentit au fond de mon cœur cet affreux mot : « J'ai soixante ans ! Elle ne peut pas m'aimer ! Elle ne m'aime pas ! » Ah ! mon ami, quel supplice ! Se créer un enfer avec un paradis ! »

La délicieuse fantaisie, inspirée à Shakespeare par l'Arioste, avec les deux intrigues qui se déroulent parallèlement entre Héro et Claudio, entre Béatrice et Bénédict, était assez riche en incidents dramatiques pour fournir le sujet de deux pièces musicales tout à fait dissemblables : l'une sombre, violente et pathétique; l'autre aimable, gaie, souriante. La première, qui n'est autre que le célèbre opéra de Berton, *Montano et Stéphanie*, avait été découpée par Dejaure dans la sombre histoire des amours d'Héro et de Claudio ; la seconde est le joyeux conte de deux amants qui se détestent, se poursuivent de railleries, se harcèlent de sarcasmes et finissent par s'épouser lorsque leurs amis communs leur ont fait découvrir qu'ils s'adorent [1]. Dans le livret de Berlioz, les divers personnages de Shakespeare : Claudio, Héro, Léonato, Don Pedro, sont réduits à l'emploi de simples comparses gravitant autour des deux héros et leur donnant la réplique ; mais pour toutes les scènes destinées à relier, à amener ses morceaux de musique, il a conservé mot pour mot le dialogue de Shakespeare. Il a supprimé seulement les épisodes burlesques et les a remplacés par d'autres de son invention, pour ridiculiser une fois de plus ses ennemis et donner cours à ses plaisanteries favorites contre la fugue. Il a même introduit un nouveau personnage, le maître de chapelle Somarone, orgueilleux jusqu'à la démence, et qui débite avec solennité des discours de ce genre : « Le mot *fugue* vient de *fuite;* c'est pourquoi j'ai fait choix d'une fugue à double sujet pour rappeler aux jeunes mariés la fuite du temps. Les deux sujets affectent des caractères opposés : l'un rit et l'autre pleure. Vie et mort, tout est là dedans. » Et Berlioz avait grand soin de faire annoncer que ce n'était pas là un personnage imaginaire ; entendez que c'était son excellent ennemi Fétis, maître de chapelle du roi des Belges, auquel il avait généreusement prêté quelques traits de vanité colossale empruntés à Spontini [2].

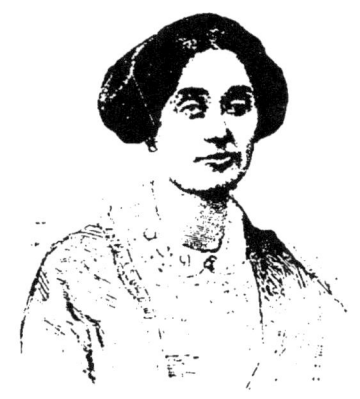

MARIE MARTIN-RECIO.
D'après une photographie faite à Paris.

1. Comme l'ont fait remarquer dès l'origine certains critiques sans aucune intention blessante, ce thème ingénieux avait été déjà plus d'une fois traité sur la scène, en dernier lieu par Scribe dans *l'Héritière* ; à ce seul rapprochement, Berlioz ne dut-il pas se voiler la face ?
2. Le livret de *Béatrice et Bénédict* n'a jamais été imprimé et la copie originale est encore entre les mains de M. Richard Pohl, accepté, sinon choisi par Berlioz pour faire la traduction allemande de son opéra-comique. Ce dernier en a d'ailleurs donné une analyse détaillée dans son intéressant ouvrage sur *Hector Berlioz* (Leipzig, chez Bernard Schlicke, 1884). — Dans le même temps, M. Pohl traduisait aussi le nouveau volume de Berlioz : *A travers chants* : études musicales, adorations, boutades et critiques; formé, comme les précédents, d'anciennes études mêlées à des comptes rendus récents, et mis en vente à Paris, en septembre 1862, à la librairie Michel Lévy.

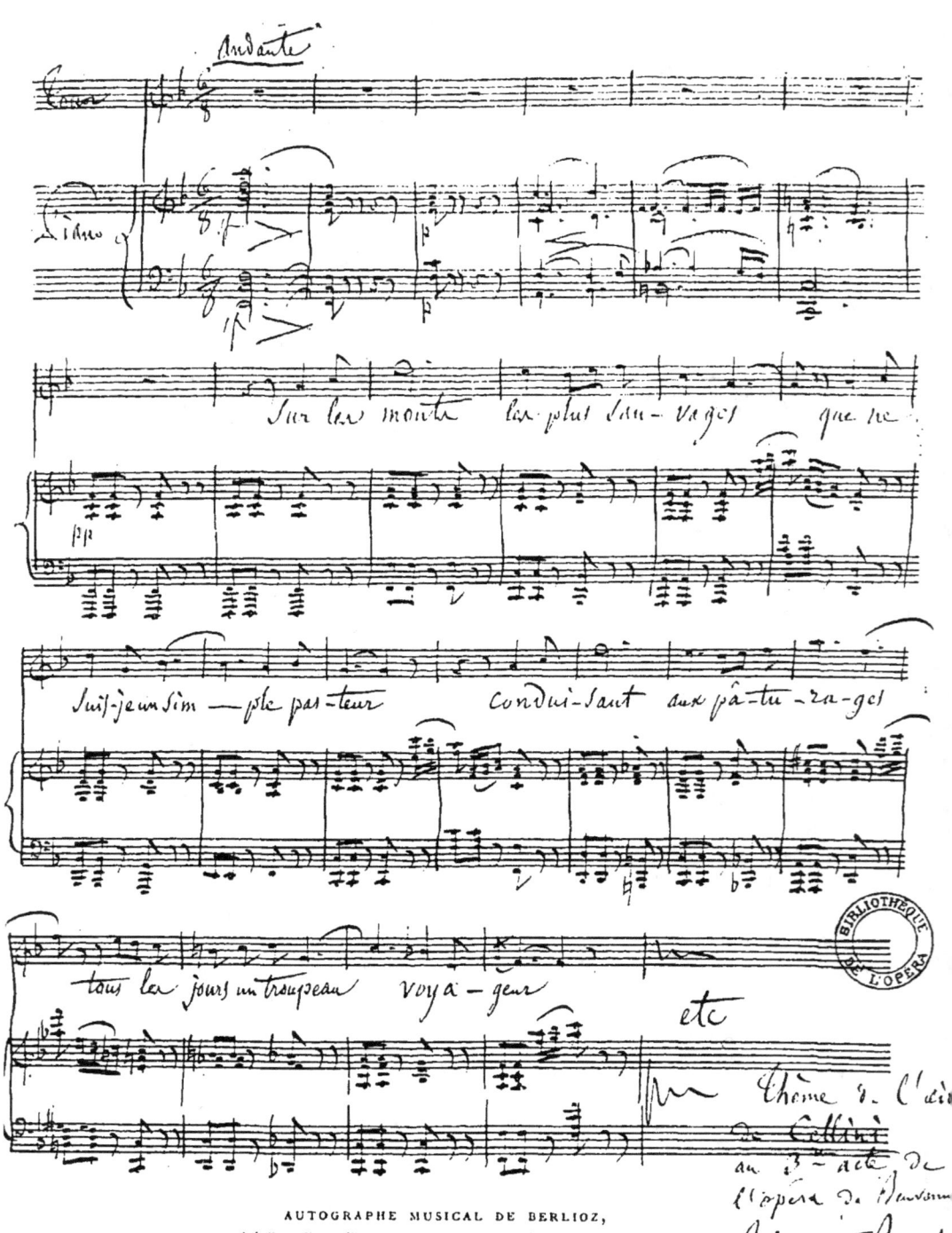

AUTOGRAPHE MUSICAL DE BERLIOZ,
tiré d'un album d'autographes conservé aux Archives de l'Opéra.

Béatrice et Bénédict est l'une des partitions les plus délicates de Berlioz ; la couleur en est poétique et le sentiment général exquis, mais c'est peut-être aussi celle où il s'est montré le plus respectueux des formes surannées et toutes conventionnelles qu'il combattait si vivement de la plume. Il y a là contradiction flagrante entre le compositeur et le critique, et s'il se montre toujours très soucieux de la prosodie, à laquelle il attache à juste titre une grande importance, il est beaucoup moins scrupuleux en ce qui concerne le sens des paroles, qu'il hache ou répète à satiété ; il n'a surtout aucun souci de l'unité de style et soude à tel andante, d'un sentiment délicieux, quelque allegro coulé dans le moule italien le plus banal, avec cadence vocalisée et ornements de toute sorte. Il est incroyable, à vrai dire, que de telles disparates n'aient pas choqué Berlioz au plus haut point, et on ne les peut expliquer que par l'indécision de ses vues en matière de musique dramatique : il n'avait pas de répulsion convaincue, insurmontable pour le genre même de l'opéra-comique, et s'il le décriait si fort dans ses feuilletons, c'est parce qu'il trouvait là un thème inépuisable à railleries faciles ; mais du jour où l'occasion lui fut donnée d'en écrire un, il l'entreprit de grand cœur et ne le conçut pas autrement que n'aurait fait tout autre musicien contemporain. Que sa phrase mélodique soit d'une inspiration délicate, d'une mélancolie adorable, et que son accompagnement symphonique, à la fois si riche et si limpide, relève encore le charme et la poésie du sujet ; que ces qualités lui soient tout à fait personnelles et donnent à l'ouvrage, vu d'ensemble, une élégance, une saveur qu'on chercherait vainement dans les autres opéras-comiques de l'époque, on n'en saurait douter, et l'empreinte de Berlioz est sensible d'un bout à l'autre de sa partition ; mais la disposition générale de l'œuvre et la coupe de chaque morceau pris en particulier ne diffèrent en rien de ce qu'on avait l'habitude, alors, d'entendre à la scène. Seulement, ces formes de l'opéra-comique français et ces allegros, ces cadences à l'italienne, qui ne choquaient nullement sous la plume d'Auber ou d'Adam, surprennent d'autant plus dans un ouvrage où certaines parties déclamées ne seraient pas indignes de Gluck, où les contours de la mélodie et de l'accompagnement évoquent souvent à l'esprit le souvenir de Weber.

L'ouverture, éminemment classique, est bâtie sur deux motifs saillants de l'ouvrage : une magnifique phrase à la Gluck, tirée du rôle de Béatrice, un gracieux badinage à trois temps que Béatrice et Bénédict chanteront en guise d'épilogue, et cette préface instrumentale, alerte et vive, avec ces triolets obstinés tantôt dans le chant, tantôt à l'accompagnement, ouvre à souhait une comédie où la gaieté la plus vive alterne avec la plus douce rêverie. Au lever du rideau, le peuple envahit les jardins du gouverneur Léonato et célèbre le prochain retour de don Pedro, le général vainqueur des Maures, dans un chœur à cinq parties (les sopranos étant dédoublés, selon un procédé familier de Berlioz), qui a de la pompe et qui reparait encore après l'entrée des messagers annonçant la victoire ; il est alors suivi d'une jolie sicilienne dansée qui servira de prélude au deuxième acte, et dont la légèreté, la prestesse auraient dû faire envie à Auber. Le peuple se disperse ; Héro, demeurée seule, attend son cher Claudio qui doit revenir avec le prince, et chante un air dont la mélodie, amoureuse et tendre au début, ne tarde pas à s'enjoliver de vocalises parasites, puis conclut par un grand allegro concertant et roucoulant sans intérêt musical. L'armée victorieuse arrive, don Pedro entre en scène, accompagné de tous ses officiers, au premier rang desquels se trouvent Bénédict et Claudio ; Léonato et les deux jeunes filles leur souhaitent à tous la bienvenue, puis aussitôt commence un assaut d'épigrammes et de lardons entre Béatrice et Bénédict. Ce piquant persiflage amène sous la plume de Berlioz un duo très travaillé, contourné, mais vif et spirituel, au moins dans sa première partie, et qui

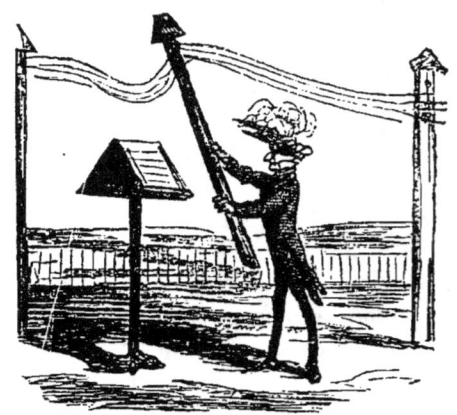

M. Berlioz donnant prochainement un concert européen en battant la mesure avec un poteau de télégraphe électrique.
(Cham, *Charivari*, 7 décembre 1862.)

précède un trio de même caractère entre Bénédict, Claudio et don Pedro, lorsque ceux-ci houspillent le malheureux Bénédict, qui jure ses grands dieux de ne jamais tomber dans le panneau du mariage. Et s'il y tombe, ajoute-t-il, que ses amis le raillent, il le leur permet, qu'ils fassent porter solennellement devant lui une affiche avec cette enseigne injurieuse : « Ici, l'on voit Bénédict, l'homme marié ! » Ces deux morceaux, remplis d'intentions fines, de détails ingénieux, d'harmonies piquantes, ont de la gaieté, mais une gaieté de jet peu facile et où l'auteur fait montre de plus d'ingéniosité que d'entrain naturel.

« Berlioz ne sait pas rire », avait dit Jules Janin à propos de *Benvenuto*, et si cette proposition ainsi formulée était trop absolue, elle avait bien quelque justesse, en ce sens que la gaieté, chez Berlioz, sent toujours l'effort, qu'elle n'est pas de franche venue. Et de même, est-ce que ses parodies favorites sur la fugue ne font pas toujours long feu ? Est-ce que l'épithalame burlesque, composé par Somarone, est aussi plaisant qu'il voulait le croire¹ ? Est-ce que ce bel ensemble, en dépit du soin qu'auraient les choristes de le chanter en charge, n'est pas d'une expression très large et d'un caractère beaucoup plus sérieux que trivial² ? Lorsque les musiciens sont partis, arrivent Claudio, don Pedro et Léonato qui, sachant Bénédict caché dans un bosquet, s'entretiennent de la passion de Béatrice pour le beau railleur, et, dès qu'ils ont les talons tournés, Bénédict, enchanté de la découverte, attaque un rondo de tour assez pénible et dont l'idée mélodique est peu saillante. Mais, immédiatement, arrive une page enchanteresse et qui décida du sort de l'ouvrage, un adorable nocturne entre Héro et sa confidente Ursule. Elles aussi viennent de s'amuser en exaltant, devant Béatrice aux aguets dans l'ombre, l'amour irrésistible que Bénédict ressent pour l'inhumaine ; celle-ci s'est enfuie, à la fois ravie et courroucée, et la tendre Héro, faisant retour sur elle-même, confie aux zéphyrs caressants le charme de son amour pour Claudio. Ursule, alors, s'associe à son bonheur ; les jeunes filles, enlacées, s'éloignent en effeuillant des roses, et de leurs voix unies, dans le mystérieux silence du soir, s'exhale une douce cantilène où semble indéfiniment se prolonger l'enivrante extase de deux jeunes cœurs.

Il se trouve également un chef-d'œuvre accompli dans le deuxième acte ; c'est l'air de Béatrice : *Il va venir !* Une reprise de la sicilienne en guise d'entr'acte, puis une chanson improvisée par Somarone en l'honneur du vin de Syracuse, et scandée par le choc des verres qui se joignent aux guitares, aux trompettes, amènent immédiatement l'entrée impétueuse de Béatrice sur un mouvement pathétique de l'orchestre. « Bénédict... se peut-il ?... Bénédict m'aimerait ! » s'écrie-t-elle ; et la voilà qui se rappelle avec ivresse, avec confusion, quelles

---

1. « Le morceau que vous allez avoir l'honneur d'exécuter est un chef-d'œuvre, dit Somarone aux musiciens. Commençons » Or, il paraît que Spontini avait tenu discours semblable aux musiciens de l'orchestre, au moment de commencer la répétition générale d'un de ses opéras, à Berlin.

2. Cette observation sur l'impossibilité de railler en musique la pédanterie musicale, de faire de la fugue une parodie dont le caractère burlesque saute aux yeux, est déjà confirmée par ce fait que le public, même averti, prend toujours au sérieux la fugue de *la Damnation de Faust* ; mais voici deux anecdotes assez plaisantes qui vont le prouver encore. La première est empruntée à M. Pohl, qui la tenait de Berlioz lui-même : un jour, certain contrapuntiste allemand aurait gravement dit au maître français que cette double fugue était la plus belle page de son opéra. La seconde m'a été contée par un de mes amis, qui entendit à Londres, en compagnie de Vervoitte, une exécution des *Maîtres chanteurs* ; le seul morceau de tout cet opéra qui parût « sérieusement écrit » au célèbre maître de chapelle, était l'interminable et pédantesque marche des maîtres, où Wagner a précisément voulu railler leurs allures solennelles et leur gravité pesante. Ainsi, que la parodie soit de Berlioz ou de Richard Wagner, elle est toujours prise au sérieux, par les gens du métier comme par le public, et produit l'effet diamétralement contraire à celui que les deux compositeurs avaient rêvé d'obtenir.

alarmes la saisirent quand Bénédict partit pour la guerre, quel rêve affreux l'agita certaine nuit : les Maures victorieux, Bénédict expirant ! Elle palpite encore au seul souvenir de cette nuit épouvantable ; puis, reprenant peu à peu ses esprits, elle s'avoue alors qu'elle aime ardemment ce moqueur impitoyable, et ne contient plus les élans d'un bonheur qu'elle voudrait crier à la nature entière. Autant de nuances,

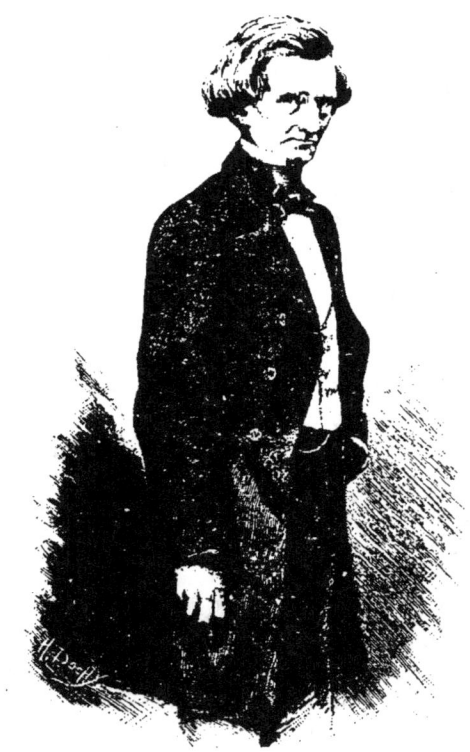

HECTOR BERLIOZ VERS 1862.
D'après une photographie de Carjat.

autant de retours de pensée dans cette longue scène, autant d'inspirations géniales qui se déroulent avec une ampleur digne de Gluck, dans cet admirable andante, entrecoupé par le récit haletant, précipité, du songe, et qui aboutissent à l'allegro : *Je l'aime donc !* où la jeune fille s'abandonne aux transports d'un amour qui se traduit « en soupirs, en élans passionnés et *même en vocalises* ». Cette chute ironique, entendez bien, est d'un partisan décidé de Berlioz écrivant dans un journal ami : c'est dire à quel point il fallait que le contresens fût choquant après cet andante incomparable, aussi bien qu'à la fin de l'air d'Héro.

Le trio pour voix de femmes, que Berlioz composa après les représentations de Bade, est la contre-partie exacte du trio des hommes au premier acte (Béatrice, ici, répond aux soupirs amoureux d'Héro et d'Ursule, à leurs conseils ironiques en faisant serment de rester fille), et c'est un morceau charmant, dialogué d'une façon délicate avec les reparties piquantes de Béatrice au travers des douces mélodies soupirées par sa cousine et la bonne Ursule. C'est encore une page exquise, ajoutée aussi après coup, que le chant d'hyménée entendu dans le lointain, et qui est écrit pour deux voix de femmes et ténors, sans voix de basses; c'est le tendre appel de l'époux attendant la vierge au seuil de la chapelle, et cette sorte d'invocation à la jeune épousée est du caractère le plus poétique. Ici, Béatrice et Bénédict se rencontrent et engagent un malicieux dialogue où chacun des deux amants trahit son amour en s'efforçant de le cacher; mais voilà que vont se célébrer les noces d'Héro avec Claudio, voilà qu'éclate une grande marche nuptiale avec chœurs, très largement bâtie sur un chant religieux, et qui se développe avec beaucoup d'onction. Aussitôt après, nouvelle entrevue, et dernière escarmouche entre les deux amants : « — M'aimez-vous? demande Bénédict à Béatrice. —. Pas plus que de raison. — C'est donc, répond l'autre assez piqué, que votre oncle, le prince et Claudio s'abusent, car ils assurent que vous êtes folle de moi. » Même question de Béatrice et réponse identique de Bénédict, débat spirituel et qui tournerait vite à l'aigre si Bénédict n'avait l'idée de fermer la bouche à la belle railleuse par un baiser. Paix conclue. Aussitôt apparaît un cortège solennel avec force coups de grosse caisse, et tous chantent, en montrant à Bénédict l'écriteau fatal : « Ici, l'on voit Bénédict, l'homme marié! » L'éternel rieur a perdu sa gageure; il s'en console aisément et, prenant Béatrice par la main, attaque avec elle un rondo qui termine à ravir ce poétique ouvrage où prévaut, malgré tout, la double influence de Gluck et de Weber, où Berlioz, déjà vieilli mais toujours ardent, vit, palpite, aime et soupire par les mélodies si pénétrantes qu'il prête à la nerveuse Béatrice, à la douce Héro [1].

Paris, cependant, prêtait l'oreille au succès du grand compositeur. Au commencement de l'année 1863, le 8 février, la Société nationale des Beaux-Arts, présidée par Félicien David et qui donnait ses séances

---

[1]. Pour tous ceux qui virent cet ouvrage à Bade, il semblait qu'il n'y eût qu'un rôle, tant celui de Béatrice, que Mᵐᵉ Charton-Demeur jouait du reste avec un entrain merveilleux, primait tous les autres. Héro et la dame d'honneur Ursule étaient représentées par Mˡˡᵉ Monrose et Mᵐᵉ Geoffroy; Bénédict, c'était M. Montaubry; Don Pedro et Claudio, c'étaient Balanqué et Jules Lefort; le maître de chapelle Somarone avait le gros Prilleux pour interprète; enfin, les très petits rôles de Léonato et du messager, étaient tenus par Guerrin et Philippe Mutée.

au boulevard des Italiens, lui demandait de venir diriger toute une moitié de programme, uniquement composée de ses œuvres : *Invitation à la valse, Fuite en Égypte* et *Carnaval romain*. Peu après, Mmes Vandenheuvel-Duprez et Viardot chantaient le nocturne de *Béatrice et Bénédict* au Conservatoire, et ce morceau produisait un effet tellement délicieux que le public, « ce public ennemi des vivants et si plein de préventions », le faisait recommencer tout d'une voix. « Le succès a

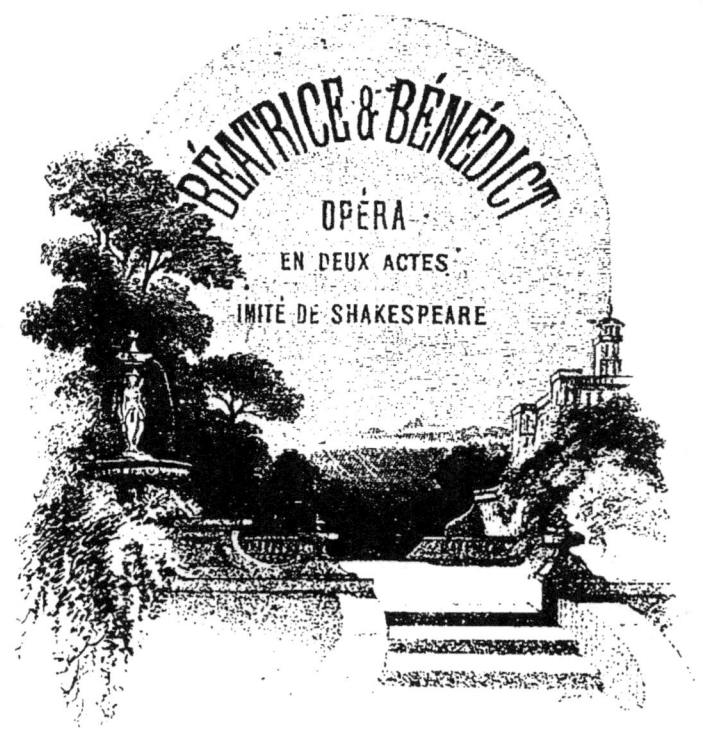

« BÉATRICE ET BÉNÉDICT ».
Dessin de Barbizet sur le titre de la partition.

été foudroyant, écrivait Berlioz en sortant de ce concert du 22 mars ; la salle entière applaudissait. Cela fait un tapage incroyable. » Et quelques jours après, il partait pour Weimar où la grande-duchesse l'avait prié de venir diriger *Béatrice et Bénédict,* qu'elle avait arrêté de faire exécuter le jour de sa fête. La première représentation de son opéra, traduit par M. Richard Pohl, eut lieu le 10 avril et causa la plus vive satisfaction à Berlioz : orchestre marchant à merveille ; ensemble vocal excellent ; une Béatrice adorablement jolie et véritablement artiste, Mlle Milde ; un ténor charmant, M. Knop ; un Somarone amusant, M. Schmidt ; enfin, exécution parfaite du trio pour voix de femmes qu'il avait ajouté à la partition originale. L'étiquette interdisait les applaudissements ; mais, à la fin, ces nobles spectateurs, les grands-ducs, la grande-duchesse, la reine de Prusse, l'accablèrent de compliments, et, le soir même, tous les artistes de Weimar lui offraient un banquet d'honneur. Le succès était encore plus vif le surlendemain ; Berlioz, rappelé à la fin de chaque acte, devait, après le spectacle, aller dîner chez le grand-duc et celui-ci, pour se consoler de ne pouvoir entendre la musique des *Troyens,* organisait une soirée où Berlioz lisait son poème entier devant une vingtaine de personnes comprenant bien le français : quelle satisfaction pour le poète et qu'avait-il affaire, après un tel succès, d'une lettre de compliments officiels et d'une bague en diamants ?

De nouveaux triomphes l'attendaient à Lœwenberg. Son admirateur, le prince de Hohenzollern-Hechingen, qui résidait alors dans cette ville, où il avait fait construire une salle de concert pouvant contenir cinq cents personnes, avait profité de sa présence à Weimar pour lui demander de venir diriger un concert qu'il pourrait composer à son gré, car l'orchestre qu'il allait trouver à Lœwenberg savait par cœur tout son répertoire symphonique. Mais quel voyage c'était que d'aller jusqu'en Silésie, à cent vingt lieues de Weimar ! Berlioz accepta cependant, par reconnaissance envers l'hôte qui l'avait si bien accueilli vingt années plus tôt, mais en déclinant le soin d'arrêter le programme, et, dès son arrivée, il reconnaissait qu'on ne l'avait pas induit en erreur ; les musiciens exécutèrent si brillamment tous les morceaux choisis par le prince : *Harold, Roméo, le Roi Lear, le Carnaval romain,* que Berlioz était presque confus de les faire répéter. Le pauvre prince, hélas ! avait beaucoup vieilli depuis 1842 ; il souffrait de la goutte à ce point qu'il ne put quitter son lit le jour du concert et qu'il n'en eut qu'un écho lointain : « Adieu, mon cher Berlioz, lui dit-il au moment du départ ; vous allez à Paris, vous y trouverez des gens qui vous aiment ; eh bien, dites-leur que je les aime... »

L'été venu, Berlioz récoltait encore de nouveaux lauriers. En même temps qu'il apprenait le succès remporté par son ouverture des *Francs-Juges,* à New-York, au dernier concert de la Société Philharmonique, il était sollicité de prendre part au festival du Bas-Rhin, qui s'organisait à Strasbourg. Après une journée spécialement réservée aux concours de sociétés chorales, il devait y avoir le lendemain grand concert dans une salle construite tout exprès sur la place Kléber, et qui pouvait contenir plus de huit mille personnes : c'est *l'Enfance du*

Christ qu'on demandait à Berlioz de venir diriger à cette solennité du 22 juin, et près de cinq cents choristes répétaient son œuvre depuis trois mois. Quand il parut sur l'estrade, il fut salué par une triple sonnerie de trompettes, suivant un usage importé d'Allemagne, et puis, à la fin du concert, une pluie de fleurs tomba autour de lui; des cris éclatèrent de toutes parts : « Vive Berlioz ! » Cette ovation, d'autant plus douce à son cœur qu'elle éclatait en terre française, se renouvelait, peu de jours après, sur la rive allemande du Rhin. Les sociétés chorales du grand-duché de Bade l'avaient prié de les honorer de sa visite, et, au jour fixé, elles l'attendaient au bout du pont de Kehl, avec insignes et bannières au vent : elles le saluèrent d'un triple hurrah et l'accompagnèrent à l'église où toutes les sociétés réunies entonnèrent en son honneur le *Chant allemand*, de Kalliwoda.

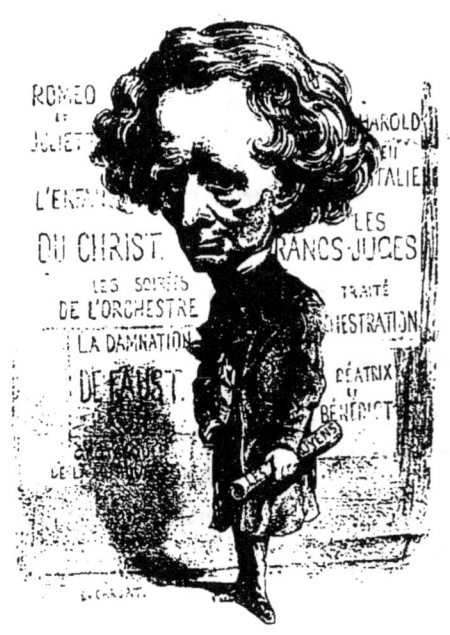

HECTOR BERLIOZ, PAR CARJAT.
(*Le Boulevard*, 1863.)

Deux mois après, il revenait encore à Bade, où *Béatrice* allait reparaître à la scène avec un succès grandissant. « Je serai à Bade du 1ᵉʳ août au 10, écrivait-il à Ferrand, *et bien seul*[1]. » C'est que son ami s'était pris d'inquiétude en le voyant si désolé, si malheureux dans ses lettres, et que Berlioz avait dû lui faire l'aveu de sa dernière crise : « C'est encore d'un amour qu'il s'agit. Un amour qui est venu à moi souriant, que je n'ai pas cherché, auquel j'ai résisté même pendant quelque temps. Mais l'isolement où je vis et cet inexorable besoin de tendresse qui me tue, m'ont vaincu ; je me suis laissé aimer, puis, j'ai aimé bien davantage, et une séparation volontaire des deux parts est devenue nécessaire, forcée ; séparation complète, sans compensation, absolue comme la mort... — Voilà tout. Et je guéris peu à peu ; mais la santé est si

---

1. Mᵐᵉ Charton-Demeur avait gardé le rôle de Béatrice ; Jourdan remplaçait Montaubry ; Mˡˡᵉˢ Henrion et A. Faivre succédaient à Mᵐᵉˢ Monrose et Geoffroy. A ces deux représentations des 8 et 10 août 1863, l'opéra de Berlioz était précédé de *Maître Wolfram*, de M. Reyer, représenté d'origine au Théâtre-Lyrique, en 1854, qu'on jouait pour la première fois à Bade, et qui plut beaucoup.

triste. N'en parlons plus... » Décidément l'Allemagne était bien la patrie d'adoption de Berlioz, le pays où son génie et ses créations trouvaient le plus d'admirateurs. Non seulement, le duo nocturne de *Béatrice et Bénédict*, qu'on n'avait entendu qu'une seule fois à Paris, devenait rapidement classique en ces pays et se chantait fréquemment dans les concerts avec un succès invariable (on venait de l'entendre encore avec ravissement à Weimar, dans la séance organisée par la Société de musique pour fêter l'anniversaire de sa fondation par Liszt); mais l'ouvrage allait se jouer dans son entier sur divers théâtres, et la grande-duchesse de Weimar, fidèle à ses préférences, décidait de le faire exécuter le 13 novembre, en présence du prince Georges de Saxe : elle conciliait ainsi les honneurs dus à son hôte avec son propre plaisir[1].

Cependant Berlioz, depuis la fin de l'été, qu'il courût en Allemagne ou qu'il fût à Paris, n'avait plus qu'une pensée : ses chers *Troyens*; qu'un objectif : la représentation de cette tragédie antique. Elle allait voir le jour, c'était chose décidée, au Théâtre-Lyrique ; mais il s'en fallait bien que toutes les conditions rêvées par l'auteur pussent se réaliser dans ce cadre trop étroit, et de vives préoccupations commençaient à l'assiéger : allait-il se voir contraint, faute de temps et d'interprètes, à scinder son œuvre en deux parties, à mutiler son monument virgilien?

1. Tout récemment encore, en 1887, *Béatrice et Bénédict*, dont il n'est jamais question à Paris, a été représenté avec grand succès à Carlsruhe, sous la direction de M. Félix Mottl, qui, non content de diriger l'exécution, recommandait encore l'ouvrage au public par un article enthousiaste inséré dans la *Badische Landeszeitung*. Cette preuve de tolérance et d'éclectisme est d'autant plus frappante qu'elle émane d'un wagnériste ardent, d'un des grands prêtres du temple de Bayreuth.

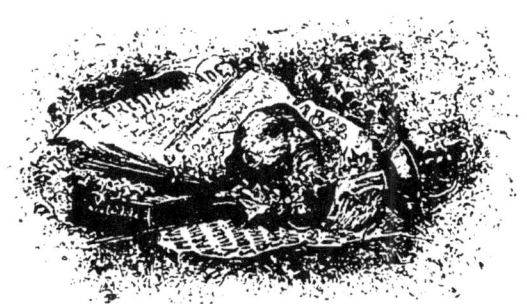

ORNEMENT DU PROGRAMME DE « BÉATRICE ET BÉNÉDICT », A BADE,
dessiné par Edmond Morin (1862).

CHAPITRE XII

LA PRISE DE TROIE. — LES TROYENS A CARTHAGE

ORSQU'IL allait à Weimar, Berlioz rendait souvent visite à la princesse de Wittgenstein, l'amie dévouée de Liszt. Il lui exprimait un jour sa vive admiration pour Virgile, en ajoutant qu'on pourrait tirer des deuxième et quatrième livres de *l'Énéide* un grand opéra traité dans la manière de Shakespeare. « Assurément, lui dit la princesse, et cet opéra, ce drame lyrique, il faut le faire. Appelez-le, disposez-le comme il vous plaira, mais il faut le commencer et le finir. » Et comme il se défendait, comme il hésitait en pensant aux soucis que lui causerait une telle entreprise : « Écoutez, reprit-elle avec une amicale insistance, si vous reculez devant la peine que cette œuvre peut et doit vous donner, si vous n'avez pas le courage de tout braver pour Cassandre et pour Didon, ne vous représentez jamais chez moi ; je ne veux plus vous voir. » Il n'en fallait pas tant pour le décider, écrit Berlioz dans un accès de franchise ; et, dès qu'il revint à Paris, il se mit à composer le poème des *Troyens*. « J'ai entrepris un opéra en cinq actes, dont je fais tout, paroles et musique, écrit-il à son ami Morel, le 28 mai 1856. J'en suis au troisième acte du *poème*; j'ai fini hier le deuxième. Ceci est entre nous ; je le ciselerai à loisir après l'avoir modelé de mon mieux ; je ne demande rien à personne en France. On le jouera où je pourrai le faire jouer : à Berlin, à Dresde, à Vienne, etc., ou même à Londres ; mais on ne le jouera à Paris (si on en veut) que dans des conditions tout autres que celles où je me trouverais placé aujourd'hui. Je ne veux pas remettre ma tête dans la gueule des loups, ni dans celle des chiens. »

Malgré ces déclarations hautaines, s'il continuait son travail, sans même en parler à Alphonse Royer, le directeur de l'Opéra, « véritable Hottentot en musique », et qui le considérait comme un symphoniste inhabile à écrire pour les voix, c'est qu'il avait, il l'avoue, un vague espoir d'arriver plus tard « par le haut de l'édifice, autrement dit par la volonté de l'empereur ». Dès l'année suivante, il était dans le feu de la composition musicale : « Il y a en moi, écrivait-il alors, une machine inexplicable qui fonctionne malgré tous les raisonnements, et je la laisse faire parce que je ne puis l'empêcher de fonctionner. Ce qui me dégoûte le plus, c'est la certitude où je suis de la non-existence du beau pour l'incalculable majorité des singes humains ! » Et, de ce jour, Berlioz est tellement possédé par son nouvel opéra, qu'il ne peut s'empêcher d'en parler à tout le monde, à son fils, à M. Bennet, le père de Théodore Ritter ; à Auguste Morel, à Hans de Bülow. « Vous me demandez ce que je fais, répond-il à ce dernier. J'achève *les Troyens*. Depuis quinze jours, il m'a été impossible d'y travailler. J'en suis à la catastrophe finale... Vous ne sauriez vous faire une idée juste du flux et du reflux de sentiments contraires dont j'ai le cœur agité depuis que je travaille à cet ouvrage. Tantôt c'est une passion, une joie, une tendresse dignes d'un artiste de vingt ans ; puis, c'est un dégoût, une froideur, une répulsion pour mon travail, qui m'épouvantent. Je ne doute jamais : je crois et je ne crois plus, puis je recrois... et, en dernière analyse, je continue à rouler mon rocher... Encore un grand effort, et nous arriverons au sommet de la montagne, l'un portant l'autre. »

Mais c'est surtout avec son ami Adolphe Samuel, de Bruxelles, que Berlioz parle à cœur ouvert des *Troyens;* ce sont ces lettres-là qui éclairent le mieux le fond de sa pensée et dévoilent à quel mobile il obéissait, quel idéal il poursuivait en réalisant une conception tellement contraire au goût de ses contemporains : « Peu importe ce que l'œuvre ensuite deviendra, qu'elle soit représentée ou non. *Ma passion virgilienne et musicale aura été ainsi satisfaite, et j'aurai au moins montré ce que je conçois qu'on peut faire sur un sujet antique traité largement*[1]. » Et quand il aborde le côté purement musical de son œuvre : « Je crois, dit-il, que vous serez content de ma partition. Vous pouvez aisément deviner ce que sont les scènes de passion, de tendresse, les tableaux de la nature ou calme, ou bouleversée ; mais il y a aussi des scènes dont il est impossible que vous vous fassiez une idée. Tels sont, entre autres, le morceau d'ensemble où tous les personnages et le chœur expriment l'horreur, l'épouvante, que vient de leur inspirer le récit de la catastrophe de Laocoon dévoré par les serpents ; et encore le finale du troisième acte et la dernière scène du rôle d'Énée au cinquième. Je suis résolu à faire un arrangement de tout l'ouvrage pour le piano. Ce sera pour moi une étude critique de la grande partition, que je crois devoir être utile, en m'en faisant scruter les plus secrets réduits. » Puis, le 1er janvier 1859 : « La mise en

---

[1]. En tête des *Troyens*, Berlioz a mis cette inscription votive : *Divo Virgilio*; mais il a rédigé aussi une épître dédicatoire à la princesse de Wittgenstein, insérée dans très peu d'exemplaires, pour la remercier d'avoir relevé son courage : « ... Sans vous et sans Virgile, cette œuvre n'existerait pas. Vous avez parlé, en m'envoyant combattre, comme ces femmes de Sparte qui disaient à leurs fils, en leur donnant un bouclier : « Reviens *avec* ou *dessus*. » Je suis revenu... saignant et affaibli... *avec* le bouclier. »

scène des *Troyens* viendra comme il convient qu'elle vienne, ou elle ne viendra pas. Cela me paraît beau ; *la partition a été dictée à la fois par Virgile et par Shakespeare ; ai-je bien compris mes deux maîtres ?...* En tout cas, je ne supporterais pas de la voir insultée par les crétins qui possèdent à cette heure le pouvoir à l'Opéra. » Enfin ces derniers mots, qui expliquent la transformation du style de Berlioz, dans une lettre écrite après parole

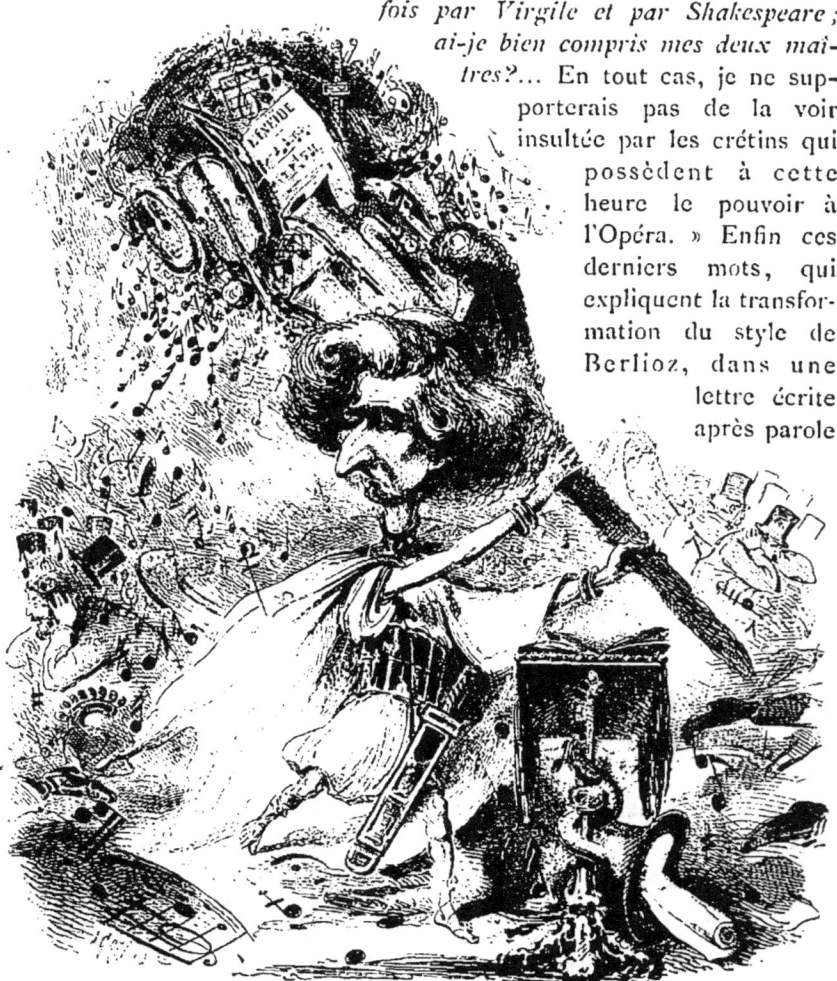

« LES TROYENS », TRAGÉDIE LYRIQUE, PAROLES, MUSIQUE, TOUT DE BERLIOZ.
Ça n'est pas d'une gaieté folle ; mais ça ne fait rien, il y a trois ou quatre morceaux que je ne serais pas fâché d'avoir composés. *(Mon opinion et peut-être aussi la vôtre.)*
(Grévin, *Journal amusant*, 28 novembre 1863.)

échangée avec M. Carvalho : « ... Il s'engage à monter mes *Troyens* dans son nouveau Théâtre-Lyrique, aussitôt qu'il sera construit. Cela me remet encore à deux ans. *En attendant, je retouche les détails de ma partition, j'en simplifie le style, je le clarifie...* et toujours je me chante : *Superanda omnis fortuna ferendo est*[1]. »

A défaut de sa musique, qu'il ne pouvait pas jouer, il lisait son poème dans les salons, tantôt chez M. Édouard Bertin, tantôt chez lui-même, ou bien chez Hittorf, son confrère à l'Institut, et, chaque fois, il recevait de chaudes félicitations qui « lui rendaient un peu de courage pour terminer son immense partition ». Cependant le travail de composition musicale approchait de la fin, et Berlioz venait de modifier l'acte de la mort de Didon d'une façon qu'il croyait très heureuse : il y avait opéré une large coupure et ajouté un morceau de caractère, une chanson de matelot qui dût contraster avec le style épique et passionné du reste ; il était très content de ces dernières retouches et pensait que les terribles scènes du cinquième acte seraient d'une vérité déchirante. Alors, il jugea le moment venu de faire de sérieuses démarches et se mit en campagne, en tournant toujours ses vues du côté de l'empereur qu'on disait fort épris de l'antiquité, de César, de Rome, etc. D'abord, il rédige une lettre afin d'obtenir audience et ne l'envoie pas, sur le conseil très judicieux de M. de Morny ; puis il fréquente les Tuileries, dans l'espoir de pouvoir glisser un mot à l'empereur ou à l'impératrice ; il va à un grand bal ; mais il y avait tant de monde qu'il ne peut même pas apercevoir les souverains. Quelque temps après, il se rend à une simple réception ; cette fois, l'empereur le voit, l'aborde, lui demande des nouvelles de son opéra et l'assure qu'il lui plairait beaucoup d'en prendre connaissance dans un moment de loisir. Berlioz, ravi, voudrait le lui lire en particulier ; mais soit qu'on l'en ait détourné, soit qu'il ait renoncé de lui-même à ce projet, il fait simplement parvenir son poème au souverain, qui l'envoie aux bureaux de la Direction des théâtres où, d'un avis unanime, on le déclare absurde, insensé. De mauvais bruits circulent : la représentation durerait huit heures et exigerait deux troupes comme celle de l'Opéra ; l'auteur demande au moins trois cents choristes supplémentaires. Alors Berlioz prend le parti d'aller droit au ministre d'État ; mais, en voyant de quelles raisons le comte Walewski le paye, il commence à voir clair : il comprend que l'empereur aime trop peu la musique pour intervenir avec énergie, il comprend que tous les compliments de grands personnages ne sont qu'eau bénite de cour et s'écrie avec colère : « Et parce que l'Opéra est dirigé par un demi-homme de lettres *qui ne croit pas à l'expression musicale* et trouve

---

[1]. Lettre du 29 janvier 1860. — Cinq mois après, M. Carvalho était remplacé par M. Charles Réty, qui demeura deux ans à la tête du Théâtre-Lyrique, et qui dut recéder la place à M. Carvalho en octobre 1862, juste au moment où l'on allait inaugurer la nouvelle salle de la place du Châtelet.

que les paroles de *la Marseillaise* vont aussi bien sur l'air de *la Grâce de Dieu* que sur celui de Rouget de l'Isle, je serai tenu en échec pendant sept ou huit ans peut-être ! [1] »

Le pauvre désabusé ne voyait que trop juste : autant de lettres, à dater de ce jour, autant de mauvaises nouvelles du genre de celle-ci : « Ici, rien de nouveau ; à l'heure qu'il est, on refait encore certaines scènes d'*Herculanum*... *Les Troyens* sont toujours là, attendant que le théâtre de l'Opéra devienne praticable. Aujourd'hui, nous avons le prince Poniatowski ; après le prince, nous aurons le duc de Gotha et, en attendant, on traduira la *Semiramide* de Rossini. » Sur ces entrefaites, la guerre d'Italie éclate et l'empereur, sur qui Berlioz s'était remis à compter parce qu'à un bal des Tuileries il lui avait serré la main en passant, songe vraiment bien aux *Troyens*. « Il est très bien disposé, écrit naïvement le pauvre compositeur, mais il a tant d'autres bataillons à commander ! Les Grecs, les Troyens, les Carthaginois, les Numides, cela se conçoit, ne doivent guère l'occuper. » Il y devait penser moins encore après qu'avant la victoire ! Et c'est pendant que Berlioz languissait ainsi, pendant que, las de refus et de rebuts, il se résignait à entrer en pourparlers avec M. Carvalho pour faire jouer son opéra à la place du Châtelet, qu'un ordre impérial décidait la mise à l'étude et la représentation immédiate de *Tannhæuser* à l'Opéra. A cette nouvelle, Berlioz ne se connaît plus de colère, et chacune de ses lettres contient quelque bordée d'injures à l'adresse de Wagner. Enfin *Tannhæuser* est hué, sifflé, honteusement chassé de Paris, et Berlioz, exultant de joie, aveuglé au point de croire que ce désastre assure le prochain triomphe des *Troyens*, se berce encore et toujours d'illusions ; il fait chanter quelques scènes chez M. Bertin pour tromper son impatience, il écrit même un beau jour, le 2 juin 1861 : « *Les Troyens* sont décidément admis à l'Opéra. Mais il y a Gounod et Gevaert à passer avant moi ; en voilà pour deux ans. Gounod a passé sur le corps de Gevaert, qui devait être joué le premier. Et ils ne sont prêts ni l'un ni l'autre ; et moi je pourrais être mis en répétition demain ! Et Gounod ne pourra être joué au plus tôt qu'en mars 1862 ! »

De guerre lasse et voyant que ses *Troyens* n'arriveraient jamais à l'Opéra, Berlioz finit par souscrire aux propositions de son ami Carvalho qui venait de reprendre la direction du Théâtre-Lyrique et d'inaugurer la nouvelle salle, place du Châtelet. Certes, l'orchestre et les chœurs étaient bien maigres pour une œuvre composée en vue de

---

1. Lettre à H. Ferrand du 19 décembre 1858. — Cette plaisanterie célèbre de Berlioz sur *la Marseillaise* et *la Grâce de Dieu*, qu'il répète ici, se trouve tout au long, avec musique à l'appui, dans son volume : *les Grotesques de la musique*, qu'il allait publier précisément à cette date, et cette amère fantaisie a pour titre : *les Athées de l'expression*.

l'Opéra, la salle était trop petite et le personnel insuffisant ; mais M. Carvalho, qui voulait frapper un grand coup pour obtenir une subvention de cent mille francs, pressait fort Berlioz et promettait de faire de grands sacrifices ; des amis communs se portaient garants de ces promesses aventurées ; et puis, raison décisive aux yeux de Berlioz, s'il repoussait cette offre, il perdait la dernière chance qui lui restât d'entendre à la scène ses *Troyens* bien-aimés. Bref, il céda, et l'on s'occupa de distribuer les deux grands rôles : tandis qu'on attendait pour Didon Mme Charton-Demeur, qui revenait de la Havane, on demandait une Cassandre à tous les échos, car la proposition faite par Mme Viardot de chanter à la fois la Cassandre des deux premiers actes et la Didon des trois derniers n'était pas acceptable. Enfin, Mme Charton-Demeur est de retour ; elle signe avec le directeur, et, le 1er juin 1863, Berlioz lit son ouvrage à tout le personnel assemblé du Théâtre-Lyrique ; après quoi, les répétitions des chœurs commencèrent. Mais il sauta bien vite aux yeux que le théâtre n'était ni assez riche ni assez vaste pour mettre en scène l'œuvre intégrale ; en outre, on ne trouvait pas de Cassandre et la tragédie entière aurait duré six heures ; toutes ces raisons décidèrent Berlioz à sacrifier *la Prise de Troie*, avec l'espoir, il est vrai, que l'Opéra s'en emparerait après le grand succès que *les Troyens à Carthage* allaient sûrement obtenir. Et ce qui lui donnait si bon espoir, ce n'était pas seulement la conscience d'avoir écrit une œuvre forte et durable, c'était le fait d'avoir vendu sa partition quinze mille francs à l'éditeur Choudens : « C'est bon signe, dit-il, quand on achète d'avance » ; c'était l'assurance d'avoir rencontré la Didon de ses rêves : « Mme Charton sera une superbe Didon, écrivait-il à Ferrand... Je me suis fait deux ennemies de deux amies (Mme Viardot et Mme Stoltz) qui, toutes les deux, prétendaient au trône de Carthage. *Fuit Troja*... Les chanteurs ne veulent pas reconnaître du temps l'irréparable outrage. »

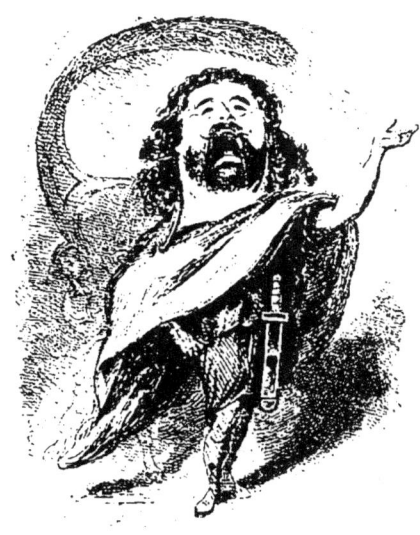

ÉNÉE ARRIVANT CHEZ DIDON.
— Reine, je suis Monjauze, permettez-moi, madame, de chanter avec vous.....
Didon. — J'accepte avec orgueil une telle alliance.....
(Grévin, *Journal amusant*, 28 novembre 1863.)

La *Prise de Troie* formait d'abord deux actes : en la détachant du reste du poème, on l'a subdivisée en trois, naturellement très courts. Le sujet est tiré du deuxième livre de *l'Énéide*, notablement abrégé : Berlioz va même jusqu'à supprimer l'épisode et le récit de Sinon, qui est essentiel dans le poème latin, puisqu'il explique seul aux Troyens pourquoi les Grecs ont laissé une si formidable offrande à Pallas et les décide ainsi à faire entrer le cheval de bois dans Troie. En revanche, Cassandre la prophétesse et son fiancé Corèbe (Berlioz écrit Chorèbe), évoqués seulement dans quelques vers de Virgile, occupent ici le premier plan. Ils remplissent à eux

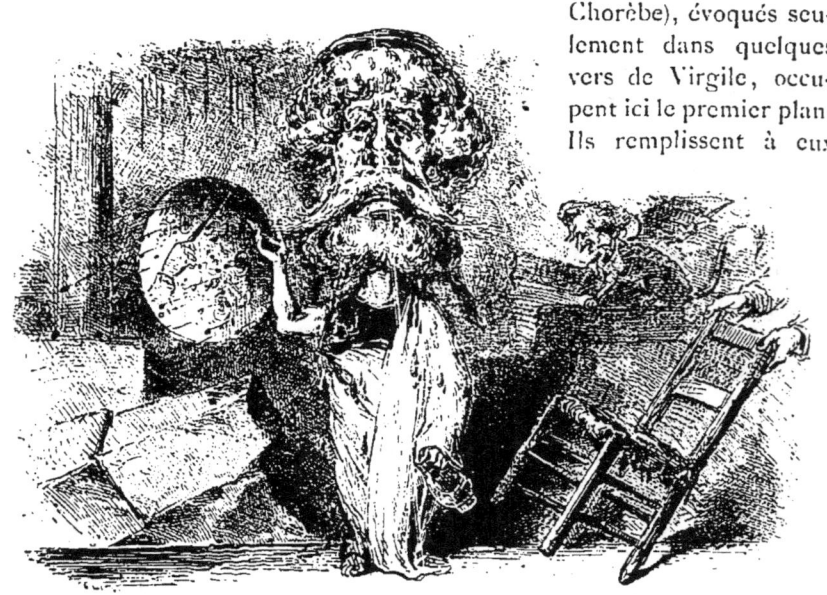

LE RHAPSODE, VIEILLARD VÉNÉRABLE ET TRÈS CANICHE.
..... Noble vieillard, donnez-vous donc la peine de vous asseoir.....
(Grévin, *Journal amusant*, 28 novembre 1863.)

seuls le premier acte pendant que la foule se répand hors des murs de Troie, et que Cassandre s'efforce en vain de rendre un peu de raison à ce peuple affolé, d'arracher son cher Corèbe au carnage qu'elle prévoit. Au deuxième acte, cérémonie religieuse des Troyens remerciant les dieux de les avoir délivrés des Grecs, combats de lutteurs, bénédiction donnée par l'ancêtre Priam au jeune Astyanax, que guide la veuve d'Hector; entrée impétueuse d'Énée, racontant le sacrilège et la mort tragique de Laocoon; ordre donné par le prêtre Panthée d'introduire dans la ville le cheval de bois pour apaiser le courroux de Minerve; désespoir de Cassandre épouvantée de tant de folie, et chants de triomphe du peuple, abattant les murailles pour traîner plus vite en lieu sûr la redoutable offrande des Grecs. Le troisième acte ne comprend que l'apparition d'Hector, commandant à Énée de fuir, les derniers combats de celui-ci avant de se résigner à la fuite, et l'appel suprême de Cassandre, exhortant les femmes troyennes à se jeter du haut des murs, à se frapper du poignard, à s'étrangler l'une l'autre plutôt que de subir le joug de ces Grecs détestés.

Berlioz, sur le tard de sa vie, et lorsque le poids de l'âge eut calmé les effervescences de la jeunesse ou les bouillonnements de l'âge mûr, fut pris d'un bel accès de classicisme, et c'est alors qu'on put voir combien les leçons de son maître Lesueur avaient eu d'influence sur lui. Des quatre compositeurs que Berlioz adorait comme les dieux souverains de la musique et dont il avait fait ses modèles absolus, deux l'inspirèrent de préférence au début de sa carrière : Beethoven et Weber, deux à la fin : Gluck et Spontini. C'est de *l'Enfance du Christ,* soit de 1854, que date cette évolution, accentuée de toute évidence, d'abord par son opéra de demi-caractère, *Béatrice et Bénédict,* puis par son poème lyrique des *Troyens.* Dans l'opéra-comique imaginé d'après Shakespeare, aussi bien que dans le poème inspiré par Virgile, c'est l'influence presque exclusive de Gluck qui se fait sentir, surtout par la coupe mélodique des airs, des ensembles, qui sont d'une pureté extrême et d'une parfaite régularité. Mais quand on parle d'évolution classique avec Berlioz, il faut bien s'entendre. Il est incontestable que lorsqu'il composait les airs de Corèbe et de Cassandre, de Didon et de Béatrice, le tour de l'inspiration et la coupe de l'air procèdent directement de Gluck; mais il renforçait ces éléments et se les appropriait en quelque sorte par une orchestration beaucoup plus fournie et travaillée qu'il n'était permis à l'auteur d'*Alceste.* En un mot, c'est seulement pour la phrase vocale que Berlioz se fait le disciple de Gluck; pour tout ce qui tient à l'orchestre, il demeure le Berlioz des anciens jours, celui qui a su se former une si riche palette en empruntant leurs couleurs les plus éclatantes à Weber et à Beethoven.

Il ne surmonte pas non plus absolument son penchant pour la musique imitative ou descriptive, et, tout en y sacrifiant moins souvent que dans la *Symphonie fantastique* ou dans *Roméo et Juliette,* il trouve encore moyen de souligner telle pensée ou tel mot qui fait image, d'un petit commentaire musical, qu'il croit très expressif et qu'on ne comprendrait guère cependant si l'on n'avait le texte sous les yeux. Ainsi de toute la prophétie de Cassandre, au premier acte, où vibre d'ailleurs un accent d'une énergie superbe ; ainsi du délicieux andante que chante Corèbe pour apaiser la divinatrice, où Berlioz s'ingénie à rendre par l'orchestre les ondulations de la mer, le souffle de la brise et les chants d'un pâtre heureux ; ainsi encore d'un vers de l'apparition d'Hector : *De son faîte élevé Troie entière s'écroule ;* après lequel une descente des violoncelles en pizzicato indique évidemment l'écroulement des murs. Mais à quoi bon insister ? Berlioz, sans cette minutieuse recherche de l'effet purement matériel, ne serait pas Berlioz, et après tout, si cela paraît excessif, appliqué aux plus petits mots du dialogue, il n'en va pas de même quand il s'agit de toute une scène comme la prophétie de Cassandre, dont la puissance est doublée ainsi.

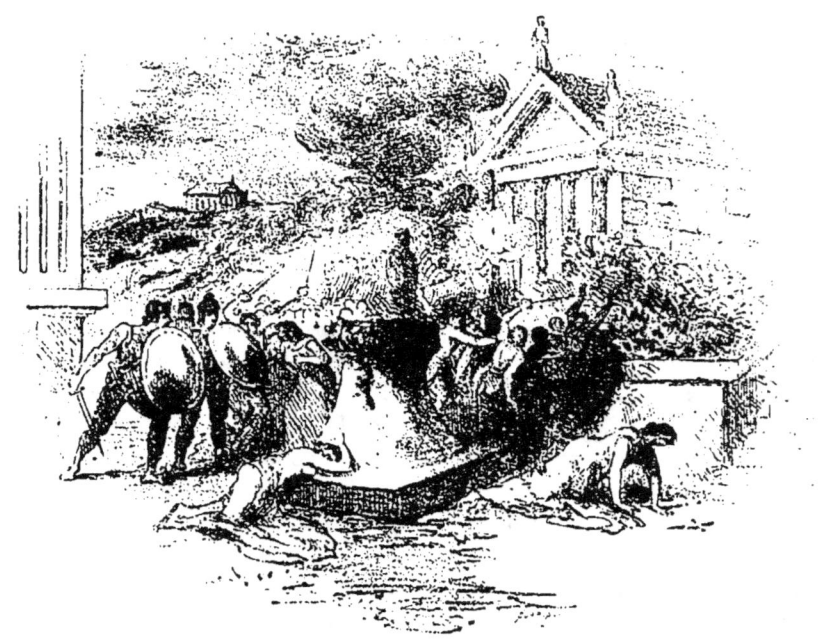

« LA PRISE DE TROIE ».
Dessin de Barbizet sur le titre de la partition.

Le premier chœur, qui peint la joie de la populace troyenne se répandant hors de la ville, est proche parent du chœur des paysans de *la Damnation de Faust,* et l'auteur n'aurait pas eu besoin de le signer : cette analogie provient à la fois de la mesure identique des deux morceaux, de l'harmonie et de la disposition des voix. La seconde partie du chœur, celle où les Troyens se moquent de la couardise des Grecs, se déroule sur un motif des instruments de cuivre dont l'allure vulgaire a été évidemment cherchée par Berlioz. Arrive ensuite le récit et l'air de Cassandre, une page de la plus haute valeur ; ici, la phrase mélodique, l'accent dramatique et la richesse de l'orchestration vont de pair : c'est absolument beau. Le duo qui suit entre Corèbe et sa fiancée est divisé en deux parties : la première, toute de tendresse et de sentiment, repose sur une mélodie caressante et calme de Corèbe, traversée par le délire prophétique de Cassandre. Afin de l'apaiser, Corèbe lui décrit la paix qui règne au ciel et sur la terre en une phrase charmante, dont l'accompagnement d'orchestre rappelle l'air de l'extase de Renaud dans *Armide ;* puis le duo se termine par une strette assez commune et dont la reprise en tierces est dénuée d'accent. Deux parties vocales à la tierce ne seront jamais ni bien audacieuses ni bien nouvelles — même sous la plume de Berlioz — et sembleront toujours des plus pauvres pour exprimer les effrois de l'amour, les déchirements de la passion.

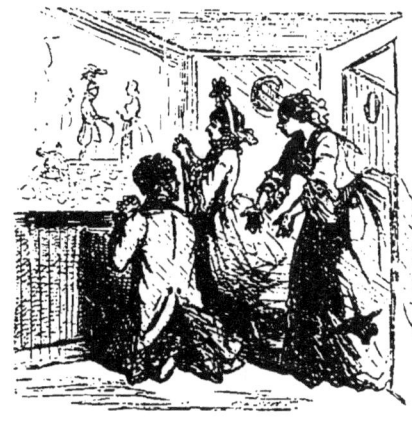

— Mais, monsieur, je vous assure que ce sont les *Troyens.*
— Malheureuse ! vous n'avez donc jamais été à l'église ?... Je vous dis qu'on chante les Vêpres !
(Cham. *Charivari,* 22 novembre 1863.)

Le deuxième acte s'ouvre par une marche et un hymne religieux d'un caractère étrangement grandiose, dont on se ferait difficilement idée à la simple lecture, tant l'orchestration y entre pour une grande part. Le combat du ceste et le pas des lutteurs ont fourni à Berlioz l'occasion d'écrire un de ces morceaux très francs de rythme auxquels il excelle et qui ne sont pas toujours exempts de quelque bizarrerie : ici, la bizarrerie, renouvelée de *la Dame blanche,* consiste dans l'emploi de la mesure à cinq temps ; le tout est d'une allure extrêmement légère. La pantomime qui vient ensuite et pendant laquelle Priam bénit le jeune Astyanax, est, par une antithèse à coup sûr voulue, empreinte d'une tristesse noble et calme : c'est la clarinette solo qui chante cette longue mélopée sur laquelle le chœur plaque çà et là ses brèves et douloureuses exclamations. La brusque entrée d'Énée annonçant la mort de Laocoon est soulignée par un mouvement impétueux de l'orchestre et amène un grand octuor avec chœur au sujet duquel il convient de faire des réserves. Ce long andante, en effet, est certainement un excellent morceau de facture et l'on a vu, dans un fragment de lettre cité plus haut, qu'il tenait fort au cœur de Berlioz ; mais il n'en est pas moins vrai que le mouvement naturel de tous les personnages à l'entrée

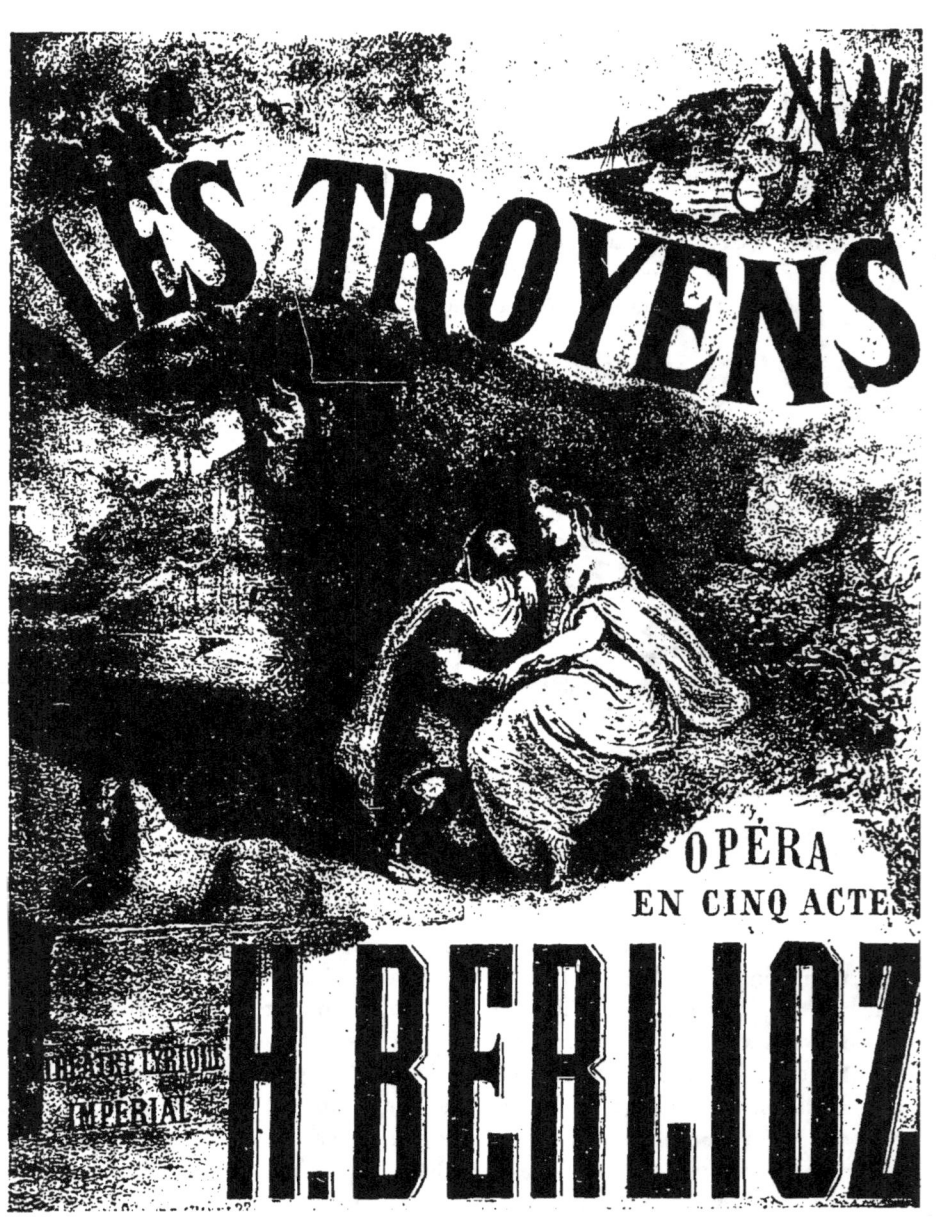

AFFICHE POUR « LES TROYENS A CARTHAGE »,
Composée par C. Leray (1863) et communiquée par M. Choudens.

d'Énée, à la nouvelle de l'attentat sacrilège de Laocoon et de la vengeance de Pallas, n'est pas de se ranger sur le devant du théâtre pour chanter à leur aise un long morceau concertant en toute lenteur et gravité. Ce serait bien plutôt de se lever, de s'agiter, de courir annoncer le prodige ou d'émettre tous ensemble un avis pour regagner les faveurs de Pallas. Tous demeurent stupides, c'est vrai, mais cette raison ne peut expliquer que le silence qui précède le morceau, sans justifier le morceau lui-même, et Berlioz s'est trop bien moqué d'andantes pareils répondant à des coups de théâtre aussi mouvementés, pour qu'on ne lui retourne pas quelques-unes des critiques qu'il adressait si généreusement et si justement à autrui. Sur une situation analogue, n'avait-il pas suffi à l'auteur d'*Alceste* de seize mesures pour peindre l'effarement, la dispersion de la foule après la réponse de l'oracle, et Berlioz, enthousiasmé, ne fait-il pas de ce « laconisme admirable » un nouveau titre de gloire à Gluck ?

Les chants de triomphe par lesquels les Troyens saluent l'entrée du cheval de bois dans la ville forment une page magnifique, où la pompe éclatante du motif principal est ingénieusement mise en relief par les jolies phrases incidentes des sopranos et des ténors : opposition toute simple et qui produit un effet charmant. Berlioz se préoccupait beaucoup de ce morceau capital et écrivait un jour à M. Bennet : « ..... Tout malade que je suis, je vais toujours ; ma partition se fait, comme les stalactites se forment dans les grottes humides, et presque sans que j'en aie conscience. J'achève en ce moment d'instrumenter le finale monstre du premier acte[1], qui m'avait jusqu'à hier donné de grandes inquiétudes à cause de ses dimensions. Mais j'ai envoyé Rocquemont me chercher au Conservatoire la partition d'*Olympie*, de Spontini, où se trouve une marche triomphale dans le même mouvement que la mienne et dont les mesures ont la même durée que celle de mon finale. J'ai compté les mesures ; il y en a 347, et je n'en ai, moi, que 244. D'ailleurs, il n'y a point d'*action* durant cet immense développement processionnel de la marche d'*Olympie*, tandis que j'ai une Cassandre, qui occupe la scène pendant ce déroulement du cortège du cheval de bois dans le lointain. Enfin *cela* peut aller[2] ». Avant ce chœur se place un air de Cassandre qui paraît mieux imaginé *théoriquement* qu'*effectivement* : si l'on voit bien ce que Berlioz a voulu faire et comment il désirait peindre l'effroi de Cassandre affolée au

---

[1]. Ce finale est maintenant celui du deuxième acte de *la Prise de Troie*.

[2]. Berlioz tenait tellement — et avec raison — à ce morceau, que lorsqu'il dut sacrifier les deux premiers actes de ses *Troyens* pour qu'on jouât l'ouvrage au Théâtre-Lyrique, il en détacha ce chœur triomphal qu'il fit chanter dans la coulisse en guise de prologue, tandis qu'un rhapsode déclamait à l'avant-scène quelques vers racontant la prise de Troie.

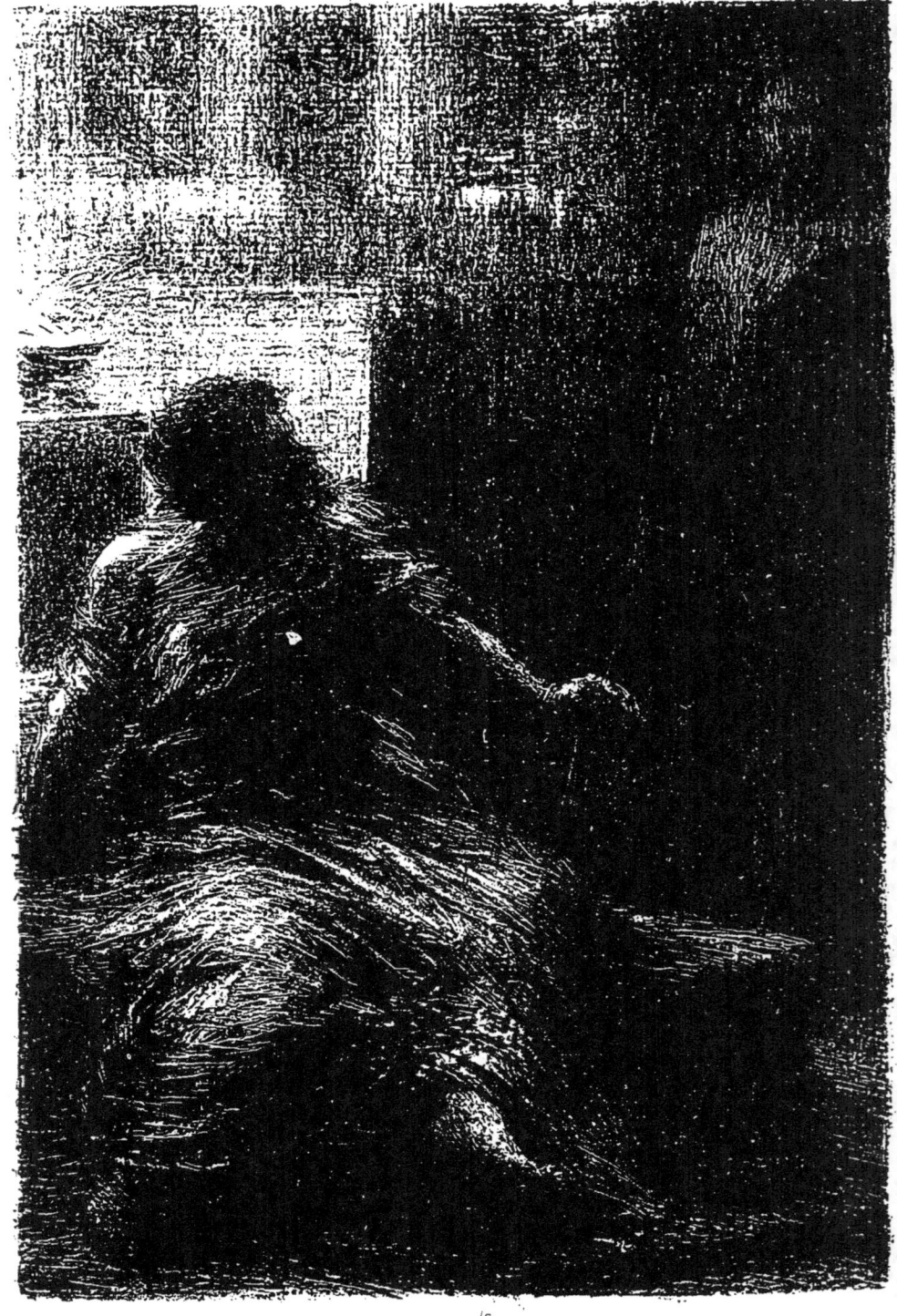

moment qui va décider du sort de Troie, il n'est pas moins patent que l'effet cherché n'est qu'à demi réalisé et qu'on serait bien en peine de le deviner sans avoir la partition sous les yeux.

Au début du troisième acte, l'apparition d'Hector à Énée et l'ordre qu'il lui donne de fuir ont été remarquablement rendus par Berlioz au moyen d'un récit vocal descendant lentement, par demi-tons, tandis que les sons bouchés du cor jettent sur la scène entière une teinte des plus sombres. Cette première partie n'est-elle pas sensiblement préférable à la deuxième, lorsque Énée et les chefs troyens courent se battre une dernière fois, avant de gagner la mer? Les supplications des Troyennes embrassant l'autel de Cybèle et les furieuses exhortations de Cassandre forment une scène déchirante, où les chœurs de femmes, écrits toujours à trois parties, ont une plénitude et une vigueur rares. Les violentes apostrophes de la divinatrice chassant les femmes lâches du temple sont admirablement soutenues par l'orchestre, et toutes ces héroïnes, succombant sous le nombre, lancent à la face de leurs vainqueurs ce dernier cri prophétique : *Italie! Italie!*

Cette pathétique partition est le seul de ses ouvrages que Berlioz n'ait jamais entendu, à part un ou deux morceaux exécutés dans les concerts de Bade. En France, on en put applaudir, pour la première fois, un fragment dans le festival à la mémoire de Berlioz, organisé par M. Reyer à l'Hippodrome, le 8 mars 1879, jour anniversaire de la mort du maître ; puis, au mois de décembre suivant, *la Prise de Troie* tout entière était simultanément exécutée aux Concerts populaires et aux Concerts du Châtelet[1]. Et rien qu'à voir l'ardeur avec laquelle deux chefs d'orchestre aussi dissemblables que MM. Colonne et Pasdeloup luttaient à qui pénétrerait davantage la pensée de Berlioz et dirigerait le mieux son œuvre, il était bien évident qu'ils avaient lu, qu'ils avaient compris l'avis sarcastique inscrit par Berlioz en tête de sa partition : « L'auteur croit devoir prévenir les chanteurs et les chefs d'orchestre qu'il n'a rien admis d'inexact dans sa manière d'écrire. Les premiers sont, en conséquence, priés de ne rien changer à leurs rôles et de ne pas introduire des hiatus dans les vers, de n'ajouter ni broderies ni appogiatures, dans les récitatifs, ni ailleurs, et de ne pas supprimer celles qui s'y trouvent. Les seconds sont avertis de frapper certains accords d'accompagnement dans les récitatifs tou-

---

1. Au Châtelet, c'était Mlle Leslino qui tenait la partie de Cassandre avec intelligence et sentiment, mais d'une voix sans portée dans le *medium* et assez forte dans le haut ; chez Pasdeloup, c'était Mme Charton-Demeur, l'interprète préférée de Berlioz et la créatrice du rôle de Didon, qui n'avait plus qu'une voix bien affaiblie, hélas ! et dont les défaillances ne pouvaient plus être masquées par l'énergie de l'accentuation. M. Lauwers, le baryton en titre des concerts du Châtelet, interprétait convenablement le rôle de Corèbe, dont M. Piccaluga changeait le caractère, en ténorisant tant qu'il pouvait, au Cirque d'hiver.

jours sur les temps de la mesure où l'auteur les a placés, et non avant ni après. En un mot, cet ouvrage doit être exécuté tel qu'il est. » Et voilà comment Berlioz, dix ans après sa mort, put obtenir ce qu'il avait vainement demandé toute sa vie : un opéra de lui exécuté sans observations, avec une obéissance aveugle aux volontés d'un maître absolu.

Il n'en avait malheureusement pas été de même au Théâtre-Lyrique, au moment où l'on répétait *les Troyens à Carthage*. Le chef d'orchestre en titre, Adolphe Deloffre, était cependant un artiste expérimenté, mais mou, et qui n'était que médiocrement porté vers cette musique. Et puis, comme Berlioz l'a fort bien expliqué, dès qu'il ne se sentait pas le maître absolu dans un théâtre, comme il l'était de son orchestre quand il faisait répéter une symphonie, son énergie s'usait contre les volontés qui croisaient la sienne, contre les opinions et les terreurs puériles dont on l'obsédait ; à cette lutte quotidienne, il sentait l'énervement le gagner, et « finissait par donner sa démission ». Cette préparation des *Troyens à Carthage* lui causa une grande fatigue morale et physique, d'autant plus qu'il se sentait mal soutenu par certaines gens, disait-il, par ses amis du *Journal des Débats* en particulier, qu'il trouvait très dédaigneux pour lui et qui ne parlaient presque jamais de ce qui l'intéressait le plus ; mais, en ce qui touche ces derniers, il y avait là quelque oubli, car d'Ortigue avait lancé un article très chaleureux, intitulé : *Donnez-nous « les Troyens »!* où il réclamait la mise à la scène immédiate de cet ouvrage, en s'appuyant sur l'âge du compositeur, sur les chefs-d'œuvre qu'il avait déjà produits, et sur l'importance capitale que cette partition était destinée à prendre dans son œuvre. Non seulement Berlioz suivait les répétitions au théâtre, mais il ne s'en remettait pas au répétiteur du soin d'apprendre leurs rôles aux solistes ; il les leur enseignait lui-même, il les faisait venir chez lui, l'un après l'autre, et leur inculquait patiem-

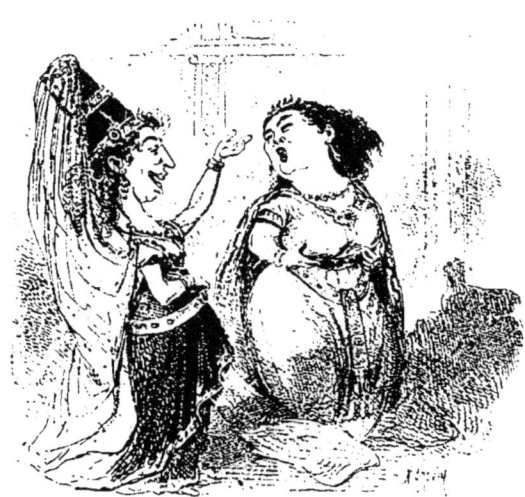

LE DUO DE DIDON ET D'ANNA SOROR.
(Grévin, *Journal amusant*, 28 novembre 1863.)

ment les moindres nuances, les moindres inflexions. Pour se délasser, il courait avec Carvalho consulter Flaubert sur des costumes carthaginois[1], et, quand il rentrait chez lui, il lui fallait retoucher encore en maint endroit son orchestration pour la mettre en rapport avec les

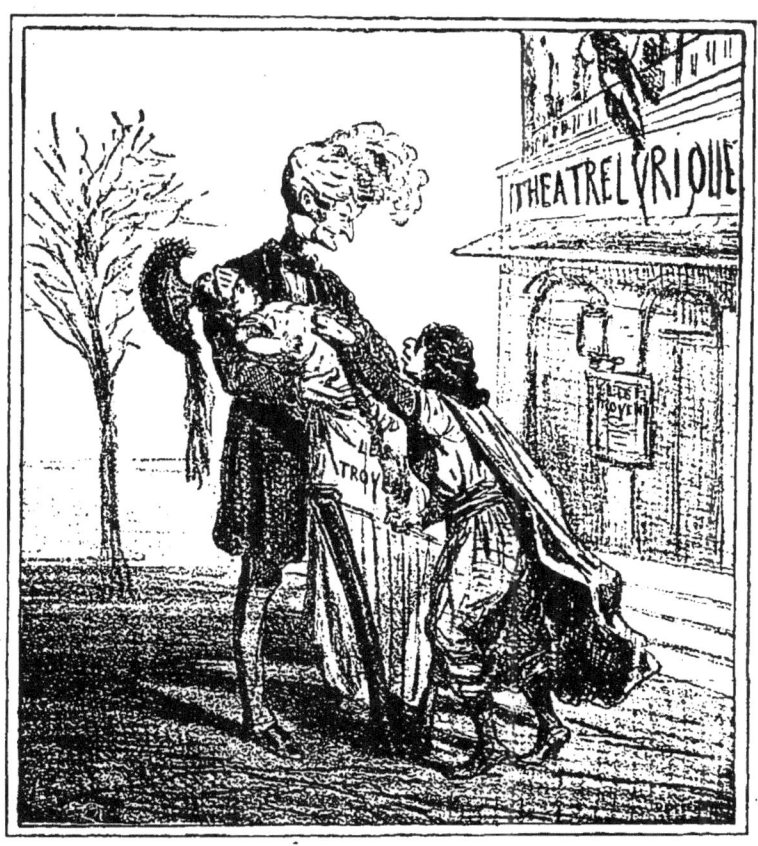

LE « TANNHÆUSER » DEMANDANT A VOIR SON PETIT FRÈRE.
(Cham, *Charivari*, 25 novembre 1863.)

ressources dont le théâtre disposait; car si M. Carvalho avait fait des dépenses notables, Berlioz aussi avait payé de ses deniers quelques

---

1. Berlioz, en dehors de son estime pour le talent de Flaubert et de la commune animadversion qu'ils nourrissaient tous deux pour le public, — ces éternels, ces grossiers imbéciles, comme ils disent, — avait une admiration particulière pour *Salammbô*. Cette dernière évolution de l'école romantique, renouvelée de Chateaubriand, ces tableaux d'un pittoresque à outrance l'avaient tout ragaillardi; il se promettait même, à ce que racontait Flaubert, d'en tirer quelque jour un opéra. Et le propos doit être vrai, car, même après que Cuvillier-Fleury eut fourni aux *Débats* deux grands articles sur le roman nouveau, Berlioz, au milieu d'une revue musicale où il célèbre les succès rempor-

musiciens qui manquaient à l'orchestre ordinaire, et comme son petit revenu n'autorisait pas beaucoup de largesses de ce genre, il avait pris le parti de modifier, de simplifier, pour ne plus payer[1]. Finalement, après des répétitions très pénibles, très nombreuses, et cependant encore insuffisantes, les *Troyens à Carthage* furent représentés au Théâtre-Lyrique le mercredi 4 novembre 1863, au jour dès longtemps fixé par un directeur que l'insuccès des *Pêcheurs de perles* avait réduit aux abois et qui ne pouvait se sauver que par un coup de partie[2].

Le drame des *Troyens à Carthage*, tel que Berlioz l'a conçu après s'être décidé à retrancher *la Prise de Troie* et tel qu'il fut exécuté à Paris, s'ouvre par un sombre *lamento* instrumental et par le récit du rhapsode déclamant la ruine d'Ilion sur quelques arpèges de harpe, arpèges formés seulement de quatre notes qui semblaient toutes maigres et mettaient en cervelle le prudent directeur. Dans ce prologue, destiné à résumer les deux actes supprimés de *la Prise de Troie*, Berlioz s'est ressouvenu des pages sacrifiées, et la phrase prédominante du *lamento*, qui se déroule obstinément à la basse, est la reproduction exacte, dans un rythme et dans un mouvement différents, de l'allegro qui sert de péroraison au duo de Cassandre et de Corèbe à la fin du premier acte de *la Prise de Troie*. Et puis, lorsque le rhapsode en arrivait à la partie triomphale de son tragique récit, à l'entrée du cheval de bois dans la ville en fête, alors éclatait la marche troyenne, précieusement détachée de *la Prise de Troie*, composition d'un souffle antique, véritable panathénée à la fois pompeuse et charmante, où la

---

tés par Mᵐᵉ Charton-Demeur à la Havane, s'écrie inopinément : « A propos du grand art... littéraire, avez-vous lu *Salammbô* ? On ne s'aborde plus qu'avec cette question. Quant à moi, je ne l'ai encore lue que deux fois, mais je vais me mettre à l'étudier. Déjà j'en rêve, la nuit ; je sens mon cœur s'éprendre pour cette mystérieuse fille d'Hamilcar, pour cette vierge divine, prêtresse de Tanit, qui meurt d'horreur et d'amour pour le chef torturé des mercenaires, dédaignant son beau-père, Narr'Havas... Je vois tourbillonner ces palais colossaux, toute cette architecture de géants, aux acclamations effrayantes de ces monstrueux sauvages barbouillés de civilisation... Et ces paysans carthaginois, qui s'amusent à crucifier des lions ! Ce style calme dans sa force immense est si coloré qu'il donne au lecteur des éblouissements. J'entends d'ici de bonnes âmes, de braves bourgeois me crier : « Oh ! sans doute, vous « devez aimer cela, *vous !* » Parce que c'est horrible, n'est-ce pas ? Non, je l'aime parce que c'est beau. — Revenons à notre monde, où l'on ne crucifie pas les lions, mais où l'on en fait mourir d'ennui, en compagnie de petits chiens, dans des cages de fer. »

1. Berlioz, du reste, avait toujours compris que pour représenter un pareil ouvrage en dehors de l'Opéra il faudrait aider le directeur. A la fin de 1860, un de ses amis était allé trouver le directeur du Théâtre-Lyrique (c'était alors M. Charles Réty) et lui avait dit qu'il tenait cinquante mille francs à sa disposition pour l'aider à monter convenablement *les Troyens*. « C'est beaucoup, mais ce n'est pas tout, ajoutait Berlioz en mandant ce trait si louable à Ferrand. Il faut tant de choses pour une pareille épopée musicale. » Mais, en 1863, cet ami magnifique n'avait peut-être plus l'argent disponible ou bien il avait changé d'avis.

2. Berlioz fit justement son dernier feuilleton sur l'opéra de Bizet (8 octobre 1863), et les éloges très chauds qu'il accorde à cet excellent musicien, lecteur incomparable au piano, les encouragements qu'il donne à cet artiste riche d'idées et déjà maître de son orchestre, tous ces compliments, si mérités qu'ils fussent, n'étaient pas pour déplaire au directeur non plus que pour nuire aux *Troyens*.

sereine invocation des femmes, qu'accompagnent les harpes et les hautbois, se mêle aux sonneries triomphales, aux cris de joie de tout un peuple en délire.

Alors seulement commence le drame. Quand le rideau se lève, Carthage est en fête : sept ans déjà passés, les Tyriens ont abordé la rive africaine ; ils célèbrent aujourd'hui cet heureux anniversaire. A l'entrée de la reine, le peuple entonne l'hymne national, sorte de choral pompeux à la Hændel, se développant sur une basse continue. Debout, du haut de son trône, Didon remercie ses « chers Tyriens »

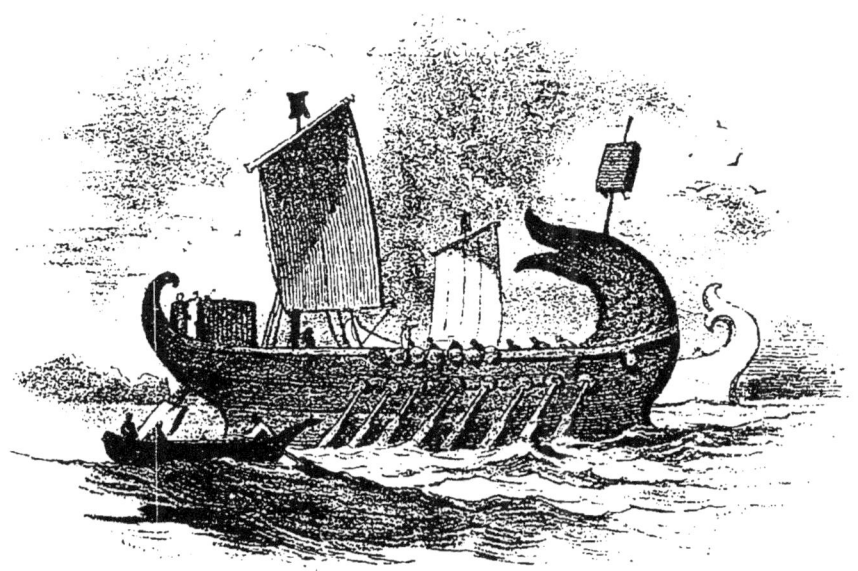

« LES TROYENS A CARTHAGE ».
Dessin de Barbizet sur le titre de la partition.

dans un air d'un tour caressant, et les convie à s'armer pour la défendre contre Iarbas, roi des Numides, qui aspire insolemment à sa main... Un cri d'enthousiasme répond à cet appel, et, préparée à la guerre, la nouvelle cité célèbre les bienfaits de la paix : sur des motifs différents d'allure et de caractère, matelots, constructeurs, laboureurs, tous viennent recevoir des mains de la reine la récompense de leurs travaux ; puis éclate, sur la reprise du chant national, le cri mille fois répété : « Gloire à Didon ! » La foule se disperse ; restée seule avec sa sœur Anna, Didon se laisse aller à une tristesse insurmontable. Le duo est charmant ; la douce ironie d'Anna, répondant aux inquiétudes croissantes de la reine par ce seul mot : « Vous aimerez, ma sœur », la crainte de Didon, mêlée d'un vague espoir, forment un délicieux ensemble, traduction fidèle des vers du poète :

> His dictis incensum animum inflammavit amore
> Spemque dedit dubiæ menti, solvitque pudorem.

Mais une flotte est signalée au loin, battue par la mer en furie ; elle fait demander un refuge, et Didon répond à ces prières par des accents superbes qui rendent à merveille sa pitié noble et généreuse : les naufragés entrent sur une reprise de la marche troyenne dans le mode triste, chef-d'œuvre de grâce mélancolique destiné à peindre le trouble et les pressentiments de la reine, à l'approche du chef inconnu qui va ravir son cœur. Tout à coup, une funeste nouvelle arrive : les Numides ont repris les armes, ils vont écraser les Tyriens surpris à l'improviste, lorsque Énée, jetant son déguisement de matelot, entraîne au combat les deux peuples réunis pour la défense de leur patrie et de leur asile. Dès ces premières scènes, la figure de Didon est dessinée de façon inoubliable ; un duo, quelques récits ont suffi à Berlioz pour lui donner la vie. L'exaltation de la reine en entendant prononcer le nom du héros troyen, la tendresse maternelle qu'elle marque à Ascagne — *infandum si fallere possit amorem* — quand Énée lui confie son fils avant de prendre le commandement des troupes, tout le drame est déjà là en germe : le trait est désormais planté dans le cœur de l'infortunée ; les efforts qu'elle tentera pour s'en délivrer ne feront qu'élargir sa blessure et l'envenimer.

Le deuxième acte, intitulé *Chasse royale et orage,* se compose uniquement d'une symphonie descriptive, avec pantomimes sur la scène, au milieu desquelles on doit voir Énée et Didon, égarés, chercher un abri et se réfugier ensemble dans une grotte. Ce beau morceau, un des plus puissants qui soient sortis de l'imagination de Berlioz, est exclusivement orchestral, sauf au plus fort de l'orage, lorsque faunes et sylvains dansent et poussent des sons inarticulés, à travers lesquels se distingue parfois ce seul mot : *Italie!* Après une introduction du caractère le plus calme, éclate la fanfare de chasse, dominée bientôt par l'orage et par les cris des satyres ; puis, la tempête s'apaise, la pluie fait trève, et le tonnerre, au loin, ne gronde plus que faiblement. Les deux amants vont pouvoir — une fois le rideau baissé — sortir de la grotte et rejoindre les chasseurs[1].

Si l'auditoire avait passablement ri de ces faunes dansant, de ces

---

[1]. Pasdeloup a remis en lumière ce tableau symphonique après un oubli de treize années, et cette belle composition, si raillée à l'origine, a passé sans encombre au Concert populaire du 5 novembre 1876. Un peu plus d'une année après, le 17 février 1878, elle trouvait également place aux Concerts du Châtelet, où elle était accueillie avec une faveur croissante.

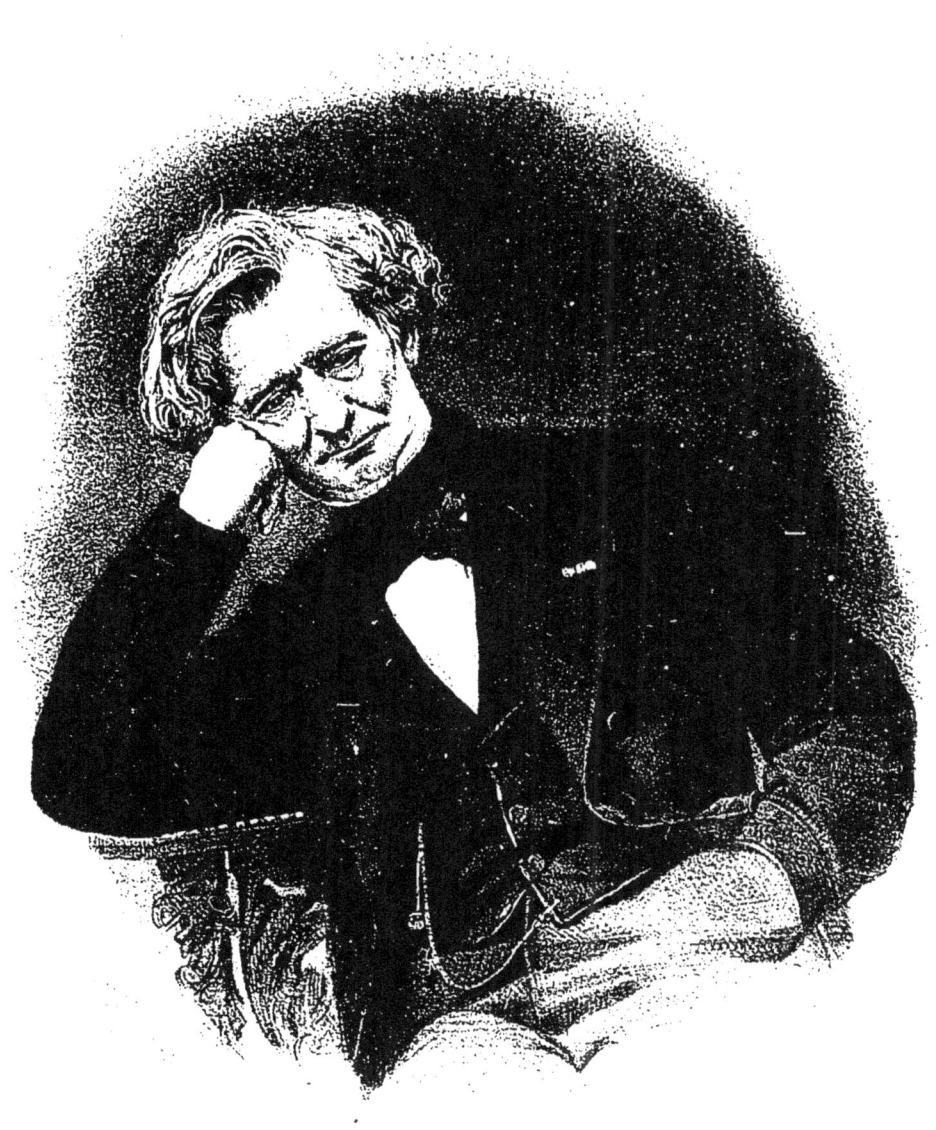

En voyant de quelle façon certaines gens entendent l'amour, et ce qu'ils cherchent dans la création de l'art, je pense toujours involontairement aux porcs, qui, de leur ignoble groin, fouillent la terre au milieu des plus belles fleurs et aux pieds des grands chênes, dans l'espoir d'y trouver les truffes dont ils sont friands.

(Dernières lignes des Mémoires) Hector Berlioz

HECTOR BERLIOZ VERS 1863.
Portrait lithographié par Fuhn, d'après une photographie de Pierre Petit.

satyres gambadant, s'il s'était égayé de la promenade d'Énée et de Didon en quête d'un abri commode, il fut, en revanche, littéralement ravi par le troisième acte : ici les indécis furent ralliés, les indifférents conquis, les détracteurs confondus. Les airs de ballet, qui semblent détachés d'un opéra de Gluck avec une orchestration toute beethovénienne, avaient déjà bien disposé l'assemblée, et la petite danse nubienne, en *mi mineur* sans dièse à la clef, avait même paru d'une bizarrerie piquante au lieu de provoquer des critiques, comme on aurait pu le craindre ; mais c'est surtout à partir de ce moment que l'enthousiasme alla croissant, en suivant cette série ininterrompue de pages admirables qui commence au quintette pour finir avec le duo d'amour, en passant par le septuor, d'une douceur, d'une sérénité parfaites. Rien ne peut calmer le trouble de Didon, ni les danses, ni l'hymne délicieux du poète Iopas à Cérès, la blonde déesse ; c'est la voix si chère d'Énée qu'elle veut entendre, et, d'un accent plein de langueur :

> Énée, ah! daignez achever
> Le récit commencé de votre long voyage
> Et des malheurs de Troie. Apprenez-moi le sort
> De la belle Andromaque...

Tel est le début du quintette, le plus achevé, le plus enchanteur, à ce qu'il semble, de ces trois morceaux inspirés, entre lesquels la faveur du public s'est, dès le premier soir, particulièrement attachée au septuor. Le charme des accents d'Énée, l'exemple d'Andromaque osant épouser le meurtrier de Priam : tout conspire à vaincre les remords de la veuve de Sichée ; Énée murmure à son oreille de brûlantes paroles d'amour ; Ascagne, assis à ses pieds, lui fait glisser du doigt « l'anneau de son illustre époux », tandis que le sage Narbal, le poète Iopas et la douce Anna sourient discrètement à cette illustre union de deux amants, à cette heureuse alliance de deux peuples. La beauté du chant et de l'harmonie, le charme troublant de la situation, le décor même et le groupement des personnages, tout faisait de cette scène, au théâtre, un chef-d'œuvre accompli. Cependant, le jour est tombé peu à peu et Énée, pour achever de dissiper la mélancolie de la reine, la convie à respirer avec lui sur le rivage les soupirs de la brise caressante ; tous se lèvent alors, et, sous le ciel criblé d'étoiles, entonnent un hymne à la nuit, merveille de musique vaporeuse et aérienne. Puis les voix s'éteignent, tous les bruits de la terre s'apaisent, on n'entend plus que le murmure de la mer, endormie au pied des jardins royaux. Demeurés seuls dans le silencieux mystère, Énée et Didon entament alors l'immortel dialogue de l'amour. Quelle délicieuse effusion dans cette invocation des deux amants : *O nuit d'ivresse et d'extase infinie!* quelles caresses dans les répliques brûlantes empruntées par Berlioz à la scène d'amour du *Marchand de Venise!* Ce n'est plus Énée qui parle, c'est Lorenzo ; ce n'est plus la reine Didon, c'est Jessica la Juive.

> Par une telle nuit, le front ceint de cytise,
> Votre mère Vénus suivit le bel Anchise
> Aux bosquets de l'Ida,

dit-elle ; et Énée de s'écrier :

> Par une telle nuit, fou d'amour et de joie,
> Troïlus vint attendre au pied des murs de Troie
> La belle Cressida.

Peu à peu, ils cèdent au charme de cette « nuit d'ivresse », ils disent de nouveau leur hymne à la blonde Phœbé, à la nuit étoilée, et l'enivrant dialogue d'amour recommence par cette exclamation d'Énée :

> Par une telle nuit, la pudique Diane
> Laissa tomber enfin son voile diaphane
> Aux yeux d'Endymion.

Mais Didon tremble encore de voir échapper ce cœur tendrement aimé ; elle veut de franches paroles d'amour, elle les provoque même, et adresse au héros ce reproche plein de promesses :

> Par une telle nuit, le fils de Cythérée
> Accueillit froidement la tendresse enivrée
> De la reine Didon.

Énée laisse tomber alors cet aveu si fiévreusement attendu :

> Et dans la même nuit, hélas! l'injuste reine
> Accusant son amant, obtint de lui, sans peine,
> Le plus tendre pardon.

Puis tous deux, unis dans la félicité suprême, reprennent avec enthousiasme leur belle invocation à la nuit, et, succombant à tant de bonheur, laissent expirer sur leurs lèvres les derniers murmures de cet hymne enchanteur.

La chanson du matelot Hylas, au quatrième acte, est bien la plainte touchante d'un enfant arraché au sol de la patrie — « Je pensais à toi, cher Louis, en l'écrivant », disait Berlioz à son fils qui courait alors la mer des Indes, — et la longue scène d'Énée, où se détache le bel air : *Ah! quand viendra l'instant des suprêmes adieux...*, ainsi que la terrible apparition des spectres, est une inspiration directe du génie de Gluck. Mais il faut partir, il faut obéir aux ordres venus de l'Enfer : « Pas un jour!... pas une heure!... » et, tout à coup, la flotte lève l'ancre aux cris de : « Italie! Italie! » Le dernier acte, que le public dédaigna complètement, est d'une beauté supérieure et ne faiblit pas un seul moment. La première scène entre la reine et sa sœur respire un amour invincible, et l'air : *Adieu, fière cité !* est le digne chant de mort de la malheureuse Didon, reine infortunée, amante plus misérable encore, qui se tue aux yeux de ses sujets atterrés pour échapper à la double torture des regrets et des remords ; enfin, le sombre anathème lancé sur Énée et les Troyens par Anna, par Narbal, tandis que les prêtres de Pluton entonnent leur hymne funèbre, et le dernier cri de tout le peuple contre les fugitifs, forment un dénouement lugubre et grandiose.

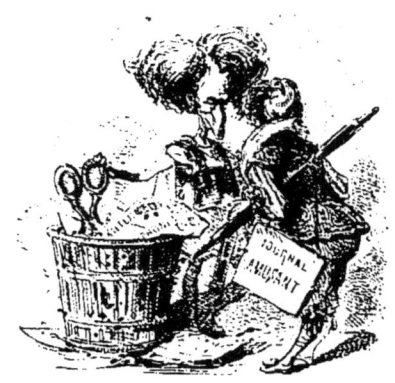

INTERMÈDE NON SYMPHONIQUE.

— Eh bien, et cette chasse royale ? et cette forêt vierge ? et cette grotte ? et ce ruisseau ? ces naïades ? ces satyres ? ces nymphes ? cette tempête ? etc., etc.
— Au panier...
— Oh ! monsieur Berlioz ! moi qui n'étais venu ici que pour ça !... Ça n'était pas goûté du public, dites-vous ?... Concession dangereuse ! O maître, à ce compte-là, vous auriez trop à faire...

(Grévin, *Journal amusant*, 25 novembre 1863.)

Tel est ce drame superbe, traduction inspirée du poème de Virgile ; la défaveur d'un soir a pu le frapper, mais il vit, éclatante protestation d'un grand artiste contre la mode musicale de son temps, contre les maigres opéras-comiques ou les grands opéras de pacotille, dernière et magnifique incarnation de la tragédie lyrique illustrée par Gluck. Car, ce qui distingue Berlioz de tant d'autres compositeurs contemporains, c'est que ses créations sont sa chair et son sang. Il ne se contente pas d'accumuler des chants gracieux, des motifs larges ou badins pour le plaisir de l'oreille : il agit, il pense, il vit dans ses œuvres ; chaque page de sa musique est faite à son image. Rien qu'à l'entendre par fragments, par lambeaux, on le sent vivre et palpiter sous ces accords inspirés, on le voit passer derrière ces harmonies étranges, et l'on applaudit alors à cette parole si vraie de Schumann : « Il brille comme un éclair dans un jour d'orage, et laisse après lui une grande odeur de soufre. »

Berlioz avait, en ce qui concernait ses ouvrages, une sincérité d'impression, une chaleur d'enthousiasme inimaginables. On a souvent raconté qu'il sortait des répétitions des *Troyens* tout ému, les larmes aux yeux, en s'écriant avec une bonne foi touchante : « Dieu, que c'est beau ! » Et c'est vérité, car lui-même écrivait à Ferrand : « Les répétitions des *Troyens* ont un succès foudroyant. Hier, je suis sorti du théâtre si bouleversé que j'avais peine à parler et à marcher. Je suis fort capable de ne pas vous écrire le soir de la représentation ; je n'aurai pas ma tête. » Il la retrouva dès le lendemain et lança à son ami cette missive triomphante : « Succès magnifique ; émotion profonde du public, larmes, applaudissements interminables et *un sifflet* quand on a prononcé mon nom à la fin. Le *septuor* et le *duo d'amour* ont bouleversé la salle ; on a fait répéter le *septuor*. Mme Charton a été superbe ; c'est une vraie reine ; elle était transformée ; personne ne lui connaissait ce talent dramatique. Je suis tout étourdi de tant d'embrassades. Il me

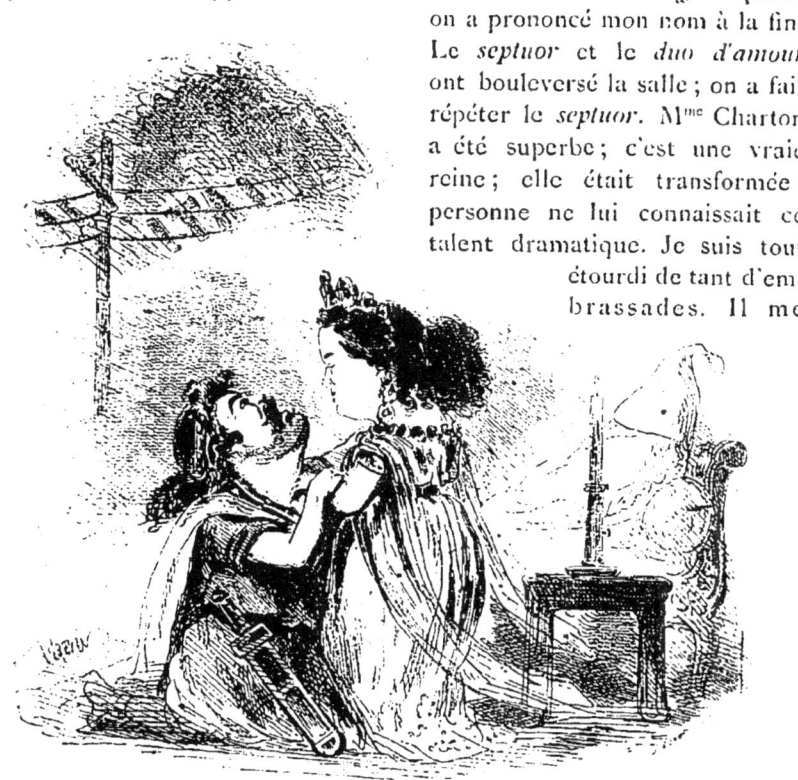

LE FAMEUX DUO DE DIDON ET D'ÉNÉE.
Les paroles chantées par Didon et Énée dans ce duo ne donnent pas une excellente idée de la pureté de leurs intentions... Heureusement qu'une dépêche électrique venant d'Italie ramène Énée à des sentiments sérieux et moins inconvenants.
(Grévin. *Journal amusant*, 28 novembre 1863.)

manquait votre main[1]. » Le fait est que la première représentation, un peu plus agitée cependant que Berlioz ne le dit, ne fut pas signalée par des manifestations trop accentuées, si bien qu'il put se flatter un

---

1. A côté de Mme Charton-Demeur (Didon) et de Monjauze (Énée), se groupaient Mlles Dubois et Estagel (Anna et Ascagne); MM. Petit (Narbal), Péront (Panthée), Dequercy (Iopas), Cabel (Hylas), Guyot et Teste (deux soldats troyens). M. Jouanni, de la Comédie-Française, déclamait les strophes du rhapsode, dans le prologue.

instant d'avoir obtenu presque un succès : il semblait que la conviction du maître eût, pour un soir, imposé le respect à tous ses auditeurs.

Bien plus, la lecture des journaux vint confirmer cette impression première : il les étudie, écrit-il à Ferrand, et presque tous donnent à l'auteur d'enivrants éloges. La presse, alors, dans son ensemble, à part quelques détracteurs obstinés dans les grands journaux et les plaisantins de la petite presse, était assez bien disposée envers Berlioz, ou, pour mieux dire, elle était indécise. Au fond, elle goûtait peu sa musique sévère et s'égayait de son culte insolite pour le grand art ; mais elle n'osait se prononcer en bien ni en mal sur un compositeur dont la haute situation lui imposait : il était bien clair qu'il n'avait pas de génie et l'on raillait ceux qui pouvaient soutenir un paradoxe aussi criant ; mais n'avait-il pas quelque talent, depuis qu'il était membre de l'Institut, et n'avait-il pas rencontré de ci de là, dans cet ouvrage, quelques élans d'inspiration mélodique ? La critique, au commencement, demeura donc sur ses gardes : ne voulant pas marquer une admiration qui était loin de son cœur, n'osant plus déverser sur lui tous les vieux quolibets, au moins tant que le public n'aurait pas indiqué dans quel sens il penchait, elle s'en tira par des lieux communs sur la hauteur de vues de l'artiste, sur son élévation de pensée et son culte de l'antiquité ; elle rendit hommage à ses convictions, à sa persévérance, à sa science orchestrale ; unanimement, elle admira, vanta le septuor « qui tranchait si heureusement sur le reste de l'ouvrage », et se jugea fort aise d'être débarrassée à peu de frais d'un compte rendu délicat, après une soirée qui avait paru généralement fort ennuyeuse. Et c'est ainsi que le fils de Berlioz, qui suivait toutes les représentations et qui les relatait à son père quand celui-ci était trop souffrant pour aller au théâtre, put recueillir « soixante-quatre articles admirables ou favorables ». Le jeune marin n'était guère au courant des choses de la presse et l'on peut avancer, sans crainte de se tromper, qu'il n'y eut pas, dans le nombre, plus de huit ou dix articles exprimant une admiration sincère et désintéressée, ceux de Gasperini, de d'Ortigue, de Léon Kreutzer, de Damcke, etc., que l'auteur nomme avec reconnaissance : encore faut-il retirer de la liste qu'il dresse un ou deux noms, Fiorentino par exemple, dont l'article pouvait être laudatif, mais n'avait aucune valeur musicale ni autre, Berlioz devait bien le savoir[1].

---

[1]. Louis Berlioz était en effet à Paris au moment des *Troyens*, et ce fut une grande joie pour Berlioz que son fils, qui n'avait jamais entendu de lui que le *Requiem*, à six ans, et l'*Enfance du Christ*, à vingt-cinq, pût connaître enfin son dernier ouvrage. Il était tellement ravi de l'avoir à ses côtés, après un voyage à la Vera-Cruz, qu'il en oubliait ses anciens griefs contre lui : « C'est un brave garçon, dont l'esprit et le cœur se développent tard, mais richement », écrivait-il vers cette époque à Ferrand.

Ces articles, dit-il, le remplissaient d'une joie qu'il n'avait pas éprouvée depuis longtemps ; il reçut en outre un grand nombre de lettres, les unes éloquentes, les autres naïves, toutes émues, qui le touchèrent profondément ; il en cite une en particulier de la comtesse Callimaki qui fit couler ses larmes ; à plusieurs représentations, il vit des spectateurs pleurer comme lui-même ; il assure avoir été arrêté dans la rue, à diverses reprises, par des gens qui lui serraient la main et le remerciaient d'avoir produit un si bel ouvrage et il ajoute : « N'étaient-ce pas là des compensations aux insultes de mes ennemis, ennemis que je me suis faits, moins encore par mes critiques que par mes tendances musicales ; dont la haine ressemble à celle des filles publiques pour les femmes honnêtes et dont on doit se trouver honoré ? » Voilà

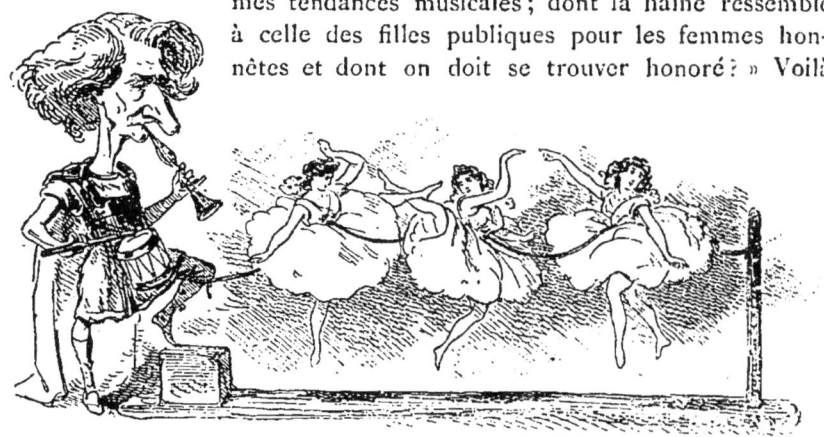

PETIT CANCAN CARTHAGINOIS SUR UN MOTIF AUVERGNAT.
Tutu, panpan, tutu, panpan...
(Grévin, Journal amusant, 28 novembre 1863.)

le vrai mot lâché après coup dans les *Mémoires,* et lorsque *les Troyens* étaient réellement enterrés. Il ne restait plus rien du grand succès qu'il s'était flatté d'avoir obtenu ; le public, encore rebelle à cette musique, n'avait pas eu les mêmes ménagements que la presse, et dès que celle-ci avait vu d'où soufflait le vent, elle avait tourné comme une girouette. Beaucoup de feuilles graves, il est vrai, ne reparlèrent pas des *Troyens ;* mais d'autres se rattrapèrent de la réserve observée tout d'abord, et quel réveil ce fut pour Berlioz ! Quantité de journaux sérieux, ou soi-disant tels, se déchaînant contre lui ; toute la presse légère le criblant de railleries, la caricature et la parodie théâtrale s'acharnant sur son œuvre, et tout ce charivari durant encore longtemps après que *les Troyens* avaient fini de traîner leur triste vie, pendant vingt et une soirées, devant des auditoires bizarrement composés, où de rares admirateurs, obstinés et convaincus, toujours les mêmes, s'efforçaient d'échauffer la masse indifférente des autres spectateurs[1].

Avant la bataille, on ne raillait que sa lenteur au travail, et dans des termes encore assez flatteurs pour lui :

> Berlioz, dans un coin, fait le *Siège de Troie*...
> Certe ! il y met le temps.
> Laissons-le lentement étendre sa courroie ;
> Homère l'autorise, et, s'il faut qu'on l'en croie,
> Ce siège fut très long, car il dura dix ans.

écrivait Galoppe d'Onquaire en 1862 dans une pièce de vers, insérée au *Ménestrel*. Après la défaite, on le pouvait frapper de tous les côtés et parmi les épigrammes qu'on lui décocha, il en était une, au moins, assez plaisante :

> La race des Troyens aux Hectors est funeste :
> L'un périt en héros sans pouvoir les sauver ;
> L'autre tombe étouffé dans les plis d'une *veste*,
> En voulant les ressusciter.

Scudo, véritablement atteint de folie, n'écrivait plus depuis quelques mois lorsque se jouèrent *les Troyens;* mais l'autre « enragé » dont riait Berlioz au moment de *l'Enfance du Christ* était toujours sur la brèche ; il avait même acquis une position considérable dans la critique courante et ne faillit pas à son devoir, car il traita Berlioz et son opéra de la belle façon. Qu'était-ce à ses yeux que cette partition ? « Une montagne d'impuissance auprès des chefs-d'œuvre qui rayonnent dans le ciel de la musique. » Et cependant, comme il portait, disait-il, un profond respect à l'artiste convaincu, courageux, intraitable qu'était Berlioz, il allait le prouver en donnant un bon conseil à M. Carvalho : que ne remplaçait-il les spectres de Priam, Chorèbe *(sic)*, Cassandre, Hector, trop peu connus du public, par quatre autres qui tiendraient au compositeur les discours suivants : « Le premier : Je

---

[1]. Une mention spéciale, entre tous les journaux légers, est due au *Nain jaune*, qui flagellait le charlatan, le faux génie, avec une vaillance extraordinaire. Un rédacteur anonyme, qui pourrait bien être Jules Lecomte, comparait Berlioz à M. Gagne, reprochait à la police de laisser circuler « ce maigre vieillard qui ajoutait chaque année aux désagréments du lugubre séjour de la Forêt-Noire, de Baden-Bondy, etc. »; disait de lui : « Membre de l'Institut, soit ! mais quel membre ? » et qualifiait sa partition d'« enfilade d'ennuyeux récitatifs, de jérémiades notées par un prétentieux accordéoniste, de charpie anti-musicale, de mets gâté que l'estomac rejette, etc. » Après ce premier article, et en attendant l'étude approfondie d'un M. Henry de Tailhan, qui ne devait être ni moins catégorique ni moins aimable (néant, vessie dégonflée, sont les moindres expressions dont il se serve à propos des *Troyens*), M. Albert Wolff arrivait à la rescousse ; il remplissait plusieurs colonnes de quolibets impitoyables contre Berlioz, digne rival de Mangin, de Champroux : « Ces hommes-là doivent succomber sous le ridicule, et si le ridicule tue encore en France, l'auteur des *Troyens* n'a plus qu'à s'occuper d'un joli petit monument. » Aujourd'hui, le même écrivain, sans embarras, reproche amèrement à ses contemporains d'avoir « méconnu le génie et conspué Berlioz ».

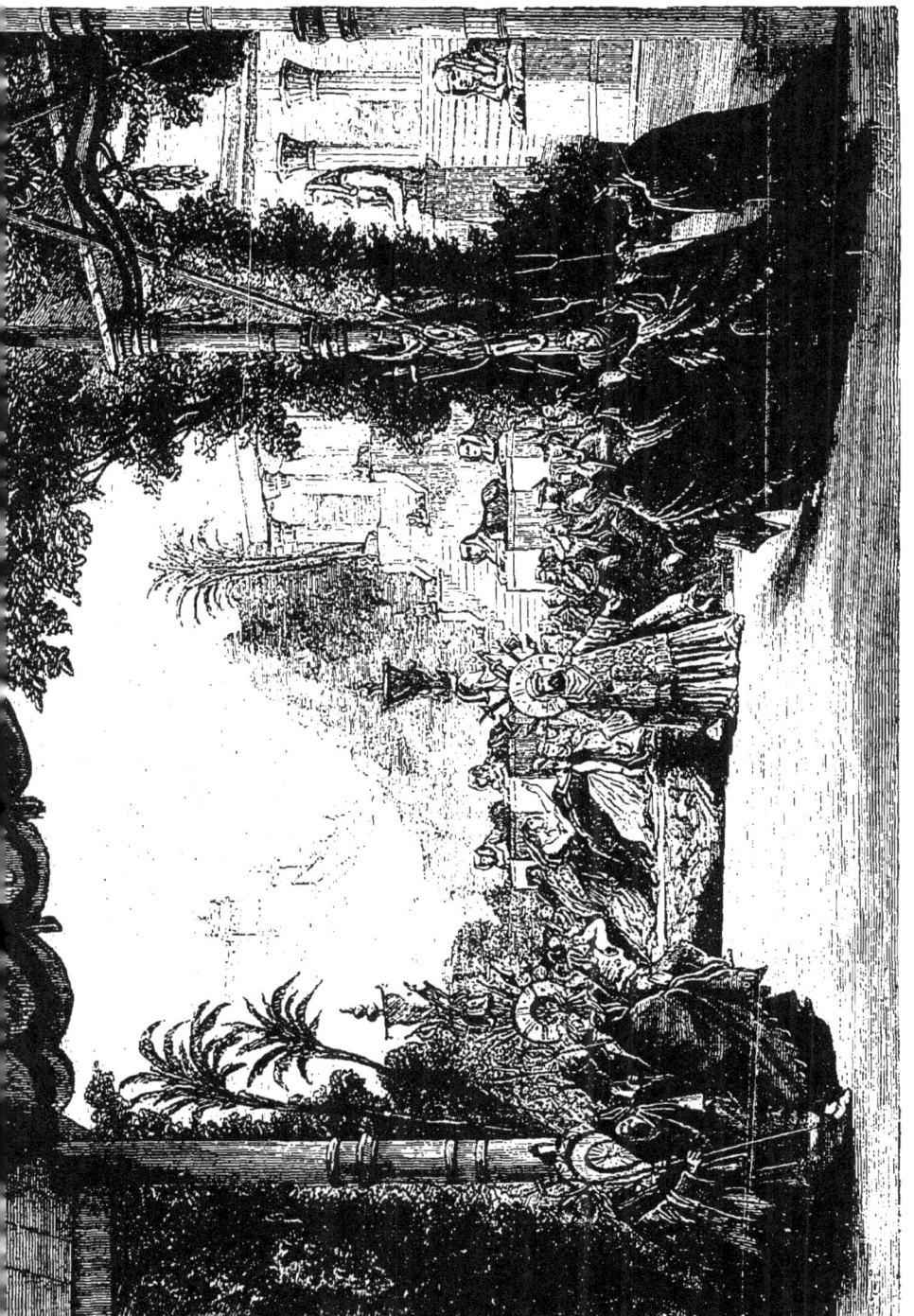

« LES TROYENS A CARTHAGE », REPRÉSENTATION AU THÉATRE-LYRIQUE DE PARIS, EN 1863.
Mort de Didon (acte V, scène dernière). — D'après une gravure de l'époque

suis Gluck ; tu m'admires, tu as parlé de mon *Alceste* avec une rare éloquence et tu déshonores aujourd'hui mon récitatif, si mâle dans sa sobriété, si grand dans sa simplicité. — Le deuxième : Je suis Spontini. Tu as aimé ma *Vestale* plus que n'a fait Licinius ; tu te dis mon disciple et tu éteins avec l'eau bourbeuse de tes mélopées traînantes le rythme enflammé : *Arrachez ces bandeaux,* que j'ai légué à mon compatriote Rossini. — Le troisième : Je suis Beethoven, l'auteur de tant d'immortelles symphonies, arraché brusquement par ta symphonie de la Chasse royale à ces rêves de la tombe que font les illustres morts sur le chevet de leur gloire. — Le quatrième : Je suis Carl-Maria de Weber. Après avoir appris à mon école le coloris instrumental, tu me voles ma palette et mes pinceaux pour barbouiller des images dignes d'un peintre d'auberges. » Que voilà une œuvre musicale étudiée avec fruit, jugée avec compétence, et qu'il aurait été plaisant de savoir comment Jouvin aurait apprécié Gluck, Spontini, Beethoven et Weber, s'il avait eu à parler d'eux de leur vivant et dès l'apparition de leurs chefs-d'œuvre ! Il les aurait traités exactement comme il a fait Wagner et Berlioz qui, pour lui, n'étaient que de pauvres sires auprès d'Auber et d'Adam.

Le second acte des *Troyens,* l'intermède orchestral de la Chasse royale, avec danses et jeux mimés sur la scène, avait été la pierre d'achoppement de l'œuvre ; elle avait irrité les uns, réjoui les autres et soulevé de nombreux quolibets ; bref, Berlioz en avait toléré la coupure dès la seconde représentation. Il avait repoussé le biais imaginé par des amis de jouer sa musique avec le rideau baissé, jugeant qu'elle était inséparable des mouvements réglés sur le théâtre, et en cela il avait bien fait ; mais il aurait fait mieux encore de ne céder ni devant les rires du public, ni devant les colères de la critique : en faiblissant, il n'était plus Berlioz. Il fallait rire au nez des rieurs et laisser l'écrivain cité plus haut s'écrier avec des airs d'oracle : « Si les violentes et horribles dissonances qui se poursuivent à travers les voix de l'orchestre sont de la musique ; si ce charivari, qui dépasse en mystification la pitoyable et vaniteuse déconvenue de Jean-Jacques au concert de Genève, est de l'art, je suis un barbare ! et j'en suis fier ! et je m'en vante [1] ! » Aujourd'hui, quel est le barbare, unanimement reconnu, du critique ou du compositeur ? Et cependant Berlioz, avec son humour et son amertume habituels, avait bien inscrit les réflexions suivantes sur le manuscrit de ce morceau capital à ses yeux : « Dans le cas où le théâtre ne serait pas assez vaste pour permettre une mise en

---

1. Le savant critique était brouillé, paraît-il, avec *les Confessions,* qu'il se piquait de connaître, aussi bien qu'avec la musique de Berlioz, car ce mémorable « concert de Genève » eut lieu à Lausanne.

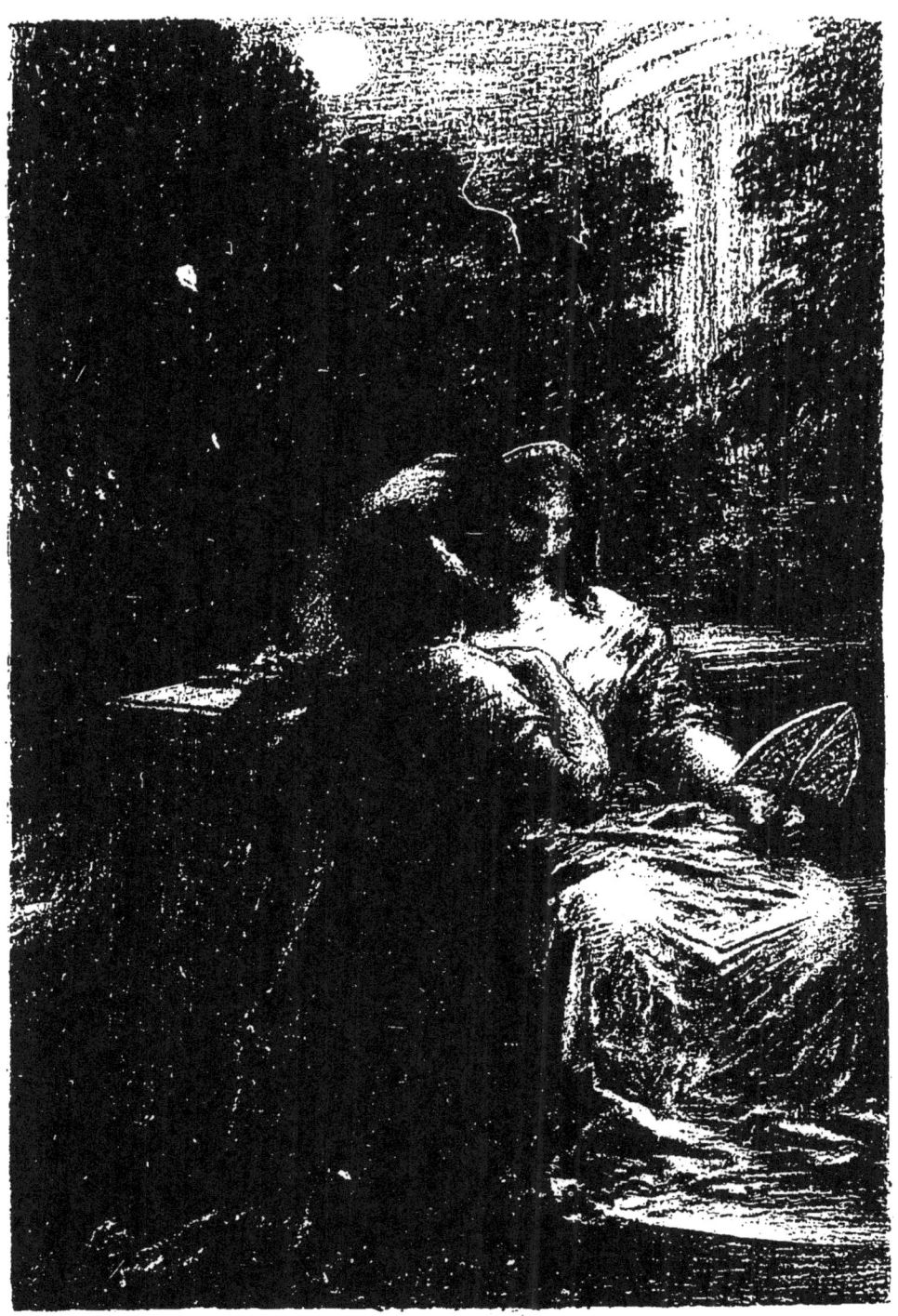

scène animée et grandiose de cet intermède ; si l'on ne pouvait obtenir des choristes femmes de parcourir la scène les cheveux épars, et des choristes hommes costumés en faunes et en satyres de se livrer à de grotesques gambades en criant : Italie ! si les pompiers avaient peur du feu, les machinistes peur de l'eau, le directeur peur de tout, on devrait supprimer entièrement cette symphonie... » Mais ce sont là jeux de plume et d'esprit qu'on écrit avec le ferme espoir de ne jamais les voir se réaliser ; et quand le hasard veut que ces railleries deviennent des faits, l'auteur, malgré son apparente philosophie, n'en est que plus froissé et plus désespéré.

Les ciseaux, une fois mis en mouvement, ne se fatiguèrent plus de couper. On raccourcit l'entrée des constructeurs, des matelots et des laboureurs, — Berlioz consentant, — parce que le théâtre était trop étroit pour ce cortège et cette cérémonie, que les mauvais plaisants comparaient à un comice agricole ; on coupa — malgré sa résistance et ses fureurs — la scène entre Narbal et Anna, le deuxième air de danse et le duo bouffe des sentinelles que le purisme du directeur jugeait incompatible avec le style épique ; on coupa — de l'aveu de l'auteur — les strophes de Iopas, parce que l'artiste chargé du rôle était incapable de les chanter, et aussi le grand duo d'Énée et de Didon qui fatiguait par trop Mme Charton-Demeur au dernier acte ; on coupa — sans même consulter Berlioz, atteint d'une bronchite et gardant le lit — la chanson d'Hylas, parce qu'on avait besoin du ténor Cabel pour chanter dans *la Perle du Brésil*. Ce lamentable échec et ces lacérations, survenant après un début qui ne pouvait rien faire prévoir de tel, accablèrent d'autant plus Berlioz : vainement il aimait à constater que Monjauze et Mme Charton se perfectionnaient de jour en jour, qu'on redemandait toujours le septuor, que le dernier acte, en particulier le chœur des prêtres de Pluton, causait une émotion profonde, et que d'illustres maîtres, comme Meyerbeer, prêtaient une attention suivie à son ouvrage ; il lui fallait bien reconnaître aussi que le public, pris en masse, était insensible aux *Troyens* et n'avait même pas la curiosité de les venir entendre[1]. Alors on parla de résilier

---

[1]. Meyerbeer suivait assidûment les représentations des *Troyens* et, sans perdre une note, avait toujours les yeux fixés sur le livret, qu'il devait savoir par cœur. Dès le début, d'ailleurs, soit curiosité, soit clairvoyance, il avait prêté grande attention aux efforts, aux créations de Berlioz, et George Sand rappelle, dans ses *Lettres d'un voyageur*, que s'étant trouvé près d'elle, un jour qu'on exécutait la *Marche au supplice*, il lui avait serré la main dans une effusion de sensibilité, qu'il avait chaleureusement applaudi « le grand artiste méconnu, luttant avec héroïsme contre un public ingrat et son âpre destinée ». Berlioz, très sensible à ces marques d'estime, y répondit par des articles enthousiastes dans le genre de son analyse des *Huguenots*, et continua longtemps d'encenser Meyerbeer, jusqu'au jour où, agacé par les trois Anabaptistes du *Prophète*, qu'il appelait les trois corbeaux, il résuma son opinion par cette boutade irrévérencieuse : « Meyerbeer n'a pas seulement le bonheur d'avoir du talent, il a surtout le talent d'avoir du bonheur. »

l'engagement de Mme Charton : d'une part, le théâtre perdait, à la payer relativement cher, six mille francs par mois ; d'autre part, elle gagnait là sensiblement moins qu'on ne lui offrait à Madrid. La résiliation, proposée et acceptée pour la fin de décembre, fut donc décidée avec un empressement égal de part et d'autre ; tout le monde y trouvait son profit, sauf Berlioz : « Il n'y a pas d'autre Didon en France, écrivait-il, il faut se résigner ; mais l'œuvre est connue, c'est là l'important. »

Sur ce point encore, il se faisait illusion, et l'œuvre était beaucoup moins connue qu'il ne pensait, mis à part ses amis et ses rares admirateurs inconnus qui en avaient suivi les représentations avec un zèle pieux : *les Troyens* n'étaient connus de personne, en dehors d'eux. Pour lui-même, il était tombé de fatigue après les premières soirées et sa plus grande douleur était de ne pouvoir assister aux représentations de son cher opéra qui fuyait devant lui [1]. Vainement il se consolait par la lecture de lettres aussi flatteuses que celles du grand-duc de Saxe et du grand-duc de Weimar le félicitant du succès obtenu le premier soir ; vainement il se disait que le 1er janvier, dans cette petite cour de Weimar qui lui marquait tant d'estime, on exécuterait la grande scène entre Corèbe et Cassandre, de *la Prise de Troie* ; vainement il négociait avec un directeur de Londres assez naïf pour vouloir représenter ce noble et malheureux ouvrage ; tout cela ne le dédommageait pas de ne pouvoir entendre sa partition préférée : quoiqu'il toussât toujours, jusqu'aux spasmes et aux vomisse-

---

[1]. La première représentation des *Troyens* (mercredi 4 novembre) produisit 739 fr. 50 de recette ; le spectacle était annoncé pour sept heures et demie. La suppression de la *Chasse royale* permit de commencer un quart d'heure plus tard à partir de la deuxième représentation (vendredi 6), qui produisit 2,644 fr. 50. Les représentations continuèrent sans interruption les lundi, mercredi et vendredi de chaque semaine et donnèrent les chiffres suivants : troisième, 3,408 fr. 50 ; quatrième, 2,661 fr. 50 ; cinquième, 4,023 fr. 50 ; sixième, 3,776 fr. 50 ; septième, 3,765 fr. 50 ; huitième, 3,443 fr. 50 ; neuvième, 2,826 fr. ; dixième, 3,223 fr. 50 ; onzième, 2,446 fr. 50 (ce soir-là, M. Wartel prit le rôle de Narbal en remplacement de M. Petit, qui chantait l'amiral dans *la Perle du Brésil*, reprise la veille) ; douzième, 1,854 fr. 50 ; treizième, 1,029 fr. 50 ; quatorzième, 1,729 fr. ; quinzième, 1,643 fr. ; seizième, 1,712 fr. 50 (ce jour-là, M. Legrand prit le rôle de Iopas, et le rôle d'Hylas, abandonné par M. Cabel, n'eut plus d'interprète) ; dix-septième, 1,052 fr. ; dix-huitième, 1,351 fr. ; dix-neuvième, 1,049 fr. 50 ; vingtième, 1,872 fr. ; vingt et unième, le dimanche 20 décembre, 2,317 fr. — Nous allons maintenant donner quelques recettes comme points de comparaison : les 3 et 5 novembre, *les Noces de Figaro* donnaient 2,122 fr. et 3,578 fr. ; le dimanche 15, avec *l'Épreuve villageoise*, elles montaient à 4,023 fr. 50. *La Perle du Brésil*, reprise le 26 novembre, donnait 1,484 fr. ; puis, le 28, 3,307 fr. 50 ; les 1er, 3 et 5 décembre, 4,009 fr., 2,879 fr. 50 et 4,562 fr. Après *les Troyens*, on faisait relâche pour répéter *Rigoletto*, qui allait avoir un si grand succès avec Monjauze, Ismaël, Wartel et Mlles Léontine de Maesen et Dubois. La première représentation (24 décembre) donnait seulement 781 fr. ; mais le 26 et le 29, la recette montait vite à 3,529 fr., à 4,023 fr. ; le 1er janvier 1864, elle atteignait à 6,067 fr. (chiffre exceptionnel), puis s'établissait entre 5,604 fr. 50 (le 4 janvier) et 4,024 fr. 50 (le 6), etc. On peut voir par là que *les Troyens*, très inférieurs à *Rigoletto*, balançaient en moyenne, au moins dans le commencement, *les Noces de Figaro*, *la Perle du Brésil*, et l'emportaient sur *Obéron*, qui donnait 1,701 fr. le 14 novembre ; sur *les Pêcheurs de perles*, qui ne dépassaient pas 1,204 fr. 50 le 7 novembre. En somme, un insuccès qui n'avait rien d'un désastre et qui, durant le premier mois, fit encore des recettes très convenables pour ce temps-là.

ments, il fit un effort et se rendit aux dernières représentations, pour retomber plus malade après. Et chacune des lettres écrites en ce funeste mois de décembre exprimait un chagrin plus cuisant, une plus violente amertume à l'égard du public et de M. Carvalho qui l'avait trahi, pensait-il, en montant ses chers *Troyens* pour les dépecer ensuite et les mutiler plus cruellement de jour en jour. « Les théâtres

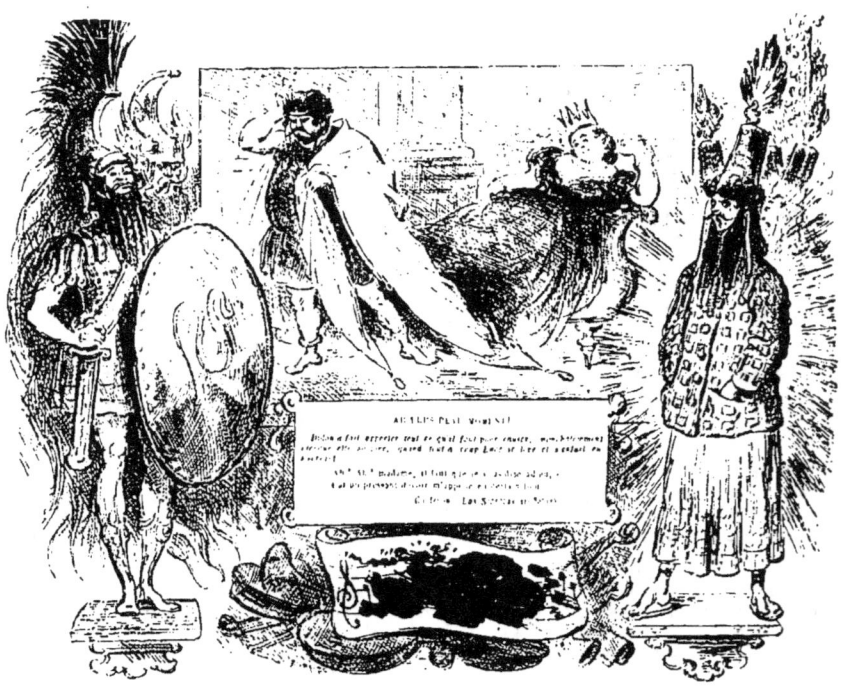

CARABINIERS TROYENS.

Et dire que c'est la lecture de *Salammbô* qui a amené d'honnêtes comparses à s'habiller comme ça!

UNE VRAIE BOUTEILLE A L'ENCRE

que cette partition, dit-on. Mais l'air du ballet et le chœur du Sommeil n'en sont pas moins des chefs-d'œuvre que tout le monde jouera dans six mois.

(Marcelin, *Vie Parisienne*, 21 novembre 1863.)

LE GANDIN GRAND-PRÊTRE.

Des mouches, une barbe en cheveux et un paletot en or.

lyriques, écrit-il le 13 décembre à Alexis Lwoff, sont à la musique *sicut amori lupanar*. Et les imbéciles et les idiots qui y pullulent, et les pompiers et les lampistes, et les sous-moucheurs de chandelles, et les habilleuses qui *donnent des conseils* aux auteurs et qui influencent le directeur! » Mais tout aussitôt, et comme s'il avait regret de ces violences de plume : « Ce que je vous écris au sujet des théâtres en général est tout à fait confidentiel, ajoutait-il ; d'autant plus que je n'ai trouvé au Théâtre-Lyrique, depuis le directeur jusqu'au dernier musicien de l'orchestre, que dévouement et bon vouloir. Et cependant... Et néanmoins... J'en suis encore malade ». Hélas, oui, il était atteint et plus gravement qu'il ne le pensait, car le moral était brisé, et le désaccord qui éclate entre cet aveu de reconnaissance et ses récriminations antérieures montre assez dans quel trouble d'esprit l'avait jeté ce suprême échec.

Pour finir, on chansonna *les Troyens*. L'ouvrage était enterré, la cantatrice en voyage et l'auteur au lit lorsqu'il se joua sur un petit théâtre une revue où Berlioz recevait les étrivières de la main de MM. Blum et Flan, nés malins. Le Diable accourait, tout essoufflé, et pestait contre le Théâtre-Lyrique où, disait-il, on avait voulu « le porter en terre ». — « Ah ! oui, avec le grand four des *Troyens !* répliquait le compère. En voilà un opéra où j'ai pris du plaisir, moi, par exemple ! » Et vite il chantait sur l'air de *Colin Tampon* :

> Je constate que cet o-
> Péra peu lyrique
> N'avait vraiment rien de co-
> Mique. (ter.)
>
> L'Théâtre avait-il la né-
> Cessité pour guide
> De nous ram'ner à l'Éné-
> Ide ? (ter.)
>
> Bref ! le public qui conser-
> Ve l'goût des bell's choses
> A dit : Mon cher, tu m'*Ember-
> Lioyes !* (ter.)

L'esprit, comme on en peut juger, ne perd jamais ses droits.

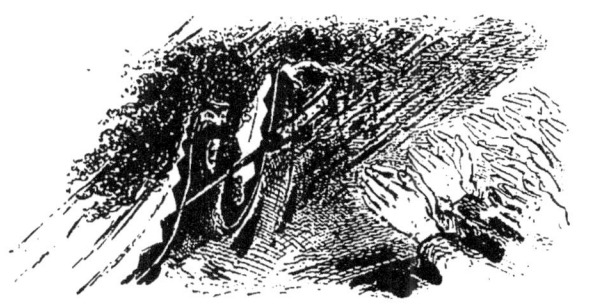

CRI FINAL D'IMPRÉCATION CONTRE LES ROMAINS.
Amère dérision ! sans les Romains que deviendrait la pièce ?
(Grévin, *Journal amusant*, 28 novembre 1863.)

CHAPITRE XIII

SECOND VOYAGE EN RUSSIE. — MORT DE BERLIOZ

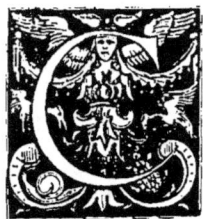Ce fut le dernier déboire et le plus cruel pour Berlioz que la défaite des *Troyens*. En voyant l'œuvre chérie de ses vieux ans, délaissée par le public et dépecée par la critique, s'émietter de soirée en soirée, il se sentit atteint au plus profond de son être et perdit courage. Ils lui rendirent cependant la liberté, ces malheureux *Troyens,* et lui permirent de « rejeter ce boulet de la critique, qu'il trainait depuis trente années » ; grâce aux doubles droits d'auteur qu'il avait touchés pour le poème et pour la musique, augmentés du prix de vente de la partition pour la France et l'Angleterre, il put se constituer un revenu à peu près égal à ce que lui rapportaient ses feuilletons des *Débats,* et tout aussitôt, soit dès les premiers jours de 1864, il cédait définitivement son poste de critique à d'Ortigue. Ils lui valurent aussi, ces *Troyens* tant abîmés, la croix d'officier de la Légion d'honneur. Et, dans la joie que lui causa cette nouvelle, — en raison du plaisir qu'elle fera à ses amis, dit-il, et du déplaisir qu'elle causera aux *autres,* — comme il se départ vite de sa raideur, de son amertume et de sa défiance ; avec quelle candeur il rapporte que, dans un dîner officiel chez le maréchal Vaillant, Samson chancelait sous le poids de sa joie et que Mérimée, « un grand écrivain », lui a dit : « Il y a longtemps que l'on aurait dû vous nommer officier ; et cela prouve bien que je n'ai pas encore été ministre » ! Pauvre Berlioz ! s'il avait su que Mérimée, au lendemain de *Tannhæuser,* se délectait si fort du cruel propos d'Auber : « C'est du Berlioz sans mélodie » !

Cependant, il trouvait quelque consolation à ses précédents insuccès du côté du Conservatoire, où la nomination de son ami George Hainl au poste de premier chef d'orchestre allait amener, pensait-il, un revirement en sa faveur. On y chantait *la Fuite en Égypte,* avec le ténor Warot comme soliste, et Berlioz, très heureux des bonnes dispositions de la Société, lui donnait en toute propriété la masse entière de sa musique, sauf les opéras ; les parties séparées d'orchestre et de chœurs, gravées et copiées, nécessaires à l'exécution de tous ses ouvrages : « Cette bibliothèque musicale, qui aura du prix plus tard, disait-il, ne saurait être en de meilleures mains. » Mais ce qui lui déplaisait souverainement alors, c'était que, sous prétexte de l'honorer, on offrît au public quelques-unes de ses œuvres sans les avoir suffisamment répétées. S'il exigeait que la Société des concerts remît à plus tard divers fragments de *Roméo et Juliette*, c'est parce qu'on n'aurait pas eu le loisir de les bien apprendre ; et, dans le même temps, il s'irritait contre Pasdeloup qui avait fait chanter une scène des *Troyens* aux concerts de l'Hôtel de ville sans même l'en prévenir. Après l'insuccès des *Troyens*, disait-il, il tenait beaucoup à n'être pas *exécuté* à demi ; et lorsque Carvalho lui demandait de venir, à l'instar de David et de Gounod, diriger le septuor des *Troyens* dans un concert spirituel qu'il organisait au Théâtre-Lyrique, en 1864 : « Non, répondait-il amèrement, je n'ai pas de robe rouge et ne puis figurer dans cette cérémonie du *Malade imaginaire*. »

Tout le début de cette année avait été très pénible pour Berlioz, que ses douleurs de névralgie intestinale avaient repris avec une violence extrême. Au milieu de l'été, il avait eu le bonheur de recevoir la visite de Louis, revenant du Mexique, et comme il le dit, lui, son fils et Stephen Heller avaient mis, quinze jours durant, leurs tristesses en commun ; mais quand le marin fut reparti, il se trouva plus isolé que jamais dans la capitale et fut saisi d'une irrésistible envie de quitter Paris, de se retremper dans l'air pur du pays natal. Il partit aussitôt pour Vienne, où son beau-frère et ses nièces le reçurent à bras ouverts ; mais quel saisissement lorsqu'en entrant dans le salon de famille il vit le portrait de sa sœur Adèle, morte seulement depuis quatre ans ! Après quinze jours délicieux passés à Estressin, dans une quasi-solitude, auprès de ses nièces qu'il aimait passionnément en souvenir de leur mère, il reprit le chemin de Lyon, non sans faire auparavant un pieux pèlerinage aux lieux où s'était déroulé son premier roman d'amour. Il savait qu'Estelle, autrement dit Mme Fornier, habitait Lyon ; vite, il court chez elle et se présente, une lettre brûlante à la main. La vieille dame le reçoit par politesse et répond avec une réserve inquiète à ses déclarations de moins en moins déguisées ; puis elle le congédie, et quand Berlioz, le lendemain, vient lui proposer une loge pour entendre Adelina Patti, au

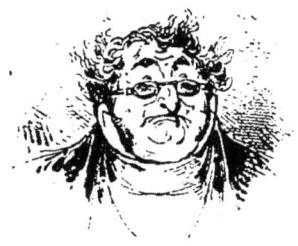

OPINION DE J. PRUDHOMME SUR « LES TROYENS ».

Bizarrerie des prévisions humaines ! Vu les réchauds, j'aurais parié une prise de tabac contre une pichenette qu'elle se serait péric par le charbon... et la malheureuse avale un sabre de bois !

(Grévin. *Journal amusant*. 28 novembre 1863.)

Grand-Théâtre, elle décline cette offre en disant qu'elle part le jour même pour la campagne, et, de là, pour Genève, où l'un de ses fils va se marier.

Berlioz, tout bouleversé, rentre à Paris; mais il ne se tient pas d'écrire à la *Stella montis;* il lui réitère ses déclarations, affirmant qu'il n'a jamais cessé de l'aimer; il veut, dit-il, gagner son affection, et brûle de correspondre avec elle, de lui faire visite, avec la certitude de la trouver seule. A cette demande, nouvelle réponse, que Berlioz lui-même qualifie « un chef-d'œuvre de triste raison » : Mme Fornier repoussait ses instances, en lui rappelant qu'il est « des rêves, des illusions qu'il faut savoir abandonner quand les cheveux blancs sont arrivés... » Lui, cependant, ne se tient pas pour battu et répond par une lettre un peu plus raisonnable; Estelle, alors, craignant de l'avoir

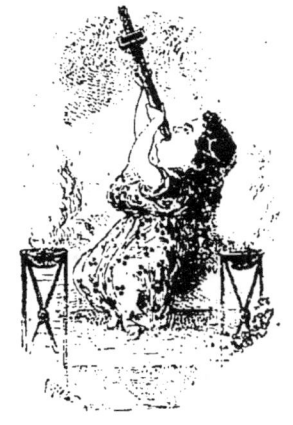

MORT DE DIDON.
(Grévin, Journal amusant, 28 novembre 1863.)

blessé, lui envoie quelques mots de consolation; puis, son fils et sa belle-fille, durant un voyage à Paris, viennent faire visite à Berlioz, que cette surprise enchante et qui procure aux jeunes gens de nombreuses distractions. Ceux-ci, tout à fait gagnés par ses attentions, lui reprochent doucement de tant effrayer leur mère par l'exaltation de ses sentiments et finissent par l'inviter à venir les voir à Genève. Il s'établit alors de bonnes relations entre Berlioz et ses nouveaux amis; dès l'année suivante, au mois d'août, il se rend à Genève et se félicite d'être traité là comme un vieil ami de la famille; mais, tandis que Mme Fornier et ses enfants s'efforcent d'adoucir ses chagrins, Berlioz, toujours bouillonnant, ne pense qu'à faire triompher « son amour invariable ». Vit-on jamais imagination plus chimérique, illusions plus tenaces que celles de ce vieillard deux fois veuf, brûlant encore des feux de la douzième année et voulant faire irruption à tout prix dans

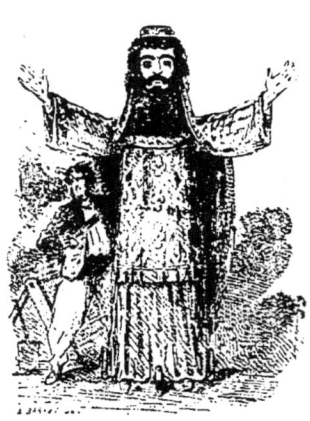

LE PREMIER MINISTRE DE DIDON.
Il va remuer la tête, les bras, les jambes..... en un mot jouer son rôle comme si *qui fusse* une personne naturelle.

(Grévin, Journal amusant, 28 novembre 1863.)

l'existence calme et bien ordonnée d'une bonne grand'mère, âgée de soixante-dix ans [1] ?

Berlioz, du temps où il lisait dans différentes réunions son poème des *Troyens,* avait gardé le goût de ces lectures, et l'on flattait sa manie en lui demandant d'en faire de droite et de gauche. Déjà, durant son séjour à Estressin, il s'amusait à faire pleurer ses nièces, « deux charmantes enfants, dit-il, qui reçoivent les impressions de la poésie comme une planche photographique reçoit celles du soleil ». Quand il fut de retour à Paris, il se plaisait à lire *Othello,* de Shakespeare, en petit comité, chez M⁽ᵐᵉ⁾ Érard, *Hamlet* chez les Massart ; et lorsque ceux-ci étaient en villégiature, il leur proposait de réunir dès leur retour un petit auditoire d'hommes, afin de lire *Coriolan* : « Rien ne me fait plus vivre, écrivait-il, que de voir l'enthousiasme des gens non blasés, compréhensifs, doués de sensibilité et d'imagination. » Sur ces entrefaites, Liszt vint passer huit jours à Paris ; ils dînèrent deux fois ensemble, non sans éviter soigneusement de parler musique ; après quoi, Liszt, auquel il ne pouvait pardonner son enthousiasme pour Richard Wagner, était reparti pour Rome où, disait plaisamment Berlioz, il joue de la *musique de l'avenir* devant le pape, qui se demande ce que cela veut dire [2]. Mais ce qui lui fit un réel plaisir dans le même temps, ce fut une dépêche de Vienne, lui annonçant que le 11 décembre, pour fêter l'anniversaire de sa naissance, l'Académie de chant avait exécuté le double chœur de soldats et d'étudiants, de *la Damnation de Faust;* ce fut une soirée improvisée en son honneur chez le docteur Blanche une année, ou peu s'en faut, après l'apparition des *Troyens.* Un samedi, après le dîner d'amis auquel il venait souvent s'asseoir, une dame ouvre le piano et, sans le prévenir, attaque un air de ballet des *Troyens ;* dès les premières notes, Berlioz, assis seul au milieu du salon, se prend la tête et verse de douces larmes. Puis,

---

1. Les observations de M. Hippeau à ce sujet sont très justes et appuyées sur des textes indiscutables : la correspondance entre M⁽ᵐᵉ⁾ Fornier et Berlioz rapportée dans les *Mémoires*, et la lettre bouillonnante adressée de Genève à ses amis Massart. — Un détail musical à relever dans cette correspondance est qu'il fut un instant question de chanter le deuxième acte des *Troyens* (en réalité le troisième) au Conservatoire, à la fin de 1864, mais que le Comité, en tourmentant l'auteur de mille manières, en lui demandant de supprimer tel morceau, puis tel autre, avait fini par l'exaspérer et qu'il avait tout retiré. Et, quelques jours auparavant, il avait envoyé à M⁽ᵐᵉ⁾ Fornier un exemplaire de son poème en la priant « de lire le passage marqué par des feuilles mortes de Meylan, le dimanche 18 décembre, à deux heures et demie, au moment où l'on exécuterait ce fragment à Paris ». N'est-ce pas là de la bonne folie romantique ?

2. « Berlioz avait une vraie complexion d'artiste, écrivait M. Blaze de Bury dans son article nécrologique à la *Revue des Deux-Mondes.* Susceptible à tous les froissements, à toutes les intempéries, ce qu'il a dû souffrir reste un secret. Il avait poussé l'orchestre aux grandes sonorités nouvelles, et de ce mouvement imprimé par lui, un autre recueillait la gloire. On disait bien : Wagner et Berlioz ; mais son nom ne venait qu'en second, et lorsque les journalistes allemands, s'imaginant de changer en trio ce duo déjà déplaisant, inscrivirent sur leur drapeau : Wagner, Berlioz et Liszt, sa mauvaise humeur n'y tint plus. »

cette fête de l'amitié continue : M. Gounod, qui brûlait de devenir son confrère à l'Institut, soupire avec émotion la chanson d'Hylas ; il chante aussi le grand duo d'amour : *O nuit d'ivresse !* avec Mme Barthe-Banderali ; des amis intrépides veulent à toute force essayer le septuor, sans chœurs, sans voix de femmes, sans même savoir chanter, par la seule force de leur enthousiasme ; Berlioz, ému, pleurant de tant de témoignages d'admiration, déclame le cinquième acte de sa tragédie avec une expansion incroyable, en agitant les bras et saisissant à poignées ses longues mèches de cheveux blancs : « Et croyez-vous, disait-il, que je n'ai jamais pu obtenir de Mme Charton qu'elle dénoue ici sa chevelure et la laisse flotter au vent ! [1] »

Au commencement de 1865, il lui arrivait encore de bonnes nouvelles de l'étranger : c'était son ouverture du *Roi Lear* qui était exécutée avec un succès considérable, à New-York ; c'était son *Enfance du Christ* qui soulevait les bravos des Berlinois, dans un concert de la Société des amateurs. Mais, pour la première fois depuis dix ans, il ne pouvait pas aller organiser et diriger le grand festival de Bade, et l'on confiait cette double besogne à son admirateur et disciple Ernest Reyer, qui, d'accord avec Bénazet, donnait à cette fête un caractère international. Une place d'honneur était bien réservée à Berlioz sur le programme, où figuraient *la Fuite en Égypte*, les quintette, septuor et duo des *Troyens* ; mais, à côté de lui, brillaient aussi Schumann avec son chœur des *Bohémiens* et Richard Wagner avec le prélude de ce *Tristan et Iseult* qui venait de se jouer à Munich deux mois auparavant, prélude suivi de la scène finale, car Wagner avait déjà fait, en vue des concerts, la soudure entre ces deux parties extrêmes de son opéra : le choix de ce morceau suffisait pour indiquer que Berlioz n'était pour rien dans la composition du programme [2]. Et lui, pendant ce moment de loisir, achevait de faire imprimer ses *Mémoires*, qu'il communiquait en épreuves seulement à quelques amis privilégiés, et dont les journaux, ceux d'Allemagne en particulier, attendaient la mise en vente avec impatience : n'est-ce pas là ce qu'il

---

1. Mme Charton était pourtant admirable durant tout ce cinquième acte, où sa mimique noble et passionnée jetait les peintres dans le ravissement. Corot, notamment, voisin de la cantatrice à Ville-d'Avray, la recevait fréquemment dans son atelier et lui faisait chanter et jouer pour lui tout seul, sans se lasser jamais, le duo du quintette, le duo et cette scène déchirante du bûcher. Très épris d'ailleurs de musique classique, le vieux maître, à l'âme virgilienne, savait par cœur la partition de Berlioz : plus d'une fois, ses amis l'ont surpris, à son chevalet, chantant de sa voix juste et grêle, les récits et les airs de « la reine Didon ».

2. Ce concert international comprenait en outre une ouverture sur des chants belges de M. Litolff, le *Super flumina Babylonis*, de M. Gounod ; la Marche de l'*Africaine*, un air de *Rousslan et Lioudmila*, de Glinka, chanté par Mme Viardot ; un chœur de *Moïse*, la Conjuration des Djinns, du *Sélam*, de M. Reyer, plus son *Hymne du Rhin*, composé exprès pour la circonstance sur des vers de Méry et chanté par Mme Charton-Demeur et Agnesi.

voulait et n'était-ce pas pour aviver cette curiosité, qu'il avait formellement reculé jusqu'après sa mort l'apparition d'une autobiographie, que tout le monde avait déjà pu lire en articles séparés ?[1]

La Société des concerts, malgré le don de ses partitions, malgré l'amitié de Georges Hainl, lui faisait toujours maigre accueil ; mais il venait de se fonder une entreprise rivale où ses œuvres commençaient à passionner le public, par laquelle son nom allait enfin toucher à la célébrité. Pasdeloup n'avait encore exécuté à ses Concerts populaires que deux morceaux de lui : l'ouverture du *Carnaval romain* et celle des *Francs-Juges*, lorsqu'il eut l'idée de faire chanter le septuor des *Troyens*, avec Mme Charton-Demeur en tête des solistes. C'était le 7 mars 1866 ; Berlioz, qui s'était modestement glissé dans la foule, est reconnu, acclamé par le public, qui fait répéter le septuor avec enthousiasme ; à la sortie, on le presse, on l'entoure ; alors des larmes jaillissent de ses yeux et le pauvre grand homme rentre fou de joie au logis. Quelque temps après, au mois de juillet, il recevait avis que la *Symphonie fantastique* et le *Requiem* venaient de passionner les musiciens, les amateurs de tous pays réunis à Leipzig ; mais Vienne était toujours la ville où l'on marquait le plus de faveur pour ses œuvres : aussi désirait-il beaucoup accepter la proposition qu'on lui faisait d'y aller diriger une exécution complète de *la Damnation de Faust*, par la Société des Amis de la musique. Mais il craignait bien d'en être empêché par de graves intérêts musicaux à défendre à Paris, par *Armide* qu'on projetait de jouer au Théâtre-Lyrique et dont il avait accepté de diriger les études, « si peu faites pour ce monde d'épiciers » ; par *Alceste*, qu'on allait remonter à l'Opéra, mais que le directeur voulait donner seulement lorsque le monde serait revenu à Paris, « comme s'il y avait, disait-il, un monde parisien pour *Alceste* ».

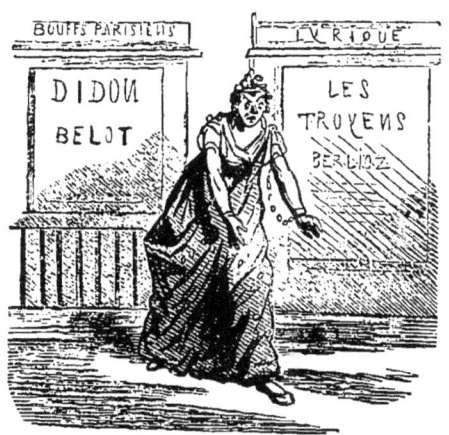

Didon. — Faut-il que le public soit crétin et injuste ! On me blague si je pleure, on me blague si je ris. Faut pourtant que je fasse quelque chose.
(Cham, *Charivari*, 22 avril 1866.)

---

[1]. Après la mort de Clapisson, en avril 1866, Berlioz fut nommé Conservateur du musée instrumental au Conservatoire ; puis, le ministre ayant pris un arrêté pour augmenter le traitement des professeurs de l'école, le sien fut doublé du coup (236 francs par mois au lieu de 118), en raison de ses doubles fonctions de Bibliothécaire et de Conservateur du musée.

En attendant ce moment favorable, il projetait de s'échapper pour courir à Genève, où il espérait être aussi bien reçu que l'année précédente ; puis, *Armide* étant abandonnée au Théâtre-Lyrique, *Alceste* ayant été jouée à l'Opéra le 12 octobre, après s'être suffisamment réconforté à l'audition de « ces sublimités offertes à tant de plats polissons », il put partir pour Vienne, où *la Damnation de Faust*, de remise en remise, allait être exécutée le 16 décembre 1866, dans la vaste salle des Redoutes, qui pouvait contenir trois mille personnes. Quel bonheur ce devait être pour lui, que de réentendre une partition qu'il n'avait pas entendue en entier depuis la magnifique exécution de Dresde, il y avait déjà douze ans ! [1]

Il arrivait à Vienne extrêmement fatigué du voyage et tombait dans les bras de son nouvel ami, le chef d'orchestre Herbeck, qui avait dirigé les études préparatoires avec un zèle infatigable. Dès la première répétition, il reconnut que le résultat était presque parfait et se préoccupa seulement d'imprimer à l'ensemble un cachet bien personnel, mais sa surexcitation était extrême et il ne la pouvait dominer ; le moindre accroc le mettait en fureur, à ce que nous a dit M. Oscar Berggruen, qui suivait les

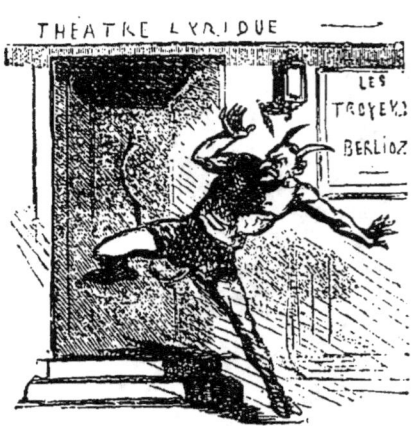

Le diable prenant ses jambes à son cou à l'audition des *Troyens*, convaincu qu'on a l'intention de le porter en terre.

(Cham, *Charivari*, 22 novembre 1863.)

répétitions avec enthousiasme. Un violoncelliste attaque trop tôt : « Taisez-vous donc ! » crie Berlioz, blanc de colère, au malheureux qui, d'ailleurs, n'entendait pas le français. Le cor anglais se trompe dans l'air de Marguerite ; Berlioz pousse un cri terrible et jette sa baguette à la tête du coupable ; Herbeck l'attrape et la rend au maître : « Oh ! je suis malade à mort », s'écrie alors Berlioz avec une

---

1. Il avait d'abord refusé de s'occuper d'*Alceste* à l'Opéra ; puis, comme toujours, il avait cédé. Après cette représentation mémorable, la paix fut scellée entre Fétis et Berlioz par un échange de lettres rendues publiques. Son ancien ennemi lui disait quelle impression profonde il avait ressentie à l'audition du chef-d'œuvre et, ne pouvant aller le voir, le félicitait par écrit sur le « sentiment parfait » qui avait dû présider aux études, en proclamant que « dans une semblable interprétation, on ne reconnaissait pas seulement un grand musicien, mais un poète, un philosophe » ; et Berlioz, en reportant tout le mérite de l'exécution sur « un directeur et des artistes aussi intelligents que dévoués », lui certifiait qu'ils défendaient tous les deux les mêmes dieux, mais que « dans la petite armée qui combattait les mirmidons, Fétis était une lance encore, tandis que lui, Berlioz, n'était plus qu'un bouclier ».

douleur indicible. Au jour solennel, les 110 instrumentistes, que Berlioz évalue à 150, et les 300 choristes, si bien dressés par Herbeck, marchèrent à merveille ; la Marguerite, Mlle Caroline Bettelheim, avait une voix magnifique ; le ténor Walter et le baryton Mayerhofer étaient également de premier ordre ; bref, ce fut pour Berlioz un vrai triomphe, auquel aidèrent singulièrement de jeunes mélomanes, ses ardents admirateurs, qui s'étaient placés près de l'orchestre et l'acclamaient avec frénésie. Le lendemain, la Société lui offrit un grand banquet dans la salle de l'hôtel Munsch, illustrée par le souvenir de Mozart ; nombre d'amateurs, de musiciens notables vinrent se ranger à ses côtés, et, après un discours en français du prince Czartoriski, Herbeck portait un toast dont la péroraison chaleureuse enflammait tous les cœurs : « Je suis heureux de lever mon verre dans la salle où Mozart a donné ses concerts et de boire à la santé de l'homme éminent — non, c'est un cliché trop usé, — de l'homme qui a frayé de nouveaux chemins à l'art ; qui, dès 1828, un an après la mort du génie musical dont nous célébrons aujourd'hui la naissance, nous a donné la *Symphonie fantastique*, par laquelle il a tué les musiciens bourgeois et d'esprit étroit. Je bois à la santé d'Hector Berlioz, qui lutte depuis tantôt un demi-siècle avec les petites misères de la vie ; je bois au génie d'Hector Berlioz ! [1] »

Cette triomphante excursion hors frontière avait rendu quelque énergie à Berlioz et l'avait remis en humeur de voyager. Au commencement de l'année suivante, il refusait bien de retourner à Vienne avec Ullmann, qui voulait exploiter sa popularité en Autriche par une grande série de concerts, mais il se rendait à Cologne pour diriger sa symphonie d'*Harold* et le duo des femmes de *Béatrice et Bénédict*, dans un concert organisé au Gürzenich par Ferdinand Hiller (février 1867). Rentrait-il à Paris, il y était aussitôt entouré d'amis qui, par admiration sincère et bonne affection, faisaient naître au besoin les occasions de le distraire et de le réconforter. Au nombre de ceux-ci était le marquis Arconati-Visconti, esprit délicat, amateur très épris de belles-lettres et de beaux-arts, qui possédait, sur le boulevard Rochechouart,

---

1. Malgré l'éclat de ce succès, la presse ne désarma point et se montra, en général, hostile à Berlioz. Il serait superflu de citer tous ces articles ; mais un seul pourra servir de type, en raison du rang qu'occupait alors dans la critique musicale M. Édouard Hanslick, dont les attaques contre Berlioz et contre Wagner furent également vaines : « Le *Faust* de Berlioz, écrivait-il à *la Nouvelle Presse libre*, est un opéra fantastique, sans corps, qui fait fi de la scène et ne saurait s'en passer... Nous croyons que dans *Faust* le talent de Berlioz a beaucoup baissé. On reconnaît dans cette œuvre une légère attaque d'apoplexie que son talent délicat et maladif a subie sans pouvoir s'en relever ; il n'a écrit, depuis, que l'*Enfance du Christ* et les *Troyens*, où sa force inventive a fait banqueroute... Les compositions de Berlioz, pensons-nous, n'auront pas longtemps un effet vivace, impulsif sur l'art musical, et l'opinion publique, avant peu, loin d'accepter une œuvre comme le *Faust* pour la vraie musique, en arrivera à penser que ce n'est pas de la musique du tout. » M. Hanslick, comme nous l'avons dit ailleurs, a rendu hommage au génie de Wagner lors de la mort du maître (voir *Richard Wagner*, page 323) ; mais il n'est jamais revenu, que nous sachions, de ses préventions contre Berlioz.

un superbe atelier rempli de souvenirs d'un voyage en Égypte. Or, un jour, ce fervent admirateur, qui n'avait pas manqué une seule représentation des *Troyens,* avait eu l'idée d'offrir une petite fête intime à Berlioz ; il avait mis un portrait du maître, entouré de guirlandes, en place d'honneur, et décoré l'atelier de cartouches portant les titres de ses chefs-d'œuvre. Quelques amis étaient seuls dans le secret et se faisaient une joie de causer cette surprise au maître, en lui jouant ou chantant quelques-unes de ses œuvres aimées... Une grande heure se passe et Berlioz n'arrive pas. Alors Ritter, inquiet, court chez lui et le trouve en larmes : le malheureux venait d'apprendre la mort de son fils, emporté par la fièvre jaune. « Mon cher Humbert, écrivait-il le 30 juin 1867, une douleur terrible vient de me frapper ; mon pauvre fils, capitaine d'un grand navire à trente-trois ans, vient de mourir à la Havane. » Le pauvre garçon, d'abord malcontent de son sort, désireux de jouir vite et beaucoup, avait bien, dans les derniers temps, mené sa vie avec un peu plus de suite ; il s'était même distingué par une action d'éclat, en sauvant son navire assailli par la tempête dans les mers du Mexique ; mais il fallait toujours que Berlioz lui parlât raison, le morigénât et s'efforçât de calmer chez ce déséquilibré les ardeurs déréglées, les ambitions inassouvies dont lui-même avait été possédé toute sa vie. Il n'importe, et malgré ces défauts ou les écarts provenant d'une éducation mal dirigée, malgré les chagrins très réels que son fils lui avait causés, Berlioz avait reporté sur lui toute son ardeur d'affection ; l'enfant prodigue, accueilli toujours avec joie, était devenu en quelque sorte le camarade et l'ami du vieillard : « C'est un brave garçon, écrivait-il à Mme Fornier, qui a le malheur de me ressembler en tout et ne peut prendre son parti des platitudes et des horreurs de ce monde. Nous nous aimons comme deux jumeaux. »

Et dans quelles circonstances avait-il appris cette catastrophe ! Il était alors tout aux préparatifs du grand concert qu'on allait donner en juillet, au palais de l'Industrie, au milieu de l'Exposition universelle, et dans lequel son ami George Hainl avait réservé une place pour l'*Hymne à la France.* Sa belle-mère et ses amis Damcke savaient déjà quel malheur venait de le frapper que lui, tout joyeux, ne songeait nullement à s'inquiéter de son fils : autour de lui, les visages étaient mornes, et comme il s'enquérait du motif de cette tristesse, sa belle-mère et sa servante, redoutant de lui porter un coup pareil, expliquaient leur attitude par de mauvaises nouvelles reçues de leur pays ; alors, le pauvre père, abusé, venait tranquilliser ses amis Damcke, qui avaient cherché à éveiller quelque inquiétude en son cœur. Mais voilà qu'en revenant avec eux, il rencontre un ami de son fils, un ami qui n'avait pas le mot d'ordre et qui lui dit la nouvelle à brûle-pourpoint. Alors Berlioz, fou de douleur, court chez lui, se roule à terre en criant : « Mauvais fils, ne pouvais-tu donc pas m'attendre ? c'était à toi de vivre, à moi de mourir !..... » Puis, après cinq ou dix minutes d'un délire effroyable, il retrouve inopinément le calme et vaque à ses affaires. Dans le fond, il était brisé corps et âme ; il avait hâte de fuir loin de Paris. Aussitôt après l'exécution de l'*Hymne à la France,* il s'en alla demander santé, calme et repos aux eaux de Néris, qu'il quitta subitement pour se rendre à Vienne, auprès de ses nièces ; il ne resta pas en Dauphiné moins d'un mois, presque tout le temps couché, dit-il, et se soignant beaucoup pour assister, en qualité de témoin, au mariage de sa nièce aînée avec le commandant Chapot : « Nous étions trente-deux gens de la noce, écrit-il à Mme Damcke, venus de tous les coins de la famille, de Grenoble, de Tournon, de Saint-Geoire, etc. ; nous nous sommes tous retrouvés là, moins *un,* hélas !... [1] »

A peine Berlioz était-il revenu du Dauphiné qu'il éprouva une des plus grandes satisfactions d'amour-propre — et la dernière — qu'il lui fut jamais donné de goûter. Une de ses admiratrices, la grande-duchesse Hélène de Russie, qui parcourait l'Europe au moment où Antoine Rubinstein abandonna la direction du Conservatoire de Saint-Pétersbourg et celle de la Société nationale russe, insista beaucoup auprès de Berlioz pour qu'il vînt diriger, l'hiver suivant, au moins six des grands concerts de cette Société, tandis que le chef d'orchestre désigné pour succéder à Rubinstein, M. Balakiref, conduirait les quatre premiers, tout en faisant étudier les chœurs et répéter les morceaux de Berlioz. Les propositions qu'on lui faisait étaient vraiment magnifiques : quatre mille roubles (environ 15,000 francs), en plus de ses frais de voyage, de ses dépenses imprévues ; logement dans le propre palais de la duchesse, avec voitures toujours prêtes ; et lui, qui menait une vie assez serrée à Paris, se décida presque avec joie à affronter encore une fois le terrible climat de la Russie. Il refusait, en revanche, d'aller passer six mois à New-York, en 1868, comme le lui demandait l'Américain Steinway, qui revenait à la charge en apprenant son prochain départ pour la Russie, et ne lui proposait pas moins de cent mille francs. Berlioz demeura insensible ; alors le Barnum lui demanda au moins de vouloir bien poser pour un buste en bronze, plus grand que

---

[1]. Tandis qu'il se reposait au pays natal, il apprenait que ses fervents admirateurs et protecteurs, le grand-duc et la grande-duchesse de Weimar, allaient faire rejouer *Béatrice et Bénédict,* pour célébrer leurs noces d'argent, le 8 octobre 1867. Et puis, horreur ! cette représentation n'était-elle pas contremandée, n'avait-on pas l'idée de substituer à *Béatrice et Bénédict* des *Allégories en tableaux vivants,* figurés par l'Association artistique de Weimar ? Quelle abomination ! Quelle honte pour la ville immortalisée par Gœthe, et qui, naguère encore, était un des centres musicaux de l'Allemagne, au temps de Liszt !

nature, destiné à l'ornement d'une salle qu'il venait de faire construire en Amérique ; et le maître avait accepté d'aller... jusque chez le sculpteur Perraud, où il posait régulièrement tous les jours : « Vous voyez, disait-il, que tout vient quand on a pu attendre et qu'on n'est à peu près plus bon à rien. »

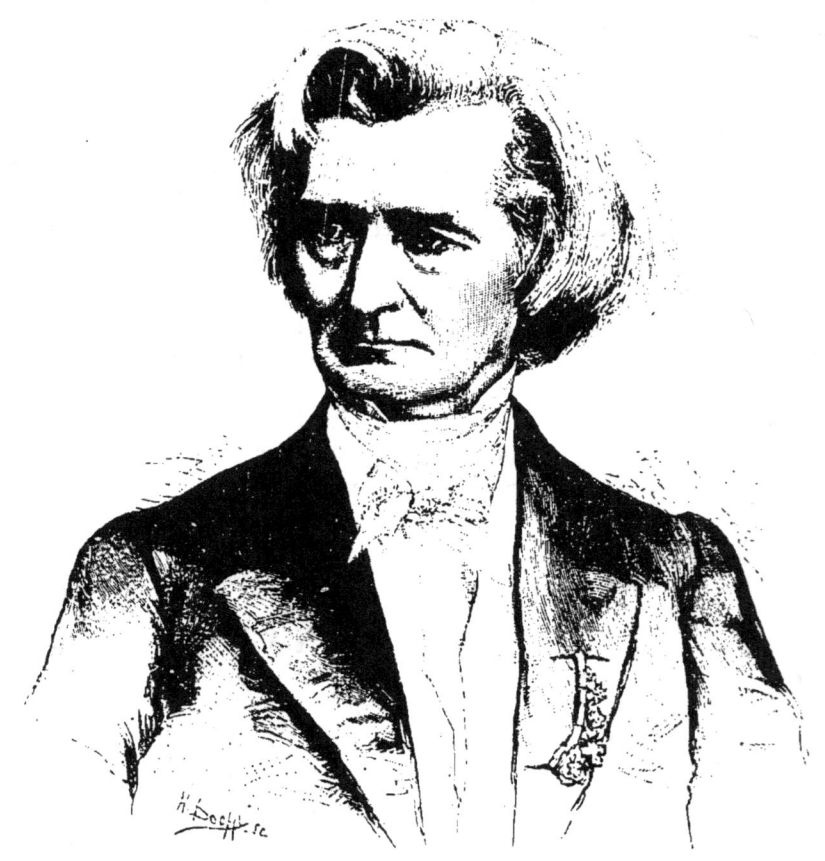

HECTOR BERLIOZ EN 1867.
D'après une photographie faite à Saint-Pétersbourg.

Le 12 novembre 1867, Berlioz partait pour Berlin et il arrivait le 17 à Saint-Pétersbourg, où toute la jeune école russe, écrivains, musiciens, amateurs, MM. Kologrivof, président de la Société musicale ; Balakiref, chef des chœurs et du chant ; César Cui, Rimsky-Korsakof, Borodine, Moussorgsky, Vladimir Stassof, le salua comme un chef vénéré et lui fit une manière de garde d'honneur. D'après les premiers projets de la grande-duchesse, il devait diriger cinq concerts consacrés aux chefs-d'œuvre des maîtres classiques, plus un sixième, uniquement composé de ses créations ; mais, sur les instances de ses nouveaux amis, on lui fit une place assez large sur chacun des programmes, sans préjudice du dernier qui comprit des fragments de *Roméo,* des fragments de *la Damnation de Faust* et tout *Harold en Italie.* Le premier concert se donna le 16 novembre, dans la belle et vaste salle du Club des marchands ; le deuxième eut lieu dans la salle de la Noblesse, le 25 novembre ; enfin, le sixième et dernier fut donné le 27 janvier 1868 (calendrier russe). Entre le quatrième et le cinquième, Berlioz avait fait une absence de douze jours pour aller diriger à Moscou, sur la demande du Conservatoire de cette ville, un concert monstre qui eut lieu dans la grande salle du Manège, avec cinq cents musiciens, en présence de dix mille six cents personnes. La Fête, de *Roméo,* et surtout l'*Offertoire* du *Requiem,* qu'on avait absolument voulu entendre à cause de l'effet qu'il venait de produire à Saint-Pétersbourg, enthousiasmèrent tellement l'auditoire qu'on rappela Berlioz quatre fois et qu'une dépêche fut expédiée à la grande-duchesse pour l'informer de cette émotion populaire. « C'est dit-il, la plus grande impression que j'aie produite dans ma vie ; » c'était aussi là qu'il avait pu réaliser ses rêves toujours caressés d'orchestre gigantesque, car l'orchestre de Saint-Pétersbourg, d'ailleurs excellent, ne comprenait pas plus de 80 à 90 exécutants ; mais il paya cher cette jouissance suprême. Il avait été, déjà, très éprouvé par le climat de Saint-Pétersbourg, dont il n'avait pas pu apprécier la rigueur lors de son précédent voyage, accompli au printemps ; cette excursion à Moscou, survenant après tant de fatigues, l'exténua, et, quand il revint dans la capitale, il était à bout de forces. Mais aussi quelles douces émotions il ressentait, dans ce monde où l'on aimait tant le beau dans tous les arts, où l'on vivait vraiment de la vie musicale et littéraire ! Est-ce que la grande-duchesse ne le priait pas, sans sortir du palais, de lui lire *Hamlet* ou des passages de Virgile et de Byron, toujours en français ; est-ce qu'elle ne se faisait pas chanter pour elle seule le nocturne de *Béatrice et Bénédict ;* est-ce que le 11 décembre, les admirateurs de Berlioz ne fêtaient pas son anniversaire en lui remettant, dans un grand repas, le diplôme de membre honoraire de la Société musicale russe, en le saluant comme « un des créateurs les plus puissants de la nouvelle école, un des plus grands promoteurs de l'art contemporain » ?

Autant de concerts, autant d'ovations. Au deuxième, il fut rappelé six fois, après la *Symphonie fantastique* exécutée d'une façon foudroyante ; au troisième, la symphonie en *ut mineur,* le second acte d'*Orphée*, admirablement chanté en russe par Mlle Lawrowski, et l'ouverture du *Carnaval romain* avaient obtenu un merveilleux succès ; au quatrième, l'*Offertoire* du *Requiem*, avec ce monotone *lamento* du chœur sur deux notes, produisait un effet indescriptible, etc. ; mais, entre tous ces morceaux, c'est la *Symphonie fantastique* qui provoqua l'admiration la plus vive, et M. César Cui lui consacra, dans la *Gazette de Saint-Pétersbourg,* un article enthousiaste où il proclamait que cette œuvre, d'une fantaisie exubérante, écrite à vingt-cinq ans par un auteur qui n'avait pas encore entendu *le Freischütz*, révélait une force d'imagination véritablement éblouissante, que « c'était un début de géant destiné à entraîner l'art musical dans des voies inconnues[1] ». Après avoir émis cette idée que Liszt et surtout Meyerbeer ont largement profité des filons orchestraux découverts par Berlioz, il le remercie avec chaleur d'avoir révélé aux Russes le génie de Gluck et célèbre en termes pompeux ses mérites de chef d'orchestre : « Comme il comprend Beethoven ! Quelle sérénité, quelle austérité dans l'exécution ! et quel effet, sans clinquant ni aucune concession au mauvais goût ! Je préfère de beaucoup Berlioz à Wagner comme chef d'orchestre, quand il s'agit de Beethoven. Malgré toutes ses excellentes qualités, Wagner fait voir souvent de l'affectation et introduit dans la mesure des retards d'une sentimentalité douteuse..... Pour ce qui est de ses propres œuvres, Berlioz, en les dirigeant, nous ouvre un monde nouveau, que la lecture assidue de ses partitions ne nous avait pas permis d'apercevoir... De tous les chefs d'orchestre que nous avons vus à Saint-Pétersbourg, Berlioz est certainement le plus grand : cet artiste, qui a voué à l'art toutes les forces de son âme, commande tous les respects et toutes les sympathies. »

Ce qui touchait peut-être Berlioz plus que tout le reste, c'était l'admiration que ses nouveaux zélateurs montraient pour sa dernière œuvre. Déjà M. Cui, se trouvant de passage à Paris, avait prié Berlioz de vouloir bien lui prêter la partition d'orchestre des *Troyens,* pour qu'il en pût exécuter les fragments que tous les musiciens russes admiraient le plus d'après la réduction au piano ; et Berlioz, par scrupule de conscience, avait cru devoir refuser, quoique les concerts projetés dussent tous être gratuits. Mais, dès qu'il fut là-bas, les instances reprirent de plus belle, tant et si bien qu'après en avoir averti son éditeur, il put autoriser la Société de musique à faire copier la partition d'orchestre des *Troyens,* dont elle acquérait les droits d'exécution pour la Russie : pour ce droit de copie et pour ces droits d'exécution, elle

---

1. Il y a là une erreur manifeste et Berlioz, on le sait, connaissait très bien *le Freischütz* quand il écrivit la *Symphonie fantastique*.

payait la somme dérisoire de cinq cents francs, dont Berlioz donna décharge en bonne et due forme, et qu'il s'engageait lui-même à remettre à l'éditeur dès son retour en France[1]. « Oh! quelle joie quand j'aurai battu la dernière mesure sur le finale d'*Harold,* écrivait-il à ses amis Massart; quand je pourrai me dire : Je pars dans trois jours, c'est-à-dire au commencement de février! » Il remit son bâton de chef d'orchestre en souvenir à M. Balakiref; il donna à la Société nationale une paire de cymbales antiques, fabriquées tout exprès à Paris pour le scherzo de *la Reine Mab;* puis, une fois ses remerciements faits à tout le monde, une fois sa gratitude exprimée à sa bienfaitrice, il reprit la route de Paris. « Malgré toutes les offres qu'on me fait pour me garder, je veux repartir, écrivait-il le 17 février 1868 au compositeur Holmès; le froid, la neige me chassent; je suis incapable, avec ma santé, de soutenir une pareille température... Les gracieusetés de tout le monde, des artistes, du public; les dîners, les cadeaux, n'y font rien. Je veux le soleil; je veux aller à Nice, à Monaco[2]. »

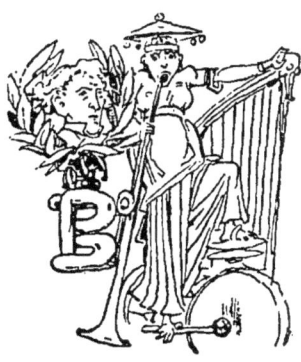

A B C MUSICAL
à l'usage des connaisseurs qui ne s'y connaissent pas.

Berlioz *(Hector).* — Inintelligible de son vivant; mais nos oreilles en ont entendu bien d'autres depuis qu'il est mort. Le déclarer extraordinairement fort et puissamment intéressant. *La Damnation* se joue chaque année aux Concerts populaires. On a eu du mal à se faire à ce charivari; mais il a bien fallu.....

(Sahib, *Vie parisienne,* 26 novembre 1881.)

Berlioz s'arrêta à peine à Paris : le temps juste d'apprendre que l'Américain Steinway avait payé son buste à Perraud, qu'on était en train d'en couler trois exemplaires pour New-York et Paris et qu'on en pourrait tirer d'autres pour le Conservatoire de Saint-Pétersbourg, ce qu'il annonçait en hâte à M. Vladimir Stassof :
« Oh! quand je pense que je vais m'étendre sur les gradins de marbre de Monaco, au soleil, au bord de la mer!!!... » Hélas! cette excursion dont il attendait forces et santé, devait lui être fatale. Aussitôt après son arrivée à Monaco, dans les premiers jours de mars, comme il parcourait les rochers qui descendent à la mer, il tomba la tête la première et resta longtemps étendu sur le sol. Il retourna cependant à

---

1. Ce traité singulier et cet acquit du maître sont précieusement conservés dans les archives de la Société de musique de Saint-Pétersbourg.
2. Au jour anniversaire de la naissance de Berlioz, la grande-duchesse lui avait offert un magnifique album en malachite, pour photographies, avec la sienne à la première page. — Sur ce dernier voyage en Russie, on trouvera les détails les plus circonstanciés, programmes, articles, etc., dans le livre d'Octave Fouque : *les Révolutionnaires de la musique,* auquel il convient toujours de recourir.

Nice, dès le lendemain ; il voulut alors se promener sur la terrasse, et, comme il changeait de place afin de mieux embrasser l'horizon, il tomba de nouveau sur la figure : on le relève, on le porte à l'Hôtel des Étrangers, on le déshabille, on le couche... Au bout de huit jours, il se trouve assez bien pour reprendre le chemin de fer et arrive à Paris, où sa belle-mère et sa domestique poussent de grands cris en voyant sa figure décomposée. Enfin, un médecin le soigne si bien, qu'après un mois et quelques jours, il pouvait à peu près marcher en se tenant aux meubles. Il essayait aussi de se remettre à écrire, mais sa fatigue était si grande que la plume lui tombait des mains, qu'il devait s'y reprendre à plusieurs fois avant d'arriver à la fin d'une lettre assez courte : il s'en lamente, mais nulle part il ne prononce le mot vrai, celui de congestion cérébrale. Enfin, au bout de deux mois, il assure et croit que les « suites directes de ses deux chutes sont effacées », mais sa maladie ordinaire avait reparu et lui faisait souffrir le martyre. Il n'avait d'ailleurs aucune illusion sur son état depuis qu'il était revenu de Russie ; un jour Nélaton, froidement, lui avait révélé la vérité : « Êtes-vous philosophe ? lui avait-il dit. — Oui.

DÉDICACE MISE PAR BERLIOZ
sur une partition de *Benvenuto Cellini*, peu avant de mourir.

— Eh bien, puisez du courage dans la philosophie, car vous ne guérirez jamais. »

Cependant il allait faire encore un effort et retourner en Dauphiné. Un grand concours de sociétés chorales devait avoir lieu au mois d'août à Grenoble, en même temps qu'on inaugurerait une statue de Napoléon Ier ; le maire de la ville et les membres du jury, recrutés presque tous à Paris, insistèrent tellement auprès de lui qu'il finit, n'en pouvant plus, par accepter la présidence. Il fit acte de présence au concours et se traîna comme il put le soir au grand banquet, qui avait lieu dans la Galerie des fêtes de l'Hôtel de ville : c'était le 16 août 1868. « Le convive que l'on attendait, dit un témoin oculaire, entra bientôt, soutenu par deux amis, et ce fut à sa vue, dans l'assistance joyeuse, un saisissement douloureux, une pitié profonde. Cet homme au corps chétif, au pas incertain, le regard perdu et les cheveux retombant sur les tempes en larges plaques blanches, cette tête de médaille, si fine et si accentuée, maintenant fruste sous les outrages de la maladie et les tourments de l'âme, ce cerveau brisé et cette intelligence presque éteinte par un accident affreux, c'était Hector Berlioz. » On le fit asseoir, et quand l'heure des toasts fut venue, au nom de ses concitoyens, de ses admirateurs, le maire de Grenoble lui offrit une couronne en vermeil ; mais il n'eut pas la force de répondre et céda la parole à Bazin, puis voulut se retirer. Il se lève ; tout à coup un épouvantable orage éclate sur la vallée de l'Isère, une rafale s'engouffre par les fenêtres, secouant les draperies, éteignant les flambeaux, et la lueur de l'éclair entoure d'une suprême auréole le front de l'artiste encore debout, mais marqué pour la tombe ; ce fut comme une apparition du fantôme de Berlioz... Il devait languir encore six mois.

Mais, depuis longtemps déjà, il sentait la vie lui échapper et plus il voyait le terme fatal approcher, plus il se renfermait en lui-même et semblait se détacher volontairement du monde[1]. Un soir d'automne, Blaze de Bury le rencontre qui longeait tristement le quai, non loin de l'Institut ; il était pâle, amaigri, voûté, fébrile. Un instant Berlioz, toujours muet, serra la main qui se tendait vers lui, puis il disparut dans le brouillard en murmurant, d'une voix à peine perceptible, ces vers d'Eschyle : « Oh ! la vie de l'homme, lorsqu'elle est heureuse, une ombre suffit pour la troubler ; malheureuse, une éponge mouillée en efface l'image et tout est oublié. » Retiré chez lui, dégoûté de tout, il passait son temps à émietter du pain pour les oiseaux qui venaient picorer sur sa fenêtre, à relire ses auteurs favoris : Virgile, Shakespeare, Gœthe et Bernardin de Saint-Pierre : « Avez-vous au moins devant vos fenêtres, écrivait-il un jour à Ferrand, des fleurs et des frondaisons nouvelles ? Je n'ai rien que des murs devant les miennes. Du côté de la rue, un roquet aboie depuis une grande heure, un perroquet glapit, une perruche contrefait le cri des moineaux ; du côté de la cour, chantent des blanchisseuses, et un autre perroquet crie sans relâche : Portez arme ! Que faire ? la journée est bien longue. » Il aimait à recevoir quelques amis à dîner chez lui, dans l'intimité, et quand il se donnait cette fête, il leur offrait toujours son plat de prédilection : un vol-au-vent. Mais le plus souvent, le soir, il se rendait chez ses voisins, les Damcke, « des musiciens lettrés », comme il les appelle, avec lesquels il s'était lié de plus en plus et qu'il avait associés à toute sa vie au point qu'il attendait souvent d'être

---

[1]. Gustave Bertrand, qui l'avait déjà vu malade et comme anéanti, à Saint-Pétersbourg, émet cette opinion tout à fait personnelle qu'il n'y avait nullement chez Berlioz d'éclipse d'intelligence, comme on le croyait généralement, mais qu'il se complaisait dans le silence et la désespérance pour que ce fût complet, absurde et fatal : la vraie fin d'un pur romantique. Voir les *Nationalités musicales étudiées dans le drame lyrique* (Didier, 1872).

avec eux pour décacheter ses lettres. « Excès de sensibilité, disait-il ; si la nouvelle est bonne, nous serons trois à nous en réjouir ; si elle est mauvaise, eh bien ! vous tâcherez de me remonter. »

Était-il d'humeur maussade, alors il demeurait étendu sur un canapé, sans mot dire, et s'esquivait s'il survenait quelque importun ; mais que Damcke, agacé par ce silence, le piquât au vif en l'interrogeant sur ses ouvrages, tout aussitôt il sortait de sa torpeur et parlait d'abondance, avec une expansion fulgurante. Arrivait-il en bonnes dispositions, alors, vite, il lisait du Shakespeare à ses amis, dans une traduction française ; il lisait avec emphase, avec une exaltation singulière, en laissant couler des pleurs qu'il essuyait vite de la main pour ne pas gâter l'effet de sa lecture. Au commencement, Léon Kreutzer, d'Ortigue et quelques autres venaient exactement à ces réunions intimes ; mais la mort, en fauchant, n'avait guère épargné que Berlioz et Stephen Heller. Un soir que le premier, morose et triste, avait recommencé son éternelle antienne sur la fatalité qui s'était acharnée contre lui et qu'Heller, selon son habitude, avait cherché à le remonter en lui démontrant qu'il était aussi honoré, aussi fortuné qu'il pouvait l'être avec la nature de son talent, Berlioz, subitement ragaillardi, proposa d'aller faire un souper fin chez Bignon. Et les voilà tous trois, Heller, Damcke et lui, descendant vers le boulevard, par une froide soirée de décembre, et s'attablant au Café Riche, où ils restèrent fort avant dans la nuit à causer gaiement de leurs auteurs favoris. Deux heures sonnent : « Il est temps de partir, dit Berlioz ; à présent, ma belle-mère doit dormir et je puis espérer la réveiller dans son premier sommeil. » Et cette nuit-là, moins que jamais, il ne se serait séparé de ses amis sans leur donner le bonsoir sur une grande pierre blanche qui se trouvait encastrée dans le trottoir, rue de Larochefoucauld, devant la maison des Damcke. Il avait fait de cet adieu solennel une cérémonie obligatoire avec laquelle il ne plaisantait pas, et l'insistance qu'il met à rappeler Heller, un soir que celui-ci s'en allait tout droit, la peine qu'il prend alors pour retrouver la pierre blanche au milieu d'un épais brouillard, en rampant et tâtonnant par terre, montrent assez quelle importance il avait fini par attacher à ce rite imaginé dans un jour de belle humeur.

Quelquefois, il prenait prétexte, soit d'un pâté qu'il recevait de Strasbourg, soit de bouteilles de champagne qu'il envoyait, pour aller dîner dans la famille de Théodore Ritter, avec Reyer[1]. Là aussi, il

---

[1]. Il se livrait à ce petit extra chez les Damcke ou chez Ritter, surtout lorsqu'il venait de recevoir de Vienne le ducat que certaines Sociétés musicales avaient coutume d'envoyer aux auteurs, non pas comme droit d'exécution, mais comme signe honorifique, avec une grande lettre de compliments

s'abandonnait sans contrainte ; après le dîner, Ritter se mettait au piano, Reyer essayait de chanter, et tous les deux faisaient entendre au vieillard des fragments de son *Faust,* de *Roméo et Juliette.* Alors Berlioz s'absorbait et pleurait à chaudes larmes en voyant ses chères créations reprendre un semblant de vie : « Ah ! c'est merveilleux, s'écriait-il parfois, et cela vaut l'orchestre en passant par tes doigts, mon enfant ! » Puis, exalté, en proie à la fièvre que lui causait toujours l'audition de ses œuvres, il descendait avec Reyer, et tant que cette ébullition n'était pas calmée, il battait le pavé, parlant vite et lançant une grêle de calembours, allant jusqu'à sa porte et s'en éloignant de nouveau, entamant et rejetant force cigares, s'asseyant sur les bornes ou les trottoirs, et toujours débordant d'une gaieté frénétique... Puis, tout à coup, il s'arrêtait à sa porte, il sonnait, et toute cette exaltation tombait en une minute ; le visage reprenait une rigidité de marbre ; le fantôme rentrait dans son tombeau.

Il conserva jusqu'à la fin le culte de l'amitié, la mémoire des services rendus. Dans les derniers temps de sa vie, il vit arriver chez lui Charles Blanc, l'ancien directeur des Beaux-Arts, son protecteur de 1848, qui briguait un fauteuil d'académicien libre, en remplacement du comte Walewski. Le candidat venait voir Berlioz par courtoisie et sans compter nullement sur sa voix ; mais, aux premiers mots du visiteur : « Mes jours sont finis, mon médecin me l'a dit ; il m'en a même fait le compte, ajouta-t-il avec un demi-sourire. Mais l'élection a lieu le 25 novembre ; j'y prendrai part. J'aurai même encore quelques jours pour me remettre. » Et il se fit conduire à l'Institut pour déposer son bulletin dans l'urne. C'était un suprême effort. Il tombait bientôt presque en enfance et la paralysie gagnait la moitié du corps : il essayait toujours de coordonner ses souvenirs, de formuler ses pensées, mais c'était en vain ; il balbutiait, ne trouvait plus ses mots et versait des larmes ou avait des soubresauts de colère en constatant son impuissance. Une des dernières fois qu'il put sortir, il se fit monter chez Reyer et se mit à déjeuner, aidé par un fidèle domestique, nommé Schumann, qui le faisait boire et manger. Comme il allait partir, l'auteur de *la Statue* le pria de signer une partition de *Benvenuto* qu'il lui avait donnée autrefois. Alors, Berlioz prenant la plume écrivit machinalement : *A mon ami.....* Puis s'arrêtant, le regard vague, hébété : « Tiens, comment vous nommez-vous ? — Reyer. — Ah !... oui... Reyer... » A peu de jours de là, il se voyait définitivement

---

enthousiastes. Cette modeste aubaine (le ducat d'Autriche vaut un peu moins de douze francs), cette marque d'admiration lui causaient chaque fois un plaisir infini ; il montrait la petite pièce d'or à ses fidèles amis et ne la dépensait qu'après s'en être amusé comme un enfant.

cloué au logis : c'était le début d'une lente et pénible agonie. Lorsqu'un ami lui faisait visite, il était introduit auprès du malade, étendu sur son lit et qui l'accueillait par un douloureux sourire, mais sans pouvoir dire un mot, la langue étant prise à son tour ; le visiteur faisait-il mine de s'en aller après quelques minutes, alors le moribond le retenait d'un geste amical et comme pour bien marquer qu'il jouissait encore, en silence, de cette marque d'affection donnée au bord de

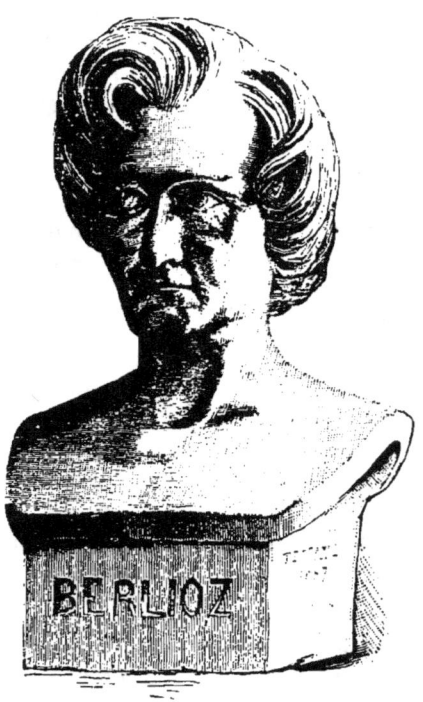

HECTOR BERLIOZ, PAR PERRAUD (1867).
Buste en marbre, à l'Institut.

la tombe. Enfin, l'heure de la délivrance allait sonner : le lundi 8 mars 1869, à midi et demi, Berlioz rendait le dernier soupir ; il était entouré, à ce moment suprême, de sa belle-mère et de Mme Damcke, de Mme Charton-Demeur et de Mme Delaroche, cette amie chez laquelle sa femme était morte. Aussitôt, Mme Martin envoya quérir Reyer qui demeurait non loin de la rue de Calais, et, durant toute la nuit suivante, le grand artiste fut fidèlement veillé par son disciple et son ami[1].

1. Le domestique de Berlioz, qui le soigna durant ses dernières années, fut placé dans les bureaux de la Ville par les soins de M. Reyer, qui alla le recommander à M. Haussmann. « Berlioz, je crois

Le jeudi, à onze heures, ses funérailles furent célébrées à la Trinité, sans soulever d'émotion dans la rue, sans causer d'encombrement dans l'église. Le convoi funèbre, escorté de gardes nationaux, descendit par la rue Blanche. Les passants s'arrêtaient bien pour entendre une musique de la garde nationale qui jouait des fragments de la *Symphonie funèbre et triomphale;* on regardait avec curiosité les habits brodés de MM. Guillaume et Camille Doucet qui tenaient les cordons du poêle avec le baron Taylor et M. Perrin, directeur de l'Opéra; les boutiquiers se hissaient pour voir les insignes, les croix, les couronnes de feuillage ou d'or déposés sur le cercueil; mais tous ces badauds ne savaient guère à quel homme de génie ils accordaient un dernier salut machinal[1]. A l'église, la cérémonie, en dehors des personnages officiels et des notabilités du monde des arts, avait attiré seulement les admirateurs inconnus de Berlioz, des gens pénétrés de la perte que l'art musical venait de faire; elle eut dès lors un caractère, un sérieux, qui contrastaient singulièrement avec les désordres scandaleux signalés aux funérailles de Rossini. Pendant la messe, l'orchestre et les chœurs de l'Opéra, réunis aux enfants de la maîtrise, exécutèrent divers morceaux, de ceux qui devaient être les plus doux à l'oreille du maître : l'*Introït* du *Requiem,* de Cherubini; le *Lacrymosa,* de Mozart; l'*Hostias et preces* de son *Requiem;* la marche d'*Alceste.* Mais, au moment même où l'organiste Chauvet s'apprêtait à jouer le septuor des *Troyens,* la fanfare du facteur Sax, si souvent défendue par Berlioz et qui avait pris place dans une tribune, attaquait inopinément la marche funèbre de Litolff à la mémoire de Meyerbeer; Chauvet dut alors se taire et ne put que jouer, au moment de la sortie, la marche d'*Harold*. Puis, le cortège se reformait. MM. Ambroise Thomas et Gounod, ses confrères à l'Institut, son ami Nogent-Saint-Laurens, membre du Corps législatif, se rangeaient autour du corbillard avec M. Perrin, et le convoi, sous la pluie et le vent, remontait vers le cimetière Montmartre. Là, plusieurs orateurs prirent la parole : M. Guillaume, au nom de l'Académie des Beaux-Arts; M. Frédéric

---

bien! dit le grand préfet; mais nous avons été camarades chez Choron; car, moi aussi, j'ai appris la musique, et si j'avais poussé plus loin, j'aurais pu même écrire des symphonies... » Et tout aussitôt, il fit donner une place d'huissier à Schumann. — Celui-ci avait une petite maison à Saint-Maur, et sa demeure fut pillée pendant la guerre; mais il en avait retiré un dépôt précieux qu'il porta chez M. Reyer, le lendemain de son élection à l'Institut : c'était l'épée, l'habit et le chapeau de Berlioz, que celui-ci envoyait comme d'outre-tombe à son nouveau confrère, à son successeur dans la réalité, puisque M. Reyer occupe, après Félicien David, le fauteuil même de Berlioz.

1. Berlioz, tout le long de sa vie, avait reçu d'innombrables couronnes, trophées, diplômes d'honneur, lettres de souverains; il avait empilé toutes ces reliques dans une caisse, à son bureau du Conservatoire, et les fit brûler, un beau jour de 1867, par le garçon de la bibliothèque, de qui l'on tient le fait. Les seules couronnes qu'on put mettre sur son cercueil furent les dernières qu'il avait reçues de ses admirateurs de Paris et de Bordeaux, de la jeunesse hongroise, de l'aristocratie russe, de ses compatriotes de Grenoble, celles qui étaient restées chez lui et qui avaient échappé à cet autodafé.

Thomas, représentant la Société des Gens de lettres ; M. Gounod, pour la Société des Auteurs et Compositeurs dramatiques ; M. Elwart, comme appartenant au Conservatoire, et tous les quatre, au milieu de lieux communs inévitables, vantèrent d'une seule voix les convictions ardentes, les hautes visées de cet artiste invincible et militant, toujours abattu, jamais terrassé, qui venait de trouver son premier moment de repos dans la mort[1].

Le soir même, il fut procédé à l'ouverture du testament que Berlioz avait fait en 1867, après la mort de son fils, et l'on put voir alors combien il s'était inquiété de laisser quelque souvenir qui parlât de lui à chacun de ses amis. Il n'en avait oublié que deux : Auguste Morel et Stephen Heller ; tandis que Damcke et Alexandre, désignés comme exécuteurs testamentaires, devaient avoir, l'un la collection de ses ouvrages gravés, l'autre ses bâtons de chef d'orchestre[2]. Berlioz, si fort qu'il eût souffert, à l'en croire, du baragouin franco-espagnol de sa belle-mère, avait dignement reconnu les soins dévoués de Mme Martin-Recio en lui attribuant l'usufruit de sa petite fortune, dont la propriété revenait à ses nièces. D'autre part, il laissait à M. Nogent-Saint-Laurens son *Virgile*, et à Mme Massart son *Shakespeare* anglais, une magnifique édition qu'Ella, le directeur de l'Union musicale de Londres, lui avait offerte en juin 1855 ; à M. Reyer, son *Paul et Virginie* annoté et couvert dans les marges de remarques, d'exclamations frénétiques : « Musique et peinture, c'est digne de Virgile !... *O sweet love !* Shakespearien !... Pauvre vierge adorable !... Elle lui dit *vous !* La malheureuse, je la tuerais !... etc.[3] ». Les manuscrits de ses partitions d'opéras, primitivement réservés, étaient légués au Conservatoire ; enfin une rente viagère de seize cents francs était constituée au profit d'Estelle, de Mme Fornier, qui devait mourir seulement huit ans plus tard : il avait généreusement oublié le refus fait à ses propositions extravagantes et n'avait voulu se souvenir, au dernier

---

1. M. Guillaume, représentant l'Académie des Beaux-Arts, crut devoir parler de la « brillante élection par laquelle l'Académie avait voulu consacrer une carrière si bien remplie et que couronnaient une grande renommée, une légitime popularité ». N'était-ce pas là dépasser un peu les limites permises même en matière d'éloge funèbre ? Une grande renommée ? Oui, à l'étranger. Une popularité légitime ? Oui, hors de France. Une élection brillante ? Après quatre tours de scrutin et à la stricte majorité d'une voix. Reste la volonté de l'Académie d'appeler Berlioz à elle ; alors comment se faisait-il que son élection eût été si vivement disputée et que la moitié des votants lui eût préféré jusqu'au bout Niedermeyer, Leborne ou M. Gounod ?

2. M. Alexandre, par la suite, en remit un à M. Litolff, lors des concerts de l'Opéra (novembre 1869), un autre à M. Colonne, au moment du grand succès de *la Damnation de Faust* aux concerts du Châtelet ; puis un troisième, ainsi qu'on l'a déjà dit, à Pasdeloup pour son festival de retraite, en 1884.

3. Cet exemplaire, imprimé et vendu par Vialat en 1854 (la date est importante à connaître à cause de ces annotations furibondes), est un volume petit in-8°, intitulé : *Œuvres choisies de Bernardin de Saint-Pierre*. *Paul et Virginie*, illustré de gravures sur bois tirées par Plon, occupe le premier quart ; dans le reste du volume, il n'y a plus que des corrections purement typographiques de la main de Berlioz.

moment, que du juvénile amour de Meylan, que de l'accueil amical de Genève[1].

Certes, les confrères et les admirateurs de Berlioz avaient convenablement parlé sur sa tombe, mais l'adieu le plus juste et le plus touchant lui vint d'un ami d'ancienne date et d'un collaborateur accidentel, qu'on aurait pu croire oublieux, comme tant d'autres. Théophile Gautier, fidèle au devoir qu'il s'était tracé de ne jamais laisser disparaître un soldat de l'armée romantique sans lui donner le dernier salut, Gautier fit sur Berlioz un article où se trouve résumée, en termes émus, la carrière toute de lutte et de combats qui venait de s'achever. « Personne, disait-il, n'eut à l'art un dévouement plus absolu et ne lui sacrifia si complètement sa vie. En ce temps d'incertitudes, de scepticisme, de concessions aux autres, d'abandon de soi-même, de recherche du succès par des moyens opposés, Hector Berlioz n'écouta pas un seul instant ce lâche tentateur qui se penche, aux heures mauvaises, sur le fauteuil de l'artiste, et lui souffle à l'oreille des conseils prudents. Sa foi ne reçut aucune atteinte et, même aux plus tristes jours, malgré l'indifférence, malgré la raillerie, malgré la pauvreté, jamais l'idée ne lui vint d'acheter la vogue par une mélodie vulgaire, par un pont-neuf rythmé comme une contredanse. En dépit de tout, il resta fidèle à sa conception du beau : s'il fut un grand génie, on peut le discuter encore, — le monde est livré aux controverses, — mais nul ne penserait à nier qu'il fut un grand caractère. »

---

1. On a dit que Mme Fornier avait refusé ce legs ; mais un de ses neveux a assuré à M. Hippeau qu'elle avait accepté et que lui-même en avait touché les revenus pour sa tante. La chose en elle-même importe peu. — Il serait malaisé de dire exactement quelles étaient les ressources de Berlioz à la fin de sa vie ; mais il parlait toujours à ses amis Damcke — peut-être voyait-il les choses en beau — d'une dizaine de mille francs qu'il laisserait à ses nièces, et, pour ne pas écorner cet héritage, il se refusait le plaisir d'organiser de grandes exécutions de ses œuvres, qui lui auraient coûté chaque fois quelques milliers de francs. Il faut savoir aussi que le mobilier de l'appartement qu'il occupait rue de Calais, l'argenterie et les menus objets décoratifs, provenant de sa femme, étaient la propriété de sa belle-mère, à laquelle il payait, de ce chef, une petite rente.

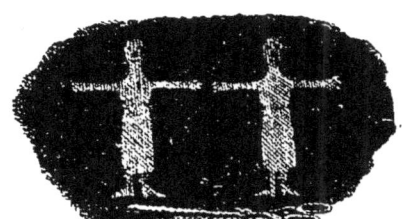

LES SPECTRES DE CASSANDRE ET D'HECTOR.
Des bonshommes de papier découpé qui semblent s'être découpés eux-mêmes.
(Grévin, *Journal amusant*, 28 novembre 1863.)

CHAPITRE XIV

L'ARTISTE ET LE CRÉATEUR

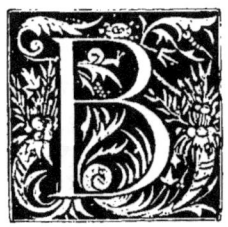ERLIOZ, comme un de ses amis l'a dit sur sa tombe, aurait-il fait de plus grandes choses si ses compatriotes avaient été plus clairvoyants à son égard, ou bien les rigueurs exagérées de la critique n'ont-elles pas, au contraire, surexcité son imagination, aiguillonné son génie? Il est positif, en tous cas, que cette hostilité même et les attaques auxquelles il était en butte contribuèrent, dès le principe, à le placer bien au-dessus des musiciens de son âge. Un jeune homme à l'esprit ardent, à l'imagination toujours en feu, arrivant du fond de sa province à Paris sur la fin de la Restauration, juste au moment où la révolution littéraire venait de trouver son titre et d'arborer son drapeau, devait fatalement s'y associer avec fougue, adhérer à toutes les doctrines de l'école nouvelle, et Berlioz devint en effet l'un des coryphées du romantisme ; alors, d'illustres patrons : Victor Hugo, Lamartine et Dumas, Ary Scheffer et Vigny, Balzac et Delacroix, lui donnèrent solennellement l'accolade aux yeux du public ébahi. Quel fou ce devait être, en effet, pour des gens de sens rassis, que ce jeune échevelé qui ne tendait à rien moins qu'à prendre dans l'art musical le rang qu'occupait Hugo dans le monde littéraire, Delacroix dans la peinture; et rêvait d'être à la fois héroïque comme Spontini, fantastique comme Weber, touchant comme Virgile, trivial et sublime comme Shakespeare, grand comme Beethoven!

Imaginations démesurées, ambitions colossales, mais qui le mirent aussitôt en évidence et lui suscitèrent de chaleureux défenseurs en même temps que d'ardents adversaires. Ceux-ci, à vrai dire, étaient sensiblement plus nombreux que ceux-là : c'étaient les trois quarts du public, beaucoup d'artistes et une partie de la presse, plus les gardiens jurés des traditions classiques occupant soit un fauteuil à l'Institut, soit une chaire au Conservatoire; c'étaient surtout les prétendus connaisseurs des classes élevées, dilettantes possédant un vernis d'éducation musicale et parlant haut dans les salons, reprochant au nouveau venu de n'avoir pas de mélodie, le raillant sur le caractère ultra-romantique de ses programmes, sur l'emploi nécessaire à ses idées d'un nombre inusité d'instruments. Mais la plupart de ces adversaires étaient sans parti pris et ne faisaient que se garer d'instinct contre un novateur qui dérangeait leurs habitudes et contrariait leur goût. Ses partisans, au contraire, étaient gens d'opinion très ferme et qui le défendaient non pour lui-même, car bien souvent ils n'entendaient rien à la musique, mais pour une idée qu'il incarnait, l'idée révolutionnaire ; ils n'étaient pas nombreux à l'origine, et puis ils s'étaient multipliés à mesure que les détracteurs de Berlioz s'étaient montrés plus agressifs. Par son mépris affiché du public, Berlioz s'était rallié tous ceux qui pensaient avoir à se plaindre de ce public haïssable : artistes discutés ou méconnus, peintres, sculpteurs, architectes, poètes et romanciers, qui, tous, le défendaient avec entrain de la plume ou de la parole. A ceux-ci s'étaient bientôt joints, par mode, un noyau de gens du monde, désireux de se singulariser en applaudissant ce que la plupart de leurs amis désapprouvaient, et faisant grand bruit pour attirer l'attention sur eux-mêmes ; puis ce groupe de partisans s'était encore augmenté de musiciens indépendants, frappés par l'originalité souvent étrange et le charme merveilleux de son orchestration ; si bien que Berlioz n'avait jamais passé inaperçu, n'avait jamais été seul de son bord. Presque aussitôt après son retour de Rome, il était déjà salué comme un chef et c'est ainsi qu'il apparut à Stephen Heller, lorsque celui-ci vint vivre en France et s'allia vite aux musiciens qui gravitaient autour de Berlioz, l'auteur du *Requiem*[1].

Berlioz, en s'enrôlant dans l'armée romantique, avait obéi à l'irrésistible impulsion de sa nature. Il n'était pas seulement romantique par ses aspirations littéraires et ses raffinements d'artiste, par son amour pour la harpe, dont il chantait l'origine en s'inspirant de Thomas Moore et qui se transformait parfois à ses yeux en une douce apparition féminine ; il n'était pas seulement romantique par le choix de ses collaborateurs, comme le fut Monpou, pour avoir mis de préférence en musique des poésies de Lamartine ou de Dumas, de Thomas Moore ou de Brizeux, d'Émile Deschamps, de Théophile Gautier et de Victor Hugo ; romantique, il l'était jusqu'aux moelles et le demeura toute sa vie, dans toutes les sphères de son activité, dans ses compositions, ses écrits, ses lettres, ses amours. Il était romantique, et des plus naïfs, dès sa jeunesse, alors qu'il racontait à son père, à Ferrand, ses triomphes, ses émotions fulgurantes, ses évanouissements, comme un acteur aurait fait d'un rôle, avec les mêmes formules, les mêmes

---

1. C'est en 1838 que Stephen Heller arriva dans la capitale ; ces renseignements si précis sont résumés d'après une grande lettre où il a réuni tous ses souvenirs sur Berlioz, lettre adressée à M. Hanslick et publiée dans *la Nouvelle Presse*, de Vienne, puis aussitôt traduite en français par *le Guide musical*, de Bruxelles (février 1879).

exclamations; lorsqu'il essayait sur Ferrand les tirades qu'il allait replacer dans la bouche de Lélio, lorsqu'il adressait à ses différents correspondants les mêmes amplifications, de l'accent le plus sincère, en croyant lui-même aux fables écloses sous sa plume. A plus forte raison l'est-il dans ses *Mémoires,* alors qu'il ne se trouve plus sous le coup des événements et qu'il les présente au mieux de ses intérêts; lorsqu'il se drape, à la façon de René, de Werther, dans sa misanthropie et son désespoir; lorsque, involontairement sans doute, il enchevêtre les dates et bouleverse les faits de telle façon qu'on ne sait vraiment pas où finit l'histoire, où le roman commence.

Or, n'est-ce pas le propre du romantisme que la forme emporte le fond et qu'une fois la forme romanesque trouvée, déterminée, on s'y attache, on la répète avec insistance, au point de finir par y croire soi-même et d'être absolument surpris du moindre doute émis à cet égard; n'est-ce pas aussi la loi des autobiographies qu'elles soient toujours œuvres de fantaisie ? « Gœthe, a dit M. Renan, choisit, pour titre de ses mémoires, *Vérité et Poésie,* montrant par là qu'on ne saurait faire sa propre biographie de la même manière qu'on fait celle des autres. Ce qu'on dit de soi est toujours poésie. S'imaginer que les menus détails sur sa propre vie valent la peine d'être fixés, c'est donner la preuve d'une bien mesquine vanité. On écrit de telles choses pour transmettre aux autres la théorie de l'univers qu'on porte en soi. » Certes, voilà des mots qui seraient bien gros appliqués à Berlioz; mais le mobile était le même chez lui, toute proportion gardée, et s'il n'avait nulle conception du monde à nous révéler, il tenait à exposer de nouveau ses vues sur l'art, à débiter, chemin faisant, mille fariboles, mille quolibets et, d'instinct, il prit la forme autobiographique. Encore une fois, il écrivit ses *Mémoires* pour son plaisir, pour s'amuser en amusant le lecteur, mais nullement pour le renseigner; d'ailleurs, il avoue qu'ils ne sont pas complets et ne garantit pas qu'ils soient exacts : c'était prudent à lui.

Romantique, il le fut jusqu'au bout par son besoin de se modeler sur quelque illustre ancêtre, lorsqu'à près de soixante ans, lui, le génie aux emportements irrésistibles, aux impatiences effrénées, il se fait patient parce qu'il vient d'apprendre que Virgile a mis onze ans pour écrire *l'Énéide,* une merveille encore imparfaite aux yeux du grand poète, et que Shakespeare a refait trois fois *Hamlet* : « Ce n'est qu'en travaillant ainsi qu'on peut faire les grandes choses durables », écrit-il alors à Adolphe Samuel qui dut être émerveillé de la découverte. Romantique, il le fut surtout dans ses compositions, dans ses amours; bien mieux, le romantisme, alors, se doublait chez lui de l'influence du pays natal. Le Dauphinois, en effet, bien que raisonneur et avisé, comme il sied au compatriote de Condillac et de Stendhal, ne laisse pas de marquer un goût très vif pour les imaginations extraordinaires. *J'ame que tremble,* dit le paysan de là-bas en parlant des histoires qu'on raconte à la veillée et du ton plus ou moins pathétique dont elles sont débitées ; il aime à trembler, à être secoué par l'émotion, et ce fut la préoccupation constante de Berlioz que d'être toujours en trépidation, que de paraître n'avoir jamais rien composé que sous le choc immédiat, sous le coup de l'émotion. La *Symphonie fantastique* qu'il roulait dans sa tête, en vérité, depuis longtemps et qu'il assure avoir écrite avec frénésie sous l'influence enchanteresse d'Ariel : le coup de foudre. Le monodrame de *Lélio* qu'il élabore et combine de pièces et de morceaux plus ou moins défraîchis, dans l'accès de fureur provoqué par la trahison d'Ariel : le coup de foudre. La symphonie dramatique de *Roméo et Juliette* à laquelle il prétend n'avoir pensé que par reconnaissance envers Paganini, tandis qu'il était tourmenté de ce projet depuis dix années : le coup de foudre. Enfin *la Damnation de Faust* qu'il entreprend un beau jour, pour se désennuyer en voyageant à travers l'Allemagne et dont, en réalité, l'idée ne l'avait guère abandonné depuis qu'il avait écrit ses premières scènes de *Faust :* toujours le coup de foudre. Et, dans cette dernière œuvre, est-ce que le démon, au lieu de s'offrir à nos yeux sous l'aspect d'un diable prudhomme et sensible, à la Meyerbeer, ou d'un railleur acerbe et pédant, tel que le pied-fourchu de Gœthe, n'affecte pas l'allure légère et le ton dégagé d'un pur dandy? N'est-ce pas, de la tête aux pieds, le Diable à la mode romantique et tel que Gautier l'évoque dans *Albertus :*

> C'était un élégant
> Portant l'impériale et la fine moustache,
> Faisant sonner sa botte et siffler sa cravache,
> Ainsi qu'un merveilleux du boulevard de Gand,
> — On eût dit qu'il sortait de voir *Robert le Diable*
> Ou *La Tentation,* ou d'un raout fashionable —
> Boiteux comme Byron, mais pas plus......

Dans ses crises de passion, enfin, dans ses brouilles, ses raccommodements, ses haines, ses vengeances, Berlioz ne procède-t-il pas toujours par brusques surprises et revirements subits, par affolements ou écroulements instantanés ; ne passe-t-il pas en une seconde d'un ravissement ineffable au plus affreux désespoir ; n'est-il pas en une journée, en une heure, secoué, ballotté, torturé par les sentiments les plus contraires et les plus véhéments ? En toute occasion, qu'il compose ou qu'il écrive, qu'il aime ou qu'il haïsse, le coup de foudre. Et ces interminables épanchements d'amoureux bavard mettant tout le monde, amis,

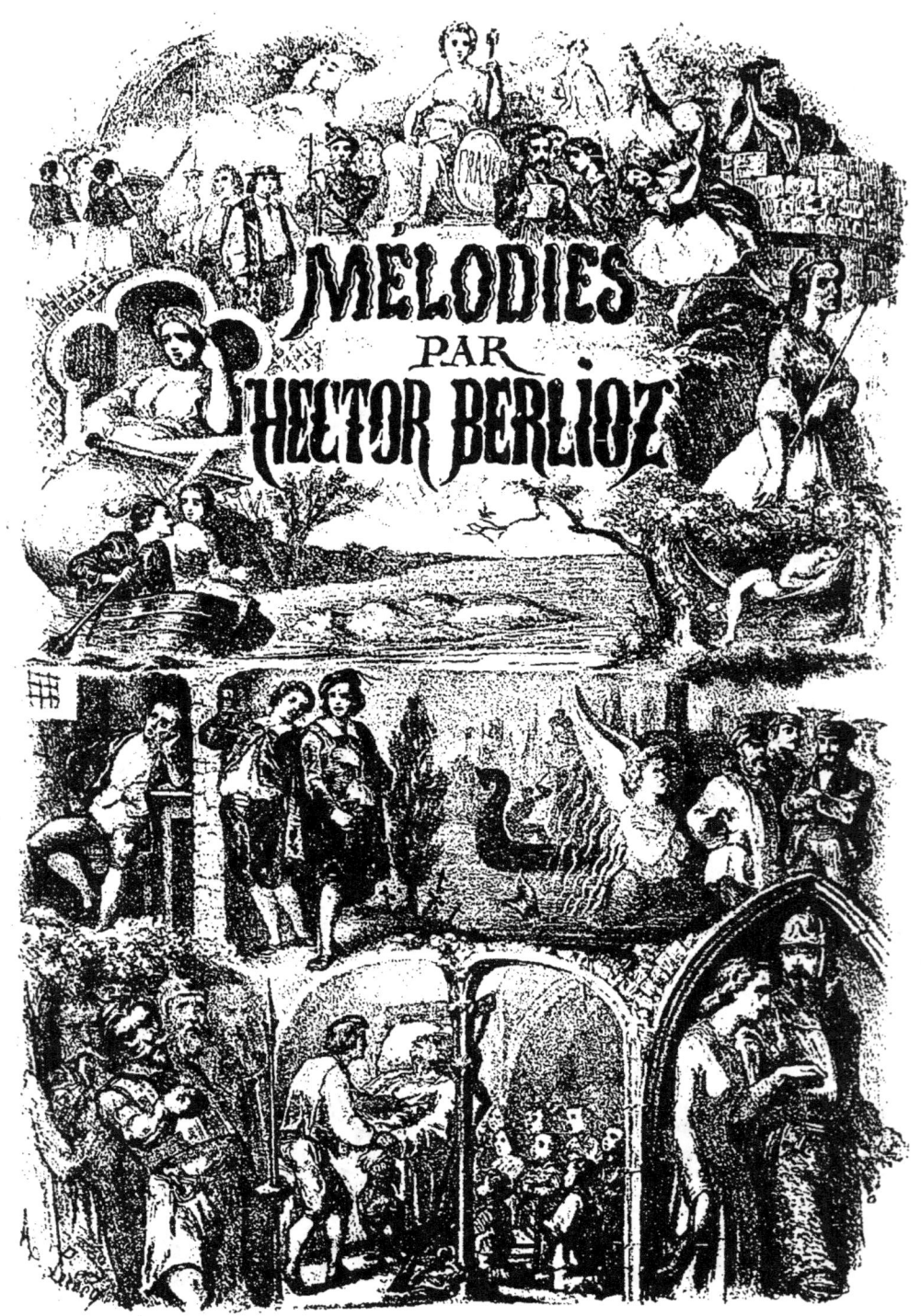

« RECUEIL DE TRENTE-TROIS MÉLODIES » DE BERLIOZ.
Frontispice en lithographie par A. Lecocq (1863).

parents, étrangers dans la confidence de ses bonnes fortunes, ne sont-ce pas là des procédés chers aux héros romantiques? Enfin ce retour obstiné des souvenirs d'enfance, cette persistance du premier amour survivant à tous les égarements, à toutes les déceptions d'une vie de fièvre et de passion, n'est-ce pas une conception romantique au premier chef? Dans Berlioz allant offrir à Mme Fornier l'hommage de son amour réchauffé, ne retrouvez-vous pas, rôles renversés, la Mme Sutton des *Mémoires d'outre-tombe* faisant visite à Chateaubriand devenu ministre, assez froidement reçue et laissant une lettre d'adieux dépités à celui qui naguère, émigré de France et traité comme un fils dans la maison du révérend Ives, aurait rêvé d'épouser sa charmante fille, s'il n'eût déjà contracté mariage au pays breton [1]?

Si son ardente adhésion aux doctrines romantiques avait valu à Berlioz d'illustres défenseurs, des alliés qui avaient sonné de la trompette devant lui, elle le désigna, en récompense, quand arriva l'heure de la réaction réaliste, aux attaques de la nouvelle école. Il fut, avec tous les tenants du romantisme, englobé dans une réprobation générale et, bien que le parti réaliste eût en matière musicale une indifférence absolue, il n'en fut pas moins maltraité par contre-coup, et de la façon la plus inattendue. Un écrivain qui s'était posé en coryphée du réalisme n'eut-il pas l'idée singulière, voulant exalter Courbet, de le comparer à Rossini, pour assurer qu'il triompherait, comme l'illustre Italien, de tous ses détracteurs, car le public, assurait-il, ne s'inquiétait déjà plus guère des « ânes qui avaient poussé des beuglements quand la musique de Rossini fut représentée *(sic)* en France », et, non content de cette amabilité, il lançait encore un coup de patte à l'auteur de *Roméo* : « M. Courbet n'abuse point de la sonorité des tons, puisqu'on a transporté la langue musicale dans le domaine de la peinture. L'impression de ses tableaux n'en sera que plus durable. Il est du domaine de toute œuvre sérieuse de ne pas attirer l'attention par des retentissements inutiles : une douce symphonie de Haydn, intime et domestique, vivra encore, qu'on parlera avec dérision des

---

[1]. Le rapport est frappant, remarquez-le bien, entre ce premier amour de Berlioz et l'amour de Chateaubriand pour Charlotte Ives ; leurs récits mêmes ont des points d'analogie. Lorsque Chateaubriand explique par les soucis politiques l'accueil dont Mme Sutton paraît s'être froissée, il ajoute qu'il n'osa ni répondre à sa lettre d'adieux ni lui renvoyer les fragments littéraires dont elle s'était dessaisie sous promesse qu'il les lui retournerait augmentés ; il brûle aussi, comme Berlioz, du désir d'aller une dernière fois en Angleterre afin d'éclaircir ses doutes, de la revoir et de se disculper à ses yeux, si tant est qu'elle eût réellement à se plaindre de lui ; mais il ne met jamais ce projet à exécution par excès de *sensibilité*, lui qui se sent « assez faible pour n'oser visiter le rocher paternel sur lequel il a marqué sa tombe ». Et la fin de ce roman d'exil est absolument identique avec celui de Berlioz : « Un des deux beaux enfants pour lesquels Charlotte m'avait prié de m'intéresser en 1822 (lorsque Chateaubriand était ambassadeur à Londres) vient de venir me voir à Paris : c'est, aujourd'hui, le capitaine Sutton ; il est marié à une jeune femme charmante, et il m'a appris que sa mère, très malade, a passé dernièrement un hiver à Londres. »

nombreuses trompettes de M. Berlioz. » L'opinion de M. Champfleury se modifia peut-être un peu plus tard, lorsque le maître réaliste eut fait poser par deux fois devant lui le compositeur romantique, et qu'il eut peint ses admirables portraits de Berlioz. Rapprochement vraiment piquant après une telle attaque et d'autant plus singulier que ce n'est sûrement pas Berlioz, aveugle en matière de peinture et faisant profession de n'y rien connaître, qui sera allé au devant du peintre et lui aura demandé de fixer ses traits sur la toile : son mépris pour les arts du dessin et l'ennui qu'il éprouvait à poser devant un peintre ou un statuaire éclatent en trop d'endroits de sa correspondance et de ses écrits pour laisser aucun doute à cet égard [1].

Dès la première heure apparaissent chez Berlioz ces imaginations gigantesques qui ne firent qu'augmenter avec l'âge et qui le poussaient à des tentatives tout à fait extravagantes, comme celle de faire chanter le duo d'Armide et d'Hidraot par trente sopranos et trente barytons. Passe encore pour la prière de *Moïse* et la *Bénédiction des poignards*, car on peut rêver de faire exécuter des chœurs par le plus de voix possible ; on peut, pour la curiosité du fait, réaliser ce grossissement formidable ; passe aussi pour certains arrangements, comme celui de la romance de *Plaisir d'amour*, chantée en chœur, que Berlioz justifiait par une théorie ingénieuse : « Quand vous aurez un morceau vocal d'une extrême douceur à faire exécuter, comme il n'y a presque pas de cantatrices qui sachent aujourd'hui chanter piano, prenez quarante choristes ou cent et la nuance désirée se produira [2] » ; tout cela peut se défendre à la rigueur, s'accorder par exception ; mais quelle aberration d'esprit avait pu l'amener à faire chanter la partie d'Armide ou celle d'Hidraot par tous les choristes qu'il avait pu réunir ? Jamais il ne put se faire à cette idée que la sonorité n'augmentait pas en raison directe de la multiplication des agents sonores et qu'au delà d'une certaine limite, il n'obtiendrait plus un bruit musical agissant sur l'oreille, mais un bruit brutal agissant sur les nerfs, comme lorsqu'il avait manqué de se trouver mal en entendant le grand finale de *Guillaume Tell* attaqué par un immense orchestre et des chœurs innombrables, dans les ateliers de peinture de Cicéri, aux Menus-Plaisirs. Il avait dû sortir, tellement

---

1. Peut-être est-ce Baudelaire qui mena Berlioz chez Courbet ; peut-être aussi Berlioz, en se rapprochant des réalistes qui l'avaient attaqué d'abord, pensait-il recruter de ce côté de nouveaux partisans ; toujours est-il que durant les séances de pose on se faisait un jeu, chez Courbet, d'effrayer Berlioz, qui redoutait tant la République, en devisant, en insistant sur les désordres, les bouleversements et les massacres qu'amènerait fatalement la révolution sociale imminente. Et Berlioz blémissait en entendant ses nouveaux amis parler, sur ce ton badin, de toutes ces horreurs prochaines.
2. Cette citation, comme quelques autres déjà glissées dans le courant du récit, comme la plupart de celles qui vont suivre, est tirée de feuilletons de Berlioz non réunis en volume et perdus dans la collection des *Débats* : il peut être bon d'en aviser, une fois pour toutes, les lecteurs et les écrivains.

sa poitrine vibrait, écrivait-il à Ferrand ; et puis, à l'exécution définitive aux Tuileries, plus rien, aucun effet : « La musique n'est décidément pas faite pour la rue, en aucune façon. » Désillusion manifeste et qui ne l'empêchera pas de composer sa *Symphonie funèbre et triomphale* pour être exécutée en plein air : de là un second mécompte, quand il constata que cet orchestre formidable, après l'effet foudroyant de la répétition aux Concerts-Vivienne, ne produisait qu'un bruit insignifiant tout le long des boulevards. Déception nouvelle, enfin, après le festival militaire organisé à l'Hippodrome, en 1846, par l'Association des artistes musiciens : « Je l'ai déjà dit bien des fois et je le répète : la musique en plein air est une chimère..... 150 instruments à vent dans une salle fermée eussent produit un effet plus complètement

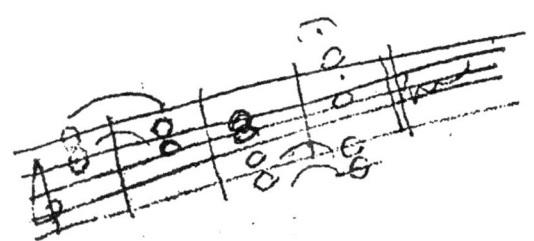

TITRE DU « PAUL ET VIRGINIE », ANNOTÉ PAR BERLIOZ
et légué par lui à M. Ernest Reyer.

musical que les 1,800 musiciens de l'Hippodrome jetant leurs harmonies à tous les vents. » Cent cinquante instruments à vent dans une salle fermée : et dire que Berlioz pensait être modeste en n'en demandant pas plus !

Il revint de sa chimère de la musique en plein air ; mais il ne guérit jamais de celle des orchestres innombrables, des festivals monstres, et chaque fois que ses intentions étaient trompées par l'événement, il ne manquait pas de l'attribuer à l'insuffisance du nombre des exécutants. Il professait d'ailleurs, à l'endroit des orchestres renforcés, une théorie bien particulière, et le désir d'obtenir une grande sonorité se combinait, chez lui, avec celui d'atteindre une extrême justesse : « Pourquoi, disait-il un jour, pourquoi, dans les petits orchestres, les violons jouent-ils si rarement juste ? Parce que la justesse de plusieurs instruments à cordes exécutant ensemble la même partie à l'unisson n'étant jamais absolue, elle ne peut être que la résultante moyenne des intonations du plus grand nombre. Quand ce nombre est suffisant pour couvrir l'imperfection du jeu du plus petit, la masse entière semble jouer juste ; dans le cas contraire, toute la masse semble jouer faux. Sur quinze violons unis, deux ou trois peuvent bien commettre des fautes sans qu'elles soient aperçues ; sur

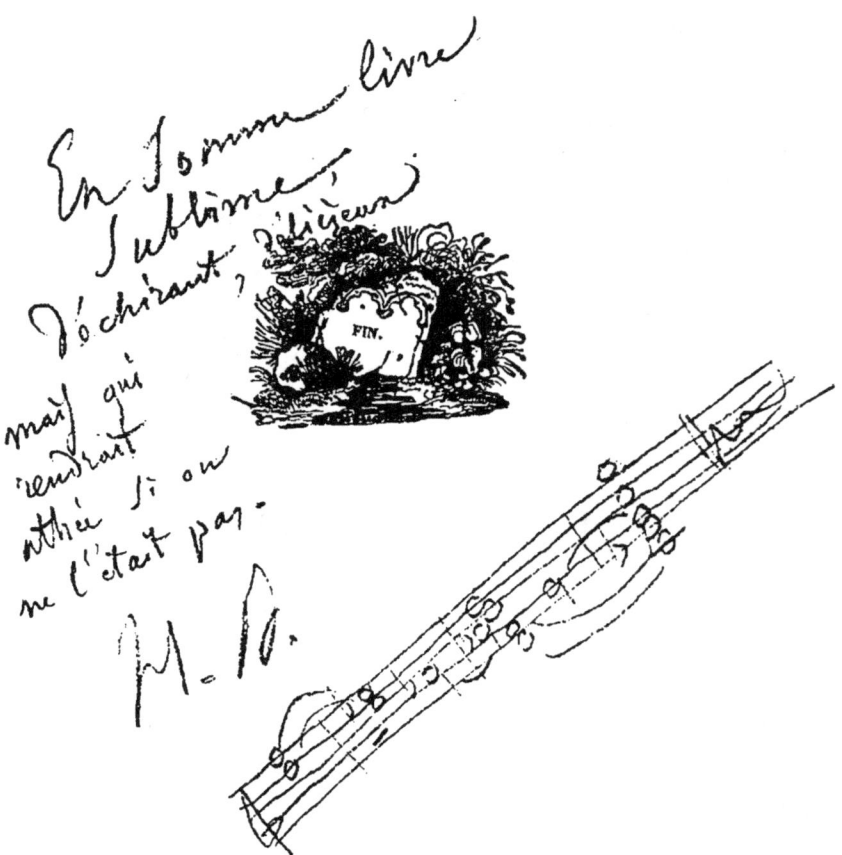

PAGE FINALE DU « PAUL ET VIRGINIE », ANNOTÉ PAR BERLIOZ
et légué par lui à M. Ernest Reyer.

cinq ou six, l'erreur d'un seul se fera forcément remarquer. Rien de dur, de faux, de mesquin, de misérable comme la réunion de deux ou trois violons. Baillot, Artot et Bériot, chargés de rendre la même partie à l'unisson, me feraient fuir. »

Tel il était, quand il reprochait à Mozart de n'avoir pas mis trois cents trombones dans son *Requiem*, quand il s'indignait de ne pas entendre des milliers de choristes dans la Chapelle Sixtine, ou projetait de composer une cantate : *le Dernier Jour du monde,* pour laquelle il aurait demandé plus d'un millier d'exécutants ; tel il fut toute sa vie, réclamant des légions de chanteurs et d'instrumentistes, rêvant d'obtenir d'eux une somme d'effet prodigieuse et toujours croissante ; usant de tous les moyens possibles, dans le *Requiem,* dans le *Te Deum,* pour centupler les forces matérielles de la musique ; tel il demeura même après que bien des insuccès absolus ou des résultats tout à fait disproportionnés avec ses efforts auraient dû l'éclairer. Mais, dans le fond, et si surprenant que cela doive paraître, il avait horreur du bruit en musique. Il était très sensible au reproche qu'on lui faisait d'aimer trop l'éclat, d'abuser des instruments de cuivre et d'employer couramment la grosse caisse, alors qu'on passait à Rossini tout son tintamarre ; car il n'avait cessé, disait-il, bien au contraire, de protester contre « l'abus révoltant du bruit », contre « la musique fracassante », et la vérité est qu'il a su tirer des effets de douceur inattendus de cet instrument presque anti-musical : la grosse caisse ; dans le *Sanctus,* du *Requiem,* par exemple, avec les cymbales en sourdine, et dans le septuor des *Troyens,* où ses coups étouffés donnent la sensation du bercement des flots dans le silence de la nuit. Et d'ailleurs, s'il savait ne pas mériter ce reproche, il soupçonnait aussi qu'il en pouvait encourir quelque autre : « Il faut un génie bien rare, écrivait-il à Schumann en 1837, pour créer de ces choses que les artistes et le public saisissent de prime abord et dont la simplicité est en raison directe de la masse, comme les pyramides de Djizeh. Malheureusement, je ne suis point de ceux-là ; j'ai besoin de beaucoup de moyens pour produire quelque effet... » Aveu moins modeste, à coup sûr, qu'il n'en avait l'air et plus vrai cependant que Berlioz ne devait le penser [1].

Entre les deux novateurs qui se sont disputé le monde musical dans la seconde moitié de ce siècle, il existe une différence essentielle. Le dernier venu, poursuivant un idéal nettement défini, qu'il avait entrevu de bonne heure, et concentrant toutes les forces de son génie sur un

---

[1]. En poussant dans ce sens, il lui venait parfois des idées réellement grandioses. Lors d'une reprise de *Guillaume Tell,* il proposa au directeur de l'Opéra d'édifier, au deuxième acte, un Grütli à plusieurs étages, une manière de pyramide, où quatre cents chanteurs de supplément auraient pu se grouper au fond du théâtre. Il voulait ne grossir que très peu les chœurs isolés des divers cantons qui entrent successivement en scène et dont l'exécution aurait été laissée aux choristes ordinaires ; mais on aurait fait lancer le serment final : *Si parmi nous il est des traitres,* par toutes les voix, ainsi massées les unes au-dessus des autres, sur le versant de la montagne : « Au moins, disait-il au directeur, vos cantons ressembleront à un peuple, non plus à un Conseil municipal, et jamais à l'Opéra on n'aura vu ni ni entendu quelque chose de semblable. » On ne le vit ni ne l'entendit, car le directeur se contenta d'augmenter un peu les chœurs, en les laissant tous sur le plancher de la scène, de façon que les choristes placés par derrière voyaient mal le chef d'orchestre, attaquaient avec mollesse et sans que leur voix pût largement rayonner.

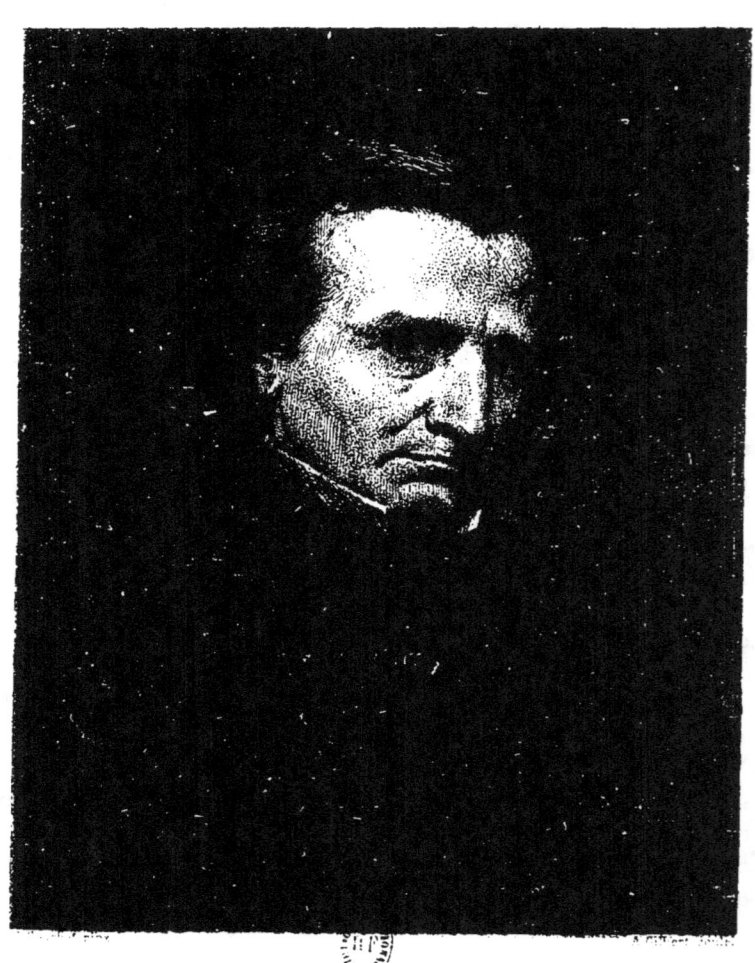

seul problème à résoudre : la fusion du drame avec la musique, a progressé constamment dans la même ligne et poussé le drame musical au plus haut degré de perfection qu'il pouvait atteindre. Au contraire, celui qui était venu le premier avait réalisé d'un coup toutes les modifications qu'il lui paraissait souhaitable et possible d'apporter dans la symphonie ou l'opéra, car il ne poursuivait pas de réforme intégrale ; il voulait simplement enrichir chaque branche de l'art musical de nouveaux éléments descriptifs et pittoresques. Mais en même temps que son esprit mobile se tournait tantôt vers le théâtre, tantôt vers l'église ou le concert, sans concevoir jamais un idéal différent de celui qu'il avait aperçu d'emblée, il obéissait à des tendances multiples, parfois contraires, et faisait des prodiges d'adresse pour les concilier. Dans *Roméo et Juliette,* par exemple, il voulait tout à la fois écrire une symphonie véritable et donner à chaque épisode la vie ou le relief d'un tableau d'opéra ; en même temps qu'il traitait chaque morceau comme un fragment de symphonie pure, il s'efforçait de représenter les mouvements, d'exprimer les sentiments de personnages visibles pour lui seul. Il fallait donc que sa musique, sans sortir des formes ordinaires, auxquelles il prétendait demeurer fidèle, et tout en restant de la musique absolue, remplaçât la parole, la mimique, la mise en scène, en un mot tous les facteurs auxquels on l'associe ordinairement pour lui donner un sens, une expression dramatiques. Comment le musicien, dès lors, ne se serait-il pas heurté à des obstacles qu'il ne surmontait pas toujours, malgré sa force de volonté, mais qu'il tournait alors avec une extraordinaire habileté ?

Berlioz, à ce qu'il semble, était inconséquent avec lui-même. Il assignait à la symphonie une tâche infiniment plus complexe que celle qui lui est ordinairement dévolue, et il en prétendait respecter les formes consacrées ; il pressentait que l'opéra devait atteindre à un degré bien supérieur de vérité dramatique et il pensait y parvenir sans en modifier les formes conventionnelles ; il jugeait enfin que la mélodie était l'agent par excellence de l'expression musicale, et en même temps qu'il s'efforçait de lui faire rendre tel ou tel sentiment, non pas seulement d'une façon générale, mais avec les nuances les plus subtiles, il se flattait de garder à sa pensée musicale le caractère de la mélodie absolue. En un mot, il a voulu concilier l'inconciliable ; il a voulu, qu'il écrivît une messe, une symphonie, une ouverture, un opéra, rester dans les conditions de la musique pure, de celle qui traduit un état indécis de l'âme, un sentiment vague, et tout à la fois composer de la musique expressive au premier chef, en élargissant toujours son domaine, en s'ingéniant à lui faire exprimer, par ses seules ressources, une infinité de choses qu'elle a parfois bien du mal à rendre avec le secours de la parole. « En général, dit-il dans ses *Mémoires*, mon style est très hardi, mais il n'a pas la moindre tendance à détruire quoi que ce soit des éléments constitutifs de l'art ; au contraire, je cherche à accroître le nombre de ces éléments. » Mais, à force de vouloir élargir, agrandir des formes qui ne se prêtaient pas à une extension indéfinie, n'allait-il pas les faire éclater et ne risquait-il pas de bouleverser lui-même un art qu'il pensait enrichir et consolider à la fois?

Certes, Berlioz, fidèle observateur des formes consacrées de la symphonie et de l'opéra, n'a nullement conçu l'art nouveau qui devait naître de la fusion intime de la poésie et de la musique ; il ne l'avait pas soupçonné le moins du monde, et cependant il l'avait immédiatement préparé : par les développements inattendus qu'il avait donnés à l'orchestre, aussi bien que par son invention d'une mélodie incarnant la femme aimée et se modifiant selon les transformations que le personnage est censé subir, il avait fourni les éléments primordiaux du drame lyrique. Assurément, tout cela est bien embryonnaire ; mais la semence est jetée, elle germera et portera de magnifiques fruits dans le champ de Richard Wagner, sans que Berlioz ait paru soupçonner quel puissant agent musical il venait de créer, en donnant une vie propre à certain motif; sans qu'il ait cherché, par la suite, à tirer de son innovation des effets plus puissants encore. Il en restreignit l'emploi, bien au contraire, et, après avoir fait cette trouvaille inespérée, il n'y pensa plus guère. En effet, Berlioz n'avait pas l'ombre de système et lorsqu'il subissait, dans son style et ses tendances, de brusques variations aboutissant parfois à des contradictions flagrantes, c'était l'homme, et non pas seulement le musicien, qui évoluait dans un accès de fièvre ou sous un coup de passion.

Ce qu'il y a de remarquable avec Berlioz, c'est que, pour ce musicien épris de sonorités foudroyantes et qui voyait surtout dans la musique, à l'exemple de son maître Lesueur, un art d'expression, le meilleur, le seul moyen de produire cette expression résidait dans la phrase chantante. La mélodie était primordiale à ses yeux, et, tout en voulant lui conserver une forme indépendante, il prétendait l'approprier si bien à l'idée, au sentiment, voire au langage, qu'elle en fût pour ainsi dire inséparable et qu'elle en traduisît les moindres inflexions. Que ce soit un instrument ou la voix qui chante, avec Berlioz c'est tout un, et la phrase musicale sans paroles doit être et est aussi claire, aussi vraie que si la parole y était jointe. Et, même quand elles sont confiées aux instruments, ces mélodies si pénétrantes, dont chaque son, pris isolément, est d'une rare intensité d'expression, ne sont pas faites seulement pour l'oreille, à ce que dit Schumann, en parlant de la cantilène du pâtre, dans la Scène aux champs; il ne suffit pas de les écouter pour les bien comprendre, on devra les chanter de mémoire, ajoute-t-il, non pas à demi-voix, mais à pleine voix, et alors leur véritable sens se dégagera, toujours plus clair et plus profond, à mesure qu'on les redira plus souvent. N'était-ce pas là deviner le désir secret de Berlioz, et celui-ci, en s'efforçant de donner à ses mélodies une forme arrêtée, en répétant ses motifs avec insistance et toujours dans leur entier, ne semble-t-il pas vouloir les graver dans la tête de l'auditeur, qui pourra dès lors les chanter de mémoire ? C'est là, d'ailleurs, le cachet propre des phrases qu'il appréciait si fort chez les maîtres de l'opéra-comique français, en particulier chez Dalayrac, et qui valaient autant, à ses yeux, comme mélodies pures que comme mélodies expressives. Cette préoccupation instinctive est même visible dans la façon dont il combine ses grands morceaux symphoniques, et Schumann encore a remarqué que ses idées, formant de longues périodes, complètes par elles-mêmes, se seraient mal

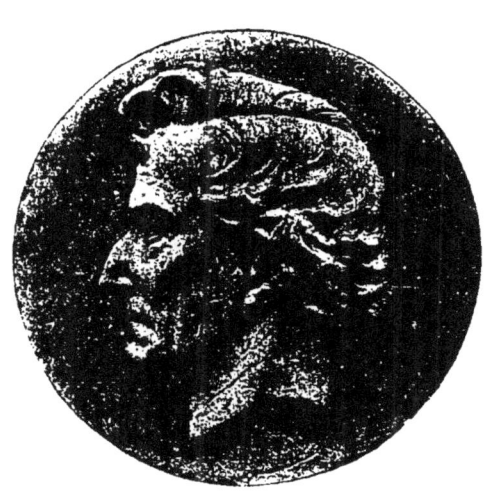

BERLIOZ, PAR M. CYPRIEN GODEBSKI.
Médaillon placé sur le tombeau de Berlioz.

prêtées au développement symphonique, en contrepoint, tel que Beethoven le pratique avec un embryon d'idée. Alors, plutôt que d'amplifier et de présenter sous divers aspects la phrase mélodique initiale, il en expose une autre ; ensuite, il les reprend et les ramène avec art jusqu'au moment où, les jugeant suffisamment familières à l'oreille, il les accouple en renforçant l'accent, la sonorité, comme pour les imposer définitivement à l'esprit.

Il faut remarquer aussi que les morceaux les plus complexes de Berlioz ne sont pas d'une contexture très compliquée, et que l'apparente confusion, qui déroute un peu l'auditeur non préparé, provient non de l'enchevêtrement des dessins symphoniques, mais de la multiplicité des thèmes qui se déroulent à la fois, des effets de timbres si variés et de rythmes contraires auxquels l'auteur a recours pour que chacune des phrases essentielles, que chaque motif accessoire ou purement pittoresque se perçoive nettement dans l'ensemble du tableau et s'y fonde encore assez pour contribuer à l'effet général. Par cette recherche incessante de nouvelles combinaisons sonores et picturales, par cette poursuite acharnée de l'expression la plus intense à la voix ou aux instruments, Berlioz a frayé des chemins périlleux où ses successeurs immédiats se sont aveuglément lancés. Il n'aurait jamais voulu, quant à lui, briser le moule où le génie des maîtres s'est trouvé à l'aise ; mais il l'a si bien rempli d'éléments divers et nouveaux, ou du moins renouvelés, il a tellement multiplié les effets d'instrumentation et de timbre, il a tellement cherché les contrastes entre les mélodies les plus expressives, les effets de lumière et d'ombre, il a agrandi à ce point le champ de la musique en la substituant, dans bien des cas, à la poésie et à la peinture, qu'elle est devenue, entre ses mains, comme un art exceptionnel, pour lequel les règles précédemment établies n'avaient plus de raison d'être. « On a dit, à propos de la musique de Berlioz, un mot piquant : « Cela est fort beau, quoique ce ne soit « pas de la musique. » C'était parler un peu en l'air, et pourtant il y a dans ce mot quelque justesse. » Et cette observation, notez-le bien, n'a rien de désobligeant sous la plume classique de Schumann, tant celui-ci pressentait la supériorité géniale de Berlioz, tant il devinait en lui un des dominateurs du monde musical.

Dès le principe, en effet, c'était par son merveilleux instinct de l'orchestre et par ses coups d'audace dans le champ instrumental que Berlioz avait frappé l'attention de ses pairs. Dans ses premières ouvertures, comme aussi dans certains de ses morceaux les plus admirables, chaque idée, prise isolément, peut paraître banale et même triviale ; mais il possédait de nature un tel sentiment du coloris orchestral qu'il sut, dès le premier jour, enlever à ces motifs leur tournure un peu vulgaire et leur donner une expression, une vigueur inattendues : alors, les savants docteurs s'arrêtaient émerveillés de tant de juvénile audace ; ils étaient désorientés par ces découvertes de dispositions neuves, d'artifices inusités, et sentaient instinctivement, comme le dit Schumann, que celui-là voyait des choses auxquelles personne, avant lui, n'avait pensé. Par là s'explique aussi le retentissement qu'eurent de prime abord ses ouvertures de *Waverley* et des *Francs-Juges,* dont le plan n'offrait rien d'original, mais qui décelaient une personnalité puissante, au travers de l'influence italienne très perceptible dans l'allegro deux fois répété de *Waverley;* car la seconde au moins de ces ouvertures, où l'auteur a mis « tout ce que son cœur pouvait contenir de rage et de tendresse », est déjà singulièrement hardie et Berlioz se dévoile tout entier dans ce chant de trombones, superbe et terrifiant, dans cet allegro plein de fougue, où certaine phrase souriante et imitée du bon Boieldieu est bien vite emportée dans le tourbillon de l'orchestre, au milieu des enchevêtrements de sonorités propres au nouveau maître. Mais dans aucune de ses ouvertures, notez-le bien, il n'a rejeté la coupe ancienne : grand adagio suivi d'un long allegro tout à fait distinct ; nulle part il ne s'est soustrait à cette ordonnance, pas même dans *le Roi Lear*, où son jeune génie a des élans indomptés, où le chant délicieux du hautbois semble évoquer la douce et consolante figure de Cordelia ; pas même dans *le Corsaire*, une page magnifique à laquelle on tient injustement rigueur, ni dans le *Carnaval romain*, la plus brillante, à coup sûr, de ses ouvertures, celle où la forme est la plus libre et l'instrumentation la plus éblouissante : aussi bien, le public ne s'est-il jamais mépris à cet égard et l'a-t-il tout d'abord classée au premier rang des compositions de Berlioz.

Une autre de ses œuvres, pièce unique dans son genre et qui remonte au milieu de l'année 1848, apporte aussi, dans un style tout différent du *Carnaval romain*, une preuve éclatante des prodigieux effets auxquels il pouvait parvenir par la puissance et la couleur de son orchestration : la *Marche funèbre pour la dernière scène d'Hamlet*. C'est, à l'orchestre, une des pages les plus émouvantes qui soient ; mais dépouillez ce morceau de son revêtement instrumental et vous n'entendrez qu'une marche grave et triste, assez ordinaire au demeurant, d'où ne se dégagera plus cette douleur intense qui vous étreignait au concert. « Que quatre capitaines portent Hamlet, comme un soldat, sur l'estrade ; car, sans doute, s'il avait été mis à l'épreuve, il se serait montré vraiment roi ; et que, pour sa mort, la musique militaire et les cérémonies guerrières parlent hautement de lui. Enlevez le corps ; un spectacle comme celui-ci convient aux champs de bataille ; mais, ici, il choque la vue. Allez et ordonnez aux soldats de faire feu. » Sur cet ordre du jeune roi Fortimbras, le cortège funèbre se déroule avec un grand appareil guerrier ; de sourds gémissements, des sanglots convulsifs éclatent ; lorsque le cadavre du prince est descendu dans la tombe, il est salué d'une formidable décharge de mousqueterie, et si grande est l'émotion qui serre alors toutes les poitrines que ce bruit presque anti-musical provoque un effet de terreur irrésistible. C'est que Berlioz, en s'inspirant d'une brève indication de Shakespeare pour concevoir et réaliser cette scène grandiose, en essayant de résumer dans un tableau sonore tout le drame pour lequel il nourrissait une admiration frénétique, a laissé déborder la douloureuse tristesse dont son cœur était plein ; il a versé toutes les larmes de ses yeux sur la dépouille du jeune Hamlet, et c'est si bien sa propre affliction qu'il a voulu peindre, avec celle d'un peuple entier, qu'il a fait graver sur son œuvre, en guise d'épigraphe, ces vers mélancoliques d'Ovide :

> Qui viderit illas
> De lacrimis factas, sentiet esse meis [1].

Chez lui, la loi de nature était, ce semble, de revenir du complexe au simple et de finir comme il avait commencé. Après avoir débuté par des romances toutes simplettes, il en était vite arrivé à produire, soit pour la voix, soit pour les instruments, des œuvres d'un contour mélodique assez difficile, et que les dessins ou réponses de l'accompagnement n'étaient pas propres à éclaircir. A cette époque, il avait horreur de répéter trois ou quatre fois un thème sans en varier le caractère au moins par le travail de l'accompagnement, soit au piano, soit à l'orchestre, et quand il lui arrivait d'écrire encore une courte romance comme cette *Captive,* dont l'accent sincère et la simplicité lui valurent un succès quasi populaire, il ne tardait pas à la reprendre, à la refondre et tirait de cette légère esquisse un grand tableau oriental. Un chef-d'œuvre, à vraiment parler, que *la Captive* ainsi transformée, un chef-d'œuvre qui peut soutenir la comparaison avec *Sara la Baigneuse, la Mort d'Ophélie* ou *le Cinq Mai,* car voilà bien les pièces capitales entre toutes les mélodies de Berlioz, celles où se manifeste, au moins autant que dans ses compositions de grande envergure, un artiste doué de l'inspiration la plus riche et la plus tendre, un poète en même temps qu'un coloriste en musique. Et comme elles sont distantes de *la Belle Isabeau,* par exemple, ou du *Chasseur danois,* des romances ou ballades subdivisées en couplets identiques et terminées par un refrain uniforme, auxquelles il revenait de temps à autre ! Autant il se sera efforcé, dans certains moments, de varier le thème de ses moindres morceaux de chant, soit en modifiant la phrase vocale, soit en multipliant les détails de l'accompagnement ; autant il paraîtra peu s'en soucier, par intervalles, et se tiendra pour satisfait quand il aura trouvé un type mélodique, une formule d'accompagnement, qui se puisse adapter sans désaccord, mais aussi sans retouche, aux différentes strophes d'une seule pièce de vers [2].

Il se produisit ainsi au courant de la carrière de Berlioz, sinon

---

1. Cette épigraphe, empruntée à la première élégie des *Tristes*, est celle des trois morceaux réunis par Berlioz, qui, pour compléter sa pensée, leur a donné le titre général de *Tristia.*

2. Il convient de faire une remarque à propos des *Mélodies* de Berlioz. Par cette appellation, tout à fait insolite au moment où il l'adopta pour désigner un morceau de chant isolé, il entendait toute composition où la voix, traitée en solo ou en chœur, avait un rôle essentiel, quelle que fût la forme ou l'importance de ce morceau, si distant ou si rapproché qu'il fût de l'ancienne romance. Il dut emprunter

des anomalies inexplicables, du moins des fluctuations d'autant plus notables qu'on les observe moins fréquemment chez les créateurs de cet ordre et qu'on voit plus rarement un artiste supérieur se restreindre ainsi lui-même, et, par un revirement instinctif, se renfermer dans des règles, dans des formes qu'il avait tout d'abord méconnues ou brisées. Observation que confirmerait la comparaison non plus seulement des mélodies entre elles, mais des grandes compositions de Berlioz, car ce retour progressif à la simplicité dans le plan et dans la forme s'accentua surtout par *l'Enfance du Christ*, par *Béatrice* et *les Troyens*. Il se défendait d'avoir voulu modifier son style et, sur ce point, il était d'une entière bonne foi ; il n'avait voulu se corriger en rien ; les modifications qui s'étaient produites dans sa manière de concevoir une œuvre musicale et dans sa façon de la réaliser provenaient chez lui d'une démarche inconsciente, non d'une évolution réfléchie de sa pensée[1]. Bien plus, les tendances, les idées, qui reprenaient le dessus dans ces dernières créations n'étaient pas nouvelles chez lui ; elles avaient toujours persisté dans le fond, mais dissimulées sous les transports d'une fougue effrénée, et l'on peut dire que les deux artistes qui se coudoyaient en Berlioz, le romantique par tempérament et le classique par éducation, demeurèrent toujours juxtaposés sans pouvoir se fondre ensemble : ils se comprimaient simplement l'un l'autre et se réduisaient au silence alternativement.

Il n'importe et tous les gens qui s'étaient ralliés de longue date à Berlioz, tous ceux qui, petit à petit, étaient venus lui rendre hommage, admiraient en lui l'homme de conviction, le novateur ; ils honoraient l'artiste qui, toute sa vie, avait lutté contre le parti pris des uns, le mauvais goût des autres, et ne s'inquiétaient pas de savoir s'il avait ou non quelque peu fléchi, rétrogradé durant les dernières années. Il avait été dès la première heure et resta jusqu'au bout le chef du parti révolutionnaire en musique, sans qu'il y eût grande unité de vues entre lui-même et ses tenants, car il se révolta lorsque ceux-ci

ce terme à Thomas Moore, en même temps que son ami Gounet lui fournissait des poésies imitées des *Irish Melodies*; et ce mot nouveau lui parut sans doute excellent, en raison du sens vague qu'il offrait, pour désigner un recueil de morceaux de chant comme *Irlande*, où le public allait trouver au moins trois chœurs à côté de compositions pour une ou deux voix.

1. En 1852, après le grand succès de *Benvenuto*, à Weimar, un des partisans décidés de Berlioz, C. Lobe, lui demanda d'écrire une profession de foi musicale pour la publier dans son journal : *Fliegende blätter für musik* ; mais Berlioz éluda cette proposition : « Ma profession de foi, répondit-il, n'est-elle pas dans tout ce que j'ai eu le malheur d'écrire, dans ce que j'ai fait, dans ce que je n'ai pas fait ? Ce qu'est aujourd'hui l'art musical, vous le savez et ne pouvez penser que je l'ignore. Ce qu'il sera, ni vous ni moi n'en savons rien, etc. » Il s'est trouvé des personnes pour attacher quelque importance à cette lettre et pour y découvrir la profession de foi que Berlioz refusait absolument de rédiger ; c'est tout le contraire, à mon sens, et, malgré les belles phrases dont Berlioz colore son refus, il s'en dégage implicitement l'aveu qu'il aurait eu grand peine à concilier, à résumer toutes les idées qui se heurtaient dans son cerveau, et qu'il préférait rester dans le vague ou s'abstenir.

voulurent faire et firent, malgré lui, campagne en faveur de Richard Wagner. C'était d'ailleurs une situation à laquelle il s'était trouvé porté par la force des événements et dont il n'aurait jamais pu, l'eût-il voulu, se dégager. « Il n'était pas une des puissances du monde musical, écrivait Gustave Bertrand à l'heure de sa mort; sa grandeur se réduisait à rester le doyen des jeunes et à se faire reconnaître pontife des réfractaires. Lorsque de loin en loin il reparaissait dans un concert pour conduire une de ses œuvres en personne, il était salué d'un applaudissement presque unanime. D'abord, les artistes de l'orchestre et des chœurs l'aimaient comme leur patron, comme le confident de leurs misères et l'avocat-juré de tous leurs vœux. Puis, il n'était personne dans la salle qui ne fût un instant saisi en revoyant cette silhouette originale, hoffmannesque en son ensemble, mais avec un beau profil, étonnamment classique et digne des médailles romaines; personne au moins qui n'eût la notion vague de ses ambitions titaniques, comme aussi de ses déceptions obstinées et fatales. De là ce mouvement général de sympathies vers l'artiste semi-légendaire. Mais il faut avouer que pour l'ordinaire Berlioz était moins applaudi après l'audition qu'avant. Quelques morceaux exceptés dont l'effet fut toujours infaillible, le succès était le plus souvent hésitant, et quelquefois, ô douleur! un aigre vent de bise traversait des applaudissements fidèles et convaincus. »

Vous le voyez, tel il s'était révélé à Stephen Heller dans le feu de la bataille littéraire et artistique, tel il apparut à ceux qui le connurent au déclin de la vie, après que l'âge eut calmé ces fougueux élans de passion, et tel il restera sans doute aux yeux de la postérité, glorieux survivant des luttes romantiques, chef invaincu d'un parti dénué d'influence, et portant sans faiblir ces dangereux surnoms de Victor Hugo de la musique et de Beethoven français sous lesquels tout autre aurait succombé.

MONTFORT ET BERLIOZ.
Ombres chinoises de M. Signol (Rome, 1831)

CHAPITRE XV

LE CRITIQUE ET L'HOMME

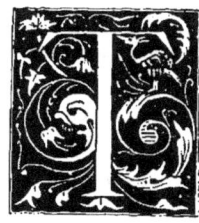EL fut le compositeur chez Berlioz, tel fut le critique. Et le critique, on a pu le voir, ne fut pas sans venir en aide au compositeur. En effet, tout ce qu'il a été en France, tout ce qu'il a pu obtenir, il le dut à sa position de feuilletoniste et d'ami de journalistes tout-puissants ; mais il se fit aussi nombre d'ennemis, moins par la rigueur de ses articles, généralement peu cruels, que par la causticité de son esprit. Il y avait en lui un besoin impérieux de communiquer au public ses haines et ses enthousiasmes ; et, comme on l'a confessé dans le journal même où il écrivit toute sa vie durant, s'il n'a pas été toujours libre de dire crûment l'horreur que lui inspiraient certaines « œuvres », il a toujours laissé transparaître son mépris sous des formules polies et même admiratives ; personne, à vraiment parler, ne s'y trompait. Le musicien, chez Berlioz, est passionné, plein de tendresse tour à tour et d'énergie ; de même de l'écrivain : son style est pittoresque, incisif, trivial quelquefois. L'admiration et le mépris, le respect quasi religieux et la sainte colère lui arrachent des exclamations également sincères, également vigoureuses ; le mot porte et frappe au but. Quelle dépense d'esprit tout le long de ses articles, avec quelle joie il daube les virtuoses de concert, charlatans et prestidigitateurs en musique ; quelle légèreté dans la façon de dire une historiette, *la Jettatura*, par exemple, et quelle habileté pour faire dix égratignures en dix lignes ; quelle imagination il déploie afin d'éviter de parler des ouvrages qu'il dédaigne, — rappelez-vous ses fantaisies sur *le Fanal* et *Diletta*, en place des comptes rendus du *Phare* et de *Giralda ;* — avec quelle violence il foudroie les *Athées de l'expression,* ces aveugles niant la lumière, qui prétendent sérieusement que toutes paroles vont également sur toute musique ! Pour répondre à de « telles absurdités », il adapte les paroles de *la Marseillaise* sur le motif de *la Grâce de Dieu,* et celles de l'air d'Éléazar : *Rachel, quand du Seigneur,* sur le refrain populaire de *Maître Corbeau.* Les exemples grimacent, l'accouplement est monstrueux; cela ne lui suffit pas encore. Il prend un psaume bien connu de Marcello, et, lui trouvant le caractère du « chant d'un

marchand de bœufs revenant joyeux de la foire, plutôt que celui d'un religieux admirateur des merveilles du firmament », il substitue aux vers italiens une ronde de cabaret :

I cieli immensi narrano Del grande Iddio la gloria.	Ah ! quel plaisir de boire frais, De se farcir la panse ! Ah ! quel plaisir de boire frais, Assis sous un ombrage épais, Et de faire bombance !

Voilà comment Berlioz, sans respect du nom ni de la gloire, faisait le procès à tous ceux, petits et grands, qui n'avaient pas scrupuleusement observé cette règle capitale à ses yeux : la vérité dans l'expression. Mais il faut dire aussi qu'il a passé la mesure en différentes occasions, qu'il a formulé sur certains ouvrages, sur *l'Enlèvement au sérail* et *la Servante maîtresse* entre autres, des arrêts d'une sévérité inexplicable. Certes, la modération ne fut jamais sa qualité dominante ; il n'y avait pas, pour lui, de degré de l'exécrable à l'admirable ; mais comment pouvait-il exiger de Pergolèse ou de Mozart des combinaisons ou déploiements d'orchestre en désaccord avec de si légères intrigues et, de plus, irréalisables en leur temps ? De tels articles et quelques boutades intempestives contre Bach et surtout Hændel, « cet homme de ventre », prouvaient simplement qu'avec ses partis pris inflexibles, il n'avait pas la liberté d'esprit nécessaire pour faire un juge équitable ; pour ne se prononcer sur les auteurs et les ouvrages, selon le précepte de d'Alembert, qu'en les comparant à leur siècle et à leur nation. Et cependant, ces jugements-là ne lui furent jamais reprochés ; c'est son feuilleton sur *Zampa* qu'on lui jeta toujours à la tête en criant au scandale, à la mauvaise foi, probablement parce qu'il s'agissait d'un opéra moderne et d'un auteur français. Ce feuilleton, c'est vrai, n'est pas exempt de fanatisme, et peut-être Herold, à tout prendre, aurait-il mérité quelques ménagements ; mais la plupart des critiques que Berlioz y a formulées n'étaient-elles pas essentiellement justes et n'eût-il pas raison de s'y tenir, malgré les représailles qu'elles lui valurent, malgré les exhortations d'amis qui auraient voulu effacer ces lignes, écrites, disaient-ils, dans un moment de colère et d'exaltation [1] ?

On sait quelle lassitude il éprouva, durant toute sa vie, à rédiger ses articles, mais on ne sait pas encore tous les moyens qu'il imaginait pour tromper son ennui : « Il n'y a pas de plus terrible rabat-joie,

---

[1]. Bien mieux, lorsque Berlioz mourut, Jules Janin, voulant disculper son ami, s'accusa lui-même d'avoir écrit ce fâcheux article sur... *le Pré aux Clercs*. Mais jamais, au grand jamais, on n'avait reproché à Berlioz le moindre article sur *le Pré aux Clercs*, et, en confondant ces deux ouvrages, Jules Janin prouvait à la fois sa bonne volonté et son absolue ignorance du sujet : quand on veut se dévouer pour un ami, encore faut-il savoir de quoi il s'agit.

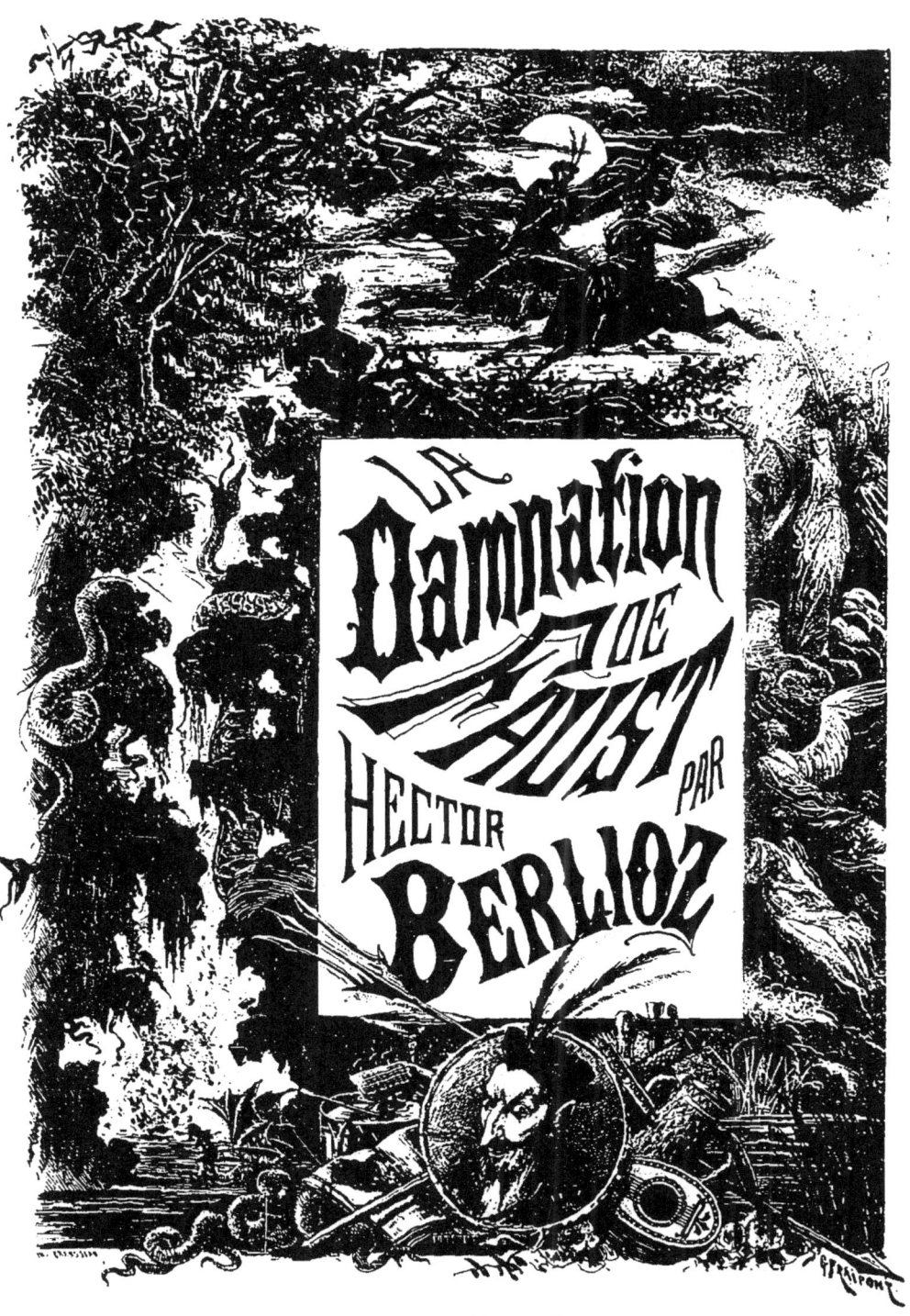

AFFICHE POUR « LA DAMNATION DE FAUST »,
composée par G. Fraipont (1878) et communiquée par M. Richault.

s'exclame-t-il un jour, qu'un feuilleton à faire pour celui qui l'écrit, si ce n'est un feuilleton fait pour celui qui le lit. » Ici, de gais souvenirs de voyages ou d'interminables variations sur son travail de galérien ; là, des éloges ironiques ou des contre-vérités flatteuses ; ailleurs, de spirituelles fantaisies dans la manière de Henri Heine ; souvent, des mots à double sens et des allusions fines, si fines qu'il était seul à les comprendre — avec celui qu'il attaquait. Dans ces moments-là, il faut le dire, il n'écrivait plus pour le public, mais pour lui-même, en se moquant bien un peu de ses lecteurs ; par exemple, quand, à propos de *la Servante maîtresse*, il recopie un de ses anciens articles en taisant le nom de l'auteur, en feignant de prendre au sérieux une fantaisie ironique, et qu'il se réfute alors, qu'il se nargue et se confond, toujours à l'insu du public vivement intéressé par cette polémique avec un adversaire des plus redoutables [1]. Mais, dans le nombre aussi, que de piquantes saillies : « Esthétique ! Je voudrais bien voir fusiller le cuistre qui a inventé ce mot-là !... » — « Mais, mon Dieu, nous ne chantons pas, nous autres compositeurs. Pourquoi diable, vous chanteurs, voulez-vous absolument composer ? » Et que de boutades vraiment drôles ! « Un marin, capitaine au long cours, disait un jour : « Toutes les fois que je quitte Paris pour faire le tour du monde, je vois « affichée *la Favorite*, et toutes les fois que je reviens, je trouve affichée « *Lucie*. » Ce à quoi un de ses confrères répondit : « Allons, vous « exagérez ; on ne joue pas *Lucie* aussi souvent. Quand je pars pour « les Indes, je vois, il est vrai, affichée *la Favorite*, mais quand j'en « reviens, on ne joue pas toujours *Lucie*... On donne quelquefois encore « *la Favorite*. »

Ce qui frappe chez Berlioz, ce qui explique aussi ces passages adorablement tendres de *l'Enfance du Christ*, c'est de voir combien il était sensible aux deux qualités qui brillent avant tout dans les opéras-comiques français de la fin du siècle dernier : l'expression pénétrante de la mélodie et la justesse de la diction musicale. Il en reparle à tout instant. « Ce qu'on appelle *vieux*, dans la mauvaise acception du mot, dit-il un jour à propos de *Zémire et Azor*, ne paraît vieux que par les formules. L'expérience le prouvera toujours. J'ai plusieurs fois soumis à de très habiles musiciens un air du *Telemacco*, de Gluck, sans laisser connaître le nom de l'auteur, et il n'y a pas un d'entre eux qui n'ait pris cet air pour un fragment admirable de quelque opéra moderne qui lui était inconnu. L'air de *Telemacco* n'a point de formules, c'est

---

[1]. Voir le chapitre des *Grotesques de la musique* où Berlioz, à propos de *la Serva padrona*, attaque à la fois les compositeurs italiens, le public, les philosophes de l'autre siècle et les chanteurs de tous les temps, et le comparer soigneusement avec son article des *Débats* sur *la Servante maîtresse*, exécutée à Bade en 1862.

de la mélodie expressive pure et par cela même éternellement belle ; dans mille ans, elle aura la même valeur[1]. Une foule de morceaux de Grétry sont dans le même cas, quoique les qualités de son style soient, à mon avis, moins hautes que celles du style de Gluck ; on en peut dire autant de celui de Monsigny, qui précéda Grétry. » Et que dit-il une autre fois, à propos de *Camille ?* Le charme qu'on trouve aux anciennes partitions ne provient pas seulement de souvenirs de jeunesse ou d'une propension naturelle à louer le passé aux dépens du présent : « Il y a plus de bonne foi et de véritable amour de la musique, je puis l'affirmer, dans ceux qui parlent encore avec chaleur des chefs-d'œuvre qu'admiraient nos pères, de ces productions qu'un long succès a consacrées, qui firent la fortune de cent théâtres et popularisèrent le nom de leur auteur. Ils aiment ces chefs-d'œuvre, ils les défendent et les vantent, tout bonnement parce que ce sont des chefs-d'œuvre, parce que l'inspiration y est partout évidente, parce que le sentiment mélodique et celui non moins rare de l'expression y compensent largement le peu d'habileté de l'harmonie et sa naïve instrumentation. Ces amateurs-là sont les véritables. » Et quelque autre jour : « Je ne puis jamais entendre l'air d'Adolphe : *Aimable et belle,* sans sentir, comme dit Heine, quelque humidité dans mes yeux... J'avoue mon faible pour la musique de Dalayrac. Je persiste à chercher pour lui une place plus élevée que celle dont il a été gratifié par les distributeurs de la gloire, et c'est, je crois, entre Méhul et Grétry qu'il faut la lui assigner. »

Berlioz, en fait de mélodies, goûtait surtout celles d'un accent tendre et plaintif. Il avait d'abord, vous savez avec quelle aigreur, fulminé contre Bellini ; et puis, par réaction contre les passages et gargouillades de l'école rossinienne, il en vint, comme fera plus tard Richard Wagner, à goûter ces cantilènes toutes simples, à les examiner d'assez près pour démêler le secret de leur douceur caressante. « Voici l'œuvre de Bellini que j'ai toujours préférée », écrivait-il en parlant de *la Straniera ;* puis, pour s'expliquer cette action pénétrante, il étudiait la contexture même du duo du premier acte : *Io la vidi.* « Dans les quatre premières mesures du chant *(Giovin rosa),* dit-il, se décèle la cause de la teinte particulière des mélodies de Bellini. Cette cause, qu'il est aisé de retrouver, non seulement dans tous ses opéras, mais même dans la plupart de ses phrases, est *la prédominance de la troisième note du mode majeur.* Par son voisinage de la quatrième, qui

---

[1]. Cet air de la nymphe *Asteria : Ah ! l'ho presente ognor,* est admirable, en effet ; mais bien qu'il ne contienne pas de formule proprement dite, il est, pour ainsi dire, signé de Gluck à chaque mesure ; à ce point qu'on en retrouve une phrase dans l'air si connu de Pylade. On a donc peine à croire que de « très habiles musiciens », dont fut un jour Mendelssohn, aient pu prendre aussi facilement le change.

n'est que d'un demi-ton au-dessus d'elle, cette note prend, par intervalles, l'aspect d'une sensible et donne aux chants une expression souvent fort tendre, plus souvent encore triste et désolée. » Et, du moment qu'il goûtait à ce point la plus simple inspiration venue du cœur, comment n'aurait-il pas discerné chez Cimarosa le don mélodique qui le ravissait en Bellini, comment n'aurait-il pas salué chez l'auteur d'*Idoménée* un génie infiniment supérieur ? « Mozart... Raphaël !... s'écriait-il dès le premier jour. Quel miracle de beauté qu'une telle musique ! Comme c'est pur ! Quel parfum d'antiquité ! C'est grec, c'est incontestablement grec, comme l'*Iphigénie* de Gluck, et la ressemblance du style de ces deux maîtres est telle dans ces deux ouvrages qu'il est vraiment impossible de retrouver le trait individuel qui pourrait les faire distinguer... » Enfin, n'est-ce pas une

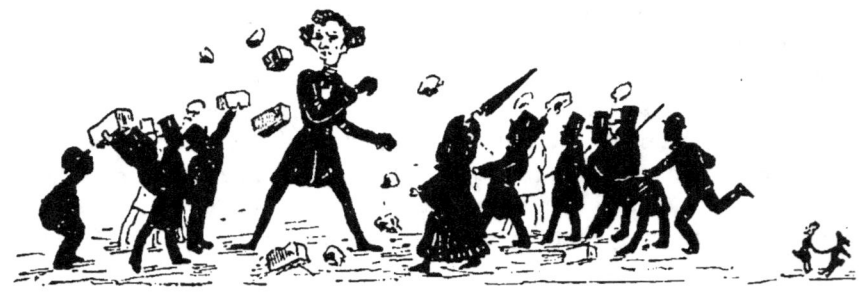

H. BERLIOZ. — AUTREFOIS.
(M. Marais, *Figaro*, 3 mars 1883.)

audition de *Don Juan* qui lui arrachait, dès 1835, cette exclamation d'un dédain transcendant : « On commence à comprendre qu'il y a un style en musique, comme en poésie ; qu'il y a, par conséquent, une musicalité de bas étage, comme une littérature d'antichambre ; des opéras de grisettes et de soldats, comme des romans de cuisinières et de palefreniers. »

Heller, qui le connaissait bien, avoue que Berlioz était peu au courant de la musique moderne en général, mais qu'il avait toujours présentes à l'esprit les œuvres qu'il avait autrefois étudiées, particulièrement les ouvertures et les symphonies de Beethoven, les opéras de Gluck, Spontini, Weber, Grétry, Méhul, Dalayrac et Monsigny. Malgré sa haine invétérée pour Rossini, il admirait sincèrement deux de ses partitions : *le Comte Ory* et *le Barbier de Séville* ; à la fin de sa carrière, il pleurait d'abondantes larmes en entendant les morceaux les plus gais, les plus sémillants d'*il Barbiere,* et manifestait une joie bruyante en écoutant les suaves inspirations de *la Flûte enchantée :* il l'avait souvent entendue, disait-il à son ami, et cependant il lui semblait qu'il eût révélation d'un chef-d'œuvre inconnu[1]. Ne jouant pas de piano, abhorrant les pianistes et fuyant les concerts, il était peu familier avec la musique de chambre et les compositions pour piano de Beethoven; mais, dans les derniers temps de sa vie, il en admirait la passion, la grandeur, et certaines pages, d'une inspiration calme et sereine, exécutées par Ritter, lui semblaient être un baume délicieux ; parfois, en regagnant la rue de Calais, il montait chez ses amis Massart, à la Chaussée-d'Antin, et priait la célèbre pianiste de le réconforter en lui jouant quelque sublime adagio du maître. Un

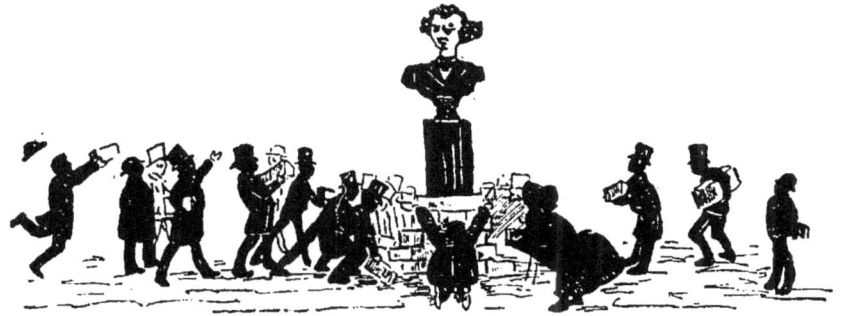

H. BERLIOZ. — AUJOURD'HUI.
(M. Marais, *Figaro,* 3 mars 1883.[2])

soir qu'il était allé, avec Stephen Heller et les Damcke, entendre les derniers quatuors de Beethoven exécutés à la salle Pleyel par la Société Maurin-Chevillard, il avait été bouleversé par l'adagio du quatuor en *mi bémol*, et, comme ils revenaient tous les quatre, silencieux : « Qu'est-ce qu'il avait donc, cet homme? s'écrie tout à coup Berlioz : il avait tout et les autres n'ont rien! — C'est vrai, repart Damcke, et c'est beau que vous le disiez! — Eh bien, oui! je le dis et le redis : Il a tout et les autres n'ont rien! » Les deux amis tombaient moins facilement d'accord en ce qui concernait Bach, dont les fugues avaient

1. Stephen Heller, dans ces souvenirs jetés sur le papier, en 1879, ne cédait-il pas au courant d'opinion qui, déjà, tendait à prévaloir et qui transformait Berlioz en un bon apôtre, ne respirant qu'admiration pour tous les maîtres, que charité pour tous ses confrères ? N'est-ce pas, par exemple, aller un peu loin que d'affirmer « qu'aucune œuvre parfaite en son genre ne lui était indifférente », et cela tout juste après avoir dit qu'il admirait seulement deux opéras de Rossini, deux opéras au nombre desquels ne figure pas *Guillaume Tell?*
2. Ne dirait-on pas que l'auteur de ces deux dessins connaissait le mot de Berlioz : « Il faut collectionner les pierres qu'on vous jette. C'est le commencement d'un piédestal. »

le don d'exaspérer Berlioz. Au milieu d'une de leurs fréquentes causeries du soir, voilà que celui-ci parle assez irrévérencieusement de Bach; Damcke, alors, plutôt que de relever le propos, abandonne un moment la place et Berlioz, tout ému, pleurant presque à l'idée d'avoir offensé son ami, dit à Mme Damcke : « C'est pourtant bien triste, allez, de n'être pas toujours d'accord sur les questions d'art avec les gens qu'on aime le plus ! »

S'il était toujours ravi par les ouvrages du siècle dernier, s'il ne trouvait « pas un seul morceau manqué dans *Richard* »; s'il jugeait la célèbre romance de *Joconde : Dans un délire extrême,* un chef-d'œuvre de grâce et de tendresse, en ajoutant : « La France croit avoir maintenant du goût pour la grande musique, celle de *Joconde* ne peut donc plus être du goût de la France ; mais le fait est qu'il n'y en eut jamais de plus française »; il était loin de trouver le même attrait dans les opéras-comiques modernes où le sentiment et l'expression disparaissaient sous le ramage insipide de la voix, sous le tapage incessant de l'orchestre : « L'instrumentation en est discrète, écrit-il du *Chien du Jardinier,* de Grisar, éloge rarement mérité depuis l'introduction de l'orchestre-butor [1]. » Il marque encore quelque indulgence à l'égard des *Noces de Jeannette* : « C'est de la musique de Paris, comme on en trouve chez les bons faiseurs de Paris ; elle a le caractère des jolies choses de Paris. C'est purement écrit, assez frais, instrumenté avec goût : il y a là un peu de sensibilité, un peu de grâce, un peu d'esprit, un peu de tout »; mais si joliment que ces choses-là soient dites, elles n'eurent pas l'heur de plaire à Massé, dont on connaît la fière repartie : « Berlioz et moi, nous ne parlons pas la même langue ». Ce que Berlioz exécrait par-dessus tout, c'était le creux et banal opéra italien, sous quelque déguisement qu'il se présentât : « C'est une de ces choses, dit-il de *la Fille du régiment,* comme on en peut écrire deux douzaines par an, quand on a la tête meublée et la main légère »; et ce qui le surprenait, le choquait au plus haut point, c'était l'indécision chez un artiste créateur : « Son style, écrit-il à propos du premier ouvrage de M. Ambroise Thomas, *la Double Échelle,* — et le temps écoulé n'a fait que donner plus de piquant à ces remarques, — son

[1]. N'est-il pas particulier de voir Berlioz, que les déploiements d'orchestre n'effarouchaient pas, s'élever contre ce tapage inopportun des fabricants d'opéra-comique ? Aussitôt qu'il en eut l'occasion, d'ailleurs, il prêcha d'exemple et leur donna, par *Béatrice et Bénédict,* une excellente leçon dont ils profitèrent mal. A ce propos, voulez-vous savoir ce que Berlioz aurait vraisemblablement pensé de l'orchestre invisible de Bayreuth ? « La sonorité est bonne, écrivait-il en parlant de la salle Favart qu'on venait d'inaugurer en 1840; l'orchestre seulement est bien enfoncé au-dessous du théâtre. Il résulte, il est vrai, de cette disposition un avantage pour les accompagnements qui peuvent plus aisément s'effacer devant les voix ; mais avec des artistes habiles et un chef d'orchestre comme M. Girard, les chanteurs n'avaient rien à redouter des instruments. Puis l'orchestre, ainsi placé, n'a ni l'éclat, ni la force dont il aurait besoin quand il doit prendre la parole à son tour. »

style n'a pas, il est vrai, de physionomie bien individuelle; les formes n'en sont pas toujours dessinées bien nettement; il flotte, indécis, entre l'école allemande et l'école italienne, tout en inclinant cependant visiblement vers cette dernière. L'expérience et la réflexion ne sauraient tarder à lui montrer la voie où ses dispositions l'appellent, et, quelle qu'elle soit, nous l'engageons à la suivre franchement. En musique comme en tout, il faut un parti pris[1]. »

Cependant il faut bien remarquer ceci : c'est que Berlioz, dont la férocité de plume est restée légendaire, était beaucoup plus mordant dans ses propos que dans ses articles : c'est par des épigrammes lancées en causant et qui revenaient bien vite aux intéressés qu'il se fit le plus d'ennemis. Dans ses feuilletons, il ne marquait d'aigreur et de passion que sur les questions générales; il avait certains sujets sur lesquels il se répandait en plaisanteries sans fin : les livrets d'opéra-comique, l'outrecuidance des chanteurs, la bêtise des directeurs, les traditions sacro-saintes du Conservatoire ou l'esprit arriéré de l'Institut; mais ses quolibets affectaient d'ordinaire un tour qui atténuait beaucoup leur âpreté. Dès qu'il passait du général au particulier, il devenait aimable et courtois, louant très souvent tel opéra-comique après avoir débuté par une sortie virulente contre le genre lui-même et n'adressant, au milieu de ses compliments, que des malices presque imperceptibles aux fournisseurs attitrés du genre national : Auber, Adam, Halévy, Clapisson, qui étaient aussi ses futurs confrères à l'Institut. On peut donc assurer que sa critique eut très rarement un caractère personnel : il daubait les directeurs en général, non tel ou tel directeur; les opinions rétrogrades du corps académique assemblé, non tel ou tel académicien; les formules adoptées pour la fabrication des opéras-comiques, non tel ou tel fabricant; et pour qu'il donnât à ses attaques un but plus précis, il fallait qu'il eût terriblement de rancune en raison d'un grief tout particulier, contre Duprez, par exemple, après son abandon de *Benvenuto*; contre Scribe, après le retrait de *la Nonne sanglante*. D'ailleurs ne faisons pas Berlioz meilleur qu'il ne dut l'être, et s'il montre, au moins dans la plupart de ses feuilletons, une indulgence inattendue, pour qui connaît la chaleur de ses convictions et la violence de ses haines, c'est sans doute parce qu'il aurait couru des risques à vouloir attaquer de front tant d'artistes haut placés dans l'opinion et jouissant, eux aussi, d'un grand crédit dans le monde officiel.

---

1. Notons au vol deux opinions qui surprendraient déjà chez tout autre et qui sont vraiment déconcertantes sous la plume de Berlioz : « ... Le chant : *Partant pour la Syrie*, l'un des airs qu'on peut appeler populaires, les plus distingués et les mieux faits que je connaisse... » — « ... *La Muette*, ce chef-d'œuvre si coloré et si essentiellement *napolitain* de M. Auber. » Auber, un Napolitain ? Un Napolitain du boulevard de Gand, tout au plus.

Cette réserve lui fut peut-être imposée par les relations étendues du *Journal des Débats,* en même temps qu'elle lui était conseillée par sa diplomatie naturelle ; car, dans le vrai, il fut très habile et, par le ton perpétuellement facétieux de ses articles, il chercha bien moins à se venger du passé qu'à se faire craindre pour l'avenir.

Mais aussi quel travail c'était pour lui que d'aiguiser ainsi sa phrase en déguisant sa pensée! A chaque nouvel article à faire, à chaque nouvelle platitude à juger, à louer peut-être, par considération de politique ou d'amitié, c'était un nouveau désespoir chez Berlioz, tant il devait user de circonlocutions pour laisser deviner le vrai sous le faux. Il s'attelait difficilement à la besogne et se torturait l'esprit pour couvrir de fleurs un excellent confrère et cher ami, de fleurs imprégnées d'un subtil poison. Son article sur *le Val d'Andorre,* en dépit de ses protestations de sincérité, me paraît être un modèle achevé de louange perfide : « ... Les quatre-vingt-dix-neuf centièmes des auditeurs applaudissaient, approuvaient, étaient émus, dit-il après avoir épuisé toutes les formules d'éloges possibles et imaginables. Une fraction, cependant, fraction imperceptible, *mais qui contient encore des esprits d'élite,* ne partageait qu'avec des restrictions l'opinion dominante sur la valeur de l'ouvrage ; d'autres, dès la fin du second acte, se montraient *déjà fatigués d'entendre dire que c'est charmant !...* Pour moi, j'ai franchement admiré. J'ai été impressionné vivement sans songer, en écoutant les acclamations enthousiastes de la salle, à appliquer à M. Halévy ce mot antique : « Le peuple applaudit, « aurait-il dit quelque sottise ? » — Mais aussi quelles lamentations, par derrière, avec ses vrais confidents : « Je vous écris au milieu d'un de ces abominables feuilletons dont on ne sait comment se tirer. Je cherche à soutenir ce malheureux Gounod, qui vient de faire un fiasco comme on n'en vit jamais (avec *la Reine de Saba*). Il n'y a rien dans sa partition, absolument rien. Comment soutenir ce qui n'a ni os ni muscles ? Et pourtant il faut que je trouve quelque chose à louer. Le poème est au-dessous de tout. Cela n'a pas l'ombre d'intérêt ni de bon sens. Et c'est son troisième fiasco. Eh bien ! il en fera un quatrième ! On ne fait plus des douzaines d'opéras... *beaux.* Paesiello en a écrit cent soixante-dix ; mais quels opéras ! Et qu'en reste-t-il ? En fait de symphonies, Mozart en écrivit dix-sept, dont trois sont belles, et encore ! Le bon Haydn seul a fait une grande quantité de *jolies* choses en ce genre. Beethoven a fait sept chefs-d'œuvre. Mais Beethoven n'est pas un homme. Et quand on n'est qu'un homme, il ne faut pas trancher du dieu. »

D'ailleurs, soyons franc : Berlioz, comme la plupart des créateurs, n'admirait guère et n'aimait sincèrement que ses propres créations, plus celles des maîtres avec lesquels il avait quelque affinité naturelle ou dont il croyait pouvoir se réclamer ; mais cette disposition, commune à tous les artistes, ne diminuait en rien son génie. A quoi bon

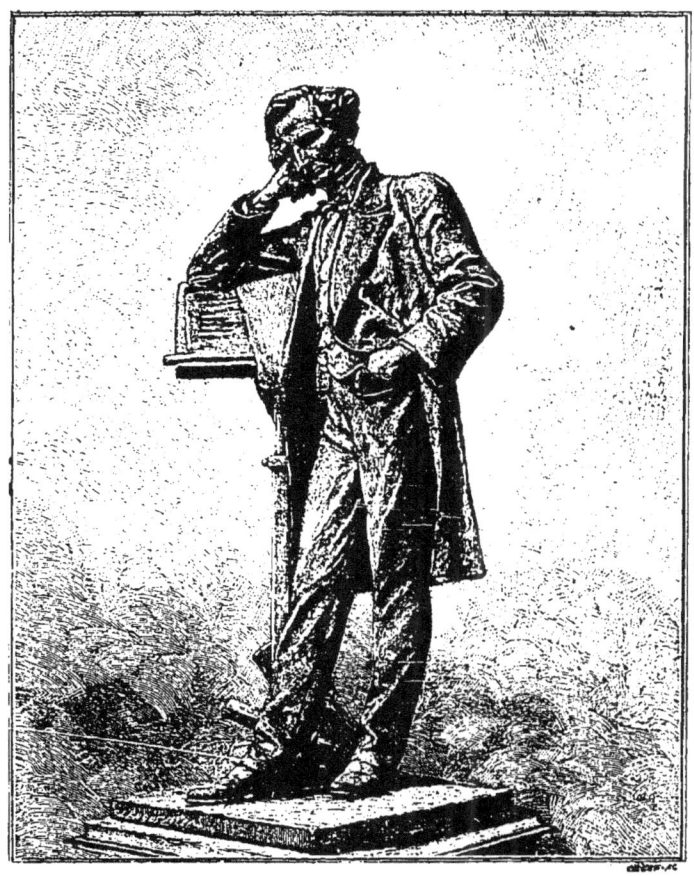

HECTOR BERLIOZ, PAR M. ALFRED LENOIR (1886).
Statue en bronze, dans le square Vintimille, à Paris.

dès lors, le travestir en un martyr rempli de douceur et d'abnégation ? Il aimait à jouer ce personnage, à exagérer plutôt les déboires, déjà bien cruels, qu'il éprouvait ; mais il n'en montrait que plus de mépris pour les faux talents et les médiocrités de tout genre : il ne plaignait pas simplement ses détracteurs, comme il a plu à des poètes de le dire, mais il leur rendait coups pour coups ; c'était son droit, après tout, et bien il fit d'en user. Berlioz, sans ses haines implacables et ses enthousiasmes fous, ne serait plus lui-même; et, d'ailleurs, un compositeur vaut uniquement par ce qu'il crée, non par ce qu'il aime. On l'a vu pleurer, paraît-il, au *Matrimonio segreto*, à *Don Giovanni*, à *la Flûte enchantée*, etc.; on colporta même un jour certaine histoire émouvante où Berlioz, versant des larmes de joie après la première représentation de *Sapho*, aurait embrassé le jeune Gounod en lui prédisant le plus bel avenir. Assurément, il avait facilement la larme à l'œil et ce larmoiement naturel était devenu plus fréquent encore avec l'âge; on retrouvait toujours en lui le « jeune musicien d'une sensibilité maladive » qu'il a dépeint dans la *Symphonie fantastique*; mais il pleurait surtout quand il s'agissait de lui-même et de ses ouvrages. Qu'il ait larmoyé quelquefois sur d'autres œuvres que les siennes ou celles de ses dieux : Beethoven, Weber, Gluck et Spontini, il faut l'admettre, étant donnée la sensibilité de sa fibre lacrymale; il faut le croire, quand c'est Heller qui le raconte. En tout cas, ce ne fut pas sur *Sapho*, et son article, écrit presque au sortir de la représentation, n'est pas d'un homme qui a pleuré, loin de là : c'est du Berlioz amer et sec.

Ce Berlioz-là reparaît encore assez souvent dans ses articles; mais c'est un personnage un peu conventionnel, c'est l'athlète ceint pour la lutte, armé pour le combat de chaque jour; combien il est différent du Berlioz qu'on rencontrait dans le commerce de la vie! Autant ceux qui le connaissaient mal le jugeaient dur, peu sociable, autant ceux qu'il honorait de son affection vantaient sa bonté, son affection prévenante : il ne s'imposait de prime abord ni par l'agrément des rapports, ni par la bienveillance; on devait conquérir peu à peu son estime et son amitié, forcer en quelque sorte son esprit et son cœur. Berlioz, à la fin de sa vie et tel qu'il me fut donné de le voir, avait l'aspect sombre et découragé; mais il y avait en lui une grandeur qui commandait le respect, même à ses adversaires les plus acharnés. Le dos un peu voûté, comme ployé sous les coups de l'adversité, sa luxuriante chevelure tombant en longues mèches blanchies sur un visage dont les traits anguleux, exagérés par l'âge, lui prêtaient un air d'oiseau de proie; le regard éteint, mais profond, et s'allumant parfois d'une flamme soudaine qui semblait trahir un réveil d'espérance, un suprême appel à la revanche posthume; absorbé, replié sur lui-même, se dérobant par un silence obstiné aux compliments qu'on quêtait autour de lui; s'isolant au milieu du monde et se garant des indiscrets, des causeurs, par cette attitude rébarbative : tel se montrait Berlioz lorsqu'il ne sentait pas auprès de lui la chaude affection de quelques amis intimes ou de disciples aimés. Son attitude et son silence en disaient long : que ne le laissait-on, tranquille, achever sa vie, au lieu de troubler son « isolement » pour lui faire entendre d'insupportables virtuoses ou de fâcheuses exécutions de ses propres ouvrages !

Mais sitôt qu'il se retrouvait en compagnie intime, alors son esprit se distendait et s'épanchait parfois en mille plaisanteries. Cependant, même entre amis, il était de l'humeur la plus variable et changeait d'un instant à l'autre : il arrivait renfrogné, morose, et, tout à coup, déployait une gaieté communicative, puis retombait sans raison apparente dans une attitude glaciale : une idée souriante avait suffi pour le réveiller, il ne fallait qu'un mot inopportun pour le rendre intraitable. Que s'il riait, s'il était en veine de paradoxes brillants ou de gai persiflage, on devait se donner garde de l'interrompre ou de le contredire, et surtout éviter de prononcer le nom d'une de ses bêtes noires, de Fétis, de Scudo, de Richard Wagner, ou soudain il entrait en colère. Un jour, chez des amis, comme il amusait tout le monde en daubant à cœur joie Richard Wagner : « Eh mais ! lui dit une dame en riant, n'est-il pas un peu votre frère aîné ? » Là-dessus, le voilà qui s'emporte et relève aigrement ce mot amical comme un affront personnel. Au milieu d'une conversation, fût-elle sérieuse, il aimait à placer de ces mauvais calembours, de ces à peu près forcés pour lesquels il avait une passion effrénée. Et voilà qui n'était pas une mince affaire à ses yeux : « Calembour excellent, — disait-il avec orgueil d'un de ceux qu'il avait lancés certain soir ; — mais longuement préparé, bien entendu ; car un calembour ne se bâcle pas comme un opéra-comique, ne se trouve pas de rencontre comme un motif banal : il faut beaucoup y réfléchir et le méditer gravement. » Dans la fête improvisée chez le docteur Blanche, une année après *les Troyens*, Mme Barthe venait de chanter les strophes de *Sapho* et l'on félicitait l'auteur en déplorant de ne pas revoir cet opéra sur une scène alors occupée par *Roland à Roncevaux* : « Cela n'aurait pas de succès, dit Berlioz ; ça n'est pas assez *rigolo... rolando*, veux-je dire. » Des à peu près de ce genre, entièrement dépourvus de sel, mais qui le mettaient en joie, il en faisait en causant, il en glissait dans ses lettres, il en inscrivait sur les albums ; et, celui-ci, coupé dans l'album de sa petite amie Adelina Patti, n'est pas un des plus mauvais :

Oportet Pati.

Les latinistes traduisent cet adage par : Il faut souffrir.
Les moines par : Apportez le pâté.
Les amis de la musique : Il nous faut la Patti.

Berlioz avait l'esprit curieux, investigateur. Quand il avait abordé un nouveau champ d'études, il aimait à pousser avant dans les voies latérales où son travail essentiel l'avait fait s'engager : ainsi, certaine lettre à mon père prouve que, même après l'achèvement complet des *Troyens* et leur échec, les questions de latinité, de prosodie ancienne avaient toujours le don de l'intéresser. Mais si Berlioz aimait à apprendre, il aimait également à reprendre. Il y avait chez lui du pédagogue, et dans plus d'un endroit de ses lettres ou de ses articles, il laisse percer des prétentions au langage pur et châtié qui sont tantôt peu charitables, tantôt peu justifiées. Encore qu'il le fasse en affectant de rire, était-il bien aimable à lui de relever dans une lettre d'Hiller, un étranger, « trois grosses fautes de français », dit-il, et dont une au moins n'existe pas[1] ; était-il bien opportun de reprendre Heller, en causant, sur quelques tournures de phrases défectueuses, ce dont celui-ci riait volontiers en s'excusant comme Hongrois, mais non sans remontrer doucement à son censeur qu'il n'avait rien retenu lui-même de la langue allemande, après tant de voyages et de relations en Allemagne ? Tantôt, et plutôt deux fois qu'une, il s'épanche en quolibets gouailleurs sur le distique célèbre de *Montano et Stéphanie* : « Quand on fut toujours vertueux, On aime à voir *lever* l'aurore », expliquant qu'il y a là un grossier solécisme et qu'il faudrait dire : *se lever;* tantôt, à propos d'*Euryanthe* que les beaux esprits d'outre-Rhin appelaient l'*Ennuyante,* il prend son ton le plus rogue : « Il y a trente-trois ans que le mot circule en Allemagne et l'on n'est pas à cette heure parvenu à persuader aux facétieux *qu'il n'est pas français,* qu'on dit une pièce ennuyeuse et non une pièce ennuyante et que les garçons épiciers de France eux-mêmes ne commettent pas des cuirs de cette force-là... » Que cette plaisanterie par à peu près lui parût médiocre, à lui qui en faisait tant de ce genre, c'était affaire de goût ou de respect pour Weber ; mais il n'y avait là aucune faute de français, aucun « cuir », pour parler son langage, et ces deux expressions sont de la meilleure langue, employées couramment par les auteurs du grand siècle. Hamilton, j'imagine, et Bossuet, et Fénelon et Mme de Sévigné ne sont pas des témoins reprochables, même pour un puriste comme Berlioz[2].

Mais gardez-vous de croire qu'en cela comme en tout le reste il y eût le moins du monde affectation, calcul de la part de Berlioz. Loin

---

1. Lettre de la Côte, du 7 août 1832 : « 1° Il ne faut point d'accent sur *negre* ; 2° vous dites que je trouve ici « *des* grands amusements » : il faut *de* grands amusements ; 3° « Il est possible que Mendelssohn *l'aura* » — que Mendelssohn *l'ait*. Profitez de la leçon. Ouf ! »

2. Dans la réponse facétieuse de l'auteur aux choristes de l'Opéra, qui sert de prologue aux *Grotesques de la musique,* Berlioz avoue implicitement qu'il tourmentait ses choristes pour obtenir d'eux une prononciation correcte, — en quoi il avait raison cent fois, — pour éviter des déformations barbares, comme *angoise,* et il ajoutait avec une fausse modestie : « Vous me plaisantez sur mes observations grammaticales. Je ne me flatte pourtant guère de savoir le français ; non, je sais trop bien que l'on sait

de là : c'était toujours bon jeu, bon argent. Il y avait chez lui, dans toutes ses actions, dans ses élans les plus extraordinaires, un grand

Paris rue de Calais N°4
20 avril 1867

Monsieur

Permettez-moi de vous demander si vous êtes d'avis, comme tout porte à le croire, que les anciens Latins ne prononçaient pas dans les vers les syllabes élidées. J'espérais trouver dans votre livre excellent un chapitre spécial sur ce sujet et je n'y trouve que l'exemple de l'élision d'une fin de vers « lacerto » avec le début d'un autre « Excit' » vous ne dites pas positivement qu'on prononçait membror' artus magn' ossa ; et sans cela pourtant il n'y a point d'élision et le vers a deux syllabes de trop. Votre tout dévoué
H Berlioz

LETTRE DE BERLIOZ A M. B. JULLIEN.
(L'ouvrage en question est l'*Harmonie du langage chez les Grecs et les Romains*.)

que je ne le sais pas. » — A rapprocher d'un feuilleton où, tout heureux d'avoir relevé plusieurs incorrections chez La Fontaine, une entre autres, absolument imaginaire dans ces vers d'un tour exquis :

C'est l'acheter trop cher que l'acheter d'un lien
Sans qui les autres ne sont rien.

il ajoute : « Après avoir osé trouver tant de fautes dans les maîtres de la langue, comment oser parler ? Je vais trembler maintenant en écrivant *oui* et *non*. Ma foi, tant pis, je vous ferai observer d'ailleurs qu'après tout, ce n'est pas mon état de bien écrire. »

fonds de naïveté naturelle : il s'enthousiasme et s'indigne, il jure de mourir ou de revivre, il change, il va d'un extrême à l'autre avec une candeur, une sincérité surprenantes. Lui, par exemple, qui faisait profession d'athéisme et qui ne reculait pas devant le suicide, — car il voulait positivement se tuer, par égarement, quand il se jeta dans la mer, à Gênes [1], — peu de temps après et de la meilleure foi du monde, il parlait d'entrer en religion : c'est Étex, le sculpteur, qui le raconte. A l'école, quand il ne posait pas pour le *Masaniello,* de Dantan l'aîné, quand il ne rêvait pas à la lune en grattant sa guitare, il avait de graves entretiens avec certains de ses camarades pour fonder une société philosophique, ébauchée à Paris avec Liszt, et destinée à faire prévaloir son système de *l'Indifférence absolue en matière universelle;* mais que, le lendemain de cette conférence, Étex parlât de se faire moine et d'entrer au couvent, Berlioz aussitôt, non moins dégoûté du monde, adoptait cette idée et tous les deux, sincèrement, s'en allaient frapper chez les pères dominicains. Ils se scandalisaient fort qu'on refusât de les admettre et restaient plongés dans un sombre abattement, d'où ils sortaient tout à coup pour aller gaiement souper à Tivoli, à l'auberge de la Sibylle, et se plonger après dans le lac en chantant : *O Mathilde, idole de mon âme!* Les bons fous! comme on se les représente mal prêchant de par le monde une religion nouvelle, ou vêtus de bure et cultivant l'art dans la paix du cloître et sous l'aile du Seigneur! Mais toutes ces extravagances n'étaient nullement calculées; ils s'y livraient sans arrière-pensée, avec la furie et la versatilité de jeunes étourneaux, enflammés de romantisme, et ces revirements instantanés, ces violents soubresauts étaient si naturels chez Berlioz qu'on les observe jusqu'à la fin et dans les circonstances les plus accablantes, par exemple à la mort de son fils.

Et Dieu sait pourtant s'il l'aimait, cet enfant gâté avec lequel il descendait aux supplications les plus touchantes pour le fortifier dans le bien! Père excellent, ami tendre et dévoué : tel nous apparaît, dans le sans-façon de ses lettres, cet homme absolu, si sec et si froid avec la plupart des gens qu'il coudoyait dans la vie. Comme tant d'hommes qui ne se révèlent qu'à certains cœurs d'élite et qui, par leur raideur habituelle, se rattrapent de leur douceur extrême envers quelques-uns, Berlioz avait de grands élans de tendresse et de reconnais-

---

[1]. Ici, je dois apporter une rectification capitale à la citation que j'ai faite, à ce propos (page 66), d'un fragment de lettre écrite par Berlioz à Horace Vernet. Au lieu de : « Je ne sais qui m'a *retiré ou vu tomber* par accident des remparts de la ville »; il faut lire : « Je ne sais qui m'a *retiré;* on m'a cru *tombé* par accident des remparts de la ville. » Cette grave altération au texte même de Berlioz a été faite par M. Daniel Bernard dans une intention très facile à deviner; elle a jusqu'à présent induit tout le monde en erreur, et je m'estime heureux d'avoir retrouvé le texte original assez tôt pour pouvoir dévoiler cette supercherie un peu forte et rétablir ici la vérité.

sance pour ses vrais amis ou ceux qui l'avaient simplement obligé. Et celui-là n'avait-il pas observé sur lui-même combien l'affection la plus vive naît et s'affermit vite entre esprits jumeaux, celui-là n'avait-il pas le culte de l'amitié qui écrivait un jour à Léon Kreutzer : « Permettez-moi de vous dire encore que ce parallélisme de sentiments et d'idées qui me semble évidemment exister chez nous deux a développé et renforcé l'amitié que je ressentais pour vous, sans que, je puis le jurer, la satisfaction égoïste de l'amour-propre y soit pour rien. Non, il est naturel d'aimer les cœurs qui battent dans le rythme du nôtre, les esprits qui volent vers le point du ciel où nous voudrions pouvoir voler, autant qu'il l'est, c'est triste à dire, d'éprouver de l'antipathie pour les êtres divergents, rampants, négatifs et *très positifs*. Pardon de ce jeu de mots, qui a l'air de rendre mon idée... » Enfin n'est-ce pas lui, ce misanthrope au cœur sec, qui se rendait auprès d'Henri Heine réduit à l'immobilité, presque mourant, et que celui-ci, comptant déjà les désertions de l'amitié, saluait de cette brève exclamation : « Vous venez me voir, vous. Toujours original ! »

D'un mot, le poète agonisant avait peint l'homme, et d'un mot bien flatteur sous son apparente âpreté.

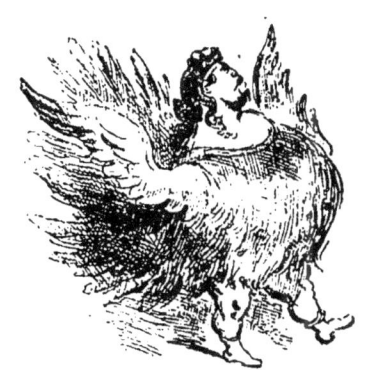

LE GROS ÉNÉE FAISANT LA ROUE.
Est-ce pour justifier les deux vers de Corneille :

Didon dîna, dit-on,
Du dos d'un dodu dindon.

(Marcelin, *Vie Parisienne*, 21 novembre 1863.)

CHAPITRE XVI

LE RELÈVEMENT APRÈS LA MORT ET L'APOTHÉOSE

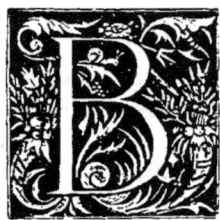ERLIOZ n'était pas plutôt enterré qu'il se produisait un revirement général en sa faveur. Soudain, l'indifférence s'évanouit, le blâme fit place à la louange ; le public revint sur son premier jugement, et, emportée par ce retour subit, la presse elle-même rendit pleine justice au compositeur qu'elle avait, vivant, abreuvé de déboires et de dégoûts. Qui ne se rappelle cette unanime et subite explosion de regrets, aboutissant au grand festival organisé en l'honneur de Berlioz une année après qu'il eut disparu de ce monde ? Mais bien avant ce concert solennel, dès le lendemain de la mort du maître, on avait pu percevoir les premiers indices de cette réhabilitation progressive, et c'est surtout par les efforts d'un homme enthousiaste et passionné comme l'était Pasdeloup, par les bravos persistants d'une partie de son public tenant tête aux cabaleurs, que les œuvres de Berlioz obtinrent enfin d'être écoutées sans scandale et de forcer l'admiration des gens mêmes qui, tout d'abord, se bouchaient les oreilles. La Société des concerts, c'est vrai, demeura indifférente à la nouvelle de la mort de Berlioz et ne jugea pas à propos de répéter, en guise d'hommage funèbre, cette idyllique *Fuite en Égypte* qu'elle avait deux fois exécutée avec succès durant les années précédentes ; mais il n'en fut pas de même aux Concerts populaires, et Pasdeloup, qui avait déjà joué dans ses séances, en plus des *Francs-Juges* et du *Carnaval romain*, la *Marche hongroise* et deux parties de *Roméo et Juliette*, exécuta *la Fête chez Capulet* au concert qui suivit la mort de Berlioz ; puis, huit jours après, par surcroît d'honneur, il faisait rechanter le septuor des *Troyens*, et ce juste hommage attirait au Cirque Napoléon tous les partisans du compositeur, heureux de s'associer à la pensée de Pasdeloup. Le succès fut aussi unanime, aussi grand qu'il l'avait été trois ans plus tôt, mais le maître, hélas ! n'était plus là [1].

---

[1]. Le 24 avril 1869, la Société philharmonique de Bordeaux donnait un grand concert à la mémoire de Berlioz, où l'on exécutait trois morceaux de lui : l'ouverture des *Francs-Juges*, celle du *Carnaval romain* et un chœur de *l'Enfance du Christ*. Ces différentes pages, rendues avec un zèle vraiment pieux, furent accueillies avec enthousiasme par un public qui se souvenait de la récente visite du maître.

Un des plus chauds admirateurs de Berlioz était cet Henry Litolff qu'il avait connu en Allemagne et cordialement secondé lors de sa venue à Paris, en 1858. A la fin de 1869, M. Litolff, ayant entrepris de donner à l'Opéra, tous les quinze jours, de grands concerts de musique classique avec un orchestre et des chœurs très nombreux, inscrivait sur son premier programme (dimanche soir 7 novembre) trois

AFFICHE DU FESTIVAL CONSACRÉ A LA MÉMOIRE DE BERLIOZ,
tirée des Archives de l'Opéra.

fragments de *la Damnation de Faust* : Menuet des Follets, Valse des Sylphes, Marche hongroise, et, dès la première note, on put pressentir que le public, au moins dans sa majeure partie, allait se rallier à Berlioz. Il faisait répéter le Menuet des Follets, non sans opposition, tant l'habitude de siffler l'auteur était invétérée ; mais au second concert, où M. Litolff s'était empressé de redonner les trois mêmes morceaux, la faveur était déjà plus marquée et, ce soir-là, ce fut la Valse des

Sylphes que l'auditoire eut le désir et la volonté d'entendre deux fois. Bref, le succès allait gagnant de proche en proche — et Pasdeloup, de son côté, révélait à ses habitués la belle ouverture du *Roi Lear* — lorsque des dissentiments survenus entre le chef d'orchestre et ses patrons vinrent arrêter dès le début cette entreprise des Concerts-Litolff, inaugurée sous de si heureux auspices ; mais n'eussent-ils fait que donner une impulsion puissante à la musique de Berlioz, qu'ils n'auraient pas été sans profit durant leur courte existence. Et tel avait été le succès de ces fragments de *Faust,* que Pasdeloup se les appropriait aussitôt tous les trois ; puis il rejouait la *Scène d'amour* et la *Fête chez Capulet,* de *Roméo,* déjà connues et presque acceptées de son public, en y joignant le scherzo de *la Reine Mab* qui souleva, c'est triste à dire, autant de rires que de bravos.

Enfin, ces tentatives individuelles, ces efforts méritoires, toujours soutenus par les partisans de Berlioz qui faisaient chaque jour de nouvelles recrues, aboutirent au grand concert organisé par ses amis dans la salle de l'Opéra. Ceux-ci considéraient comme un devoir d'honorer sa mémoire par un « festival » — il avait introduit le mot et la chose — composé de manière à présenter le génie du symphoniste sous ses aspects les plus saisissants et à rapprocher de lui ses dieux artistiques : Gluck, Beethoven, Spontini. Le comité, qui s'était réuni pour cet effet, sous la présidence de M. Nogent-Saint-Laurens, avait arrêté de donner cette fête musicale un an après sa mort — à quelques jours près — et d'en confier la direction à M. Ernest Reyer, M. Perrin promettant, pour sa part, le concours des principaux chanteurs de l'Opéra. L'annonce du festival, fixé au 22 mars, provoqua de charmantes plaisanteries ; on rit beaucoup en se demandant par quelle musique on pourrait bien fêter un tel compositeur et s'il ne faudrait pas, pour le mieux honorer, ne jouer que des morceaux qui ne fussent pas de lui ; les petits journaux déplorèrent d'avance le sort des malheureux artistes, des malheureux auditeurs destinés à succomber sous le poids de tant d'œuvres accablantes, mais ces quolibets défraîchis ne firent qu'ajouter à l'éclat de cette revanche posthume. Bien que la vraie signification de ce festival échappât encore à la masse du public, le retentissement en fut considérable et, par un prodige inattendu, le nom, la musique de Berlioz ne rencontrèrent presque plus d'injurieux détracteurs dans les journaux de Paris. Les mêmes bouches, les mêmes plumes qui, jusqu'alors, n'avaient eu pour l'artiste vivant que dédain glacial ou fine ironie, accumulaient les épithètes les plus flatteuses pour exprimer leur enchantement : autant d'auditeurs de bonne foi, autant de gens qui, naïvement, ne pouvaient pas revenir de leur surprise et ne voulaient pas s'avouer que la mort seule avait pu changer leurs critiques en éloges, leurs sifflets en bravos [1].

Que neuf années s'écoulent encore, marquées par les progrès constants de Berlioz, neuf années pendant lesquelles ses œuvres capitales : la *Symphonie fantastique, Roméo et Juliette* et *la Damnation de Faust, l'Enfance du Christ* et le *Requiem,* auront été jouées aux Concerts populaires comme aux Concerts du Châtelet, auront retardé la ruine d'une entreprise et consolidé la fortune d'une autre, et l'on verra se produire un bien autre prodige : un deuxième festival commémoratif, organisé par M. Reyer, à l'Hippodrome, le 8 mars 1879, avec l'aide de M. Albert Vizentini, fera courir loin du centre de Paris des milliers d'auditeurs attirés par le seul nom d'un homme auquel était désormais acquise une gloire universelle. Quelle différence entre ces deux festivals ! Au concert de l'Opéra, la salle garnie seulement aux trois quarts, en dépit des noms d'artistes réputés qui brillaient sur le programme ; certains morceaux, inconnus du public, comme la marche d'*Harold, la Captive* et le duo de *l'Enfance du Christ,* fort mal chanté d'ailleurs, comme le finale de *Roméo et Juliette,* accueillis avec froideur ; les partisans du maître, préoccupés de tenir en échec ses anciens détracteurs réduits au silence, mais toujours redoutables ; — au festival de l'Hippodrome, au contraire, huit à dix mille auditeurs courant, par un soir d'hiver, jusqu'au pont de l'Alma, prenant d'assaut l'immense amphithéâtre et saluant de hurrahs frénétiques les créations du glorieux musicien, sans nullement s'inquiéter de trouver là des solistes de marque. Et n'était-ce pas signe évident que la mode et l'engouement pour Berlioz venaient d'atteindre à leur point culminant, que de le voir emporter ainsi de haute lutte, sans l'aide de chanteurs en renom, ce que leur concours, d'ailleurs assez tiède, n'avait pu lui faire obtenir auparavant : d'unanimes bravos et des acclamations sans fin ?

S'il se trouvait dans cet auditoire innombrable — comme dans toutes les foules — une certaine quantité de faux amateurs, venus là par curiosité ou par mode, afin de voir ou d'être vus, il y avait aussi nombre de vrais connaisseurs, de ceux auxquels l'audition des œuvres du maître apportait une véritable jouissance, et c'est pour eux que le programme, à côté de morceaux généralement admirés, annonçait deux

[1]. La pensée des promoteurs de ce festival était d'en consacrer le produit, s'il y avait un gros excédent de recette, à élever un petit monument sur le tombeau de Berlioz ; mais, par suite de frais considérables, le bénéfice fut des plus minces, si bien que les membres du comité : MM. Nogent-Saint-Laurens, Émile Perrin, Ambroise Thomas, Reyer, Massenet, etc., écrivirent au président de la Société des auteurs, compositeurs et éditeurs de musique pour lui demander, mais en vain, de diminuer le droit à percevoir. Voici, d'ailleurs, les chiffres exacts : 11,814 fr. 50 de recette brute, augmentés de 1,000 fr. envoyés par l'empereur et de 500 donnés par le ministre des Beaux-Arts. Total : 13,314 fr. 50. Frais de toute sorte : 12,188 fr. 95. Bénéfice net : 1, 125 fr. 55. (Registres des Archives de l'Opéra.)

fragments de Berlioz qui n'avaient pas encore trouvé accès dans les concerts : la marche et l'hymne de *la Prise de Troie*, et l'*Apothéose de la Symphonie funèbre et triomphale*. Et même, en jouant ce dernier morceau, les organisateurs du festival semblaient vouloir réparer le déni de justice dont Berlioz avait été victime à la fin de l'Exposition universelle, en 1878. La Commission musicale, désireuse d'associer le nom du plus grand compositeur français moderne à la cérémonie de la Distribution des récompenses, avait décidé de faire entendre au Palais de l'Industrie cette page, dont l'idée très simple et les grandes lignes symphoniques convenaient parfaitement à cet énorme local ; mais, une fois ce vote émis, les membres de la Commission avaient eu le tort de n'en pas surveiller l'accomplissement, et l'on ne sait quel architecte ou quel ingénieur proscrivit Berlioz sans autre forme de procès et décida qu'on exécuterait simplement les morceaux éternellement rabâchés dans ces sortes de solennités : pas redoublés de musique militaire et chœurs d'orphéons [1].

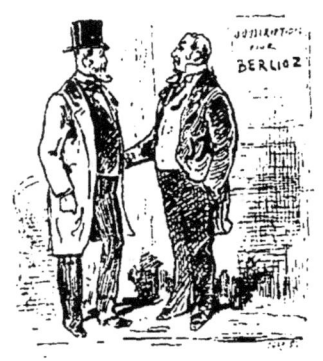

— Cher collègue, votre souscription me touche d'autant plus que vous avez attaqué Berlioz pendant sa vie.
— Oh !... maintenant qu'il ne peut plus faire de musique !...
(Pif. *Charivari*, 11 février 1883.)

Cette fois, la réparation fut complète et l'apothéose rayonnante : il semble donc que le génie ait triomphé par une force irrésistible, et qu'il aurait toujours remporté victoire pleine et entière, quelles qu'eussent été les circonstances. C'est possible... et cependant, qui sait si, sans la guerre de 1870 et le réveil subit de l'esprit national, le public, avec son goût dominant pour la musique dramatique, ne serait pas allé tout droit à Richard Wagner, après avoir accordé quelques bravos de condoléance à l'auteur de *Roméo*? Mais la proscription momentanée dont Wagner fut l'objet dans les concerts, les maladresses qu'il commit à notre égard, le désir qu'on avait de découvrir en France un compositeur de taille à soutenir la comparaison avec le novateur allemand, ne sont pas des éléments négligeables dans le concours de circonstances qui pré-

---

1. Par une pensée délicate, qu'on avait déjà eue au festival de 1870, deux des musiciens que Berlioz admirait le plus lui avaient été associés pour cette soirée du 8 mars 1879 : Spontini, avec son ouverture de *la Vestale*; Gluck, avec le célèbre chœur d'*Armide : Voici la charmante retraite*. Enfin, M. Reyer, se mettant modestement sous le patronage de son incomparable modèle, y faisait exécuter son ouverture de *Sigurd*, déjà connue et classée, avant une représentation qui semblait fuir d'année en année, et un fragment vocal du même opéra, le chœur de fête célébrant l'arrivée de Brunehild au burg de Gunther. Les soli du septuor des *Troyens* étaient chantés par Mmes Brunet-Lafleur, Sylvia Rebel, Petit, MM. Mouliérat, Devriès, Mouret et Flajolet.

parèrent le revirement en faveur de Berlioz, et hâtèrent sa revanche. Il faut voir les choses comme elles étaient après le festival de 1870, qui avait relevé l'artiste disparu d'un injuste discrédit, mais qui n'avait pas suffi pour rendre sa musique familière au grand public. Wagner, malgré l'opposition violente qu'il rencontrait, et peut-être en raison même des tempêtes qu'il soulevait dans les concerts, était plus près que Berlioz d'emporter le suffrage de tous ; entre ces deux maîtres, que la masse des auditeurs avait longtemps confondus dans une réprobation commune et que des partisans fanatiques s'efforçaient d'imposer par leurs cris et leurs bravos aux amateurs silencieux ou récalcitrants, on menait bien plus grand tapage autour de Wagner, et son nom, sifflé, hué, acclamé, conspué, était déjà gravé dans la mémoire de la foule qu'elle épelait à peine celui de Berlioz.

Il est donc à présumer que, si les choses musicales avaient suivi leur cours normal et n'avaient pas été subitement bouleversées par les événements politiques, les œuvres de Richard Wagner, toutes théâtrales, partant plus accessibles au gros du public, auraient conquis très vite l'admiration générale : il a fallu, pour arrêter l'impulsion si vigoureusement donnée par ses défenseurs, que des susceptibilités patriotiques le fissent proscrire et laissassent le champ libre à

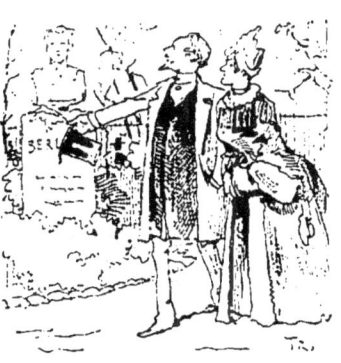

— Enfin, Berlioz a donc son monument ! C'était bien dû à notre premier maître de musique em-Berlioficotée !
(Trock, la Caricature, 30 octobre 1886.)

son rival. Qu'on se rappelle où en étaient les œuvres de Berlioz et celles de Richard Wagner, dans les concerts et dans les théâtres, avant la guerre. D'un côté, malgré le déchaînement des hostilités contre Wagner, son *Rienzi*, le plus banal, il est vrai, et le moins saillant de ses opéras, était joué plus souvent que ne l'avaient été *les Troyens*, suprême expression du génie de Berlioz au théâtre ; de l'autre, non seulement les pages signées de Richard Wagner passionnaient tout le monde et soulevaient de furieux orages, tandis que les œuvres de Berlioz étaient attaquées ou défendues avec moins de chaleur ; mais les premières, en raison même du retentissement qu'elles avaient par tout Paris, reparaissaient beaucoup plus souvent sur les programmes, car elles grossissaient la recette en attirant la foule, et le public aurait volontiers réclamé s'il n'avait plus rien eu de Wagner à siffler. Il se préoccupait infiniment moins de Berlioz et, s'il lui arrivait parfois de le siffler aussi ou d'en rire, c'était pour faire l'entendu, pour s'élever au niveau des beaux esprits qui tenaient encore rigueur au maître français.

Et voilà qu'un beau jour, par un coup de théâtre inattendu, le grand artiste injustement décrié se trouve élevé sur le pavois et salué par tous comme le plus puissant compositeur que la France ait vu naître. Il y a dix années de cela [1], dix années pendant lesquelles la gloire du maître a constamment grandi, non seulement en France où son *Requiem* et son *Te Deum* étaient exécutés avec un succès foudroyant dans les églises de Bordeaux [2]; mais aussi à l'étranger, car l'Italie elle-même, où ses œuvres avaient peu pénétré et qui semblait lui garder rancune de sa haine artistique, vient d'applaudir sa création la plus populaire et de confesser son génie [3]. Aujourd'hui, Berlioz est au zénith, mais il faut ajouter qu'il a conquis cette position inexpugnable au moyen d'une seule œuvre ; il est l'auteur de *la Damnation de Faust,* rien de plus pour tout le monde. Et les autres ouvrages signés de lui, dont on a essayé par la suite, ont bien captivé les amateurs, les mélomanes ; mais ils n'ont pas mordu, passez-moi le mot, sur le commun des auditeurs. Ni *Roméo et Juliette,* ni *l'Enfance du Christ,* ni le *Requiem,* n'ont pu s'établir d'une façon définitive dans les concerts. Chose singulière ; c'est une œuvre purement orchestrale, c'est la *Symphonie fantastique* qui se trouve occuper le second rang dans l'opinion. Et cela se comprend à la rigueur : *la Fantastique* et *la Damnation* donnent en effet — en dehors du théâtre — la quintessence du génie de Berlioz ; ce sont les deux pôles entre lesquels se

---

1. C'est le 18 février 1877, date mémorable, que MM. Pasdeloup et Colonne exécutèrent, chacun de leur côté, *la Damnation de Faust* tout entière. « On a joué trois fois *la Damnation de Faust,* qui n'a eu, du vivant de mon ami Berlioz, aucun succès, écrivait alors Gustave Flaubert, et maintenant le public, l'éternel imbécile nommé On, reconnait, proclame, braille que c'est un homme de génie. Et le bourgeois n'en sera pas plus modeste à la prochaine occasion. » *La Damnation de Faust,* depuis 1877, a eu 7 exécutions intégrales aux Concerts populaires ; elle en compte actuellement autant aux Concerts Lamoureux et elle en a obtenu 47 aux Concerts du Châtelet. Total : 61 exécutions complètes en onze ans, sans parler des auditions fragmentaires chez M. Lamoureux, chez Pasdeloup, au Conservatoire, etc. ! — A Bordeaux, *la Damnation* n'a pas été donnée moins de dix fois par la Société de Sainte-Cécile.

2. Le *Requiem,* exécuté par cinq cents instrumentistes et choristes, presque tous amateurs, fut d'abord chanté dans l'église primatiale Saint-André, pour un service funèbre à la mémoire du cardinal Donnet (1ᵉʳ mars 1883). Il produisit une telle émotion qu'on le dut répéter, huit jours après, pour un service funèbre à la mémoire d'Hector Berlioz et au profit de la Société centrale de sauvetage des naufragés ; puis, encore une fois, le 16 mars, dans l'église Saint-Louis. M. Étienne Portéhaut dirigeait l'ensemble de l'exécution ; les chœurs étaient sous les ordres de MM. Sarreau père et fils ; les orchestres militaires de deux régiments de ligne, conduits par leurs chefs, MM. Lévy et Gésus, prêtaient leur concours à cette cérémonie ; enfin, le grand orgue était tenu par M. C. Amouroux. Par une pensée généreuse, le prix à payer pour l'achat de toute la musique nécessaire avait été fixé, de gré à gré avec l'éditeur Brandus, à la somme de 600 fr. destinée à grossir les fonds déjà recueillis pour élever un monument à Berlioz. — Le *Te Deum* fut exécuté deux fois sous la direction de M. Gésus (13 et 20 décembre 1883).

3. C'est au mois de février 1887 que la *Società orchestrale* de Rome exécuta pour la première fois *la Damnation de Faust,* traduite en italien par M. Ettore Gentili. Ce grand concert fut donné, en présence de la reine, au théâtre Argentina, rempli jusqu'aux combles ; l'orchestre et les artistes, dirigés par le maestro Pinelli, furent très applaudis, et le public, ravi, enchanté, manifesta son enthousiasme en faisant recommencer plusieurs morceaux.

meut sa riche inspiration. Dans le premier de ces ouvrages, on trouve toute l'exubérance romantique de la jeunesse, la fougue d'un talent rebelle à toute discipline et cependant très maître de lui-même, une richesse d'instrumentation surprenante, un coloris poétique et délicieux ; dans l'autre, plus varié, éclatent une passion, une ironie, une chaleur surprenantes, une prodigieuse intuition des effets de multitude, un déchaînement fantastique, une puissance d'expression dramatique hors de pair.

Certes, le génie rayonne en bien des pages de ses autres œuvres. La marche des Pèlerins, dans *Harold*, l'Offertoire et le *Tuba mirum* du *Requiem*, le Repos de la Sainte Famille, dans *l'Enfance du Christ*, la Nuit de bal ou la Scène d'amour, dans *Roméo et Juliette*, que sais-je encore ? le nocturne de *Béatrice et Bénédict*, le duo d'amour, le quintette et le septuor des *Troyens*, sont des inspirations lumineuses dans des créations de premier ordre, et cependant elles ont gagné la faveur du public sans que les œuvres dont elles faisaient partie eussent le don d'enthousiasmer la foule à l'égal de la *Symphonie fantastique* et de *la Damnation de Faust*. Chaleureux bravos des gens éclairés en musique ; franche admiration des mélomanes et des artistes, elles ont tout obtenu, sans franchir les limites de cet auditoire spécial, ainsi que l'ont fait les deux œuvres susnommées. A quoi cela tient-il ? Au goût du public, pris dans sa plus vaste acception, pour ce qui n'est pas de la simple musique de concert et se rapproche de la représentation théâtrale. A mon avis, le grand programme explicatif annexé à la *Symphonie fantastique* aida singulièrement à la rapide compréhension de cette œuvre par des auditeurs quelconques. On a beaucoup raillé Berlioz sur son abus de la musique descriptive et l'on n'avait pas absolument tort ; mais, pour la *Symphonie fantastique,* il avait si bien bâti tout un scénario mélodramatique, champêtre, amoureux, sanguinaire et démoniaque, afin d'y adapter sa musique ; il l'avait si justement conçu que, pour chacun de ces admirables morceaux, le profane a devant les yeux comme une scène qui se déroule et qui commente à merveille les moindres intentions de l'orchestre. Ainsi a commencé, soyez-en certain, le goût du public pour cette *Symphonie fantastique* : il en a d'abord suivi le drame imaginaire, et l'a vue, si l'on peut dire, avant de l'entendre.

Pour *la Damnation de Faust,* c'est mieux encore, et l'œuvre de Berlioz, inopinément, a profité de la vogue apportée au poème de Gœthe par l'opéra de MM. Barbier et Gounod ; car quatre-vingt-dix-neuf sur cent des auditeurs français, même parmi ceux frottés de littérature, ne connaissent du *Faust* de Gœthe que cette adaptation française : ils en étaient parfaitement ignorants lorsque *la Damnation de Faust* leur fut offerte en 1846. Mais ce fut une autre affaire quand ils eurent quelque teinture du sujet, et le *Faust* de M. Gounod ayant acquis la faveur mondaine à laquelle aspirait son auteur, ce devint un charme pour ces prétendus connaisseurs que de mettre leur partition favorite en regard de cette autre que l'on exhumait des catacombes romantiques. Ils savaient quels rôles allaient jouer ces chanteurs en habit noir ; ils s'amusaient à comparer morceau par morceau, suppléant aux vides de l'action chez Berlioz par ce qu'ils connaissaient de l'autre pièce ; bref, à force de mettre en parallèle deux œuvres aussi dissemblables, ils se laissaient gagner par les accents superbes, chaleureux et passionnés de la plus ancienne ; et, petit à petit, l'œuvre de génie, ayant passé par-dessus la production de talent, s'imposait à l'admiration générale et mettait l'autre à son plan[1]. Étonnez-vous donc, après cela, que M. Gounod n'ait pas été pressé d'apporter son tribut pour dresser une statue à son devancier ; étonnez-vous donc aussi que les confrères de Berlioz, les musiciens, aient été moins désireux que quiconque de lui accorder cette consécration définitive. Ils auraient voté dix statues plutôt qu'une à Auber, à Bazin, à Massé, sachant fort bien que ceux-ci ne seraient pas plus grands, juchés sur un piédestal ; mais pour Berlioz, qu'ils sentaient instinctivement leur maître, il leur semblait qu'en l'exaltant ils se diminuaient eux-mêmes : sa statue, à ce qu'il paraît, leur faisait un peu l'effet du Commandeur et les frappait d'épouvante.

Mais aussi comment se figurer qu'un tel artiste, exilé musicalement de sa patrie et réduit à se contenter des applaudissements de l'étranger, y rentrerait — une fois mort — en triomphateur ? Car, nous aurons beau nous y escrimer, nous n'effacerons jamais notre erreur et ne ferons pas que l'Allemagne, l'Angleterre et la Russie n'aient applaudi ses chefs-d'œuvre bien avant qu'ils ne fussent appréciés ou même connus en France. Et pourquoi donc alors Berlioz s'obstinait-il à revenir, à vivre parmi nous, où l'on s'obstinait à lui contester le génie et jusqu'au talent ? C'est qu'il aimait Paris, c'est qu'il aimait la France ; et cette passion est de celles que les rigueurs ne font qu'accroître. Amour et volonté, tels furent les deux guides suprêmes de son existence ; aimer et combattre, telles en furent les jouissances souveraines. Partout ailleurs l'attendaient les bravos, les réceptions splendides ; mais qu'était-ce, pour sa nature ardente et sa volonté de fer,

---

1. J'irai même plus loin. Pour moi, si *Roméo et Juliette*, œuvre également supérieure, est tellement en retard sur *la Damnation de Faust* dans cette course au succès, c'est que la symphonie dramatique de Berlioz, où le chant tient une si petite place, où les instruments traduisent seuls les sentiments des personnages, ne se prêtait pas à juxtaposition semblable avec quelque opéra de *Roméo* bien connu du public, qu'il fût de M. Gounod ou d'un autre, et qui aurait pu frayer la route à la partition de Berlioz.

que ces faciles honneurs auprès de l'âcre plaisir d'imposer ses œuvres à des oreilles rebelles? Tout cet enthousiasme des dilettantes étrangers n'était rien pour lui, au prix de quelques applaudissements arrachés à des Français, à des Parisiens. Aussi Berlioz, qui n'attribuait à personne le droit de contrôle, venait, tout palpitant, se soumettre au

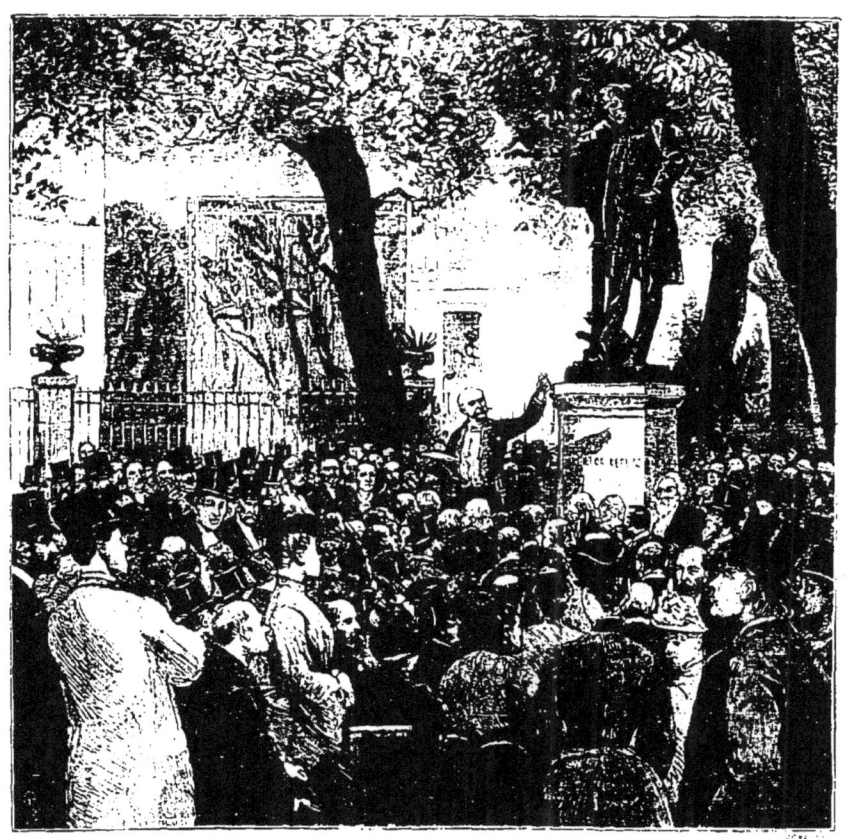

INAUGURATION DE LA STATUE DE BERLIOZ AU SQUARE VINTIMILLE,
à Paris, le 17 octobre 1886. — Discours de M. Reyer.

jugement d'un public auquel il déniait, non sans apparence de raison, la compétence musicale, l'amour du beau et la passion désintéressée. Certes, il ne croyait pas à l'intelligence de la foule, à la pénétration des multitudes ; il pensait, au contraire, que le grand art est d'essence aristocratique et ne s'adresse qu'à quelques esprits d'élite, — *to the happy few;* — mais il lui fallait toujours lutter. Les Français ne voulaient pas de sa musique et lui prétendait la leur imposer : qui serait définitivement vainqueur, de l'artiste ou du public, dans ce combat qui dura quarante années ? On put croire, et pendant longtemps, que l'homme isolé serait battu ; mais sa mort a renversé toutes les prévisions, et c'est ce même public, la veille encore aveuglé par la passion, qui revint tout d'un élan vers Berlioz et proclama son génie avant que ses glorieux confrères ne s'en fussent avisés.

C'est que le public français ne se livre jamais à demi : il est peu propre aux sentiments mitigés et n'apporte pas plus de tempérament à son enthousiasme qu'à son dédain. Une fois lancé dans cette voie, il a tout accepté, tout admiré de Berlioz ; puis, quand il fut à court de bravos pour lui marquer son enthousiasme, il se laissa doucement persuader d'élever un monument à sa mémoire. Il s'était agi tout d'abord d'ériger sur sa tombe, entièrement délaissée, une simple stèle, avec un buste en couronnement ; et les Dauphinois, de leur côté, prétendaient lui dresser une statue à la Côte Saint-André. Mais ces projets primitifs, trop modestes, furent abandonnés par la force des choses, et, devant ce mouvement de l'opinion publique, un comité général fut institué, en tête duquel les musiciens membres de l'Institut figurèrent, sinon d'une manière effective, au moins nominalement ; le bronze fut donné par l'État, la statue fut commandée au jeune sculpteur Alfred Lenoir, et, quand le moment vint de l'édifier, le comité dirigeant s'occupa de lui faire attribuer, par le Conseil municipal de Paris, une place qui semblait tout indiquée : dans le square Vintimille, à deux pas de la rue de Calais, au milieu du quartier où Berlioz a passé la plus grande partie de sa vie, où il est mort. Qu'importent à présent les petites intrigues d'une jalousie mal dissimulée qui se firent jour à cette occasion, les faux scrupules de ceux-ci, les hésitations envieuses de ceux-là, le refus formel de ce dernier, un collaborateur pourtant, un ami des mauvais jours ? L'important est que Berlioz dont la gloire illumine tout le pays et qui n'est pas seulement une célébrité de clocher, que Berlioz, après avoir tant aimé ce Paris où il était âprement discuté, ait sa statue au cœur de la capitale et soit honoré comme nul compositeur français ne le fut encore et comme nul autre, il faut l'espérer, ne le sera de longtemps ; car ils sont rares, les artistes de cette trempe, et toute nation doit s'estimer heureuse à laquelle le sort en accorde un par siècle : après Rameau, Berlioz.

Mais le suprême hommage fut bien moins dans l'édification de cette effigie de pierre que dans l'élan d'enthousiasme irrésistible, dans l'éloquente manifestation dont cette cérémonie fut le prétexte. Elle devait avoir et garda un caractère exclusivement musical. Il ne s'agissait pas là d'un grand homme de sous-préfecture à glorifier : l'administration, dès lors, s'en était désintéressée autant que possible; l'absence de toute délégation gouvernementale, municipale ou autre devait donner une solennité particulière à ce spectacle, aujourd'hui si banal : une érection de statue. C'était comme une fête intime entre artistes. C'était un compositeur de génie, rien de plus, dont on allait consacrer la mémoire, un homme enfin dont les sublimes enthousiasmes, les violentes indignations et les colères vengeresses avaient enflammé bien des intelligences, surexcité bien des cœurs. Aussi, tous ceux qui s'étaient sentis émus, bouleversés par ses chefs-d'œuvre et qui avaient vainement lutté pour sa gloire, alors qu'il était encore en vie; tous ceux qui s'étaient associés, par la pensée, à ses cuisantes douleurs; tous ses défenseurs déclarés de la première heure; tous ses admirateurs inconnus de la dernière, artistes, peintres, poètes, journalistes; tous ceux qui avaient souffert, comme lui, d'entraves imaginaires et qui se réclamaient des audaces de ce puissant novateur, étaient venus se grouper autour de sa statue, en face des admirateurs patentés, qui n'avaient pu, par pudeur, manquer à cette cérémonie et qui n'auraient rien tant aimé que de la voir indéfiniment ajourner.

C'était le dimanche 17 octobre 1886, à deux heures, par un temps gris et pluvieux qui aurait pu faire hésiter bien des gens et qui n'avait arrêté personne. Le programme, élaboré non sans discussion, comprenait deux morceaux de musique, une pièce de vers et trois discours. M. le vicomte Delaborde, secrétaire perpétuel de l'Académie des Beaux-Arts et président du comité, parle le premier et ne dit que peu de paroles, très simples, pour remettre à la ville de Paris, représentée par le préfet de la Seine, une statue élevée avec l'argent des simples particuliers; puis, arrive M. Charles Garnier, alors président de l'Académie des Beaux-Arts, qui débite quelques banalités académiques et célèbre à sa mode le grand musicien qu'il a sévèrement proscrit du nombreux étalage de bustes blancs et dorés qui décorent son Opéra. Entre temps, la musique de la Garde républicaine, renforcée par des chœurs, exécutait l'*Apothéose,* de la *Symphonie funèbre et triomphale,* et la marche des *Troyens;* le tragédien Silvain, de la Comédie-Française, déclamait avec emphase une pièce de vers de M. Grandmougin, au milieu de laquelle éclatait une strophe contre Richard Wagner, doublement choquante sous la plume d'un ancien wagnériste et dans une cérémonie où toutes les pensées étaient tournées vers Berlioz, — et ces différentes phases de la cérémonie, il faut en convenir, laissaient l'auditoire complètement froid.

Mais quelle émotion passe à travers la foule quand elle apprend de M. Ambroise Thomas que, le matin même, il est arrivé d'Autriche une couronne, envoyée par les artistes de l'Opéra de Vienne unis à ceux de la Société Philharmonique, et que c'est un des chefs du parti wagnérien, Hans Richter, qui s'est fait le promoteur de cet hommage et l'a transmis à Paris ; quel mouvement de curieuse et fébrile attention lorsqu'on voit se dresser au pied de la statue celui qui fut le vrai disciple et l'ardent défenseur de Berlioz ! Grand silence d'abord, pour ne pas perdre un mot du discours que M. Reyer prononce d'une voix de commandement, avec une chaleur vraie ; mais, à mesure que les allusions vengeresses se multiplient dans la bouche du mordant orateur, l'assemblée prend feu, des bravos significatifs éclatent presque à chaque phrase et redoublent lorsqu'il jette un cri de révolte contre la tyrannie des « potentats de théâtre », ou qu'il flétrit, au nom de Berlioz, les habiles compromissions par lesquelles s'achète trop souvent le succès, à défaut de la gloire ; lorsqu'il exalte et la droiture et la sincérité du maître, sa répulsion pour les œuvres plates et les hommes médiocres, lorsqu'il lance enfin cette péroraison triomphante : « Le voilà debout et rayonnant sur son piédestal de granit, l'éminent artiste, le maître pour lequel nous avons combattu nous aussi et que nous avons aimé. Bonn a la statue de Beethoven, Salzbourg celle de Mozart, Dresde celle de Weber ; nous avons, nous, la statue de Berlioz. Soyons heureux et fiers de la posséder enfin, et remercions ceux qui nous ont aidés à élever ce monument, à rendre cet éclatant hommage à la gloire d'un musicien français, au traducteur inspiré de Shakespeare et de Virgile, au digne continuateur de Gluck et de Beethoven, à l'un des plus illustres compositeurs de tous les temps, au plus extraordinaire peut-être qui ait jamais existé [1]. »

Le créateur de génie était dignement glorifié ; mais ses amis connus et inconnus n'avaient pas encore achevé leur tâche réparatrice : il restait à relever sa tombe à demi détruite, oubliée, envahie par les herbes parasites, à construire un monument définitif et durable, un tombeau digne de lui. Avec les modestes ressources dont ils pouvaient disposer, grâce aux démarches actives de M. Édouard Alexandre et grâce au désintéressement d'un architecte et d'un sculpteur comme on n'en voit guère, ils surent y parvenir, et le 8 mars 1887, dix-huit ans juste après la mort du maître, ses fidèles, ses admirateurs les moins oublieux se retrouvaient au cimetière Montmartre, par une magnifique journée de printemps : un court avis glissé dans les jour-

---

1. Tous les journaux, en racontant cette cérémonie, ajoutèrent qu'une plaque commémorative allait être ou même avait été posée au n° 4 de la rue de Calais, sur la maison où Berlioz est mort. Elle le sera sans doute un jour ; elle ne l'était pas encore au commencement d'octobre 1888.

naux les avait prévenus du jour et de l'heure où le nouveau tombeau serait débarrassé de ses voiles, mais en spécifiant aussi qu'il n'y aurait à cette occasion nul cérémonial. Certes les défenseurs du grand musicien auraient désiré que cette démonstration eût un caractère un peu plus solennel, sans renouveler l'éclatante manifestation du mois d'octobre précédent ; mais on s'était heurté à la réserve, pour ne pas dire plus, des compositeurs, membres de l'Académie des Beaux-Arts, qui, une fois la statue inaugurée, entendaient bien en être définitivement quittes avec Berlioz : le spectre de ce mort allait-il donc toujours se dresser entre eux et la foule ?... Ni discours, ni musique, ni pièce de vers ; rien qu'un petit groupe d'amis autour d'une tombe ; cinquante personnes au plus, parmi lesquelles un seul compositeur français et pas un des faux partisans de Berlioz qui le flagornaient par calcul durant sa vie et ne continuent de l'exalter, à ce qu'il paraît, que pour combattre Richard Wagner. Au bout d'une demi-heure et quand on croit être assuré que le préfet de la Seine, qui s'était fait annoncer, ne viendra pas, le voile s'abaisse, une couronne est déposée silencieusement sur la pierre tombale ; on donne un dernier souvenir au maître à

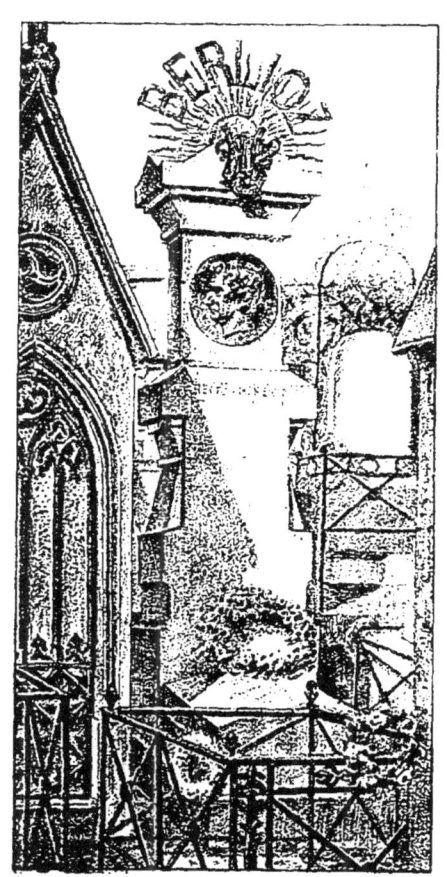

TOMBEAU DE BERLIOZ,
AU CIMETIÈRE MONTMARTRE.
Construit par M. A. Jouvin, avec médaillon par M. Godebski.
Inauguré le 8 mars 1887.

jamais illustre et, sans un mot d'adieu, sans une parole, on se retire...

Qu'il dorme en paix, le pauvre grand homme, et qu'il goûte enfin, sans discussions stériles, sans vains discours d'apparat, le repos qu'il a si bien gagné par toute une vie de féconds labeurs, de mécomptes amers et de glorieux combats. Il lui a suffi de mourir pour devenir immortel. Aujourd'hui, le voilà coulé en bronze, acclamé de tous, et l'éclat de sa gloire rejaillit sur son ingrate patrie qui l'a si fort maltraité, si constamment méconnu de son vivant. Comme il est de tous les temps, le génie est de tous les pays. Les créations véritablement marquées à son empreinte ont beau être repoussées et raillées par le public, lorsqu'elles surgissent ; elles n'en exercent pas moins une influence latente et généreuse par tout le monde musical. Les badauds rient, mais les artistes, peu à peu gagnés, réfléchissent, étudient, s'engagent enfin dans la voie ouverte par le novateur et aident de toutes leurs forces, sans le faire exprès, à la lumineuse expansion de son génie. Ainsi en fut-il pour Berlioz, dont on ne pourrait plus, à l'heure actuelle, dénombrer les disciples et les partisans. « Comme musicien, disait-il un jour, il me sera, je l'espère, beaucoup pardonné, parce que j'ai beaucoup aimé. Comme critique, j'ai été, je suis et je serai cruellement puni, parce que j'ai eu, parce que j'ai et que j'aurai toute ma vie des haines cruelles et d'incommensurables mépris ; c'est juste. » Il se trompait : sans qu'on eût rien à pardonner au compositeur, ni à faire expier au critique, il convenait d'exalter en Berlioz le créateur de génie et l'artiste aux convictions ardentes, implacables. Tant pis pour ceux qui ne l'ont pas compris et qui, par basse envie, espéraient voir toujours sa statue à terre : à présent que la voilà dressée, ils ne sauraient plus la jeter bas.

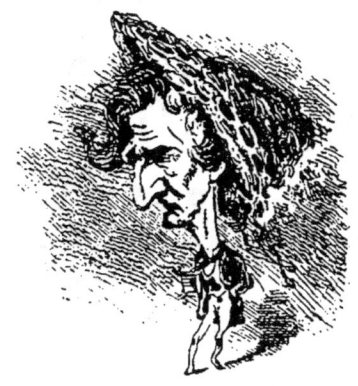

On annonce qu'une souscription est ouverte
pour offrir une couronne d'or à l'auteur des *Troyens*.
Une simple question avant de souscrire :
— Sortira-t-il avec ?

(Grévin, *Journal amusant*, 28 novembre 1863.)

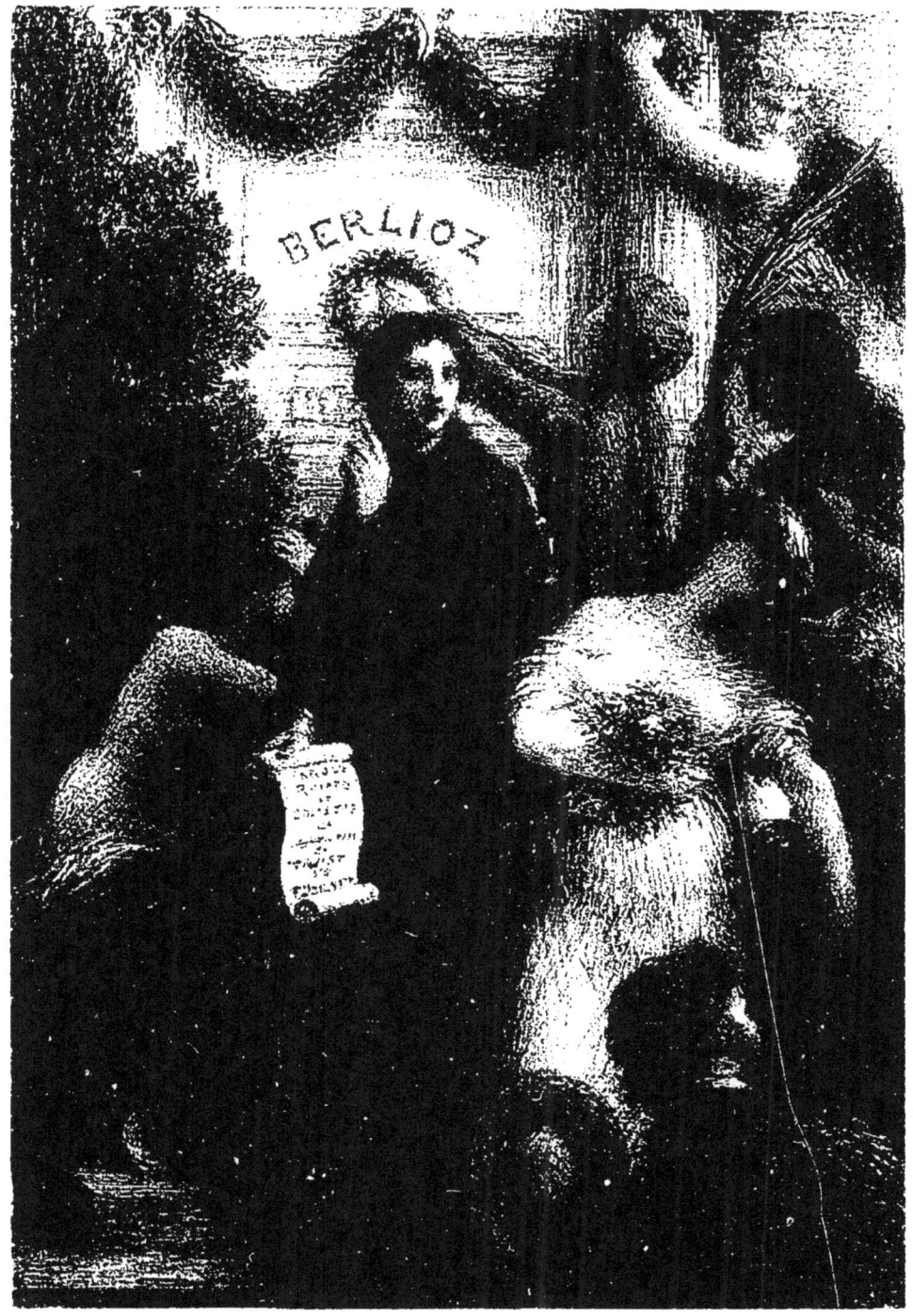

APPENDICE

I

LES ŒUVRES DE BERLIOZ DANS LES CONCERTS DE PARIS

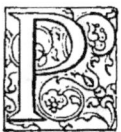OUR Berlioz, il s'est produit en France exactement le même retour d'opinion et de la même façon que pour Richard Wagner. C'est par les concerts, uniquement, qu'il s'est emparé, une fois mort, de la grande place à laquelle il avait droit en raison de son génie et qu'il avait vainement tenté de conquérir, au prix d'efforts constamment répétés, tant qu'il avait vécu. Il peut donc être intéressant de suivre, programmes en main, les étapes de ce retour du public vers Berlioz et de voir comme elles se multiplièrent d'année en année jusqu'au triomphe définitif consacré par les bravos qui saluèrent *la Damnation de Faust*.

Berlioz a passé sa vie à donner des concerts et même, en dehors de ceux qu'il organisait lui-même, il a plus d'une fois trouvé dans certaines entreprises éphémères, comme les concerts de la Société de Sainte-Cécile ou ceux de la Société des Beaux-Arts, présidée par Félicien David, un accueil qui ne devait pas être absolument désintéressé. Ce n'est pas de ces concerts-là qu'il est utile de parler ; mais bien de ceux qui, en raison de leur solide établissement et de leur état prospère, pouvaient impunément ouvrir ou fermer leurs portes au grand compositeur. Et c'est précisément en voyant ces sociétés ou ces entrepreneurs faire à ses œuvres un accueil plus empressé de jour en jour, qu'on jugera bien des progrès de cette réparation complète, mais tardive.

La Société des Concerts du Conservatoire, avant la mort de Berlioz, ne lui avait guère ouvert ses portes que cinq ou six fois. En 1833, le 14 avril, elle avait donné une ouverture du jeune musicien récemment revenu de Rome, l'ouverture de *Rob-Roy*, qui fut mal accueillie et qu'il n'hésita pas à sacrifier, sans la détruire à vraiment parler, mais en ne la faisant jamais rejouer ni graver ; en 1849, le 15 avril, elle avait exécuté des fragments de *la Damnation de Faust* : le chœur et le ballet des Sylphes (avec soli par Alexis Dupont et Depassio), suivis de la Marche hongroise ; en 1861, le 7 avril, elle donnait l'air de Méphisto, le chœur et le ballet des Sylphes, plus le double chœur des soldats et des étudiants, avec soli par Grisy et Cazaux — séance signalée par l'ovation que les artistes firent à Berlioz dans le foyer et qui eut le don d'exaspérer la presse hostile au compositeur ; — en 1863, le 22 mars, Mmes Vandenheuvel-Duprez et Viardot chantaient le nocturne de *Béatrice et Bénédict*, qui venait d'obtenir tant de succès à Bade l'année précédente ; en 1864, le 3 avril, *la Fuite en Égypte* était exécutée avec solo par M. Léon Achard ; enfin, M. Warot rechantait le même morceau le dimanche de Pâques 1er avril 1866. Un point, c'est tout.

Après la mort du maître, ce fut surtout par l'impulsion de M. Deldevez, — dont Berlioz, vraisemblablement, n'aurait rien attendu de tel, tandis qu'il avait beaucoup espéré, mais vainement, de George Hainl, — que son nom revint souventefois sur les programmes de la Société. Non seulement *la Fuite en Égypte* et les fragments de

Faust y reparaissent fréquemment, mais son ouverture du *Carnaval romain* est exécutée (2 mars 1873), puis la marche des Pèlerins, d'*Harold* (3 avril 1874); l'ouverture des *Francs-Juges* (22 novembre 1874), le chœur de *la Mort d'Ophélie* (31 janvier 1875), les deux premières parties complètes de *la Damnation de Faust* (13 février 1876) avec soli par MM. Bosquin, Bouhy et Auguez ; *la Scène d'amour*, de *Roméo et Juliette* (31 décembre 1876), le même morceau, précédé de la *Fête chez Capulet* (10 février 1878); cinq parties de *Roméo et Juliette* avec solo du père Laurence par Auguez (5 janvier 1879), rejouées avec le *Convoi de Juliette* en plus (8 février 1880) ; enfin, l'ouverture du *Corsaire* (5 décembre 1880). Depuis ce temps, la Société des Concerts n'a fait que répéter les morceaux précédents, sans rien donner de nouveau de Berlioz. Elle estime apparemment en être quitte avec lui pour le beau cadeau qu'elle a reçu de toutes ses partitions d'œuvres instrumentales ; mais on peut s'étonner, malgré tout, qu'elle n'ait pas cru devoir s'approprier la *Symphonie fantastique* et qu'elle n'ait jamais donné *Roméo et Juliette* absolument dans son entier.

Pour Berlioz, comme pour Wagner, comme pour Beethoven, Mozart, Haydn, pour tous les maîtres enfin de la musique, ce fut Pasdeloup le véritable initiateur. Par la fermeté de ses convictions, par la chaleur d'exécutions souvent imparfaites mais toujours impétueuses, il devait entraîner à sa suite plusieurs générations de mélomanes et renouveler le goût musical en France : il avait véritablement le feu sacré et le communiquait à ses innombrables auditeurs. Dès la première année des Concerts populaires, il exécutait avec succès l'ouverture du *Carnaval romain* (2 mars 1862), puis celle des *Francs-Juges* (22 janvier 1865), le septuor des *Troyens*, avec Mᵐᵉ Charton-Demeur (7 mars 1866), — concert mémorable par les bravos que le public décerna à Berlioz dans la salle, après le morceau, et sur le boulevard, à la sortie du concert ; — enfin la *Marche hongroise* (19 janvier 1868), *la Fête*, de *Roméo* (16 mars 1868) et la *Scène d'amour* (5 avril). Mais il redoublait d'ardeur après la mort du maître et, malgré l'attitude souvent réservée, parfois tout à fait hostile, de son auditoire, il ne désespérait pas de faire apprécier quelque jour ces créations injustement méconnues.

Il exécutait l'ouverture du *Roi Lear* (14 novembre 1869), le menuet des Follets, la valse des Sylphes et la Marche hongroise, de *la Damnation* (9 janvier 1870), *la Reine Mab*, de *Roméo* (30 janvier), puis la *Symphonie fantastique*, dont il avait, par prudence, supprimé la *Nuit de sabbat* (23 février 1873), et qui reçut un accueil très froid, sans hostilité bruyante [1]. Le 25 octobre 1874, voici la marche des Pèlerins, d'*Harold en Italie*, le trio pour deux flûtes et harpe, de *l'Enfance du Christ* (25 décembre 1875), tout *Harold en Italie* (9 janvier 1876), l'*Invocation à la Nature*, de la *Damnation*, chantée par M. Maurel (30 janvier) ; le deuxième acte retranché des *Troyens à Carthage* : *Chasse royale et orage* (5 novembre). La *Symphonie fantastique* tout entière, avec le *Songe d'une nuit de sabbat*, était jouée le 31 décembre, et l'accueil chaleureux fait par le public à cette composition, que Pasdeloup devait faire réentendre quinze

---

1. C'est à propos de cette réapparition de la *Symphonie fantastique*, au moment où se dessinait un succès réparateur pour Berlioz, que surgit une dernière et violente protestation où semblaient reprendre corps toutes les attaques antérieures des Scudo, des Jouvin, des Azevedo, des Lasalle. Pour M. Victorin Joncières, qui consacra un feuilleton entier de *la Liberté* (10 mars 1873) à juger la composition de Berlioz, le premier morceau est une véritable *olla podrida*, où toutes les sonorités, toutes les formules les plus disparates, sont froidement combinées de façon à produire une cacophonie imposante, propre à frapper l'esprit des personnes faciles à être impressionnées par la pose et le charlatanisme... *Le Bal* est d'un réalisme enfantin. La sonorité grêle de l'instrumentation rappelle le cliquetis agaçant des tableaux à musique, et l'analogie est d'autant plus frappante que certaines lacunes dans la mélodie sembleraient indiquer que les crans se sont rompus dans le mécanisme de la boîte; enfin, la *Scène aux champs* est un morceau champêtre, digne d'être pointé sur la serinette d'une bergerie de Nurem-

jours après, montrait que les temps de Berlioz étaient proches. Aussi Pasdeloup répétait-il à toute vapeur *la Damnation de Faust*, et comme il voulait absolument devancer M. Colonne, il en faisait chanter les deux premières parties, le 11 février 1877, avec MM. Talazac et Bonnehée comme solistes, et le dimanche suivant (18 février), il exécutait l'œuvre entière avec les mêmes solistes, plus Mlle Garnier dans Marguerite et M. Seguin dans Brander. Malheureusement, l'exécution se ressentit de la hâte des études et Pasdeloup ne put jouer qu'une fois ce chef-d'œuvre; après quoi, il termina la saison en donnant la seconde partie de *l'Enfance du Christ* (avec solo par M. Caisso) et des fragments de la troisième partie du même ouvrage (soli par Mlle Howe, MM. Caisso, Gailhard et Menu) au concert du vendredi saint 30 mars 1877.

Ensuite, et pour se rattraper de son échec, il faisait chanter deux fois *la Damnation de Faust* (31 mars et 7 avril 1878) par Mlle Isaac, MM. Valdejo (Faust), Lauwers et Bonnehée (Méphisto) et Seguin (Brander); mais malgré tous ses efforts, et si souvent qu'il rejouât des morceaux du maître, en particulier la *Symphonie fantastique*, on sentait que le vent avait tourné et que la grande mode était aux concerts du Châtelet pour Berlioz. Cependant il luttait toujours, avec désavantage, et le 23 novembre 1879 il faisait chanter le premier acte de *la Prise de Troie*, les deux premiers actes le 30 novembre, enfin l'ouvrage entier le 7 décembre (Cassandre : Mme Charton-Demeur; Ascagne : Mlle Nadaud; Hécube : Mme Rose Caron; Énée : M. Stéphanne; Hélénus : M. Bolly; Corèbe : M. Piccaluga; Panthée : M. Labis; Priam et l'ombre d'Hector : M. Saint-Jean). Le vendredi saint 26 mars 1880, Mlle Marie Tayau exécutait aux Concerts populaires la *Rêverie et Caprice* pour violon avec orchestre; puis arrivèrent en mars 1881 deux nouvelles auditions de *la Damnation de Faust* avec Mme Rose Caron, MM. Léon Achard, Lauwers et Labis; encore deux autres en décembre, avec M. Lhérie en place de Léon Achard; le *Dies iræ* et le *Tuba mirum* du *Requiem* (vendredi saint 23 mars 1883), enfin deux auditions très complètes de *Roméo et Juliette*, avec Mme Mauvernay, MM. Couturier et Thual comme solistes (9 et 16 mars 1884), — et là-dessus, Pasdeloup se retirait du champ, tout fier d'avoir pu rompre une dernière lance en l'honneur de Berlioz.

M. Colonne, outre le soin minutieux qu'il apportait à ses exécutions, eut, sur le pauvre Pasdeloup, un grand avantage : la clairvoyance. En présence de l'engouement dont le public se prenait pour Berlioz, il comprit vite que le temps était passé des morceaux isolés, des fragments détachés d'œuvres importantes, et qu'il fallait aviver encore et satisfaire le nouveau goût des amateurs pour cette musique en frappant des coups audacieux, en exécutant dans leur intégrité toutes les grandes compositions de concert du maître — et d'autres encore, une fois qu'on serait au bout de la série. Lui aussi, il avait bien, dans ses premiers concerts de l'Odéon, et pour ne pas effrayer le public, essayé de menus morceaux de Berlioz : la *Valse des Sylphes* (9 mars 1873), la *Marche hongroise* (6 avril), puis, au Châtelet, le trio des *Jeunes Ismaélites* (7 décembre), l'ouverture du *Corsaire* (11 janvier 1874) et la *Marche troyenne* (1er mars); mais

berg. *La Marche au supplice* trouve grâce aux yeux du jeune compositeur, tout secoué par cette phrase d'un réalisme poignant et prêt à convenir « que, lorsqu'il était véritablement ému, Berlioz, malgré son inexpérience des procédés de l'art musical, malgré la stérilité de son imagination, pouvait encore écrire de belles choses »; mais le plaisir que lui a causé ce dernier morceau ne l'empêche pas d'inviter Pasdeloup à ne plus rejouer de pareilles folies, qui feraient détester la musique et pourraient pervertir le goût du public : « Pas une lueur dans cette nuit noire, pas une apparence de plan, rien de ce qui constitue le style symphonique : le néant. Tout ici trahit l'indigence d'un cerveau épuisé par une désespérance précoce, voulant à tout prix créer du nouveau et s'en remettant la plupart du temps aux combinaisons du hasard pour atteindre ce résultat. C'est en vain qu'on chercherait dans ce chaos une audace harmonique, une invention quelconque. Des sons! des sons! des sons! »

dès le mois de janvier 1875, le 10 et le 17, il faisait chanter toute *l'Enfance du Christ*, avec Mme Galli-Marié (Marie), MM. Taskin (Hérode et Joseph), Prunet et Caisso (un récitant), Em. Louis (Polydore) et Maris (un centurion et un vieillard). Le 21 février 1875, il donnait *le Bal*, de la *Symphonie fantastique*, et le 28 novembre, *Roméo et Juliette* en entier, avec soli par Mlle Vergin, MM. Furst et Bouhy ; l'ouverture des *Francs-Juges* (9 janvier 1876), celle du *Carnaval romain* (14 janvier 1877), le nocturne de *Béatrice et Bénédict*, par Mlles Marie Dihau et Duvivier (28 janvier), et enfin, le 18 février 1877, la *Damnation de Faust*, chantée par Mlle Duvivier, MM. Prunet, Lauwers et Carroul.

L'exécution, beaucoup meilleure qu'au Cirque d'hiver, péchait cependant du fait de certains solistes ; mais, Pasdeloup n'ayant pu jouer qu'une fois *la Damnation*, M. Colonne s'empressa d'appeler à lui M. Talazac, et, l'interprétation progressant de jour en jour, *la Damnation*, exécutée six fois de suite, acquit en moins d'un mois un succès retentissant. Ainsi commença cette fortune réellement prodigieuse et qu'on aurait cru réservée en France aux œuvres théâtrales, car il ne se passe pas d'hiver où l'on ne rejoue plusieurs fois ce chef-d'œuvre, et rien qu'aux Concerts du Châtelet, *la Damnation* en est présentement à sa 47e audition. M. Lauwers, le Méphistophélès en titre, n'a été remplacé qu'une ou deux fois par M. Claverie ou M. Beyle ; mais combien de ténors se sont succédé dans le personnage de Faust : MM. Villaret fils, Mouliérat, Lamarche, Stéphanne, Engel, Vergnet, Lubert, Clodio ; combien de basses dans Brander : MM. Luckx, Dethurens, Fournets, Jouhannet, Vernouillet, Ballard, Beyle ; et combien de mezzo-sopranos dans Marguerite : Mmes Vergin, Caroline Brun, Ph. Lévy, Durand-Ulbach, Tanési, puis — pour finir — Mlle Krauss !

Dès la reprise des concerts, à l'automne, la *Symphonie fantastique* entière était chaleureusement applaudie au Châtelet (28 octobre 1877) : Mlle Duvivier chantait *la Captive* (25 novembre) ; enfin le 2e acte des *Troyens : Chasse royale et orage*, était exécuté le 17 février 1878. Quatre auditions solennelles et intégrales du *Requiem*, avec solo par M. Mouliérat, étaient données les 17, 24, 31 mars et 19 avril 1878 ; puis venaient les exécutions complètes de *Roméo et Juliette*, avec soli par Mlle Vergin, MM. Villaret fils et Lauwers (2, 9 et 16 février 1879), et celles de *la Prise de Troie* avec Mmes Leslino (Cassandre), P. Puget (Ascagne), Schad (Hécube), MM. Lauwers (Corèbe), Piroïa (Énée), Morini (Hélénus), Fontaine (Panthée), et Luckx (Priam et l'ombre d'Hector), 7, 14, 21 et 28 décembre 1879. Au premier concert de la saison suivante (17 octobre 1880), l'ouverture de *Benvenuto Cellini* obtenait un grand succès ; puis on la redonnait le 21 novembre avec la romance du second acte du même opéra, chantée par M. Vergnet, et l'ouverture du *Carnaval romain*[1]. Le 12 décembre arrivait l'ouverture du *Roi Lear*, et le vendredi saint 15 avril 1881, M. Colonne exécutait les trois morceaux réunis sous le titre de *Tristia* : le chœur *Méditation religieuse*, la ballade de *la Mort d'Ophélie* et la *Marche funèbre pour la dernière scène d'Hamlet*.

Le 6 novembre 1881, le programme annonçait tout l'*Épisode de la vie d'un artiste*, qui n'avait jamais été rejoué dans son entier à Paris depuis le concert donné par Berlioz au Conservatoire, le 9 décembre 1832, à son retour de Rome, et la *Symphonie fantastique* était suivie du mélologue de *Lélio*, sans les tirades déclamées, mais avec M. Bos-

---

1. Dans un grand concert en plein air qu'il avait été chargé de diriger le soir du 14 juillet 1880, dans les jardins du Luxembourg, M. Colonne exécuta *la Marseillaise*, orchestrée par Berlioz, et la *Marche des drapeaux*, détachée du *Te Deum* : c'est la seule fois, croyons-nous, que ce dernier morceau ait été, depuis bien longtemps, entendu à Paris.

quin pour la ballade du Pêcheur et le Chant de bonheur ; M. Auguez pour la chanson du Brigand et MM. Saint-Saëns et Diémer pour la partie de piano dans la fantaisie sur *la Tempête*. Enfin, le 11 décembre 1881, dans un festival donné pour célébrer l'anniversaire de la naissance du maître, on chantait la ballade à trois chœurs et orchestre : *Sara la Baigneuse*, et tout le troisième acte des *Troyens à Carthage*, avec Mmes Brunet-Lafleur (Didon), Storm (Anna), Marie Dihau (Ascagne), MM. Bosquin (Énée), Auguez (Narbal), Delaquerrière (Iopas) et Crépaux (Panthée). Le 22 janvier 1882, c'était le tour de la *Symphonie funèbre et triomphale*, et le 28 novembre 1886, M. Sauret exécutait la *Rêverie et Caprice*, pour violon et orchestre. Après quoi, M. Colonne, ayant épuisé la série entière des compositions de Berlioz qui se pussent produire au concert, devait se contenter de les répéter toutes, et très souvent, pour entretenir, exciter et contenter à la fois l'empressement du public.

M. Lamoureux, de son côté, se gardait bien de négliger Berlioz, encore qu'il fût venu trop tard pour aider au mouvement ascensionnel, et, dès ses deux premiers concerts (23 et 30 octobre 1881), car les programmes étaient alors identiques pour les deux séries d'abonnés, il donnait l'ouverture du *Carnaval romain* et le nocturne de *Béatrice et Bénédict*, chanté par Mlles Hervix et Armandi ; puis il exécutait la *Marche hongroise* les 12 et 19 février 1882. Il s'en tenait à ces différents morceaux jusqu'au 3 février 1884, jour où il fit chanter *la Damnation de Faust* en entier, par Mme Brunet-Lafleur, MM. Van Dyck, Blauwaert et Jouhannet : grand succès. Il la répéta en entier les trois dimanches suivants, puis en donna des fragments isolés et joua aussi, les 9 et 16 novembre, deux fragments d'*Harold en Italie* : la Marche des Pèlerins et la Sérénade d'un montagnard des Abruzzes à sa maîtresse. Il faisait exécuter le trio pour deux flûtes et harpe, de *l'Enfance du Christ* (21 décembre), et redonnait trois auditions de *la Damnation de Faust* (28 décembre 1884, 11 et 18 janvier 1885), qui portaient à 7 chez lui le total des exécutions intégrales. Mme Brunet-Lafleur chantait le récit et l'air de Didon au cinquième acte des *Troyens*, en même temps qu'elle soupirait le nocturne de *Béatrice* avec Mlle Raunay (6 et 13 décembre 1885) ; puis venaient l'ouverture des *Francs-Juges* (7 et 14 novembre 1886), et enfin la *Symphonie fantastique*, qui devait être un des grands succès de ces concerts (9 et 16 janvier 1887), sans atteindre au chiffre d'exécutions de l'ouverture du *Carnaval romain*, pour laquelle M. Lamoureux doit avoir un faible particulier, car il l'a sûrement jouée au moins quinze ou vingt fois en sept années : on pourrait avoir plus mauvais goût.

Voilà donc qui va fort bien, et Berlioz, aujourd'hui, a obtenu réparation pleine et entière, au moins dans les concerts : mais il conviendrait à présent de rejouer ses différentes créations dramatiques que le public connaît seulement de renommée. Et cependant comme il aimerait à voir représenter *Benvenuto Cellini*, comme il ferait fête aux *Troyens à Carthage*, à *Béatrice et Bénédict !* La place de chacun de ces ouvrages serait nettement indiquée à l'Opéra ou à l'Opéra-Comique, et tant qu'on ne les aura pas remis en lumière, la réparation sera incomplète et l'hommage insuffisant. C'est le public qui a réhabilité Berlioz en indiquant clairement aux entrepreneurs de concerts de quel côté penchaient ses préférences et ses admirations ; il appartiendrait donc au public de compléter cette glorification, qui est son œuvre, par de nouveaux bravos, mais il faut pour cela qu'on lui donne occasion d'applaudir le maître au théâtre, et tout dépend des directeurs, qui ne connaissent, en fait de musique, que le doux bruit des écus. Ah ! comme Berlioz avait raison de les mépriser, de les détester, de les honnir... ! Et encore ne connaissait-il que ceux de son temps !

II

CATALOGUE DES ŒUVRES MUSICALES, THÉORIQUES ET CRITIQUES DE BERLIOZ

1. — Compositions musicales[1].

Messe solennelle, essayée le 28 décembre 1824, à Saint-Roch, refaite et exécutée à Saint-Roch (10 juillet 1825), remaniée encore et exécutée à Saint-Eustache pour la Sainte-Cécile (22 novembre 1827). Le *Resurrexit* reparaîtra au grand concert organisé par Berlioz le 26 mai 1828 et ensuite au concert du 1er novembre 1829, sous ce titre : *le Jugement dernier*. (Détruite en majeure partie [2].)

M. Albert du Boys me communique encore, au dernier moment, une lettre tellement intéressante de Berlioz sur la première exécution de sa *Messe*, en juillet 1825 (voir page 18), que je n'hésite pas à la donner ici *in extenso*. Berlioz, à vingt-deux ans, s'y peint déjà tout entier :

« Vous êtes un bien aimable garçon, mon cher Albert, de m'avoir écrit ; j'aurais été coupable, je l'avoue, d'attendre mon voyage de Grenoble pour vous donner, sur mes débuts, les détails que vous me demandez.

« Ma messe a été exécutée.

« Parfaitement (il faut que ce soit vrai pour que l'auteur le dise).

« Par cent cinquante musiciens de l'Opéra et du Théâtre-Italien.

« Valentino conduisait.

« Prévost chantait.

« Et je suis fâché de vous dire que malgré la peine que vous, M. Briffault et M. de Montesquiou, vous êtes donnée, je ne dois absolument rien à M. Sosthène[3], que deux audiences particulières, dans lesquelles il m'a accablé de sa haute bêtise. C'est bien le plus grand cheval que la maison du roi ait jamais eu à son service. Croiriez-vous qu'il me *permettait* d'avoir les musiciens de l'Opéra..... pourvu que je les paye ?..... Le brave homme ! Il me permettait de dépenser mille francs si je les avais, et il donnait aux artistes liberté pleine et entière de les recevoir.

---

1. Cette liste, dressée autant que possible en suivant l'ordre chronologique, comprend toutes les œuvres de Berlioz *exécutées en public* ou *publiées*, même quand elles furent détruites ensuite ou délaissées, ou refondues dans d'autres compositions ; mais on a volontairement écarté les essais de jeunesse ou ébauches que Berlioz ne fit jamais ni jouer ni graver et qui, d'ailleurs, ont tous été notés dans le courant du récit. Nous devons, ici, des remerciements tout particuliers à M. Léon Richault, qui, en nous laissant parcourir ses papiers concernant les œuvres de Berlioz, nous a permis de préciser plusieurs dates, de fixer divers points encore incertains.

2. Quand Berlioz dit qu'il détruisit tel essai de jeunesse ou tel morceau qui ne lui convenait plus, il ne faut pas prendre cette expression au pied de la lettre. Il entend simplement par là que tel morceau était pour lui non avenu, soit qu'il l'eût proprement anéanti, soit qu'il l'eût jeté au fond d'un tiroir, pour s'en resservir ou non plus tard. Dans sa messe, par exemple, les fragments du *Credo* : le *Resurrexit*, l'*Iterum venturus*, présentés peu après comme une scène détachée sous le titre du *Jugement dernier*, lui serviront aussi d'envois de Rome et seront utilisés finalement dans *Benvenuto Cellini*, pour le grand finale de la Place Colonne : au moment où le canon tonne, où tous les *moccoli* s'éteignent, où Benvenuto s'échappe des mains des sbires ; la grande phrase à l'unisson : *Ah ! cher canon du fort Saint-Ange*, est, textuellement, le chant extrait de sa messe que Berlioz recopie dans sa lettre à Ferrand du 29 novembre 1827, et tout le développement du morceau est le même, apparemment, dans la messe et dans l'opéra.

3. Le vicomte Sosthène de Larochefoucauld, directeur général des Beaux-Arts, qui se montra bienveillant pour Berlioz et auquel le jeune musicien, rappelons-le, dédia par reconnaissance ses *Huit Scènes de Faust*, « bien que ce ne fût pas pour lui », dit-il.

« Je crois que ma messe a produit un effet d'enfer ; surtout les morceaux de force, tels que le *Kyrie*, le *Crucifixus*, l'*Iterum venturus*, le *Domine salvum*, le *Sanctus* ; quand j'ai entendu le crescendo de la fin du *Kyrie*, ma poitrine s'enflait comme l'orchestre, les battements de mon cœur suivaient les coups de baguettes du timbalier ; je ne sais ce que je disais, mais, à la fin du morceau, Valentino m'a dit : « Mon ami, tâchez de vous tenir tranquille, si « vous ne voulez pas me faire perdre la tête ». Dans l'*Iterum venturus*, après avoir annoncé par toutes les trompettes et trombones du monde l'arrivée du juge suprême, le chœur des humains *séchant d'épouvante* s'est déployé ; ô Dieu ! je nageais sur cette mer agitée, je humais ces flots de vibrations sinistres ; je n'ai voulu charger personne du soin de mitrailler mes auditeurs, et après avoir annoncé aux méchants, par une dernière bordée de cuivre, que le moment des *pleurs* et des *grincements de dents* était venu, j'ai appliqué un si rude coup de *tam-tam* que toute l'église en a tremblé ; ce n'est [pas] ma faute si, les dames surtout, ne se sont pas cru à la fin du monde.

« Le peuple des amateurs s'est prononcé en faveur du *Gloria in excelsis*, morceau brillant et en style léger ; c'était immanquable.

« Rien de plus curieux que le moment qui a suivi l'exécution de mon ouvrage. En deux minutes, j'ai été environné, pressé, accablé, par les artistes exécutants et auditeurs dont l'église était garnie ; l'un me prenait la main, l'autre me tirait par mon habit : « Vous avez le « diable au corps ; — Monsieur, il faut vous modérer, vous vous tueriez ; — J'en ai encore la « chair de poule ; — Jeune homme, vous irez loin, voilà des idées ! — Voilà bien des enfoncés, « de cette affaire ; j'en vois d'ici qui ne rient pas. »

« Peu à peu, les amateurs ont franchi les barrières, sont venus dans l'orchestre et demandaient aux musiciens de leur montrer l'auteur. L'un des plus empressés courait, renversant chaises et pupitres ; il est enfin parvenu jusqu'à moi ; d'un air tout effaré : « Monsieur, où est « le maître de chapelle ? je vous prie. — Qui, lui dis-je, M. Lesueur ? — Non. — Celui qui « menait l'orchestre, M. Valentino ? — Non, non, l'auteur de la musique. — C'est moi, « Monsieur. — Ah... ah... ah... ah... ah... ah... » Et je l'ai laissé à la première lettre de son alphabet. Les compliments me pleuvaient comme la grêle ; ici, on me demandait si mon meilleur morceau n'était pas le *Sanctus* ou tel autre qu'on préférait ; là, on m'assurait que je n'aimais pas la musique absurde, que toutes mes idées peignaient la situation, que toutes mes notes portaient coup. Au milieu de tout cela, les demoiselles Lesueur avec leur mère viennent me dire que mon maître m'attend chez lui. J'allais y courir, quand un envoyé du curé me force d'entrer à la sacristie et d'y entendre un discours d'un quart d'heure. Le pasteur voulait me dire que mes idées ne venaient pas de la tête, mais du cœur, « *ex pectore*, Monsieur, « *ex pectore*, comme l'a dit le grand Saint Augustin ». Enfin, je m'échappe, je vole chez mon maître, je sonne, Mlle Lesueur m'ouvre : « Papa, le voilà ! — Venez que je vous embrasse ; « morbleu, vous ne serez ni médecin, ni apothicaire, mais un grand compositeur ; vous avez « du génie, je vous le dis parce que c'est vrai ; il y a trop de notes dans votre messe, vous « vous êtes laissé emporter, mais, à travers toute cette pétulance d'idées, pas une intention « n'est manquée, tous vos tableaux sont vrais ; c'est d'un effet inconcevable ; et je veux que « vous sachiez que cet effet a été senti de la multitude, car je m'étais placé exprès tout seul « dans un coin pour observer le public, et je vous réponds que si ce n'eût pas été dans l'église, « vous auriez reçu trois ou quatre fameuses salves d'applaudissements. »

« Mon cher Albert, j'en reste là, je ne puis tout vous écrire ; je vous raconterai le plus intéressant. C'est ce qui est arrivé dernièrement à Lesueur, à mon sujet, au Conservatoire. Sa conversation avec Cherubini et Berton. Les félicitations que je reçus le lendemain de l'exécution de ma messe, à la noce de la fille de Mme Branchu, à laquelle j'étais invité et où je trouvai à qui parler.

« Je n'ai pu avoir l'adresse de M. Briffault ; je suis entré dans dix maisons de la rue du Bac et, ne le trouvant pas, j'ai pris le parti de lui écrire sans numéro ; je crains que la lettre ne lui soit pas parvenue ; ayez la bonté de le lui faire savoir. Je comptais sur M. de Montesquiou pour le déterrer ; mais je ne sais comment je m'y suis pris, sa propre invitation m'a passé de la tête et je n'y ai songé que quand tout a été fini. Voilà qui est diabolique ; mais j'étais si tourmenté, si préoccupé dans ce moment-là qu'en vérité ce n'est pas ma faute. Au reste, c'est moi qui porterai la peine de mon étourderie.

« Ferrand perdait la tête, il me prodiguait les épithètes les plus extravagantes et, jetant feu et flammes, il a fait un grand et bel article pour la *Gazette de France* (dont il connaît un rédacteur), qu'on lui a promis d'insérer et qui n'a pas paru ; il comptait également sur deux de ses amis, l'un du *Diable boiteux* et l'autre du *Globe*, il ne les [a] pas rencontrés et je n'ai rien eu. M. de Carné n'était pas à Paris à cette époque, j'en ai été bien fâché de toutes les manières.

« Les journaux qui parlent de moi sont : le *Moniteur* du 11, le *Journal de Paris* du 11, l'*Aristarque* du 11, le *Corsaire* du 13, le *Drapeau blanc* du 13, les *Débats* du 14 et la *Quotidienne* du 15[1].

« Nous étions montés en cabriolet, Ferrand et moi, pour faire nos invitations ; malgré cela, la *Pandore*, l'*Étoile*, le *Diable boiteux* et quelques autres qui nous avaient promis d'assister à ma messe et d'en rendre compte n'en ont rien fait.

« Mille choses de ma part à Casimir ; si je ne lui écris pas, c'est que ma lettre ne serait qu'une copie de celle que je vous envoie, et que je crains qu'il ne soit plus à Grenoble ; montrez-lui mon barbouillage, s'il y est encore, et ce sera tout comme.

« Adieu, mon cher Albert, ne perdez pas vos peines à me justifier auprès des gens qui me trouvent coupable. Les uns sont des glaces flottantes, laissez-les obéir à la force d'inertie ; les autres sont des fanatiques, avec lesquels on ne peut pas raisonner, et vous ne pourriez jamais rompre la croûte de préjugés qui les couvre.

« Je vous embrasse et compte avoir le plaisir de vous voir dans peu.

« Votre ami,

« HECTOR BERLIOZ.

« Paris, ce 20 juillet 1825.

« P.-S. — On vient de me demander ma messe pour dimanche 31 juillet. On se charge de la faire exécuter. Je l'entendrai encore ; mais moins en grand que la première fois ; nous ne serons, je crois, qu'une soixantaine : nombre suffisant pour le local[2]. »

La Révolution grecque, scène sur une poésie de Humbert Ferrand, composée en 1825 ou 1826, exécutée à Paris le 26 mai 1828. (Détruite, ou plutôt mise au rebut[3].)

Le Montagnard exilé, chant élégiaque à deux voix égales, dédié à Mme la vicomtesse Dubouchage, paroles de M. Albert Duboys, musique et accompagnement (pour piano ou harpe) par Hector Berlioz, élève de M. le chevalier Lesueur.

Toi qui l'aimas, verse des pleurs, romance de M. Albert D*** (Duboys), mise en

---

[1]. Entre tous ces articles, le plus considérable, au moins par la signature, était celui de Castil-Blaze aux *Débats*. Le voici dans son entier : « On a exécuté dimanche dernier, dans l'église Saint-Roch, une messe avec chœur et orchestre de M. Berlios (sic). Cette composition fait le plus grand honneur à ce jeune élève de M. Lesueur. Ce premier succès donne des espérances et fait présumer qu'il réussira dans le genre dramatique. Le *Gloria in excelsis* et le chœur *Et iterum venturus est* ont été particulièrement remarqués par les connaisseurs. »

[2]. Cette pièce importante fixe quelques dates de cette période de la vie de Berlioz qu'on connaît assez mal d'après lui-même et sur laquelle j'ai justement fait des réserves (note de la page 16), après avoir contrôlé les *Mémoires* autant qu'on pouvait le faire avec les lettres à Ferrand : 1° Berlioz, en cette année 1825, dut revenir de la Côte, où il se trouvait le 10 juin, presque aussitôt après la lettre datée de ce jour à Humbert Ferrand (et non pas seulement pour le mois d'août), puisque l'exécution de sa messe eut lieu le 10 juillet ; 2° tout le travail de refonte de sa messe et de copies des parties, qui lui prit plus de trois mois, dit-il, doit être reporté avant son départ pour la Côte, car il s'écoula trois semaines au plus entre son retour et l'exécution de sa messe à Saint-Roch, qui dut être improvisée après les avances d'Augustin de Pons.

[3]. Une copie manuscrite, achetée par M. Weckerlin à la vente Martin, en 1885, se trouve à la Bibliothèque du Conservatoire (voir la note de la page 35).

musique avec accompagnement de piano et dédiée à Mme Branchu, par Hector Berlioz, élève de M. Lesueur.

Amitié, reprends ton empire, romance avec accompagnement de piano et invocation à trois voix, paroles de M***, musique composée et dédiée à MM. Édouard Rocher et Alphonse Robert par leur ami Hector Berlioz, élève de M. Lesueur.

Canon libre à la quinte, à deux voix (contralto et basse-taille), avec accompagnement de piano, paroles de M. Bourgerie, musique composée et dédiée à M. Augustin de Pons, par Hector Berlioz, élève de M. Lesueur.

Le Maure jaloux, romance de M. ***, nouvellement mise en musique, avec accompagnement de piano, par M. Hector Berlioz.

Pleure, pauvre Colette, romance à deux voix égales, avec accompagnement de piano, paroles de M. Bourgerie, musique de M. Hector Berlioz [1].

Le Pêcheur, ballade imitée de Gœthe, par M. A. D. (Albert Duboys), composée en 1827, replacée dans *Lélio* et publiée en mélodie séparée, dédiée à Mlle Henriette Smithson. (Vers 1835.)

Ouverture de *Waverley*, composée en 1827 ou 1828, exécutée à Paris le 26 mai 1828 ; publiée (Op. 2) avec cette épigraphe, que Berlioz supprima par la suite :

(While) *Dreams of love and Lady's charms*
Give place to honour and to arms.

(Pendant que) les rêves d'amour et les charmes féminins
Cèdent la place à l'honneur et aux armes.

(Walter Scott, *Waverley*, ch. V. Fin de la pièce de vers intitulée : *Mirkwood Mere*.)

Ouverture des *Francs-Juges*, composée en 1827 ou 1828, exécutée à Paris le 26 mai 1828 (avec une mélodie pastorale et un trio du même opéra, paroles de Humbert Ferrand [2]) ; réduite pour piano à quatre mains, par Berlioz, d'après les indications de Chopin, Bénédict et Eberwein. (Op. 3.)

Marche religieuse des Mages, composée en 1828, exécutée le 26 mai 1828.

Huit Scènes de Faust, traduites de Gœthe par Gérard de Nerval, composées de septembre 1828 au commencement de 1829, publiées en mars 1829 (Op. 1) et dédiées au vicomte de Larochefoucauld. (Le *Concert des Sylphes* fut exécuté au concert du 1er novembre 1829.)

Neuf Mélodies irlandaises, imitées de l'anglais par F. Gounet, composées de mai 1829 à la fin de la même année, publiées en février 1830 (Op. 2) et dédiées à Thomas Moore. — Rééditées sous le titre d'*Irlande*, vers 1850 [3].

Le Ballet des Ombres, ronde nocturne pour chœur et piano, imitée de Herder par M. A. D. (Albert Duboys), composée à la fin de 1829, publiée en février 1830 (Op. 2) et dédiée à Chrétien Urhan.

---

1. Berlioz, à partir de ces deux derniers morceaux, ne faisant plus suivre son nom d'aucune qualité, nous nous abstiendrons désormais de le répéter.

2. D'après un renseignement que Mme Damcke tient de son mari, il se pourrait qu'un morceau ou plutôt un motif des *Francs-Juges* ait été utilisé par Berlioz pour la *Marche au supplice*, de la *Symphonie fantastique*. C'est possible, et cependant au moment où Berlioz composait sa *Marche au supplice*, les *Francs-Juges* n'étaient pas encore sacrifiés, loin de là ; tous ses vœux tendaient à les voir arriver à la scène, et ç'aurait été bien maladroit à lui de déflorer ainsi son futur opéra.

3. *La Belle Voyageuse*, arrangée pour quatre voix d'hommes, fut exécutée à Paris, dans le concert du 6 novembre 1834. Le même morceau, rétabli pour voix de mezzo-soprano, fut orchestré par Berlioz, ainsi que le *Chant sacré*, arrangé pour grand chœur avec grand orchestre, et dédié sous cette forme à l'abbé Deguerry, curé de l'église Saint-Eustache. *Hélène* fut chantée pour la première fois au concert du 3 février 1844, à la salle Herz.

Symphonie fantastique, conçue en juin 1829, composée de mars à mai 1830, exécutée le 5 décembre 1830, retouchée aussitôt après, refaite entièrement dans certaines parties, en Italie ; réexécutée à Paris, avec *Lélio*, le 9 décembre 1832 ; publiée en 1846 (Op. 14) et dédiée à Franz Liszt.

Chanson de brigands, sur des paroles de H. Ferrand, composée en janvier 1830, replacée dans *Lélio* et publiée sous le titre : *Scène de brigands*, tirée de *le Retour à la Vie*, mélologue, paroles et musique de Hector Berlioz, arrangée pour le piano par F. Hiller, dédiée à Mlle Henriette Smithson. (Vers 1835.)

Sardanapale, cantate de Gail, pour le prix de Rome, composée en juillet 1830, exécutée à l'Institut le 30 octobre 1830. (Non publiée.)

La Tempête, fantaisie dramatique pour chœur, orchestre et piano sur la pièce de Shakespeare, composée en septembre et en octobre 1830, exécutée à l'Opéra le 7 novembre 1830.

Ouverture du *Corsaire*, composée en Italie (1831), remaniée ; exécutée au concert de la Société de Sainte-Cécile le 1er avril 1855, publiée à cette époque et dédiée à son ami Davison. (Op. 21.)

Ouverture du *Roi Lear*, composée à Nice et à Rome en mai 1831, exécutée, publiée en 1840 et dédiée à M. Armand Bertin. (Op. 4.)

Ouverture de *Rob-Roy*, composée à Rome en 1831-32, exécutée par la Société des concerts du Conservatoire, le 14 avril 1833. (Détruite, ou plutôt mise au rebut [1].)

Chant de bonheur, motif tiré de la *Mort d'Orphée*, rajusté à Rome, en 1831, sur des paroles de Berlioz, replacé dans *Lélio* et publié en mélodie séparée avec accompagnement de piano par l'auteur ; dédié à Mlle Henriette Smithson. (Vers 1835.)

Lélio, monodrame lyrique avec orchestre, chœurs et soli invisibles, composé en Italie et à la Côte Saint-André, de mai 1831 à l'automne de 1832, réuni à la *Symphonie fantastique* pour former l'*Épisode de la vie d'un artiste*, exécuté de la sorte à Paris le 9 décembre 1832, publié pour chant et piano (1855), puis en partition d'orchestre (1857), et dédié à son fils, Louis Berlioz. (Op. 14 bis.)

Ce Monde entier n'est qu'une ombre fugitive, chœur à six voix, sur une poésie de Th. Moore traduite en prose, méditation religieuse composée à Rome et datée du 4 août 1831. Deviendra le n° 1 de *Tristia* (Op. 18).

La Captive, orientale de Victor Hugo, composée à Subiaco en février 1832, chantée par Mlle Falcon au concert du 23 novembre 1834, publiée avec accompagnement de piano et violoncelle *ad libitum*, et dédiée à Mlle Louise Vernet. Développée et arrangée pour l'orchestre, puis chantée par Mme Viardot, à Londres, le 29 juin 1848. (Op. 12.)

Sara la baigneuse, orientale de Victor Hugo pour quatre voix d'hommes (première forme) exécutée à Paris le 6 novembre 1834. Disposée plus tard pour trois chœurs avec orchestre et pour deux voix avec accompagnement de piano (1850) ; dédiée alors à M. Lecourt, de Marseille. (Op. 11.)

Harold en Italie, symphonie en quatre parties avec alto-solo, composée en 1834,

---

[1]. Berlioz a légué à la Bibliothèque du Conservatoire celles de ses compositions manuscrites qui lui restaient quand il mourut. A côté de grandes œuvres connues, il se trouve une cantate à peine ébauchée : *Érigone* ; il se trouve aussi les morceaux qui ont constitué ses envois de Rome à l'Académie des Beaux-Arts : 1° *Quartetto e Coro dei Maggi*, à quatre parties, avec orchestre (Rome, 1832) ; 2° *Intrata di Rob-Roy Mac Gregor* (Rome, 1832). Il faut peut-être y joindre les cinq premiers morceaux de *Lélio* ; mais, contrairement à ce qu'on lit dans divers ouvrages, le *Resurrexit* et l'*Iterum venturus* de sa messe ne sont pas au Conservatoire. Sa *Marche des Mages*, on se le rappelle, avait été entendue à Paris avant son départ pour Rome ; sur tous ces morceaux, il n'y a donc que l'ouverture de *Rob-Roy* qui ait été réellement composée en Italie, et l'Académie des Beaux-Arts usa d'indulgence en fermant les yeux sur cette infraction au règlement : après tout, pouvait-elle rien faire de mieux ?

exécutée à Paris le 23 novembre 1834 et dédiée à Humbert Ferrand [1]. (Op. 16.)

Le Jeune Pâtre breton, fragment du poème de *Marie*, de Brizeux, composé en 1834, chanté par Mlle Falcon au concert du 23 novembre 1834, publié pour voix avec piano et cor *ad libitum*, orchestré en 1835, et dédié par la suite à M. Gabriel Bœcker.

Les Champs, mélodie sur des paroles de Béranger, publiée dans le journal *la Romance* (avril 1834).

Je crois en vous, romance sur des paroles de Léon Guérin, publiée dans le journal de modes *le Protée* (septembre 1834).

Le Cinq Mai, chant sur la mort de l'empereur Napoléon, pour voix de basse avec chœurs, paroles de Béranger, composé en 1834, chanté au concert du 22 novembre 1835 et dédié à Horace Vernet. (Op. 6.)

Grande Messe des Morts (Requiem), composée en 1837 (le manuscrit du Conservatoire est daté du 29 juin), exécutée aux Invalides le 5 décembre 1837; publiée à Paris en 1838 et dédiée au comte de Gasparin. (Op. 5.) — Deuxième édition, revue par l'auteur et contenant plusieurs modifications importantes, publiée à Milan, chez Ricordi.

Benvenuto Cellini, opéra semi seria en deux actes, par Léon de Vailly et Auguste Barbier, composé de 1835 à avril 1837, représenté à l'Opéra le 10 septembre 1838 [2]; — disposé en quatre actes, traduit en allemand par Riccius et représenté à Weimar le 20 mars 1852; — réduit en trois actes, retraduit en allemand par Peter Cornelius, rejoué à Weimar en février 1856, et publié en partition définitive, avec dédicace à la grande-duchesse de Weimar. (Op. 23.)

Roméo et Juliette, grande symphonie dramatique avec chœurs, sur des paroles d'Emile Deschamps, ébauchée en 1829, composée en 1838, exécutée le 24 novembre 1839 et dédiée à Nicolo Paganini; retouchée et publiée en entier en 1848 [3]. (Op. 17.) Deuxième édition, corrigée par l'auteur, publiée en 1857.

Symphonie funèbre et triomphale, en trois parties, pour grande harmonie militaire, composée en 1840, exécutée en plein air le 28 juillet 1840, puis aux Concerts-Vivienne les 6 et 14 août, remaniée ensuite avec addition d'un orchestre d'instruments à cordes et chœur *ad libitum* (paroles d'Antony Deschamps), publiée sous cette forme définitive et dédiée au duc d'Orléans. (Op. 15.)

Les Nuits d'Été, six mélodies pour une voix, avec piano, sur des paroles de Théophile Gautier (*Villanelle*, *le Spectre de la rose*, *Sur les lagunes*, *Absence*, *Au cimetière*, *l'Ile inconnue*), composées en 1834, remaniées, publiées en juin 1841 et dédiées à Mlle Louise Bertin. (Op. 7.) Instrumentées vers 1856, sauf *Absence*, qui était orchestrée dès 1843, traduites en allemand par P. Cornelius, et rededicées séparément à divers chanteurs de Weimar, de Hanovre ou de Gotha : Mlle Wolff, Mlle Falconi, M. Milde, Mme Nottès, M. Caspari et Mme Milde.

Rêverie et Caprice, romance pour violon-solo et orchestre, composée en 1839 sur un motif d'abord destiné à *Benvenuto Cellini* pour Artot, à qui elle est dédiée, et exécutée à Paris, par Alard, le 1er février 1842. (Op. 8.)

Ouverture du *Carnaval romain*, deuxième ouverture de *Benvenuto Cellini*, exécutée le 3 février 1844, dédiée au prince de Hohenzollern-Hechingen. (Op. 9.)

---

1. La partition pour orchestre d'*Harold*, en autographe original, avec de nombreuses retouches et « collettes » sous lesquelles on peut lire la version primitive et suivre ainsi le travail de la pensée de Berlioz, avait été donnée par lui, avec dédicace manuscrite, à son ami Auguste Morel, directeur du Conservatoire de musique de Marseille, qui l'a léguée lui-même à son élève, M. Alexis Rostand.

2. Après les représentations de *Benvenuto* à Paris, il ne parut chez Schlesinger que l'ouverture en partition d'orchestre, dédiée à M. Ernest Legouvé, plus huit morceaux de chant séparés avec piano.

3. Berlioz, à l'origine, avait seulement publié les strophes du prologue pour voix avec piano.

Hymne vocal, d'abord exécuté à Marseille, transcrit pour six instruments Sax et exécuté sous cette forme au concert du 3 février 1844, en guise de réclame pour la fabrique d'instruments de Sax.

Hymne à la France, sur des paroles d'Auguste Barbier, composé en 1844, exécuté le 1ᵉʳ août 1844, au Festival de l'Industrie (Champs-Élysées), et publié en 1851 avec la *Menace des Francs*, sous le titre : *Vox Populi*. (Op. 20.)

La Tour de Nice, ouverture composée à Nice en 1844, exécutée à Paris le 19 janvier 1845, et détruite aussitôt.

La Belle Isabeau, conte pendant l'orage, mélodie pour mezzo-soprano avec chœur *ad libitum* et piano principal, sur des paroles d'Alexandre Dumas, publiée en 1844.

Le Chasseur danois, mélodie pour voix de baryton sur des paroles d'A. de Leuven, publiée en 1845, et dédiée à Barroilhet.

Zaïde, boléro, dédié à la princesse Czartoriska, paroles de Roger de Beauvoir. Prix : 5 fr. Propriété de M. Berlioz, rue de Provence, 48; publié en 1845.

Le Chant des chemins de fer, grand chœur avec solo de ténor, composé sur des paroles de Jules Janin et exécuté à Lille pour l'inauguration du chemin de fer du Nord (14 juin 1846), publié en 1850 dans le recueil : *Feuillets d'album*.

Marche hongroise, sur un thème de Rakoczy, composée à Vienne et exécutée à Pesth au commencement de 1846; publiée peu après à Paris.

La Damnation de Faust, légende dramatique en quatre parties, composée en 1846, paroles de Gérard de Nerval, de M. Gandonnière et de Berlioz, exécutée à Paris le 6 décembre 1846, dédiée à Franz Liszt et publiée en 1854. (Op. 24.)

La Mort d'Ophélie, ballade imitée de Shakespeare par M. E. Legouvé, pour soprano ou ténor avec piano, datée de Londres le 4 juillet 1848 (et non 1847, comme il a été imprimé par erreur à la page 189), publiée à Paris et dédiée à la comtesse d'Agoult. Sera arrangée en chœur, pour voix de femmes, et deviendra le n° 2 de *Tristia*. (Op. 18.)

Marche funèbre pour la dernière scène d'Hamlet, pour orchestre et chœur (le chœur, divisé simplement en femmes et hommes, ne fait entendre que des *Ah!* plaintifs); datée de Paris le 22 septembre 1848. Deviendra le n° 3 de *Tristia*. (Op. 18.)

Fleurs des landes, cinq mélodies pour une ou deux voix et chœur avec accompagnement de piano, sur des paroles de A. de Bouclon, Émile Deschamps et Brizeux *(le Matin, Petit Oiseau, le Trébuchet, le Jeune Pâtre breton, le Chant des Bretons)*, publiées en 1850. (Op. 13.)

Feuillets d'album, recueil de trois morceaux de chant avec accompagnement de piano (n° 1, *Zaïde*, boléro, 4 fr. 50 c.; n° 2, *les Champs*, chansonnette, 7 fr. 50 c.; n° 3, *le Chant des chemins de fer* avec chœur, 9 fr.), publié en 1850. (Op. 19.) Réédité en 1855 avec trois morceaux ajoutés : *la Prière du matin*, chœur pour voix de femmes ou d'enfants sur les vers de Lamartine, *la Belle Isabeau* et *le Chasseur danois*.

Chœur de bergers, attribué à Pierre Ducré, composé en 1850, exécuté à la Société Philharmonique de Paris le 12 novembre 1850.

La Marche des Francs, pour double chœur et orchestre, paroles de ***, exécutée à la Société Philharmonique de Paris le 25 mars 1851, intitulée ensuite *la Menace des Francs* et publiée avec *l'Hymne à la France*, sous le titre de *Vox populi*. (Op. 20.)

Vox populi, deux grands chœurs dédiés aux Sociétés Philharmoniques de France : n° 1, *la Menace des Francs*; n° 2, *Hymne à la France*, réunis en 1851. (Op. 20.)

La Fuite en Égypte, composée en 1850, exécutée à Leipzig en décembre 1853.

Tristia, trois chœurs avec orchestre, réunis en 1854 (Op. 18) et dédiés au prince Eugène de Sayn Wittgenstein : 1° *Méditation religieuse*, grand chœur sur des paroles de Thomas Moore ; 2° *la Mort d'Ophélie*, arrangée pour chœur de femmes ; 3° *Marche funèbre pour la dernière scène d'Hamlet* [1].

L'Enfance du Christ, trilogie sacrée composée en 1854, exécutée le 10 décembre 1854 (non le 12 décembre, comme il est imprimé par erreur sur les partitions), et publiée en 1855 (Op. 25) : 1re partie : *le Songe d'Hérode*, dédié à Mlles Joséphine et Nanci Suat, ses nièces ; 2e partie : *la Fuite en Égypte*, dédiée à M. Ella, directeur de l'Union musicale de Londres ; 3e partie : *l'Arrivée à Saïs*, dédiée à l'Académie de chant et à la Société des Chanteurs de Saint-Paul, de Leipzig.

Te Deum, pour trois chœurs, avec orchestre et orgue concertants, composé de 1849 à 1854, exécuté dans l'église Saint-Eustache le 30 avril 1855, publié en 1855 et dédié au prince Albert.

L'Impériale, cantate à deux chœurs et grand orchestre, paroles du capitaine Lafont, exécutée au Palais de l'Industrie le 15 novembre 1855, publiée en 1856 et dédiée à l'empereur Napoléon III. (Op. 26.)

Le Temple Universel, double chœur avec orgue, en deux langues, pour les orphéonistes français et anglais, paroles de J. F. Vaudin, dédié à l'impératrice Eugénie et chanté au festival international de Londres, au Palais de Cristal, en juin 1860.

Hymne pour la consécration du nouveau tabernacle, chœur à trois parties sans accompagnement (date et destination inconnues).

Béatrice et Bénédict, opéra-comique en deux actes, imité de Shakespeare, composé de 1860 à 1862, représenté à Bade le 9 août 1862 ; augmenté de deux morceaux, traduit en allemand par M. Richard Pohl, rejoué à Weimar, le 10 avril 1863, et publié sous cette forme définitive à Paris (1863).

Collection de 32 mélodies pour une ou plusieurs voix et chœur ; recueil des morceaux de chant isolés que Berlioz désirait conserver, publié en 1863. C'est un assemblage de ses précédents recueils factices de mélodies, qui sont rangés ici dans un ordre arbitraire et sans suivre ni la chronologie ni le numéro d'œuvre : *les Nuits d'été* (Op. 7), *Irlande* (Op. 2), *Vox populi* (Op. 20), *la Captive* (Op. 12), *Sara la baigneuse* (Op. 11), *Tristia* (Op. 18), *Fleurs des landes* (Op. 13), *Feuillets d'album* (Op. 19). — Peu après, on ajouta *le Cinq Mai* (Op. 6) et le recueil s'intitula : *Collection de 33 mélodies*.

Les Troyens, poème lyrique en deux parties, poésie et musique de Berlioz, composé de 1856 à 1863, réduit au piano par lui-même et gravé en 1862 ; publié avec cette inscription votive : *Divo Virgilio*, et une épître dédicatoire à Son Altesse Sérénissime la princesse Carolyne de Sayn Wittgenstein, née Iwanowska : 1° *la Prise de Troie*, opéra en trois actes, non représenté, publié, pour piano et chant, en 1863 ; 2° *les Troyens à Carthage*, opéra en cinq actes, avec un prologue, représenté au Théâtre-Lyrique, le 4 novembre 1863, et publié la même année en partition de piano et chant [2].

2. — ARRANGEMENTS.

La Marseillaise, orchestrée en 1830.

Invitation à la valse, de Weber, orchestrée, et récitatifs composés pour *le Freischütz* (1841).

1. Si *la Prise de Troie* est la seule de ses grandes partitions que Berlioz ne put jamais entendre, il ne fut pas plus heureux avec certaines compositions de dimension moindre : « Dites-moi si je vous ai envoyé une partition intitulée *Tristia*, écrivait-il à Ferrand en 1864. Si vous ne l'avez pas, je vous l'enverrai puisque vous aimez à lire des choses gaies. Je n'ai jamais entendu cet ouvrage. »

2. *La Marche troyenne*, extraite des *Troyens à Carthage*, arrangée pour orchestre seul et développée en vue des concerts par Berlioz, a été publiée à part en partition d'orchestre ; mais, au moment où j'écris, la partition complète des *Troyens* pour orchestre est encore à venir.

Plains-Chants de l'église grecque, arrangés en quadruple chœur, à seize parties, sur la demande de l'empereur de Russie (1843).

Marche marocaine, de Léopold de Meyer, instrumentée à grand orchestre et exécutée aux concerts du Cirque Olympique, le 6 avril 1845 ; dédiée à M. Ch. Kuffner.

Pater noster et *Adoremus*, adaptés sur deux morceaux à quatre voix, sans accompagnement, de Bortniansky, chantés à la Société Philharmonique de Paris (28 janvier 1851).

Plaisir d'amour, romance de Martini, instrumentée pour petit orchestre et dédiée à Battaille (1859).

Le Roi des Aulnes, de Schubert, traduit par Édouard Bouscatel, orchestré pour être chanté par Roger à Bade en 1860, publié en partition d'orchestre et pour piano, à Paris, et dédié à Mlle Franxilla Pixis.

3. — Ouvrages théoriques et critiques.

Voyage musical en Allemagne et en Italie, études sur Beethoven, Gluck et Weber, mélanges et nouvelles, 2 vol. in-8, dédiés au duc de Montpensier, chez Labitte, 1844. Refondus dans ses ouvrages postérieurs.

Traité d'instrumentation et d'orchestration modernes, publié en 1844 et dédié au roi de Prusse, Frédéric-Guillaume IV ; republié en 1856 avec un chapitre préliminaire sur l'*Art du chef d'orchestre*. (Op. 10.)

Les Soirées de l'orchestre, avec cette dédicace : *A mes bons amis les Artistes de l'orchestre de X***, ville civilisée ;* 1 vol. in-18, chez Michel Lévy (octobre 1852).

Les Grotesques de la Musique, avec cette dédicace : *A mes bons amis les Artistes des chœurs de l'Opéra de Paris, ville barbare ;* 1 vol. in-18, chez Michel Lévy (1859).

A travers chants, études musicales, adorations, boutades et critiques ; dédiées à M. Ernest Legouvé, de l'Académie française ; 1 vol. in-18, chez Michel Lévy (1862).

Mémoires, comprenant ses voyages en Italie, en Allemagne, en Russie et en Angleterre (1803-1865), avec un portrait de l'auteur ; 1 vol. grand in-8, chez Michel Lévy, 1870. — Autre édition en 2 vol. in-18, chez Calmann Lévy, 1878.

Correspondance inédite (1819-1868), avec une notice biographique par Daniel Bernard, 1 vol. in-18, chez Calmann Lévy, 1879. (Une seconde édition contient un court appendice et un fac-similé d'autographe de Berlioz.)

Lettres intimes, adressées à Humbert Ferrand, avec une préface par M. Charles Gounod, 1 vol. in-18, chez Calmann Lévy, 1882.

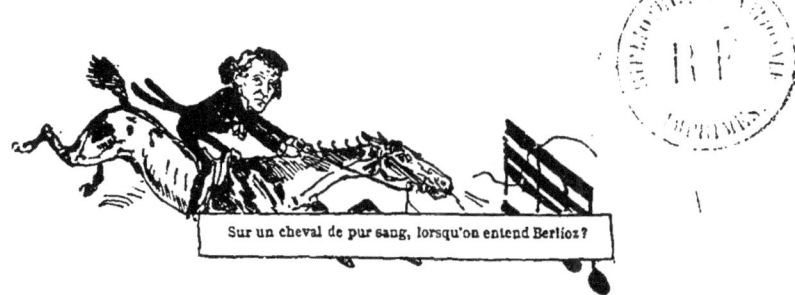

OÙ L'ON CROIT ÊTRE QUAND ON ENTEND TEL OU TEL COMPOSITEUR.
(Sahib. *Vie parisienne*, 21 août 1880.)

TABLE DES GRAVURES

I

ILLUSTRATIONS HORS TEXTE

LITHOGRAPHIES ORIGINALES DE M. FANTIN-LATOUR

Tirées par Lemercier et Cie.

	Pages.
1. Vérité.	Titre
2. Tuba mirum spargens sonum	xvi
3. Symphonie fantastique. Un Bal	50
4. Lélio. La Harpe éolienne	82
5. Harold en Italie. Dans les montagnes	104
6. Benvenuto Cellini (acte III). La Fonte du Persée	122
7. Roméo et Juliette. Confidence à la nuit	142
8. La Damnation de Faust. Apparition de Marguerite	186
9. Sara la baigneuse	206
10. L'Enfance du Christ. Le Repos de la Sainte Famille	230
11. Béatrice et Bénédict (acte Ier). Nocturne	250
12. La Prise de Troie (acte III). Apparition d'Hector	274
13. Les Troyens a Carthage (acte III). Duo d'amour	290
14. Apothéose	306

EAU-FORTE, HÉLIOGRAVURE ET PHOTOGRAVURE

Panthéon musical, photogravure d'après la lithographie de J. Traviès (1843).	166
Une Matinée chez Liszt, héliogravure d'après la lithographie de Krichuber (1846).	178
Hector Berlioz, eau-forte par A. Gilbert d'après le portrait de Courbet (1850).	326

II

ILLUSTRATIONS DANS LE TEXTE

Dédicace de Berlioz à son fils sur une partition des *Troyens* (1862).	xiii
« ...En ce temps-là le mauvais génie de Berlioz dit à Berlioz, etc. », par Marcelin.	xvi
Maison natale de Berlioz, à la Côte-Saint-André.	5
Lettre de Berlioz à l'éditeur de musique Ignace Pleyel.	13
Comme quoi les Grecs auraient certainement levé le siège devant Troie...; caricature de Cham.	21
Miss Smithson dans Marguerite	25
Ch. Kemble et miss Smithson dans *Roméo et Juliette*, en 1827 : scène des adieux	29
Ch. Kemble et miss Smithson dans *Roméo et Juliette*, en 1827 : mort de Roméo.	33
Le Montagnard exilé, de Berlioz, vers 1827 ; lithographie de Louis Boulanger.	37
Titre-couverture du *Ballet des Ombres*, de Berlioz (1839).	41
Miss Smithson dans Ophélie.	45

TABLE DES GRAVURES

	Pages.
Neuf Mélodies imitées de Thomas Moore, par Berlioz ; lithographie de Barathier.	49
Ch. Kemble et miss Smithson dans *Hamlet*, en 1827 : scène des comédiens	53
Miss Smithson dans *Hamlet*, en 1827 : scène de la folie.	57
Concert de Sylphes ; caricature de Cham	60
Hector Berlioz en 1831, par M. Signol.	65
Miss Smithson, par Francis (1827).	73
Henriette-Constance Smithson.	81
La Mère Didon ; caricature de Marcelin.	85
Liszt, par Tavernier (1832).	89
Les Champs, mélodie de Berlioz (avril 1834); lithographie sur le titre.	93
Je crois en vous, romance de Berlioz (septembre 1834).	97
M. Berlioz, par Dantan jeune	101
Le Cheval dilettante ; caricature de 1859.	108
Affiche de *Benvenuto Cellini*.	111
Le Pape ou le Cardinal (Serda), costume de *Benvenuto Cellini*.	113
Benvenuto Cellini (Duprez), costume de *Benvenuto Cellini*.	116
Fieramosca (Massol), costume de *Benvenuto Cellini*.	117
Bernardino (Ferd. Prévôt), costume de *Benvenuto Cellini*.	120
Berlioz l'homme-orchestre, par Benjamin	121
Balducci (Dérivis), costume de *Benvenuto Cellini*.	124
Ascanio (Mme Stoltz), costume de *Benvenuto Cellini*.	125
Teresa (Mme Dorus-Gras), costume de *Benvenuto Cellini*	125
Francesco (Wartel), costume de *Benvenuto Cellini*.	127
Un Saltimbanque (Clavé), costume de *Benvenuto Cellini*.	129
Deux mains pour un bras ; caricature de Grandville	131
Hector Berlioz vers 1839, d'après une miniature de P. de Pommayrac.	133
Le 16 décembre 1838 au Conservatoire : Berlioz et Paganini ; ébauche d'un tableau de M. Ad. Yvon.	137
Lettre de Paganini à Berlioz.	140
Lettre de Berlioz à Paganini.	141
Les Coryphées de la littérature et des arts en 1838, par de Barray.	145
Paganini, par Julien (1839)	149
M. Mangin ayant prêté son casque à Énée, à la condition qu'il placerait des crayons à la cour de Didon ; caricature de Cham.	153
Hector Berlioz, d'après une lithographie (1839).	157
Les Saltimbanques, par Daumier	161
La Belle Isabeau, mélodie de Berlioz ; lithographie de Célestin Nanteuil sur le titre.	165
Le Chasseur danois, mélodie de Berlioz ; lithographie de Célestin Nanteuil sur le titre.	169
Les Arabes à Paris ; caricature de 1845.	173
Les bœufs désormais foudroyés dans les abattoirs par les notes de la partition des *Troyens*; caricature de Cham.	174
Hector Berlioz en 1845, portrait lithographié fait à Vienne par Prinzhofer	177
Un Concert à mitraille et Berlioz, par Grandville	181
La Damnation de Faust; lithographie de Sorrieu sur le titre de la partition	185
La Mort d'Ophélie, mélodie de Berlioz ; portrait idéal de miss Smithson, lithographié sur le titre (1848).	189
Hector Berlioz vers 1847, d'après une lithographie d'Amédée Charpentier.	193
Berlioz et Azevedo ; caricature de Bertall.	198
Départ de Berlioz pour la Russie ; caricature de 1847.	200
Le Jeune Pâtre breton, mélodie de Berlioz ; lithographie de Sorrieu sur le titre (1850).	201
Irlande, neuf mélodies de Berlioz ; lithographie de G. Staal sur le titre (vers 1850)	205
Hector Berlioz en 1851 ; portrait lithographié, fait à Londres par Baugniet	209

TABLE DES GRAVURES

	Pages.
Berlioz, par Adam-Salomon; bas-relief en plâtre (1852)	211
Un Concert de la Société Philharmonique; caricature de Gustave Doré	213
Berlioz, caricature par Nadar	215
La Captive, mélodie de Berlioz; lithographie de Sorrieu sur le titre (vers 1850)	217
Berlioz en Russie; caricature de 1847	220
Aux personnes d'un tympan délicat; caricature de Cham	223
Hector Berlioz vers 1856, d'après une photographie faite à Paris	225
Le Cocher et le Monsieur; caricature de Cham	228
Sara la baigneuse, mélodie de Berlioz; lithographie de G. Staal sur le titre (vers 1850)	229
Hector Berlioz, caricature par Carjat (1857)	232
Autographe musical de Berlioz. Page du finale de la première partie de *l'Enfance du Christ*	233
Quelle aurait dû être la composition de l'orchestre dirigé par M. Berlioz dans la salle de l'Exposition universelle; caricature de Cham	235
« Mon ami, pourquoi avoir acheté des boucles d'oreilles à ta fille, puisqu'elle n'a pas les oreilles percées? etc. »; caricature de Cham	236
Les Compositeurs de musique dans le Panthéon-Nadar (1858)	237
« Et où a-t-elle gagné tout cela? » etc.; caricature de Nadar	240
« Ah! mon Dieu! est-ce qu'il est devenu sourd, votre mari? etc. »; caricature de Nadar	241
M. Berlioz profitant de son bâton électrique pour diriger un orchestre qui aura ses exécutants dans toutes les régions du globe; caricature de Cham	242
Hector Berlioz en 1856, d'après le portrait de Nadar, gravé par Metzmacher	245
Le Théâtre de Bade, inauguré en 1862	247
M. Berlioz allant embaucher des recrues pour son orchestre dans l'artillerie de la garnison; caricature de Nadar	249
« Allez-vous en donc de là! etc. »; caricature de Nadar	249
Marie Martin-Recio, d'après une photographie faite à Paris	252
Autographe musical de Berlioz : thème de l'air de Cellini au troisième acte de l'opéra de *Benvenuto Cellini*	253
M. Berlioz donnant prochainement un concert européen en battant la mesure avec un poteau de télégraphe électrique; caricature de Cham	255
Hector Berlioz vers 1862, d'après une photographie de Carjat	257
Béatrice et Bénédict. Dessin de Barbizet sur le titre de la partition	259
Hector Berlioz, caricature par Carjat (1863)	261
Ornement du programme de *Béatrice et Bénédict*, à Bade; dessiné par Edmond Morin	262
Les Troyens, tragédie lyrique; paroles, musique, tout de Berlioz; caricature de Grévin	265
Énée arrivant chez Didon; caricature de Grévin	268
Le Rhapsode, vieillard vénérable et très caniche; caricature de Grévin	269
La Prise de Troie. Dessin de Barbizet sur le titre de la partition	271
« Mais, monsieur, je vous assure que ce sont *les Troyens*, etc. »; caricature de Cham	272
Affiche pour *les Troyens à Carthage*, par C. Leray (1863)	273
Le duo de Didon et d'Anna Soror; caricature de Grévin	276
Le *Tannhæuser* demandant à voir son petit frère; caricature de Cham	277
Les Troyens à Carthage. Dessin de Barbizet sur le titre de la partition	279
Hector Berlioz vers 1863. Lithographie de Fuhn, d'après une photographie de Pierre Petit	281
Intermède non symphonique; caricature de Grévin	284
Le fameux duo de Didon et d'Énée; caricature de Grévin	285
Petit cancan carthaginois sur un motif auvergnat; caricature de Grévin	287
Les Troyens à Carthage, représentation au Théâtre-Lyrique de Paris, en 1863	289
Carabiniers troyens. Une vraie bouteille à l'encre. Le Gandin grand-prêtre, par Marcelin	293
Cri final d'imprécation contre les Romains; caricature de Grévin	294
Opinion de J. Prudhomme sur *les Troyens*; caricature de Grévin	296

TABLE DES GRAVURES

	Pages.
Mort de Didon ; caricature de Grévin	297
Le premier ministre de Didon; caricature de Grévin	297
Didon : « Faut-il que le public soit crétin et injuste ! etc. »; caricature de Cham	300
Le diable prenant ses jambes à son cou à l'audition des *Troyens*; caricature de Cham	301
Hector Berlioz en 1867 ; d'après une photographie faite à Saint-Pétersbourg	305
A B C musical à l'usage des connaisseurs qui ne s'y connaissent pas, par Sahib	308
Dédicace mise par Berlioz sur une partition de *Benvenuto Cellini*	309
Hector Berlioz, buste par Perraud (1867)	313
Les Spectres de Cassandre et d'Hector ; caricature de Grévin	316
Recueil de 33 mélodies de Berlioz; lithographie de A. Lecocq sur le titre	321
Titre du *Paul et Virginie*, annoté par Berlioz	324
Page finale du *Paul et Virginie*, annoté par Berlioz	325
Berlioz, par M. Cyprien Godebski; médaillon placé sur le tombeau de Berlioz	329
Alexandre Montfort et Hector Berlioz, ombres chinoises de M. Signol (1831)	334
Affiche pour *la Damnation de Faust*, par G. Fraipont (1878)	337
H. Berlioz : Autrefois, par M. Marais	340
H. Berlioz : Aujourd'hui, par M. Marais	341
Hector Berlioz, statue par M. Alfred Lenoir (1886)	345
Lettre de Berlioz à M. B. Jullien	349
Le gros Énée faisant la roue; caricature de Marcelin	351
Affiche du festival organisé à l'Opéra à la mémoire de Berlioz (22 mars 1870)	353
« Cher collègue, votre souscription me touche d'autant plus, etc. »; caricature de Pif	356
« Enfin, Berlioz a donc son monument ! etc. »; caricature de Trock	357
Inauguration de la statue de Berlioz au square Vintimille, à Paris	361
Tombeau de Berlioz, au cimetière Montmartre, à Paris	365
On annonce qu'une souscription est ouverte pour offrir une couronne à l'auteur des *Troyens*; caricature de Grévin	366
Où l'on croit être quand on entend tel ou tel compositeur caricature; de Sahib	380
Le jeune Ascagne, plus connu sous le nom de Mlle Estagel; caricature de Grévin	384
Les Troyens de Berlioz ou la règle de trois ; caricature de Bertall	386

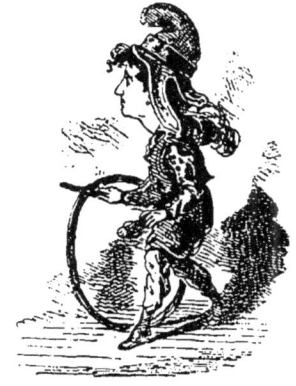

LE JEUNE ASCAGNE,
plus connu sous le nom de Mlle Estagel.
(Grévin. *Journal amusant*, 28 novembre 1863.

TABLE DES MATIÈRES

Pages.

AVANT-PROPOS. VII

CHAPITRE PREMIER

L'Enfance à la Côte-Saint-André (1803-1821). — Premiers séjours à Paris. — Premiers essais de musique (1821-1826). 1

CHAPITRE II

Entrée au Conservatoire (1826). — Arrivée de miss Smithson à Paris (1827). — Ouvertures de *Waverley* et des *Francs-Juges* (1828). — *Huit scènes de Faust* (1829). — Intrigue avec Mlle Moke (1830). — Prix de Rome (1830). — La *Symphonie fantastique* et la *Tempête* (1830). . 22

CHAPITRE III

Séjour en Italie; crise amoureuse et composition de *Lélio*; retour à Paris (1831-1832). — Exécution de l'*Épisode de la vie d'un artiste* (1832). — Mariage avec miss Smithson (1833). . . . 61

CHAPITRE IV

Harold en Italie (1834). — Concerts avec Girard et Liszt (1834 et 1835). — Entrée au *Journal des Débats* (1835). — *La Esmeralda*, de Mlle Louise Bertin, à l'Opéra (1836). — Le *Requiem* (1837). — Exécution d'un fragment du *Requiem*, à Lille (1838) 86

CHAPITRE V

Benvenuto Cellini (1838). 109

CHAPITRE VI

Fausse générosité de Paganini (1838). — *Roméo et Juliette* (1839). — La *Symphonie funèbre et triomphale* (1840). — Grand festival à l'Opéra (1840). — Le *Freischütz* à l'Opéra (1841) . . . 132

CHAPITRE VII

Fin de la vie commune avec sa femme et voyage à Bruxelles (1842). — Voyage en Allemagne (1842-1843). — Festival à l'Exposition de l'Industrie, aux Champs-Élysées (1844). — Grands concerts au Cirque Olympique des Champs-Élysées (1845). — Concerts à Marseille et à Lyon (1845). 154

CHAPITRE VIII

Voyage en Autriche, en Bohème et en Hongrie (1845-1846). — Voyage à Lille (1846). — *La Damnation de Faust* (1846). 175

CHAPITRE IX

Voyage en Russie et retour par Berlin (1847). — Séjour à Londres (1847-1848). — Concerts de la Société Philharmonique, à Paris. Le chœur des bergers, de Pierre Ducré (1850-1851). — *Benvenuto Cellini* à Weimar (1852) et à Londres (1853). — Premier festival à Bade; voyage à Brunswick, Hanovre, Brême et Leipzig; *la Fuite en Égypte* (1853) 199

CHAPITRE X

Voyage à Hanovre et à Dresde (1854). — Mort de miss Smithson et mariage avec Mlle Recio (1854). — Échec à l'Institut (1854). — *L'Enfance du Christ* (1854). — Voyages à Gotha, à Weimar et à Bruxelles (1855). — Le *Te Deum* (1855). — *L'Impériale*; concerts monstres au Palais de l'Industrie (1855). — Élection à l'Institut (1856). — *Orphée* au Théâtre-Lyrique (1859). . . . 221

TABLE DES MATIÈRES

CHAPITRE XI

Alceste à l'Opéra (1861). — Mort de Mme Recio (1862). — *Béatrice et Bénédict* à Bade (1862) et à Weimar (1863). — Voyage à Lœwenberg et festival de Strasbourg (1863). 243

CHAPITRE XII

La Prise de Troie. — *Les Troyens à Carthage* (1863) 263

CHAPITRE XIII

Excursion en Dauphiné et réveil d'un premier amour (1864). — Voyage à Vienne (1866). — Mort de son fils (1867). — Second voyage en Russie (1867-1868). — Accidents à Monaco et à Nice (1868). — Voyage à Grenoble (1868). — Mort de Berlioz (1869) 295

CHAPITRE XIV

L'artiste et le créateur. 317

CHAPITRE XV

Le critique et l'homme 335

CHAPITRE XVI

Le relèvement après la mort et l'apothéose (1869-1888) 352

APPENDICE

Les œuvres de Berlioz dans les concerts de Paris. — Catalogue complet de ses œuvres musicales, théoriques et critiques 367

Table des gravures. 381

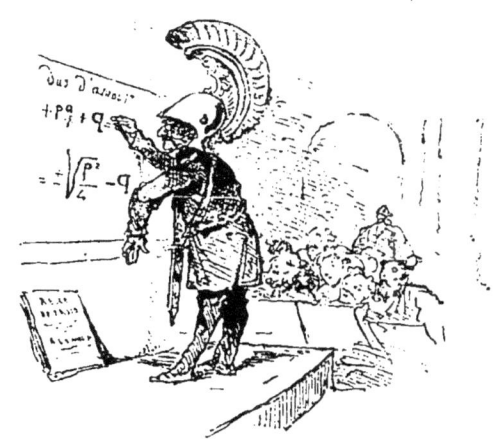

« LES TROYENS » DE BERLIOZ, OU LA RÈGLE DE TROIS.
Le savant professeur donne à sa classe la formule algébrique
des principales situations musicales.
(Bertall, *Journal amusant*, 2 janvier 1864.)

AUTRES OUVRAGES DE L'AUTEUR

RICHARD WAGNER, SA VIE ET SES ŒUVRES. Ouvrage orné de 14 lithographies originales par M. Fantin-Latour, de 15 portraits de Richard Wagner, de 4 eaux-fortes et de 120 gravures, scènes d'opéras, caricatures, vues de théâtres, autographes, etc. (Grand in-8º, Librairie de l'Art.)

LA COMÉDIE A LA COUR; *les Théâtres de Société royale pendant le siècle dernier :* La Duchesse du Maine et les Grandes Nuits de Sceaux, Mme de Pompadour et le Théâtre des Petits-Cabinets, le Théâtre de Marie-Antoinette à Trianon. Ouvrage orné d'un frontispice en chromolithographie, de 8 gravures en taille-douce ou eaux-fortes, de 18 gravures sur bois d'après des portraits et tableaux originaux de l'époque, et de 20 cartouches, en-têtes et culs-de-lampe expressément composés pour l'ouvrage sur des motifs du xviiie siècle. (In-4º carré, Firmin-Didot, éditeur.)

PARIS DILETTANTE AU COMMENCEMENT DU SIÈCLE. Ouvrage orné de 36 gravures sur bois et fac-similés de dessins originaux conservés aux Archives de l'Opéra. (In-8º écu, Firmin-Didot, éditeur.)

HISTOIRE DU COSTUME AU THÉATRE, *depuis les origines du Théâtre en France jusqu'à nos jours.* Ouvrage orné de 27 gravures et dessins originaux, extraits des Archives de l'Opéra et reproduits en fac-similés. (Grand in-8º, Charpentier, éditeur.)

L'OPÉRA SECRET AU XVIIIᵉ SIÈCLE (1770-1790), *Aventures et Intrigues secrètes*, racontées d'après les papiers inédits conservés aux Archives de l'État et de l'Opéra, avec frontispice, en-tête et cul-de-lampe à l'eau-forte, par de Malval. (In-8º écu, Rouveyre, éditeur.)

LA COMÉDIE ET LA GALANTERIE AU XVIIIᵉ SIÈCLE : *l'Église et l'Opéra en 1735, les Spectateurs sur le théâtre, le Théâtre des Demoiselles Verrières, A la Bastille;* avec frontispice, en-tête et cul-de-lampe à l'eau-forte, par de Malval. (In-8º écu, Rouveyre, éditeur.)

LA VILLE ET LA COUR AU XVIIIᵉ SIÈCLE : *Mozart à Paris, Marie-Antoinette musicienne, la Musique et les Philosophes;* avec frontispice, en-tête et cul-de-lampe à l'eau-forte, par de Malval. (In-8º écu, Rouveyre, éditeur.)

LA COUR ET L'OPÉRA SOUS LOUIS XVI : *Marie-Antoinette et Sacchini, Salieri, Favart et Gluck:* d'après des documents inédits conservés aux Archives de l'État et de l'Opéra. (In-18, Didier, éditeur.)

AIRS VARIÉS : *Critique, Histoire, Biographies musicales et dramatiques.* (In-18, Charpentier, éditeur.)

GŒTHE ET LA MUSIQUE : *Ses Jugements, son Influence, les Œuvres qu'il a inspirées.* (In-18, Fischbacher, éditeur.)

Paris. — Imprimerie de l'Art. E. Ménard et Cⁱᵉ, 41, rue de la Victoire.

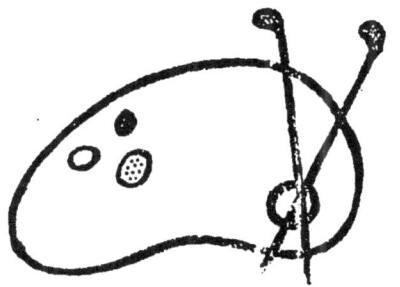

www.ingramcontent.com/pod-product-compliance
Lightning Source LLC
Chambersburg PA
CBHW052235220526
45471CB00001B/57